GERMANISCH-ROMANISCHE MONATSSCHRIFT

Begründet von Heinrich Schröder
Fortgeführt von Franz Rolf Schröder

Herausgegeben von
RENATE STAUF
CORD-FRIEDRICH BERGHAHN

in Verbindung mit
BERNHARD HUSS
ANSGAR NÜNNING
CORNELIA ORTLIEB
PETER STROHSCHNEIDER

GRM-Beiheft 102

Joachim Heinrich Campe

Dichtung, Sprache,
Pädagogik und Politik
zwischen Aufklärung,
Revolution
und Restauration

Herausgegeben von
CORD-FRIEDRICH BERGHAHN
IMKE LANG-GROTH

Universitätsverlag
WINTER
Heidelberg

Bibliografische Information der Deutschen Nationalbibliothek

Die Deutsche Nationalbibliothek verzeichnet diese Publikation
in der Deutschen Nationalbibliografie;
detaillierte bibliografische Daten sind im Internet
über *http://dnb.d-nb.de* abrufbar.

UMSCHLAGBILD

Joachim Heinrich Campe.
Portrait eines unbekannten Malers aus dem späten 18. Jahrhundert.

ISSN 0178-4390
ISBN 978-3-8253-4814-4

© 2021 Universitätsverlag Winter GmbH Heidelberg
Imprimé en Allemagne · Printed in Germany
Druck: Memminger MedienCentrum, 87700 Memmingen

Gedruckt auf umweltfreundlichem, chlorfrei gebleichtem
und alterungsbeständigem Papier.

Den Verlag erreichen Sie im Internet unter:
www.winter-verlag.de

Inhalt

Inhalt

7

IMKE LANG-GROTH, CORD-FRIEDRICH BERGHAHN

Joachim Heinrich Campe: Dichtung, Sprache, Pädagogik und Politik zwischen Aufklärung, Revolution und Restauration

I.

Joachim Heinrich Campe gehört zu den bedeutendsten intellektuellen Vermittlerfiguren um 1800. Als Verleger hat der 1746 in Deensen bei Holzminden Geborene nach dem Studium der Theologie in Helmstedt und Halle und nach Jahren als Pädagoge den Buchmarkt seiner Zeit maßgeblich geprägt. Dabei ist es von besonderer Bedeutung, dass er als Verleger ein ästhetisch ausgesprochen liberales und ein politisch sogar wagemutiges Programm vertrat, in dem die verschiedensten, ja mitunter gegensätzlichsten Autoren ihren Platz fanden. Als Reformator des Braunschweigischen Schulwesens hat Campe – der zunächst als aktiv Lehrender, nach 1783 dann zunehmend als pädagogischer Schriftsteller agierte – das aufklärerische Erziehungswesen maßgeblich beeinflusst und seine pädagogische Theorie direkt in die Praxis überführen können. Darüber hinaus war er intellektuell ausgesprochen gut vernetzt und hat Braunschweig zu einem bedeutenden Ort des literarischen, kulturellen und politischen Ideentransfers zwischen Aufklärung und Romantik gemacht. Der aktive und beherzte Befürworter der Französischen Revolution war schon im Juli 1789 zusammen mit seinem Schüler Wilhelm von Humboldt Augenzeuge und Berichterstatter der Umwälzungen in Frankreich; seine *Briefe aus Paris zur Zeit der Revolution* (Braunschweig 1790) sind bis heute eines der bedeutendsten Zeugnisse der deutschen Revolutionsbegeisterung.

Der Nachwelt jedoch ist Campe vor allem als Sprachreformator, Lexikograph und pädagogischer Schriftsteller in Erinnerung geblieben. Doch ist auch diese Erinnerung selektiv. So ist es vor allem der Sprachpfleger Campe, der noch heute in aller Munde ist – und zwar durch die zahlreichen glücklichen Eindeutschungen von Fremd- und Lehnwörtern. Erdgeschoss, Lehrgang, Stelldichein und Streitgespräch sind nur einige Beispiele der vielen Tausend Wörter, die er in seinem lexikographischen Herkuleskampf eingeführt hat oder doch einzuführen suchte. Viele davon haben ihre französischen, griechischen und lateinischen Vorgänger längst erfolgreich verdrängt; andere – Dörrleiche für ‚Mumie‘ etwa oder Schalksernst für ‚Ironie‘ – haben sich nicht durchsetzen können und werden heute als Irrwege auf dem Pfad zu einer ‚gereinigten‘ Hochsprache belächelt. Anders sieht es mit Campes Beitrag zur Kinder- und Jugendliteratur aus. Insbesondere die Romane (oder romanhaften

Texte) wie *Robinson der Jüngere* (1779) und *Die Entdekkung von Amerika* (1781) genießen Klassikerstatus und waren das gesamte 19. und fast das gesamte 20. Jahrhundert hindurch in immer neuen Bearbeitungen und Versionen auf dem Buchmarkt präsent. Dass beide Texte in unmittelbarer zeitlicher Nähe der Braunschweiger Tagung sowohl deutsche wie fremdsprachige Neuauflagen erfuhren, deutet eindringlich auf die ungebrochene Attraktivität dieser Kerntexte der Aufklärungspädagogik.[1]

Diese so unterschiedlichen Facetten des Werks und des Wirkens von Joachim Heinrich Campe standen im Raum, als sich die Herausgeber des vorliegenden Bandes entschlossen, Campes 200. Todestag mit einer Tagung zu würdigen. Hier sollte das gewaltige Wissensprogramm dieses universalen Geistes vor dem Hintergrund einer ausgesprochen lebendigen und differenzierten Forschung zur Aufklärung und zur Epoche um 1800 neu diskutiert werden. Zugleich galt es, nach den kulturwissenschaftlichen und editorischen Fortschritten der Campe-Forschung der letzten 20 Jahre nunmehr auch das europäische Feld seiner Wirkungsgeschichte neu zu vermessen und dabei insbesondere auf Phänomene des Kulturtransfers zu achten. Daneben sollten die von der Wirkungsgeschichte Campes marginalisierten Schriften – etwa die zur Ästhetik des Theaters oder die theologischen Werke – aus dem Dunkel der Überlieferung gezogen werden.

II.

Die Tagung zu Ehren von Joachim Heinrich Campe, die im Herbst 2018 Wissenschaftlerinnen und Wissenschaftler in der Aula der Technischen Universität Carolo-Wilhelmina zu Braunschweig versammelte, fiel mit dem 60. Geburtstag der dortigen Fakultät für Geistes- und Erziehungswissenschaften zusammen. Dass sich die Fakultät zur großzügigen Förderung der Tagung entschloss, war dabei kaum zufällig: Campes intellektuelle Physiognomie harmoniert nämlich nachgerade ideal mit dem Portfolio der Fakultät 6 der TU Braunschweig – die ja ihrerseits als Nachfolgeinstitution des Collegium Carolinum aufklärerische Wurzeln hat.[2] Wenngleich Campe nicht zu den Professoren am Collegium Carolinum gehörte, ist die Nähe des dort praktizierten Wissenschaftsideals zu seinen Vorstellungen

---

[1] Joachim Heinrich Campe: *Odkritje Amerike. Poučno zabavna knjižica o Kortesu.* Poslovenil H. Majar [*Die Entdeckung von Amerika.* 3 Bde. Übersetzt von Hrizogon Majar]. Toplice 2017. – Unter den zahlreichen deutschen Neuausgaben ist die sowohl philologisch wie buchgestalterisch interessante Edition der *Entdekkung von Amerika* (*Die Entdekkung von Amerika. Ein angenehmes und nüzliches Lesebuch für Kinder und junge Leute.* Nach dem Hamburger Erstdruck herausgegeben und eingeleitet von Gabrijela Zaragoza. München 2019) erwähnenswert.

[2] Vgl. Cord-Friedrich Berghahn: *Dichtung, Übersetzung und Philologie im Zeitalter der Aufklärung: Literatur am Braunschweigischen Collegium Carolinum 1750–1800.* In: *Märchenstadt und Parnass: Braunschweiger Literatur vom Mittelalter bis zur Gegenwart.* Hg. von Renate Stauf und Christian Wiebe. Meine 2019, S. 9–36.

doch ebenso bedeutsam wie die zahlreichen Freundschaften, die Campe mit den Lehrenden und Studenten des Collegiums verband.[3]

III.

Damit ein solches Vorhaben gelingen kann, braucht es Unterstützerinnen und Unterstützer, die von der ersten Idee bis zum gedruckten Buch zur Seite stehen. In Braunschweig gehörte die Fakultät für Geistes- und Erziehungswissenschaften dazu. Ihre unbürokratisch gewährte Unterstützung der Tagung ermöglichte einen internationalen Austausch von Aufklärungs-, Bildungs- und Sprachforscher*innen, dessen Ergebnisse der hier vorliegende Band versammelt. Die organisatorischen Fäden der Tagung liefen im Geschäftszimmer von Elke Schwemer zusammen, der hier herzlich gedankt sei. Ebenfalls danken möchten wir Valerie Meyer und Niklas Reichel, die während der Tagung sowohl die Technik wie das Wohl der Vortragenden nie aus den Augen verloren.

Dass die Ergebnisse der Braunschweiger Gespräche in den renommierten Beiheften der Germanisch-Romanischen Monatsschrift erscheinen können, verdanken wir deren Herausgeber*innen. Die großzügige finanzielle Förderung durch die Campe-Stadt Braunschweig und durch die Braunschweigische Stiftung schließlich ermöglichte den Druck des Bandes. Unser Dank geht in dieser Hinsicht an Dr. Annette Boldt-Stülzebach und Sylvia Seyler (Stadt Braunschweig, Fachbereich Kultur und Wissenschaft) sowie an Elisa Hildebrand und Susanne Schuberth (Die Braunschweigische Stiftung). Für das schöne Layout hat, wie so oft, Elisabeth Gräfe gesorgt; auch ihr sei hier auf das herzlichste gedankt.

Braunschweig, im Winter 2020
Imke Lang-Groth & Cord-Friedrich Berghahn

---

[3]   In dieser Hinsicht schließt der vorliegende Band zwanglos an eine Reihe von Büchern an, die in den vergangenen Jahren zum Umfeld des Collegium Carolinum vorgelegt wurden; vgl. Cord-Friedrich Berghahn und Dirk Sangmeister (Hg.): *August Lafontaine (1758–1831). Ein Bestsellerautor zwischen Spätaufklärung und Romantik* (Braunschweiger Beiträge zur deutschen Sprache und Literatur 12). Bielefeld 2010; Cord-Friedrich Berghahn und Till Kinzel (Hg.): *Johann Joachim Eschenburg und die Wissenschaften und Künste zwischen Aufklärung und Romantik. Netzwerke und Kulturen des Wissens* (Germanisch-Romanische Monatsschrift. Beiheft 50). Heidelberg 2013; Cord-Friedrich Berghahn, Gerd Biegel und Till Kinzel (Hg.): *Johann Arnold Ebert (1723–1795). Dichtung, Übersetzung und Kulturtransfer im Zeitalter der Aufklärung* (Germanisch-Romanische Monatsschrift. Beiheft 72). Heidelberg 2016; Cord-Friedrich Berghahn, Gerd Biegel und Till Kinzel (Hg.): *Johann Joachim Christoph Bode. Studien zu Leben und Werk* (Germanisch-Romanische Monatsschrift. Beiheft 83). Heidelberg 2017; Cord-Friedrich Berghahn, Gerd Biegel und Till Kinzel (Hg.): *Justus Friedrich Wilhelm Zachariä. Studien zu Leben und Werk* (Germanisch-Romanische Monatsschrift. Beiheft 92). Heidelberg 2018.

I.
BEGEGNUNGEN

CORD-FRIEDRICH BERGHAHN

„Seine Vorstellungsart ist so ganz verschieden von der meinigen": Joachim Heinrich Campe und Wilhelm von Humboldt

I.

Meine kleine Recherche gilt einem der ambitioniertesten Erziehungsprojekte der Goethezeit: der Privaterziehung des jungen Wilhelm von Humboldt und damit einem der wohl exzeptionellsten Lebensläufe der deutschen Kultur um 1800. Am Anfang dieses Lebenslaufes, der Wilhelm von Humboldt durch ganz Westeuropa führte, steht die Figur des Pädagogen Joachim Heinrich Campe; er kam 1769 als Erzieher und Hauslehrer nach Schloss Tegel, wo er sich Ferdinand von Holwedes annahm, des Halbbruders von Wilhelm und Alexander aus der ersten Ehe der Mutter. Schnell avancierte Campe auch zum Lehrer des kleinen Wilhelm, dem er, nach der späteren Aussage seines Schülers, bereits im Alter von drei Jahren lesen und schreiben beibrachte.[1] In einem Brief an die Jugend- und Altersfreundin Charlotte Diede schreibt Humboldt fast 60 Jahre später: „Ich habe bei ihm schreiben und lesen gelernt, und etwas Geschichte und Geographie nach damaliger Art, die Hauptstädte, die sogenannten sieben Weltwunder u.s.f. Er hatte schon damals eine sehr glückliche, natürliche Gabe, den Kinderverstand lebendig anzuregen…"[2]

Joachim Heinrich Campes Tegeler Zeit währte indes nicht lange: Er verließ die Brüder 1773, da war Wilhelm gerade einmal sechs Jahre alt. 1775 kehrte er noch einmal in das Humboldt'sche Haus zurück, diesmal auch als Lehrer Alexanders. Als *Erster Hauslehrer* wurde der quecksilbrige Mann allerdings 1773 durch den Aufklärer Johann Gottlob Christian Kunth ersetzt, der als *spiritus rector* einer Gruppe hervorragender Gelehrter präsidierte. Zu ihnen gehörten der Kritiker und Ästhetiker Johann Jakob Engel, der Staatswissenschaftler Christian Wilhelm Dohm und der Jurist Ernst Ferdinand Klein (einer der maßgeblichen Verfasser des Preußischen Landrechts).[3] Man kann die Bedeutung einer solchen Konzentration

---

[1] Wilhelm von Humboldt: *Briefe an eine Freundin*. Hg. von Albert Leitzmann. Leipzig 1909. Bd. I, S. 176 (Brief an Charlotte Diede vom 6.4.1825).

[2] Ebd., Bd. II, S. 264.

[3] Vgl. zur Erziehung und den Lebenswegen der Brüder die faszinierende Doppelbiographie von Manfred Geier: *Die Brüder Humboldt. Eine Biographie*. Berlin 2009, insbesondere S. 9–32.

von Intellektuellen kaum genug hervorheben. Das ist, so Conrad Wiedemann, „als würde heute ein Max-Planck-Direktor für Bildungsforschung, ein angesehener Nachfahre der Frankfurter Schule, ein Spitzenpublizist und ein Verfassungsrichter für zwei Jungen aus reichem Hause aufgeboten".[4]

Die von Campe, Dohm, Engel und Klein unter Kunths Leitung intensiv verfolgte Bildung der Humboldt-Brüder zielte ganz offensichtlich auf eine Karriere im Staatsdienst. Umso erstaunlicher ist der weitere Lebensweg der Brüder: Der ältere verweigerte sich nach kurzer Zeit der Beamtenkarriere und wurde Philosoph, Philologe, Privatgelehrter, Diplomat und Dichtungstheoretiker, bevor er sich 1809 den politischen Herausforderungen in der Zeit der Napoleonischen Besatzung stellte und als Sektionschef im preußischen Kultusministerium das moderne dreigliedrige Schulsystem und die moderne, Forschung und Lehre vereinende Universität erfand;[5] der jüngere wurde zu einem der bedeutendsten Weltreisenden, Entdecker und Naturforscher des 19. Jahrhunderts, dessen internationale Vernetzung im Wissenschaftsbetrieb selbst im globalisierten 19. Jahrhundert ihresgleichen sucht.[6]

Diesen positiven Aspekten ihrer Bildungsgeschichte steht die von beiden Knaben als frostig empfundene Atmosphäre im Hause gegenüber, die nach dem Tod des lebenslustigen und warmherzigen Vaters dominierte. Die Mutter war, wenn wir den Schilderungen der Brüder glauben können, eine zurückhaltende und emotional ausgesprochen kontrollierte Frau, die das hugenottische Leistungsethos verinnerlicht und intensiv mit (weitgehend unbegründeten) Existenzängsten amalgamiert hatte. Wilhelm von Humboldt hat sich in seinen Briefen an Karoline und an andere Vertraute wiederholt über diese emotionale Leerstelle seines Lebens geäußert. Zugleich jedoch hat die Mutter ihn und seinen Bruder vor dem Stumpfsinn der für seinen Stand üblichen Militärlaufbahn bewahrt und von früh auf das Interesse an intellektuellen Herausforderungen geweckt. Die Spuren dieser Sozialisation im Zeichen der Berliner Aufklärung lassen sich insbesondere im Bildungsgang Wilhelm von Humboldts gut verfolgen, und zwar im Positiven wie im Negativen, in der Abstoßung und, sagen wir einmal, in der Überwindung Campe'scher Positionen. Der Katalysator für diesen so merkwürdigen wie spannenden Prozess war die Französische Revolution – also *das* Elementarereignis der Goethezeit, jene Revolution, deren Beginn Wilhelm von Humboldt als einer der ersten Deutschen an der Seite Campes beobachten konnte.

---

4   Conrad Wiedemann: *„raffinirte kunst des umgangs". Ich-Findung in den frühen Rei-setagebüchern Wilhelm von Humboldts.* In: *Wilhelm von Humboldt: Universalität und Individualität.* Hg. von Ute Tintemann und Jürgen Trabant. München 2012, S. 33–54, hier S. 40.

5   Vgl. Cord-Friedrich Berghahn (Hg.): *Wilhelm von Humboldt Handbuch. Leben – Werk – Wirkung.* Stuttgart 2021 [im Druck].

6   Ottmar Ette: *Ein Leben in Bewegung.* In: Ders. (Hg.): *Alexander von Humboldt Handbuch. Leben – Werk – Wirkung.* Stuttgart 2018, S. 10–21.

Der erste erhaltene Brief aus der Feder Wilhelm von Humboldts ist an Campe gerichtet, dem der 13-Jährige im Februar 1781 nach Hamburg schreibt. Der Brief resümiert die Schicksalsschläge der Familie seit Campes Weggang – den frühen Tod des Vaters, dann den des als Vormund agierenden Oheims im folgenden Jahr. Diesem ersten Brief gesellte sich im Sommer desselben Jahres ein zweiter zu, der dem ehemaligen Lehrer die Lernfortschritte und das Bildungsprogramm des Knaben resümiert. Es ist ein Antwortbrief auf ein Schreiben Campes, der die Fortschritte Wilhelms durch konkrete Fragen messen wollte. Dieser Brief legt Zeugnis ab von jenem enormen Lernpensum, das beide Brüder in der Einsamkeit Tegels tagtäglich leisteten; ein Lernpensum, das beide traumatisiert und zugleich unvergleichlich fit gemacht hat für die Optionen, die sich bald schon anbieten sollten. Im Brief heißt es:

> Es bleibt mir jetzt noch übrig, Ihre dritte Frage zu beantworten, die nemlich, welche Bücher ich gelesen habe und, und noch lese? Zum Theil hab' ich sie schon beantwortet, nemlich in Ansehung der lateinischen und französischen Bücher. Jezt will ich Ihnen auch die deutschen Bücher nennen, die ich theils gelesen habe, theils noch lese. Diese sind vorzüglich: Ihre Seelenlehre, Ihr Robinson, Ihre Kinderbibliothek, Gellerts Briefe, Schüzens Elementarwerk, Trapps Unterredungen mit der Jugend, Millots allgemeine Weltgeschichte für Kinder [...]. Zu diesen Büchern kommt nun noch Ihre Entdekkung von Amerika, die wir vor einigen Tagen empfangen haben, und auf die ich mich sehr freue. (Briefe I, 25)[7]

Ein beeindruckendes Pensum, das der Dreizehnjährige wohl auch absolviert hat. Zu diesem Zeitpunkt waren seine Ansichten mit denen des einstigen Lehrers ohne Frage deckungsgleich. Eine analoge Denkart zeigen auch jene später, nämlich 1788, gewechselten Briefe, in denen der junge Liberale und Student Wilhelm von Humboldt den nunmehrigen Braunschweiger Verleger Campe bittet, als Autor in die Kämpfe der Gegenwart einzugreifen.

Anlass war die restriktive Religionsgesetzgebung des preußischen Ministers Johann Christoph von Woellner, der als Staats- und Justizminister Friedrich Wilhelms II. im Jahre 1788 das sog. Religionsedikt erließ. Dies war einer der stärksten Rückschläge, den die politische Aufklärung im 18. Jahrhundert hinnehmen musste; und Wilhelm von Humboldt, Student der Rechtswissenschaften in Göttingen und künftiger preußischer Beamter, versucht nun den liberalen Campe im liberalen Braunschweig auf die Spur zu bringen: „Ja wohl, haben Sie Recht, bester Herr Rath", heißt es im Brief vom 11. August 1788 an den Braunschweiger Verleger, „über das Preußische Edikt o tempora, o mores! auszurufen. So wenig Gutes ich

---

[7] Wilhelm von Humboldt: *Briefe*. Historisch-kritische Ausgabe. Abt. 1: *Briefe bis zum Beginn der diplomatischen Laufbahn 1781–1802*. Hg. von Philip Mattson. Bisher erschienen: Bd. I: *1781–Juni 1791*. Berlin/Boston 2014. Bd. II: *Juli 1791–Juni 1795*. Berlin/Boston 2015. Bd. III: *Juli 1795–Juni 1797*. Berlin/Boston 2016. Künftig unter Verwendung der Sigle ‚Briefe' mit Band- und Seitenzahl zitiert.

mir auch von diesem neuen Minister versprach, so glaubte ich doch nicht, daß das Ungewitter sobald hereinbrechen würde [...]". Sollte es, schlägt Humboldt nun Campe vor, „nicht überaus nützlich sein, wenn jemand, der auch Gewicht im Publikum hätte, und mehr als triviale Gemeinplätze zu schreiben im Stande wäre, sich öffentlich über das Edikt erklärte? Und von so aus ließe sich solche Erklärung jezt besser erwarten, als von Braunschweig aus? Die Berliner, unter denen wohl auch mancher fähig wäre, sie zu thun, müssen dulden – und schweigen. Aber hielten Sie, lieber Herr Rath, den Gegenstand nicht für wichtig genug, sich damit zu beschäftigen [...]?" (Briefe I, 105)

II.

Diese politische Gleichgestimmtheit zwischen Schüler und ehemaligem Lehrer gipfelte ein Jahr später in einer gemeinsamen Parisreise. Diese aber geriet wider Erwarten zum Schwellenort einer zunehmenden Entfremdung, die mit den sich immer deutlicher abzeichnenden unterschiedlichen Denkbewegungen der beiden Männer zusammenhängt. Noch 1788 hatte sich Wilhelm von Humboldt – fast kommentarlos – auf eine siebenwöchige „Reise nach dem Reich" begeben (GS XIV, 1).[8] Es war dies eine sog. ‚statistische Reise', die den jungen Juristen durch die unterschiedlichsten Herrschaften und Städte an Rhein und Main führte. Auf ihr standen Gespräche im Zeichen aufklärerischen Denkens im Zentrum. Ein Jahr später brach Humboldt dann gemeinsam mit dem Lehrer und Freund Campe auf nach Paris zu einer Reise ganz anderer Art. Conrad Wiedemann hat sie als „Bildungsreise" charakterisiert, „bei der ‚Welt' und Kennerschaft gefragt waren".[9] Aber die politische Entwicklung sollte die beiden Reisenden überholen. Sie kamen im Juli 1789 in das vom Bastillesturm aufgewühlte Paris und wurde unmittelbare Zeugen der ersten Phase der Revolution.

Diese gemeinsame Erfahrung haben Campe und Humboldt nun sehr verschieden verarbeitet. Campe in einer Reihe aufsehenerregender Publikationen, v. a. in seinen *Briefen aus Paris*,[10] und Humboldt in seinem Tagebuch und in Briefen an Caroline von Dacheröden, seine spätere Frau. In Paris ergreift beide dieselbe Begeisterung beim Anblick der gestürmten Bastille. So schreibt Humboldt am 9. August unter der Überschrift *Bastille* in seinem Tagebuch:

---

[8] Die Schriften Wilhelm von Humboldts werden unter Verwendung der Sigle GS und dem Nachweis von Band- und Seitenzahl nach der von Albert Leitzmann edierten historisch-kritischen Akademieausgabe zitiert: Wilhelm von Humboldt: *Gesammelte Schriften*. Hg. von der Preußischen Akademie der Wissenschaften (17 Bde.) Berlin 1903–1935.

[9] Wiedemann: *„raffinirte kunst des umgangs"* (Anm. 4), S. 36.

[10] Vgl. dazu Uwe Hentschel: *Ein Philanthrop im revolutionären Paris. Joachim Heinrich Campes Reise und seine zwei Reisebeschreibungen*. In: *Euphorion* 86 (1992), S. 209–220, und Hentschels Aufsatz in diesem Band.

So ist denn auch Linguets Weissagung [in den *Mémoires sur la Bastille*] erfüllt, die Bastille liegt in trümmern, und an ihre stelle tritt ein denkmal der endlich siegenden freiheit. Man arbeitet mit unglaublicher geschwindigkeit an ihrer zerstörung. Mehrere hundert menschen sind täglich damit beschäftigt; nur sonntags kann man hingehen, die ruinen zu besehen. [...] Es war das eigentliche bollwerk des despotismus, nicht bloss als ein grauenvolles gefängnis, sondern auch als eine festung, die ganz Paris beherrscht. (GS XIV, 119)

Hier klingt Campes berühmte Formulierung vom „Leichenbegängniß des französischen Despotismus" unmittelbar an.[11] Beide Reisegenossen teilen die Auffassung, dass das Frankreich des *ancien régime* und der Halsbandaffäre politisch fallen *musste*. Diese Gemeinsamkeit der Ansichten konnte die immer größere Diskrepanz der beiden Reisegenossen jedoch nicht verbergen.

In Humboldts Brief an Caroline von Dacheröden und Caroline von Beulwitz mischen sich zur gleichen Zeit nämlich andere Töne: „Ihr wißt es wohl", heißt es hier, „daß ich mit Campe reise. Außerdem hat Campe aber noch einen jungen Menschen bei sich, der mir oft beschwerlich wird. Campe selbst ist wirklich ein gutmütiger, sanfter, verträglicher Mann, dabei heiter und aufgeräumt, aber ein interessantes Gespräch kann es zwischen ihm und mir nicht geben. Seine Vorstellungsart ist so ganz verschieden von der meinigen. Sie – – – doch warum verderb ich das Papier damit!" (Briefe I, 207)

In seinem Tagebuch wird Humboldt konkreter. Hier lesen wir gleich zum Beginn der Reise im Eintrag zum 18. Juli 1789: „Was mich am meisten an Campe drükt ist die oratorische ausführung der trivialsten dinge. So hielt er heute 3 reden 1., dass künstler eitler wären, als solche, die solide wissenschaften studiren. 2., dass die eitelkeit abnehme, wenn man mit leuten lebe, die man über sich erkenne, wie er denn selbst z. b. ein narr geblieben sein würde, wenn er nie nach Berlin gekommen wäre. 3., dass die dichter am wenigsten gefühl, die theologen am wenigsten sittlichkeit, die schriftsteller am wenigsten sinn für wahrheit hätten, weil alle 3 mit diesen dingen gewerbe trieben, woraus er denn die nutzanwendung zog, dass man nicht theologie studiren sollte. In der that eine vorsichtige moral!" (GS XIV, 77) Diese Ressentiments gegen Campe verdichten sich. Das ist sicher eine Frage des Charakters, aber, so denke ich, dahinter stehen grundsätzliche Positionen – solche gegenüber der Lebenswirklichkeit, der Geschichte und dem Menschenbild.

Alles dies wird in den Tagebuchaufzeichnungen durchgespielt. Diese Tagebücher des jungen Wilhelm von Humboldt gehören zu den spannendsten, unbekanntesten und experimentellsten autobiographischen Dokumenten der Goethezeit. In ihnen versucht der junge Student, der Moritz- und auch frischgebackene Kant-Leser Wilhelm von Humboldt nicht nur, die Geschehnisse seines Lebens zu dokumentieren, er unternimmt in ihnen vor allem auch eine laufende Selbstanalyse in erfahrungsseelenkundlicher Hinsicht. Dieser experimentelle Text, der

---

[11] Joachim Henrich Campe: *Briefe aus Paris zur Zeit der Revolution geschrieben.* Braunschweig 1790, S. 4.

nebenbei auch noch ganz neue Parameter der Beobachtung bei der Beobachtung der Großstadtkultur von Paris entwickelt, dieser experimentelle Text überlässt so leicht nichts dem Zufall. In ihm wechseln erzählende mit protokollierenden und analytische mit deskriptiven Passagen. Wie etwa diese:

> Zwischen Campe und mir auf dieser ganzen reise wenig gespräch, noch weniger interessantes. Ich kann mich nicht in die art finden, wie er die dinge ansieht. Seine und meine gesichtspunkte liegen immer himmelweit auseinander. Ewig hat er vor augen, und führt er im munde, das was nüzlich ist, was die menschen glüklicher macht, und wenn es nun darauf ankommt zu bestimmen was das ist, so ist diese bestimmung immer so ein- | geschränkt. Für das schöne, selbst für das wahre, tiefe, feine, scharfsinnige in intellectuellen, für das grosse, in sich edle in moralischen dingen scheint er äusserst wenig gefühl zu haben, wenn nicht mit diesem zugleich eigen ein unmittelbarer nuzen verbunden ist. Vom Rheinfall bei Schaffhausen sagte er mir – was er auch, glaub' ich, hat drukken lassen – ,ich sehe lieber einen kirschbaum, der trägt früchte, und so schön und gross der Rheinfall ist, so ist es ein unnüzes geplätscher, das niemandem nüzt.' Als wenn nicht der sinn für schönheit ergriffen würde, sobald sich nur der gegenstand darbietet, ohne an nüzlichkeit oder schädlichkeit zu denken; und als wenn es nicht wahrer reicher gewinn wäre, das grosse bild in die seele zu fassen, und darin zu bewahren, als wenn nicht tausend andre ideen dadurch entständen, oder daran sich hängten, und als wenn nicht die ganze vorstellungsart grösser, vielseitiger würde, ie grösser und füllender die gegenstände sind, womit sie genährt wird. Auch seine beurtheilung von menschen ist gänzlich anders, als die meinige. (GS XIV, 85f.)[12]

Die Passage schließt dann doch einigermaßen versöhnlich: „Uebrigens aber reis' ich doch gern mit ihm; er ist lustig, nicht an viele bequemlichkeiten gewöhnt, und fordert beinah gar kein gespräch von mir. Führeransehen giebt er sich gar nicht." (Ebd.)

Die Gegensätze, die sich hier zwischen dem einstigen Erzieher und seinem Zögling auftun, sind, wie gesagt, mehr als nur persönlicher Art. Es sind die Grenzen eines Zeitalters, die sich am deutlichsten in der Ästhetik, also im theoretischen Nachdenken über den Wert und die Bedeutung des Schönen im Alltag abzeichnen. Hier vertritt Campe klar Positionen der wirkungsbezogenen Ästhetik der Hochaufklärung: Das Schöne gewinnt seine Daseinsberechtigung aus dem Nutzen, den es stiftet. Humboldt, der als Junge im Hause des Philosophen Moses Mendelssohn aus- und einging, also gewissermaßen im unmittelbaren Zentrum der ästhetischen Boulversements der Spätaufklärung verkehrte, sieht das nicht mehr so und steht

---

[12] Vgl. zu Campes Bemerkungen zur Nützlichkeit des Rheinfalls Uwe Hentschel: *Naturerfahrung und Landschaftsdarstellung in den Beschreibungen des Rheinfalls bei Schaffhausen im 18. und 19. Jahrhundert.* In: *Jahrbuch der Österreichischen Goethe-Gesellschaft* 106/107 (2002/2003), S. 88–91.

hier auf dem Punkt, den Karl Philipp Moritz 1786 Mendelssohn gegenüber angedeutet und 1788 im Austausch mit Goethe dann explizit ausgeführt hat.[13]

Die Bemerkungen über Campe können also auch als Indikatoren einer transzendentalen Wende gelesen werden, die sich hier auf Ästhetisches bezieht, aber dies mit politischen Implikationen tut. Deutlich werden diese, wenn wir auf die Stellung der beiden Männer zum Elementarereignis der Französischen Revolution blicken. Anfangs teilen beide einen revolutionären Enthusiasmus, doch wo Campe in seinen Paris- und Revolutionsbüchern intensiv auf die Umwälzungen in der französischen Metropole blickt, wo er sich um eine Herleitung der Ideen der Revolution bemüht,[14] interessieren Humboldt auf eine so merkwürdige wie faszinierende Weise Phänomene der Dauer und der Kontingenz. So beobachtet er die Bewegung der Masse im Stadtkörper und registriert die Institutionen und den ästhetischen Rahmen, in dem sich der Alltag vollzieht.[15]

Für Humboldt wird diese Parisreise weniger zu einer politischen als zu einer anthropologischen Erfahrung; anders als Campe entwickelt er eine auf die Gesamtheit der Phänomene zielende Optik, die auf die „Kriterien menschlicher Individualiät" fokussiert. In seinem weiteren Lebenslauf vollzieht sich die Verfolgung dieses anthropologischen Forschungsprojekts „auf dem Wege einer psychologisierenden Sprachkritik und endet im Eklat einer kompromisslosen Selbstwahrnehmung".[16]

---

[13] Vgl. die Entwicklung der Moritz'schen Ästhetik von dem Denken Mendelssohns bis zur Ausformulierung der Autonomieästhetik im Gespräch mit Goethe bei Alessandro Costazza: *Schönheit und Nützlichkeit. Karl Philipp Moritz und die Ästhetik des 18. Jahrhunderts* (IRIS 10). Frankfurt/Bern u. a.; *Genie und tragische Kunst. Karl Philipp Moritz und die Ästhetik des 18. Jahrhunderts* (IRIS 13). Frankfurt/Bern u. a. 1999.

[14] Vgl. insbesondere die Passagen zum politischen Charakter der französischen Aufklärung, Campe: *Briefe aus Paris* (Anm. 11), S. 140ff. – Jörn Garber hat in einem maßgeblichen Aufsatz die Offenheit des Campe'schen Blicks auf die revolutionären Vorgänge dargestellt und Campe so nicht nur als aufmerksamen Beobachter, sondern auch als an Strukturen und soziologischen Verschiebungen interessierten Analytiker gewürdigt (Jörn Garber: *Joachim Heinrich Campes Reisen in die „Hauptstadt der Menschheit"* (1789/1802). In: *Visionäre Lebensklugheit: Joachim Heinrich Campe in seiner Zeit (1746–1818)*. Katalog zur Ausstellung des Braunschweigischen Landesmuseums. Hg. von Hanno Schmitt. Wiesbaden 1996, S. 225–246, vgl. insbesondere S. 233ff. – Vgl. zu Campes Revolutionserfahrung und -bild darüber hinaus Hans-Wolf Jäger: *Kritik und Kontrafaktur. Die Gegner der Aufklärungs- und Revolutionsreise*. In: Wolfgang Griep und Ders. (Hg.): *Reise und soziale Realität am Ende des 18. Jahrhunderts* (Neue Bremer Beiträge 1). Heidelberg 1983, S. 79–93, sowie Hans-Wolf Jägers *Nachwort* und seine Dokumentation in der von ihm besorgten Neuausgabe der *Briefe aus Paris zur Zeit der Revolution geschrieben* (Hildesheim 1977).

[15] Vgl. Cord-Friedrich Berghahn: *Urbane Semantik. Metropolenerfahrungen bei Wilhelm von Humboldt am Beispiel der Pariser Tagebücher*. In: *Tableau de Berlin 1785–1815* (Berliner Klassik 10). Hg. von Iwan D'Aprile, Martin Disselkamp und Claudia Sedlarz. Hannover 2005, S. 307–330.

[16] Wiedemann: *„raffinirte kunst des umgangs"* (Anm. 4), S. 45.

Viel extensiver und intensiver als Campe avanciert dabei das Gespräch zum Medium der anthropologischen Forschung. Und dass Campe dieses nur in didaktisch-dozierender Art und Weise beherrscht, ist, wie ich vermute, *ein* Auslöser der zunehmenden und dauerhaften Entfremdung zwischen Lehrer und Schüler.

Politisch hat sich die Erfahrung bei beiden Männern sehr unterschiedlich artikuliert. Campe hat nach 1789 das Thema der Revolution direkt angesprochen: 1790 erschienen die *Briefe aus Paris*, 1792 die *Geschichte der französischen Staatsumwälzung*.[17] In beiden Texten gibt sich Campe unverhohlen als Sympathisant der Revolution zu erkennen, stellt das Frankreich des *ancien régime* aber auch in einen diametralen Gegensatz zu Deutschland, insbesondere zu Preußen und dem Herzogtum Braunschweig. Schon das Vorwort zu den *Briefen aus Paris* ist eine Hymne an den aufgeklärten Absolutismus – wobei die Betonung auf dem Adjektiv zu liegen hat[18] –, und die *Geschichte der französischen Staatsumwälzung* liest sich über weite Strecken wie einer der Campe'schen Abenteuerromane – gipfelnd in der gewaltsamen Überführung der königlichen Familie nach Paris im dritten Band. Was beiden Texten abgeht, ist ein konkretes Interesse an Verfassungsfragen, sind tiefere strukturelle Einsichten (oder wenigstens ein Interesse an strukturellen Einsichten) in die Ursachen der Revolution, die für Campe vorwiegend eine Frage der moralischen Degeneration und des Missbrauchs von Privilegien und nicht der Struktur des Systems ist.

Für Wilhelm von Humboldt war das Erlebnis der Revolution nicht weniger entscheidend als für Campe, und vielleicht haben die Gegensätze, die er gegen den Reisegenossen und dessen Anschauungen entwickelte, auch zur Präzisierung seiner eigenen Ideen über die Revolution, über politische und gesellschaftliche Verfasstheit, ja zur ersten gültigen Ausformulierung seines politischen und anthropologischen Credos beigetragen. Damit zusammen hängen unmittelbare Konsequenzen für sein politisches Denken. Auch sie entwickelt Humboldt zuerst brieflich: In einem Schreiben nämlich, das er 1790 an den Freund Friedrich Gentz richtet. 1791 erschienen sie auszugweise unter dem Titel *Ideen über Staatsverfassung, durch die neue französische Constitution veranlasst* in der *Berlinischen*

---

[17]   Vgl. zum publizistischen Umfeld und zur unmittelbaren Rezeption der Revolutionsschriften Campes die Beiträge von Nikolas Immer und Dirk Sangmeister in diesem Band.

[18]   Campe schreibt: „Wenn dieses unbedeutende Werkchen", heißt es hier, „schon längst vergessen und der Nahme seines Verfassers schon längst verweht seyn wird; so wird die Thatsache: daß ein deutscher Schriftsteller zu einer Zeit, da der Denk- und Preßfreyheit in Deutschland neue Schranken gesetzt waren, in diesem Lande und unter diesem Fürsten, wie der Bürger eines Freystaats schreiben durfte, noch in den Jahrbüchern der Menschheit aufbewahret werden, und in dem unvergänglichen Ehrenkranze dieses großen Fürsten, als einer der schönsten Edelsteine glänzen." (*Briefe aus Paris* (Anm. 11), S. V.) – In diese politische Richtung zielt auch die 1793 publizierte Flugschrift *An meine Mitbürger*, die sich bei Louis Kientz abgedruckt findet (*J.H. Campe et la Revolution française avec des Lettres et Documents inédits*. Paris 1939, S. 115–122).

Monatsschrift – dem Zentralorgan der Berliner, ja der deutschen Aufklärung überhaupt.

In diesem Text skizziert Humboldt Staats- und Verfassungs-, aber auch Bildungsideen, die von Campes paternalistischem Glückseligkeitsstaat radikal abweichen. Ihr Autor ist mittlerweile Privatier, der sich nach Abschluss der juristischen Studien und des Referendariats aus dem politischen Leben vollkommen zurückgezogen hat, um auf dem Land Altgriechisch zu lernen, Texte zu übersetzen – und nachzudenken. In den *Ideen über Staatsverfassung* rechnet Humboldt mit dem von Campe so sehr favorisierten aufgeklärten Absolutismus ab und erklärt das paternalistische „Princip, dass die Regierung für das Glük und das Wohl, das physische und moralische, der Nation sorgen muss" zum eigentlichen Motor des „ärgste[n] und drückendste[n] Despotismus" (GS I, 83).

Humboldt formuliert in seinen *Ideen über Staatsverfassung* zum ersten Mal eine Skepsis gegenüber dem politischen Rationalismus, mit dem Teile der radikalen Aufklärung die politische Krise des *ancien régime* zu lösen glaubte. Dabei kommt ihm sein anthropologisches Bildungsprojekt der vergangenen Jahre – das Beobachten möglichst vieler Phänomene und der programmatische Verkehr in möglichst unterschiedlichen gesellschaftlichen Konstellationen[19] – zu Gute. Programmatisch artikuliert sich seine Skepsis aller more geometrico entworfenen Verfasstheit gleich zu Beginn des Aufsatzes:

> Die constituirende Nationalversammlung hat es unternommen, ein völlig neues Staatsgebäude, nach blossen Grundsäzen der Vernunft, aufzuführen. Dieses Faktum muss jedermann, und sie selbst muss es einräumen. Nun aber kann keine Staatsverfassung gelingen, welche die Vernunft – vorausgesezt, dass sie ungehinderte Macht habe, ihren Entwürfen Wirklichkeit zu geben – nach einem angelegten Plane gleichsam von vorher gründet; nur eine solche kann gedeihen, welche aus dem Kampfe des mächtigeren Zufalls mit der entgegenstrebenden Vernunft hervorgeht. Dieser Saz ist mir so evident, dass ich ihn nicht auf Staatsverfassungen allein einschränken möchte, sondern ihn gern auf jedes praktische Unternehmen überhaupt ausdehne. (GS I, 78)

---

[19] „Wo ich keine Gegenstände der Beobachtung habe, wo ich mit Büchern und mir lebe, selbst bei dem besten Umgang, da werde ich abgezogen, dunkel, phantastisch." (Wilhelm von Humboldt brieflich an Friedrich Schiller, 30. April 1803. In: *Der Briefwechsel zwischen Friedrich Schiller und Wilhelm von Humboldt*. Hg. von Siegfried Seidel (2 Bde.). Berlin 1962, hier Bd. II, S. 240f.); vgl. dazu auch Cord-Friedrich Berghahn: *„Werk des Menschen und Ausdruck der Welt": Aspekte einer Anthropologie der Kunst im Briefwechsel zwischen Wilhelm von Humboldt und Friedrich Schiller*. In: *Friedrich Schiller und Wilhelm von Humboldt*. Mit Beiträgen von Cord-Friedrich Berghahn, Manfred Geier und Michael Maurer. Hg. von Helmut Hühn, Nikolas Immer und Ariane Ludwig. Weimar/Jena 2019, S. 27–45.

In den *Ideen über Staatsverfassung* ist Humboldts weiteres politisches Denken in nuce vollständig angelegt. Schon hier, so Michael Maurer, „stellen ‚Individuum' und ‚Freiheit' Schlüsselbegriffe dar. Staat und Verfassung werden letztlich danach beurteilt, wieweit sie eine Entfaltung von individuellen Kräften ermöglichen."[20] Anders als Campe, der in den *Briefen aus Paris* die Vernunft zum Richtmaß des Politischen erklärt, spielen für Humboldt Geschichte und Kontingenz entscheidende Rollen. „Nicht *Zustände* sind entscheidend, sondern das Früher und Später; jeder Zustand ist nur ein zufälliger Durchgangszustand. Damit wird auch ausgesagt, daß eine willkürlich angesetzte Vernunft nicht auf Dauer eine Verfassung stiften kann; sie kann nur einen Durchgangszustand schaffen…"[21]

Das alles konnten Humboldts Zeitgenossen 1791 lesen und diskutieren. Was sie nicht wussten, weil sie es nicht lesen konnten, war, dass der junge preußische Intellektuelle in diesen Wochen und Monaten über einer der faszinierendsten politischen Schriften des Zeitalters der Französischen Revolution saß. Sie trägt den umständlichen Titel *Ideen zu einem Versuch, die Grenzen der Wirksamkeit des Staats zu bestimmen* und erschien postum erst 1851. Da aber fiel sie auf fruchtbaren Boden und avancierte dank der enthusiastischen Aufnahme durch John Stuart Mill zu einer Inkunabel des westeuropäischen Liberalismus.

III.

Damit bin ich auch schon am Ende meiner Recherche angelangt. Aus den Schriften Wilhelm von Humboldts verschwindet Campe nach 1790 vollständig, in den Briefen taucht er nur noch wenige Mal am Rande auf.[22] Auch von Campe wird Wilhelm nach der gemeinsamen Parisreise kaum noch erwähnt.[23] Und das, obwohl er nicht nur weiterhin Kontakt zum Bruder Alexander pflegte, sondern auch der Verleger von dessen erstem Buch war, den *Mineralogischen Beobachtungen über einige Basalte am Rhein*, die 1790 in der Braunschweigischen Schulbuchhandlung erschienen. Dies ist umso befremdlicher, als sie auch den Sprachwissenschaftler

---

[20] Michael Maurer: *Wilhelm von Humboldt. Ein Leben als Werk*. Köln/Weimar/Wien 2016, S. 38

[21] Ebd.

[22] So in den *Briefen an eine Freundin* (Anm. 1), und zwar im Kontext des Alterns, der eines der großen Themen des Briefwechsels zwischen Wilhelm von Humboldt und Charlotte Diede (der ‚Freundin') ist. Hier schreibt Humboldt am 3. Juli 1831 von Campes Demenzerkrankung, die diesen als alten Mann „wieder ins Kindesalter" zurückkehren ließ (Bd. II, S. 198).

[23] Eine Ausnahme bilden die Briefe an Alexander von Humboldt, doch selbst in ihnen verschwindet der Name des Bruders im Verlauf der frühen 1790er Jahre, vgl. *Briefe von und an Joachim Heinrich Campe* (2 Bde.). Hg., eingeleitet und kommentiert von Hanno Schmidt. Wiesbaden 1996/2007; Bd. II, Brief 557 (letzte nachweisbare Erwähnung, 1792).

und Lexikographen Campe betrifft. In den bisher erschienenen *Schriften zur Sprachwissenschaft* Humboldts jedenfalls habe ich den Namen Campe nicht ein einziges Mal gefunden.[24]

Doch so kurz und sporadisch die Begegnung Joachim Heinrich Campes und Wilhelm von Humboldts auch gewesen sein mag, für das Denken und Schreiben des Schülers sind die Jahre in Tegel und die Wochen in Paris an der Seite des Lehrers und Freundes von kaum zu überschätzender Bedeutung. Campe war der entscheidende Lehrer des ganz jungen Knaben, und auch für den Heranwachsenden dürfte die enzyklopädische Breite seiner Interessen nicht nur interessant und unterhaltsam, sondern auf programmatische Art und Weise prägend gewesen sein. Bei allen Dissonanzen auf der gemeinsamen Parisreise darf man deshalb wohl trotzdem vermuten, dass Wilhelm von Humboldt kaum einen besseren Reisegenossen hätte finden können.

[24] Wilhelm von Humboldt: *Schriften zur Sprachwissenschaft*. Hg. von Kurt Mueller-Vollmer in Zusammenarbeit mit Tilman Borsche, Bernhard Hurch, Frans Plank, Manfred Ringmacher, Jürgen Trabant und Gordon Whittaker. Paderborn/München/Zürich/Wien 1994ff. (bislang 8 Bde.).

Franziska-Katharina Schlieker

Der Streit um die Autonomieästhetik:
Karl Philipp Moritz und Joachim Heinrich Campe

I.   Streit in der République des lettres

„Ich überlasse es nun einem jeden [...] zu entscheiden, in wiefern Herr Campe seine Kunst, *die Leute moralisch todtzuschlagen*, auch an mir versucht hat."[1] Mit diesen Worten beendete Karl Philipp Moritz 1789 seinen öffentlichen Streit mit Joachim Heinrich Campe. Diese Auseinandersetzung ist bis heute eine der bemerkenswertesten Kontroversen des ziemlich streitlustigen 18. Jahrhunderts – und eine der wichtigsten, eine nämlich, an der sich die Grenze zweier Zeitalter erkennen lässt. Was aber war der Grund für dieses Zerwürfnis? Muss man nicht zunächst eine ähnliche Meinung oder Auffassung haben, um sich dann später voneinander abzugrenzen?[2] Oder um auf diese Art und Weise miteinander zu streiten?

Diesen Fragen möchte ich im Folgenden nachgehen, wobei die Auseinandersetzung Moritz/Campe aus Briefen rekonstruiert werden soll.[3] Bis heute nämlich ist diese Auseinandersetzung zwischen Autor und Verleger weitgehend terra incognita der Forschung; lediglich Gerhard Sauder widmete sich ihr,[4] wo-

---

[1]   Karl Philipp Moritz: *Ueber eine Schrift des Herrn Schulrath Campe, und über die Rechte des Schriftstellers und Buchhändlers.* Berlin 1789. Wieder abgedruckt in: *Moritz contra Campe. Ein Streit zwischen Autor und Verleger im Jahr 1789* (Kleines Archiv des achtzehnten Jahrhunderts 18). Mit einem Nachwort und herausgegeben von Reiner Marx und Gerhard Sauder. St. Ingbert 1993, S. 72.

[2]   Dieses Phänomen beschreibt Harold Bloom, indem er sich dem Phänomen des bewussten bzw. unterbewussten Einflusses annimmt und ihn für die Dichtung beschreibt. Harold Bloom: *Einfluss-Angst. Eine Theorie der Dichtung.* Frankfurt/M. 1995, S. 93ff.

[3]   Die Briefe an den Schwiegersohn Friedrich Vieweg sind in der Briefausgabe von Campe und bei Eybisch nicht erwähnt, aber im Vieweg-Archiv vorhanden. Signatur: V1M:135. Lediglich Christof Wingertszahn gibt in seinem Aufsatz *„zu einer vorläufigen Ankündigung ist es immer genug": Unbekannte Mitteilungen von Karl Philipp Moritz an seinen Verleger Johann Friedrich Vieweg* In: *Berliner Aufklärung. Kulturwissenschaftliche Studien* 1 (1999), S. 220–230, einen Hinweis auf die Existenz zweier Briefe; ebd., S. 222 und S. 227 (mit Transkription).

[4]   Gerhard Sauder: *Ein deutscher Streit 1789. Campes Versuch „moralischen Totschlags" und Moritz' Verteidigung der Rechte des Schriftstellers.* In: *Kontroversen, alte und neue. Akten des VII. Internationalen Germanisten-Kongresses Göttingen 1985.* Bd. II:

bei er sein Augenmerk v. a. auf die publizierten Schriften legt. Gleichzeitig wird
der Wendepunkt der Ästhetik um 1800 in diesem Beitrag skizziert. Dabei geht
es auch darum, Nebenschauplätze zu zeigen, die für das Streiten wichtig waren.
Dazu zählt z. B. die Beziehung zwischen Goethe und Moritz. Beide werden später
zu Vertretern jener Schule, die die Germanistik des späten 19. Jahrhunderts als
‚Weimarer Klassik' bezeichnet hat; beide sind 1786 Vertreter einer sich vehement
gegen Campes Wirkungsästhetik abgrenzenden Gruppe junger Intellektueller.

Beginnen wir zunächst mit den Gemeinsamkeiten der späteren Kontrahenten:
Beide waren Pädagogen, beide gaben Periodika heraus, beide waren Anhänger der
Erfahrungsseelenkunde, ja, Moritz kann mit Recht als ihr eigentlicher Begründer
angesehen werden, publizierte er doch ab 1783 das *Magazin zur Erfahrungsseelenkunde.*[5] Hier sammelte er Fallbeispiele psychischer Erkrankungen und mach-
te sie einem größeren Publikum zugänglich. Moritz und Campe dürften sich im
Frühjahr 1778 im Basedow'schen Philanthropin in Dessau getroffen haben. Campe war dort Mitkurator, und Moritz avisierte eine Beschäftigung als Pädagoge.
Davon hielt ihn aber ein siebenwöchiges Fieber kurz nach seinem Eintreffen in
Erfurt bzw. Dessau ab, was eine Anstellung letztendlich verhinderte.[6] 1781 sahen
sie sich dann in Hamburg.[7] Campe wollte Moritz' Interesse für sein geplantes
Erziehungsinstitut wecken. Doch auch hier machte eine Erkrankung des Kandidaten einen Strich durch die Rechnung. Moritz schrieb dann am 17. August 1781
an Campe: „– Lassen sie mich zu meinem Troste wenigstens einige Fäden wieder
anknüpfen, und vergönnen Sie mir an Ihrer *Kinderbibliothek* mitzuarbeiten. Ich
will Ihnen einige Aufsätze zuschicken, die größtentheils schon fertig liegen, und
will es Ihnen überlassen, was Sie davon brauchen können. –"[8] Diese Beiträge erschienen ab dem siebenten Bändchen in Campes *Kinderbibliothek* und waren zum
größten Teil Passagen aus bereits veröffentlichten Schriften von Moritz.[9]

Formen und Formgeschichte des Streitens. Der Literaturstreit. Hg. von Franz Josef
  Worstbrock und Helmut Koopmann. Tübingen 1986, S. 91–97.

[5] Der vollständige Name lautet: *Gnothi Sauton oder Magazin zur Erfahrungsseelenkunde als ein Lesebuch für Gelehrte und Ungelehrte* und ist als Digitale Edition unter
  <https://www.mze.gla.ac.uk> abrufbar. Die Digitale Edition wurde von Sheila Dickson
  und Christof Wingertszahn herausgegeben.

[6] Vgl. Albert Meier: *Karl Philipp Moritz.* Stuttgart 2000, S. 31f. Widersprüchliche Darstellungen hierzu sind auch in Willi Winkler: *Karl Philipp Moritz.* Reinbek bei Hamburg 2006, S. 40ff. zu finden.

[7] Vgl. Christoph Wingertszahn: *„zu einer vorläufigen Ankündigung ist es immer genug".
  Unbekannte Mitteilungen von Karl Philipp Moritz an seinen Verleger Johann Friedrich
  Vieweg* (Anm. 3), S. 220–230, hier S. 224.

[8] Hugo Eybisch: *Anton Reiser. Untersuchungen zur Lebensgeschichte von K. Ph. Moritz
  und zur Kritik seiner Autobiographie* (Probefahrten. Erstlingsarbeiten aus dem Deutschen Seminar in Leipzig). Leipzig 1909, S. 192.

[9] Da diese neun Beiträge in der Forschung noch nicht in einer Übersicht zusammengefasst wurden, möchte ich dies hier nachreichen. Passagen aus *Unterhaltungen mit meinen Schülern. Vom Vertrauen auf Gott* erschienen als *Geschichte des jungen Alwils.* In:

II. Auf dem Weg zur Autonomieästhetik

Begeben wir uns zum Ausgangspunkt unserer Kontroverse. Im Januar 1786 starb Moses Mendelssohn 56-jährig in Berlin im Gefolge des sog. Pantheismus- oder Spinozastreit mit Friedrich Heinrich Jakobi.[10] Moritz ergriff in dieser Auseinandersetzung Partei für seinen Mentor und Freund Mendelssohn[11] – und eckte mit seiner scharfen Kritik an Jacobi („*Lavaters* Zudringlichkeit gab seinem Leben den ersten Stoß, *Jakobi* vollendete das Werk."[12]) in Berlin an.[13]

Kleine Kinderbibliothek. Herausgegeben von J.H. Campe. Achtes Bändchen. Hamburg: in der Heroldschen Buchhandlung, 1782. S. 74–79; *Die Reise durchs Leben.* In: Ebd., S. 94–105; *Vom rechten Gebrauch der Zeit* erschien als *Warnung wider die Verschwendung der Zeit* ebd., S. 68–72; *Vom Widerwillen gegen das Gute* erschien als *Nur der Anfang ist schwer.* In: *Kleine Kinderbibliothek.* Siebentes Bändchen. Hamburg: in der Heroldschen Buchhandlung, 1781. S. 34–37; *Die beiden Arbeiter* erschien ebd., S. 40–41; *Der Kaufmann und seine vier Söhne* erschien als *Willich, oder der gute Haushälter.* In: *Kleine Kinderbibliothek.* Herausgegeben von J.H. Campe. Eilftes Bändchen. Hamburg: in der Heroldschen Buchhandlung, 1784. S. 113–127; *Der Uebergang vom Guten zum Bösen* erschien in: *Kleine Kinderbibliothek.* Siebentes Bändchen. 1781. – Weitere Texte: *Mit welcher Freude eine Anzahl guter Kinder die geliebte Mutter und den Bruder ihrer Pflegemutter empfingen. Kleine Kinderbibliothek.* Zehntes Bändchen. Hamburg: in der Heroldschen Buchhandlung, 1784, S. 9–12. U. a. Neuauflage in: *Kleine Kinderbibliothek* 5. Theil (darin: 9. u. 10. Bändchen der 1. Aufl.), S. 22–24. Das eindrucksvolle Höhlenerlebnis der *Reisen eines Deutschen in England* erschien auch als *Die große Höhle bei Castleton in dem hohen Peak von Derbishire.* In: *Kleine Kinderbibliothek.* Neuntes Bändchen. Hamburg: in der Heroldschen Buchhandlung, 1783. S. 76–87.

[10] In *Über die Lehre des Spinoza in Briefen an den Herrn Moses Mendelssohn* bezichtigt Jakobi Lessing nach dessen Tod, ein Spinozist zu sein. Eine Rekonstruktion, wie es zu Mendelssohns Tod kam, findet sich bei Birgit Nehren: *Eine Dokumentation zum Streit über den Tod Moses Mendelssohns.* In: *Aufklärung* 7.1 (1992), S. 93–116.

[11] Die Wichtigkeit von Mendelssohn für Moritz hebt u. a. Iwan-Michelangelo D'Aprile hervor: *Die schöne Republik. Ästhetische Moderne in Berlin im ausgehenden 18. Jahrhundert.* Tübingen 2006, S. 40f., vgl. auch Cord-Friedrich Berghahn: *Das Wagnis der Autonomie. Studien zu Karl Philipp Moritz, Wilhelm von Humboldt, Heinrich Gentz, Friedrich Gilly und Ludwig Tieck.* (Germanisch-Romanische Monatsschrift. Beiheft 47) Heidelberg 2012, S. 61ff.

[12] Karl Philipp Moritz: *Moses Mendelssohn an die Freunde Lessings. Ein Anhang zu Herrn Jacobi Briefwechsel über die Lehre des Spinoza.* In: *Königlich-privilegirte Berlinische Zeitung von Staats- und gelehrten Sachen.* 10tes Stück. Dienstags den 24. Januar 1786. Wieder abgedruckt in Nehren: *Eine Dokumentation* (Anm. 10), S. 98f.

[13] Vgl. Karl Philipp Moritz: *Sämtliche Werke.* Kritische und Kommentierte Ausgabe. Herausgegeben von Anneliese Klingenberg, Albert Meier, Conrad Wiedemann und Christof Wingertszahn. Tübingen & Berlin/Boston 2005ff. (künftig zitiert unter Verwendung der Sigle KMA), hier Bd. XI, S. 351f.

Alle öffentlichen Versuche[14] zur Versöhnung schlug er kategorisch aus und beharrte auf seinem Standpunkt.[15] Ob Moritz deswegen den für ihn bequemsten Ausweg wählte und aus dem Berliner „Schulkerker" floh,[16] oder ob es doch an einer unglücklichen Liebe lag, kann hier nicht näher erörtert werden. Passen könnte beides, und so schrieb Moritz an den Freund Karl Friedrich Klischnig am 26. Juni 1786: „Es ist beschlossen! Ich muß fort, wenn ich nicht zu Grunde gehen will. Ich erliege im ewigen Kampf mit einer Leidenschaft, die doch nie befriedigt werden kann. Nach Italien sehn' ich mich, und doch fürchte ich die Trennung."[17] Moritz machte sich auf den Weg nach Salzdahlum, um dort Campe von seinen Plänen der Italienreise zu erzählen und einen Vertrag über mögliche Veröffentlichungen mit ihm auszuhandeln. Am 21. August schrieb er an den Magistrat der Stadt Berlin:

> Da sich mir eine Gelegenheit dargeboten hat, nach Italien zu reisen, und mich eine
> Zeitlang dort aufzuhalten, um die Alterthümer zu studieren, so bin ich jetzt im Begriff diese Reise zu thun. Und ob nun diß gleich der einzige Weg wäre, um mich
> zum vollkommnen Lehrer der schönen Wissenschaften, wozu ich eigentlich angesetzt bin, zu bilden[.][18]

Bei Klischnig ist in einem späteren Brief die Rede von einem „vortheilhaften Vertrag".[19] Doch was genau hatten Campe und Moritz nun ausgehandelt? Moritz

---

[14] U. a. von Moritz' Arzt und Freund Marcus Herz
[15] Vgl. Nehren: *Eine Dokumentation* (Anm. 10), S. 97.
[16] So schreibt er bereits aus Salzdahlum an Klischnig „Jetzt bin ich frey – habe das Joch abgeschüttelt, das ich mir so geduldig auflegen ließ, ohne zu ahnden, wie sehr es mich noch drücken würde, und bin dem Schulkerker entflohen." In: Eybisch: *Anton Reiser* (Anm. 8), S. 198–199 (Nr. 18).
[17] Eybisch: *Anton Reiser* (Anm. 8), S. 196 (Nr. 13). In der Forschung ist lange diskutiert worden, ob Moritz vor einer unerfüllten Liebe zur Bergrätin Standke nach Italien floh, mit der Arbeit von Claudia Sedlarz »*Rom sehen und darüber reden*« wurden diese Vorurteile aber entkräftet und sie konnte darstellen, dass Moritz Italienreise der Fortbildung diente. Vgl. Claudia Sedlarz: »*Rom sehen und darüber reden*« *Karl Philipp Moritz' Italienreise 1786–1788 und die literarische Darstellung eines neuen Kunstdiskurses*. Hannover 2010, S. 34ff.; Sedlarz führt weiter „zwei Episoden/Personen" an, die Moritz Wunsch, nach Italien zu reisen, geweckt haben. Zum einen das Treffen mit einem „italienischen Grafen Lanfranki", der ihm eine Vorhersage macht, dass in Italien Moritz Glück beginnen werde. Zum anderen den auf einer Reise durch Deutschland kennengelernten Baron von Hörwart (vgl. ebd., S. 31f.).
[18] Eybisch: *Anton Reiser* (Anm. 8), S. 197–198 (Nr. 17).
[19] Eybisch: *Anton Reiser* (Anm. 8), S. 198–199 (Nr. 18). Vgl. hierzu auch Karl Friedrich Klischnig: *Mein Freund Anton Reiser. Aus dem Leben des Karl Philipp Moritz*. Hg. und mit Anmerkungen versehen von Heide Hollmer und Kirsten Erwentraut. Mit einem Nachwort von Ralph Rainer Wuthenow. Berlin 1993, S. 116ff.

erhielt von Campe einen Vorschuss von 150 Talern,[20] dafür wollte er ein Buch über die Römischen Altertümer schreiben. Laut Klischnig sollte er für jeden Bogen aus Italien und auch nach seiner Rückreise zusätzlich 10 Reichsthaler bekommen.[21]

Am Anfang stand die Idee, ein Reise-Tagebuch zu führen. Dabei wollte er sich an seinem bereits veröffentlichten und erfolgreichen *Reisen eines Deutschen in England 1782 in Briefen* orientieren und auf eine „Mischform von Tagebuch- und Brieffiktion"[22] zurückgreifen. Campe wünschte sich eine Reisebeschreibung, die bereits die Hinreise skizziert. Nach langen Verzögerungen, auf die wir gleich noch zu sprechen kommen, schreibt Moritz am 3. September an Campe: „Da ich nemlich di [sic!] Sache reiflich erwogen habe, so scheinet es mir, als müsse eine Reisebeschreibung von Italien ganz etwas anderes werden, als di von England, wen ich meinen Kredit beim Publikum nicht verlieren will. […] Mein Buch über Italien muß nothwendig etwas Gründliches und dabei Unterhaltendes seyn […]."[23] Moritz ist sich bewusst, auf welches Wagnis er sich mit einer weiteren Beschreibung über Italien einlässt. Immerhin gibt es seit 1770 die *Historisch-kritische Nachrichten von Italien, welche eine Beschreibung dieses Landes, der Sitten, Regierungsform, Handlung, des Zustandes der Wissenschaften und insonderheit der Werke der Kunst enthalten* von Johann Jakob Volkmann, der *Cicerone*, den neben Goethe auch Moritz auf seiner Italienreise bei sich hatte und stets konsultierte.[24]

Am 19. September 1786 schrieb Moritz an Campe

> Auf einer Ebene vor Verona,
> Ein Rad an unserem Wagen ist gebrochen: während, dass es wieder in Stand gesetzt wird, sitze ich hier am Wege auf einem Stein, […] – Ein Winzer kommt gegangen und setzt die Leiter an. – Die nächtliche Kälte hat sich nun ganz gebrochen und ich athme zum ersten Male die sanfte Morgenluft von diesem milden Klima ein. – Dort kommen eine ganze Reihe mit grossen Weinfässern beladener und mit Ochsen bespannter Wagen den Weg herunter, die Weinfässer auf denen hin und wieder ein jauchzender Knabe, gleich dem Bachus, mit ausgesperrten Beinen sitzt, und die

---

[20] Vgl. *Moritz contra Campe* (Anm. 1), S. 10; Sedlarz: *Rom sehen und darüber reden* (Anm. 17), S. 34; Meier: *Karl Philipp Moritz* (Anm. 6), S. 53.

[21] Klischnig: *Mein Freund Anton Reiser* (Anm. 19), S. 116.

[22] Sedlarz: *Rom sehen und darüber reden* (Anm. 17), S. 38.

[23] Eybisch: *Anton Reiser* (Anm. 8), S. 207.

[24] Hierfür sprechen z. B. Ähnlichkeiten in den Beschreibungen. So beschreibt Volkmann den Obelisken auf dem Petersplatz als, „prächtige[n] ägyptische[n] Obelisk, der aus einem einzigen Stück von orientalischen Granit besteht, vier und siebzig Fuß hoch ist" (J.J. Volkmann: *Historisch-kritische Nachrichten von Italien*. Bd. II. Leipzig 1770, S. 51f.). Moritz beschreibt ihn in Anlehnung an Volkmann als, „ein[en] ägyptische[n] Obelisk[en], aus einem einzigen Stück von orientalischem Granit." (Karl Philipp Moritz: *Werke in zwei Bänden*. Hg. von Heide Hollmer und Albert Meier. Frankfurt/M. 1995/1999 (künftig zitiert unter Verwendung der Sigle MFA), hier Bd. II, S. 511. Auf die Ähnlichkeiten geht Claudia Sedlarz im Kommentar der Kritischen Moritzausgabe noch weiter ein. Vgl. KMA V.2 *Reisen eines Deutschen in Italien* [im Druck].

Hörner der Ochsen sind mit Weinlaub bekränzt. – [...] – Aus Mantua schreibe ich Ihnen wieder; denn dort werde ich von der Diligence erlöst.[25]

Betrachten wir den Beginn der *Reisen eines Deutschen in Italien*:

> Verona, den 2. Oktober 1786.
> Das *dort* ist nun *hier* geworden, mein Lieber! [...]
> Jetzt ist mir meine Ankunft in diesem schönen Lande noch wie im Traume. – Als wir gestern Nacht nur wenige Meilen von Verona waren, brach uns ein Rad am Wagen. – In der Nähe war kein Dorf, und es dauerte einige Stunden, bis unser Fuhrwerk wieder im Stande war. Ich setzte mich auf einen Stein am Wege, – es wehte eine angenehme Luft, und nach und nach wurden die Gegenstände sichtbar. – Dicht vor mir lag ein Feld mit Bäumen bepflanzt, an welchen Reben hingen. –
> Nun kam schon ein Winzer mit der Leiter in der Hand, und setzte sie an einen Baum, um sein frühes Tagewerk anzufangen. – Weinbeladne Wagen, von bekränzten Ochsen gezogen, fuhren vorbey, und jauchzende Knaben sassen reitend auf den Fässern. (MFA II, 413f.)

Die Ähnlichkeiten sind unübersehbar. Moritz benutzt die gleichen sprachlichen Bilder, um die Szene plastisch werden zu lassen, und es gelingt ihm so, die Leichtigkeit und Schönheit des Moments einzufangen. Wichtig hierbei ist auch wieder das Aufrufen von mythologischen Bildern, wie er es durch das Bild des Bacchus-Knaben macht. Es handelt sich hier also um jenes Buch, das Moritz Campe liefern sollte. Es stellt sich die Frage, warum er dies nicht tat, wenn er doch den Anfang bereits in einem Brief an seinen Verleger verfasst hatte und er damit doch auch jener Form treu blieb, die er bereits in seinen *Reisen eines Deutschen in England* benutzt hatte. Oder, anders gefragt, warum nutzte Campe nicht schon diesen Brief für eine Art Vorveröffentlichung? Immerhin macht der Brief doch genau das, was das Publikum von einer Reisebeschreibung erwartet. Es wird ein Ausschnitt einer Szene berichtet, die an sich schön ist und damit ein Abbild des Landes gibt, mit all seinen Facetten. Doch noch etwas wird in der oben zitierten Passage deutlich: die Verehrung für Goethe und das gleichzeitige Entstehen verschiedener Schriften. Bei „das Dort ist nun Hier geworden." (MFA II, 413) handelt es sich dabei

---

[25] Jakob Anton Leyser: *Joachim Heinrich Campe*. Band II. Braunschweig 1877, S. 334–338. Dieser Brief ist nur noch bei Leyser auffindbar, selbst Eybisch verzeichnet ihn nicht, sondern bemerkt lediglich, dass es noch Briefe im Nachlass Campes geben müsste, die ihm aber nicht zugänglich gemacht wurden. Vgl. Eybisch: *Anton Reiser* (Anm. 8), S. 202. Horst Günther druckte den Brief 1981 im Band II der von ihm herausgegebenen *Werke* mit Verweis auf Leyser erstmals wieder ab. Vgl. Karl Philipp Moritz: *Werke* (3 Bände). Zweiter Band: *Reisen, Schriften zur Kunst und Mythologie*. Frankfurt/M. 1981, S. 855ff.

um eine Positivierung eines Wertherzitates des Briefs vom 21. Juni,[26] wo es heißt: „wenn das Dort nun Hier wird, ist alles vor wie nach, und wir stehen in unserer Armut, in unserer Eingeschränktheit, und unsere Seele lechzt nach entschlüpftem Labsale".[27] Dieses Zitat wird auch im *Reiser* von Moritz verwendet und unterstreicht die Wichtigkeit des Bildes für Moritz: „sobald das Dort nun Hier wurde, hatte es auch alle seinen Reiz verloren, und der Quell der Freude war versiegt. –" (KMA I, 401) Bei diesen beiden Zitaten muss aber auch der Zeitpunkt der Entstehung beachtet werden, schließlich stehen beide Zitate in Schriften, die 1790 veröffentlicht wurden und an denen Moritz parallel gearbeitet haben dürfte.[28] Diese These, dass Teile der Schriften parallel entstanden sind, kann nur vermutet werden, da von Moritz nur wenige Manuskripte existieren und in den meisten Fällen keine Handschriften vorliegen. Ausnahmen bilden hier lediglich einige Briefe und kleinere Schriften. Somit ist die Rekonstruktion der Entstehungsgeschichte schwierig. Die immer wieder auftretenden Parallelen von kurzzeitig aufeinander folgenden Veröffentlichungen lassen jedoch eine Übereinstimmung und Verknüpfung der Schriften untereinander erahnen.[29] Folgen wir im nächsten Schritt der Goethe-Spur, die sich eben durch das Werther-Zitat gezeigt hat.

III. Denkanstöße zur Autonomieästhetik

Kurz nach Moritz' Eintreffen kam auch Goethe nach Rom; die beiden begegneten sich zufällig, und es entwickelte sich spontan eine Freundschaft. Am 20. Januar schreibt Moritz an Campe:

> … nicht weit von der Ponte Sixto, wo die Strasse mit lauter breiten glatten Steinen gepflastert war, meinem Gefährten zurufe, er soll hier langsam reiten, weil es ein wenig geregnet hatte, und di breiten Steine so glatt wie Eis waren. Kaum hatte ich diß gesagt, so glitschte mein Pferd mit den Vorderfüßen, ich riß es zum zweiten und drittenmal wider in die Höhe, endlich konnte es sich nicht länger halten, sondern

---

[26] Vgl. hierzu auch Claudia Sedlarz: *Gehen, Sehen, Schreiben. Stadtwahrnehmung und Geschichte in Moritz' Reisen eines Deutschen in Italien.* In: *Karl Philipp Moritz. Signaturen des Denkens.* (Amsterdamer Beiträge zur neueren Germanistik 77) Hg. von Anthony Krupp. Amsterdam/New York 2010, S. 277–292, hier S. 278.

[27] Johann Wolfgang von Goethe: *Sämtliche Werke nach Epochen seines Schaffens.* Münchner Ausgabe (21 Bände in 33 Teilbänden). Herausgegeben von Karl Richter in Zusammenarbeit mit Herbert G. Göpfert, Norbert Miller und Gerhard Sauder. Band III.2: *Italien und Weimar.* München/Wien 1990, S. 371 (künftig zitiert unter Verwendung der Sigle MA).

[28] Vgl. Claudia Sedlarz: *Rom sehen und darüber reden* (Anm. 17), S. 55ff. Bis jetzt sind nur Angaben von Klischnig vorhanden, der mehrfach anmerkte, dass Moritz an mehreren Schriften parallel gearbeitet haben soll; vgl. *Mein Freund Anton Reiser* (Anm. 19), S. 137.

[29] Vgl. Berghahn: *Das Wagnis der Autonomie* (Anm. 11), S. 133f.

glitschte mit allen vier Füßen aus, und schlug mit mir auf die linke Seite. Weil es sich gleich wider aufraffte, so hatte ich am Beine nur eine schwache Kontusion bekommen, mit dem linken Oberarm aber war ich an di Erhöhung von einer Mauer gefallen, welche von einem Hause etwas herausgebaut war, und mußte ihn also nothwendig brechen.[30]

In seiner *Italienischen Reise* beschreibt Goethe unter dem 6. Januar 1787 seine aus dem Unfall resultierende Verbindung zu Moritz mit den Worten: „Eben komme ich von Moritz. [...] Was ich diese vierzig Tage bei diesem Leidenden als Wärter, Beichtvater und Vertrauter, als Finanzminister und Geheimersecretair erfahren und gelernt, mag uns in der Folge zu gute kommen". (MA XV, 183) In einem Brief an Charlotte von Stein charakterisiert er die Beziehung so: „Moritz der an seinen Armbruch im Bette liegt, erzählte mir wenn ich bei ihm war Stücke aus seinem Leben und ich erstaunte über die Ähnlichkeit mit dem Meinigen. Er ist wie ein jüngerer Bruder von mir, von der selben Art, nur da vom Schicksal verwahrlost und beschädigt, wo ich begünstigt und vorgezogen bin."[31]

In dieser Zeit am Krankenbett diskutierten Moritz und Goethe ihre Ideen zur Autonomieästhetik. An Campe schrieb Moritz am 20. Januar 1787 aus Rom:

> Was nun während den vierzig Tagen, die ich unter fast unaufhörlichen Schmerzen unbeweglich auf einem Fleck habe liegen müssen, der edle menschenfreundliche Göthe für mich gethan hat, kann ich ihm nie verdanken, wenigstens aber werde ich es nie vergessen. [...] Nun ist er ausgelert, und seit sechs Tagen ist mir alles, was ich gelitten habe, nur noch wie im Traum: denn mein Arm ist glücklich geheilt. [...] Heute habe ich mir zum erstenmale wider di Stiefel und den Rock angezogen. Und in acht Tagen schicke ich Ihnen Mspt. zur Reise.[32]

Moritz fand also in Goethe einen Befürworter und Freund, der für die Weiterentwicklung seiner ästhetischen Ideen wichtig, ja zentral wurde; und deutlich wird auch, dass Moritz nach seinem Armbruch nicht schreiben konnte, am 3. Februar 1787 teilte er Campe mit:

> Ich habe Ihnen, mein theuerster Freund! in meinem letzten Briefe versprochen, daß ich Ihnen in acht Tagen Mspt. [Manuscript FS] zur Reise schicken wollte. Theils die Freude über meine Widerherstellung, und theils di Begierde Ihnen etwas zu schreiben, daß Ihnen angenehm seyn könnte, haben mich zu disem voreiligen Versprechen bewogen, daß ich zurücknehmen muß, wenn ich Ihnen nicht durch die Erfüllung desselben schaden will. Da ich nähmlich die Sache reiflich erwogen habe, so scheinet es mir, als müsse eine Reisebeschreibung von Italien ganz etwas andres werden, als di von England, wenn ich meinen Kredit beim Publikum nicht

---

30   Eybisch: *Anton Reiser* (Anm. 8), S. 204f.
31   Brief an Charlotte von Stein vom 14. Dezember 1786 (MA III.2, 558).
32   Eybisch: *Anton Reiser* (Anm. 8), S. 204–207 (Nr. 207).

verlieren will. [...] Mein Buch über Italien muß nothwendig etwas Gründliches und dabei Unterhaltendes seyn, wenn es sich unter den vielen Büchern, die man über Italien hat, vortheilhaft auszeichnen soll. Diß hat mich auf di Gedanken gebracht, eine Reiseroute durch Italien gleichsam nur zur Unterlage, oder zum Leitfaden zu gebrauchen, worauf ich meine sämtlichen Bemerkungen über Sitten, Gebräuche, Alterthümer u.s.w., di ich gemacht habe, und künftig noch machen machen werde, reihen könnte, um auf di Weise eine Art von täuschender Komposition hervorzubringen, worin di allgemeinen Bemerkungen immer auf dem gehörigen Fleck lebhaft und anschaulich gemacht würden, und wo zugleich auf die Alterthümer eine solche zweckmäßige Rücksicht genommen würde, daß diß Buch zugleich als ein Pendant zu den von mir auszuarbeitenden römischen Antiquitäten betrachtet, und wie dise ein bleibendes Werk werden könnte.[33]

Da Moritz' Nachlass verschollen ist, lassen sich Campes Antworten nur aus seinen Schriften rekonstruieren, vor allem aus *Moritz. Ein abgenöthigter trauriger Beitrag zur Erfahrungsseelenkunde* und aus *Ueber eine Schrift des Herrn Schulrath Campe, und über die Rechte des Schriftstellers und Buchhändlers.* Diesen Schriften der Kontroverse werde ich mich im Folgenden widmen. – Campe soll am 21. März an Moritz geschrieben haben

> Ich bedaure, daß mein Brief vom 15. Jenner Ihnen Unruhe und Mißvergnügen gemacht hat; dies war nicht meine Absicht, und hätte ich vorausgesehen, daß die Sache Sie so sehr afficiren würde, so hätte ich geschwiegen. [In eben diesem Briefe schrieb mir Herr Campe:] Ich will Sie nicht drängen, lieber Freund, arbeiten Sie mit Ruhe und Geistesfreiheit u.s.w. und am Schluß: Ich umarme Sie mit unveränderlicher Ergebenheit.[34]

Ist das nur eine Beschwichtigung, bevor der Verleger gar nichts geliefert bekommt für seine bereits geleisteten Vorleistungen? Wie dem auch sei, der briefliche Kontakt nimmt kontinuierlich ab. Moritz bat gelegentlich um Geld und versicherte dem Verleger immer wieder, dass er an seinen Werken schreibe. Erst am 5. Juli 1788 erhält Campe nun endlich ein Manuskript. Hierbei handelt es sich um jene Schrift, die als Gründungsmanifest der Autonomieästhetik gilt, nämlich: *Über die bildenden Nachahmung des Schönen.*[35] Ich komme damit zu meinem nächsten Punkt.

---

[33] Ebd.
[34] *Moritz contra Campe* (Anm. 1), S. 49.
[35] Karl Philipp Moritz: *Ueber die bildende Nachahmung des Schönen.* Braunschweig 1788.

IV. Das In sich selbst Vollendete

In *Über die bildenden Nachahmung des Schönen* beschreibt Moritz auf etwas mehr
als 50 Seiten, was das Kunstschöne sein kann und wie es in die Welt kommt.[36]
Hierbei geht es ihm um das Zusammenspiel von Tatkraft und Bildungskraft, die
als Anlagen im Künstler vorhanden sind und letztlich durch einen Anreiz zum
Schaffen eines Kunstwerks anregen. Eine der Kernthesen lautet:

> Was uns daher allein zum wahren Genuß des Schönen bilden kann, ist das, wo-
> durch das Schöne selbst entstand; vorhergegangne ruhige Betrachtung der Natur
> und Kunst, als eines einzigen großen Ganzen, das in allen seinen Teilen sich in sich
> selber spiegelnd, da den reinsten Abdruck läßt, wo alle Beziehung aufhört, in dem
> echten Kunstwerke, das, so wie sie, in sich selbst vollendet, den Endzweck und die
> Absicht seines Daseins in sich selber hat. – (MFA II, 983)

Damit beschreibt er die Autonomie des Kunstwerks; es steht für sich selbst und ist
bar aller Zwecke. Moritz schreibt weiter:

> Das Schöne will eben sowohl bloß um sein selbst willen betrachtet und empfunden,
> als hervorgebracht sein. – Wir betrachten es, weil es da ist, und mit in der Reihe der
> Dinge steht; und weil wir einmal betrachtende Wesen sind, bei denen die unruhige
> Wirksamkeit auf Momente der stillen Beschauung Platz macht. Betrachten wir das
> Schöne nicht um sein selbst willen, sondern um erst unsern Geschmack dafür zu
> bilden, so bekömmt ja eben dadurch unsre Betrachtung schon eine eigennützige
> Richtung. (MFA II, 982)

Die Autonomie des Kunstwerks wird hier ins Zentrum gerückt und von allen Zwe-
cken neben sich entbunden. Diesen Gedanken ging Moritz auch schon in seinem
früheren Aufsatz *Versuch einer Vereinigung aller schönen Künste und Wissenschaften unter dem Begriff des in sich selbst Vollendeten*[37] nach, jedoch noch nicht

---

[36] Die Bedeutung der Schrift wird nicht zuletzt durch die passagenweise (Wieder-)Ver-
öffentlichung 1829 in Goethes *Italienischer Reise* unterstrichen. Als Einleitung zu der
Passage steht dort: „Gedachtes Heft aber darf ich nicht unerwähnt lassen; es war aus
unseren Unterhaltungen hervorgegangen, welche Moritz nach seiner Art benutzte und
ausbildete. […] So kann es geschichtlich einiges Interesse haben, […] welche späterhin
entwickelt, geprüft, angewendet und verbreitet mit der Denkweise des Jahrhunderts
glücklich genug zusammentraf." (MA XV, 630.) Das führte jedoch nicht zu einer Anerkennung von Moritz' Autorschaft dieser Ideen, sondern umgekehrt wurde der Text
weitgehend Goethe zugesprochen – eine Ironie, die sich durch Moritz' Wirkungsgeschichte zieht.

[37] Der Aufsatz erhielt die Widmung *An Herrn Moses Mendelssohn*, womit Moritz einerseits seinem Mentor huldigen und andererseits die Nähe zu dessen Ideen noch unter-
streichen wollte.

so differenziert, wie es in der *Bildenden Nachahmung* der Fall ist. Campe veröffentlichte das Manuskript zur Michaelismesse 1788.[38] Jedoch erzielte die Schrift nicht die gewünschten Absatzzahlen.

V. Autonomie vs. Ökonomie

Was nun folgt, verdeutlicht ein Problem der zweiten Hälfte des 18. Jahrhunderts, in dem die rechtliche Regelung von Autor und Verleger in Deutschland fehlte.[39] Der beobachtete Streit zwischen Moritz und Campe spiegelt somit auch die „ungeklärte rechtliche Situation im Umgang von Verlegern und Autoren miteinander" wider.[40]

Im Mai 1789 veröffentlichte Moritz seinen „offenen Brief" in der *Allgemeinen Literatur-Zeitung*. Grund hierfür war nicht zuletzt der briefliche Angriff Campes, in dem er Moritz ins dichterische Handwerk griff, ihn in Bezug auf seine schriftstellerische Freiheit bevormunden wollte und ihm sogar rät: „Wenn Sie mir eine italienische Sprachlehre nach dem Muster Ihrer englischen schrieben, so glaube ich, daß dieselbe einigermaßen wieder einbringen würde, was ich an den Antiquitäten wahrscheinlich verlieren werde."[41] Mit den ‚Antiquitäten' dürfte das gemeint sein, was Moritz 1791 unter dem Titel *Anthusa oder Roms Alterthümer* veröffentlicht hat. Eine mythologische und antikekundliche Schrift, die die Sitten und Gebräuche der Römer beschreibt und als antikes Modell der Moderne gegenüberstellt.

Moritz zeigt, wie diametral Campes Meinung der seinen entgegengesetzt war. Hierbei spricht er die positive Meinung über die *Bildende Nachahmung* dem „Gelehrten" Campe zu und sagte:

> Herr Campe, der Gelehrte, schrieb mir am 25sten Aug. 1788 nach Rom:
> „Ihre Abhandlung scheint mir sehr gedacht zu seyn, und eine Reife zu haben, die noch wohl keine Ihrer frühern Schriften hatte. Vielleicht mache ich eine kleine Vorrede dazu, um diess mein Urtheil öffentlich zu sagen."[42]

die negative Meinung wird dann dem „Buchhändler" Campe zuteil:

> Herr Campe, der Buchhändler, schrieb mir am 3ten Decbr. 1788.
> „Ihre Abhandlung über das Schöne hat gar kein Glück gemacht; die Ursache liegt in dem eigenthümlichen Ihrer phantasirenden Philosophie, wobey Ihnen wenig

---

38 Vgl. *Allgemeines Verzeichniß derer Bücher, welche in der Frankfurter und Leipziger Michaelismesse des 1788 Jahres*. Leipzig 1788, S. 247.

39 Vgl. *Moritz contra Campe* (Anm. 1), S. 78f.

40 Gerhard Sauder: *Ein deutscher Streit 1789* (Anm. 4), hier S. 91.

41 *Moritz contra Campe* (Anm. 1), S. 7.

42 Ebd.

Menschen folgen können, noch weniger folgen mögen. Wird Ihr Buch über die Alterthümer dasselbe Gepräge bekommen, so wird es sicher auch das nehmliche Schicksal haben."[43]

Moritz schrieb diesen Sinneswandel den fehlenden Absatzzahlen zu und sieht ihn somit mehr in der Rolle des Verlegers, dem es nur um den Profit gehe und dem die dichterische Freiheit und Entfaltung nicht wichtig sei. Also jene Punkte, die Moritz dem Künstler in der *Bildenden Nachahmung* zuweist. Es ist also ein Streit zwischen Autonomie und Ökonomie. Bei dem der Kunst ein Zweck, nämlich der, möglichst profitabel zu sein, zugewiesen wird. Das geht natürlich gegen jeden Moritzischen Grundsatz.

Beide Parteien warfen sich Vertragsbruch vor, doch wer war jetzt vertragsbrüchiger? Derjenige, der erst eine verspätete und abgewandelte Schrift lieferte, oder derjenige, der dem Dichter die schöpferische Freiheit nehmen wollte? Kann man, etwas ketzerisch, so weit gehen, in dem man Campe nun vorwirft, er habe den Wunsch nach Autonomie schlicht nicht verstanden und deswegen die *Bildende Nachahmung* schlecht besprochen? Oder sie sogar deswegen abgelehnt, weil sie der Idee seiner spätaufklärerischen Ästhetik nicht entsprach? Spiegelt Campe damit die damalige Meinung wider? Schaut man sich die Rezensionen zur *Bildenden Nachahmung* an, so fällt auf, dass Campe mit seiner Meinung relativ alleine da stand. Immerhin fielen die Urteile positiv aus, gleichwohl wurde auf die unverständlichen Formulierungen verwiesen und die meisten beschränkten sich lediglich auf ein Referat der Hauptthesen der *Bildenden Nachahmung*. Ein anonymer Rezensent der *Göttingischen Anzeigen von gelehrten Sachen* hebt Moritz' Talent hervor, „selbst die kleinsten Nüancen der Ideen aufzuspähen, und in ihre kleinsten Unterschiede hineinzudringen".[44] Moritz' römischer Bekannter Friedrich Rehberg lobt den „Reichthum der Ideen, die originale, aus eigenthümlicher Vorstellungsart und Empfindung gebildete, Zusammensetzung" sowie den „Reiz des Vortrags".[45] Goethe selbst schreibt über die *Bildende Nachahmung*, dass Moritz „gleichsam aus der Seele und in die Seele des Künstlers" geschrieben habe.[46] Doch kommen wir nun zurück zum öffentlichen Disput.

[43]   Ebd.
[44]   Anonym in *Göttingischen Anzeigen von gelehrten Sachen*, 62. Stück, am 18.4.1789, S. 618f.
[45]   Friedrich Rehberg in der *Allgemeinen Literatur-Zeitung*, Nr. 154: 22.5.1789, Sp. 417–421.
[46]   Goethe im *Teutschen Merkur* im Juli 1789, S. 105–111, hier S. 111. Vgl. auch MFA II, 1291f.

VI. Der Streit in der Öffentlichkeit

Moritz schreibt im *Offenen Brief* „Diese Gesinnung des Herrn Campe, nach welcher er alle wahren Grundsätze vom Schönen und Edlen, [...] alles was nicht unmittelbar nützlich, und vorzüglich ihm selber nützlich ist, gern verdrängen möchte – das ist es, was mich früher oder später mit ihm entzweyen mußte, weil es mich und meine Arbeiten selbst sowohl, als meine Grundsätze trifft[.]"[47]
    Moritz argumentiert hierbei selbst aus der eigenen Erkenntnis der Autonomie der Kunst und wertet so die Verfasserrolle auf.[48] Campe setzte diesen Äußerungen nun seine Polemik *Moritz. Ein abgenöthigter trauriger Beitrag zur Erfahrungsseelenkunde* entgegen – und das nicht zuletzt, um seinen öffentlichen Ruf wiederherzustellen. Es folgt eine 31-seitige Schrift, die minutiös die Abläufe der Geschehnisse rekonstruiert. In ihr sieht sich Campe selbst als „geschädigter" Verleger und stilisiert sich als Philanthrop. Er spart nicht mit Anschuldigungen und moralischen Urteilen, nach dem es Moritz an dem „moralisches Zartgefühl" und „Ehrgefühl" fehle. Campe spricht Moritz das Recht auf Vertragsauflösung ab und rechtfertigt seine Schrift als „Nothwehr". Und, ganz Pädagoge, weist er auf den „Schmerz" hin, „den ich, wider meinen Willen, Hrn. M. dabei zufügen mußte, doch wenigstens den guten Erfolg haben [könnte], daß er dadurch zum Nachdenken über sich selbst und zu dem Vorsatze veranlaßt würde, sich künftig einer größern Redlichkeit in seinen Gesinnungen und eines regelmäßigeren Betragens in seinen Geschäften befleissigen zu wollen!"[49] Moritz' Antwort *Über eine Schrift des Herrn Schulrath Campe, und über die Rechte des Schriftstellers und Buchhändlers* ließ nicht lange auf sich warten. In seiner 32-seitigen Verteidigung rekonstruiert er in der Form einer Montage aus brieflichen Zitaten den Ablauf des Geschehens. Dabei geht er zunächst urteilsfrei vor und verfolgt einen strukturierten Aufbau im „Sinne einer persuasiven Legitimationsstrategie".[50] Durch das Wiederholen von Briefstellen entsteht eine Leitmotivik, die die Argumentationsstruktur stärkt, so z.B. wenn Moritz immer wieder auf das „Reife, Durchdachte und Vollendete"[51] eingeht und dabei auch gleichzeitig einen seiner ästhetischen Grundsätze aufruft, wie das ‚In-sich-selbst-Vollendete'. Gestützt mit der Forderung „nach meiner eigenen Idee, keineswegs aber nach seiner Vorschrift auszuarbeiten", ergibt sich hier der Ruf des Schriftstellers nach Autonomie, die in der *Bildende Nachahmung des Schönen* immer wieder gefordert wird.

---

[47] *Moritz contra Campe* (Anm. 1), S. 8.
[48] Vgl. Christof Wingertszahn: *„zu einer vorläufigen Ankündigung ist es immer genug":*
      Unbekannte Mitteilungen von Karl Philipp Moritz an seinen Verleger Johann Friedrich
      Vieweg (Anm. 3), S. 225.
[49] *Moritz contra Campe* (Anm. 1), S. 35f.
[50] Ebd., S. 84.
[51] Ebd., S. 55.

> Wenn der Buchhändler den Schriftsteller wiederholentlich drängt, entweder sein
> Werk nach der Vorschrift des Buchhändlers auszuarbeiten, oder auf die Schadlos-
> haltung für den Verlust zu denken, den der Buchhändler durch dies Werk zu leiden
> vorgiebt; macht er dann nicht eben dadurch dem Schriftsteller die Verfertigung sei-
> nes Werks unmöglich, der nun schon während der Ausarbeitung seine Ideen von
> dem Werke abziehen, und sie auf die Schadloshaltung für das Werk richten muß?[52]

Moritz sah somit in der Kritik an seiner ästhetischen Schrift und ihrer Reduzie-
rung auf den Marktwert eine Beschneidung seiner schriftstellerischen Freiheit
und Eingriff ins Persönlichkeitsrecht des Autors, woraus die Aufhebung seines
Vertrages resultierte. Es kommt also hier zu einer Verschiebung, Campe wird in
die Rolle des Verlegers versetzt und verliert damit die Rolle des Schriftstellers,
für die er damals der breiten Öffentlichkeit eher bekannt war.[53] Moritz hingegen
bleibt in der Rolle des autonomen Autors und Genies, der aus sich selbst heraus
schafft und sich für die Rechte eines unabhängigen Autors einsetzt. Beide lassen
ihre Schriften mit dem Wunsch eines Schiedsspruchs durchs Publikum enden, der
jedoch ausgeblieben ist. Scheinbar gab es im Juli/August des Jahres 1789 andere
Interessen, die das Publikum reizten, als ein Streit zwischen Autor und Verleger.
Wenn man Schlichtegrolls *Nekrolog der Teutschen* glauben darf, so haben sich die
beiden Kontrahenten aber wohl später vertragen.[54]

Nicht unerwähnt bleiben sollte, dass diese Kontroverse bis nach Russland getragen wurde. Nikolaj Michajlovic Karamzin, Dichter und späterer Hofhistorio-
graph, befand sich genau zum Zeitpunkt der Kontroverse in Deutschland und berichtete in seinen 1791 erschienenen *Briefen eines russischen Reisenden* darüber:

> Moritz ist mit Campe, einem berühmten deutschen Pädagogen, im Streite. Dieser
> hatte ihn öffentlich in den Zeitungen darüber zur Rede gestellt, daß er aus der Ver-
> bindung mit ihm getreten ist und ihm seine Bücher nicht mehr im Verlag gibt. „Ich
> wollte ihm in demselben Tone antworten", sagte Moritz, „und hatte schon zwei Bo-
> gen voll geschrieben, aber ich besann mich, warf das Geschriebene ins Feuer und
> legte dem Publikum meine Verteidigung ganz kaltblütig vor." – [...] Es ist fast nicht
> ein einziger berühmter Schriftsteller in Deutschland, der nicht irgendeinmal eine
> öffentliche Fehde mit einem anderen Gelehrten gehabt habe, – und das Publikum
> liest diese Streitschriften mit Vergnügen.[55]

Auch in Moritz' Schriften hat die Auseinandersetzung mit Campe Spuren hinterlassen. So trägt die Figur des Küster Ehrenpreiß im *Andreas Hartknopf* Züge von
Campe und wird nicht zuletzt durch den letzten Satz in den Predigerjahren „den

---

[52]   Ebd., S. 41f.
[53]   Vgl. ebd., S. 81.
[54]   Schlichtegroll: *Nekrolog auf das Jahr 1793*. Berlin 1794, S. 169–276, hier S. 221.
[55]   Nikolaj Michajlovic Karamzin: *Briefe eines russischen Reisenden*. Berlin 1981,
       S. 100ff.

Hartknopf habe ich moralisch todt geschlagen!" (MFA I, 666) demaskiert. – Der Streit ist also schon zu Lebzeiten der beiden Kontrahenten nicht ohne Echo geblieben. Aus der Gegenwart des frühen 21. Jahrhunderts betrachtet scheinen die *Sachargumente*, die Moritz und Campe anführen, angesichts des zunehmenden ökonomischen Drucks, der auf die Künste ausgeübt wird, *und* angesichts der immer stärkeren ‚weltanschaulichen' Kontrolle der Kunst selbst in der westlichen Welt bemerkenswert aktuell.

Dirk Sangmeister

Revolution vs. Staatsumwälzung
Friedrich Schulz in seinen wechselnden Verhältnissen zu Campe

I. Campes anonymer Lobredner

Nachdem der Neologe Carl Friedrich Bahrdt, das *enfant terrible* der deutschen Aufklärungstheologie, im Herbst 1780 mit seinem kalkuliert skandalösen *Kirchen- und Ketzer-Almanach aufs Jahr 1781* für helles Aufsehen auf dem deutschen Buchmarkt gesorgt hatte, dauerte es nur ein knappes Jahr, bis jemand auf die Idee kam, dieses kommerziell so überaus erfolgreiche Muster einer kaustischen und kurzweiligen Umschau unter den führenden Köpfen Deutschlands zu kopieren: Im Winter 1781 erschien im Verlag des unsauberen Berliner Buchhändlers und *Werther*-Nachdruckers Christian Friedrich Himburg ein ganz ähnlich konzipierter *Almanach der Belletristen und Belletristinnen für's Jahr 1782*, in dem alle erstrangigen und viele zweitklassige Angehörige der *res publica litteraria* mit wenigen, aber meist markanten Worten ziemlich respektlos, dabei vielfach treffend charakterisiert werden. Johann Joachim Eschenburg in Braunschweig betrachtete dieses Büchlein in der *Allgemeinen Deutschen Bibliothek* als eine Frechheit,

> denn wegwerfen wird jeder Mann von gesundem Gefühl dies schaale und zum Theil bübische Gewäsche, dessen Urheber irgend ein junger schwärmerischer Student seyn mag, der nichts rechts gelernt, mit den sogenannten schönen Wissenschaften die besser anzuwendende Zeit verderbt hat, und naseweis und frech genug ist, über Männer, deren Verdienste zum Theil von der Nation verehrt werden, Spott und Geifer auszulassen. Gleich die Vorrede kündigt den Mann im voraus an, der in dem Almanach selbst bald den Possenreisser, bald den Tölpel, bald den Verläumder spielt.[1]

Ich danke Karl-Heinz Raschtuttis (Wallrabenstein) für die uneigennützige Mitteilung seiner Schulziana, Klaus Oberdieck (Braunschweig) für Materialien aus dem Vieweg-Archiv, Stefan Cramme (Bibliothek für Bildungsgeschichtliche Forschungen, Berlin) für das Digitalisat von Campes Handexemplar der „Briefe aus Paris" und Herbert Schauer (München) für Corrigenda.

[1] *Allgemeine deutsche Bibliothek*, 53. Band (1783), St. 1, S. 139.

Bei Einschätzung dieser harschen Worte muss man bedenken, dass Eschenburg den *Almanach der Belletristen* verreißen musste, weil in diesem nicht zuletzt der Verleger der *Allgemeinen Deutschen Bibliothek* ziemlich gezaust wird: Friedrich Nicolai sei ein Mann, der „gern in Alles die Nase stekt, wo er sie, nach den Regeln der Politik, nicht hineinstekken sollte", liest man hier; zudem sei er so unleidlich, dass Nicolai „unter den übrigen Teutschen Buchhändlern kaum zwei Freunde haben" solle.[2] Andere Zeitgenossen hingegen wurden weitaus freundlicher beurteilt in diesem Almanach, darunter Joachim Heinrich Campe:

> Er ist in aller Absicht ein verdienstvoller treflicher Mann, der seinem Vaterlande Ehre macht. Sein Herz ist edel und menschenfreundlich, und sein Kopf vol philosophischen Scharfsin's, der bei uns iezt anfängt selten zu werden. Seine Verdienste um das Erziehungswesen sind bekant: besonders hat er meisterhafte Versuche geliefert, Kindern, auch die wichtigsten Dinge, leicht und faslich beizubringen. Sein *Abcbuch* &c. beweist es. Er ist einer unsrer Lieblingsschriftsteller, der seine Sprache in seiner Gewalt hat und unser Herz lenken kan, wohin er wil.[3]

Fünf Jahre darauf erschien in Wien bei dem (später des Landes verwiesenen) Verleger Georg Philipp Wucherer, einem wichtigen Mitglied des von Carl Friedrich Bahrdt begründeten, subversiven Geheimbundes Deutsche Union, in vier Heften eine (ganz offenbar im Armsessel unternommene) *Litterarische Reise durch Deutschland*, die sich zwar in Anlage und Struktur, nicht aber in Mach- und Schreibart vom *Belletristen-Almanach* unterscheidet, indem auch hier Umschau gehalten wird unter den bekannten und unbekannten Schriftstellern Deutschlands, die nicht in alphabetischer Reihenfolge, sondern nunmehr nach Wohnorten abgehandelt werden. Auch hier werden wieder die strahlenden Fixsterne und die zwielichtigen Figuren der deutschen Literatur auf kurzweilige Art gepriesen oder abgekanzelt, mit viel Lust zur temperamentvollen Zuspitzung und unterhaltsamen Polemik. Während München als „Hauptstadt der Europäischen Barberey" bezeichnet wird,[4] heißt es über die Duodez-Residenz Dessau und das ebenda von Johann Bernhard Basedow begründete Philanthropin:

---

[2]   Friedrich Schulz: *Almanach der Belletristen und Belletristinnen für's Jahr 1782*. Hg. von Alexander Košenina. Hannover 2005, S. 112–113. Vgl. James Daniel Bean: *The Literary Criticism of Friedrich Schulz*. Diss. (masch.) Baltimore 1975, S. 38–85. – 1784 veröffentlichte Schulz dann seine Nicolai-Satire *Leben und Tod des Dichter Firlifimini* (Leipzig: Buchhandlung der Gelehrten).

[3]   Schulz: *Almanach* (Anm. 2), S. 46.

[4]   Friedrich Schulz: Litterarische Reise durch Deutschland. Mit einem Nachwort hrsg. von Christoph Weiß und Reiner Marx. St. Ingbert 1996 (Kleines Archiv des 18. Jahrhunderts, 25), S. 140. Vgl. Bean: *The Literary Criticism of Friedrich Schulz* (Anm. 2), S. 86–140.

Glaubst du, daß nun nach dem Zurücktritte des Meisters das Werk unvollendet geblieben oder in den Winkel geworfen sey? Du irrst, l[iebe] S[chwester]! Nun war
es erst *nützlich*, vorher *glänzte* es nur. An *Basedow's* Stelle trat *Campe*, ein Mann,
der mit einem eben so philosophischen Geiste, mehr Besonnenheit, Ruhe und Kälte verband, und dadurch diejenigen Theile des pädagogischen Gebäudes, die der
Erbauer durch die entgegengesetzte Gemüthsart dem Einsturz nahe gebracht hatte,
stützte, erneuerte und fester gründete. Durch ihn gewann das Philantropin in zwey
Jahren mehr Festigkeit, als es binnen der ganzen Lebenszeit seines Stifters bekommen konnte.[5]

Da hatten also zwei Autoren eine recht hohe Meinung von Campe und Respekt
vor seinen Leistungen als Schriftsteller wie als Reformpädagoge – aber wer waren
diese Leute? Beide Schriften, der *Belletristen-Almanach* wie die *Litterarische Reise*, waren anonym erschienen, und es vergingen viele Jahre, ehe sich in der deutschen Gelehrtenrepublik allmählich herumsprach, dass beide Werke von derselben
Person stammten, nämlich Friedrich Schulz – ein junger Mann, der in der Folge
rasch zu einem der renommiertesten Roman- und Reiseschriftsteller deutscher
Sprache avancierte, der sich aber als enorm federflinker Literat so früh restlos ver-
ausgabte, dass er schon bald nicht mehr recht schreiben konnte, weil seine rechte
Hand chronisch unkontrolliert zitterte, der zunehmend an zunächst überwiegend
eingebildeten, später leibhaftigen Krankheiten zu leiden begann und der schließlich im Alter von gerade einmal 36 Jahren starb.

Weil Schulz einen überaus gängigen Namen hat und weil seine Werke im 19.
Jahrhundert mehrheitlich in Vergessenheit gerieten, wird er von Philologen bis
heute mit unschöner Regelmäßigkeit mit diversen Namensvettern jener Jahrzehnte
verwechselt,[6] weswegen einleitend ein paar elementare Angaben zu seiner Person und seinem Werdegang notwendig sind: Geboren wurde (Joachim Christian
[so!]) Friedrich Schulz[7] am 1. Januar 1762 in Magdeburg, wo der Schriftsteller

---

[5]   Ebd., S. 54.
[6]   Friedrich Schulz wird vor allen verwechselt mit dem gleichaltrigen Schriftsteller Jo-
      hann Gottlob Schulz (1762–1810) in Leipzig, mit (Johann Caspar) Friedrich Schulz
      (1766–1845) in Berlin (dem sog. „Theater-Schulz", auch „Comödien-Schulz" oder
      „Spuck-Schulz" genannt) oder mit dem nahezu gleichnamigen Gießener Professor Jo-
      hann Christoph Friedrich Schulz (1747–1806), nur selten mit dem von Friedrich II.
      amtsenthobenen Theologen Johann Heinrich Schulz (1739–1823) in Brandenburg (dem
      sog. „Zopf-Schulz"). Mitunter wird er sogar verwechselt mit Friedrich August Schulze
      (1770–1849) in Dresden, der als federflinker Schriftsteller unter dem Pseudonym Fried-
      rich Laun berühmt wurde.
[7]   Ein Geburts- und Taufeintrag von Schulz ist bis dato nicht bekannt, aber seine Vorna-
      men gehen eindeutig hervor sowohl aus seinem frühen Schreiben an den Berliner Buch-
      händler Georg Jakob Decker d. Ä. vom 12.10.1781 (Staatsbibliothek Berlin: Nachlaß
      Decker 9, Bl. 181), das er, entgegen seiner späteren Gepflogenheit, mit allen drei Vorna-
      men unterschrieben hat, wie auch aus seiner gleichzeitigen Namensansetzung in seinem
      eigenen *Almanach der Belletristen* (Anm. 2), S. 129. Seine engen Freunde nannten ihn

Johann Gottlieb Schummel zu seinen Lehrern zählte. Ein anschließendes Studium
der Theologie in Halle gab Schulz, der bereits als zehnjähriges Kind die herzog-
liche Bibliothek in Wolfenbüttel besucht[8] und schon als 16-jähriger Schüler einen
Roman geschrieben hatte, bald auf und beschloss im Alter von gerade einmal 18
Jahren, als sein gesamtes Vermögen sich auf fünf Groschen und sechs Pfennige
belief, das Tintenfass zu seiner Goldgrube zu machen und fortan einzig von seiner
Feder zu leben.

Dank immensen Fleißes und eines bemerkenswerten Talentes stieg Schulz binnen weniger Jahre zu einem der angesehensten Belletristen in Deutschland auf:
Seinen *Moriz*[9] und seine *Leopoldine*[10] zählten Zeitgenossen zum Kernbestand der
als vorbildlich und besonders lesenswert erachteten Romane.[11] Christoph Martin Wieland schätzte Schulzens Texte so hoch, dass er zeitweise ein Viertel seines *Teutschen Merkurs* mit ihnen füllte.[12] Friedrich Schiller beneidete Schulz um
dessen nie erlahmende Produktivität: „ich wünschte mir zuweilen die Leichtigkeit seiner Feder", schrieb er am 25. April 1788 an Christian Gottfried Körner,
„schwerlich ist jetzt unter unsern guten und schlechten Schriftstellern einer, der

schlicht „Fritz"; siehe z.B. Gottlieb Leons Brief an Reinhold vom 6.4.1787; Carl Reinhold: *Korrespondenz 1773–1788*. Hg. von Reinhard Lauth, Eberhard Heller und Kurt
Hiller. Stuttgart 1983, S. 209.

8   „Die XX Augusti 1772" trugen sich Friedrich Schulz und sein älterer Mitschüler, der
17-jährige „Johann Friedrich Schinck Magdeburgensis" in das Besucherbuch (der Jahre 1769–1786) der (heutigen Herzog August) Bibliothek in Wolfenbüttel (Signatur:
Bibliotheksarchiv I, 153) ein. – Zu Schink siehe jetzt Bernhard Jahn und Alexander
Košenina (Hg.): *Johann Friedrich Schink (1755–1835). Dramaturg – Bühnendich-
ter – Theaterkritiker*. Berlin u.a. 2019. Vgl. Richard Bitterling: *Joh. Fr. Schink. Ein
Schüler Diderots und Lessings. Beitrag zur Literatur- und Theatergeschichte der deutschen Aufklärung*. Leipzig u. Hamburg 1911 (Theatergeschichtliche Forschungen, 23),
S. 3–4.

9   Zunächst 1783–1786 in Fortsetzungen in Wielands *Teutschem Merkur* abgedruckt, wenig später drei schrittweise erweiterte Buchausgaben (Dessau 1785; Wien 1786; Weimar 1787).

10   Ebenfalls zunächst in Fortsetzungen im *Teutschen Merkur*, dann in den *Kleinen Romanen* (1788–1790), schließlich (Leipzig 1791) als selbständiger Titel.

11   Siehe die Übersicht bei Dirk Sangmeister: *August Lafontaine oder Die Vergänglichkeit
des Erfolges. Leben und Werk eines Bestsellerautors der Spätaufklärung* (Hallesche
Beiträge zur Europäischen Aufklärung 6). Tübingen 1998, S. 413–416.

12   „Schulz ist ein ächter Firlifami und homme de lettres, der immer ein Manuscript
anzubieten und immer etliche Louisd'or avanzo nöthig ist", schrieb Wieland am 9. Juli
1784 an Friedrich Justin Bertuch. Wie hoch und warm Wieland den jungen Mann
schätzte, geht vor allem aus seinem Brief an Ignaz von Born vom 17. Juni 1785 hervor,
dem gegenüber er u.a. Schulzens „Reiffe des Verstandes, Güte des Herzens, Festigkeit des Charakters" nebst „untadeligem sittlichen Betragen" beredt rühmte. Christoph
Martin Wieland: *Briefwechsel* (19 Bde.). Hg. von Siegfried Scheibe. Berlin 1963–2007.
Bd. VIII, S. 264 bzw. S. 459–460.

Abb. 1: Portrait von Friedrich Schulz mitsamt seinen beiden bekanntesten Romanen, dem *Moriz* und der *Leopoldine*; Kupferstich seines Freundes Eberhard Siegfried Henne für das erste Stück des Jahrgangs 1788 von Heinrich August Ottocar
Reichards Quartalsschrift *Olla Potrida*.

es ihm darinn gleich thut".[13] August Wilhelm Schlegel würdigte „die Verdienste, die" Schulz „sich um unsre Literatur durch Uebertragungen, Bearbeitungen fremder Werke und eigne Dichtungen erworben" hatte, in einem eigenen Kapitel seiner *Charakteristiken und Kritiken* (1801),[14] und selbst Goethe kam rückblickend nicht umhin, in seinen *Tag- und Jahresheften* in einem gönnerhaften Halbsatz an den „talentvollen, früh verschiedenen *Friedrich Schulz*" zu erinnern.[15] Schließlich: Jacob Grimm, Mitbegründer der Germanistik, verkündete seinen Studenten ex cathedra, dass Schulz einer der „geistreichsten Romanautoren jener Zeit", dem ein „leichter[er] Stil, als damals gewöhnlich in der Deutschen Literatur", eigen gewesen sei.[16]

Bis zu seinem vorzeitigen Tod 1798 schrieb Schulz – einer der ersten freien, dabei hochgradig marktabhängigen Schriftsteller in der Geschichte der deutschen Literatur – innerhalb von 17 Jahren 1.952 und einen dreiviertel Bogen, das sind umgerechnet 31.244 Oktavseiten, mithin jedes Jahr 1.838 Seiten, das bedeutet im Schnitt etwa sechs Oktavbände per annum. Dafür erhielt er von seinen wechselnden Verlegern 11.800 Reichstaler,[17] also im Mittel etwa 700 Taler pro Jahr – was

---

[13]   Brief an Körner vom 25.4.1788; Friedrich Schiller: *Werke (Nationalausgabe)*. Begründet von Julius Petersen. Weimar 1943ff. Bd. XXV, S. 48. Bereits 1787 hatte Schiller Ludwig Ferdinand Huber gemeldet, Schulz schreibe „sich jährlich 1000 Thaler zusammen, den Bogen zu 3 und 4 Thaler gerechnet. Er arbeitet mit der Scheere. Eine schwere Versündigung an seinem wirklich entschiedenen Talent." Ebd., Bd. XXIV, S. 172. Am 30. April 1788 rezensierte Schiller in der *Allgemeinen Literatur-Zeitung* kurz das zweite und dritte Heft von Schulz' „historischem Gemälde" *Friedrich der Große* (Weimar: Hoffmann 1786–1787).

[14]   August Wilhelm Schlegel: *Romane und Erzählungen von Friedrich Schulz*. In: Ders.: *Charakteristiken und Kritiken* (2 Bde.). Königsberg: Nicolovius 1801, Bd. II, S. 216–232.

[15]   Johann Wolfgang Goethe: *Tag- und Jahreshefte*. In: Ders.: *Sämtliche Werke, Briefe, Tagebücher und Gespräche* (40 Bde.). Hg. von Friedmar Apel u. a. Frankfurt/M. 1985–1999. Abt. I, Bd. XVII, S. 9–349, hier S. 18. Diese sog. „Frankfurter Ausgabe" gehört zu den (leider zahlreichen) Editionen, in deren Personen-Register (Joachim Christian) Friedrich Schulz mit einem Namensvetter verwechselt wird; hier (Bd. XL.1, S. 1249) werden gleich zwei seiner Werke fälschlich dem Gießener Professor Joachim Christoph Friedrich Schulz zugeschrieben.

[16]   Zit. nach der Mitschrift von Friedrich August Reitze (*1810). Jacob Grimm: *Vorlesung über deutsche Literaturgeschichte* („Die Geschichte der deutschen Literatur von der ältesten bis zur neuesten Zeit" nach studentischen Mitschriften). Hg. von Matthias Janssen. Kassel/Berlin 2005, S. 445.

[17]   Alle grundlegenden Zahlen nach einem von Schulz „hinterlassenen eigenhändigen Verzeichnisse, welches auch die Anzeige des Honorars, das jede Schrift ihm einbrachte, enthält", und das postum die Grundlage war für die akkurate Bibliographie von Johann Friedrich von Recke in dem mit Carl Eduard Napiersky hg. Standardwerk: *Allgemeines Schriftsteller- und Gelehrten-Lexikon der Provinzen Livland, Esthland und Kurland* (4 Bde. u. 1 Nachtragsband). Mitau 1827–1859, Bd. IV, S. 142–152, hier S. 145ff.

in puncto Kaufkraft einem Jahreseinkommen von rund 70.000 DM (des Jahres 1993) entspricht.[18]

Schulz hätte noch viel mehr schreiben und noch weit mehr Geld verdienen müssen, wenn er nicht, aufgrund beredeter Fürsprache seines väterlichen Freundes, des aus Braunschweig gebürtigen Freimaurers und bestens vernetzten Illuminaten Johann Joachim Christoph Bode,[19] im Jahre 1791 einen Ruf als Professor der Geschichte an die Academia Petrina im kurländischen Mitau (Jelgava) erhalten hätte,[20] wo er fortan für offiziell neun, de facto aber bloß sechs Stunden Unter-

---

[18]   Vgl. Heinrich Bosse: *Studien- und Lebenshaltungskosten Hallischer Studenten*. In: Notker Hammerstein (Hg.): *Universitäten und Aufklärung* (Das achtzehnte Jahrhundert. Supplementa 3). Göttingen 1995, S. 137–158, hier S. 137, Fußnote 3. – Neuerdings hat Frank Berger mit Aplomb die Auffassung vertreten, dass ein Reichstaler um 1800 in puncto Kaufkraft gegenwärtig mit 200 € gleichzusetzen sei (was im Falle von Schulz bedeutete, dass dieser mehr als zwei Millionen € an Honoraren bekommen hätte), aber diesen Koeffizienten halte ich – trotz der fachlichen Kompetenz des Verfassers und seiner zahllosen Beispiele – für deutlich überzogen; Frank Berger: *Das Geld der Dichter in Goethezeit und Romantik. 71 biografische Skizzen über Einkommen und Auskommen*. Wiesbaden 2020, S. 16 u. ö.

[19]   Zu Bode siehe v. a. Cord-Friedrich Berghahn, Gerd Biegel und Till Kinzel (Hg.): *Johann Joachim Christoph Bode. Studien zu Leben und Werk* (Germanisch-romanische Monatsschrift. Beiheft 83). Heidelberg 2017. Die Vorgeschichte und Umstände von Schulzens seinerzeitiger Berufung nach Mitau rekapitulierte Elisa von der Recke späterhin (26.1.–6.2.1799) in einem Brief an Carl August Böttiger, der von verschiedenen Seiten Materialien zur Biographie des gemeinsamen Freundes zu erlangen suchte, wie folgt: „Schulz war [Mitte Juni 1790] mit unserm Bode in Karlsbad, dort machten die Herzogin [Dorothea von Kurland] und ich seine Bekantschaft. Sein Umgang gefiel, sein Geist flößte Interesse ein; Bode sagte uns viel Gutes von seinem Charakter, und fragte mich, ob die Stelle des Professors der Geschichte in Kurland schon besezt sey, und ob ich wohl glaubte, daß Schulz für mein Vaterland passen und die Stelle haben könne. Daß er die Fähigkeiten habe, die Stelle zu bekleiden dafür verbürgte Bode sich. Mit Freuden flößte ich meiner Schwester den Gedanken ein, den Herzog [Peter von Biron] zu bewegen Schulz als Professor der Geschichte nach Kurland zu beruffen. Dieser Plan wurde ohne Schwierigkeiten ausgeführt, Schulz gefiehl, und erwarb sich in kurzer Zeit in Kurland die Achtung aller Stände, und er gewan mein Vaterland lieb, und der treuherzige freundschaftliche Ton der bey uns herrscht, that seinem Herzen wohl. Sein feiner Wiz sein ofnes Wesen seine tiefe Menschenkentniß seine Art der Unterhaltung machten ihn bald in allen Gesellschaften zum algemeinen Lieblinge. Herzog Adel der gelehrte und der Bürgerstand, alle achteten und liebten Schulz." (Sächsische Landesbibliothek, Dresden: h 37, 4°, Bd. 185, Nr. 49.)

[20]   Schiller missbilligte Schulzens Berufung (siehe seinen Brief an Körner vom 1.11.1790; *Werke* [Anm. 13], Bd. XXVI, S. 56), weil er, mit einigem Recht, Schulzens Kenntnisse der Geschichte geringer veranschlagte als seine eigenen; dass Schulz dennoch als Professor an einem kleinen akademischen Gymnasium im weltfernen Mitau ein weitaus höheres Gehalt bekommen sollte als er selbst an der weithin berühmten Universität Jena bezog, muss Schiller als Ungerechtigkeit empfunden und geschmerzt haben. Hinzu kam, dass der Weimarer Herzog Carl August, wohl aufgrund von Zureden

richt pro Woche mit 1.200 Reichstalern jährlich unverhältnismäßig gut besoldet wurde,[21] was ihn schlagartig der Notwendigkeit enthob, weiterhin um der baren Honorare willen unentwegt schreiben zu müssen – und zugleich exemplarisch erklärt, warum das kleine Kurland hoch verschuldet war und sich 1795 dem großen Russland unterwerfen musste.

Das Verhältnis von Schulz zu Campe ist in der Forschung[22] noch nie ins Auge gefasst, geschweige denn bestimmt worden; über Zusammentreffen, Verbindun-

---

Bodes, 1789 Schulz pro forma zum Hofrat ernannte, „in Rücksicht auf die vor Uns von ihm angerühmte gute Eigenschafften Gelehrsamkeit und Begabniße", wie es im Ernennungsdekret vom 30. März heißt; Thüringisches Staatsarchiv Weimar: B 24 738, Bl. 50, hier zit. nach Friedrich Schulz: *Briefe.* Hg. von Gerhard Kosellek [i.e. Kozielek]. Bielefeld 2001, S. 29. Schiller wurde erst 1790 zum Hofrat erhoben, und dann ‚bloß‘ im Herzogtum Sachsen-Meiningen, nicht in Sachsen-Weimar-Eisenach. Vielleicht hat auch eine Rolle gespielt, dass ihr zeitweilig gemeinsamer Verleger Georg Joachim Göschen den federflinken Schulz als Ersatz für den mitunter saumselig-unwilligen Schiller vorgesehen hatte im Falle, dass letzterer nichts für den *Historischen Calender für Damen für das Jahr 1791* liefern würde; siehe dazu Schulzens Schreiben an Göschen vom 17. Mai 1790, in dem es u. a. heißt: „Ich könnte Sie jetzt, im Fall er [i.e. Schiller] Sie sitzen ließe, nicht mehr retten, weil ich von Campe die Fortsetzung seines Almanachs übernommen habe." (Ebd., S. 103.)

21 So die Gehalts-Angabe von Schulz in einem unveröffentlichten Brief an Georg Joachim Göschen vom 9. September 1790; Privatbesitz Karl-Heinz Raschtuttis (Wallrabenstein). – In einem in Mitau geschriebenen Brief an den Berliner Verleger Johann Daniel Sander bezifferte Schulz am 23. Februar 1791 (wohl alten Stils) seine „Besoldung für dies Nichtsthun" ein klein wenig niedriger, nämlich auf „350 Dukaten, oder 1050 r dortigen Geldes." (Schulz: *Briefe* [Anm. 20], S. 126.)

22 Wenn man die Nachworte zu den diversen Neuausgaben verschiedener Werke Schulzens (durch Alexander Košenina, Gerard Kozielek, Christoph Weiß und Klaus Zernack respektive) außer Betracht lässt, sind die wichtigsten Veröffentlichungen die folgenden: Bean: *The Literary Criticism of Friedrich Schulz* (Anm. 2); Peter Brüne: *Friedrich Schulz (1762–1798) – ein Schriftsteller aus dem Umkreis Friedrich Justin Bertuchs.* In: Gerhard R. Kaiser und Siegfried Seifert (Hg.): *Friedrich Justin Bertuch (1747–1822). Verleger, Schriftsteller und Unternehmer im klassischen Weimar.* Tübingen 2000, S. 481–488; Guilia Cantarutti: *Früchte einer Übersetzung La Rochefoulcaulds im Jahr der „Großen Revolution in Frankreich" gepflückt: Friedrich Schulz' „Zerstreute Gedanken".* In: Dies. und Hans Schumacher (Hg.): *Germania – Romania. Studien zur Begegnung der deutschen und romanischen Kultur.* Frankfurt/M. u. a. 1990, S. 265–289; Erich Donnert: *Joachim Christoph Friedrich Schulz und seine „Reise eines Livländers".* In: Wolfgang Griep (Hg.): *Sehen und Beschreiben. Europäische Reisen im 18. und frühen 19. Jahrhundert* (Eutiner Forschungen 1). Heide/H. 1991, S. 279–289; G[eorg] von Hartmann: *Ein vergessener Kritiker des 18. Jahrhunderts.* In: *Jahrbuch des Freien Deutschen Hochstifts* 1906, S. 239–259; Jürgen Joachimsthaler: *Polen im (deutsch-)baltischen Diskurs.* In: Anne Sommerlat-Michas (Hg.): *Das Baltikum als Konstrukt (18.-19. Jahrhundert).* Würzburg 2015, S. 211–229; Gerhard Kosellek [i.e. Kozielek]: *Friedrich Schulz in Mitau und Warschau.* In: Michael Schwidtal und Armands Gutmanis (Hg.): *Das Baltikum im Spiegel der deutschen Literatur. Carl*

gen, Zu- und Abneigungen zwischen diesen beiden Männern ist bis dato rein gar nichts bekannt, obwohl sie einander an einem bedeutsamen Ort und Zeitpunkt der Weltgeschichte begegnet waren, obwohl sie angeblich jahrelang einen Almanach gemeinsam herausgegeben haben sollen,[23] obwohl beide einen sehr engen gemein-

---

Gustav Jochmann und Garlieb Merkel (Beiträge zu neueren Literaturgeschichte 181). Heidelberg 2001, S. 299–314; Alexander Košenina: *Im Klub der „belletristischen Aristarchen". Friedrich Schulz' Nicolai-Satire „Leben und Tod des Dichters Firlifimini".* In: Ders. und Ursula Goldenbaum (Hg.): *Berliner Aufklärung.* Bd. V. Hannover 1999, S. 79–91; Gerhard Kozielek: *Deutsche Reisebeschreibungen über das Polen Stanislaus August Poniatowskis.* In: Hans-Wolf Jäger (Hg.): *Europäisches Reisen im Zeitalter der Aufklärung.* Heidelberg 1992, S. 196–222; Steve Naragon: *„A Good, Honest Watchmaker": J.C.F. Schulz' Portrait of Kant from 1791.* In: *Kant-Studien* 101 (2010), H. 2, S. 217–226; Lucjan Puchalski: *Polenbild und Großstadtdiskurs. Warschau in der „Reisebeschreibung eines Liefländers von Riga nach Warschau" von J. Chr. F. Schulz.* In: Iwona Bartoszewicz (Hg.): *Werte und Wertungen. Sprach-, literatur- und kulturwissenschaftliche Skizzen und Stellungnahmen.* Wroclaw 2004, S. 436–444; Dirk Sangmeister: *Bis zum Verlust der rechten Hand. Der freie Schriftsteller Friedrich Schulz.* In: *Triangulum* 8 (2001), S. 25–43; Krystyna Stefanczyk: *Warschau zur Zeit des Vierjährigen Sejms in der Sicht J. Chr. F. Schulzens.* In: *Germanica Wratislaviensia* 20 (1974), S. 39–51; Klaus Zernack: *Die Distanz des „Livländers". Joachim Christoph [!] Friedrich Schulz über die Polenpolitik Katharinas II.* In: Conrad Grau, Sergueï Karp und Jürgen Voss (Hg.): *Deutsch-russische Beziehungen im 18. Jahrhundert. Kultur, Wissenschaft und Diplomatie* (Wolfenbütteler Forschungen 74). Wiesbaden 1997, S. 375–390.

[23] In dem sonst meist recht akkuraten Referenzwerk *Erstausgaben deutscher Dichtung* von Gero von Wilpert und Adolf Gühring (Stuttgart ²1992) wird ein *Historischer Kalender der Revolution in Frankreich* (1790–1793) als gemeinsames Werk von Campe und Schulz geführt (S. 230, lfd. Nr. 43) – ein solches Werk hat weder der eine noch der andere je geschrieben oder herausgegeben; das ist ein erfundener Titel. Die dort gegebene Übersicht von Campes Werken (73 Nummern) ist ohnehin stark verunkrautet: auch die Nrn. 18, 19, 35, 38, 52, 58, 62, 63 und 73 halte ich unbesehen für Tinnef, d. h. mehr als zehn Prozent der Campe hier zugeschriebenen Bücher sind m. E. Irrlichter, bei diversen anderen Aufnahmen (etwa Nrn. 9, 11, 17 und 22) stimmen Orts- und/oder Verlagsangaben, mitunter auch die Erscheinungsjahre nicht; hier müsste dringend ein Kenner Remedur schaffen und die Spreu vom Weizen trennen. Erschwerend kommt hinzu, dass umgekehrt diverse Werke Campes fehlen, etwa die Dissertation *Nonnulla de vi consuetudinis* (1768), die *Kleinigkeiten* (1768), die *Predigt von der Pflicht, bei der Abwartung des öffentlichen Gottesdienstes sich sittsam und ehrbietig zu beweisen* (1775), der *Hamburgsche Kinderalmanach* (1777–1784) und selbst die *Reise von Braunschweig nach Paris im Heumonat 1789* (1790). Wie soll Campes Werk erforscht werden, wenn die elementarste Grundlage derart fehler- und lückenhaft ist? – Schulz' Werke werden hingegen hier gar nicht erst aufgelistet. Während so unbelesene Zeitgenossen wie Wieland, Schiller, A.W. Schlegel, Goethe und J. Grimm Schulz für einen ausgezeichneten oder zumindest talentierten Autor hielten (siehe oben), zählte er nach Meinung von Wilpert/Gühring offenbar nicht zu den „rund 1.360 bedeutenden Dichtern und schöngeistigen Schriftstellern deutscher Sprache" (S. VII), von denen man retrospektiv noch Notiz nehmen muss.

samen Freund hatten, nämlich den Buchhändler Friedrich Vieweg (1761–1835),[24] in dessen Berliner Verlag sich Schulz als Teilhaber sogar einkaufen wollte, der dann aber bekanntlich als Campes Schwiegersohn nach Braunschweig zog und seine Firma mit dessen Schulbuchhandlung fusionierte. Und obwohl Schulz 1790–1791 vorübergehend auch hochbezahlter Autor der Braunschweiger Schulbuchhandlung war, hat er sich zeitlebens dennoch nicht mit Campe, dessen Werke er vor ihrer Bekanntschaft so vorbehaltlos gelobt hatte, anfreunden können – beide Männer blieben bewusst auf Distanz zueinander und scheinen keinen einzigen Brief miteinander gewechselt zu haben. Warum das so war, was diese beiden ungleichen Spätaufklärer unterschied und trennte, werde ich im Folgenden in drei thematisch abgezirkelten, chronologisch ineinander greifenden Schritten zu rekonstruieren und zu skizzieren versuchen.

II. Campes eifriger Konkurrent

Zum ersten und vermutlich letzten Male sind Campe und Schulz sich am Abend des 25. August 1789 in Paris begegnet, und zwar an der gastfreien Tafel des berühmten Diplomaten und Schriftstellers Friedrich Melchior Grimm (1723–1807), der mit seiner handschriftlichen *Correspondance littéraire, philosophique et critique* vier Jahrzehnte lang (1753–1793) die führenden Köpfe von halb Europa monatlich mit den neuesten halböffentlichen Nachrichten aus Frankreich versorgte.[25]

Schulz schrieb tags darauf eilends einen Brief an Friedrich Vieweg in Berlin, in dem er seinem Verleger von „etwas höchst wichtigem" berichtete, nämlich dem gestrigen Erscheinen der ersten Lieferung des Buches *La Bastille devoilée*,[26] eines

[24]   Schulz und Vieweg, die fast gleichaltrig waren, hatten sich möglicherweise bereits in jungen Jahren in Magdeburg oder Halle kennengelernt. – Das Archiv des Verlages Vieweg ist seit 1999 Teil des Archivs der Technischen Universität Braunschweig, die es fein erschlossen hat, siehe: <https://ub.tu-braunschweig.de/vieweg-archive/> Es enthält 22 (veröffentlichte) Briefe von Schulz an Vieweg sowie drei (unveröffentlichte) Briefe der Schulbuchhandlung an Schulz.

[25]   In Auswahl und deutscher Übersetzung leicht greifbar in der von Kurt Schnelle hg. Ausgabe: Melchior Grimm: *Paris zündet die Lichter an. Literarische Korrespondenz.* Leipzig 1977.

[26]   Vgl. hierzu die Bemerkungen von Grimm, ebd., S. 508–509; gut möglich, dass Schulz am 25. August 1789 von Grimm selbst auf diese Novität aufmerksam gemacht worden war. Siehe ferner Friedrich Schulz: *Geschichte der großen Revolution in Frankreich.* Hg. von Gerard Kozielek. Frankfurt/M. 1989, S. 138, Anm., und 142. (NB: Diese Neuausgabe bündelt, prima vista für den normalen Leser kaum ersichtlich und nachvollziehbar, drei seinerzeit getrennt erschienene Texte zu einem Buch, das Schulz so nie geschrieben hat.) – Trotz Schulz' Eile und Drängen kam ihm Wilhelm von Wolzogen zuvor, der am 8. Oktober 1789 mit seiner (Teil-) Übersetzung von *La Bastille devoilée* begann, die 1790 in den Heften 9–12 fortgesetzt in der *Thalia* seines (zukünftigen) Schwagers Schiller erschien. Die erste selbständige und komplette Ausgabe übersetzte

anonymen Werkes von (vermutlich) Pierre-Hubert Charpentier, dessen schleunigste Übersetzung sie beide sich auf gar keinen Fall entgehen lassen dürften: „Sie müssen sie ohne Zeitverlust ankündigen und sie muß so bald als möglich erscheinen, und wenn wir beide Rock und Wams verkaufen sollten, um sie zu drucken"; notfalls könne er selbst das Buch „in Jena oder Weimar drucken lassen".[27]

Man erkennt schon an diesen wenigen Worten, dass Schulz, der in Paris für Vieweg systematisch „Jagd" auf gute, neue Werke machte,[28] ein äußerst merkantilischer Schriftsteller gewesen ist, der mit verlegerischem Kalkül agierte: dass ein Autor seinem Verleger anbot, notfalls sein eigenes Vermögen anzugreifen, um die Kosten für eine sofortige Veröffentlichung einer Übersetzung eines Werkes eines anderen Autors zu decken, ist eine Offerte, für die man in der Literaturgeschichte der sogenannten Goethezeit so leicht kein weiteres Beispiel finden wird. Schulz dachte nicht nur für Vieweg mit, sondern er agierte oftmals wie ein Verleger und übernahm bisweilen dessen Rolle, etwa wenn er die zu publizierende Ankündigung der geplanten Übersetzung für Vieweg nicht nur vorformulierte, sondern diese Annonce auch gleich mit den Initialen des Verlegers zeichnete, d. h., er versetzte sich vollkommen an dessen Stelle.

Im Anschluss an seinen Vorstoß erklärte Schulz seinem Verleger auch, warum diese Novität so schnell wie irgend möglich übersetzt und veröffentlicht werden müsse:

> Ich eile deshalb so sehr hiermit, weil ein zweiter gelehrter Kaper hier ist, der diese Spekulation haschen könnte. Erschrecken Sie nicht,? Es ist *Campe* – – Ich habe gestern bei dem Gothaischen Residenten mit ihm gegessen, und da hat er sich – freylich nicht gegen mich – verlauten lassen, daß er einen Almanach über die Revolution drucken will! Sie sehen also, daß es höchst nöthig ist, ihm mit unsrer Revolution zuvor zu kommen. Zum Glück muß und will er Kupfer zu seinem Almanach haben: also werden wir doch wohl ein Jahr früher kommen, als er. Als ich ihn merken ließ: es wäre doch Schade, daß er so spät zur Revolution gekommen sey (er ist erst seit 8 Tagen hier) weil er die Nation in der ersten Gährung nicht gesehen hätte, und als ich ihm einige <u>halbe</u> Züge [...] darüber erzählte, ward er leichenblaß und es jagte ihm ein Zittern ab, als ich hinzu setzte: <u>daß mir die Beobachtung derselben nicht um 1000 r teil [recte: feil] wären</u>.[29]

Johann Friedrich Menzel: *Die Enthüllte Bastille, oder Sammlung ächter Beyträge zur Geschichte derselben*. 7 Lfg. in 4 H. Lübeck: Donatius, 1789–1791. Vgl. Hans-Jürgen Lüsebrink: *,Die zweifach enthüllte Bastille'. Zur sozialen Funktion der Medien Text und Bild in der deutschen und französischen ,Bastille'-Literatur des 18. Jahrhunderts.* In: *Francia* 13 (1985), S. 311–331 (darin passim auch zu Campe und Schulz).

[27] Schulz: *Briefe* (Anm. 20), S. 94.

[28] Siehe ebd., S. 71.

[29] Ebd., S. 95. – Ob Campe wirklich, wie Schulz es darstellt, aufgrund von Neid oder Furcht vor Schulzens Gegenwart und Wissensvorsprung erblasste und vor dessen Worten sogar gezittert habe, muss dahingestellt bleiben, denn Campe selbst hat sich über

Die große, die Welt verändernde Revolution war, schon in den Augenblicken

diese Begegnung so wenig geäußert wie Wilhelm von Humboldt, der ebenfalls gegenwärtig gewesen sein muss. Über Campes Paris-Reise wissen wir ja, wenn man von
Humboldts lückenhaften Aufzeichnungen absieht, bis dato eigentlich nur das, was er
darüber in der Folge in bearbeiteter Form veröffentlicht hat. Die 1989 zum Jahrestag der Französischen Revolution von Gerd Biegel im eigenen Hause (Braunschweigisches Landesmuseum: LMB 31481) zu Tage geförderten, sog. „Bruchstücke eines
Tagebuches" von Campe, deren Edition seit 1996 vorbereitet wird (siehe Angela Klein:
Campe und die Zensur im Fürstentum Braunschweig-Wolfenbüttel. In: Hanno Schmitt
[Hg.]: *Visionäre Lebensklugheit. Joachim Heinrich Campe in seiner Zeit [1746–1818].*
Wiesbaden 1996, S. 113–126, hier S. 123, Anm. 67) sind weder ein Diarium noch betrifft dieses Sammelsurium die hier zur Rede stehenden Zeiten und Vorgänge. Während
der Reise nach Frankreich und seines Aufenthaltes in Paris hat Campe zwar so vie-
le Briefe verfasst (neun Schreiben an seine Tochter Charlotte, sechs an Ernst Christian Trapp, zwei an Johann Stuve, zuzüglich der Briefe an Unbekannte), dass damit in
Braunschweig 1789–1790 erst mehrere Nummern des *Braunschweigischen Journals,*
dann zwei Bücher (die *Briefe aus Paris zur Zeit der Revolution geschrieben* und die
Reise von Braunschweig nach Paris im Heumonat 1789) sowie ein Teil der didaktischen
Sammlung merkwürdiger Reisebeschreibungen für die Jugend gefüllt werden konnten,
aber die 1996–2007 von Hanno Schmitt u. a. in Wiesbaden in zwei schweren Bänden
herausgegebene Edition der *Briefe von und an Joachim Heinrich Campe* (vgl. hierzu
meine Rezensionen in: *Lichtenberg-Jahrbuch* 1998, S. 380–382, und *Lichtenberg-Jb*
2009, S. 316–320) enthält keinen einzigen Brief von Campe aus Paris im Jahre 1789; da
klafft eine große Leerstelle, die sich editorisch nicht rechtfertigen lässt. Wenn man diverse Briefe *an* Campe, die nicht durch eine Handschrift, sondern nur durch erkennbar
unvollständige und mitunter auch literarisierte Drucke überliefert sind, in die Ausgabe
der Korrespondenz integriert, dann hätte man konsequenterweise erst recht *von* Campe
veröffentlichte Briefe (aus Paris und andernorts) aufnehmen müssen. So beruht beispielsweise Carl Friedrich Cramers exaltiertes und gewiss ausgeschmücktes Schreiben
vom 26.11.1789, das als Nr. 466 unreflektiert Aufnahme in die Edition gefunden hat,
bloß auf Cramers autobiographisch grundierter, aber fiktional überfirnisster Erzählung
Neseggab [i. e. Baggesen] oder Geschichte meiner Reisen nach den karibischen Inseln
(1791) in seinem Sammelsurium *Menschliches Leben: Gerechtigkeit und Gleichheit!*
(1791–1798), das wiederum eine äußerst freie und, nebenbei bemerkt, auch im Manuskript überlieferte (UB Kiel: Baggesen Nachlaß, Fasc. 5.1) Übersetzung von Jens Bag-
gesens dänischem Bericht von einer teilweise mit Cramer unternommenen Reise ist.
Im Anschluss daran wird (Brief Nr. 468) Campes Antwort an Cramer (vom 8.12.1789)
auf Grundlage dieser philologisch höchst dubiosen Veröffentlichung durch Cramer ebd.
nachgedruckt. Der einleitende postulierte Editionsgrundsatz („Als Briefe gelten Texte,
die Briefcharaktere im engeren Sinne besitzen und von Campe nicht schriftstellerisch
verarbeitet bzw. publiziert wurden." Bd. I, S. 62) wird also kurioserweise nicht ange-
wandt, wenn Briefe durch andere Personen als Campe „verarbeitet bzw. publiziert"
worden sind; noch nicht einmal, wenn sie erkennbar literarisiert worden sind, sogar
dann nicht, wenn es sich nach Erkenntnissen der Hg. bloß um eine unsichere „Wieder-
gabe nach der Erinnerung" handelt (siehe etwa den Drucknachweis zu Brief Nr. 470a in
Bd. I, S. 114). Unter Nr. 497 wird schließlich sogar ein Brief von Jacques Henri Meister

ihrer Entstehung und ersten Entfaltung, ein potentiell großes Geschäft für jemanden wie Schulz, der davon profitieren wollte, einer der ganz wenigen deutschen Augenzeugen all dieser unerhörten Ereignisse zu sein und der deshalb im leicht verspätet herbeigeeilten Campe keinen brüderlichen Sympathisanten, trikoloren Gesinnungsgenossen und potentiellen Mitstreiter sah, sondern vor allem einen unliebsamen Konkurrenten auf dem zunehmend kapitalisierten und umkämpften Markt der Literatur.

Schulz hatte eigentlich den Vorsatz gehabt, sich ein ganzes Jahr in Paris aufzuhalten, blieb dann aber doch nur gut vier Monate, von Anfang Juni bis Mitte Oktober 1789, in der Stadt. Das aber war die entscheidende Zeit der sich anbahnenden und ausbrechenden Revolution: Schulz war der einzige deutsche Schriftsteller, der bereits vor der Eruption der Gewalt in der aufgewühlten Stadt gewesen war, der die erregten politischen Debatten, das Murren des dritten Standes, das Knurren der Mägen, das Gebrodel der Gerüchteküche rund um das Palais Royal gehört, den Ballhaus-Schwur wie den Sturm auf die Bastille verfolgt, der mit eigenen Augen gesehen hatte, wie einige führende Köpfe des ancien régime abgeschlagen, auf Piken gespießt und triumphierend durch die Stadt getragen wurden, um dann abends ausgeblutet in die trübe Seine geschmissen zu werden. Diesen aufgestauten Hass des Volkes, diese Eruptionen des Zorns, die Torsionen und Transformationen der Revolution verfolgte Schulz aus so großer Nähe, dass er, der randständige Beobachter aus Deutschland, mitunter in den Strudel der Ereignisse hineingezogen wurde und Gefahr lief, im Mahlstrom der aufgewühlten Massen „zerfleischt" zu werden.[30]

Schulz war – sieht man von dem zuvor erwähnten Friedrich Melchior Grimm (der bereits in der ersten Hälfte des 18. Jahrhunderts nach Paris übergesiedelt war) wie dem Weimarer Diplomaten Wilhelm von Wolzogen (dessen damaliges Diarium erst in unseren Tagen veröffentlicht worden ist)[31] ab – die Avantgarde unter den deutschen Beobachtern und Sympathisanten der Revolution. Er war Augenzeuge der Ereignisse, die Weltgeschichte schrieben – alle anderen Autoren kamen

---

(von ca. Anfang November 1790) nach der Übersetzung eines Auszugs abgedruckt, die Campe angefertigt und im *Braunschweigischen Journal* veröffentlicht hatte.

[30]   „Der Verfasser, der bei dem Ausbruche des allgemeinen Schreckens im Palais Royal war, wurde mit einem seiner Freunde von dem Strome mit ergriffen, und nach einem der Ausgänge gerissen. Er war gezwungen, sich fest an die Rückseite eines Pfeilers zu schließen, um nicht in eine enge Straße, die voll Wagen stand, wie viele andere, gedrängt und dort zerfleischt zu werden. Unmöglich kann eine andere Nation bei der Freude, bei der Wut und beim Schrecken so gewaltsam ausbrechen, als die Französische." (Schulz: *Geschichte* [Anm. 26], S. 101, Fußnote.)

[31]   Wilhelm von Wolzogen: *„Dieses ist der Mittelpunkt der Welt". Pariser Tagebuch 1788/1789.* Hg. von Eva Berié und Christoph von Wolzogen. Frankfurt/M. 1989; Ders.: *„Der größte Cursus, der je in der Politik geboten worden ist." Pariser Tagebücher und Briefe 1790–1793.* Bearb. von Christoph von Wolzogen. Stuttgart 2007.

erst post festum, um die Folgen in Augenschein zu nehmen.[32] Campe eilte,[33] zusammen mit dem leicht gelangweilten Wilhelm von Humboldt,[34] erst im August 1789 herbei und blieb dann bloß drei Wochen. Ihnen folgten in kurzen Abständen Gustav von Schlabrendorf,[35] Christoph Girtanner, Georg Forster, Alexander von Humboldt, Friedrich von der Trenck,[36] Konrad Engelbert Oelsner, Gerhard Anton von Halem, August von Kotzebue, Karl Friedrich Reinhard, Johann Wilhelm von

[32]   Zu Reisenden und Textcorpus im Überblick siehe Thomas Grosser: *Reiseziel Frankreich. Deutsche Reiseliteratur vom Barock bis zur Französischen Revolution.* Opladen 1989; Bernhard Struck: *Nicht West – nicht Ost. Frankreich und Polen in der Wahrnehmung deutscher Reisender zwischen 1750 und 1850.* Göttingen 2006. Beide Doktorarbeiten sind ausgezeichnet, und in beiden werden die diversen Werke von Schulz und Campe wiederholt zitiert und analysiert. Siehe auch Alain Ruiz: *Deutsche Reisebeschreibungen über Frankreich im Zeitalter der Französischen Revolution (1789–1799). Ein Überblick.* In: Antoni Mączak und Hans Jürgen Teuteberg (Hg.): *Reiseberichte als Quellen europäischer Kulturgeschichte* (Wolfenbütteler Forschungen 21). Wolfenbüttel 1992, S. 229–251. Für eigene Recherchen empfiehlt sich die umfang- und kenntnisreichste Bibliographie der deutschsprachigen Reiseliteratur des 18.–20. Jahrhunderts, über Jahrzehnte erarbeitet von Wolfgang Griep, online gestellt von der Eutiner Landesbibliothek: <https://lb-eutin.kreis-oh.de/index.php?id=352>

[33]   Grundlegend zu seinen Paris-Reisen und -Reiseberichten sind Jörn Garber: *Joachim Heinrich Campes Reisen in die „Hauptstadt der Menschheit" (1789/1802).* In: Schmitt: *Lebensklugheit* (Anm. 29), S. 225–246; Uwe Hentschel: *Ein Philanthrop im revolutionären Paris. Joachim Heinrich Campes Reise und seine zwei Reisebeschreibungen.* In: *Euphorion* 86 (1992), S. 209–220; Hans-Wolf Jäger: *Kritik und Kontrafaktur. Die Gegner der Aufklärungs- und Revolutionsreise.* In: Wolfgang Griep und Ders. (Hg.): *Reise und soziale Realität am Ende des 18. Jahrhunderts* (Neue Bremer Beiträge 1). Heidelberg 1983, S. 79–93, sowie Jägers Nachwort nebst Dokumentation zur verdienstvollen Neuausgabe der *Briefe aus Paris zur Zeit der Revolution geschrieben* (Hildesheim 1977). Siehe aktuell den Beitrag von Nikolas Immer im vorliegenden Band.

[34]   „Ich bin Paris und Frankreich ziemlich müde. Wäre nicht die politische Lage jetzt gerade so wichtig, die Gährung unter dem Volk, und der Geist, der sie hervorgebracht hat, so hätte ich in der That Langeweile", schrieb Humboldt am 17. August 1789 an Friedrich Heinrich Jacobi. Bereits am 4.–5. August hatte er Caroline und Karl von Dacheröden gemeldet: „Was soll ich in dem schmutzigen Paris, in dem ungeheuren Gewimmel von Menschen? Ich war nur jetzt zwei Tage hier, und beinahe ekelt es mich schon an." (Wilhelm von Humboldt: *Briefe.* Bd. I: *1781–Juni 1791.* Hg. von Philip Mattson. Berlin 2014, S. 211 bzw. 210. – Weder in seinen Briefen noch in seinem Reise-Tagebuch (in dem sich über die Begebenheiten zwischen dem 22. und 27. August keinerlei Aufzeichnungen finden) erwähnt Humboldt Schulz.

[35]   Zu ihm siehe die immer noch zu wenig bekannte, ungemein erhellende Untersuchung von Werner Kraft: *Carl Gustav Jochmann und sein Kreis. Zur deutschen Geistesgeschichte zwischen Aufklärung und Vormärz.* München 1972.

[36]   Zu ihm siehe jetzt die vorzügliche Dissertation von Christopher Frey: *Der Preuße von Zwerbach. Das ruhelose Leben des Friedrich von der Trenck im Spiegel der Familienkorrespondenz* (Forschungen zur Landeskunde von Niederösterreich 40). St. Pölten 2019.

Archenholz, Georg Kerner,[37] Johann Friedrich Reichardt,[38] Johann Friedrich Hilscher, Franz Michael Leuchsenring, Carl Gottlob Cramer,[39] Heinrich Zschokke, Georg Friedrich Rebmann, Friedrich Johann Lorenz Meyer, Friedrich Vieweg und all die anderen minder bekannten Geister, die zumeist zuvor die wegweisenden Berichte von Schulz[40] und Campe[41] gelesen hatten und die sich nun ein eigenes Bild von dieser aufsehenerregenden Revolution machen oder sogar in die Dienste der neuen Republik treten wollten.

Innerhalb von knapp drei Jahren verarbeitete Schulz seine Pariser Beobachtungen und Erlebnisse – von denen er einige bei seiner Rückkehr an die Ilm gleich anschaulich Schiller geschildert hatte[42] – in schneller Folge in scheeler Konkur-

[37] Während Name und Werk seines Bruders Justinus noch leidlich geläufig sind, gehört er zu den vergessenen Schriftstellern des ausgehenden 18. Jahrhunderts, trotz der verdienstvollen Werkauswahl von Hedwig Voegt (*Jakobiner und Armenarzt*. Berlin 1978) und trotz der ausgezeichneten Doktorarbeit von Andreas Fritz: *Georg Kerner (1770–1812): Fürstenfeind und Menschenfreund. Eine politische Biographie*. Frankfurt/M. 2002 (Zweite Ausgabe: Ludwigsburg 2003; 4. erw. Aufl. ebd. 2003).

[38] Grundlegend, aber leider unveröffentlicht und deswegen „im Westen" kaum rezipiert worden ist die Monographie von Günter Hartung: *Johann Friedrich Reichardt (1752–1814) als Schriftsteller und Publizist* (2 Bde.). Diss. (masch.) Halle/S. 1964. – Ergänzend der auf Wolfenbütteler und Braunschweiger Quellen fußende Aufsatz von Gudrun Busch: *Spuren aus dem Viewegschen Briefarchiv: Johann Friedrich Reichardt, Joachim Heinrich Campe und Carl Friedrich Cramer zwischen Musik, pädagogischer Aufklärung und Revolutionsbegeisterung*. In: Walter Salmen (Hg.): *Johann Friedrich Reichardt und die Literatur. Komponieren, Korrespondieren, Publizieren*. Hildesheim u. a. 2003, S. 121–150.

[39] Siehe den grundlegenden Sammelband von Rüdiger Schütt (Hg.): *„Ein Mann von Feuer und Talenten". Leben und Werk von Carl Friedrich Cramer*. Göttingen 2005.

[40] August von Kotzebue wollte den Lesern von *Meine Flucht nach Paris im Winter 1790* (Leipzig: Paul Gotthelf Kummer 1791) gar weismachen, dem Werk seines gelesenen Vorgängers sei nichts hinzufügen: „Ich habe in Paris eine Zeitlang gewohnt, aber ich weiß von Paris blutwenig. Auch wäre es überflüssig, viel oder wenig darüber zu sagen, da unser Liebling *Schulz* diesen Gegenstand erschöpft hat." (S. VII–VIII) Über das Palais Royal bemerkt Kotzebue: „Schulz hat es sehr gut beschrieben, ich sage also nichts mehr davon." (S. 106) Ähnlich die Volte beim Besuch der Blindenanstalt: „Schulz hat dieses Institut so schön und umständlich beschrieben, daß mir wenig davon zu sagen übrig bleibt." (S. 222–223) Auch die Pariser selbst urteilten positiv über seinen Vorgänger, hält Kotzebue fest: „Unser Landsmann Schulz steht hier im Hause, wo er auch wohnte, noch in gutem Andenken, wie überall wo er gewesen ist." (S. 121)

[41] „Campes ‚Briefe aus Paris' (1790), mit denen er sich, nach anfänglichem Zögern, für die Revolution einsetzte, haben wesentlich dazu beigetragen, eine große Anzahl deutscher Zeitgenossen für diese zu begeistern", meinte Fritz Valjavec: *Die Entstehung der politischen Strömungen in Deutschland 1770–1815*. (EA München 1951). Mit einem Nachwort von Jörn Garber. ND Kronberg/T. 1978, S. 159.

[42] Siehe etwa Schillers Brief an Caroline von Beulwitz und Charlotte von Lengefeld vom 30. Oktober 1789; *Werke* (Anm. 13), Bd. 25, S. 312–313, wo es u. a. heißt: „Schulz war

renz zu Campe[43] in diversen Veröffentlichungen: Zunächst erschien die *Beschreibung und Abbildung der Poissarden in Paris*, eine zwölfseitige Quartschrift mit vier Kupferstichen des Weimarer Künstlers Georg Melchior Kraus, die ohne Verlagsangabe im November 1789 in Jena (wohl zunächst auf Schulzens Kosten) gedruckt worden war, um dann von Friedrich Vieweg in Berlin als Verlagsartikel übernommen zu werden. Darauf folgte die *Geschichte der großen Revolution in Frankreich*, ein Oktavband mit 237 oder 244 Seiten,[44] den Vieweg in Berlin um den Jahreswechsel 1789/90 herausbrachte – ein Werk, das schon deshalb eine Sonderstellung in der deutschen Literatur und Geschichte innehat, weil es nicht retrospektiv nach der Rückkehr nach Deutschland, sondern aus größtmöglicher räumlicher und zeitlicher Nähe an Ort und Stelle geschrieben oder zumindest begonnen worden ist.[45] Im Winter 1790/91 folgte dann *Ueber Paris und die Pariser*, ein Oktavband von 544 Seiten, in dem Schulz in Form von 18 Briefen überwiegend zuvor bereits unselbständig veröffentlichte Beiträge zu Periodika bündelte,[46] verlegt wiederum von Vieweg in Berlin – ein Werk, das der Revolutionsfreund Georg Friedrich Rebmann, der 1796–1797 an der Seine lebte, für „das beste und

heute bey mir. Er ist seit 8 Tagen von seiner Pariser Reise zurück. […] Schulz weiß sehr unterhaltende Partikularitäten von dem Aufruhr in Paris zu erzählen, gebe der Himmel daß alles wahr ist was er sagt! Ich fürchte, er übt sich jezt im Vorlügen solange, biß er die Sachen selbst glaubt, und dann läßt er sie drucken." Der zweite Satz zeugt von einem Misstrauen, das doch wohl der Grundlage entbehrte. Übrigens kolportiert Schiller im direkten Anschluss ausführlich und genüßlich diverse ihm von Schulz erzählte Vorkommnisse und Anekdoten – die Charlotte von Lengefeld amüsierten: „Was Du uns von Schulz schreibst hat mich belustigt, wenn auch die Anekdoten nicht ganz so historisch richtig sind, das thut vor dem Augenblick nichts zu sache [!]." (Brief vom 1.11.1789; ebd., Bd. XXXIII.1, S. 402.)

[43]   „Bitten Sie doch [Eberhard Siegfried] Henne recht sehr auch in meinem Namen, daß er […] die Vignette […] zur rechter Zeit macht, damit wir wenigstens 14 Tage oder 3 Wochen früher kommen als Campes Almanach", drängte Schulz am 3. November 1789 Vieweg (*Briefe* [Anm. 20], S. 98).

[44]   Die beiden Varianten der Ausgabe sind bis S. 224 grosso modo satzidentisch, der letzte Bogen (P) jedoch ist einmal normal, einmal kompress gedruckt. Diese und alle anderen bibl. Angaben zu Schulzens Werken nach dem vorzüglichen Privatdruck von Karl-Heinz Raschtuttis: *Joachim Christian Friedrich Schulz. Eine Bibliographie*. Wallrabenstein 2013.

[45]   Laut „Vorerinnerung" hat Schulz das Manuskript in Paris am 5. September 1789 begonnen oder beendet.

[46]   Schulz lieferte 1789–1790 acht Korrespondentenberichte aus Paris für Wielands *Neuen Teutschen Merkur*, einen Aufsatz (*Zwey Briefe über eine öffentliche Sitzung der Academie françoise*) für das *Neue deutsche Museum*, drei Beiträge für Friedrich Justin Bertuchs *Journal des Luxus und der Moden* sowie drei Wortmeldungen aus Paris für die von Vieweg verlegte *Deutsche Monatsschrift* (zuzüglich Beiträgen ohne direkten Frankreich-Bezug). *Ueber Paris und die Pariser* wollte Schulz noch um einen zweiten und dritten Band erweitern (siehe Schulz: *Briefe* [Anm. 20], S. 118 und 128–129), was dann aber unterblieb.

richtigste Buch, die getroffenste Zeichnung von Paris" hielt, lesenswerter noch als Merciers berühmtes *Tableau de Paris* (1781).[47]

Durch diese drei Bücher nebst den teils vorhergehenden, teils flankierenden Aufsätzen in Zeitschriften erregte Schulz nicht nur den Neid Schillers,[48] sondern machte sich als Chronist der jungen Republik rasch einen so guten Namen im literarischen Deutschland, dass die Braunschweiger Schulbuchhandlung am 1. Mai 1790 an ihn herantrat mit dem Angebot, die bereits begonnene „Geschichte der großen Revolution" in Frankreich, die den Hauptinhalt des *Historischen Almanachs fürs Jahr 1790* ausmachte,[49] den Johann Heinrich Stuve anonym auf Anregung und mit hintergründiger Hilfe Campes im Winter 1789 herausgebracht hatte,[50] fortzusetzen. Das war eine Offerte, die Schulz aus gleich zwei Gründen

---

[47] So Rebmann in seinen eigenen *Zeichnungen zu einem Gemälde des jetzigen Zustandes von Paris* (1797), hier zit. nach seinen *Werken und Briefen* (3 Bde.). Hg. von Hedwig Voegt u. a. Berlin 1990. Bd. II, S. 387–459, hier S. 396.

[48] Schulz wisse „seine Bemerkungen gut zu Geld zu machen, und die Buchhändler reißen sich um seine Broschüren, die er über die Pariser Unruhen herausgiebt", schrieb Schiller am 8. März 1790 an Wilhelm von Wolzogen in Paris (*Werke* [Anm. 13], Bd. XXVI, S. 6). – In der Folge warb Schiller sowohl in seiner offiziellen Ankündigung der *Horen* vom 10. Dezember 1794 wie auch in diversen Briefen an verschiedene Korrespondenzpartner wiederholt damit, dass Schulz an seiner neuen Zeitschrift mitarbeiten werde, was aber unterblieb; siehe ebd., Bd. XXVII, S. 54, 63, 78 und 92, sowie Gottfried Körners Brief an Schiller vom 21. Juni 1795; ebd., Bd. XXXV, S. 226.

[49] Folgt man Graf, hatten Stuve et al. „bewußt einen neutralen und unverfänglich klingenden Titel" für ihren *Historischen Almanach* gewählt, obwohl dieser keineswegs die alte Geschichte, sondern die aktuelle Zeitgeschichte betraf. Laut Graf war der Braunschweiger Almanach konzipiert als Gegenstück zu dem bekannten, von Heinrich August Ottocar Reichard herausgegebenen und in Göttingen erscheinenden *Revolutions-Almanach*, der – auch wenn der Titel die genau gegenteilige Annahme nahezulegen schien und deswegen in der Folge mancherorts von unwissenden Zensoren unbesehen verboten wurde – dezidiert anti-revolutionär war. Martina Graf: *Buch- und Lesekultur in der Residenzstadt Braunschweig zur Zeit der Spätaufklärung unter Herzog Karl Wilhelm Ferdinand (1770–1806)*. In: *Archiv für Geschichte des Buchwesens* 42 (1994), S. 1–317, hier S. 62–63. Siehe ferner den sowohl hinsichtlich Campes wie auch Schulzens ergiebigen Katalog von Werner Volke u. a. (Hg.): *„O Freiheit! Silberton dem Ohre…" Französische Revolution und deutsche Literatur 1789–1799* (Marbacher Kataloge 44). Marbach 1989, S. 49–56 und sub indice.

[50] Der erste Jahrgang verkaufte sich prächtig: Die erste Auflage des Almanachs betrug 2.500, die zweite 1.500 Exemplare; Verzeichnis der Aufträge und Zahlungen der Schulbuchhandlung an den Drucker Ernst Wilhelm Gottlieb Kircher (1788–1799) im Vieweg-Archiv des Universitätsarchivs Braunschweig (V 3: 1.1.8.2; o.p.). – Dass Schmitt, sich auf eben diese Quelle berufend, über das Programm der Schulbuchhandlung behauptet: „An der Spitze der Neuerscheinungen stand die ‚Geschichte der Französischen Revolution', von der zwischen 1789 und 1791 6000 Exemplare gedruckt wurden", fußt auf einem Miss- bzw. Nichtverständnis: Ein Werk dieses Titels ist damals gar nicht erschienen; gemeint ist vielmehr der hier zur Rede stehende *Historische* (ab 1791:

annehmen musste: erstens erfuhr er derart die Genugtuung, dass Campe es anscheinend für vergeblich hielt, mit Schulz noch fürderhin auf dem Feld der Revolutions-Geschichtsschreibung zu konkurrieren, und zweitens war das angebotene Bogenhonorar sensationell gut, nämlich fünf Louisd'or, also satte 25 Reichstaler pro Bogen[51] – zehn Taler mehr als der honorige Vieweg seinem engen Freund Schulz gewöhnlich zahlte. Dieses so verlockende Angebot ging auf eine Anregung von Campe zurück: „Der Schulrath Campe, der uns zu diesem Schritte ermunterte, hat uns aufgetragen, sein Andenken bei Ew. Wohlgeb. anzufrischen, u. Sie seiner großen Hochachtung zu versichern", heißt es im Schreiben der Schulbuchhandlung an Schulz.[52]

Historisch genealogis[c]he) Almanach von Stuve und Campe mit der darin in Fortsetzungen enthaltenen, von verschiedenen Autoren (darunter Schulz) fortgeschriebenen „Geschichte der großen Revolution in Frankreich", deren Erst- und Folgeauflagen über alle vier Jahrgänge (1790–1793) hinweg Schmitt kurzschlüssig (aber nicht in toto) addiert hat. Hanno Schmitt: *Pressefreiheit, Zensur und Wohlverhalten. Die Braunschweiger Schulbuchhandlung zur Zeit der Französischen Revolution.* In: Holger Böning (Hg.): *Französische Revolution und deutsche Öffentlichkeit. Wandlungen in Presse und Alltagskultur am Ende des achtzehnten Jahrhunderts* (Deutsche Presseforschung 28). München u. a. 1992, S. 341–368, hier S. 349.

[51] Dazu forderte (und bekam) Schulz 20 Louisd'or (100 Reichstaler) Nachhonorar im Falle einer zweiten Auflage (*Briefe* [Anm. 20], S. 102). Kozieleks Angabe, die Schulbuchhandlung habe Schulz „für den Druckbogen 5 Taler" gezahlt, „während Vieweg mit nur 2 Talern pro Bogen honorierte" (*Nachwort* zu Schulz: *Geschichte* [Anm. 29], S. 349, Anm. 84) ist dummes Zeug und schlicht darauf zurückzuführen, dass er die Abkürzung für Louisd'or als Abbreviatur für Reichstaler missverstanden hat. Bei Beiträgen zu renommierten Musenalmanachen und Taschenbüchern waren die Bogenhonorare meist aus zwei Gründen etwas besser als die sonst gängigen Entgelte: Erstens wurden viele Texte (v. a. Prosa) oft in kleiner Type und sehr kompress gesetzt, so dass viele Zeichen auf die 24 oder 32 Seiten eines Bogens gingen; zweitens verkauften sich diese modischen Artikel um 1800 so gut, dass sie nicht nur in vierstelligen Stückzahlen hergestellt, sondern mitunter auch noch Folgeauflagen fabriziert werden mussten. Dennoch: Ein Bogenhonorar von mehr als 20 Reichstalern für einen Beiträger war exzeptionell; vgl. York-Gothart Mix: *Die deutschen Musenalmanache des 18. Jahrhunderts.* München 1987, S. 27. Die Auflage des Almanachs für 1790 betrug 2.750 Exemplare, der dritte Jahrgang (für 1792) wurde zunächst (Mitte August 1791) in 2.000 Exemplaren fabriziert, dazu kamen (im Februar 1792) nochmals 500 Exemplare; Verzeichnis der Aufträge und Zahlungen der Schulbuchhandlung an den Drucker Ernst Wilhelm Gottlieb Kircher (1788–1799) im Vieweg-Archiv des Universitätsarchivs Braunschweig (V 3: 1.1.8.2; o.p.).

[52] Universitätsbibliothek Braunschweig, Archiv: Verlagsarchiv Vieweg V 1, S: 196. – Dies Angebot war, wie Schulz am 27. Mai 1790 in einem unveröffentlichten Brief an Georg Joachim Göschen schrieb, „eine Art von Triumph" für mich, das er aus „Eigenliebe" habe annehmen müssen, zumal er ein „Honoraire" bekommen werde, „das ich selbst nie so unverschämt gewesen wäre, zu fordern." (Privatbesitz Karl-Heinz Raschtuttis, Wallrabenstein). Es ist gut möglich, dass Schulz zuvor von Vieweg in Braunschweig

Obwohl Schulz also fortan hochbezahlter Autor der Schulbuchhandlung war, blieb sein Verhältnis zu Campe weiterhin sehr distanziert, was man daran ablesen kann, dass alle Briefe, die Schulz in der Folge nach Braunschweig sandte, an einen der beiden Faktoren[53] der Schulbuchhandlung gerichtet waren, nicht an Campe. In dem ersten seiner vier überlieferten Schreiben bat Schulz am 14. Mai 1790 förmlich darum, den „Hern. Schulrath Campe [...] meiner vollkommensten Hochachtung und Liebe" zu versichern. „Ich hatte das Vergnügen, ihn in Paris zu sehen, aber in der That so kurz und unter so zerstreuenden Umständen, daß ich eine nähere Bekanntschaft mit Ihm auf eine zweyte Zusammenkunft zurück zu setzen gezwungen war [...]."[54] Zu einem zweiten Treffen ist es aber – nach allem, was man weiß – nie mehr gekommen.

Bereits am 17. Juli 1790 sandte Schulz sein Manuskript (219 Duodezseiten im Druck) für den zweiten Jahrgang des Almanachs nach Braunschweig und bat darum, dass Campe die Erklärungen zu den Kupferstichen verfassen und ihm für die weitere Fortsetzung der Geschichte der Revolution im kommenden Jahr nach Möglichkeit auch das Material überlassen möge,[55] das dieser in Paris gesammelt

---

empfohlen worden war, denn am 19. Juni 1790 bedankte sich dieser bei jenem für die „Perspektive, die Sie mir auf [...] Braunschweig öffnen" (Schulz: *Briefe* [Anm. 20], S. 104). Dokumentiert ist, dass die Schulbuchhandlung sowohl Teile des Honorars für Schulz wie auch dessen Freiexemplare nicht direkt an diesen, sondern treuhänderisch an den Mittelsmann Vieweg sandte; siehe ebd., S. 132–133.

[53] Als Adressaten von Schulzens Schreiben an die Schulbuchhandlung kämen vor allen Christian Göbeler († 1814) oder Friedrich Bernhard Culemann (1770–1845) in Frage. Da der Almanach den Druckvermerk „Braunschweig gedruckt in der Schulbuchhandlungs-Drukkerey, durch E[rnst] W[ilhelm] G[ottlieb] Kircher" trug, könnte man u. U. auch mutmaßen, ob nicht Johann Christoph Dölle (*1765), der Braunschweiger Faktor von Kircher (der die Schulbuchhandlung dann 1794 ganz übernahm, aber 1797 wieder an Campe zurückverkaufte), der Adressat von Schulzens Schreiben gewesen sein könnte.

[54] Schulz: *Briefe* (Anm. 20), S. 102.

[55] Anders als Kozielek in seinem Nachwort (S. 349, Anm. 84) zur Neuausgabe der *Geschichte der großen Revolution in Frankreich* (Anm. 29) annahm, stammt der zwar noch in Braunschweig von Ernst Wilhelm Gottlieb Kircher (in 2.000 Exemplaren im Oktober 1792) für die Schulbuchhandlung gedruckte, aber infolge der Verschärfung der Zensur an der Oker 1793 (nur pro forma?) im weitgehend zensurfreien dänischen Altona von Johann Friedrich Hammerich (der ja auch das *Braunschweigische* bzw. fortan *Schleswigsche Journal* übernahm) verlegte vierte Jahrgang des *Historisch genealogis[c]hen Almanachs fürs IIII^te [!] Jahr der Freiheit* nicht mehr von Schulz; siehe dazu den eigenhändigen Entwurf (Bayerische Staatsbibliothek: E. Petziana V) einer diesbezüglichen Zeitungsannonce, datiert „Mitau d 28 Oktbr. 1792." (wohl alten Stils), mit der Schulz öffentlich machen wollte, dass er keinen Anteil mehr an dem Almanach habe; ob diese Anzeige dann auch tatsächlich irgendwo veröffentlicht wurde, entzieht sich meiner Kenntnis, ist aber unerheblich. Auch in der akkuraten Bibliographie von Schulzens Veröffentlichungen im Lexikon von Recke/Napiersky (Anm. 17) werden nur der zweite und dritte Jahrgang des Almanachs aufgelistet. Das heißt zusammenfassend:

habe oder von seinem Freunde Jacques-Henri Meister erlangen könne. Im übrigen möge man Campe „versichern, daß ich sein neuestes Werk über seine Reise durch die Niederlande nach Paris mit Freunden erwarte".[56] 1791 lieferte Schulz schon im Frühjahr sein (zweites) Manuskript für den *Historisch Genealogis[c]hen Almanach fürs III.ᵗᵉ Jahr der französischen Freiheit* ab und beendete damit dann seine Mitarbeit, diktiert wohl nicht zuletzt von der Rücksicht auf seine neue Stellung im sehr konservativen Kurland.

In einer langen Sammelbesprechung in der Jenaer *Allgemeinen Literatur-Zeitung*, in der sowohl Campes *Briefe aus Paris*[57] wie auch Schulzens Buch – die von August von Kotzebue als ein Werk angesehen wurden[58] – sowie der von Stuve nebst Campe fabrizierte erste Jahrgang des *Historischen Almanachs* nebst Schulzens kleiner *Beschreibung und Abbildung der Poissarden* rezensiert wurden, wird vor allen anderen Werken das Buch von Schulz gelobt: „wer über die eigentliche

nur zwei Texte in den vier Jahrgängen dieses Almanachs stammen von Schulz; der erste aber von Stuve und der letzte von Unbekannt. – Die Restauflagen dieser jährlichen Almanache, die nicht in den ersten vier, fünf Monaten nach Erscheinen (zur Herbstmesse des Vorjahres) verkauft werden konnten, wurden dann jeweils in der Folge – ohne das obsolet gewordene Kalendarium – als *Historisch-genealogisches Taschenbuch* (ab-) verkauft.

56   Schulz: *Briefe* (Anm. 20), S. 107. – Campes „neustes Werk" war die *Reise von Braunschweig nach Paris im Heumonat 1789* (1790).

57   Die erste Auflage der *Briefe aus Paris* war (Ende Januar/Anfang Februar 1790) in 1.000 Exemplaren fabriziert worden (750 auf Postpapier, 250 auf Druckpapier), die dritte Auflage (Juli 1790) betrug 500 Exemplare. Verzeichnis der Aufträge und Zahlungen der Schulbuchhandlung an den Drucker Ernst Wilhelm Gottlieb Kircher (1788–1799) im Vieweg-Archiv des Universitätsarchivs Braunschweig (V 3: 1.1.8.2; o.p.). Die zweite Auflage muss (im Frühjahr 1790) andernorts in unbekannter, aber sehr wahrscheinlich vierstelliger Höhe gedruckt worden sein. – Hanno Schmitt hat eine Gesamtauflage von lediglich 1.500 Exemplaren behauptet und zu dem „bisher unbekannten ‚Verzeichnis der in der Schulbuchhandlung gedruckten Werke' (1788–1799)", dessen „kommentierte Veröffentlichung […] geplant" sei, angemerkt, dasselbe sei „*vollständig*" (Schmitt: *Pressefreiheit* [Anm. 49], S. 349 und 363, Anm. 17). Das trifft jedoch alles nicht zu; richtig ist vielmehr, dass hier lediglich die Aufträge und Zahlungen der Schulbuchhandlung an den ‚Hausbuchdrucker' Kircher (nicht aber an andere Drucker) verzeichnet werden. Schmitt hat diese irrigen Ausführungen dann wiederholt in dem einleitenden Beitrag zu seinem Katalog *Visionäre Lebensklugheit* (Anm. 29), S. 13–32, hier S. 26–27 incl. Anm. 45 nebst Abb. 21 auf S. 29.

58   Im Vorfeld seiner überstürzten Reise resp. Flucht nach Paris, die Kotzebue unmittelbar nach dem Tod seiner Frau Friederike (1763–1790) just an dem Tag antrat, an dem das Bahrdt-Pasquill erschien (26.11.1790), hatte Kotzebue am 28. Oktober 1790 bei seinem hauptsächlichen Verleger Paul Gotthelf Kummer in Leipzig ein Exemplar von „Schulz Briefe über Paris" geordert, d. h. Kotzebue verschmolz Campes *Briefe aus Paris* mit Schulzens Buch *Ueber Paris und die Pariser* zu einem Werk. Jürg Mathes: *Aus Briefen Kotzebues an seinen Verleger Kummer*. In: *Jahrbuch des Freien Deutschen Hochstifts* 1969, S. 233–307, hier S. 252.

entscheidende Gährung in Paris etwas vorzüglich belehrendes und unterhaltendes lesen will, dem ist ganz gewiss vor allen andern H. Schulz Schrift […] zu empfehlen; denn bei dieser ist die Geschichte jener merkwürdigen Tage die Hauptsache […]"; Schulz habe „mit vieler Mühe" zusätzlich zu dem, „was er selbst gesehen und gehört" habe, die „besten Quellen […] mit strenger Auswahl und Vergleichung benutzt, und überdem sehr mühsame Nachfragen und Untersuchungen angestellt", liest man in der *ALZ*.[59]

An Campes Briefen hingegen, die zum Teil schon aus dem *Braunschweigischen Journal* bekannt seien, lobte der Rezensent den „bildsamen Briefstil, der den freyen Erguss der […] aufgeregten Empfindungen so sehr begünstigt", und grundsätzlich das „hohe Interesse […], das man den Vf. an Menschenrechten und Menschenglück nehmen sieht". Diese Schreiben Campes seien „voll guter, im Ganzen richtiger und stark gesagter, allgemeiner Bemerkungen über Despotismus, Freyheit, Volksglückseligkeit u.s.w." Bemängelt wird jedoch, dass Campes „Enthusiasmus für die wiedergebornen Franzosen […] nicht selten sehr übertrieben", zudem manche Schlüsse und Behauptungen falsch bzw. erdichtet seien.[60]

Wenn auch dieser Vergleich in der führenden deutschen Literaturzeitung tendenziell zugunsten von Schulz ausfiel, so trug Campe in der Folge doch ganz entschieden den höchsten Preis für sein Werk davon, als er, der bereits am 12. Mai 1790 zum korrespondierenden Mitglied des Musée de Paris ernannt worden war, am 26. August 1792, neben Schiller, Klopstock, Pestalozzi, Washington und anderen Menschenfreunden, zum Ehrenbürger der jungen Französischen Republik erhoben wurde.[61] Auf eine solche Würdigung wäre gewiss auch Schulz überaus stolz gewesen, obwohl sie vermutlich seinen ohnehin von vornherein angegriffenen Ruf im adelsstolzen Kurland, das keine Menschenrechte für den dritten Stand, geschweige denn Freiheit, Gleichheit, Brüderlichkeit kannte, endgültig ruiniert,[62] ja ihn vielleicht sogar sein schönes neues Amt gekostet hätte.

---

[59] Nr. 101 vom 11.4.1790, Sp. 81–88 und Nr. 102 v. 12.4.1790, Sp. 89–98, hier Sp. 83–84.

[60] Ebd., Sp. 91–92.

[61] Siehe Louis Kientz: *J.H. Campe et la Révolution française avec des Lettres et Documents inédits*. Paris 1939, S. 111–112. – Auch der revolutionär gesonnene, verschlagene Altonaer Verleger Gottfried Vollmer ehrte Campe öffentlich, indem er den „Neuverbesserten Licht- und Nachtkalender mit neufränkischen und literarischen Tageszeichen" in den drei Jahrgängen seines fast überall verbotenen *Obscuranten-Almanachs* (1798–1800), laut fingierten Impressen vorgeblich in „Paris, bei Gerard Fuchs Nationalbuchhändler" erschienen, jeweils mit Campe an allererster Stelle (am 1. Vendemaire, d. h. dem 22. September, dem Gründungstag der französischen Republik) beginnen lässt – während Friedrich Schulz erst gegen Mitte des revolutionären Jahres (am 24. Germinal, d. i. 13. April) angeführt wird.

[62] Schulz war unter den konservativen Kurländern wegen seines Aufenthaltes an der Seine und der gerade erschienenen Schriften über Paris und die Französische Revolution als angeblicher „Jakobiner" verrufen und wurde dementsprechend geringschätzig beurteilt und behandelt, siehe etwa J[ohann] N[ikolaus] Tilings Schrift *Ueber die so genannte bürgerliche Union in Kurland* (3 Bde.). Riga: Müller, 1792–1793, in der Schulz als ein

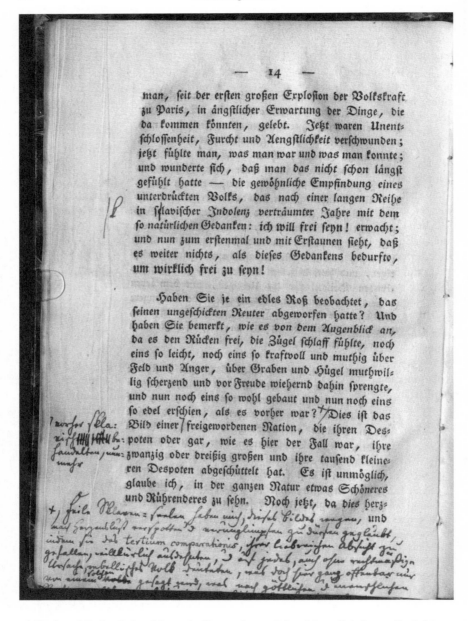

— 14 —

man, seit der erſten großen Exploſion der Volkskraft
zu Paris, in ängſtlicher Erwartung der Dinge, die
da kommen könnten, gelebt. Jetzt waren Unent=
ſchloſſenheit, Furcht und Aengſtlichkeit verſchwunden;
jetzt fühlte man, was man war und was man konnte;
und wunderte ſich, daß man das nicht ſchon längſt
gefühlt hatte — die gewöhnliche Empfindung eines
unterdrückten Volks, das nach einer langen Reihe
in ſclaviſcher Indolenz verträumter Jahre mit dem
ſo natürlichen Gedanken: ich will frei ſeyn! erwacht;
und nun zum erſtenmal und mit Erſtaunen ſieht, daß
es weiter nichts, als dieſes Gedankens bedurfte,
um wirklich frei zu ſeyn!

Haben Sie je ein edles Roß beobachtet, das
ſeinen ungeſchickten Reuter abgeworfen hatte? Und
haben Sie bemerkt, wie es von dem Augenblick an,
da es den Rücken frei, die Zügel ſchlaff fühlte, noch
eins ſo leicht, noch eins ſo kraftvoll und muthig über
Feld und Anger, über Graben und Hügel muthwil=
lig ſcherzend und vor Freude wiehernd dahin ſprengte,
und nun noch eins ſo wohl gebaut und nun noch eins
ſo edel erſchien, als es vorher war? Dies iſt das
Bild einer freigewordenen Nation, die ihren Des=
poten oder gar, wie es hier der Fall war, ihre
zwanzig oder dreißig großen und ihre tauſend kleine=
ren Despoten abgeſchüttelt hat. Es iſt unmöglich,
glaube ich, in der ganzen Natur etwas Schöneres
und Rührenderes zu ſehn. Noch jetzt, da dies herz=

Abb. 2 und 3: Auch der dritten Auflage seiner erfolgreichen *Briefe aus Paris* hatte
Campes noch etwas hinzuzusetzen: Handexemplar mit handschriftlichen Addenda
und Corrigenda; früher in der Bibliothek des Verlages Vieweg, heute in der Bibliothek für Bildungsgeschichtliche Forschungen in Berlin (Signatur: AD 7899). Mit
der langen Fußnote auf Seite 14 (links) wehrte sich Campe beherzt gegen Kritiker

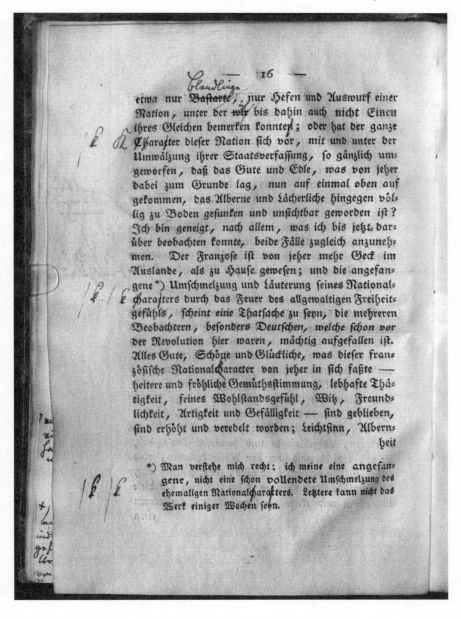

— 16 —

Blendlinge

etwa nur ~~Baſtarte~~, nur Hefen und Auswurf einer
Nation, unter der ~~wir~~ bis dahin auch nicht Einen
ihres Gleichen bemerken konnten; oder hat der ganze
Charaſter dieſer Nation ſich vor, mit und unter der
Umwälzung ihrer Staatsverfaſſung, ſo gänzlich um-
geworfen, daß das Gute und Edle, was von jeher
dabei zum Grunde lag, nun auf einmal oben auf
gekommen, das Alberne und Lächerliche hingegen völlig zu Boden geſunken und unſichtbar geworden iſt?
Ich bin geneigt, nach allem, was ich bis jetzt darüber beobachten konnte, beide Fälle zugleich anzunehmen. Der Franzoſe iſt von jeher mehr Geck im
Auslande, als zu Hauſe geweſen; und die angefangene *) Umſchmelzung und Läuterung ſeines Nationalcharaſters durch das Feuer des allgewaltigen Freiheit-
gefühls, ſcheint eine Thatſache zu ſeyn, die mehreren
Beobachtern, beſonders Deutſchen, welche ſchon vor
der Revolution hier waren, mächtig aufgefallen iſt.
Alles Gute, Schöne und Glückliche, was dieſer fran-
zöſiſche Nationalcharacter von jeher in ſich faßte —
heitere und fröhliche Gemüthsſtimmung, lebhafte Thätigkeit, ſeines Wohlſtandsgefühl, Witz, Freund-
lichkeit, Artigkeit und Gefälligkeit — ſind geblieben,
ſind erhöht und veredelt worden; Leichtſinn, Albern-
heit

*) Man verſtehe mich recht; ich meine eine angefan-
gene, nicht eine ſchon vollendete Umſchmelzung des
ehemaligen Nationalcharaſters. Letztere kann nicht das
Werk einiger Wochen ſeyn.

seines revolutionstrunkenen Buches („Feile Sklaven-seelen haben mich […] nach
Herzenslust verspotten u verunglimpfen zu dürfen geglaubt […]"), mit den Korrekturen auf Seite 16 (rechts) reinigte er seinen Text weiter von den wenigen noch
verbliebenen Fremdwörtern: „Bastarte" wurde durch „Blendlinge" ersetzt, und
„Character" zumindest orthographisch eingedeutscht („Karakter").

III. Kotzebues tätiger Mitwisser

Nachdem Anfang 1790 sowohl Campes wie auch Schulzens Hauptwerk über die
Französische Revolution erschienen waren, kam Ende 1790 ein Buch heraus, das
keiner von beiden geschrieben hatte, das aber mittelbar beide Männer betraf und
dessen Inhalt, Entstehungs- und Rezeptionsgeschichte nicht dazu angetan waren,
ihr kühles, distanziertes Verhältnis zu verbessern. Dieses Buch ist eines der nie-
derträchtigsten Werke in der Geschichte der deutschen Literatur, nämlich „Ein
Schauspiel in vier Aufzügen" mit dem Titel *Doctor Bahrdt mit der eisernen Stirn,
oder Die deutsche Union gegen Zimmermann*. Das Werk ist bis heute berüchtigt,
weil es ehrabschneidend, denunziatorisch, verleumderisch und unflätig ist.

Gedacht war das Ding als Parteinahme für den zu Selbstgefälligkeit und Ruhm-
redigkeit neigenden Hannoveraner Arzt Johann Georg Zimmermann, einen scharfen Gegner der Französischen Revolution, der sich gerade zu der Zeit heftig mit
diversen Spätaufklärern stritt, allen voran dem in Magdeburg wegen Gründung
des Geheimbundes Deutsche Union inhaftierten Carl Friedrich Bahrdt nebst dem
fruchtbaren Adolph Freiherr Knigge, einem der umtriebigsten und lange Zeit führenden Vertreter der Illuminaten, der gerade im Vorjahr mit Campe einen Strauß
über die Gefahren der Reformpädagogik ausgefochten hatte.[63] Eben Knigge wurde
dieses infame Pasquill auf dem Titelblatt auch zugeschrieben, was prima vista als
schlechter Scherz zu erkennen war.

Neben Bahrdt, auf dessen Weinberg bei Halle das tumultöse Stück angesie-
delt ist, werden hier mehr als ein Dutzend namhafter Vertreter der Aufklärung in
den Dreck gezogen, darunter nicht nur Leute wie der streitbare Friedrich Nicolai
und der funkensprühende Georg Christoph Lichtenberg, sondern auch auffällig
viele Gelehrte und Publizisten aus Braunschweig, denen man philanthropische
Gesinnungen oder gar Sympathien für die Französische Revolution nachsagte,
nämlich Jakob Mauvillon, Ernst Christian Trapp und natürlich Campe, am Rande
auch Conrad Heusinger, Direktor des Katharineums, und Johann Heinrich Stuve,
Professor am Carolinum und Mitstreiter Campes, mithin fast alle federführenden
Advokaten der Aufklärung an der Oker.[64]

„aus dem Palais Rojal zu uns herübergekommener, unsers Landes, seiner Verfassung
und Angelegenheiten durchaus unkundiger, Weib- und Kinderloser Professor" denun-
ziert wird (Bd. II, S. 223). Der kurländische Oberforstmeister Georg Reinhold von Saß
(1741–1811) wollte Schulz 1793 „als einen verruchten Jakobiner, aus dem Lande […]
jagen" lassen (Schulz: *Briefe* [Anm. 20], S. 177; siehe auch S. 179).

[63]   Siehe die Skizze der „Auseinandersetzungen mit J.H. Campe und E.C. Trapp" bei Paul
       Raabe (Hg.): „ ...*in mein Vaterland zurückgekehrt"*. *Adolph Freiherr Knigge in Hanno-
       ver 1787–1790* (Knigge- Archiv 3). Göttingen 2002, S. 53–56.

[64]   Braunschweig sei „im letzten Drittel des 18. Jahrhunderts ein Brennpunkt der Auf-
       klärung in Mitteldeutschland" gewesen, meinte Valjavec: *Die Entstehung der politi-
       schen Strömungen in Deutschland* (Anm. 41), S. 159. Campe sei „aber, ebenso wie
       Trapp, kein eigentlicher Revolutionär gewesen, doch war der Braunschweiger Kreis,

Über Campe, der hier stets mit dem spöttisch gemeinten Beiwort „uneigennützig" belegt wird, liest man zu Beginn des zweiten Aufzugs: „Hier stolpert der *blinde Ebeling* über einen Maulwurfshügel, und fällt mit der Nase gerade auf den Mittelpunkt des unbescheiden entblößten Hintertheils des bescheidenen und uneigennützigen *Campe*, welcher eben beschäftigt ist, einer lieben Tochter uneigennützige *väterliche Rathschläge* zu ertheilen."[65] Verwerflicher noch als diese Andeutung unangebrachter Vertraulichkeiten mit einem jungen Mädchen ist eine ekelhafte Begebenheit zu Beginn des dritten Aufzuges, die ein hinreichender Beleg für die Schmutzigkeit dieser Schmähschrift sein mag: „Der *uneigennützige*

in dem er tonangebend war, ziemlich radikal. Dafür sorgte schon ein Mann wie Mauvillon […]." Noch entschiedener hatte vordem Karl Steinacker geurteilt: „Schwerlich sind irgendwo in Deutschland die Ideen der großen französischen Revolution […] unbefangener erörtert, die anfangs gutartig sich gestaltende Verwirklichung ihrer Ziele willkommener begrüßt worden, als in Braunschweig." Der tonangebende Wortführer hierbei sei der aus Paris zurückgekehrte Campe gewesen, der „unter den Professoren des Carolinums, im Großen Klub das neue politische Evangelium beredet verkündigt" habe (*Revolutionsgespräche im Jahre 1789 am Braunschweigischen Hofe*. In: *Jahrbuch des Braunschweigischen Geschichtsvereins*. 2. Folge, Bd. II (1929), S. 144–155, hier S. 144–145). Wenn man umsichtig urteilt, muss man jedoch kräftige Abstriche an derartigen Behauptungen machen und den Zeitraum wesentlich enger fassen: Nur von 1785/86 (Berufungen Mauvillons und Campes) bis 1792 (Verschärfung der Zensur im Herzogtum; Einstellung bzw. Verlegung des *Braunschweigischen Journals*; Karl Wilhelm Ferdinands Feldzug gegen das republikanische Frankreich) war Braunschweig kurzzeitig eine Heimstatt revolutionärer Ideen, für die bekanntlich vor allen Campe und Mauvillon verketzert, angeprangert und bedroht wurden: „Ihr infamen Kerls, ich meyne die hiesigen Französisch-gesinnten! Wo man euch von Obrigkeits wegen eure verdammte Zunge nicht bindet, und euer Schreiben und Drucken nicht hindert, das Verkaufen derselben mit Macht nicht abschaffen wird: so sollt ihr Schurken bey Abendzeit keinen sichern Schritt auf der Straße mehr thun können. Ja ihr seyd in Gefahr! C[ampe] und M[auvillon] hüte Dich!" Zit. nach dem Nachruf auf Mauvillon in Friedrich Schlichtegrolls *Nekrolog auf das Jahr 1794* (Bd. I. Gotha: Perthes, 1796, S. 241–242). Auf dieses angeblich „bey Hunderten in Straßen und Häusern, auch an verschiedenen Ecken angeschlagen[e]" (so ebd.) anonyme Pasquill mit der Androhung roher Gewalt antwortete Campe im Dezember 1792 mit seiner besonnenen achtseitigen Erklärung *An meine Mitbürger*. Man vgl., was sich Beneke am 29. Oktober 1793 über seinen Aufenthalt an der Oker notierte: „in publico ist man in Braunschw. rasend royalistisch – ich hatte kaum ein paar Mahle in politicis, u. zwar äusserst vorsichtig mitgeredet, so hieß es schon allenthalben, ich sey ein Jacobin […]." (Ferdinand Beneke: *Die Tagebücher*. Hg. von Frank Hatje und Ariane Smith. Göttingen 2012ff., Bd. I.1, S. 113.)

65 [August von Kotzebue:] *Doctor Bahrdt mit der eisernen Stirn, oder Die deutsche Union gegen Zimmermann. Ein Schauspiel in vier Aufzügen, von Freyherrn von Knigge.* o. O.: o. V., 1790, S. 36. – Christoph Daniel Ebeling war nicht blind, sondern fast taub; nahezu blind war vielmehr sein Mitstreiter Johann Georg Büsch (1728–1800), Lehrer der Mathematik am Hamburger Gymnasium; vgl. Wilhelm von Humboldt: *Tagebücher*. Bd. I: *1788–1798*. Hg. von Albert Leitzmann. Berlin 1916, S. 240.

Campe verrichtet seine Nothdurft ganz dicht vor der Nasenspitze seines schlafenden Collegen, des *feinlachenden Trapp*, und reinigt sich mit einem Stück der Berliner Monatsschrift, welches er *dem guten besoffenen* Biester aus der Tasche gezogen, wovon er aber Giftblasen im Hintern bekommt.""[66]

Die Frage, wer dies infame Stück geschrieben haben könnte, bewegte 1790ff. die ganze empörte deutsche Gelehrtenrepublik, wobei der Verdacht schon früh auf August von Kotzebue fiel, der das Pamphlet anhand einer Mixtur von Informationen, Gerüchten und Verleumdungen, die ihm z. T. der befreundete Pyrmonter Brunnenarzt Heinrich Matthias Marcard (1747–1817) soufliert hatte, auch tatsächlich zusammengeschmiert hatte, die Urheberschaft aber sehr lange leugnete und mit beträchtlicher krimineller Energie zu vertuschen suchte, am Ende dann aber doch überführt wurde und gestehen musste.

Die Angelegenheit war anfangs so undurchschaubar wie vertrackt, und eine jede Nacherzählung der damaligen Begebenheiten wird rasch verwirrend, weil nach Veröffentlichung des Pasquills sofort allerorten Spekulationen ins Kraut schossen, weil üble Nachrede mit treuherziger Abrede wechselte, weil wilde Vermutungen und offizielle Dementis einander jagten, weil publizistische Nebelkerzen gezündet und falsche Fährten bis nach Russland gelegt wurden, weil zu viele Leute nahezu gleichzeitig spekulierten, protestierten und publizierten.

Auch Campe verfolgte das allgemeine Rätselraten,[67] fühlte sich aber offenbar persönlich nicht so gekränkt, dass er nach Rache gedürstet hätte, wohingegen Jacob Mauvillon sich aufgrund von Indizien ziemlich sicher war, dass Zimmermann selbst der Urheber der Schmähschrift sei, was er im Braunschweiger Offizierskasino so lautstark verkündete, dass er deswegen am 19. Januar und 22. Februar 1791 offiziell vernommen wurde, woraufhin er seine Befragungen und Stellungnahmen in dieser Sache zu einem Buch bündelte, nämlich *Des Herzoglich Braunschweigischen Ingenieur-Obristlieutenants Mauvillon gerichtliche Verhöre und Aussagen den Verfasser der Schrift Bahrdt mit der eisernen Stirn betreffend*, das er in Campes Verlag, der Braunschweiger Schulbuchhandlung, in stolzen 2.025 Exemplaren[68] veröffentlichte und in dem er u. a. ausführte, dass Zimmermann bereits in

---

Kotzebue: *Bahrdt* (Anm. 65), S. 44. Das *Braunschweigische Magazin* wird, neben der *Berlinischen Monatsschrift* u. a. aufgeklärten Periodika, unter die „Cloack[en]" gerechnet, in die Campe, Mauvillon und andere mehr ihre „Excremente zu entladen" gedächten (ebd., S. 69).

[67] Siehe seinen Brief an Christina Reimarus vom 7.2.1792 (Campe: *Briefe* [Anm. 29], Bd. II, S. 228). Vgl. die Memoiren von Gebhard Friedrich August Wendeborn (1742–1811), der bei seinem Besuch bei Campe in Braunschweig den Fauxpas beging, diesen (in Gegenwart noch dazu der gleichfalls Betroffenen Mauvillon und Stuve) um das Pasquill zu bitten (*Erinnerungen aus seinem Leben* [2 Bde.]. Hg. von C[hristoph] D[aniel] Ebeling. Hamburg: Bohn, 1813, Bd. II, S. 707–708).

[68] Verzeichnis der Aufträge und Zahlungen der Schulbuchhandlung an den Drucker Ernst Wilhelm Gottlieb Kircher (1788–1799) im Vieweg-Archiv des Universitätsarchivs Braunschweig (V 3: 1.1.8.2; o.p.).

seinen vorjährigen *Fragmenten über Friedrich den Großen* (1790) „die Herren Professoren Heusinger und Stuve und den Hrn. Schulrath Campe angegriffen" habe.[69] Nachdem jedoch der derart beschuldigte Zimmermann am 14. März 1791 vermittels eines förmlichen Eides bekundet hatte, nicht der Urheber zu sein, geriet der allzu forsche Mauvillon in Erklärungsnot, wurde für einen Tag unter Hausarrest gestellt und gezwungen, eine Richtigstellung zu veröffentlichen und bei Zimmermann zähneknirschend Abbitte zu leisten.

Über Kotzebues Pasquill sind seitens der Germanistik im Laufe der Jahrzehnte und Jahrhunderte allerhand Aufsätze publiziert worden,[70] aber ein Mann ist bei allen Untersuchungen bislang nie so recht in den Blick geraten, obwohl er sowohl Mitwisser wie auch – ein Stück weit – Mittäter gewesen ist, nämlich Friedrich Schulz, der seinem Freunde Bode am 20. Dezember 1790 etwas scheinheilig berichtete, man habe in Berlin diese „Säuerey so aufgenommen, wie sie es verdiente", nämlich „mit vor dem Mund gehaltenem Schnupftuche".[71]

Schulz kannte Kotzebue, die beiden waren sich – nach allem, was man retrospektiv erkennen kann – erstmals im Juni 1790 in Karlsbad begegnet, wo Schulz als Begleiter von Bode weilte, der vor allen seiner alten Freundin, der vermögenden Elisa von der Recke, geistreich Gesellschaft leisten wollte. Die Gräfin, eine habituell kurende Hypochonderin und so empfindsam wie fromm sich gerierende Schriftstellerin,[72] fand an der Gesellschaft des delikaten Schulz mehr Gefallen als

---

[69] *Des Herzoglich Braunschweigischen Ingenieur-Obristlieutenants Mauvillon gerichtliche Verhöre und Aussagen den Verfasser der Schrift Bahrdt mit der eisernen Stirn betreffend.* Braunschweig: Schulbuchhandlung, 1791, S. 29. Siehe auch ebd., S. 34: „Schon in seinen Fragmenten sagt Herr Hofr. Zimmermann, daß die Herrn Gedicke, Biester, Schulze, Campe, Trapp, Heusinger, Stuve und die gothaische gelehrte Zeitung etc. eine Partie, Clique oder Synagoge ausmachten." Zu Campe im Besonderen führt Mauvillon aus: „Da Herr Campe nie etwas gegen Herren Zimmermann geschrieben hat, so muß er sich […] freilich blos mit einigen Seitenhieben begnügen. Der Beinahme des *uneigennützigen*, den er darin erhält, zeigt aber gewiß an, daß der Verfasser dabei an den Streit dachte, den jener Gelehrte mit Hrn. Moritz geführt hat, und der die Geldangelegenheiten betraf; und gerade dieses Streits wird nun auch in den Fragmenten auf die allergezwungenste Art von der Welt Erwähnung gethan." (S. 39–40)

[70] Siehe vor allem: Brigitte Erker und Winfried Siebers: *Das Bahrdt-Pasquill. Ein publizistischer Streit zwischen Aufklärung und Gegenaufklärung 1790–1796.* In: Ursula Goldenbaum (Hg.): *Appell an das Publikum. Die öffentliche Debatte in der deutschen Aufklärung 1687–1796* (2 Bde.). Berlin 2004. Bd. II, S. 897–939, hier v. a. S. 899. Unter allen literarhistorischen Aufsätzen ist dies mit Abstand der umsichtigste und genaueste Beitrag. – Unter den zeitgenössischen Veröffentlichungen bedeutsam ist die ausführliche Zusammenfassung des Falles durch [Friedrich Cramer]: *Leben August von Kotzebue's. Nach seinen Schriften und nach authentischen Mitteilungen dargestellt.* Leipzig: Brockhaus, 1820, S. 151–208.

[71] Schulz: *Briefe* (Anm. 20), S. 115.

[72] Die jüngste Veröffentlichung über sie haben vorgelegt Valérie Leyh, Adelheid Müller und Vera Viehöver (Hg.): *Elisa von der Recke. Aufklärerische Kontexte und*

an der Gegenwart des großspurigen, bald weltberühmten Dramatikers aus Weimar: „Er schmeichelt nie, spricht sehr gut, ist unterhaltend und noch hörte ich kein Urtheil, keine Äußerung von ihm, welche mir mißfallen hätten", notierte Recke über Schulz, weswegen sie dann auch, einen Vorschlag von Bode aufgreifend, ihrer Schwester Dorothea von Kurland erfolgreich soufflierte, dem Herzog Peter von Biron vorzuschlagen, Schulz als Professor der Geschichte nach Mitau zu berufen.[73]

Bereits auf der wohl gemeinsamen Rückreise von Karlsbad nach Weimar hatte Kotzebue Schulz wissen lassen, dass er gedenke, seinem vielerorts angefeindeten Freunde Zimmermann publizistisch zur Seite zu springen, und schon „einige Wochen darauf […] schickte er mir ein Mspt zu, mit Bitte, es von meinem Schreiber kopieren zu lassen, und ihm eine Vignette mit 2 Krallen bey [Heinrich] *Lips* zu bestellen. Mein Schreiber […] schreibt ihm das Mspt ab und er, Kotzebue, schickt es mir zur Durchsicht, die nie ganz von mir geschah, weil ich nie ein gedrucktes Stück von ihm gelesen habe noch je lesen werde, vielweniger ein Mspt. Den Tag darauf hohlte er es von mir ab und reis't damit nach Leipzig."[74]

---

lebensweltliche Perspektiven (Germanisch-Romanische Monatsschrift. Beihefte 90). Heidelberg 2018.

[73] Unter dem Datum des 15. Juni 1790 notierte Recke über ihre Kur in Karlsbad: „Schon seit einigen Tagen ist mein hiesiger Aufenthalt mir durch Freund Bodes Anwesenheit noch lieber. Ein junger interessanter Gelehrter aus Weimar, Friedrich Schulz, ist mit ihm. Er und Hofrath Bode wohnen mir gegenüber in den sieben Kurfürsten. Auch Kotzebue vermehrt unsern Kreis; Bode hat mir diese beiden Herren vorgestellt, und ich habe alle drei mit meiner Schwester bekannt gemacht: sie scheinen sich in unserm Kreise zu gefallen […]. […] Schulzes Schriften kenne ich nicht, aber mir ist sein Umgang interessanter [als der Kotzebues]." Am 18. Juni schrieb die Gräfin: „Kotzebue und Schulz werden in Gesellschaften mehr, als Bode, gesucht, und dieß kränkt meinen 60jährigen, geistreichen Freund so tief, daß er sich oft erlaubt, Kotzebue durch witzige Seitenhiebe so zu necken, daß, obgleich Kotzebue Witz hat, er dennoch keine treffende Antwort zu geben weiß. […] Schulz wußte das Gespräch so zu lenken, daß Bode immer etwas zu erzählen hatte, wodurch er die Aufmerksamkeit auf sich zog, und so hellte sein Gemüth sich dergestalt auf, daß er wirklich recht liebenswürdig wurde." Am 19. Juni heißt es: „Schulz wußte mit ächter Urbanität so zu unterhalten, daß Bode nicht eifersüchtig wurde: auch Kotzebue war heute liebenswürdiger […]." Am 4. Juli liest man: „Bode […] legte mir den Wunsch an das Herz, dem Hofrathe Schulz die erledigte Stelle als Professor der Geschichte in Mitau zu verschaffen. Ich werde mein möglichstes thun; auch hoffe ich dieß durch meine Schwester zu bewirken." In Sagan (Zagan) schreibt sie dann am 27. September in ihr Tagebuch: „Diesen Morgen erhielt meine Schwester die Versicherung vom Herzoge, daß Hofrath Schulz als Professor der Geschichte nach Mitau berufen werden soll. Es freut mich, daß dieser Plan geglückt ist." (Paul Rachel [Hg.]: *Elisa von der Recke.* Bd. II. *Tagebücher und Briefe von ihren Wanderjahren.* Leipzig 1902, S. 337–339, 344 und 358.) Vgl. hierzu Theodor Körners Brief an Schiller vom 3. Dezember 1790 (Schiller: *Werke* [Anm. 13], Bd. XXXIV.1, S. 47).

[74] Schulz: *Briefe* (Anm. 20), S. 134.

So wenigstens rekapitulierte Schulz am 24. Juli 1791 die Vorgeschichte der Entstehung und Drucklegung von *Doctor Bahrdt mit der eisernen Stirn* in einem Brief an Friedrich Vieweg. Schulz war gezwungen, sich näher zu erklären, weil der Verleger ihm im vorhergehenden Brief gemeldet hatte, dass Kotzebue, in Gesprächen mit namhaften Buchhändlern und Schriftstellern in Leipzig wie in Berlin (darunter Schulzens Leibfeind Friedrich Nicolai), ihn, Schulz, „als den Verf. des Bahrdt mit der eisernen Stirn angiebt".[75]

Eine solch üble Nachrede, ja Verleumdung konnte Schulz natürlich nicht unwidersprochen lassen, zumal nun selbst ein so kluger Kopf wie Lichtenberg aufgrund von gewispertem Hörensagen in der Folge einen „Mietauischen Schurken", nämlich ihn, für den Verfasser hielt,[76] aber Schulz selbst hatte Dreck am Stecken, und koscher waren seine eigenen Ausweichmanöver auch nicht, denn er hatte bereits am 25. Mai dem ins Visier der Ermittlungsbehörden geratenen Weimarer Kupferstecher Heinrich Lips geraten, dieser möge „einen Brief vorgeben den Ihnen ein ungenannter Buchhändler schrieb; worin er Ihnen die Idee zu einer Vignette mit 2 Krallen angiebt".[77] Vermittels eines solchen (gefälschten) Schreibens, so Schulz weiter, könne Lips sowohl seine Ahnungslosigkeit und Unschuld beweisen wie auch die weiterführende Spur zu ihm und Kotzebue verwischen.

Genau auf die gleiche Idee, nämlich einen gefälschten, zurückdatierten Brief fabrizieren zu lassen, mit dessen Hilfe man seinen Kopf aus der bedrohlich enger werdenden Schlinge der Hannoveraner Ermittler ziehen könnte, verfiel wenig später auch Kotzebue, der Schulz am 25. Juli 1791 in einem Schreiben „flehentlich" bat, ihn als Verfasser des Pasquills „nicht dem Wespenschwarme Preiß zu geben", sondern sich vielmehr durch einen – selbstredend gefälschten – Brief des Dorpater Buchhändlers Johann Ludwig Friedrich Gauger,[78] in dem dieser sich als

---

[75]   Ebd.

[76]   Brief an Franz Ferdinand Wolff vom 5.4.1792 (Georg Christoph Lichtenberg: *Briefwechsel*. Hg. von Ulrich Joost. 5 in 6 Bdn. München 1983–2004. Bd. III, S. 1079).

[77]   Schulz: *Briefe* (Anm. 20), S. 131. – Lips verriet aber in der Folge auf Befragen, dass er den Auftrag für die Titelvignette von Schulz erhalten hatte; siehe das Schreiben von Gustav Wilhelm Christian Hartmann (1738–1798), Vizedirektor der Hannoveraner Justizkanzlei, an die kurländische Regierung in Mitau vom 12. Juli 1791; Lettisches historisches Staatsarchiv: 5759-2-729. Schulz gab am 30. Juli 1791 (wohl a. St.) gegenüber dem Konsilium der Academia Petrina zu Protokoll, „daß er keinen Theil an jenem Pamphlet habe", aber allen „im gedachten Libell beleidigten Gelehrten" auf deren Verlangen privat „alles sagen wolle, was ihm davon bekannt sey". (Ebd., 5759-2-728) Diese Informationen verdanke ich dem früh gestorbenen Historiker Peter Brüne (1964–2013), der seine vielversprechende Dissertation über Schulz nicht hat abschließen können.

[78]   Trotz einer Vielzahl von Veröffentlichungen über diesen Skandal ist bis heute nicht geklärt, wer eigentlich tatsächlich Drucker und Verleger des Pasquills gewesen ist. Am plausibelsten scheint mir die Angabe, die Knigge am 27. Oktober 1791 in einer offiziellen Stellungnahme an die Justizkanzlei in Stade machte, dass nämlich der kaum bekannte Buchhändler Carl Heinrich Henning (1757–1833) in Greiz der Verleger gewesen sei, der auf der Leipziger Ostermesse 1791 von den Kollegen das Geld für das

vorgeblicher Verleger des Büchleins zu erkennen geben und der ihm in Kürze zugehen werde, aus der bedrohlichen Affäre zu ziehen.[79] Das dahinter stehende Kalkül Kotzebues war einfach zu durchschauen: Indem er einen (gewiss unbeteiligten) Buchhändler im fernen Dorpat (Tartu) als Verleger vorschob, versuchte er, die causa ins Ausland zu verlagern, denn Estland war damals bekanntlich Teil der russischen Ostseeprovinzen, und in St. Petersburg würde er, als russischer Untertan und Präsident des Gouvernement-Magistrats in Reval (Tallinn), bei der Kaiserin wenn nicht auf volles Verständnis, so doch zumindest auf Nachsicht und Milde hoffen können,[80] zumal wenn er sein Pasquill hinstellen würde als eine Verteidigungsschrift für den an der Newa hochangesehenen Mediziner Zimmermann, der Ehrenmitglied der Russischen Akademie der Wissenschaften und von Katharina 1786 in den Ritterstand erhoben worden war.

Diesen Plan von Kotzebue durchkreuzte nun aber Schulz, der einerseits auf gar keinen Fall als „Verf. der bewusten cloaca magna" angesehen werden wollte,[81] andererseits aber Kotzebue den Justizbehörden auch nicht ans Messer liefern wollte (weil er sonst selbst in Gefahr geraten wäre), indem er diesen Brief, aus dem sowohl Kotzebues Autorschaft des Pasquills wie auch der Versuch der Anstiftung zu einer Falschaussage nebst Fälschung eines Briefes eindeutig hervorgehen, im Original an Friedrich Vieweg in Berlin schickte,[82] und zwar mit der ausdrücklichen Bitte, allen Schriftstellern und Gelehrten, die den wahren Verfasser der

---

Buch einkassiert bzw. verrechnet hatte. Siehe Adolph Freiherr Knigge: *Briefwechsel mit Zeitgenossen 1765–1796*. Hg. von Günter Jung und Michael Rüppel. Göttingen 2015, S. 185 und 192, wo auch „der Rath Schulz" verschiedentlich erwähnt wird. Knigge hatte diese vertrauliche Information (aus dem laufenden Ermittlungsverfahren) am 1. September 1791 brieflich von dem befreundeten Hannoveraner Hof- und Kanzleirat Georg Ernst von Rüling (1748–1807) sub rosa erhalten; siehe [Hermann Klencke (Hg.)]: *Aus einer alten Kiste. Originalbriefe, Handschriften und Documente aus dem Nachlasse eines bekannten Mannes* [i.e. Adolph Freiherr Knigge]. Leipzig: Kollmann, 1853, S. 226. Greiz, Residenz des Duodezfürstentums Reuß, wäre aufgrund der Nachbarschaft zu Sachsen-Weimar-Eisenach eine naheliegende Wahl gewesen und lag für den im Herbst 1790 von Weimar nach Leipzig reisenden Kotzebue fast direkt auf dem Weg; das Territorium war zudem damals für eine laxe Handhabung der Zensur bekannt.

[79] Autograph in Carl August Böttigers Nachlass in der Sächsischen Landesbibliothek, Dresden: h 37, Bd. CX, Nr. 15. Abschrift des Briefes in der Berliner Staatsbibliothek: Nachlass 141 (Slg. Adam), K. 90, Bl. 14.

[80] Katharina II. soll jedoch keine hohe Meinung von Kotzebue gehabt haben, siehe Mathes: *Briefe Kummer* (Anm. 58), S. 256, Anm. 97.

[81] So Schulz in seiner vom 25. Juli 1791 datierenden Antwort an Kotzebue (Schulz: *Briefe* [Anm. 20], S. 136). Siehe auch das folgende Schreiben an denselben v. 12. September 1791 (ebd., S. 139–140).

[82] Mit Schreiben vom 24. Juli 1791 (*Briefe* [Anm. 20], S. 134–136). – In seinem darauf folgenden Brief an denselben bedauerte Schulz am 23. November 1791, Vieweg mit der ganzen Sache behelligt zu haben: „Uns beyde hat man bey den Haaren in diesen Kothhaufen gezogen [...]" (ebd., S. 146).

Schandschrift zu erfahren wünschten, dieses verräterische Schreiben von Kotzebue zu zeigen oder vorzulesen.

Dieser Schachzug von Schulz, dieser wohlkalkulierte Schritt in die Halböf-
fentlichkeit der *res publica litteraria*, besiegelte Kotzebues Schicksal – alles, was
in den zwei Jahren darauf noch folgte, waren nur noch verzweifelte Rückzugs-
gefechte eines bereits überführten Pasquillanten, der selbst von seiner empörten
Mutter nachdrücklich verurteilt wurde[83] und seinen Ruf als Schriftsteller für alle
Zeiten ruiniert hatte – was mittelbar den Boden bereitete für seine spätere Ermordung, deren Motive anders geartet waren, die aber diesen Wurzelgrund hatte.

Den Brief aus Pyrmont, mit dem Kotzebue sich demaskiert und den Schulz
dann an seinen Verleger weitergeleitet hatte, las Friedrich Vieweg in der Folge
nicht nur Friedrich Nicolai und anderen Interessenten in Berlin,[84] sondern am 11.

---

[83] Kotzebues Mutter Anna Christina war so entsetzt von dieser Affäre, dass sie ihrem
Sohn verkündete, sie werde ihm „nie verzeihen, wenn das wahr sey" (Jürg Mathes:
Kotzebues Briefe an seine Mutter. In: *Jahrbuch des Freien Deutschen Hochstifts* 1970,
S. 304–436, hier S. 351). Weil Kotzebue die „Heftigkeit" (S. 356) seiner Mutter fürch-
tete, flüchtete er sich auch ihr gegenüber in Spitzfindigkeiten, indem er angab, das
Manuskript des Pasquills sei bloß durch seine Hände gegangen, aber nicht geschrie-
ben worden (wenigstens nicht die ehrenrührigen Passagen), woraufhin seine Mutter
öffentlich ihren Sohn zu verteidigen suchte, indem sie am 28. Januar 1792 auf eigene
Faust eine „Erklärung" im Intelligenzblatt der *Allgemeinen Literatur-Zeitung* (Nr. 14)
veröffentlichte, in der sie kundtat, sich für Herz und Charakter ihres Sohnes verbürgen
zu können, der besser gehandelt habe als „sein falscher Freund in Mitau" (i.e. Friedrich
Schulz) und zudem noch Teile des Briefes ihres Sohnes an ihre Adresse publizierte,
womit sie diesen aber nicht zu verteidigen vermochte, sondern ihn im Gegenteil noch
weiter in Bedrängnis brachte, weil die publik gemachten Passagen des Briefes ein halb-
herziges Teilgeständnis beinhalteten. In einem Brief vom 3. April 1792 beklagt sich
Kotzebue bei seiner Mutter, dass diese ihm zuvor „drey Seiten mit Vorwürfen und Er-
mahnungen" geschrieben habe und lamentiert, „daß noch nie ein Mensch wegen einer
warlich gutgemeynten [!] Unbesonnenheit so entsetzlich gestraft worden" sei wie er.
„Es wird lange dauern ehe das Publicum diese Geschichte vergißt, und ich selbst werde
sie *zuletzt* vergessen." Zu seiner ferneren Entschuldigung bringt er vor, dass „Schulz,
welcher das Manuscript vorher durchlas, gar keine Furcht eines so schlimmen Aus-
gangs äusserte [...]." (S. 363–364)

[84] Friedrich Nicolai meldete Adolph Freiherr Knigge am 28. September 1791: „Sie wer-
den vermuthlich von dem Schreiben gehört haben, welches Kotzebue von Pyrmont an
Schulz in Mietau geschrieben hat. Aus diesem Briefe erhellet unwidersprechlich, daß
Kotzebue der Verfasser ist. Schulz hat diesen Brief an den hiesigen Buchhändler F.
Vieweg gesendet mit dem Auftrage, sowohl diesen Originalbrief wie auch Schulzen's
Brief an Vieweg Jedermann zu zeigen. Aber er solle den Brief nicht abschreiben las-
sen oder ihn zum juristischen Gebrauche weggeben. Wollen Sie mehr davon wissen,
so schreiben Sie an F. Vieweg [...]." (Adolph Freiherr Knigge und Friedrich Nicolai:
Briefwechsel 1779–1795. Hg. von Mechthild und Paul Raabe. Göttingen 2004, S. 103–
104. Siehe auch Knigges Antwort hierauf vom 24.10.1791, ebd., S. 104–105.)

August 1791 in Braunschweig auch Campe und anderen Bekannten vor, darunter
Elisa von der Recke, die in ihrem Tagebuch notierte:

> Diesen Mittag speiste ich mit Lisetten [von Rutenberg] bei Campe; [Johann Lud-
> wig] Schwarz und Buchhändler Vieweg aus Berlin speisten auch dort. Vieweg las
> uns einen Brief von Kotzebue an Schulz vor, in welchem ersterer den letzteren
> um alles in der Welt bittet, es nicht auszusagen, daß er der Verfasser von „Doktor
> Bahrdt mit der eisernen Stirn" sei, falls er darüber gerichtlich befragt werden soll-
> te; auch zeigte Kotzebue Herrn Professor Schulz einen Ausweg, wie er die Sache
> von ihm wälzen kann, ohne sich selbst als Verfasser dieser Schrift verdächtig zu
> machen. Dieser ganze Vorschlag ist freilich nichts weiter als ein widriger Betrug,
> dessen Schulz sich teilhaftig machen soll, um Kotzebue aus seiner Not zu befreien
> – ihn, der die Bösartigkeit gehabt hat, Schulz auf der Leipziger Messe als Verfasser
> dieser skandalösen Pasquille anzugeben. Es ist schändlich, wie unsere Schriftsteller
> sich untereinander betragen![85]

Der somit allerorten gründlich diskreditierte, in Russland jedoch juristisch nicht
zu belangende Kotzebue veröffentlichte schließlich im Herbst 1793 eine auf den
17. August datierte, 16-seitige Erklärung *An das Publicum*, in der er sich zwar
notgedrungen gewunden zur Autorschaft von *Doctor Bahrdt mit der eisernen
Stirn* bekannte, zugleich aber einen beträchtlichen Teil seiner Schuld öffentlich
auf Friedrich Schulz abzuwälzen versuchte, indem er zur Textgenese und Drucklegung des Pasquills ausführte:

> Außer Weimar hat sie vor dem Drucke Niemand gesehn. Aber in Weimar sah und
> las sie ein Mann, der nachher öffentlich behauptete, sie nicht gesehen und gelesen
> zu haben, und der doch damals selbst hülfreiche Hand leistete, selbst sogar einen
> Einfall dazu herlieh, der, wie ich glaube, der Schlechteste in der ganzen Broschüre
> ist. Hätte dieser Mann, den ich damals für meinen Freund hielt, und für dessen
> Talente ich Achtung hegte, mich nur mit einem Worte auf die Folgen meiner Hand-
> lung aufmerksam gemacht – ich wage es zu behaupten, sie wäre unterblieben, oder
> doch auf eine ganz andere weit unschuldigere Art vollzogen worden. Aber freylich
> hatte er keine Verbindlichkeit dazu, und ich werfe ihm auch nichts weiter vor, als
> sein nachheriges zweydeutiges Benehmen, wozu keine Noth ihn drang. Denn daß
> ich jemals gegen irgend Jemand ihn als Verfasser ausgegeben haben sollte, ist eine
> kahle Unwahrheit, durch welche er sein liebloses Verfahren nur zu beschönigen
> sucht.[86]

---

[85] Elisa von der Recke: *Mein Journal. Elisas neu aufgefundene Tagebücher aus den Jah-
     ren 1791 und 1793/95.* Hg. von Johannes Werner. Leipzig [1927], S. 27. Der Jurist
     und Schriftsteller Schwarz (1759–1830) war der Witwer von Reckes früh verstorbener
     Freundin Sophie Becker, auch Neffe von Johann Wilhelm Ludwig Gleim.
[86] August von Kotzebue: *An das Publicum. Dieses Blatt wird in allen Buchhandlungen
     Teutschlands gratis ausgegeben.* o.O.: o.V. [1793], S. 8–9.

Von diesen öffentlichen Anwürfen, gegen die Schulz sich nicht neuerlich verwahrt zu haben scheint, ist allenfalls die Hälfte wahr, wie man bei einem Vergleich mit den Briefen anderer Zeitgenossen, die um die Hintergründe der Affäre wussten (Vieweg, Knigge, Nicolai u. a. m.), vor allem aber aufgrund von Kotzebues eigenen Bitt- und Bettelbriefen an Schulz zweifelsfrei konstatieren kann, aber dennoch wird man bilanzierend festhalten dürfen, dass Schulz Mitwisser und anfänglich williger Helfer Kotzebues bei diesem literarischen Bubenstück gewesen ist, was seinen sonst untadeligen Ruf bis heute befleckt.

IV. Campes spöttischer Kritiker

Friedrich Schulz hat sich bereits in ganz jungen Jahren in den hitzigsten und witzigsten sprachwissenschaftlichen Streit des 18. Jahrhunderts eingemischt, als er im Oktober 1782 seinen allerersten Beitrag für eines der wichtigsten Periodika des Zeit, den *Teutschen Merkur* von Christoph Martin Wieland, schrieb, und zwar den kurzen Aufsatz *Einziges Mittel, die gelehrten Partheien auseinander zu bringen, wovon die eine lieber Hebe als Häbä und die andere lieber Häbä als Hebe sagt.*

Dieser bis heute berühmte Streit wurzelte bekanntlich in einem verbissenen Zwist zwischen dem Homer-Übersetzer Johann Heinrich Voß und seinem früheren Göttinger Lehrer, dem hervorragenden Altphilologen Christian Gottlob Heyne, dessen Kern die Frage einer akkuraten Transliteration griechischer Buchstaben in deutschen Wörtern und im deutschen Alphabet, insbesondere des /η/ war, das nach Voßens dezidierter Meinung am besten durch /ä/ wiederzugeben sei – eine Auffassung, die zwar sprachwissenschaftlich begründet werden konnte und kann, die aber in der Konsequenz dazu führen würde, dass die Mundschenkin der Götter fortan eben keine Hebe wäre, sondern eine „Häbä", dass man in der Schule „Homär" lesen und dass alle Christen fortan einen Herrn „Jäsus" lobpreisen müssten, was niemand (außer Voß) wollte und will.

Diese in der deutschen Gelehrtenrepublik rasch große Wellen schlagende Kontroverse zwischen Voß und Heyne, die auch ein Zwist zwischen Jung und Alt, Schüler und Lehrer, praktischem Übersetzer und zünftigem Akademiker war, gewann vor allem dadurch rasch an satirischer Fahrt, dass sich Georg Christoph Lichtenberg, der witzigste Kopf der deutschen Aufklärung, schon recht früh in diesen Disput einmischte (um seinem geschätzten Kollegen Heyne beizustehen) und ihn spöttisch nach Kräften befeuerte, unter anderem mit dem Aufsatz *Ueber die Pronunciation der Schöpse des alten Griechenlands verglichen mit der Pronunciation ihrer neuern Brüder an der Elbe: oder über Beh, Beh und Bäh Bäh* im Juni 1781 im *Göttingischen Magazin*, gegen den sich der humorfreie Voß nach Kräften tapfer verteidigte, woraufhin sich wiederum Lichtenberg im *Göttingischen Magazin* im August 1782 *Ueber Hrn. Vossens Vertheidigung gegen mich im März/Lenzmonat des Deutschen Museum 1782. To bäh or not to bäh, that is the question* ziemlich polemisch belustigte.

Es ist hier nicht der Ort und der Raum, um das wissenschaftliche Für und Wider dieser pedantisch-akademischen Kontroverse zwischen übereifrigen Kontrahenten, die vielstimmigen Wortmeldungen und Rechthabereien nebst den flankierenden Glossen, Satiren und Polemiken von dritter Seite zu rekapitulieren, nur auf den vorwitzigen Zwischenruf des 20-jährigen Friedrich Schulz sei kurz eingegangen, der angesichts des exemplarischen Streits über „Hebe" vs. „Häbä" im *Teutschen Merkur* spöttisch vorschlug, dass man, statt sich derart verbissen über die Transliteration zu zanken, viel besser daran täte, sämtliche griechischen wie auch römischen Götter nicht mehr mit ihren angestammten Namen zu benennen, „sondern ihnen allen teutsche Namen zu geben", wie das weiland schon Philipp von Zesen in seinem Gedicht *Lustinne* (1645) getan habe, was die deutsche Entsprechung für Venus bzw. Aphrodite sei; alternativ könne man auch „Schauminne" setzen. Eros könne man durch „Lihb-reiz" ersetzen, so wie Amor bzw. Cupido ein „Lust-kind" sei. Schulz zählte genüsslich noch einige weitere der von Zesen germanisierten Götternamen auf, etwa „Donnermann" für Jupiter, „Hinkmann" oder „Gluthfang" für Vulcanus, „Himmelinne" für Juno oder „Jagdtinne" für Diana, um dann abschließend spöttisch zu fragen: „Sollte sich nun in dem ganzen weiten Teutschland nicht ein Mann finden, der mit gehörigem Scharfsinn alle noch übrigen Götter- und Heldennamen eben so gut verteutschte?"[87]

Wenn man diese frühe konterkarierende Wortmeldung des jungen Schulz kennt, verwundert es nicht, dass dieser ein knappes Jahrzehnt später, als Campe, durchaus in einer (zeitweilig unterbrochenen) Traditionslinie mit Zesen stehend, sich schrittweise daran machte, die deutsche Sprache, d. h. vor allem den Wortschatz zu reinigen und zu reformieren, sich auch in die dann rasch aufbrandenden Diskussionen über Für und Wider derartiger Revisionen einmischte, und zwar als Gegner von Campes Bestrebungen.[88]

---

[87] [Friedrich] S[chul]z: *Einziges Mittel, die gelehrten Partheien auseinander zu bringen, wovon die eine lieber Hebe als Häbä und die andre lieber Häbä als Hebe sagt.* In: *Teutscher Merkur*, Oktober 1782, S. 15–18. – Joachim Kalka hat diesen Aufsatz aus Flüchtigkeit unbedacht als Wortmeldung Wielands angesehen und behandelt: *„To bäh or not to bäh". Kleine Glosse zum großen Streit zwischen Voß und Lichtenberg.* In: *Georg Christoph Lichtenberg 1742–1799. Wagnis der Aufklärung.* München 1992, S. 185–190, hier S. 189–190. Die dazugehörige, wohl von Ulrich Joost stammende bibliographische Glosse Nr. 354 (ebd., S. 189) ist hingegen korrekt.

[88] Die Sprachwissenschaft hat sich – soweit ich zu sehen vermag – bis dato mit Schulzens Wortmeldungen zu Campes Sprachreformen und -reinigung nicht näher beschäftigt; immerhin wird Schulz' Kritik aus den *Mikrologischen Aufsätzen* auf zwei Seiten zusammengefasst von Alan Kirkness: *Zur Sprachreinigung im Deutschen 1789–1871. Eine historische Dokumentation.* 2 Tle. (Forschungsberichte des Instituts für deutsche Sprache Mannheim 26). Tübingen 1975, T. 1, S. 82–83. – Bloß bibliographisch erfasst worden sind Schulzens *Mikrologische Aufsätze* nebst dem *Historisch Genealogis[c]hen Almanach fürs II.te Jahr der Freiheit* sowie dem *Historischen Taschenbuch* von 1790 von Sibylle Orgeldinger: *Standardisierung und Purismus bei Joachim Heinrich Campe* (Studia Linguistica Germanica 51). Berlin/New York, S. 438, aber unter

Nachdem Campe im November 1790 in seinem *Braunschweigischen Journal* diverse „Proben einiger Versuche von deutscher Sprachbereinigung" veröffentlicht hatte – ein programmatischer Text, der im Jahr darauf auch noch als 40-seitiger Separatdruck und dann 1792 in erweiterter Neuauflage selbständig erschien – fühlte sich der frankophone Schulz neuerlich als Satiriker herausgefordert und entwarf im Winter 1790/91 zunächst einmal ein umständliches *Beglück-Wünschungs Schreiben des Mit-Regierers sonst Conrectors Theophilus Purista jetzt Gott-lieb Rein-mann, an Herrn Schul-rath und Kanonikus oder Regel-mann Campe zu Braunschweig über seine neuesten Geist- und Sprach-ausdehnungs-versuche in dem braunschweigischen Journal d.i. Tagebuche vom Monate, November d.i. Neun-Monde des Jahres 1790*, von dem aber nur dieser jokose Titel, nicht aber der Text selbst überliefert zu sein scheint.[89] Am 25. Mai 1791 jedoch schickte Schulz ein Manuskript, in dem er sich ernsthaft mit Campes Reformen auseinandersetzte, an seinen Verleger in Berlin zum Zwecke einer anonymen Veröffentlichung: „Machen Sie mit der Campeschen Sprachbereicherung, was Ihnen beliebt, l[ieber] V[ieweg] nur nennen Sie mich nicht."[90] Der Aufsatz war wohl gedacht für die von Vieweg 1790–1794 verlegte *Deutsche Monatsschrift*, zu deren Mitarbeitern Schulz zählte, aber dort erschien der Text nicht,[91] sondern erst zwei Jahre später in den *Mikrologischen Aufsätzen*, die Schulz 1793 bei dem jungen Verleger Friedrich Nicolovius (1768–1836) im ostpreußischen Königsberg herausbrachte.

Diese Sammlung teils feuilletonistisch anmutender Glossen, teils kritischer Räsonnements über literarische Werke der Zeit enthält eine der frühesten, vor allem mit 34 Seiten die definitiv ausführlichste Würdigung des Hauptwerkes von Campes vertragsbrüchigem Autor und öffentlichen Kontrahenten Karl Philipp Moritz, des autobiographisch grundierten, zum Teil in Braunschweig spielenden

unterschiedlichen Namensansetzungen und hinsichtlich des Taschenbuchs für 1790 auch fälschlich.

[89] Notiert auf einem Ms.-Zettel in der Sächsischen Landesbibliothek, Dresden: h 37, 4°, Bd. 110, Nr. 8v. – Vgl. aber weiter unten die Veröffentlichung aus Schulzens Nachlass.

[90] Schulz: *Briefe* (Anm. 20), S. 132.

[91] Wahrscheinlich ist die Annahme, dass Vieweg dieses Manuskript vorsätzlich nicht zum Druck befördert hat, weil er schon zu diesem Zeitpunkt Campe freundschaftlich verbunden war und deshalb durch eine Publikation privat wie auch beruflich in eine Zwickmühle geraten wäre. Schulz wusste damals bereits, dass Vieweg ein Auge auf Charlotte Campe geworfen hatte, wähnte diesen aber, privat wie beruflich, in Berlin gebunden, wie aus seinem Brief an den Verleger vom 1. Oktober 1790 hervorgeht: „Campens Töchterlein betreffend, und ihre Mutter, mit denen Sie von mir gesprochen haben, so weiß ich, vom Hörensagen, daß beyde ein paar vorzügliche Personen sind, und vermuthen thu ich, daß mein Freund V[ieweg] in die Tochter verliebt, aber nur etwas, zu werden Miene macht, sie auch, glaub' ich, heurathen könnte, wenn er nicht schon an einer Kette in Berlin läge, die ihn nicht nach Braunschweig läßt." (Schulz: *Briefe* [Anm. 20], S. 109.)

Romans *Anton Reiser*,[92] den Schulz als eines der „unterhaltendsten und lehrreichs-
ten" Bücher, „welche die deutsche Literatur besitzt", lobt.[93]

Daneben findet sich u. a. ein kleiner Text über die Frage „Heißt Champ de
Mars Marsfeld oder Märzfeld", der nur scheinbar eine heitere Glosse, tatsächlich
aber eine ernstgemeinte Auseinandersetzung mit zwei Konkurrenten im Feld der
Berichterstattung über die Französische Revolution ist, nämlich mit Campe und
Christoph Girtanner in Göttingen:

> Die drey deutschen Schriftsteller, Herr *Campe*, Herr *Girtanner*, und Herr *Schulz*,
> die uns, jeder nach seiner Weise, die ersten Nachrichten von der französischen Re-
> volution zusammenhangend mittheilten und dabey der Scenen auf dem „Camp de
> Mars" erwähnten, gehen in der deutschen Benennung dieses berühmten Platzes von
> einander ab.
>
> Herr *Schulz* sagt, in allen seinen, über diesen Gegenstand und über Paris erschiene-
> nen, Schriften, *Marsfeld*; die Herren *Campe* und *Girtanner* aber, *Märzfeld*.[94]

Schulz behandelt die Frage nach der korrekten Übersetzung und Bedeutung
scheinbar als Petitesse, rückt der Beantwortung dieser Frage – die natürlich zu
seinen Gunsten ausfällt – aber mit gelehrter Ernsthaftigkeit zu Leibe. Ihm geht
es dabei nur vordergründig darum, sich als Kenner von Wortgeschichte wie französischer und römischer Historie zu profilieren, sondern es geht ihm hintergrün-
dig ganz offensichtlich um seine Glaubwürdigkeit als Augenzeuge und Chronist
der Französischen Revolution. Wer – so das unausgesprochen eingeschriebene
Argument – nur so kurz in Paris gewesen sei wie Campe oder Girtanner[95] und

---

[92] Siehe: *Moritz contra Campe. Ein Streit zwischen Autor und Verleger im Jahr 1789.* Hg.
      von Reiner Marx und Gerhard Sauder (Kleines Archiv des 18. Jahrhunderts 18). St.
      Ingbert 1993; zuvor schon Gerhard Sauder: *Ein deutscher Streit 1789. Campes Versuch
      „moralischen Totschlags" und Moritz' Verteidigung der Rechte des Schriftstellers.* In:
      Franz-Josef Worstbrock und Helmut Koopmann (Hg.): *Formen und Formgeschichte des
      Streitens. Der Literaturstreit* (Akten des VII. Internationalen Germanisten Kongresses
      Göttingen 1985, 2). Tübingen 1986, S. 91–97. Ausweislich des Verzeichnisses der Auf-
      träge und Zahlungen der Schulbuchhandlung an den Drucker Ernst Wilhelm Gottlieb
      Kircher (1788–1799) im Vieweg-Archiv des Universitätsarchivs Braunschweig (V 3:
      1.1.8.2; o.p.) wurde die erste Auflage von Campes Streitschrift im Mai 1789 in einer
      Auflage von stattlichen 1.500 Exemplaren, die erstaunlicherweise bald darauf fällige
      zweite Auflage in 750 Exemplaren hergestellt. Siehe ferner den Beitrag von Franziska-
      Katharina Schlieker im vorliegenden Band.
[93] Friedrich Schulz: *Ueber die Zufälle der poetischen Schwangerschaft.* In: Ders.: *Mikro-
      logische Aufsätze.* Königsberg: Friedrich Nicolovius, 1793, S. 11–46, hier S. 11. Vgl.
      hierzu Bean: *Literary Criticism* (Anm. 7), S. 184–193.
[94] Friedrich Schulz: *Heißt Champ de Mars Marsfeld oder Märzfeld?* In: Ders.: *Mikrologi-
      sche Aufsätze* (Anm. 93), S. 68–87, hier S. 68–69.
[95] Zu Girtanners Paris-Reise und dem daraus resultierenden Bericht siehe Georg Forsters
      Brief an seinen Berliner Verleger Johann Karl Philipp Spener vom 11. September 1790:

wer so offenbar unzureichende Kenntnisse des Französischen und der Geschichte habe, dass er diese Benennung nicht richtig zu übersetzen vermöge, dessen Werke könnten den seinigen nicht das Wasser reichen; Leute, die derartige Missverständnisse verbreiteten, verfügten über kein eigentliches, tieferes Verständnis der Französischen Revolution – das ist unverkennbar der Subtext einer launig skizzierten, im Kern aber recht kleinlichen, demonstrativen Besserwisserei.

Direkter und grundsätzlicher wird Schulz dann in einem zweiten Text seiner *Mikrologischen Aufsätze*, nämlich der von Vieweg zuvor nicht veröffentlichten Erörterung *Wird durch Herrn Campes versuchte Sprachbereicherung die Deutsche Sprache ärmer oder reicher?*[96] Einleitend nimmt Schulz – der 1785 von Adolph Freiherr Knigge in der *Allgemeinen Deutschen Bibliothek* in einer Rezension seiner *Trauergeschichten* dafür gerügt worden war, dass er ein französisches Wort halbherzig eingedeutscht habe, weil er aus „Courage" eine „Kurage" gemacht hatte[97] – zunächst einmal Campe gegen seine zahlreichen Kritiker, die „gelacht und gespottet" hätten und die vorgeschlagenen „Übersetzungen und Redensarten" „wechselweise pedantisch, geistlos und ganz falsch gefunden" hätten,[98] halbherzig in Schutz, um dann in der Folge selbst die meisten von Campe geprägten Neologismen zu verwerfen.

Wörter wie „Stelldichein", „Spießgesell", „Abstecher" oder auch „Beingerüst" (für Skelett) könnten, so meinte Schulz, „in der komischen und burlesken Farbenmischung unserer Sprache gar wohl gebraucht werden, sind aber im anständigern, ernsthaften Style durchaus unerträglich".[99] Andere Wörter wie „Schnell-Läufer", „Einzel-Wesen", „Glaubens-Wuth", „Altlehrig" etc. seien „jedem Manne von Geschmack unerträglich", zum Teil auch falsch gebildet bzw. abgeleitet und gingen in vielen Fällen mit semantischen Verlusten, einer Bedeutungsverschiebung und Akzentverlagerung einher oder seien schlicht unzutreffend: Der „Schnellläufer" zum Exempel sei ein völlig untaugliches Ersatzwort, „denn kein Courier *läuft* zu Fuße von Petersburg nach Berlin, sondern er *fährt* oder *reitet* dahin."[100] Wenn man

---

„Eben ist Herr Dr. Girtanner auf seinem Rückwege von Paris nach Göttingen bei mir [in Mainz] eingetroffen. Er ist zum Federationsfeste hingekommen, hat sich 2 Monate lang dort aufgehalten, kennt dort alles, was Namen hat, ist in allen Klubs, auch in dem von 1789, gewesen und glaubt etwas mehr als Campe, Schulz, pp. au fait zu sein." (Georg Forster: *Werke* (4 Bde.). Hg. von Gerhard Steiner. Leipzig [1971], Bd. IV, S. 627–628.)

[96] Friedrich Schulz: *Wird durch Herrn Campes versuchte Sprachbereicherung die Deutsche Sprache ärmer oder reicher?* In: Ders.: *Mikrologische Aufsätze* (Anm. 93), S. 122–145.

[97] Es müsse „Kurasche" heißen, bemerkte Knigge, „wenn es doch einmal gedeutscht werden soll". Zit. nach Adolph Freiherr Knigge: *Rezensionen 1779–1997 in Friedrich Nicolais „Allgemeine deutsche Bibliothek" und „Neue allgemeine deutsche Bibliothek"* (Knigge-Archiv 4). Hg. von Ernst August Freiherr Knigge. Göttingen 2009, S. 135.

[98] Schulz: *Sprachbereicherung* (Anm. 96), S. 121–122.

[99] Ebd., S. 123.

[100] Ebd., S. 131.

schon ein deutsches Wort gebrauchen wolle, dann bitte den bereits eingeführten „Eilboten", so Schulz weiter.

Die von Campe vorgeschlagenen „Dämpfe" statt „vapeurs" zeugten, so führt Schulz aus, sowohl von unzureichendem Verständnis des französischen Wortes wie des medizinischen Sachverhaltes, denn das Fremdwort meine keineswegs nur aufsteigende, vor allem auf Darmwinde zurückgehende Dünste, sondern bezeichne vielmehr eine allgemeine „Nervenschwäche".[101] Das Adjektiv „zart" anstelle des vielschichtigen „delikat" zu gebrauchen, sei unangebracht, zumal die deutsche Sprache bereits zahlreiche Beiwörter wie „fein, zärtlich, niedlich, schmackhaft, geschmackvoll, leicht, schwierig, bedenklich, köstlich, schwächlich, eigen, schmächtig" bereithalte, um die verschiedenen Denotate und Konnotate des französischen Lehnwortes adäquat, je nach Kontext und Register, auszudrücken.[102]

Wörter wie „Antlitzseite" (für Façade) und „Zerrbild" (anstelle von Karikatur) gehörten „zu den unglücklichsten Ausgeburten eines ganz unnöthigen Purismus."[103] Wenn man für Façade eine deutsche Entsprechung suche, dann müsse man „Vorderseite" sagen, aber selbst dieses Wort sei unzureichend, weil eine semantische Komponente des französischen Fremdwortes verloren gehe, nämlich die Tatsache, dass Fassade impliziere, dass man von „größeren Gebäuden" rede – während man von Vorderseiten auch bei Hütten oder Ställen reden könne.

Wegen der semantischen Vielschichtigkeit, wegen der Welthaltigkeit, wegen des ihnen innewohnenden Reichtums an Geist und verfeinerter Kultur, allgemein: der Lebensart solle man, so meinte Schulz grundsätzlich, viele der im Deutschen gebräuchlichen Fremd- und Lehnwörter französischer Provenienz besser gar nicht zu übersetzen versuchen, weder „Ragout" noch „Frikassee" oder „Biskuit" oder „Kotelett" würde ein Mann von Geschmack eindeutschen wollen, meinte er und fügte final hinzu: „Ich möchte, wenn es der Gebrauch erlaubte, sogar nicht einmal durch die Bank ,amour' mit Liebe übersetzen, aus Gründen, die jedem Manne, der die französischen Sitten kennt, ebenso einleuchten werden, wie mir selbst."[104] Er beschließt seine Musterung und Abwägung der Campeschen Neologismen mit dem folgenden absprechenden Urteil:

> Mir scheint es unwidersprechlich, daß der wahre Reichthum einer Sprache nicht in den Wörtern, sondern in den Begriffen liegt, die man damit ausdrücken kann; daß, Wörterbücher einer Sprache versperren, auch die Begriffe, und mithin das Ausbildungsvermögen der Sprechenden beschränken heißt; daß eine Sprache, die nur

---

[101] Ebd., S. 133–134.
[102] Ebd., S. 135–136.
[103] Ebd., S. 138. – Zu „Façáde" vs. „Antlitzseite" zit. Lang-Groth Campes Angabe, dass Jean Paul den Neologismus in seinen aktiven Wortschatz aufgenommen habe (Imke Lang-Groth: *Auf dem Weg zu einem Belegwörterbuch. Der Beitrag von Joachim Heinrich Campe und Theodor Bernd* [Braunschweiger Beiträge zur deutschen Sprache und Literatur 16]. Bielefeld 2012, S. 293).
[104] Schulz: *Sprachbereicherung* (Anm. 96), S. 144.

Originalwörter dulden will, die allerärmste, dunkelste, weitschweifigste und doch einseitigste seyn muß [...].[105]

Schulz beharrte auf dem semantischen Mehrwert von Fremd- und Lehnwörtern, deren Denotate in den von Campe geprägten und vorgeschlagenen Ersatzwörtern meist keine akkurate Entsprechung hätten und deren Konnotate beeinträchtigt oder gar ganz verloren gingen. Schulz betrachtete Fremdwörter grundsätzlich als eine Bereicherung der deutschen Sprache, nicht als Fremdkörper, und erachtete von daher die angestrengten Bemühungen von Campe und seinen Mitstreitern um Reinheit und Selbständigkeit als Schritte in Richtung einer Monokultur und lexikalischen Verarmung.

Wollte man Schulzens grundsätzliche Vorbehalte gegen Campes Sprachreformen in einen einzigen griffigen Satz fassen und dabei zugleich die unmittelbar vorhergehende, noch immer virulente Konkurrenzsituation der beiden deutschen Männer in Paris berücksichtigen, könnte man pointiert so formulieren: Friedrich Schulz legte den allergrößten Wert darauf, 1789 in Paris Augenzeuge einer *Revolution* geworden zu sein, nicht einer *Staatsumwälzung*. „Staatsumwälzung", das klang für Schulz viel zu sehr nach „Bratenwender" und ähnlichen deutschen Umständlichkeiten, die mehr Interesse an behäbiger Mechanik als an Dynamik, Tatkraft und Geist verraten.

Dass diese Differenz für ihn weit mehr war als eine feinsinnige und zu vernachlässigende Petitesse, belegt Schulzens Schreiben an die Braunschweiger Schulbuchhandlung unmittelbar nach Erscheinen des zweiten Jahrgangs des *Historisch-genealogis[c]hen Almanachs*, worin sein Beitrag unter dem Titel „Geschichte der französischen Staatsumwälzung" veröffentlicht worden war – dieser Titel war aber nicht sein Titel gewesen, sondern Campe oder einer seiner Mitstreiter hatte die Überschrift von Schulzens Text eigenmächtig geändert. Schulz war über den redaktionellen Eingriff in seine Lexik so pikiert, dass er unmittelbar nach Erhalt des Büchleins an die Schulbuchhandlung schrieb, er habe ein Exemplar des Almanachs nach Jena geschickt mit der ausdrücklichen „Erklärung, dass das Wort ‚Staatsumwälzung' nicht von mir herrührt, was ich mir, bey meinen Sprachgrundsätzen und meiner Achtung für unsre vortreffliche Sprache, schuldig zu seyn glaubte".[106]

---

[105] Ebd., S. 144–145.
[106] Schulz: *Briefe* (Anm. 20), S. 111. Man könnte diese Beobachtung im Sinne Schulzens noch weiter zuspitzen, indem man die steile These aufstellte, dass der Grund dafür, dass es in Deutschland im 18. Jahrhundert keine Revolution gab, darin lag, dass eine Revolution dem deutschen Wesen, wie es Campe verstand und ausdrückte, grundsätzlich fremd war und blieb. Die Deutschen würden nie eine Revolution mit der ihr notwendigen Radikalität und innewohnenden Dynamik zustande bekommen bzw. wollen und wagen, weil sie sich allenfalls an einer umständlichen Staatsumwälzung versuchen würden – so dachte Schulz, und die Zeitläufte haben belegt, dass er mit dieser Einschätzung so ganz falsch vielleicht nicht gelegen hat. – Von Schulz nicht aufgespießt,

Campe jedoch hielt gerade diese seine Neuprägung aus den *Briefen aus Paris* für eine seiner allergelungensten und auf Anhieb erfolgreichsten Neologismen. Man lese, was er mit geradezu triumphalem Tonfall dazu in seinem Verdeutschungswörterbuch anmerkte:

> Dieses, anfangs so laut verworfne Wort, hat in der Folge einen fast allgemeinen Beifall gefunden. Es ist jetzt (neun Jahre, nachdem ich es in den Briefen aus Paris geschrieben zum erstenmahle versuchte) gewiß schon in tausend und mehr Schriften gebraucht worden, und daher nunmehr unserer Sprache unaustilgbar einverleibt. Selbst viele unserer größten Schriftsteller haben mir die Ehre erwiesen, Gebrauch davon zu machen, z. B. *Wieland* [...], *Engel*, [...], *Göthe, Kant, Herder* u.s.w.[107]

So entschieden sich Schulz gegen die „Staatsumwälzung" verwahrte, so war er doch in der Folge angeblich grundsätzlich offen für andere Prägungen Campes, denn zwei Jahre nach Veröffentlichung seiner so kritischen Aufsätze nahm Schulz unversehens eine fast unterwürfige Haltung gegenüber den Reformbestrebungen der Sprachfreunde ein, als er am 12. Dezember 1795 über die von Campe stückweise herausgegebenen *Beiträge zur Beförderung der fortschreitenden Ausbildung der deutschen Sprache* an Friedrich Vieweg schrieb:

> Ihres Schwiegervaters Schrift für die deutsche Sprache hat mir großes Vergnügen und manche Belehrung gewährt. Es ist da ein Häufchen wackrer Männer bey einandner, die arbeiten wollen und es verstehen. Die Namen [Wilhelm Friedrich August] Mackensen, [Hermann Heimart] Cladius [recte: Cludius] und [Johann Heinrich] Reß sind mir ganz neu, aber ihre Bekanntschaft erfüllt mich mit Achtung. Es wäre abscheulich, wenn das 3te Heft schon das letzte seyn sollte, aber es wäre leider! natürlich, wie ich unser Lesevolk kenne. Im Liefländer ist manches neue und manches übersetzte Wort, die Ihrem würdigen Schwiegervater beweisen mögen, wie ich jetzt seine Vorschläge zur Reinigung der Sprache beurtheile. Sagen Sie ihm in meinem Namen den herzlichsten Dank dafür.[108]

---

aber ihm gewiss höchst fremd und lächerlich war der Titel von Campes Bericht über seine *Reise von Braunschweig nach Paris im Heumonat 1789* (1790) – eine moderne, pulsierende Metropole wie Paris, der Europa so viel verfeinerte Kultur (Literatur, Musik, Mode) verdankte, zusammenzubringen bzw. zusammen zu zwingen mit einem so bäurisch anmutenden Wort wie „Heumonat", das dürfte Schulz mit einer Mischung aus kopfschüttelnder Fassungslosigkeit und mildem Amüsement quittiert haben.

[107] Joachim Heinrich Campe: *Wörterbuch zur Erklärung und Verdeutschung der unserer Sprache aufgedrungenen fremden Ausdrücke. Ein Ergänzungsband zu Adelungs Wörterbuch* (2 Bde.) Braunschweig: Schulbuchhandlung, 1801. Bd. II, S. 590. – Siehe zuvor schon das Lemma „Revolution" in Campes Separatdruck *Proben einiger Versuche von deutscher Sprachbereicherung* (Braunschweig: Schulbuchhandlung, 1791, S. 39).

[108] Schulz: *Briefe* (Anm. 20), S. 185. – Zum Kreis der „Sprachfreunde" und Mitarbeiter Campes im Überblick siehe den Beitrag von Helmut Henne zum Katalog *Visionäre*

Ob diese Worte ein besseres Lippenbekenntnis waren, das Schulz sich abrang, weil sein alter Freund und Verleger Friedrich Vieweg nun mit Campes Tochter Charlotte verheiratet war, oder ob Schulz sich tatsächlich innert zweier Jahre von einem Kritiker zu einem (gemäßigten) Gefolgsmann von Campe und der „Gesellschaft von Sprachfreunden" gewandelt hatte, wäre bei einer genaueren, analytischen Lektüre der *Reise eines Liefländers von Riga nach Warschau, durch Südpreußen, über Breslau, Dresden, Karlsbad, Bayreuth, Nürnberg, Regensburg, München, Salzburg, Linz, Wien und Klagenfurth, nach Botzen in Tyrol*, die Vieweg 1795–1796 in sechs Heften verlegte und die heute Schulzens antiquarisch höchstgehandeltes (nämlich einen vierstelligen Betrag erforderndes) Werk ist, zu überprüfen.

Postum jedoch trat Schulz neuerlich als Kritiker des Sprachreformers Campe in Erscheinung, als im April 1805 in den von seinem früheren Freund, dem Juristen Johann Friedrich von Recke (1764–1846), in Mitau (Jelgava) herausgegebenen *Wöchentlichen Unterhaltungen für Liebhaber deutscher Lektüre in Rußland* in der Rubrik „Miscellen" in Fortsetzungen ein 14-seitiges *Schreiben an den Herrn Schulrath C... über seine neuesten Sprachausdehnungsversuche*, laut Untertitel „Ein handschriftlicher Nachlaß von Friedr. Schulz", erschien.[109]

Im Gegensatz zu seiner Kritik in den *Mikrologischen Aufsätzen* unterzieht Schulz hier nicht die von Campe vorgeschlagenen Wörter einer kritischen Musterung, sondern er gebraucht dieselben als Worte und äfft Campe nach, indem

Lebensklugheit (Anm. 29), S. 215–224, sowie Lang-Groth: *Auf dem Weg zu einem Belegwörterbuch* (Anm. 103), S. 21–23, bes. Anm. 22.

[109] Friedr[ich] Schulz: *Schreiben an den Herrn Schulrath C... über seine neuesten Sprachausdehnungsversuche*. In: *Wöchentlichen Unterhaltungen für Liebhaber deutscher Lektüre in Rußland*, Nr. 14 vom 3.4.1805, S. 245–251, und Nr. 16 vom 17.4.1805, S. 281–288. – Man könnte dieses postum veröffentlichte Schreiben Schulzens an Campe achselzuckend abtun mit dem Hinweis, dass dieses Mitauer Blatt ein derart randständiges und ephemeres Periodikum gewesen sei, dass kaum jemand im maroden alten Reich davon Kenntnis erhalten haben könne, aber dieser Einwand ließe unberücksichtigt, dass – ausgerechnet – August von Kotzebue im auflagenstarken *Freimüthigen*, den er gemeinsam mit seinem ungeliebten Mitstreiter Garlieb Merkel herausgab, Reckes *Unterhaltungen* über zwei Nummern und fünf Seiten hinweg ausführlich vorstellte und dabei den Text von Schulz – den er gönnerhaft „den einst so beliebten Schriftsteller" nennt – genüsslich in extenso zitiert, indem er all diejenigen Neologismen (von Campe wie von Schulz), die ihn besonders drollig dünken, aufzählt. [August von] Kotzebue: *Neue Zeitschriften. Wöchentliche Unterhaltungen für Liebhaber Deutscher Lektüre in Rußland* [Rezension]. In: *Der Freimüthige oder Ernst und Scherz*, Nr. 118–119 vom 14.–15.6.1805, S. 469–471 und 474–475, hier S. 471. Das „Schreiben an den Hn. Schulrath Campe" sei „besonders merkwürdig", konstatierte Kotzebue eingangs seiner Besprechung und setzte hinzu: „Wäre der Scherz nicht ein wenig zu lang gerathen, so würde er noch unterhaltender seyn." Diese Besprechung muss Campe zu Gesicht gekommen oder hinterbracht worden sein, denn der *Freimüthige* war damals das gelesenste literarisch-artistische Blatt in deutschen Landen.

er selbst Neologismen nach den von Campe gebrauchten Maximen und Mustern prägt und derart die ganzen Sprachreformen ins Lächerliche zu ziehen und ad absurdum zu führen versucht. Dies Schreiben von Schulz an Campe hebt folgendermaßen an:

> Ich kam vor einigen Tagen aus einer *Prunkversammlung* [Assemblée] zurück, wo ich mich herzlich *eingeweilt* [ennuyirt] hatte; – es war schon spät, aber ich fühlte noch gar keine Lust, mich niederzulegen, sondern warf mich einstweilen auf eine *Ruhebank* [Kanapé], um mich durch Denken auf meinen Schlaf vorzubereiten. Mein Bedienter hat ein für allemal den Befehl, mir zu diesem Behufe alle neue *Tagebücher* [Journale] auf ein Seitentischchen zu legen, und darin such ich dann gewöhnlich das auf, was mich auf eine angenehme Weise *entweilen* [desennuyiren] kann, ohne jedoch mit meinem herannahenden Schlage in *Gegenstoß* [Kontrast] zu kommen.[110]

Wenn man einen solch satirisch gemeinten Text heute, 200 Jahre später, (vor-)liest, ist das immer automatisch zugleich ein Lackmustest für das Ge- oder Misslingen von Campes seinerzeitigen Bemühungen: In all denjenigen Fällen, in denen man verständnislos die Stirn runzelt oder milde lächelt, hat sich der betreffende Neologismus in der Folge nicht durchsetzen können und mutet deshalb retrospektiv noch drolliger an als seinerzeit, während in all denjenigen Fällen, in denen man ein Wort wie selbstverständlich wahrnimmt, in denen ein deutsches Wort nicht befremdlich wirkt, Campes Vorschläge à la longue Erfolg gehabt haben, etwa die Ruhebank.

In der Folge versuchte Schulz, angestrengt zu demonstrieren, dass er mindestens so gut deutschtümeln könne wie Campe, den er en passant, pardon: beiläufig auch der Inkonsequenz zu überführen sucht, etwa wenn er folgendermaßen fortfährt: „So fand ich denn jenen Abend unter andern auch das braunschweigische *Tagebuch* (welches Ihr Freund noch immer Journal nennt) vom *Neunmonde* (den er eben so undeutsch November schreibt) vom Jahre 1790, und darin gleich voran Ihre Abhandlung, überschrieben: *Proben* (*Versuche*, nicht wahr?) einiger *Versuche von deutscher Sprachbereicherung.*"[111]

Schulz stellte nicht nur etliche der von Campe vorgeschlagenen Wörter als ungelenke, untaugliche oder nachgerade absurde Prägungen hin, indem er sie als Worte in möglichst komischen Kontexten gebrauchte, sondern er beteiligte sich selbst – in satirischer Absicht, versteht sich – an der *„unbeschränkten Wörtervermehrung*": „Namen" etwa sei „ein Wort, das mir nicht gefällt, weil es offenbar von ,nomen' herkommt", weswegen Schulz „Benennungszeichen" vorschlug.[112] Aus „Pyramiden" machte er „Spitzsäulen", statt „satirisch" gebrauchte er

---

[110] Schulz: *Schreiben* (Anm. 109), S. 245. – Die oben in eckigen Klammern angeführten Wörter sind im Original als Fußnoten hinzugefügt.
[111] Ebd.
[112] Ebd., S. 249.

„ziegenfüßlerisch", „Energie" wurde in „Kraftfülle" umgewandelt, aus „Embryo" wurde ein „Keimding", aus einem „Monopol" ein „Alleinhandel", aus „patriotisch" wurde „vaterlandsliebig", aus „Literatur" machte er ein „Buchstabenwesen" und so weiter und so fort.

Schulz war weder der erste noch der letzte Zeitgenosse, der sich derart über Campes Bemühungen billig belustigte. Das Interesse, das Schulzens satirisches Schreiben beanspruchen kann, wenn auch nur punktuell, ist deshalb nicht literarischer, sondern nur lexikalischer Natur, weil einige der von Schulz spöttisch vorgeschlagenen Wörter teils wirklich bereits gebraucht wurden, etwa die Spitzsäule, die schon vordem zum Wortschatz des von Schulz hochverehrten Christoph Martin Wieland gehörte, teils von Campe tatsächlich in sein *Wörterbuch zur Erklärung und Verdeutschung der unserer Sprache aufgedrungenen fremden Ausdrücke* (1801) und/oder das *Wörterbuch der deutschen Sprache* (1807–1811) aufgenommen wurden, etwa „Alleinhandel" als Ersatz für „Monopol" – wobei es ein mühsames, wenngleich heute aufgrund der Digitalisierung so vieler Texte aus dem 18. Jahrhundert gegenüber analogen Vorzeiten wesentlich erleichtertes Unterfangen wäre, unter den diversen Frühbelegen den wahrscheinlichen Erstbeleg zu finden.

Kürzer und einfacher formuliert: So wie Campe und seine Mistreiter in einigen Fällen glaubten, ein Wort geprägt zu haben, das in Wahrheit schon von anderen Autoren vor ihnen gebraucht worden war, wähnte auch Schulz mitunter, einen ganz neuen und originellen Begriff erfunden zu haben, den es in Wahrheit längst gab – aber in Einzelfällen ist es gut möglich, dass Schulz aus Jux ein Wort geprägt hat, das in der Folge ganz ernsthaft seinen Weg in die Lexik des Deutschen gefunden hat.

Das Erscheinen von Campes Wörterbüchern hat Schulz freilich nicht mehr miterlebt, sie hätten seiner Feder eine Fülle neuen Stoffes für weitere launige Kritiken und Persiflagen geliefert. Campe seinerseits scheint keine tiefe Abneigung gegen Schulz gehabt, auch keinen Groll wegen dessen Satiren gehegt zu haben, zumindest war Schulz keine persona non grata im Verdeutschungswörterbuch: In dem Lemma zu „Reverbère", nämlich „eine Lampe, deren Licht von einem glänzenden Metalle zurückgeworfen wird, ein Scheinwerfer, oder wenn man lieber ein bestimmteres, aber denn freilich auch längeres Wort will, Lichtscheinwerfer", bemerkt Campe: „In den Briefen aus Paris geschrieben habe ich mich beider Ausdrücke bedient",[113] um dann sofort einen vergleichenden Blick auf seinen damaligen Konkurrenten an der Seine zu werfen, indem er fortfährt: „Fr. Schulz übersetzte das Wort durch Blaker; allein Mylius, der Uebersetzer des Faschingskindes, hielt dis mit Recht für zu unbestimmt, und veränderte es in Straßenblaker."[114]

---

[113] Zu Campes naheliegendem Schöpfen aus eigenen Texten siehe das Kapitel 4.1 („Belege aus eigenen Werken: ‚Campe' in Campe") bei Lang-Groth: *Auf dem Weg zu einem Belegwörterbuch* (Anm. 103), S. 145–171.

[114] Campe: *Verdeutschungswörterbuch* (Anm. 107), Bd. II, S. 590. Bezugstext ist Charles-Antoine-Guillaume Pigault-Lebrun: *Das Faschingskind. Eine denkwürdige und zumal wahrhafte Geschichte. Aus dem Französischen* [übers. v. Wilhelm Christhelf Siegmund Mylius] (2 Bde.). Berlin: Christian Friedrich Himburg, 1800. Die Übersetzung von

Während Campe an dieser Stelle seiner eigenen Übersetzung entschieden den Vorzug gibt und Schulz' Wortwahl verwirft, stimmt er diesem an anderer Stelle halbherzig zu, nämlich bei dem Wort „Referent", den Campe zunächst als „Berichterstatter" eindeutscht, dann aber hinzusetzt: „Fr. Schulz hat Berichtsteller dafür gesagt. Da wir Briefsteller und Schriftsteller haben, so kann Berichtsteller aufgenommen zu werden verlangen." Durchgesetzt hat sich dann aber, wie wir heute wissen, der Campe'sche Berichterstatter, nicht der Schulzesche Berichtsteller. Und bei dem Wort „Elite" schöpft Campe eine Belegstelle aus einer Schrift von Schulz, indem er an „der Ausbund, der Kern, z. B. der Kern des Heers, der Aushub" das folgende Zitat anschließt: „‚Ein Ball, auf welchem der Aushub der Eleganten (Zierlinge) von Polen vollzählig war.' Fr. Schulz." Lustig an diesem Zitat ist, dass Campe nicht umhin konnte, das von Schulz gebrauchte Worte „Elegante" in Klammern durch ein deutsches Wort seiner Wahl (das sich in der Folge nicht weit verbreitete) zu verbessern.

In Campes fünfbändigem *Wörterbuch der deutschen Sprache* sind nur ganz wenige Belege aus Schulzens Schriften geschöpft,[115] aber das ist nicht verwunderlich, denn Schulzens Lexik war durchsetzt und geprägt von Fremd- und Lehnwörtern vor allem französischer Provenienz, und diesen hat Campe bekanntlich die Aufnahme in sein Wörterbuch prinzipiell verwehrt, da er sie zuvor in jahrelanger Arbeit alle ersetzt hatte.[116]

Schulzens an französischen Mustern geschulter Stil, seine Fremdwörter weder gezielt suchende noch krampfhaft vermeidende Schreibart, hat ihm die beredte

---

Mylius, der in seiner programmatischen Vorrede explizit auf Campes sprachreformerische Schriften querverweist, ist (vorsätzlich) höchst eigenwillig, nämlich überreich an kolorierenden Dialektismen, längst verklungenen Archaismen und kuriosen Neologismen.

[115] Siehe die Lemmata zu „Allerweltsmädchen", „Berichtsteller", „gärtnerisch", „Gehänge", „Lehrlauf" [!], „überspannen", „umspannen" und „ungefährlich". Vgl. Lang-Groth: *Auf dem Weg zu einem Belegwörterbuch* (Anm. 103), S. 331, lfd. Nr. 283. – Wenn in Campes Wörterbuch nur „Schulz" als Urheber einer Belegstelle angeführt wird (wie etwa bei „Außentreppe" und „auslaufen"), dann stammen die betr. Sätze und Wendungen nicht von Friedrich Schulz, sondern von Johann Gottlob Schulz (vgl. Anm. 6). – Im Grimm'schen Wörterbuch finden sich, und zwar vornehmlich erst in den Bänden, die im 20. Jahrhundert erschienen sind, auch nur 50 Belegstellen aus Friedrich Schulzens Schriften, gezogen zumeist aus der *Reise eines Liefländers*.

[116] Dennoch hätte für Campe ein Griff zu Schulzens Werken nahegelegen, denn ein Teil von ihnen war ihm zugefallen: Infolge von Schulzens vorzeitigem Tod 1798 sowie der 1799 erfolgten Übersiedlung des seit 1795 mit Sophie Campe verheirateten Friedrich Vieweg von Berlin nach Braunschweig nebst der damit einhergehenden Fusionierung von Viewegs Verlag mit der Schulbuchhandlung gingen nämlich alle Bücher von Schulz, die Vieweg verlegt hatte, mittelbar in den Besitz von Campe und seiner Familie über. Noch im *Verzeichniß der Verlagsbücher der Schulbuchhandlung in Braunschweig* aus dem Jahre 1833 werden Schulzens *Gesammelten Romane*, *Ueber Paris und die Pariser*, die *Geschichte der großen Revolution in Frankreich* sowie die *Beschreibung und Abbildung der Poissarden in Paris* angeboten (S. 33).

Wertschätzung von August Wilhelm Schlegel eingetragen, der in einer außerordentlich ausführlichen Sammelrezension diverser Romane von Schulz, die er zuerst im April 1797 in Fortsetzungen in der *Allgemeinen Literatur-Zeitung*, vier Jahre später dann in umgearbeiteter und beträchtlich erweiterter Fassung in seinen gesammelten *Charakteristiken und Kritiken* (1801) veröffentlichte, Folgendes ausführt:

> Wer viel unter Ausländern gelebt hat, dem kann es nicht entgangen sein, daß sich im Französischen und selbst im Englischen das Gespräch mit einer Wahl der Ausdrücke, einer Zierlichkeit der Wendungen, einer Feinheit der Beziehungen und Unterscheidungen führen läßt, die man im Deutschen nicht auf denselben Grad zu treiben suchen dürfte, ohne in Ziererei und Steifheit zu verfallen. […] Aber der Schriftsteller, der für die Gesellschaft bilden will, muß selbst durch sie gebildet sein, und wie viele […] sind wohl in der Lage gewesen, in den feineren Verhältnissen des Lebens durch mannichfaltigen und auserlesenen Umgang nur die unbehülfliche Einseitigkeit ihres Geistes abzuschleifen, geschweige alle Vorzüge des wahrhaft guten Tons sich ganz eigen zu machen? Wie viele sind nicht im Gefühle ihrer Kraft und Deutschheit weit entfernt, sich dieses Bedürfnisses nur einmal bewußt zu werden? Fr. Schulz kennt die Welt und die Gesellschaft; er hat sich, vorzüglich durch die lebendigen Gemählde, die er von ein paar Hauptstädten Europa's entworfen, als einen hellen, geistvollen und vorurtheilsfreien Beobachter gezeigt […]. […] Diese rege Benutzung des wirklichen Lebens […] verband er […] mit einer ausgebreiteten Belesenheit in der französischen Literatur. [117]

Und dann fährt Schlegel in seiner Würdigung von Schulzens Sprache und Stil mit Worten fort, die fast so klingen, als seien sie an Campe und seine Mitstreiter gerichtet: „Man kann, ohne im geringsten undeutsch zu werden, das Schleppende und Schwerfällige, Fehler, denen unsre Sprache durch die Natur ihrer Wortfügungen und Wortstellungen nur allzusehr ausgesetzt ist, mit dem raschen, flüchtigen Tritte der Französischen Prosa vertauschen." Die „Klippe", nur nachzuahmen und die eigene Sprache mit überflüssigen Fremdwörtern zu verunreinigen, habe Schulz aber „mehrentheils glücklich vermieden", schreibt Schlegel: „Selbst wo er ganz nach fremden Erfindungen arbeitet, überträgt er weniger wörtlich, und erinnert seltner an ein Original, als die Deutsche Treue […] es mit sich bringt." [118]

Diese so anerkennenden Worte von Schlegel hat Schulz in Mitau vermutlich (in der *ALZ*) noch lesen können – aber schreiben konnte er da schon lange nicht mehr. In seinem letzten, von fremder Hand zu Papier gebrachten Brief (an den alten Weggefährten Carl August Böttiger in Weimar) heißt es, dass er mittlerweile „zu jeder Arbeit in der Litteratur unbrauchbar" sei; seine „alten kränklichen Zufälle" schreibt Schulz, hätten sich in ein „mannigfaltiges chronisches Uebel"

---

[117] Zuerst in: *Allgemeine Literatur-Zeitung*, Nr. 130 vom 25.4.1797, Sp. 217–224, und Nr. 131 vom 26.4.1797, Sp. 225–232, hier nach dem revidierten und erweiterten Wiederabdruck in Schlegels *Charakteristiken und Kritiken* (Anm. 14), S. 219–220.

[118] Ebd., S. 220–221.

verwandelt, „Schwindel, Verstopfung, Erbrechungen, Mangel an Gedächtniß, Mattigkeit, geschwollene Kniee und viele andere weniger bedeutende Zufälle" seien seine nachtschwarzen Plagen.[119] Seine umfangreiche *Reise eines Liefländers* konnte er (mit fremder Hilfe) noch abschließen, aber von der daran räumlich wie zeitlich unmittelbar anschließenden *Reise durch Italien* erschien nur noch das erste Heft,[120] postum herausgegeben von seinem fürsorglichen Mitauer Arzt, dem Lichtenberg-Schüler Johann Gottlieb Groschke (1760–1828). Seine Papiere verbrannte Schulz mehrheitlich; am Ende war er, ähnlich wie Lenz, Wezel, Hölderlin, Böhlendorff und Sonnenberg, denen allen auf Erden nicht zu helfen war, geistig verwirrt und ging zugrunde.[121]

[119] Schulz: *Briefe* (Anm. 20), S. 197.

[120] Allen Forschern bislang verborgen geblieben ist, dass im fünften Jahrgang (1804) der von Heinrich Ludwig Lehmann in Magdeburg herausgegebenen Monatsschrift *Der Beobachter an der Elbe* zwei „Fragmente aus des Professors Friedrich Schulz hinterlassenen noch ungedruckten Papieren" (Oktober, S. 1–24, und November, S. 1–19) veröffentlicht worden sind, die nicht nur neue Informationen über Schulzens Manuskripte, sondern auch weitere Teile seiner Italien-Reisebeschreibung enthalten. Möglicherweise ist diese Publikation aus dem Nachlass im Jg. 1805 des heute sehr raren Periodikums weiter fortgesetzt worden, aber in dem von mir benutzten Exemplar der Universitätsbibliothek Augsburg, das so vollständig wie kein anderes ist, fehlen (neben dem Februar 1804) die Hefte für die Monate Juni und August 1805.

[121] Zu Schulzens Beschwerden und endlicher Geisteskrankheit siehe v. a. die Feststellung seines genauen Freundes Johann Friedrich von Recke in dessen sorgfältig-sympathischem, auf eigenem Erleben sowie Schulz' nachgelassenen Papieren fußenden Artikel im *Allgemeinen Schriftsteller- und Gelehrten-Lexikon* (Anm. 17), Bd. IV, S. 141–152: „Mangel an Gedächtniss, und viele andere Zufälle stellten sich ein, und gingen zuletzt in völlige Schwachsinnigkeit und Geisteszerrüttung über; in eigentliche Raserey it er jedoch […] niemals verfallen. Am häufigsten verwechselte er Ort und Zeit, und glaubte z. B., nicht in Mitau, sondern in Magdeburg zu leben, oder sprach über Dinge als gegenwärtig, die sich vor Jahren zugetragen hatten." (S. 143–144) Ebenfalls auf eigener Beobachtung, Diagnose und Behandlung basieren die Angaben seines Arztes Johann Gottlieb Groschke in dessen Briefen an Elisa von der Recke vom 31.12.1798 und an Carl August Böttiger vom 5.1.1799 (beide in der Sächsischen Landesbibliothek, Dresden: h 37, 4°, Bd. 185, Nr. 46 u. 48). Carl Feyerabend bemerkte über Schulz: „Er […] befindet sich […] jetzt in einer höchst traurigen Geistesverrückung, die ihn für jedes Geschäft untauglich macht. Ich habe ihn besucht, und fand ihn zum Glück in einem sehr lichtvollen Augenblicke. Er nahm mich sehr liebevoll und wohlwollend auf, […] sprach sehr vernünftig über seinen eigenen Zustand, den er selbst für unheilbar erklärte, und wünschte nichts sehnlicher, als die Beendigung seiner Leiden durch den Tod." (*Kosmopolitische Wanderungen durch Preußen, Liefland, Kurland, Lithauen, Vollhynien, Podolien, Gallizien und Schlesien, in den Jahren 1795 bis 1797* [ab Bd. II: 1798]. *In Briefen an einen Freund* (4 Bde.). Germanien [d.i. Danzig: Ferdinand Troschel] 1798–1803. Bd. III, S. 253–254. – Siehe ergänzend: L[udwig] Stieda (Hg.): Professor Karl Morgensterns Tagebuch einer Reise von Danzig nach Dorpat 1802. In: *Altpreußische Monatsschrift* 52 (1915), S. 540–551, u. 53 (1916), S. 197–223, hier S. 215.

Alexa Craïs

Campes Gallotropismus 1774–1790

Gemeinsam u. a. mit Klopstock, Schiller, George Washington und Pestalozzi wurde Joachim Heinrich Campe 1792 zum Ehrenbürger der Französischen Nation ernannt. Daraus kann man schließen, dass er (in den Jahren vorher) eine starke Beziehung mit Franzosen bzw. Frankreich geknüpft hatte. Ich möchte diese Beziehung diachronisch analysieren, und zwar insbesondere die Übergangsjahre zwischen 1774 und 1790. Mein Fokus liegt dabei auf dem Revolutionsjahr 1789, das in vielfacher Hinsicht einen Wendepunkt darstellt. Dabei bewegen mich mehrere Fragen, nämlich: Was war seine Haltung der französischen Sprache gegenüber? Wie betrachtete er Paris? und wie die Franzosen?

Im Laufe meiner Forschungen habe ich wiederholt die Pädagogik des Dessauer Philanthropins untersucht und dabei auch den Einfluss der zahlreichen Reiseberichte hervorgehoben, die die Philanthropisten für Kinder bearbeitet und in verschiedenen pädagogischen Kontexten veröffentlicht haben. Joachim Heinrich Campe, der fast ein Jahr lang Schulleiter war, zählte zu diesen ‚Autoren-Bearbeitern'. Etwas vereinfacht kann man sagen, dass Reiseberichte für die Philanthropisten ein effizientes Mittel waren, um ihre Zöglinge politisch (patriotisch), wirtschaftlich, wissenschaftlich und moralisch zu erziehen. Das möchte ich im Folgenden an Werken Campes verdeutlichen. Deshalb habe ich zwei Reiseberichte über Frankreich herausgewählt, um das in ihnen vermittelte Bild Frankreichs zu untersuchen.

Die von mir diskutierten Texte sind (1.) Campes berühmte *Briefe aus Paris*,[1] die zwischen dem 3. und 27. August 1789 geschrieben worden sind und die der damaligen deutschen Leserschaft einen leidenschaftlichen Menschen enthüllten, der zuerst voller Hoffnung vor den revolutionären Ergebnissen stand und allmählich seine Illusionen verlor. Ab diesem Zeitpunkt mussten er und die anderen Philanthropisten Stellung zu den revolutionären Reformen beziehen – mit Konsequenzen für sein späteres Leben. Dann möchte ich (2.) diese *Briefe* mit einem Reisebericht aus Campes Feder vergleichen, mit der *Reise von Braunschweig nach Paris*

---

[1] Joachim Heinrich Campe: *Briefe aus Paris zur Zeit der Revolution geschrieben*. Hg. von H.-W. Jäger. Hildesheim 1977; Ders.: *Briefe aus Paris*. Braunschweig: in der Schulbuchhandlung, 1790. Nachdruck herausgegeben von Helmut König. Berlin 1961.

im Heumonat 1789.[2] Hierbei handelt es sich um die gleiche Reise, die er ein paar Monate hinterher in seiner Reisesammlung veröffentlicht hat, die sich nun explizit an Heranwachsende richtet.

Schon vor dem Ausbruch der Revolution war Campe mit den französischen Debatten, aber auch mit der französischen Literatur gut vertraut. Von besonderem Interesse für meine Forschungen sind daher die Stereotypen, die sich in seinen Texten dieser Jahre finden.[3] Fühlte er sich als Deutscher überlegen oder litt er unter dem im Zeitalter der Aufklärung immer noch gängigen kulturellen Minderheitskomplex? Schauen wir uns die Entwicklung seiner Ansichten in chronologischer Folge an.

I.   Campe und Frankreich vor 1789
I.1 Die französische Sprache

Eines steht fest, Campe konnte fließend Französisch sprechen. Im Gymnasium von Holzminden und an der Landesuniversität in Helmstedt hat er es allem Anschein nach gut gelernt. In seinen Briefen finden sich mitunter Auszüge aus französischen Gedichten, die seine Belesenheit dokumentieren. Im Jahre 1777 wurde Campe zum Direktor des Dessauer Philanthropins ernannt, und in dieser Funktion hat er sich intensiv in pädagogischer Hinsicht mit der französischen Sprache beschäftigt. Er teilte auch die Auffassung seines Kollegen Salzmann, der das Französische als die Sprache bezeichnete, „die unter Europäern beynahe allegemein ist".[4] Daher war es ihm wichtig, dass die Zöglinge sie lernen. Es war ein *Muss*, um später eine Stelle im öffentlichen Dienst oder an der Universität zu bekommen. Manchmal war es jedoch schwierig, einen geeigneten Französischlehrer zu finden, wie es in den *Pädagogischen Unterhandlungen* heißt,[5] zumindest einen, der den neuen pädagogischen Ideen gewogen war.

Nach seiner Episode in Dessau hat sich Campe weiterhin mit der französischen Sprache beschäftigt, und zwar als Übersetzer.[6] Diese Übersetzungen hatten erzieherische Ziele, und zwar kultur- und sprachpolitische. Campe wollte nämlich, dass die jungen Leser Bücher nicht nur zum Wissenserwerb lesen, sondern ganz

2   Joachim Heinrich Campe: *Reise von Braunschweig nach Paris im Heumonat 1789.* In: *Sammlung interessanter und durchgängig zwekmässig abgefasster Reisebeschreibungen für die Jugend.* Reutlingen 1801, Bd. IX.

3   Vgl. dazu Ruth Florack: *Tiefsinnige Deutsche, frivole Franzosen: nationale Stereotype in deutscher und französischer Literatur.* Stuttgart/Weimar 2001.

4   Christian Gotthilf Salzmann: *Reisen der Salzmannischen Zöglinge.* Leipzig: Crusius, 1784. Bd. I, S. 207.

5   Johann Bernhard Basedow und Joachim Heinrich Campe: *Pädagogische Unterhandlungen.* Dessau 1779. S. 422.

6   Brief vom 3. November 1777. In: *Briefe von und an Joachim Heinrich Campe* (2 Bde.). Wiesbaden 1997/2007. Hg. von Hanno Schmitt. Bd. I, S. 192.

bewusst in *zwei* Sprachen aufnehmen und dabei *en passant* lernen, zwei Versionen zu vergleichen.[7] Zugleich war es sein Ziel, aus jungen Menschen passionierte Leser*innen zu machen.[8]

Innerhalb der deutschen Reformpädagogik im Zeitalter der Aufklärung wäre das freilich noch kein Alleinstellungsmerkmal. Campe unterscheidet sich von den anderen Gelehrten aber dadurch, dass er auch in Frankreich bekannt und geschätzt war, denn viele seiner Werke wurden hier veröffentlicht[9] und auch rezensiert.[10] Junker schreibt in seiner Vorrede des französischen *Kolumbus* 1784: „Au nombre de ses instituteurs d'un mérite éminent, l'Allemagne compte avec raison M. Campe. La Maison d'éducation qu'il a établie à Hambourg, jouit de la plus haute réputation ; et les ouvrages également agréables et utiles qu'il a publiés en faveur de la jeunesse, ont eu un succès complet."[11]

I.2 Die französische Literatur

Bevor Campe finanziell unabhängig wurde, also nach der Veröffentlichung des *Robinson* (1775–1780), *musste* er publizieren:[12] seien es Rezensionen oder Artikel für verschiedene Zeitungen.[13] Ich nenne hier nur ein Beispiel: seine von Friedrich Nicolai für die *Allgemeine Deutschen Bibliothek* angeregte Rezension der deutschen Übersetzung von Claude Adrien Helvétius' *Werk vom Menschen, von dessen Geisteskräften und von der Erziehung desselben* (*De l'homme*).[14] Nicolai spekulierte hier auf die Spannungslage zwischen Campe und dem französischen Materialisten. Beide vertreten nämlich zwei gegenseitige Positionen, und Campe

---

[7]   Vgl. die Vorrede in: J.H. Campe / G.A. Junker: *La découverte de l'Amérique : pour l'instruction et l'amusement des jeunes gens.* Chez les libraires associés 1784. – Vgl. zur französischen Wirkungsgeschichte Campes den Aufsatz von Valérie Leyh in diesem Band.

[8]   Brief an Nicolai vom 27. Juni 1785. In: Campe: *Briefe* I (Anm. 6), S. 388.

[9]   J.H. Campe: *Elémens de psycologie ou Leçons élémentaires à l'usage des enfans.* Par J. H. Campe. Ouvrage traduit de l'allemand. Hambourg 1783; *La découverte de l'Amérique pour l'instruction et l'amusement des enfans et des jeunes gens.* Hamburg 1782-1783; *Le nouveau Robinson pour servir à l'amusement et à l'instruction des enfants. Traduit de l'allemand de Mr. Campe.* 1779–1782.

[10] Z. B. in: *Nouvelles de la république des lettres et des arts.* Paris #, Bd. VIII, n°XXV.

[11] Campe/Junker: *La découverte de l'Amérique* (Anm. 7), S. XVIII.

[12] Campe rezensierte in verschiedenen Ressorts wie Erziehung, Theologie, Philosophie und schöne Wissenschaft.

[13] Für die *Allgemeine Deutsche Bibliothek*, den *Staats-Anzeiger*, die *Schriften der Berlinischen Gesellschaft naturforschender Freunde*, die *Ephemeriden der Menschheit* und das *Deutsche Museum*.

[14] Jean Claude Adrien Helvétius: *Werk vom Menschen, von dessen Geisteskräften und von der Erziehung desselben.* Aus dem Franz. von Christian August Wichmann. Rezensiert in der *Allgemeinen Deutschen Bibliothek*, 1775, Bd. XXV, S. 325–340.

kritisiert dementsprechend lautstark die philosophischen Meinungen Helvétius'. Er bemüht sich, in seinem Artikel zu beweisen, dass der Materialismus nicht auf wissenschaftlichen Grundlagen beruht. Deshalb der polemische Ton, der Sarkasmus und die teilweise besserwisserische Haltung. Letztendlich spricht Campe dem Franzosen die Eignung zum Philosophen ab. Dazu noch wirft er ihm die Kühnheit seiner Demonstration vor, sei es in Bezug auf den Inhalt oder die Methode (zu sinnlich, nicht wissenschaftlich genug). Gemäß Campe könne die Philosophie Helvétius' den Franzosen oder Engländern gefallen, nicht jedoch den Deutschen. Sie sei eine Bedrohung für die richtige deutsche weise Philosophie. In dieser Rezension zeigt sich die intellektuelle Physiognomie Campes auf das Deutlichste. Anders als der radikale Helvétius ist Campe ein auf Vermittlung und Ausgleich bedachter Aufklärer, der sich nie weit von seinen theologischen (pietistischen) Wurzeln entfernt hat. Angesichts des immer wieder betonten politischen Radikalismus des ‚Revolutionsfreundes‘ Campe ist es wichtig, dies im Auge zu behalten. Ich komme damit zu meinem nächsten Punkt – der Frage nach den von Campe verwendeten nationalen Stereotypen.

I.3 ‚Die Franzosen‘

Anscheinend ist Campe vor 1789 nie in Paris gewesen.[15] Er scheint auch fast keine französischen Freunde gehabt zu haben.[16] Regelmäßigen Umgang mit Franzosen hatte er wohl ausschließlich mit den französischen Lehrern am Philanthropinum (Chappuis, Roques, Du Toit); eine Ausnahme bildet hier nur die Reise in die Schweiz 1785.[17] Insofern kann es nicht verwundern, dass er Franzosen mit den im französisch-deutschen ‚Kulturkampf‘ üblichen Stereotypen beschreibt: Sie seien hochmütig, eingebildet, arrogant, chauvinistisch, ungehobelt, grob. So in seiner Reisebeschreibung:

> Der Franzose hatte beständig das große Wort, sprach entscheidend über alles, was er verstand und was er nicht verstand, fand abscheulich alles, was nicht aus Paris oder wenigstens nach französischen Sitten und Gebräuchen gemodelt war, sang, pfiff, lachte und hüpfte, als wenn er mitten unter alten Bekannten und Freunden gewesen wäre.[18]

---

[15] Hanno Schmitt: *Visionäre Lebensklugheit: Joachim Heinrich Campe in seiner Zeit (1746–1818)*. Katalog zur Ausstellung des Braunschweigischen Landesmuseums und der Herzog-August-Bibliothek Wolfenbüttel 1996.

[16] Mit 23 ist er noch nicht nach Frankreich gefahren, vgl. Campe: *Briefe* I (Anm. 6), S. 75.

[17] Campe: *Sammlung interessanter und durchgängig zwekmässig abgefasster Reisebeschreibungen für die Jugend* (Anm. 2), Bd V: *Reise von Trittau nach Wismar, Reise des Herausgebers in die Schweiz*.

[18] Ebd., S. 286.

Einige Zeilen später findet man einen anderen Gemeinplatz über die Franzosen, und zwar sie seien frivol. Ihnen wird von Campe vorgeworfen, dass die französische Mode sogar einen schlechten Einfluss auf die Architektur der Neubauten hätte:

> Daß ein Franzose der Erfinder des Plans zu diesem Garten gewesen seyn müsse, hätte ich aus einem einzigen Umstande von selbst errathen wollen. Man findet nämlich darin eine gewisse Anlage, die, wenn sie nicht widersinnig klingen soll, nothwendig französisch benannt werden muß. Es ist eine – cascade seche. Einen trockenen Wasserfall würde jedermann ungereimt finden: gegen eine cascade seche hingegen sträubt der deutsche Verstand sich lange nicht so sehr. Was doch ein bloßer Name vermag, besonders wenn es ein französischer Name ist![19]

Nach Campes Auffassung liegt die französische Ingeniösität hier im „bloße[n] Name[n]", hinter dem nichts zu finden sei.

I.4   Der französische Staat

In dieser Reisebeschreibung über die Schweiz bleibt er der französischen Kultur gegenüber sehr kritisch. Eine Ausnahme bildet jedoch die Buchdruckerei Beaumarchais in Kehl, die er lobt, weil sie sowohl ein wirtschaftlicher als auch ein philanthropischer Erfolg ist. Was die französische Politik betrifft, kritisiert er die militärische Hegemonie in Elsass-Lothringen[20] oder in Kassel, wo die Straßen umbenannt worden sind. Das bedeutet, dass die Deutschen nicht stark genug sind, um den französischen Despotismus zu bekämpfen, und sich einfach unterwerfen – „dem französischen Scepter unterworfen", „Affen eines fremden Volkes", so die Wortwahl Campes. Die französische Kultur scheint für ihn alles in Deutschland zu beherrschen.

Zum Schluss des ersten Teils fällt auf, dass Campes Gallotropismus vielfältig ist. Wie auch andere Gelehrte verfügt er über solide französische Sprachkenntnisse. Er ist mit dem französischen politisch-kulturellen Leben vertraut, hat aber immer Vorurteile gegenüber Franzosen. In dieser mentalen Situation wecken die Ereignisse des Sommers 1789 Hoffnungen, weil Werte verhandelt werden, an die Campe glaubt. Deswegen zog es ihn nach Paris. Er hat sich, wie Alain Ruiz treffend schrieb, in einen „pèlerin vers la terre bénie de la liberté" verwandelt.[21]

---

[19]   Ebd., S. 277.
[20]   Ebd., S. 17.
[21]   Jean Mondot und Alain Ruiz: *Interférences franco-allemandes et révolution française.* Bordeaux 1994, S. 169.

II. 1789

In diesem zweiten Teil meiner Überlegungen möchte ich analysieren, ob dieser Aufenthalt in Paris sein Image von Frankreich und den Franzosen verändert hat oder nicht. Beide von Campe über die Revolution verfassten Bücher, die im Zentrum meines Beitrags stehen, waren ausgesprochen erfolgreich – 1.500 Exemplare umfasste die erste Ausgabe der *Briefe*, dazu kamen die Briefe an Trapp und Stuve im *Braunschweigischen Journal* mit 750 Exemplaren.[22] Einige Monate später folgte dann die Publikation des Berichts im Rahmen seiner Reisesammlung als *Reise von Braunschweig nach Paris im Heumonat 1789*. Er hat für dieses Buch die Form eines Tagebuchs an seine Tochter Lotte gewählt.[23]

Die beiden Werke beschreiben eine Reise, jedoch wollte Campe mit den Briefen keine gewöhnliche philanthropische Reisebeschreibung verfassen. Er schreibt in der Vorrede, dass er keine Monumente darstellen wird – obwohl wir einige finden –, sondern seinen „Empfindungszustand"; und er will für die „Rechte der Menschheit" schreiben und als „Wächter und Ratgeber der Menschheit" fungieren.[24]

Die *Briefe* drücken mit viel Pathos ein politisches Engagement aus und eine persönliche Meinung. Die *Reise* richtet sich an junge Leser, unterscheidet sich aber kaum von denen für erwachsene Leser*innen, denn sie enthält lange Bemerkungen und Beschreibungen über Städte, Monumente usw. Es gibt auch Unterhaltsames: „Beschreibungen vieler Sehenswürdigkeiten, charakteristische Züge und Anekdoten, Erzählungen aus der alten französischen Geschichte, Skizzen von Volksszenen, kleine Aventüren des Tages, allgemeine Beobachtungen über die National Bildung der Franzosen und dergleichen lehrreiche und unterhaltende Bemerkungen".[25]

Während er die in der Schweiz getroffenen Franzosen sehr negativ dargestellt hatte, ändert sich seine Sicht in Paris. Diese Revolution habe die Schranken zwischen den Ständen zersprengt; sie würden fortan eine „große und gleiche Bürgerfamilie" bilden, und der Ort, an dem sich diese Harmonie und Brüderlichkeit am besten manifestiere, wäre der Palais Royal, wo sich alle Pariser – Reiche, Arme, Adlige, Diener – versammelten. Den Palais Royal beschreibt er in den beiden Werken auf dieselbe Weise. Um seine Darstellung noch zu verdeutlichen, fügt er jedoch in der *Reise* eine Passage über die Rolle der von französischen Gelehrten geschriebenen Texte hinzu, die seiner Meinung nach dazu gedient hätten, die Aufklärung durchzusetzen und damit schließlich die Revolution auszulösen. Diese Autoren hätten, so Campe weiter, ihr politisches Denken, ihre Ideen popularisiert, indem sie ein „leichtes, populäres, gefälliges und witziges Gewand" benutzt

---

22 Schmitt: *Visionäre Lebensklugheit* (Anm. 15), S. 343, vgl. insbesondere Fußnote 18.
23 J.H. Campe: *Reise von Braunschweig nach Paris im Heumonat 1789*. Braunschweig: Schulbuchhandlung, 1790.
24 Ebd., S. X.
25 In: *Allgemeine Literatur Zeitung*, 1794, Bd. III, Nr. 260, S 361–363.

hätten, um sie in „jedermanns Reichweite zu bringen".[26] Was vorher als negativ empfunden worden war (Witz/Leichtsinn), scheint für Campe nun neu codiert.

Ihm zufolge sind die Ereignisse von 1789 ein überzeugendes Beispiel für die Entwicklung des französischen Volkes hin zu mehr Fortschritt. Im zweiten Brief, der seine Ankunft in Frankreich und Paris dokumentiert, ist alles nur Ordnung und Ehrlichkeit, seine Sachen sind nicht gestohlen worden, die Menschen sind freundlich. Eine ganz andere Auffassung als vor dem Jahre 1789. Wichtig für ihn ist auch, seiner deutschen Leserschaft zu erklären, welches die Gründe des Pariser Aufstands sind: nämlich die Zustände auf dem Lande, das Fehlen von Bürgerrechten und der Despotismus. Etwas, das er besonders in den letzten Briefen schildert (vor allem nach dem 26. August 1789): „Ein Reich, worin keine priviligierte, keine gebohrne Volksdrücker, keine Aristokratie, als die Talente und der Tugenden, keine Hierarchie und kein Despotismus mehr statt finden, wo vielmehr Alle gleich".[27]

Frankreich und die Franzosen, aber vor allem die Pariser, scheinen nun Vorbild geworden zu sein. Die Franzosen hätten einen hohen „Grad von Menschlichkeit" erreicht, sie wären sich der Menschenrechte bewusst und die „Volksklassen" hätten ein Gefühl von „Ehre, Redlichkeit und Gerechtigkeit" entwickelt. Dennoch darf man nicht vergessen, dass Campe die Briefe *in natura* geschrieben hat. Wenn man liest, was sein Schüler, Humboldt, zur gleichen Zeit geschrieben hat, muss man sich eingestehen, dass er vielleicht zu begeistert war: „Wie lange ich noch hier bleiben werde, weiß ich nicht […] und finde ich indes keine interessante Bekanntschaft, so bleibe ich auch nicht länger. Was soll ich in dem schmutzigen Paris, in dem ungeheuren Gewimmel von Menschen? Ich war nur jetzt zwei Tage hier, und beinahe ekelt es mich schon an."[28]

Die *Reise* hat er später verfasst, also mit Abstand. Die Ziele sind auch andere, denn er richtet sich an junge Leser*innen. Er nimmt sich Zeit, die Strecke zwischen Braunschweig und Paris zu beschreiben, etwa die Stadt Brüssel auf über 20 Seiten, während er Brüssel in den *Briefen* kaum erwähnt. Er bemüht sich auch, mehr und deutlicher auf die Gründe für den Ärger der französischen Bürger einzugehen, die Gründe, warum sie sich von der Monarchie emanzipieren wollten. In der Tat bemüht sich Campe in der *Reise*, diese Ideen sichtbar zu machen. So nimmt er als Beispiel Kinder aller gesellschaftlicher Schichten, die zusammen frei in Pariser Parks spielen können:

> erstaunliche Menge ruhiger, freundlicher und fröhlicher Menschen, die wir hier in unübersehbaren Haufen und in der allerbuntesten Vermischung zusammenfanden. Alle Rasenflecke wimmelten von jungen Kindern, die mit ihren Bonnen sich daselbst gelagert hatten, um der freyen Luft zu genießen und ihre jungen Kräfte durch

---

26   Campe: *Reise von Braunschweig nach Paris* (Anm. 23), S. 266.
27   Campe *Briefe aus Paris* (Anm. 1), S. 328.
28   Zitiert nach Ludwig Fertig: *Campes politische Erziehung.* Darmstadt 1977, S. 38. – Vgl. dazu die Beiträge von Cord-Friedrich Berghahn und Uwe Hentschel in diesem Band.

Kriechen, Hüpfen und Springen, durch Spielen, Schereien und Lachen zu entwickeln – ein Vergnügen, welches ihnen erst durch die Revolution zu Theil geworden
ist, weil vor derselben so thaner Unfug hier nicht gelitten ward.[29]

Einige Zeilen später heißt es:

Die kleinen Kinder in Paris und ihre Wärterinnen waren deswegen bis auf diese
Zeit gar sehr zu beklagen, weil sie in den allermeisten Theilen dieser großen Stadt
kein freyes und grünes Plätzchen fanden, worauf sie sich herumtummeln und eine
reine Luft einathmen könnten. Man kann daher sagen, daß die französische Staatsumwälzung sogar für die Kinder an der Brust wohltätig gewesen sey. Ehemals durf-
ten nun feine Leute in die Tuileries kommen; jetzt stehen sie für Jedermann offen.

Diese Parks, die den Kindern der verschiedenen Gesellschaftsschichten endlich
zugänglich sind, scheinen ihm eine Eroberung zu sein und sind Sinnbilder der
erkämpften Freiheit. Campes utilitaristischer Geist spiegelt sich deutlich in diesen
Bemerkungen über Parks wider. Dass Kinder sich bewegen, ist in den deutschen
Philanthropinen wie in Dessau oder Trittau seit langem etablierter Erziehungs-
grundsatz. In Frankreich ist dies sicherlich nicht der Fall, aber er sieht eine mögliche Entwicklung hin zu einer besseren Berücksichtigung der Bedürfnisse der
Kinder.

Die Französische Revolution war für Campe 1789 /90 von großer Bedeutung.
Er hat absichtlich zwei Bücher veröffentlicht, die komplementär sind. Die *Briefe*,
scheinbar spontan und zum Teil persönlich, wenden sich an aufgeklärte Erwachsene und potentielle Akteure des deutschen politischen Lebens, dann eine Reisebeschreibung aus Briefen, die für einen pädagogischen Zweck geschrieben wurde. In
beiden Texten bleibt Campe den Werten, die er mit seiner Tochter, mit Freunden,
Kindern und Erwachsenen teilen möchte, treu. Er variiert jedoch die Formen des
Diskurses, den er immer bearbeitet; er versucht, ihn so effektiv wie möglich zu gestalten, da, wie er pädagogisch in der *Reise* erklärt, die Franzosen sich ungeachtet
ihrer nationalkulturellen Mängel entwickelt haben. Die negativen Erfahrungen hat
er vergessen. Frankreich, die Franzosen und vor allem die Pariser werden hochge-
schätzt, wenn nicht sogar überschätzt!

In den *Briefen* stellen wir fest, dass er die Stadt in einer fragmentierten Art
und Weise wahrnimmt – nur die revolutionären Orte, die Bedeutung tragen, wecken seine Aufmerksamkeit und er neigt dazu, Paris und Frankreich resp. Pariser
und Franzosen zu verwechseln und zu idealisieren. Seine dithyrambische Beschreibung und die Tatsache, dass er sich mit einflussreichen Männern wie Louis-
Sébastien Mercier oder Mirabeau angefreundet hat, dürfte wahrscheinlich eine
entscheidende Rolle bei seiner Ernennung zum Ehrenbürger Frankreichs im Jahre
1792 gespielt haben.

---

[29]   Campe: *Reise von Braunschweig nach Paris* (Anm. 23), S. 215.

Zusammenfassend lässt sich sagen, dass es vielleicht richtiger ist von Gallotropismus als von Frankophilie bzw. -phobie zu sprechen. Campe hat sich für die französische Literaturproduktion durch seine Tätigkeit als Redakteur, dann als Direktor von Erziehungsanstalten und schließlich als Herausgeber ständig interessiert, aber er blieb den üblichen Stereotypen verhaftet. Allerdings änderte sich seine Wahrnehmung der Franzosen nach 1789. Eine interessante Aufgabe wäre es nun, Campes Gallotropismus nach 1790 und vor allem während der Napoleonischen Ära aufzuarbeiten.

II.
WERKE

Till Kinzel

Was ist Offenbarung? Joachim Heinrich Campes *Philosophische Gespräche über die unmittelbare Bekanntmachung der Religion* von 1773 im philosophisch-theologischen Kontext der Spätaufklärung

I.   Theologie als Streitsache in der Aufklärung

Religionsphilosophische und politisch-theologische Streitsachen gehören zu den zentralen Themen der Aufklärung und auch noch der Spätaufklärung, als deren Repräsentant Joachim Heinrich Campe zweifellos gelten kann. Vom Fortwirken dieser Streitsachen zeugen auch noch die Auseinandersetzungen zwischen Denkern wie Fichte, Jacobi und Schelling um 1800, weshalb man zu Recht gesagt hat, es lasse sich „das gute halbe Jahrhundert von Kants *Kritik der reinen Vernunft* bzw. vom Spinozastreit bis hin zu Ludwig Feuerbach und den Spätidealisten als die Epoche des ,Streits um die göttlichen Dinge‘ ansprechen".[1] Die Rolle Jacobis ist hier besonders bedeutsam, weil er durch seine persönliche Beziehung zu Lessing zurückverweist auf die große Kontroverse des Spinoza- oder Pantheismusstreits, den er vom Zaune gebrochen hatte, indem er Lessings philosophischen „Spinozismus" (wie auch immer er zu denken sei) öffentlich gemacht hatte.[2] Da Spinozismus damals nicht nur von Jacobi, sondern weithin als eine Form des Atheismus gedeutet wurde, war eine Kontroverse vorprogrammiert, zumal Lessing schon zuvor durch den Fragmentenstreit in Konflikt nicht nur mit der theologischen Orthodoxie, sondern auch mit Neologen wie Johann Salomo Semler geraten war.[3] Die Selbstverständigung der Aufklärer über ihr Denken und Handeln sowie über die Bedingungen, unter denen diese stattfanden, konnte an der Religion nicht

---

[1]   So Walter Jaeschke: Vorwort. In: Derselbe (Hg.): *Religionsphilosophie und spekulative Theologie. Der Streit um die Göttlichen Dinge (1799–1812)*. Hamburg 1994, S. VII.

[2]   Siehe etwa Michael Murrmann-Kahl: *Der Pantheismusstreit*. In: Georg Essen und Christian Danz (Hg.): *Philosophisch-theologische Streitsachen. Pantheismusstreit – Atheismusstreit – Theismusstreit*. Darmstadt 2012, S. 93–134.

[3]   Siehe Monika Fick: *Fragmente eines Ungenannten und Fragmentenstreit*. In: *Lessing-Handbuch. Leben – Werk – Wirkung*. 4. Auflage. Stuttgart 2016, S. 372–402; William Boehart: *Politik und Religion. Studien zum Fragmentenstreit (Reimarus, Goeze, Lessing)*. Schwarzenbek 1988. Siehe auch die ausführliche Einleitung von Dirk Fleischer

vorübergehen. Nicht nur waren ausgesprochen populäre Autoren wie Voltaire Protagonisten einer Religionskritik, sondern auch im Diskurs der Zeitgenossen insgesamt eher marginalisierte Denker wie Julien Offray de La Mettrie präsentierten anthropologische Überlegungen, die eine radikalere Stoßrichtung hatten – mit potentiell fatalen Auswirkungen auf das Christentum als die gesellschaftlich dominante Religion.[4]

Auch in und um Braunschweig und Wolfenbüttel wurden diese Themen in der zweiten Hälfte des 18. Jahrhunderts intensiv diskutiert und kritisch reflektiert, wie nicht zuletzt die Präsenz von La Mettrie selbst in den Schriften Abt Jerusalems zeigt. Davon zeugt nicht nur die bekannteste Auseinandersetzung jener Zeit, der sogenannte Fragmentenstreit. Dieser drehte sich um die radikal deistischen und offenbarungskritischen Publikationen Lessings ab Herbst 1774 aus dem Nachlass des Hamburger Orientalisten und Gymnasialprofessors Hermann Samuel Reimarus, mit dessen Familie Campe selbst in engen Kontakt kam, als er 1777 nach Hamburg umzog.[5] Der Streit führte zwar zur Aufhebung der Zensurfreiheit für Lessing, beeinträchtigte ihn aber sonst nicht weiter nennenswert in seiner Tätigkeit.[6] Auch war mit Jakob Mauvillon, Professor am Collegium Carolinum und Illuminat, ein radikaler Gegner der christlichen Religion in Braunschweig präsent, dessen Religionskritik in ihrer Entschiedenheit wohl erst heute restlos klar zutage liegt.[7] Wie wenig orthodox Mauvillons Religionsauffassung war, lässt sich aber auch schon zeitgenössischen Quellen entnehmen, wie den Briefen Johann Joachim Spaldings, der offenbar manche Schriften in Manuskriptform zur Kenntnis nahm oder jedenfalls davon hörte, bevor sie gedruckt wurden.

in Johann Salomo Semler: *Beantwortung der Fragmente eines Ungenannten insbesondere vom Zweck Jesu und seiner Jünger.* Waltrop 2003, S. 1–106.

[4]   Zu La Mettrie siehe zuletzt Stefanie Arend: *Glückseligkeit. Geschichte einer Faszination der Aufklärung. Von Aristoteles bis Lessing.* Göttingen 2019, S. 249–275.

[5]   Siehe Almut Spalding: *Elise Reimarus (1735–1805). The Muse of Hamburg. A Woman of the German Enlightenment.* Würzburg 2005, S. 221–224.

[6]   Siehe Angela Klein: *Campe und die Zensur im Fürstentum Braunschweig-Wolfenbüttel.* In: Hanno Schmitt (Hg.): *Visionäre Lebensklugheit. Joachim Heinrich Campe in seiner Zeit (1746–1818).* Wiesbaden 1996, S. 113–126; sowie Horst Strebe: *Lessing und die Zensur. Vortrag, gehalten am 29. September 2010 im Lessinghaus Wolfenbüttel.* Wolfenbüttel 2011.

[7]   Siehe Arne Klawitter: *Der sokratische Dämon als „Würgeengel der christlichen Religion"? Ein bislang nicht ausgewerteter Brief Jakob Mauvillons an Michael Hißmann zum „Genius des Sokrates".* In: *Das achtzehnte Jahrhundert* 41.1 (2017), S. 28–45; sowie Michael Hißmann: *Briefwechsel.* Hg. von Hans-Peter Nowitzki, Udo Roth, Gideon Stiening und Falk Wunderlich. Berlin 2016, S. 40; und Gisela Winkler: *Die Religionsphilosophie von Jakob Mauvillon in seinem Hauptwerk „Das einzige wahre System der christlichen Religion".* Bochum 2000.

II. Campe als philosophischer Theologe und die Neologie

Das gilt wohl nicht nur von Mauvillons *Das einzige wahre System der christlichen Religion*,[8] sondern auch von Campes schon früher publizierter Schrift *Philosophische Gespräche über die unmittelbare Bekanntmachung der Religion* von 1773.[9] Diese steht von der Sache her in engster Beziehung zu Braunschweig, hat aber bisher in der germanistischen, philosophie- und theologiegeschichtlichen Forschung keine größere Rolle gespielt. Auch im Kontext der sogenannten Popularphilosophie, in deren Umkreis man Campe durchaus ansiedeln kann, hat seine Schrift bisher, wie es scheint, keine Resonanz in der Forschung gefunden.[10] Leyser widmet dem Text in seiner bereits vor über hundert Jahren erschienenen Biographie immerhin fast ein ganzes Kapitel, das aber teilweise nur aus Auszügen der Schrift besteht.[11] Franklin Kopitzsch erwähnt sie im Kontext seiner Darstellung der Freundschaft zwischen Campe und Lessing.[12] Weiterhin zu nennen ist dann nur noch eine religionswissenschaftliche Arbeit, die sich im Kontext des Reinkarnationsdiskurses intensiv mit Lessing befasst und dabei auch auf Lessings Anmerkungen zu Campes *Philosophischen Gesprächen* eingeht. Dazu weiter unten mehr.[13] Doch liegt die Vermutung nahe, dass ihre Zugehörigkeit zur relativ kurzen

---

8   Siehe dazu den Brief Spaldings an Abt Jerusalem vom 13. Februar [1787]. In: Johann Joachim Spalding: *Briefe*. Hg. von Albrecht Beutel und Olga Söntgerath. Tübingen 2018, S. 321.

9   [Joachim Heinrich Campe:] *Philosophisches Gespräch über die unmittelbare Bekanntmachung der Religion und über einige unzulängliche Beweisarten derselben*. Berlin 1773. Nachweise aus dieser Schrift im Folgenden in Klammern im Text.

10 Vgl. z. B. Christoph Binkelmann und Nele Schneidereit (Hg.): *Denken fürs Volk? Popularphilosophie vor und nach Kant*. Würzburg 2015. Noch 1806 schreibt ein Rezensent von Campes *Versuch einer genauern Bestimmung und Verdeutschung der für unsere Sprachlehre gehörigen Kunstwörter* in der Neuen Leipziger Literaturzeitung vom 30. Juni 1806 (84. Stück), Sp. 133 mit entschieden kritischer Tendenz in Bezug auf das philosophische Niveau Campes: „Was aber hat *Campe* in dieser Hinsicht gethan, um seinen *philosophischen Geist* als Sprachforscher zu beurkunden? er, der nie die Grenzen der Popularphilosophie überschreiten darf, ohne sich zu compromittiren?"

11 Jakob Anton Leyser: *Joachim Heinrich Campe. Ein Lebensbild aus dem Zeitalter der Aufklärung*. Braunschweig 1877, Bd. I, S. 91–99 („Zur Religion und Theologie"), wo dann noch S. 99–104 ein sehr kurzer Auszug der Schrift mitgeteilt wird.

12 Franklin Kopitzsch: *Joachim Heinrich Campe und Gotthold Ephraim Lessing. Zur Geschichte einer Freundschaft*. In: Günter Schulz (Hg.): *Lessing und der Kreis seiner Freunde* (Wolfenbütteler Studien zur Aufklärung 8). Heidelberg 1985, S. 193–234, hier S. 206–208.

13 Daniel Cyranka: *Lessing im Reinkarnationsdiskurs. Eine Untersuchung zu Kontext und Wirkung von G. E. Lessings Texten zur Seelenwanderung* (Kirche – Konfession – Religion 49). Göttingen 2005, S. 407–421; ein kürzerer Hinweis auch in Daniel Cyranka: *„Warum nicht?" Lessings Äußerungen zur Seelenwanderung*. In: Hans-Edwin Friedrich, Wilhelm Haefs und Christian Soboth (Hg.): *Literatur und Theologie im 18. Jahrhundert. Konfrontationen – Kontroversen – Konkurrenzen*. Berlin/New York 2011,

sogenannten „theologischen Phase" in Campes Wirken auch zur relativen Miss-achtung in der Forschung geführt hat, die hier nur eine „Übergangsphase, eine Vorstufe für seine eigentliche Lebensaufgabe, die Pädagogik" erkennen wollte.[14]

Schlägt man den Vorbericht des „Herausgebers" der anonym erschienenen Schrift auf, die ein Gespräch zwischen „Agathokles" und „Hermogenes" präsen-tiert, so ist nach dem Hinweis auf deren Freundschaft, die sie zu „Gefährten auf dem Wege der Untersuchung" macht, schon die im hier interessierenden Zusam-menhang entscheidende Mitteilung zu lesen: Beide „lasen mit gemeinschaftlichem Vergnügen des Herrn Abts Jerusalem vortreffliche Abhandlung über die Frage: ob überhaupt ein außerordentlicher göttlicher Unterricht von der Religion, oder eine Offenbarung, mit der Weisheit Gottes bestehen könne?" (3). Hier wird also schon der zentrale Bezugspunkt für das folgende Gespräch genannt, zu dem auch bei-de Diskutanten ein einmütiges Urteil fällen, nämlich „daß Deutschland auch auf dieses jüngste Product des gesunden Verstandes, des Scharfsinns und der Wohlre-denheit, so wie auf die vorhergehenden Arbeiten dieses würdigen Schriftstellers, mit Recht stolz seyn dürfe" (3). Johann Friedrich Wilhelm Jerusalem, genannt Abt Jerusalem, gehörte zu den wirkungsmächtigsten Persönlichkeiten unter den Theologen seiner Zeit, der eine kaum zu überschätzende Rolle bei der Etablierung Braunschweigs als literarisch-kulturelles Zentrum spielte.[15] Karl Barth nennt ihn einen „sehr würdigen und sehr ernsthaften Mann", der „zum geistlichen Mittel- und Ruhepunkt der übrigen neologischen Bewegung" geworden sei.[16] Bei der hier genannten Abhandlung Jerusalems handelt es sich um die erste Betrachtung des zweiten Theils von Jerusalems *Betrachtungen über die vornehmsten Wahrheiten der Religion*, der im selben Jahr 1773 wie Campes Dialog erschienen war.

Mit dem nächsten Satz geht dann das Wort schon an Agathokles über, der die *Betrachtungen über die vornehmsten Wahrheiten der Religion* ein Buch nennt, „welches aller Vermuthung nach, in der Geschichte unserer Glaubenslehren, und fast mögte ich sagen, in der Geschichte des menschlichen Verstandes, eine merk-würdige Epoche machen wird; ein Buch, dessen Vollendung verschiedene Leser mit verschiedenen Empfindungen, alle aber mit der größten Erwartung entgegen

---

S. 133–134. Ein früherer Hinweis bei Alexander Altmann: *Die trostvolle Aufklärung. Studien zur Metaphysik und politischen Theorie Moses Mendelssohns.* Stuttgart-Bad Cannstatt 1982, S. 110–112.

[14] Jörg Eschenbächer: *Arbeit und Beruf bei Joachim Heinrich Campe.* Inaugural-Disser-tation Erlangen-Nürnberg 1966, S. 49–51.

[15] Siehe z.B. August Roloff: *Abt Jerusalem und die Gründung des Collegium Carolinum zu Braunschweig.* Inaugural-Dissertation. Berlin 1910; Isa Schikorsky: *Gelehrsamkeit und Geselligkeit. Abt Johann Friedrich Wilhelm Jerusalem (1709–1789) in seiner Zeit.* Braunschweig 1989; Klaus Erich Pollmann (Hg.): *Abt Johann Friedrich Wilhelm Jeru-salem (1709–1789). Beiträge zu einem Colloquium anläßlich seines 200. Todestages.* Braunschweig 1991.

[16] Karl Barth: *Die protestantische Theologie im 19. Jahrhundert.* Berlin ³1961, S. 147, 146.

sehen" (4). Nicht nur wird hier der hohe Rang des Werkes von Jerusalem entschieden ausgesprochen, sondern auch ein von den Zeitgenossen scharf empfundenes Problem. Dieses bestand darin, dass Jerusalem selbst über viele Jahre die
Erwartungen auf Vollendung seines Werkes nicht erfüllte – schon Johann Arnold
Ebert hatte in seiner Einleitung zu der von ihm vorgelegten Übersetzung einer
apologetischen *Abhandlung über die Wahrheit der christlichen Religion* von
John Jortin die Behauptung aufgestellt bzw. die Erwartung geweckt, die Vollendung von Jerusalems Werke werde endlich die ersehnte definitive Verteidigung
des Christentums bieten, die selbst in Jortins Werk nicht ganz befriedigend gelöst worden sei.[17] Zu diesem Zeitpunkt waren aber schon so viele apologetische
Schriften erschienen, dass kein geringerer als Lessing seinen Überdruss daran in
einem Brief an Ebert gleichsam aktenkundig machte.[18] Ob also nun durch Jerusalem den Feinden des Christentums der *coup de grace* zuteil werden würde, durfte
man aber durchaus bezweifeln, zumal die philosophischen Grundlagen, auf denen
auch theologische Apologien des Christentums zu jener Zeit gründeten, mit den
Interventionen Humes und Kants massiv erschüttert wurden. Gleichwohl waren
die Frontstellungen der Zeit durchaus unübersichtlich und keineswegs unter dem
Rubrum „Aufklärung versus Religion" zu begreifen, wie Hans Joas verdeutlicht:
„Weder waren alle Religiösen Vertreter eines supranaturalistischen und apologetischen Offenbarungspositivismus, noch waren alle Aufklärer antireligiös, noch
alle antireligiösen Aufklärer Anhänger der Vorstellung einer natürlichen Religion.
Dadurch konnte es zu überraschenden Bündnissen und Argumentationsverknüp-
fungen kommen [...]".[19]

Wenn Campe im Titel seiner Schrift von der „unmittelbaren Bekanntmachung"
spricht, ist dies ein präzises Äquivalent für „Offenbarung", wie sich auch aus der
Worterklärung in seinem späteren Wörterbuch ergibt, für das er offensichtlich

---

[17] Siehe Till Kinzel: *Aufklärungstheologie und christliche Apologetik im transnationa-
      len Kontext: Zur Rezeption von William Warburtons „Divine Legation of Moses" und
      John Jortins „Abhandlung über die Wahrheit der christlichen Religion" bei Gotthold
      Ephraim Lessing und Johann Arnold Ebert.* In: Albrecht Beutel und Martha Nooke
      (Hg.): *Religion und Aufklärung. Akten des Ersten Internationalen Kongresses zur
      Erforschung der Aufklärungstheologie (Münster, 30. März bis 2. April 2014).* Tübin-
      gen 2016, S. 570–571; sowie Lore Knapp: *Johann Arnold Ebert und die Theologie.
      Die Übersetzung von John Jortins „Über die Wahrheit der christlichen Religion"
      (1746/1769) und die Londoner Teegesellschaft bei Matthieu Maty.* In: Cord-Friedrich
      Berghahn, Gerd Biegel und Till Kinzel (Hg.): *Johann Arnold Ebert. Dichtung, Überset-
      zung und Kulturtransfer im Zeitalter der Aufklärung.* Heidelberg 2016, S. 284–285.
[18] Lessings Brief vom 18. Oktober 1768 an Johann Arnold Ebert. Siehe Agnieszka Ciołek-
      Jóźwiak: *Gotthold Ephraim Lessings Briefe, 1760–1769. Texte und Erläuterungen.*
      Stuttgart 2007, S. 70–71.
[19] Hans Joas: *Die Macht des Heiligen. Eine Alternative zur Geschichte von der Entzaube-
      rung.* Berlin 2017, S. 57.

auch das einschlägige theologisch-philosophische Schrifttum ausgewertet hat.[20] Während im Wörterbuch aber unterschieden wird zwischen „näherer" und „fernerer" Bekanntmachung bzw. Offenbarung, ist die erstere begrifflich mit der „unmittelbaren" identisch, während sich die fernere auf das bezieht, was man durch Beobachtung der Natur etc. über Gott ableiten kann.[21]

Campes Schrift setzt nun ein mit der Erörterung, ob man überhaupt erörtern soll und wie, welche Beweise für die mittelbare oder unmittelbare Offenbarung bzw. Bekanntmachung der Religion nicht stichhaltig sind. Es sollen also überflüssige Beweise ausgeschieden werden, die keinen Nutzen, sondern Schaden bringen. Es wird dabei auf drei Lesertypen abgehoben: 1. entschlossene Gläubige, 2. Schwankende und 3. entschlossene Ungläubige. Die entschlossenen Gläubigen sind jene, welche auch gern eine Schrift sähen, die selbst Matthew Tindal (der offenbarungskritische Autor von *Christianity as Old as the Creation*; 1730)[22] und Voltaire,[23] läsen diese sie ohne Vorurteil, als schlagend empfinden würden. Im weiteren werden dann aber aus der letzten Gruppe der Adressaten, den entschiedenen Ungläubigen, nur die „Uebelgesinnten" nochmals aufgerufen, während von etwaigen *wohlgesonnenen* entschlossenen Ungläubigen, vielleicht aus

---

[20] Siehe generell zu den Quellen der von Campe herangezogenen Belegstellen Imke Lang-Groth: *Auf dem Weg zu einem deutschen Belegwörterbuch – der Beitrag von Joachim Heinrich Campe und Theodor Bernd.* Bielefeld 2012.

[21] Joachim Heinrich Campe: *Wörterbuch der deutschen Sprache. Dritter Theil: L bis R.* Braunschweig 1809, S. 549, wo es im Lemma *Die Offenbarung* unter anderem heißt: „Besonders der Inbegriff der den Menschen von Gott geoffenbarten Wahrheiten, die geoffenbarte Religion, auch wol die Bibel oder heilige Schrift, weil man glaubt, sie sei ihren Verfassern von Gott eingegeben worden, die Offenbarung oder die göttliche Offenbarung, welche der Vernunft entgegengesetzt wird. […] Die ältern Gottesgelehrten unterscheiden auch noch die nähere Offenbarung Gottes, worunter sie die durch die veranstaltete Versöhnung von ihm bekannt gewordenen Wahrheiten verstehen, und die entferntere oder allgemeinere Offenbarung, worunter sie die aus dem Dasein und Zusammenhang der natürlichen Dinge bekannten Wahrheiten von Gott verstehen." Das entspricht im Wesentlichen auch noch dem, wie Offenbarung in aktuellen Nachschlagewerken zum Thema definiert wird, sieht man von spezielleren Kontroversen im Bereich der systematischen Theologie ab. Siehe z. B. Oda Wischmeyer (Hg.): *Lexikon der Bibelhermeneutik. Begriffe – Methoden – Theorien – Konzepte.* Berlin 2009, S. 426–429.

[22] Siehe zu Tindals Zurückweisung der Autorität göttlicher Offenbarung Stephen Lalor: *Matthew Tindal, Freethinker. An Eighteenth-Century Assault on Religion.* London/New York 2006, S. 112; sowie Diego Lucci: *Scripture and Deism. The Biblical Criticism of the Eighteenth-Century British Deists.* Bern 2008, S. 169–186. Lucci ruft auch in Erinnerung, dass allein zwischen 1730 und 1740 mehr als 150 Widerlegungen Tindals publiziert wurden, was seine Bedeutung als Herausforderung für den apologetischen Diskurs unterstreicht (S. 185 Anm. 193). Zur deutschen Rezeption Tindals siehe Christopher Voigt: *Der englische Deismus in Deutschland. Eine Studie zur Rezeption englisch-deistischer Literatur in deutschen Zeitschriften und Kompendien des 18. Jahrhunderts.* Tübingen 2003, S. 81–112.

[23] Siehe umfassend René Pomeau: *La religion de Voltaire.* Paris 1956.

argumentationsstrategischen Gründen, gar nicht erst die Rede ist. (Das ist deswegen wichtig, weil es für die apologetische Literatur insgesamt zu untersuchen wäre, inwiefern dort moralisch konnotierte Verschiebungen vorgenommen werden, die tendenziell Unglauben mit Übelgesinntheit verbinden oder diese Verbindung mehr oder weniger deutlich unterstellen – denn die Auswahl der Argumente bzw. die Art und Weise der Debatte bekommt dann einen anderen Charakter, wenn bestimmte Positionen mehr oder weniger unmerklich als nicht satisfaktionsfähig ausgeschlossen werden.[24])

Ein hermeneutischer Grundsatz, den Campe auch sonst vertreten hat, kommt in seiner Konzentration auf schlüssige Beweise zum Tragen: Nicht Nebensachen sind entscheidend, daher sollten auch nur diejenigen Argumente für die Wahrheit der Religion angeführt werden, die diese tatsächlich und notwendig beweisen – er plädiert also für eine Ökonomie des Beweises gegen ein Zuviel des Beweisens, das der Sache keine guten Dienste leisten würde. Campe, der laut Hanno Schmitt eine gründliche Bildung in Philosophiegeschichte erhalten hatte,[25] mag sich mit dieser Kritik an einer übertriebenen und damit falschen Beweiserei gegen die nicht zuletzt von Christian Wolff praktizierte Form eines Beweisens anhand demonstrativer Methoden gewendet haben. Denn Wolff hatte sich selbst noch um den Beweis „an sich sonnenklarer Dinge" bemüht, wie es Herbert Schöffler ausgedrückt hat, was er am Beispiel der Anfangs-Gründe der Fortifikation erläutert.[26] Wolff ist aber auch für das vorliegende Thema von Belang, weil es ihm zufolge *articuli mixti* gibt, nämlich „Glaubenslehren, die sowohl durch das Licht der Vernunft als auch der Offenbarung begründet werden können." Und zwar handelt es sich dabei um solche Glaubenslehren, die „vornehmlich die Attribute Gottes, die Moralität von Handlungen und Phänomene der Natur" betreffen.[27]

---

[24] Campe folgt derselben Strategie wie etwa Johann Arnold Ebert, der als Adressaten redliche Zweifler und überzeugte Christen einbezieht, während die moralische Verderbtheit der Ungläubigen einer erfolgreichen Überzeugung entgegenstehe. Siehe dazu Kinzel: *Aufklärungstheologie und christliche Apologetik* (Anm. 16), S. 570. Siehe weiterhin zu diesem Komplex K.F. Hilliard: *Freethinkers, Libertines and „Schwärmer".* Heterodoxy in German Literature, 1750–1800. London 2011; sowie zur Vorgeschichte der Michael Czelinski-Uesbeck: *Der tugendhafte Atheist. Studien zur Vorgeschichte der Spinoza-Renaissance in Deutschland.* Würzburg 2007.

[25] Siehe Hanno Schmitt: *Campe, Joachim Heinrich (1746–1818).* In: Heiner F. Klemme und Manfred Kuehn (Hg.): *The Bloomsbury Dictionary of Eighteenth-Century German Philosophers.* London 2016, S. 122.

[26] Siehe Herbert Schöffler: *Deutsches Geistesleben zwischen Reformation und Aufklärung. Von Martin Opitz zu Christian Wolff.* Frankfurt/M. ²1956, S. 212–214. Schöffler zitiert Paragraph 27 des 4. Lehrsatzes und bezieht sich damit wohl auf eine der späteren Ausgaben, z.B. die von 1757. In der Ausgabe von Wolffs *Der Anfangs-Gründe Aller Mathematischen Wiessenschaften Anderer Theil* [2. Band]. Halle/S. 1710, S. 94–95, findet man den entsprechenden Beweis als Paragraph 37 im 8. Lehrsatz.

[27] So Dirk Effertz: *Christian Wolff. Deutsche und lateinische Logik (1712 und 1728).* In: Oda Wischmeyer (Hg.): *Handbuch der Bibelhermeneutiken. Von Origenes bis zur*

Eine zentrale Voraussetzung von Campes Argumentation ist die Frontstellung gegen das, was er „blinden Glauben" nennt und von dem er die Religion absondern möchte – indem er dies so direkt artikuliert, macht er bereits seine Parteinahme für die Neologie deutlich. Denn die Aufgabe bestünde darin, die Religion durch eine immer größere Annäherung an die Vernunft sicherer zu machen, was letztlich auch den Intentionen des stark von Christian Wolff und Johann Christoph Gottsched geprägten Abts Jerusalem entsprochen haben dürfte. Campe macht hier methodisch seine spätaufklärerische Haltung deutlich, wenn er das Ziel benennt, „die oft unter dunkeln Bildern und unverständlichen Ausdrücken versteckte Begriffe durch Critik, Sprachkenntniß und Philosophie immer sorgfältiger aufzuklären" (16). Nicht nur bedient sich Campe hier des Gegensatzes von Dunkelheit und Aufklärung bzw. Erleuchtung, sondern er beruft sich auch auf die Dreiheit von Kritik, Sprachkenntnis und Philosophie, die gerade im Interesse der Religion eingesetzt werden müsste, um „überflüßige, zu weitgesuchte, schwankende und für unsere Zeiten unbrauchbare" Beweisarten der Göttlichkeit des Christentums ebenso verabschieden zu können wie menschliche Zusätze, die sich noch in „barbarischen Zeitaltern" in die Religion eingeschlichen hätten (16–17).

Campe, der hier eine entschieden rationalistische Position einzunehmen scheint, verwahrt sich allerdings auch ausdrücklich dagegen, für einen „Naturalisten" gehalten zu werden, also für jemand, der alle übernatürlichen Religionsinhalte bestreitet. Dieser Verdacht liegt zunächst insofern nahe, als die Angleichung von Vernunft und Religion tendenziell auf eine Aufhebung des Supranaturalismus hinausläuft.[28] Methodisch macht Campe schließlich noch einen weiteren wichtigen Vorbehalt: Die Bestreitung eines bestimmten Beweises der Wahrheit der Religion ist nicht identisch mit der Bestreitung der Wahrheit der Religion selbst. Die Schrift lässt sich schließlich auch noch deuten als freundlicher oder freundschaftlicher Hinweis an den Abt Jerusalem selbst, damit er in der von vielen Seiten erwarteten und erhofften Weiterarbeit an den *Betrachtungen über die vornehmsten Wahrheiten der Religion* diese selbst noch verbessern werde.[29]

Campe verknüpft die Frage, ob man überhaupt eine Untersuchung durchführen sollte, mit damals noch völlig intakten, da letztlich unhinterfragten Annahmen der

---

Gegenwart. Berlin/Boston 2016, S. 760.

[28]   Interessant ist in diesem Zusammenhang ein späterer Vorschlag Campes aus seinem Wörterbuch, wo er im Lemma *Der Offenbarungsgläubige* Folgendes als Definition vorschlägt: „Ist die Rede von einem, der übernatürliche Offenbarungen zu haben vorgiebt, und soll mit der Benennung desselben ein tadelnder Nebenbegriff verbunden werden, so schlägt C. vor, ihn einen Offenbarungssüchtigen zu nennen, wofür man auch Offenbarungsträumer gebrauchen kann." Siehe Joachim Heinrich Campe: *Wörterbuch der deutschen Sprache. Dritter Theil: L bis R.* Braunschweig 1809, S. 549.

[29]   Ob Campe seine *Philosophischen Gespräche* an Jerusalem selbst übermittelt hat, ist m. W. unbekannt. Im Bücherverzeichnis Jerusalems taucht der Text jedenfalls nicht auf. Siehe Claus-Dieter Osthövener: *Das Bibliotheksverzeichnis von Johann Friedrich Wilhelm Jerusalem.* Wuppertal 2011.

sogenannten natürlichen Theologie oder Physikotheologie. Darunter ist etwa die Vorstellung zu verstehen, die Wohltätigkeit Gottes sei, betrachte man nur vorurteilsfrei die Welt um sich herum, evident, auch wenn es perspektivische Unterschiede darin gebe, wie etwa Bauern und Naturforscher auf das Geschehen der Natur blickten, wobei es keine allgemeine Pflicht zur Naturkunde gebe, wie Hermogenes erläutert (24–25).[30]

Campes dialogische Erörterungen fallen in eine Zeit, in der viele Autoren die Möglichkeit einer natürlichen Theologie noch für gegeben ansahen – David Humes massive Kritik an der Physikotheologie in den *Dialogues Concerning Natural Religion* wurde erst wenige Jahre später (1779, drei Jahre nach Humes Tod) publiziert.[31] Doch Campe vertieft sich nicht in dieses Problem, sondern hält dafür, dass es wichtiger sei (*kühnscheinend* nennt er seine hier formulierte Hypothese), die Tatsache des göttlichen Ursprungs der Religion anzuerkennen, als schultheologisch darüber zu debattieren, auf welche Weise – mittelbar oder unmittelbar – diese Bekanntmachung des göttlichen Ursprungs erfolgte. Die Frage, die hier aber ausgeblendet bleibt, ist dann allerdings, woher man wissen kann, dass die Religion göttlichen Ursprungs ist, wenn man nicht genau weiß, *wie* diese Information an die Menschen gelangte.

Campe verfasste seine *Philosophischen Gespräche*, nachdem er bereits die Universität in Halle verlassen hatte und nunmehr in Berlin lebte, wie er in der *Geschichte meiner Augenkrankheit* schreibt: „Meine Liebe zur Philosophie wuchs in dem vertrauten Umgange mit einigen der berühmten Weltweisen dieses Orts, und das erste philosophische Büchelchen, womit ich mich ins Publikum wagte, wurde des Abends in einem finstern Zimmer gedacht und in den Morgenstunden von drei bis sechs Uhr aufgeschrieben [...]".[32] Der persönliche Umgang mit den in Berlin zu jener Zeit lebenden Philosophen, unter denen wohl auch Moses Mendelssohn war, prägte Campes geistige Interessen, die in der Dialogschrift literarische Gestalt annahmen. Indem Campe an Jerusalems Erörterungen anknüpft und seine Schrift zugleich noch vor der Publikation Theologen wie Johann Joachim Spalding[33] und

---

[30] Siehe z.B. als typisches Exemplar der Gattung William Derham: *Physico-Theology (1713)*. Hildesheim/New York 1976. Zum Hintergrund siehe Steffen Martus: *Aufklärung. Das deutsche 18. Jahrhundert – ein Epochenbild*. Berlin 2015, S. 363–370.

[31] David Hume: *Gespräche über natürliche Religion*. Aus dem Englischen übersetzt von Carl Gottfried Schreiter (1781). Gründlich überarbeitet und mit einem Nachwort versehen von Jens Kulenkampff. Göttingen 2016; sowie dazu Lothar Kreimendahl: *„Die Kirche ist mir ein Greuel". Studien zur Religionsphilosophie David Humes*. Würzburg 2012, z.B. S. 181–200.

[32] Siehe Joachim Heinrich Campe: *Geschichte meiner Augenleiden*. In: Hans-Jürgen Perrey: *Joachim Heinrich Campe (1746–1818). Ein großer Geist der Goethezeit. Biographie & Dokumentation Teil I*. Trittau 2006, S. 173. Perrey macht die hier erwähnten Weltweisen auch nicht weiter namhaft (S. 52); genauere Angaben dazu scheinen nicht zu existieren, was auch für die Bekanntschaft insbesondere mit Mendelssohn gilt.

[33] Siehe zuletzt Albrecht Beutel: *Johann Joachim Spalding. Meistertheologe im Zeitalter der Aufklärung*. Tübingen 2014. Spalding schreibt in einem Brief vom 29. März an

Wilhelm Abraham Teller[34] vorlegte, schließt er sich eindeutig an die Strömung der Neologie an, mit der man diejenige Form von protestantischer Theologie bezeichnet, welche sich in ein kritisches Verhältnis zur lutherischen Orthodoxie setzte, ohne jedoch selbst ins Lager der radikalen bzw. materialistischen Religionskritiker überzugehen.[35] Spalding war vor allem durch seine in zahlreichen Auflagen

---

einen unbekannten Adressaten im Zusammenhang mit einem Stellenangebot in Göttingen. Campe ist einer der beiden von Spalding empfohlenen Kandidaten, von dem er zunächst den Plutarch-Kommentar als vielleicht bekannt erwähnt, um dann jedoch hinzuzufügen: „Ob es ihm eben so vorteilhaft seyn würde, in Göttingen, als der Verfaßer der im Jahr 1773 herausgekommenen *philosophischen Gespräche über die unmittelbare Bekanntmachung der Religion*, bekannt zu seyn, getraue ich mir nicht zu sagen." Siehe Spalding: *Briefe* (Anm. 7), S. 257–258.

[34] Campe berichtet in einem als Regest gebotenen Brief an seine spätere Frau Dorothea Maria Hiller vom 13. Dezember 1772 davon, dass er „Lobsprüche" von Teller und Spalding erhalten hatte, nachdem diese die *Philosophischen Gespräche* gelesen hatten. Siehe Hanno Schmitt (Hg.): *Briefe von und an Joachim Heinrich Campe. Band 1: Briefe von 1766–1788.* Wiesbaden 1996, S. 83 (11R). Ebenfalls nur als Regest wird ebenda ein Brief Johann Georg Sulzers vom 4. April 1774 mitgeteilt, der auf die Zusendung der Schrift antwortet, er habe sie mit „viel Vergnügen und Beyfall" gelesen. Zu Campes theologischen Studien siehe Hanno Schmitt: *Philanthropismus und Volksaufklärung im Herzogtum Braunschweig-Wolfenbüttel in der zweiten Hälfte des 18. Jahrhunderts.* In: Rudolf Vierhaus (Hg.): *Das Volk als Objekt obrigkeitlichen Handelns.* Tübingen 1992, S. 171–174. Zu Teller siehe Emanuel Hirsch: *Geschichte der neuern evangelischen Theologie im Zusammenhang mit den allgemeinen Bewegungen des europäischen Denkens.* Bd. IV. Gütersloh 1952, S. 94–98; Friedrich Wilhelm Kantzenbach: *Protestantisches Christentum im Zeitalter der Aufklärung.* Gütersloh 1965, S. 204–207; Albrecht Beutel: *Kirchengeschichte im Zeitalter der Aufklärung. Ein Kompendium.* Göttingen 2009, S. 125–127; Martin Bollacher: *Wilhelm Abraham Teller. Ein Aufklärer der Theologie.* In: Hans Erich Bödeker und Ulrich Herrmann (Hg.): *Über den Prozeß der Aufklärung in Deutschland im 18. Jahrhundert. Personen, Institutionen und Medien* (Veröffentlichungen des Max-Planck-Instituts für Geschichte 85). Göttingen 1987, S. 39–52; sowie Sabine Ahrens: *Die Lehrkräfte der Universität Helmstedt (1576–1810)* (Veröffentlichungen der Kreismuseen Helmstedt 7). Helmstedt 2004, S. 231–232.

[35] Zur Neologie war lange grundlegend Karl Aner: *Die Theologie der Lessingzeit.* Halle/S. 1929. Seine Einschätzungen wurden aber von der späteren Forschung teilweise stark korrigiert bzw. revidiert. Siehe etwa Albrecht Beutel: *Kirchengeschichte im Zeitalter der Aufklärung. Ein Kompendium.* Göttingen 2009, S. 112–151; Hans-Martin Kirn und Adolf Martin Ritter: *Geschichte des Christentums IV,2. Pietismus und Aufklärung.* Stuttgart 2019, S. 175–183; Mark Pockrandt: *Biblische Aufklärung. Biographie und Theologie der Berliner Hofprediger August Friedrich Wilhelm Sack und Friedrich Samuel Gottfried Sack.* Berlin/New York 2003; Rainer Vinke: *Jung-Stilling und die Aufklärung. Die polemischen Schriften Johann Heinrich Jung-Stillings gegen Friedrich Nicolai (1775/76).* Stuttgart 1987, S. 171–179; Phöbe Annabel Häcker: *Geistliche Gestalten – gestaltete Geistliche. Zur literarischen Funktionalisierung einer religiösen Sprecherposition im Kontext der Neologie.* Würzburg 2009, S. 27–44.

kursierende Schrift *Die Bestimmung des Menschen* begriffsprägend geworden.[36] Campe war von der Schrift, deren Zentralbegriff auch in seinen *Philosophischen Gesprächen* Verwendung findet (z. B. 87), so nachhaltig beeindruckt, dass er sie noch 1788 nachdrücklich seiner Tochter zur Lektüre empfahl.[37] Denn das Konzept einer Bestimmung des Menschen sollte auch für sein pädagogisches Menschenbild prägend sein.[38]

Der Helmstedter Mentor Campes, Teller, hatte 1772, also im Jahr vor der Veröffentlichung von Campes Dialog über Offenbarung, bereits den sogenannten zweiten Teufelsstreit ausgelöst, gehörte er doch mit Johann Salomo Semler, dem wohl wichtigsten Hallenser Lehrer Campes,[39] zu denjenigen, die die Vorstellung einer Teufelsperson für überholt erklärt hatten. Teller gehört auch damit in den „Entsupranaturalisierungsprozess", den man in der Theologie des 18. Jahrhunderts beobachten kann.[40] Insbesondere der Raum Braunschweig war gerade durch Jerusalem eng mit der neologischen Theologie verknüpft, die auf eine Reform des reformatorischen Glaubensbekenntnisses in zentralen Punkten abzielte.[41] Dabei spielte zweifellos auch der akademische Hintergrund vieler beteiligter Personen in Braunschweig eine Rolle, die auf die eine oder andere Weise mit der sogenannten Halle-Leipziger Aufklärung verbunden waren.[42] Campe war aber nicht nur durch seinen selbst aus Leipzig stammenden Helmstedter Lehrer Teller mit dieser Aufklärungstradition verbunden, sondern auch durch sein späteres Studium in Halle,

[36] Siehe z. B. Johann Joachim Spalding: *Die Bestimmung des Menschen.* Siebente, vermehrte Auflage mit einigen Zugaben. Leipzig 1763.

[37] Laura Anna Macor: *Die Bestimmung des Menschen (1748–1800). Eine Begriffsgeschichte.* Stuttgart-Bad Cannstatt 2013, S. 338. Allein die Zahl der Schriften, in deren Titel Bestimmung vorkommt, ist sehr hoch, wie auch Fotis Jannidis: *Die „Bestimmung des Menschen" – Kultursemiotische Beschreibung einer sprachlichen Formel.* In: *Aufklärung* 14 (2002), S. 75–95, nachweist. Campes Schrift steht für solche Schriften, die noch zusätzlich zu berücksichtigen wären, weil bei ihnen die Formulierung „Bestimmung des Menschen" auch in Kapitelüberschriften auftaucht, hier im Kapitel *Zweytes Gespräch*, S. 87.

[38] Siehe Eschenbächer: *Arbeit und Beruf bei Campe* (Anm. 13), S. 103–110.

[39] Zu Semler siehe Gottfried Hornig: *Johann Salomo Semler. Studien zu Leben und Werk des Hallenser Aufklärungstheologen.* Tübingen 1996.

[40] Siehe Paul Gabriel: *Die Theologie W.A. Tellers* (Studien zur Geschichte des neueren Protestantismus 10). Gießen 1914, S. 33.

[41] Peter Albrecht: *Die Braunschweigische Landeskirche zur Zeit der Aufklärung.* In: Friedrich Weber, Birgit Hoffmann und Hans-Jürgen Engelking (Hg.): *Von der Taufe der Sachsen zur Kirche in Niedersachsen. Geschichte der Evangelisch-lutherischen Landeskirche in Braunschweig.* Braunschweig 2010, S. 260.

[42] Siehe das Panorama bei Günter Mühlpfordt: *Halle-Leipziger Aufklärung. Kernstück der Mitteldeutschen Aufklärung.* Halle 2011.

wo er bei Johann August Nösselt Vorlesungen zur Moraltheologie hörte und mit einer Disputation bei Christian Adolf Klotz abschloss.[43]

III. Campes dialogischer Argumentationsgang

Wie lässt sich nun das eigentliche Dialoggeschehen näher kennzeichnen? Immerhin hat Campe mit seiner philosophisch-theologischen Schrift einen der vermutlich längsten Dialoge der deutschen Literatur verfasst und damit eine von Literaturwissenschaftlern oft etwas stiefmütterlich behandelte Gattung bedient.[44] Genauer handelt es sich bei Campes Schrift um ein Fachgespräch, das dadurch von Lehrgesprächen unterschieden ist, dass es „sich in aller Regel an gleichgestellte Fachkollegen oder solche, die es sein oder werden wollen", richtet und zudem durch eine „symmetrische Gesprächskonstellation" gekennzeichnet ist. Typisch ist auch im Falle Campes, dass die Verfasser solcher „geisteswissenschaftlicher dialogischer Fachbücher keine reinen Fachwissenschaftler mit ausschließlich universitärem Hintergrund" waren, sondern „vielseitig wirkende Gelehrte, eben unter anderem auch Fachwissenschaftler waren", wie Jörg Kilian herausstellt.[45]

Ein zentraler ethischer Aspekt des Dialoges ist die explizite Orientierung der Gesprächspartner auf Wahrheit im Gegensatz zum Rechthaben (29), was sich auch in der Forderung spiegelt, Religion solle „deutlich" vorgetragen werden (35), weil es letztlich auf ihre Wohltätigkeit ankomme. Diese praktische Wirksamkeit der Religion hängt direkt mit den Erkenntnisbedingungen zusammen: „Der Grad der Wirksamkeit einer erkannten Wahrheit verhält sich […] wie die Grade der Deutlichkeit, der Gewißheit, und der Geschwindigkeit, unter denen die Vorstellung derselben vor unsere Vorstellungskraft gebracht wird", wie Agathokles bemerkt (44). Nun hat es aber mit der Offenbarung insofern eine besondere Bewandtnis, als sie historisch einmaligen Charakter hat, was indes ihrer Funktion in Bezug auf die Deutlichkeit der Erkenntnis der Religion abträglich ist. Daher formuliert nun Agathokles seine These von der Notwendigkeit einer Spezialoffenbarung für jeden einzelnen Menschen: Es wäre, so führt er aus, „zur Befestigung unserer

---

[43] Siehe Malte van Spankeren: *Johann August Nösselt (1734–1807). Ein Theologe der Aufklärung.* Halle 2012, S. 116 Anm. 165; Rita Casale: *J.H. Campe und die tugendhafte zweite Natur.* In: Jörn Garber (Hg.): *„Die Stammutter aller guten Schulen". Das Dessauer Philanthropinum und der deutsche Philanthropismus 1774–1793.* Tübingen 2008, S. 335–356, hier S. 335–344.

[44] Siehe zum Dialog als literarische Form philosophischer Auseinandersetzung die grundlegende Darstellung von Vittorio Hösle: *Der philosophische Dialog. Eine Poetik und Hermeneutik.* München 2006.

[45] Jörg Kilian: *Lehrgespräch und Sprachgeschichte. Untersuchungen zur historischen Dialogforschung.* Tübingen 2002, S. 214, 216–217. Zu Campes Verwendung der dialogischen Schreibart siehe auch Silke Köstler-Holste: *Natürliches Sprechen im belehrenden Schreiben: J.H. Campes „Robinson der Jüngere".* Tübingen 2004.

Ueberzeugungen von der Wahrheit der Religion, und zur Vergrößerung des Einflusses ihrer Lehren auf die Ausbesserung unsers Herzens überaus nützlich, wenn unser Schöpfer selbst einen jeden einzelnen Menschen zu allen Zeiten, durch eine Stimme vom Himmel, unter augenscheinlichen Wundern, in der Lehre zur Glückseligkeit unterrichten wollte" (45). Hermogenes verwundert sich darüber, wohin Agathokles gerate. Doch dieser stellt nun ausdrücklich eine Verbindung her zwischen Logik und Offenbarung bzw. Vorsehung, indem er auf die Prämissen verweist, die seinem Argument zugrundeliegen (46). Doch die Logik stößt hier offensichtlich an Grenzen: Denn wenn es ihm so scheint, „als wenn es gut wäre, wenn die Fürsehung dieses Mittel unaufhörlicher Wunder anwendete, um uns zu lehren und zu bessern", so zeigt doch die Wirklichkeit, dass es der Vorsehung selbst gerade nicht so erscheint, weil es sonst ja diese fortdauernde Offenbarung geben müsste (46).

Die Fülle der weiteren Erörterungen in Campes Dialog kann hier nicht so umfassend ausgewertet werden, wie es angebracht wäre. Sie bleibt einer späteren Ausarbeitung vorbehalten. So kommt es hier vor allem darauf an, das herauszuheben, was Campe selbst ins Zentrum rückt, nämlich welche Gestalt die nötige bzw. unentbehrliche Erkenntnis Gottes haben müsste, so dass im Anschluss an diese begriffliche Präzisierung überhaupt erst auf den Prüfstand gestellt werden kann, ob „die Alten" „diese einzelne Vorstellungen gehabt haben, oder nicht" (216), und zwar eben „vor der Bekanntmachung der christlichen Religion" (218). Indem so ein starker Bezug auf die antiken Philosophen hergestellt wird, verwendet Campe ein zu seiner Zeit weit verbreitetes Verfahren, aufklärerische Diskussionen bzw. Kontroversen insbesondere im Bereich der Religion durch den Rekurs auf die Antike zu führen, ohne dass dies hier freilich eine antichristliche Stoßrichtung wie etwa bei Voltaire implizierte.[46] Teilweise gibt Campe aber auch zu erkennen, wo er sich den Auffassungen Abt Jerusalems nicht anschließen kann, da er direkte Zitate aus dessen *Fortgesetzten Betrachtungen* anführt, deren Aussage im weiteren Gespräch widerlegt wird. Dies betrifft z. B. die Behauptung Ciceros, keiner der Weisen habe einen Beweis für die Unsterblichkeit der Seele gehabt, weshalb man auch so viele Widersprüche in ihren Schriften antreffe, wie Jerusalem ausführt (229, 240–241): „Einzeln sind ihre Sätze zum Theil vortrefflich, glänzend, blendend; aber sie bleiben immer einzeln, und schwankend, und verschwinden ihnen wieder aus dem Gesichte, ehe sie den rechten Gebrauch davon machen können."[47]

Agathokles formuliert nun zunächst die folgenden Sätze, die, wie Hermogenes anschließend zugesteht, alles enthalten, „was zu einer practischen Erkenntniß Gottes erfordert werde" (216). Denn auf die praktische Erkenntnis kommt es auch für

[46]   Siehe z. B. Marlene Meuer: *Polarisierungen der Antike. Antike und Abendland im Widerstreit – Modellierungen eines Kulturkonflikts im Zeitalter der Aufklärung* (GRM-Beihefte 85). Heidelberg 2017, S. 235–246.

[47]   Johann Friedrich Wilhelm Jerusalem: *Schriften Band II. Betrachtungen über die vornehmsten Wahrheiten der Religion. Zweyter Theil.* Hildesheim 2007 [Braunschweig 1774], S. 31 (in dem von Campe verwendeten Druck findet sich das Zitat S. 29).

Campe an, nicht – wie zu wiederholen ist – auf schultheologische Distinktionen, die keinen praktischen Unterschied machen. Die klar und deutlich formulierten Sätze lauten so (217):

1. Gott ist ein von allen körperlichen Dingen unterschiedenes denkendes Wesen.
2. Er hat, nicht durch äussere Nothwendigkeit veranlasset, sondern durch den Antrieb seines eigenen freyen Willens bewogen, die Welt erschaffen.
3. Er regieret und lenket alle Begebenheiten und Veränderungen in derselben.
4. Gott ist ewig, hat einen allwissenden Verstand, und einen allmächtigen heiligen Willen.
5. Selbst heilig, will er durch heilige Gesinnungen und durch tugendhafte Handlungen von uns geehrt seyn.
6. Solche Gesinnungen und Handlungen belohnt er, so wie er die entgegengesetzten Gesinnungen und Handlungen bestrafet.

Indem in Campes Dialog diese grundlegenden Eigenschaften Gottes als Ergebnis der Erörterungen herausgestellt werden, wird deutlich erkennbar eine Verknüpfung theoretischer und praktischer (ethischer) Dimensionen vorgenommen. Denn der als ewig und unkörperlich verstandene Gott, der die Welt aus freiem Willen, nicht aus Notwendigkeit erschaffen habe, ist kein von der Welt radikal getrennter Gott, da er alle Begebenheiten und Veränderungen regiert und lenkt. Dies wird in der weiteren Diskussion ausdrücklich als „Fürsehung" bezeichnet (222), wie auch schon bei Jerusalem.[48] Gott ist damit der umfassende Beweger, der aber kein unbewegter Beweger sein kann, wenn er als Person gedacht wird. Gott hat aber nach diesem Räsonnement Campes Eigenschaften personaler Natur. Er besitzt einen Verstand, der allwissend ist; und sein allmächtiger Wille, der dieser Allwissenheit parallel geht, ist zugleich heilig, was wohl so zu deuten ist, dass damit die Bindung der Allmächtigkeit an eine moralische Weltordnung gewährleistet werden soll: Die Allmächtigkeit bleibt an das heilige Wollen gebunden, und Gott unterwirft so selbst sein eigenes Wollen einem Maßstab.

Gott legt weiterhin besonderen Wert darauf, geehrt zu werden. Die Begründung dafür beruht auf einer Analogie: Weil Gott selbst „heilig" ist, will er durch Gesinnungen geehrt werden, die ebenfalls als „heilig" beschrieben werden, auch wenn nicht geklärt wird, inwiefern diese beiden Wortverwendungen eigentlich

---

[48]   Johann Friedrich Wilhelm Jerusalem: *Betrachtungen über die vornehmsten Wahrheiten der Religion*. Braunschweig 1768, S. 73–120 sowie an weiteren Stellen. Auch in seinen Predigten plädierte Jerusalem für das „Vertrauen zu einer göttlichen Vorsehung, als einem wahren Mittel, uns in unserm Unglück zu beruhigen". Siehe seine *Sammlung einiger Predigten vor den Durchlauchigsten Herrschaften...* Neue verbesserte Auflage. Braunschweig 1770, S. 119–148. Zum gesamten Kontext siehe Ulrich L. Lehner: *Kants Vorsehungskonzept auf dem Hintergrund der deutschen Schulphilosophie und -theologie*. Leiden/Boston 2007 (zu Jerusalem S. 143–155, der hier nicht bei den theologischen, sondern den philosophischen Vorsehungskonzepten behandelt wird).

dasselbe meinen (können). Gesinnungen sind etwas Innerliches, von denen anzunehmen ist, dass sie Gott, da er als allwissend gedacht wird, unmittelbar zugänglich sind. Nicht nur innerlich, sondern auch äußerlich soll aber Gott geehrt
werden, und zwar durch tugendhafte Handlungen. Nicht erwähnt werden in diesem Zusammenhang übrigens kultische Handlungen, etwa im Rahmen von Got-
tesdiensten. Diese hat Campe wohl als nicht essentiell angesehen, fallen jedenfalls
nicht *prima facie* unter tugendhafte Handlungen. Ebenso fehlen hier in seiner auf
die praktische Erkenntnis Gottes bezogenen Liste vielleicht zu erwartende Eigenschaften wie die Liebe Gottes. Stattdessen postuliert Campe, ohne allerdings hier
schon den Begriff direkt zu nennen, die Gerechtigkeit als zentrale praktisch rele-
vante Eigenschaft Gottes: Denn diese wird traditionell ebenso definiert, wie es in
Campes sechstem Satz geschieht.[49] Von dieser „göttlichen Gerechtigkeit", auf die
man bauen können muss, ist dann etwas später die Rede, wenn anhand Platons
Nomoi X nachgewiesen wird, dass sie den Alten schon bekannt war (226). Ihre
Lückenlosigkeit wird indirekt postuliert, denn Belohnung und Bestrafung werden
indikativisch gesetzt, ohne dass hier Ansätze für ein scharf empfundenes Theodi-
zee-Problems erkennbar wären.[50] Dies entspricht auch der von Campe geschätzten
Theologie Spaldings, der in diesem Zusammenhang schlicht postuliert, es müsse
„eine Zeit seyn, da ein jeder das erhält, was ihm zukommt".[51] Erst im Zusammenhang mit der Erörterung der Platon-Stelle wird auch der zeitliche Aspekt deutlich,
wenn von einer „unausbleiblichen Belohnung und Bestrafung des guten und bösen
Wandels der Menschen" gesprochen wird (226), die nach dem Tode anzusetzen
ist, also nur gedacht werden kann im Zusammenhang mit der Unsterblichkeit.

[49] Siehe etwa (übrigens auch zu allen anderen hier berührten Punkten) materialreich Carl
Gottlieb Bretschneider: *Systematische Entwickelung aller in der Dogmatik vorkom-
menden Begriffe nach den symbolischen Schriften der evangelisch-lutherischen und
reformirten Kirche und den wichtigsten dogmatischen Lehrbüchern ihrer Theologen.*
4. Auflage. Leipzig 1841, S. 386–387.
[50] Da ich hier die theologischen Dimensionen nicht weiter vertiefen kann, sei für eine
genauere Diskussion verwiesen z. B. auf Hermann Cremer: *Die christliche Lehre von
den Eigenschaften Gottes.* Gütersloh ²1917.
[51] Johann Joachim Spalding: *Die Bestimmung des Menschen.* Siebente, vermehrte Auflage mit einigen Zugaben. Leipzig 1763, S. 44. Der Spalding-Bezug liegt auch insofern
nahe, als dessen Theologie wie bei Campe deutlich von der Assimilation antiker Philosophie insbesondere in der Gestalt Ciceros geprägt ist. Siehe Ludwig Coenen: *Studien
zur Anthropologie und zur Religions-Philosophie von Johann Joachim Spalding.* Berlin
2018, S. 74–82, 89–91.

IV. Zeitgenössische Reaktionen auf Campes Schrift

Die unmittelbaren Reaktionen auf die *Philosophischen Gespräche* lassen sich vor
allem anhand der zeitgenössischen Rezensionsmedien nachvollziehen, die schnell
auf die Publikation des Textes eingehen. So erscheint in dem in Bützow und Wismar verlegten 1. Band eines Organs namens *Kritische Sammlungen zur neuesten
Gelehrsamkeit* aufs Jahr 1774 eine Kurzbesprechung, die sehr kritisch ausfällt.
Der anonyme Rezensent führt den Text als eine „wirkliche Bestreitung der geoffenbarten Religion" ein, der somit als radikal offenbarungskritisch charakterisiert
wird, was noch mit dem abwertenden Urteil verbunden wird, die Philosophie des
Verfassers, als der auch hier schon Campe namhaft gemacht wird, sei „überaus
seicht". Entscheidend aber für das negative Urteil ist, dass der Rezensent es Campe nicht abnimmt, nur einige Beweisarten in Zweifel zu ziehen, vielmehr bestehe
die Absicht der Schrift in nichts Geringerem, als „die Vernunft als vollkommen
hinlänglich, und alle Religionslehren ausser der natürlichen Religion als unnütz
und unerweislich vorzustellen". Die Dialogform wird insofern angesprochen, als
die Beiträge des Agathokles, der offenbar als Sprachrohr Campes anzusehen ist,
„mit unzähligen willkührlich angenommenen Sätzen" „das große Wort" führe,
während Hermogenes „die Wahrheit aufs elendeste vertheidigt".[52] Das wohl wichtigste Rezeptionsdokument zu Campes Dialog verdankt sich einem *enfant terrible*
der deutschen Aufklärungstheologie, Karl Friedrich Bahrdt.[53] Dieser – noch bis
1775 Professor in Gießen – macht im ersten Band seiner im baltischen Mitau
bei Hinz erschienenen *Allgemeinen theologischen Bibliothek* deutlich, wie kritik-
würdig die Ausführungen des Gesprächs seiner Auffassung nach sind: Sowohl an
Absicht wie Inhalt der Schrift Campes sei „so viel auszusetzen, daß wir uns ein
halb Alphabet Raum dazu wünschten".[54]

V. Ausblick I: Campe und die Theologie nach den *Philosophischen Gesprächen*

Campes Beschäftigung mit philosophisch-theologischen Streitsachen hat in der
Frühzeit seines literarischen Schaffens eine besondere Intensität. Davon zeugt die
nur wenig später einsetzende Rezensionstätigkeit Campes für Nicolai, die sich auf
theologisch einschlägige Werke bezieht, so z.B. auch *Auserlesene Schriften* von
Emanuel Swedenborg.[55] Besonders aufschlussreich für Campes theologische bzw.

---

[52] Siehe Bd. I, Stück 1, Bützow/Wismar 1774, S. 118–119.

[53] Siehe z.B. Sten Gunnar Flygt: *The Notorious Dr. Bahrdt*. Nashville 1963; Gerhard
      Sauder und Christoph Weiß (Hg.): *Carl Friedrich Bahrdt (1740–1792)*. Trier 1992.

[54] Dort S. 274. Siehe auch Günter Mühlpfordt: *Demokratische Aufklärer I: Bahrdt und die
      Deutsche Union* (Mitteldeutsche Aufklärung 2). Halle 2014, S. 144–145.

[55] Diese Rezension erschien in der *ADB* Anhang zu den Bänden 25–36 (1778), S. 1016–
      1032, nachdem Nicolai sie erst abgelehnt hatte mit dem Argument, es sei schädlich zu
      zeigen, „wie unsicher die für die Wahrheit einer Religion gebrauchte(n) historische(n)

theologiekritische Stoßrichtung ist seine ausführliche Besprechung des ersten Bandes der *Vermischten Schriften* Johann Caspar Lavaters, die sich unmittelbar auf die hier in Rede stehenden Fragen von Offenbarung, Bibel, Auslegung und philosophische Vernunft beziehen.[56] Denn Campe spricht auch hier einige der grundlegenden Fragen an, wie sie auch in den *Philosophischen Gesprächen* diskutiert werden. So stellt er Lavaters Bibelhermeneutik dadurch in Frage, dass er selbst die Auslegungsregeln darlegt, mit denen die Bibel recht verstanden werden kann. An dieser Stelle sei nur auf Campes Position hingewiesen, dass die Schrift nicht von „Professoren der Philosophie" verfasst wurde, also auch nicht in genau definierten Ausdrücken, „sondern in einer populären, zum Theil poetischen, sinnlichen und unbestimmten Sprache geschrieben" wurde. Die Konsequenz dieser Einsicht ist gravierend. Denn sie lautet, „daß alle Lehrsätze, welche keine eigentliche Religionswahrheiten, sondern *nur philosophische Bestimmungen der Religionswahrheiten sind*, nicht nach biblischen sondern nach philosophischen Gründen beurtheilt werden müssen". Aus diesem Grunde ist für Campe Lavaters ganze Untersuchung hinfällig, man könne sie „füglich entbehren". Weiterhin müsse die Schrift aus der Schrift erklärt werden, doch habe diese anerkannte Regel eine deutlich weitere Ausdehnung als oft gedacht. Campe bezieht dies insbesondere auf sogenannte unmittelbare Handlungen Gottes, die in der Bibel in populärer oder poetischer Sprache vorgestellt würden, und zwar auch dann, wenn jeder vernünftige Ausleger erkennt, dass dies bloß eine uneigentliche Rede sein kann. Niemand werde so von der biblischen Formulierung, ein Sturmwind sei das Schnauben der Nase Gottes etc., darauf schließen, dass hier eine wirkliche Handlung von einer wirklichen Nase Gottes ausgeübt wird. Diese Grundsätze sollte Campe nie aufgeben.

Nur wenige Jahre nach der Veröffentlichung seiner *Philosophischen Gespräche* beschäftigt sich Campe weiter mit dem dort verhandelten Thema, wie exemplarisch seine Besprechung eines dreibändigen Spätwerks des aus der Schweiz stammenden Göttinger Wissenschaftlers Albrecht von Haller (1708–1777) zeigt.[57] Dieser zog seine *Briefe über einige Einwürfe nochlebender Freygeister wieder die Offenbarung* von 1775 direkt als eine Gegenkritik zu Voltaire als dem vielleicht

---

Beweisgründe sind", wie ihn Campe offenbar zitiert. Siehe Schmitt (Hg.): *Briefe von und an Campe 1* (Anm. 34), S. 201; sowie schon Karl Aner: *Der Aufklärer Friedrich Nicolai*. Gießen 1912, S. 76.

[56] Siehe Johann Caspar Lavater: *Ausgewählte Werke in historisch-kritischer Ausgabe. Band V: Werke 1772–1781*. Hg. von Ursula Caflisch-Schnetzler. Zürich 2018. Darin auch ein Wiederabdruck von Campes Rezension aus der ADB, 25. Bd., 1. Stück, S. 171–184, von 1775 (S. 804–814). Die folgenden Zitate dort S. 809–810.

[57] Die beiden späteren Bände handelte Campe relativ kurz ab (*ADB* 35, 1778, S. 386–391), und zwar aus zwei Gründen: Haller hatte das methodische Verfahren seiner Kritik nicht, wie es die Hoffnung des Rezensenten gewesen war, geändert, und er war zudem in der Zwischenzeit verstorben, was einen direkten kritischen Dialog nunmehr unmöglich und also überflüssig machte.

wirkungsmächtigsten Religionskritiker des Aufklärungszeitalters auf.[58] Hallers
unsystematische und daher wenig ansprechend strukturierte Schrift liest sich
denn auch wie ein fortlaufender Kommentar zu verschiedensten Bemerkungen
in Voltaires Werken von den *Mélanges* bis zu den *Question sur l'Encyclopédie*,
die häufig einen bibelkritischen Charakter haben.[59] Der besondere Charakter dieser theologisch-philosophischen Polemik tritt dabei klar zutage, wenn man sich
die Rezension von Campe zum ersten Band von Hallers Schrift vor Augen führt.
Campes Argumentation im 28. Band der *Allgemeinen deutschen Bibliothek* setzt
folgendermaßen ein: Kritisch scheint ihm schon vor der eigentlichen Lektüre, dass
Haller im Titel den Begriff der Offenbarung gebraucht, womit bereits eine ge-
dankliche Ungenauigkeit verbunden sei. Denn der Begriff werde hier in einem un-
eigentlichen Sinne verwendet, so als sei darunter „die ganze Bibel zu verstehen"
(6); doch Offenbarung drücke „entweder den *Actus* der Mittheilung übernatürli-
cher Erkenntnisse, oder dergleichen übernatürliche Erkenntnisse selbst" aus. Also
kann, so Campe, die Bibel an sich weder das eine noch das andere sein. Erstens
könne ein *geschriebenes* Buch kein solcher Actus der Mitteilung sein; und zweitens seien nicht auf jeder Seite der Bibel übernatürliche Erkenntnisse enthalten.
Campes Bibelhermeneutik[60] ist in diesem Punkt klar und deutlich: „Sie enthält
Wort Gottes, enthält Offenbahrung; aber sie enthält auch vieles, welches kein Wort
Gottes, keine Offenbahrung ist."[61] Campe stört sich an Hallers Darstellung keines-

---

[58]   Siehe auch Frédéric S. Eigeldinger: *Haller, Albrecht von (1708–1777)*. In: Raymond
       Trousson und Jeroom Vercruysse (Hg.): *Dictionnaire général de Voltaire*. Paris 2003,
       S. 567–569.
[59]   Nach Christiane Mervaud: *Introduction*. In: Voltaire: *Question sur l'Encyclopédie,
       par des amateurs I* (Oeuvres complètes de Voltaire 37). Hg. von Nicholas Cronk und
       Christiane Mervaud. Oxford 2018, S. 207, könnten die beiden Wörterbücher Voltaires
       gelesen werden „comme un contre-dictionnaire de la Bible, mais réduit à des attaques
       ciblées qui s'efforcent de décrédibiliser [...] la parole biblique."
[60]   Zu verschiedenen Beispielen zeitgenössischer Bibelhermeneutik siehe Oda Wischmey-
       er (Hg.): *Handbuch der Bibelhermeneutiken. Von Origenes bis zur Gegenwart*. Berlin/
       Boston 2016, vor allem S. 635–764; sowie Christoph Bultmann: *Bibelrezeption in der
       Aufklärung*. Tübingen 2012. Auch in der katholischen Theologie wird betont, dass „die
       Schrift nicht selbst Offenbarung ist, sondern die Offenbarung des dreifaltigen Gottes
       bezeugt". Siehe Rudolf Voderholzer: *Offenbarung, Tradition und Schriftauslegung.
       Bausteine zu einer christlichen Bibelhermeneutik*. Regensburg 2013, S. 125–126.
[61]   Joachim Heinrich Campe: [Rezension zu Albrecht von Haller: *Briefe über einige Ein-
       würfe noch lebender Freygeister wider die Offenbarung*. T.1]. In: *Allgemeine deutsche
       Bibliothek* 28.2 (1776), S. 5–24. Im Folgenden parenthetisch im Text zitiert. Das am
       Schluss der Rezension stehende Kürzel „Gb" ist nach Parthey eines der für Campe ver-
       wendeten. Siehe Gustav Parthey: *Die Mitarbeiter an Friedrich Nicolai's Allgemeiner
       Deutscher Bibliothek nach ihren Namen und Zeichen in zwei Register geordnet. Ein
       Beitrag zur deutschen Literaturgeschichte*. Berlin 1842, S. 4–5. Dass die Rezension
       von Campe stammt, ergibt sich auch aus einem Brief an Friedrich Nicolai vom 24. No-
       vember 1775, der leider nur als Regest mitgeteilt wird in: Schmitt (Hg.): *Briefe von und*

wegs deshalb, weil Voltaire keine Kritik verdiente, sondern weil Hallers Argumente oft nicht subtil genug seien und zudem Dinge zu widerlegen suchten, die nicht widerlegt werden müssten.

Ein Beispiel, das für die ganze Diskussion typisch ist, betrifft die in sachlicher Hinsicht nicht eben nebensächliche Frage nach der Erschaffenheit oder Unerschaffenheit bzw. Anfangslosigkeit der Welt (17), die zusammenhängt mit dem christlicherseits oft als dogmatischer Grundsatz verstandenen Theorem von der *creatio ex nihilo*, der Schöpfung aus dem Nichts.[62] Diese Frage nach der Erschaffenheit der Welt stellte sich aber für Campe mitnichten als so eindeutig dar, dass mit ihrer Behandlung für die Apologetik der Offenbarung viel zu gewinnen wäre. Campe stellt die Frage, wie wohl der Satz „Im Anfang schuf Gott Himmel und Erde" zu verstehen sei, und er führt dann gegen Haller ins Feld, man könne „diese Worte auch füglich so übersetzen": „ehe Gott Himmel und Erde (das Weltall) so einrichtete, in dasjenige System brachte, worin es jetzt ist" (S. 18). Wusste etwa Haller nicht, so Campe weiter, dass ein Apologet des Christentums wie Hugo Grotius in seinem Kommentar zur Stelle eben diese Auffassung vertreten hatte? Rhetorisch fragt Campe, ob die „Mosaische Schöpfungsgeschichte weniger wahr bleiben (werde), wenn man der Welt einen Anfang abspricht" (19). Der Schöpfungsakt könnte somit auch darin bestanden haben, dass Gott das Weltall bzw. den Urstoff geordnet und in ein System gebracht hatte, was durchaus vereinbar mit der sozinianischen Auffassung von der Ewigkeit der Materie ist.[63]

Unabhängig davon spreche die Wahrscheinlichkeit zudem für die Erklärung des Abts Jerusalem, wonach „die erstern Kapitel der Mosaischen Erzählung aus einem alten Volksliede bestehen, welches Moses in seine Geschichte aufgenommen habe" (19).[64] Diese für damalige Verhältnisse radikale Interpretation, die den

an Campe 1 (Anm. 34), S. 112 (Nr. 44R). So unbefriedigend die Campe-Briefwechselausgabe wegen dieser Editionspraxis auch ist, so wird doch hier wenigstens noch der folgende Satz wörtlich zitiert, der zeigt, wie sehr sich Campe gerade bei dem theologischen Thema der Rezension über deren Konfliktpotential im Klaren war: „Sie werden finden, daß ich ziemlich frey von der Leber weg gesprochen habe; ich ersuche Sie daher den Verfasser dieser Recension gegen keinen zu nennen, der nicht ein innitiirter Freund der Wahrheit ist."

[62] Diese *creatio ex nihilo* sollte später bei einem der bedeutendsten Religionskritiker der Philosophiegeschichte, Ludwig Feuerbach, zu einem zentralen Kritikpunkt seiner Analyse avancieren. Siehe *Das Wesen des Christentums*. Hg. von Werner Schuffenhauer und Wolfgang Harich. Berlin 1984, S. 190–205.

[63] Siehe etwa Sascha Salatowsky: *Gundling und der Sozinianismus*. In: Ralph Häfner und Michael Multhammer (Hg.): *Nicolaus Hieronymus Gundling (1671–1729) im Kontext der Frühaufklärung* (Myosotis 4). Heidelberg 2018, S. 11.

[64] Das bezieht sich auf Johann Friedrich Wilhelm Jerusalem: *Briefe über die Mosaischen Schriften und Philosophie. Erste Sammlung*. Braunschweig 1762, S. 94–103. Die entscheidenden Passagen sind auch abgedruckt in *Betrachtungen über die vornehmsten Wahrheiten der Religion* (Niedersächsische Bibliothek Geistlicher Texte 2). Ausgewählt und hg. von Wolfgang Erich Müller. Hannover 1991, S. 166–173. Siehe dazu

literarischen Charakter der einschlägigen Bibelstelle herausstellt, führt zu einer Interpretation mit weitgehenden Konsequenzen in philosophischer Hinsicht, die Campe hier nur andeutet: „Und kann man fordern, daß in einem solchen Liede philosophische Genauigkeit im Ausdruck beobachtet sey?" (19) Campe sagt damit deutlich genug, wie mir scheint: Der Text der Bibel kann keinesfalls den Maßstab für eine philosophische Erörterung und damit für eine vernünftige Beurteilung abgeben, weil sich eine wörtliche Explikation gerade wegen des dichterischen Charakters dieses Textes verbietet. Verwendet ein Text aber aus solchen Gründen keine philosophische Begrifflichkeit, ist es keine adäquate Reaktion, sich in philosophische Abgründe zu begeben, die im Text selbst keinen Anhalt finden.

VI. Ausblick II: Weiterführende Kontexte zu Campes *Philosophischen Gesprächen* (a) Lessing, (b) De Marées, (c) Kant

(a) Der philosophiegeschichtlich wohl bedeutendste für uns greifbare Leser von Campes *Philosophischen Gesprächen* war Lessing. Unter den Büchern, die sich bei seinem Tode in seinem Haus befanden, war auch eben dieses Werk,[65] dem Lessing zudem einige Notizen widmete, die wie so oft bei diesem Autor Fragment blieben und erst von seinem Bruder Karl Gotthelf posthum veröffentlicht wurden. Ebenfalls unter den von Lessing nachgelassenen Büchern war der erste Teil von Jerusalems *Betrachtungen*, die er vielleicht auch im Zuge seiner Beschäftigung mit Campe konsultiert hat.[66] In seinem Brief an Campe vom Oktober 1778 verweist Lessing selbst auf die Notiz, die er sich bei der Lektüre gemacht hatte und die in einem engen Bezug zur Frage der Heilsgeschichte und der Seelenwanderung steht – ein äußerst kompliziertes Thema, auf das ich hier nicht weiter eingehen kann, das aber schon deswegen nicht vernachlässigt werden sollte, weil es in vielen Diskussionen des 18. Jahrhunderts ausgesprochen präsent ist.[67] Lessing hat

---

auch das anonym erschienene Werk von [Gebhard Ulrich Brastberger:] *Erzählung und Beurtheilung der wichtigsten Veränderungen, die vorzüglich in der zweyten Hälfte des gegenwärtigen Jahrhunderts in der gelehrten Darstellung des dogmatischen Lehrbegriffs der Protestanten in Deutschland gemacht worden sind. Nebst einem Anhang über das Recht der freyen Religionsprüfung.* Halle 1790, S. 40–42 (Fußnote).

[65]   Siehe Paul Raabe und Barbara Strutz: *Lessings Büchernachlaß. Verzeichnis der von Lessing bei seinem Tode in seiner Wohnung hinterlassenen Bücher und Handschriften.* Göttingen, S. 97. Das Buch Campes hatte Lessing für die HAB erworben; es handelte es sich um eben dieses Exemplar. Siehe Paul Raabe und Barbara Strutz: *Lessings Bucherwerbungen. Verzeichnis der in der Herzoglichen Bibliothek Wolfenbüttel angeschafften Bücher und Zeitschriften 1770–1781.* Göttingen 2004, S. 93.

[66]   Raabe/Strutz: *Lessings Büchernachlaß* (Anm. 65), S. 56. Dasselbe gilt übrigens auch für die von Johann Arnold Ebert übersetzte Schrift John Jortins: *Abhandlung über die Wahrheit der christlichen Religion.*

[67]   Schmitt (Hg.): *Briefe von und an Campe 1* (Anm. 34), S. 211–212 (Nr. 130). Siehe Cyranka: *Reinkarnationsdiskurs* (Anm. 13).

aus einer Stelle von Campes Schrift eine Passage ausgehoben, die unmittelbar auf das Problem der Verschiedenheit der Menschen in Rücksicht auf eine Theodizee bezogen ist und deutlich macht, was ihn in den letzten Jahren seines Lebens stark beschäftigte: die Frage der Reinkarnation.[68] Ausgehend von einer Stelle im zweiten Gespräch, an der die Frage nach dem göttlichen Bestimmungsgrund für die unterschiedlichen Grade der Vollkommenheit unter den Menschen aufgeworfen wird, setzt sich Lessing ansatzweise mit dem Einwurf des Agathokles auseinander, die Frage gehöre „offenbar nicht für uns" (119). Lessing erwägt zwei Möglichkeiten: Wenn aus dieser Überlegung folgen soll, dass wir nicht berechtigt seien, mit der Schöpfung unzufrieden zu sein, hat Lessing nichts dagegen. Wenn es sich allerdings darum handeln sollte, dass der Mensch aufgrund der Beschränkung seines Verstandes „über diese Frage ganz und gar keine Antwort geben kann", dann stimmt er keinesfalls zu und bringt hypothetisch die Möglichkeit der Seelenwanderung ins Spiel. Könnte seine Seele nämlich mehr als einmal Mensch sein, wären ganz andere Entwicklungsmöglichkeiten denkbar, dann müsste man ganz anders darüber denken.[69]

(b) Ein vollständige Kontextualisierung von Campes Schrift, die über die bloße Suche nach Rezeptionsspuren hinausginge, bedürfte noch einiger weiterer Analysen von Texten, die bisher in der Forschung nur wenig oder gar keine Aufmerksamkeit gefunden haben. Das gilt auch für die neuere Theologie- und Kirchengeschichtsschreibung. So sei hier hingewiesen auf die Schrift *Gottesvertheidigung über die Zulassung des Bösen auf unserer Erde* des Dessauer Consistorialraths und Superintendenten Simon Ludwig Eberhard de Marées, den Campe aufgrund seiner Tätigkeit im Dessauer Philanthropin zweifellos persönlich kannte, auch wenn sich, so weit ich sehe, nur spärliche und inhaltlich unergiebige Hinweise darauf finden lassen.[70] Marées ist deswegen von Belang, weil er in seiner besagten Schrift Johann Georg Hamann zufolge erstens gegen die *Allgemeine Deutsche Bibliothek* schrieb, der Campe als kritischer Rezensent in theologischen Angelegenheiten verbunden war, und zweitens „vorzügl[ich] gegen Jerusalem" polemisierte, „dessen Anruffung an die Götter der Erde zu Heilanden des menschl[ichen]

[68]   Siehe dazu Arno Schilson: *Geschichte im Horizont der Vorsehung. G.E. Lessings Beitrag zu einer Theologie der Geschichte*. Mainz 1974, S. 260–261.

[69]   Gotthold Ephraim Lessing: *Anmerkungen über Joachim Heinrich Campes Philosophische Gespräche*. In: *Werke. Vierundzwanzigster Teil: Philosophische Schriften*. Hg. von Waldemar von Olshausen. Hildesheim/New York 1970, S. 154–155.

[70]   Vgl. Schmitt (Hg.): *Briefe von und an Joachim Heinrich Campe 1* (Anm. 34), S. 161 (Nr. 89 vom 17. Juni 1777), wo Johann Friedrich Mieg dem in Dessau befindlichen Campe den „HEn. Vetter Mares" zu grüßen aufträgt. Zu De Marées liegen bisher, soweit ich sehe, keine theologie- und kirchengeschichtlichen Forschungen vor. Siehe aber den Eintrag zu Marées in Andreas Gottfried Schmidt: *Anhalt'sches Schriftsteller-Lexikon, oder historisch-literarische Nachrichten über die Schriftsteller, welche in Anhalt geboren sind oder gewirkt haben* [...]. Bernburg 1830, S. 231–233; sowie mit Bezug auf das Philanthropin Erhard Hirsch: *Die Dessau-Wörlitzer Reformbewegung im Zeitalter der Aufklärung. Personen – Strukturen – Wirkungen*. Tübingen 2003, S. 132–138.

Elends ich noch nicht verdauen kann." Hamann, der den Dessauer Autor aufgrund seiner Neologie-Kritik sehr schätzte,[71] notiert noch, dass es in diesem Band der Schrift von de Marées um die Geschichte des Sündenfalls gehe, „die so albern jetzt in Gedicht und Allegorie verwandelt wird".[72] Campe war nun eben diese Schrift ebenfalls bekannt, wie sich aus einem Beleg in seinem Wörterbuch zum Lemma *Gottesvertheidigung [Theodicée]* zeigt. Dieser Begriff wird dort im allgemein bekannten Sinne folgendermaßen erläutert: „die Vertheidigung oder Rechtfertigung der göttlichen Vorsehung in Betreff der Übel in der Welt (Theodicee)", ergänzt durch die Belegstelle „*Gottesvertheidigung über die Zulassung des Bösen* von Demarées".[73] Wie auch immer sich das persönliche Verhältnis von Campe und de Marées in der Dessauer Zeit dargestellt haben mag, so ist doch zweierlei zu konstatieren: Erstens hat sich Campe in seinen *Philosophischen Gesprächen* intensiv und generell wohlwollend auf den Abt Jerusalem bezogen, gegen den sowohl de Marées als auch Hamann opponierten und aus ihrer neologiekritischen Sicht auch opponieren mussten. Zweitens gehörten Campe und de Marées Ende der 1780er Jahre in einer entscheidenden religionspolitischen Debatte zu gegnerischen Lagern: Während Campe das berüchtigte preußische Religionsedikt von Johann Christoph Woellner in Braunschweig scharf kritisierte,[74] avancierte De

---

[71] Johann Georg Hamann an Friedrich Heinrich Jacobi vom 10. Mai 1788. In: Friedrich Heinrich Jacobi: *Briefwechsel November 1787 bis Juni 1788*. Nr. 1903–2151. Hg. von Jürgen Weyenschops. Stuttgart-Bad Cannstatt 2012, S. 207–208. Siehe auch Gustav Poel: *Johann Georg Hamann, der Magus in Norden. Sein Leben und Mittheilungen aus seinen Schriften in zwei Theilen. Zweiter Theil: Die Schriften*. Hamburg 1876, S. 292, der auf den Umstand hinweist, „daß unter seinen Zeitgenossen neben dem lutherischen Claudius in Wandsbeck vielleicht die katholische Fürstin Gallitzin in Münster, die Reformirten Lavater in Zürich und der Superintendent de Marées in Dessau es gewesen sind, mit denen Hamann, was Verständniß christlichen Seyns und Wesens betrifft, sich in der innerlichsten Seelengemeinschaft befunden hat".

[72] Johann Georg Hamann an Friedrich Heinrich Jacobi vom 1. März 1786. In: Johann Georg Hamann: *Briefwechsel. Sechster Band: 1785–1786*. Hg. von Arthur Henkel. Frankfurt/M. 1975, S. 294. Siehe dazu oben Anm. 64.

[73] Joachim Heinrich Campe: *Wörterbuch der Deutschen Sprache*. Bd. II: *F bis K*. Braunschweig 1808, S. 433.

[74] Siehe Selma Stern: *Karl Wilhelm Ferdinand, Herzog zu Braunschweig und Lüneburg*. Hildesheim/Leipzig 1921, S. 234; Sigrid Habersaat: *Verteidigung der Aufklärung. Friedrich Nicolai in religiösen und politischen Debatten I*. Würzburg 2001, S. 138–139; Joachim Heinrich Campe: *Anzeige und Beurtheilung einiger durch das preuß. Religionsedict vom 9ten Juli 1788 veranlaßten Schriften*. In: *Braunschweigisches Journal*, 10. St. (Oktober 1788), S. 129–152. Campe gehörte zu den Herausgebern des Journals, das als aufklärerisch und freigeistig charakterisiert wird. Siehe Britta Berg: *Zeitungen und Zeitschriften aus Braunschweig einschließlich Helmstedt (bis 1810) und Wolfenbüttel (bis 1918)*. Hannover/Braunschweig 1995, S. 32–34; sowie Martina Graf: *Buch- und Lesekultur in der Residenzstadt Braunschweig zur Zeit der Spätaufklärung unter Herzog Karl Wilhelm Ferdinand (1770–1806)* (Archiv für Geschichte des Buchwesens 42). Frankfurt/M. 1994, S. 39–41.

Marées, dessen Kopf nach Bahrdt ohnehin nur „mit orthodoxem Häcksel gefüllt war",[75] zu einem entschiedenen Apologeten des Edikts und polemisierte in der Folge als Gegenaufklärer heftig gegen den *Unfug so genannter Aufklärer wider die neuen Preußischen Anordnungen in geistlichen Sachen.*[76] Aber auch Campes früherer neologischer Lehrer Semler befürwortete das Edikt.[77]

(c) Campe selbst ist seinen frühen theologischen Überzeugungen treu geblieben. So hat er sich in einem Brief an August Christian Bartels, Prediger an der Braunschweiger Martini-Kirche und später Nachfolger des Abts Jerusalem,[78] vom 20. Februar 1787 zu seiner Frühschrift bekannt und explizit seine Bejahung „des rechtverstandenen und von der Spreu menschlicher Zusätze gereinigten Christentums, welches ein Jerusalem, Spalding, Sie und ähnliche Männer als wahr erkannt haben und zu verbreiten suchen", betont. Campe reagiert damit auf den kursierenden Vorwurf, er sei ein Feind des Christentums, ein Vorwurf, der sich in einem Punkte eben auf sein Erstlingswerk bezog,[79] und kontert, dieser Vorwurf könne nur erhoben werden, wenn das Buch nicht gelesen worden sei. Seine protestantisch-neologisch geprägte Haltung zur Theologie darf wohl als eine Konstante in Campes geistigem Haushalt betrachtet werden, wie aus manchen verstreuten Bemerkungen erhellt. So rät er etwa davon ab, seinen Neffen August, den späteren Verleger von Hoffmann & Campe, Theologie studieren zu lassen, weil man hier nicht „der traurigen Alternative entgehen könne, entweder ein stupider Nachbeter, oder ein gewissenloser Heuchler zu werden, der etwas beschwört, von dessen Falschheit er überzeugt ist". Es findet sich hier dieselbe Ablehnung einer Theologie des blinden Glaubens wie in seinen *Philosophischen Gesprächen*, einer Theologie, deren Dogmen sich vor dem Forum der Vernunft nicht mehr rechtfertigen lassen und daher zu Heuchelei führen müssen. Die Berufung auf die neologische Simplizität findet sich zudem aus Anlass seiner Kontroverse über die kulturellen Zustände im katholischen Paderborn in Campes Entgegensetzung der „simpeln und erhabenen Lehre Jesu" zur katholischen Religionspraxis mit „Messe,

---

[75]   [Carl Friedrich Bahrdt:] *Kirchen- und Ketzer-Almanach. Zweytes Quinquennium, ausgefertiget im Jahr 1787.* Gibeon [Berlin] 1787, S. 47.

[76]   So der Titel seiner 1792 in Berlin erschienenen Schrift. Siehe auch Mühlpfordt: *Demokratische Aufklärer I: Bahrdt* (Anm. 48), S. 386–387.

[77]   Uta Wiggermann: *Woellner und das Religionsedikt. Kirchenpolitik und kirchliche Wirklichkeit im Preußen des späten 18. Jahrhunderts* (Beiträge zur historischen Theologie 150). Tübingen 2010, S. 89–90.

[78]   Siehe auch Hermann Kuhr: *Bartels, August Christian, D.* In: *Braunschweigisches Biographisches Lexikon, 19. und 20. Jahrhundert.* Hg. von Horst-Rüdiger Jarck und Günter Scheel. Hannover 1996, S. 39–40.

[79]   Als er nach Braunschweig kam, eilte Campe dieser Ruf eines Religionsfeindes voraus, wie er in seiner Verteidigungsschrift *An meine Freunde* (Wolfenbüttel 1787) in der dritten Person schrieb: „Man wußte ganz genau, daß er [Campe], der nie ein -ist und nie ein -aner, sondern immer und allewege er selbst war, ein Arianer, Socinianer, Naturalist, Deist, Atheist und Krüptocalvinist wäre. [...] Daß er die Religion abschaffen wolle, verstand sich ganz von selbst" (S. 11–12).

Rosenkranz und Gnadenbildern", von denen „in den Schriften der Evangelisten und Apostel keine Spur" zu finden sei, die in Paderborn aber als Christentum ausgegeben werde.[80]

Der in dem Brief an Bartels angekündigte Plan, das Buch von 1773, dessen „wesentlichen Inhalt" er noch immer unterschreibe, nochmals, und zwar diesmal unter seinem Namen, erscheinen zu lassen, unterstreicht die Kontinuität von Campes religionsphilosophischen Überzeugungen. Doch wurde dieser Plan nie verwirklicht.[81] Der rastlos tätige Campe hatte inzwischen andere Prioritäten, da er unterdessen die Braunschweigische Waisenhausbuchhandlung übernommen hatte und sich anschickte, sie zu einem florierenden Verlag auszubauen.[82] Es ist indes durchaus nicht unwahrscheinlich, dass Campe auch selbst Zweifel an der philosophischen Tragfähigkeit der Argumentation in den *Philosophischen Gesprächen* hatte bzw. im Laufe der Zeit entwickelte. Denn diese Argumentation konnte nach dem Zusammenbruch der natürlichen Theologie im Gefolge von Immanuel Kants *Kritik der reinen Vernunft* keinen Bestand mehr haben oder hätte jedenfalls erheblich revidiert werden müssen.[83] Denn wenn auch Campe mit Kant selbst in den 1770er Jahren vornehmlich über das Philanthropin korrespondierte,[84] so ist doch bezeugt, dass er seit Anfang 1787, also wohl genau parallel zu dem Brief an Bartels, die *Kritik der reinen Vernunft* studierte.[85] Erst nach dieser Lektüre hat

---

[80] Joachim Heinrich Campe: *Antwort auf das Schreiben eines Ungenannten*. In: Peter Florens Weddigen (Hg.): *Neues Westphälisches Magazin*, Bd. II, Heft 8 (1791), S. 339–343, hier zitiert nach dem Faksimile der Kontroverse in Michael Drewniok: *Das Hochstift Paderborn in der frühen Neuzeit bis zu seiner Auflösung (1802/15) – Verfassungswirklichkeit und zeitgenössische Kritik*. Büren-Wewelsburg 2000, S. 37–41, hier S. 41.

[81] Schmitt (Hg.): *Briefe von und an Campe 1* (Anm. 33), S. 479–481 (Nr. 364).

[82] Graf: *Buch- und Lesekultur* (Anm. 65), S. 59–64.

[83] Siehe zu dieser Problematik in Bezug auf Kant die Diskussion bei Wilhelm Richebächer: *Die Wandlung der natürlichen Theologie in der Neuzeit*. Frankfurt/M. 1989, S. 53–88.

[84] Allein darauf bezieht sich Lutz Koch: *Campe, Joachim Heinrich*. In: Marcus Willaschek, Jürgen Stolzenberg, Georg Mohr und Stefano Bacin (Hg.): *Kant-Lexikon*. Berlin 2015. Bd. I, S. 317.

[85] So Lutz-Henning Pietsch: *Topik der Kritik. Die Auseinandersetzung um die Kantische Philosophie (1781–1788) und ihre Metaphern*. Berlin/New York 2010, S. 227, mit Verweis auf den Brief Daniel Jenischs an Kant vom 14. Mai 1787, der auch sonst für das Verhältnis der Braunschweiger zum Denkens Kants sehr aufschlussreich ist. Jenisch hielt sich damals als Hofmeister vorwiegend in Braunschweig auf (siehe Gerhard Sauder: *Dilettantische Enzyklopädik: Daniel Jenisch [1762–1804]*. In: *Berliner Aufklärung. Kulturwissenschaftliche Studien* Bd. V. Hg. von Ursula Goldenbaum und Alexander Košenina. Hannover 2013, S. 138–162, hier 141). Nachdem Jenisch berichtet hat, wie wenig Ansehen die Kant-Kritiker Christoph Meiners und Johann Heinrich Feder selbst bei Göttingern genössen, fährt er fort: „alles studirt mit dem lebhaftesten Eifer ihre Kritik [der reinen Vernunft, TK] und so manche Briefe, die ich darüber aus Göttingen erhalte, zeigen, daß man Sie schätzt, weil man Sie versteht. Campe, Trapp u.

dann auch Campe im *Braunschweigischen Journal [philosophischen, philologischen und pädagogischen Inhalts]* im Jahr 1788 vom „alles zermalmende[n] Kant" gesprochen, „der, wie ein metaphysischer Vulkan, ein allgemeines philosophisches Systembeben verursachte".[86] Campe folgte damit früh einem Diktum Moses Mendelssohns von 1785, das auch in die Kant-Biographie Ludwig Ernst Borowskis von 1804 Eingang fand.[87] Mit diesem von Campe apostrophierten philosophischen Systembeben des Alleszermalmers Kant war aber nun eine grundsätzlich neue Lage gegeben, selbst wenn man Kants eigener erstaunlicher Aussage nicht folgen wollte, „daß vor dem Entstehen der kritischen Philosophie es noch gar keine [Philosophie] gegeben habe".[88] Denn dieses Systembeben erstreckte sich im dritten Hauptstück des zweiten Buches der „Transzendentalen Dialektik" auch auf die Theologie selbst, indem sowohl die Unmöglichkeit des physikotheologischen Gottesbeweises dargelegt (A 620–631) als auch eine Kritik aller Theologie aus spekulativen Prinzipien der Vernunft durchgeführt wurde (A 631–642). Es fällt vor diesem Hintergrund schwer sich vorzustellen, Campe habe nicht gesehen, dass unter diesen Voraussetzungen auch sein eigenes religionsphilosophisches Denken ganz neu hätte ansetzen müssen.

Stuve arbeiten seit mehr als einem Vierteljahr darüber: u. neulich nur sagte mir der lezte von ihrer Kritik: alle Theodizeen u. Wolfische Volumina sind Fibeln gegen sie. Der ein und achzigjährige Ierusalem selbst sagte neulich zu mir: ‚ich bin zu alt, um Kanten nach=zuspeculiren: aber sein Aufsaz in der Berliner Monatschrift über das Orientiren ist das Echo meines Glaubensbekentnißes; die Mendelsohnschen Beweise a priori sind nur Nekkereyen des gesunden Menschenverstandes, der durch die Kantsche Philosophie sich gerächt sieht.'" Siehe Kants *Werke* AA X (*Briefwechsel I: 1744–1788*), S. 485 (Nr. 297).

[86]   Dort im 1. Stück (Januar 1788) in dem Text Campes mit dem Titel *Beantwortung dieses Einwurfs*, S. 19–44, das Zitat S. 27. Diesen Hinweis verdanke ich Pietsch: *Topik der Kritik* (Anm. 74), S. 155 und 227.

[87]   Moses Mendelssohn: *Morgenstunden oder Vorlesungen über das Daseyn Gottes*. In: *Schriften zur Philosophie und Ästhetik* III.2 (JubA). Bearbeitet von Leo Strauss. Stuttgart-Bad Cannstatt 1974, S. 3–5; Norbert Hinske: *Die Kritik der reinen Vernunft und der Freiraum des Glaubens. Zur Kantinterpretation des Jenaer Frühkantianismus*. Erlangen/Jena 1995, S. 2. Indem sich Campe der Mendelssohn-Lesart von Kant als Alleszermalmer anschließt, versteht auch er die Kantischen „Grenzbestimmungen der reinen Vernunft einzig und allein als einen Kampf gegen die Metaphysik" (S. 7), unter der hier vor allem die Wolffische verstanden werden muss.

[88]   Immanuel Kant: *Vorrede*. In: *Die Metaphysik der Sitten I. Metaphysische Anfangsgründe der Rechtslehre* (AA VI, S. 206–207); diesen radikalen Gedanken entfaltet jetzt monographisch Eckart Förster: *Die 25 Jahre der Philosophie. Eine systematische Rekonstruktion*. Frankfurt/M. ³2018.

HELMUT BERTHOLD

Campes *Robinson*-Roman
(oder Die Fiktion von Wirklichkeit)

> was ich mir [...] unter Erziehung überhaupt vorstelle. Eben nicht sogenannte Menschenformung, weil man kein Recht hat, von außen her Menschen zu formen, nicht aber auch bloße Wissensvermittlung, deren Totes, Dinghaftes oft genug dargetan ward
>
> Theodor W. Adorno

Daniel Defoes *The Life and Strange Surprizing Adventures of Robinson Crusoe*, 1719 in London erschienen und rasch zu Ruhm gelangt, fand im Lauf seiner Wirkungsgeschichte eine Vielzahl von Adaptionen, zu denen Campes *Robinson der Jüngere* als eine der bekanntesten und konkurrenzlos erfolgreichste gehört, ihr Erfolg war jedenfalls phantastisch. Genau zwei Generationen nach Defoes Veröffentlichung erschien 1779/80 Campes Werk in zwei Bänden bei Carl Ernst Bohn in Hamburg.[1]

Seine Wahl der Robinson-Erzählung begründet Campe mit der Zweckmäßigkeit des Stoffes für die Ziele einer altersgerechten praktischen wie religiösen Erziehung der Jugend, wobei er sich ideologisch auf Rousseau beruft. Rousseaus *Emile oder über die Erziehung* hatte die pädagogische Eignung des *Robinson Crusoe* prominent hervorgehoben. Der auf sich selbst zurückgeworfene, auf einer fernen und namenlosen Insel gestrandete Mensch durchläuft die wichtigsten Stufen der Zivilisation, lernt dabei die elementaren Bedürfnisse des Lebens kennen und weiß sie, der Not gehorchend, von oberflächlichen und luxuriösen zu unterscheiden, so die zivilisationskritische Folie. Radikal streicht Rousseau indes die narrative bzw. als bloß narrativ qualifizierte Seite Defoes, vor allem die Schilderung von Robinsons Jugend, und lässt mit dem Blick des Erziehers sowie mit der höhnischen Kommentierung „von allem seinem Gewäsche entladen" das Werk erst mit dem Schiffbruch beginnen, mit dem Moment also, da Robinson, auf sich gestellt, den Kampf ums Dasein antritt. Campe geht in der Abwertung der literarischen

---

[1] *Robinson der Jüngere, zur angenehmen und nützlichen Unterhaltung für Kinder*. Nach dem Erstdruck herausgegeben von Alwin Binder und Heinrich Richartz. Stuttgart: Reclam (7665) 1981. Dieser Ausgabe folgt der hier angeführte Text, die Seitenzahlen (in Klammern) gibt der laufende Text.

Momente, die bei Defoe das fiktional bedeutsame Moment ausmachen, die Wahrheit des Erzählten zu verbürgen, noch einen Schritt weiter:

> Denn ich brauche doch wohl nicht erst anzumerken, daß so viel weitschweifiges, überflüssiges Gewäsche [es ist die gleiche Vokabel, die Rousseau benutzt, HB], womit dieser veraltete Roman überladen ist, die bis zum Ekkel gezerrte, schwerfällige Schreibart desselben und die veraltete, oft fehlerhafte Sprache unserer alten deutschen Uebersetzung, eben so wenig, als so manche, in Rücksicht auf Kinder, fehlerhafte moralische Seite desselben, keine wünschenswerthe Eigenschaften eines guten Kinderbuchs sind. (11)

Campe ignoriert, dass Defoe selbst sein Buch nicht als Kinderbuch verstand. Der zur Zeit der Niederschrift in Hamburg lebende Autor bettet die Robinson-Erzählung, die er schon als Knabe in der Büchersammlung seines Vaters vorgefunden hatte, in eine pädagogisch ambitionierte Rahmenhandlung seiner unmittelbaren Zeitgenossenschaft und seiner realen Umgebung.

Dabei präsentiert der – womöglich um die theologische Evokation der Auslassung zu nutzen – namenlos bleibende ‚Vater‘ einer Großfamilie „auf dem Lande, nahe vor den Thoren von Hamburg" (19) über den Zeitraum von mehr als einem Monat die Geschichte Robinsons der um Freunde und Zöglinge erweiterten Familie nach getanem Tagwerk als lehrreiche und vergnügliche Abenderzählung im heimischen Garten. Seine Frau, die Hausmutter, das (analog zu Campes eigener Familiensituation) einzige eigene Kind „Lotte", zwei „Freunde des Hauses" (19) ferner zunächst fünf, ab dem 25. Abend dann insgesamt zehn Knaben sowie ein weiteres Mädchen bilden das Personal der Patchworkfamilie. Mit Fragen und Bemerkungen, Bitten und Briefen beteiligen sie sich am Gespräch; sie sind darüber hinaus während der Abende nicht müßig, sondern nutzen, der Initiative des Vaters folgend, im Sinn des Familienmottos „*bete und arbeite*" (19) die erzählte Zeit auch nach, sit venia verbo, Feierabend durch handwerkliche Tätigkeiten produktiv. Der demonstrative Praxisbezug veranschaulicht so bereits zu Beginn der Romanhandlung das durch strenges Arbeitsethos geprägte, utilitaristische Leitmotiv des Robinson-Projekts im Ganzen (Campe wird diese Erzählkonstellation in seinem späteren Jugendbuch *Die Entdekkung von Amerika* von 1781/82 erneut aufnehmen). Konkret befleißigt man sich, Erbsen „auszukrüllen", zu puhlen also, und Bohnen „abzustreifen" (20); alle tun das bis auf Lottchen, die Jüngste im Kreis, die zunächst noch den ihr von der Mutter beigebrachten Kettenstich fertigzustellen hat (20); sie also näht oder stickt. Die Beschäftigung wird überdies durch einen Konkurrenzkampf befeuert: „nun wollen wir sehen", ruft der Knabe Diederich, „wer am meisten abstreifen kan!" (20)

Mit dem zwölften Abend kommt, ein Motiv der Robinson-Erzählung unmittelbar aufnehmend, das Korbflechten hinzu, worin die ganze Gesellschaft Unterricht nimmt (165). Es ist eine von mehreren direkten Reaktionen innerhalb der Rahmenhandlung auf einen Stimulus des Romans. So ergänzen später auch das Binden von Schnüren sowie das temporäre Entwerfen einer im Garten nachzubauenden Festung als gemeinsame Interaktion die abendliche Unterhaltung.

In den Zöglingen, die Campe in seiner Hamburger Zeit von 1777 bis 1783 im Haus aufnahm und die er gegen angemessene Bezahlung unterrichtet hat, besitzen die Knaben der Patchworkfamilie ein reales Vorbild. Sie stammen aus gehobenen Hamburger Kreisen, etwa der Familie des Kaufmanns Johannes Schuback, dem Freund und Ratgeber Eva Königs, deren Heirat mit Lessing bekanntlich 1776 auf Schubacks Jorker Gut im Alten Land stattfand. Mit einem charakteristischen, pekuniäre Motive aussparenden und durchaus schillernden Euphemismus spricht der Romanbeginn hingegen von der „wechselseitigen Liebe", die die Zöglinge und die Familie des Hausvaters miteinander ‚vereine'. Es ist eine Halbwahrheit, die man im Sinn Campes zwar mit schriftstellerischer Logik legitimieren könnte, die aber zu einer ganzen Reihe von Halbwahrheiten und Inkonsequenzen seines Buches zählt.

Im „Vorbericht" weist sich Joachim Heinrich Campe als das aus, was er ist, als Autor, und er legt die Absicht seines Unternehmens dar, sich vor allem an junge Leser und junge Erzieher zu richten, er will „Vorbegriffe von Dingen aus dem häuslichen Leben, aus der Natur und […] dem weitläuftigen Kreise der gemeinen menschlichen Wirksamkeit" (6) vermitteln. Sein Beispiel, darin liegt der pädagogische Impetus, soll Schule machen und der Roman performativ etwa so vorgetragen werden wie die Robinsonerzählung innerhalb der Rahmenhandlung selbst.

Beide Erzählstränge verknüpft *Robinson der Jüngere* geschickt, mit der Konsequenz, dass für die Kinder mehrfach die vom Erzähler gesetzte Differenz von 200 Jahren zum Zeitraum der Erzählung verschwimmt, sie wollen in solchen Fällen Robinson selbst aufsuchen oder ihm schreiben; Überblendungen und Interaktionen zwischen beiden Zeitebenen gehören, ähnlich wie die Praxisanregungen, zum Fortgang der Handlung. Zugunsten dieser geglückten Erzählkonstruktion verzichtet Campe auf den „Zugewinn an Authentizität, den die Ich-Erzählung mit sich bringt", stattdessen macht er „die weltanschauliche Ausdeutung und Einordnung" des Geschehens, „zum selbständigen Bestandteil des Romans".[2]

Schwer fällt dem Autor, unter dessen „kinder- bzw. jugendliterarisch unsterblich gewordenen Figuren und Geschichten nicht *eine* seiner Phantasie entsprungen ist",[3] der Verzicht nicht. Wie Basedow und die meisten Kollegen des Dessauer Philanthropins misstraut Campe belletristischen Schriften als einer Art Jugendgefährdung, weil sie

> recht eigentlich darauf abzwecken, den Verstand zu verwirren, die Einbildungskraft zu beflecken [!], die Empfindungen zu überspannen, die Grundsätze einer aufgeklärten Gottesfurcht und mit ihnen die der Tugend und Rechtschaffenheit wankend

---

[2] Angelika Reinhard: *Die Karriere des „Robinson Crusoe" vom literarischen zum pädagogischen Helden.* Frankfurt/M. u. a. 1994, S. 135.

[3] Hans-Heino Ewers: *Joachim Heinrich Campe als Kinderliterat und als Jugendschriftsteller.* In: Staatsbibliothek zu Berlin PK (Hg.): *„Erfahrung schrieb's und reicht's der Jugend". Joachim Heinrich Campe als Kinder- und Jugendschriftsteller* (Ausstellungskataloge. Neue Folge 18). Berlin 1996, S. 9–32, hier S. 13.

zu machen, das Gewissen einzuschläfern, den Geist durch süßliche Empfindeleien zu entmannen [!], Unzufriedenheit über Welt, Menschen und Vorsehung einzuflößen, die Phantasie zu schwärmerischen Luftreisen in das Reich der Träume und Schimären zu beflügeln.[4]

Dagegen ist Defoes Versuch, den Leser seines *Leben und höchst merkwürdigen Abenteuer des Robinson Crusoe aus York [...]* mit dem Hinweis irrezuführen, das Werk sei „von ihm selbst geschrieben", vom Romanhelden selbst mithin beglaubigt oder vermeintlich beglaubigt, bereits Teil *der* Art von Fiktion, mit der die Literatur grundsätzlich antritt, sobald sie, die Sphäre der Dokumentation verlassend, zu sich selbst kommt. Auch wenn die Absicht des Erzählers sich keineswegs in bloßer Unterhaltung erschöpft, will er seine Leser doch in der Illusion wiegen, die Vita Robinsons sei vom abenteuerlich erlebten Leben gewissermaßen selbst diktiert.

Ein solcher naiv oder verspielt anmutender Gebrauch fiktionaler Mittel ist kein Ästhetizismus. Der erwünschte Glaubwürdigkeitseffekt ist vielmehr umso höher, je stimmiger die Fiktion erscheint, deshalb ist die gelungenste Fiktion vermutlich die unmerkliche. Auf Defoes theologisch bestimmte Intention gewendet: Je überzeugender die biographische Realität des Helden auf den Leser wirkt, desto glaubhafter auch die religiöse Botschaft vom Wirken der göttlichen Vorsehung, an deren Vermittlung dem englischen Autor entschieden gelegen war. Seine Kunstfertigkeit ist funktional, sie beglaubigt, rechtfertigt und verbürgt die allgemeine Botschaft des durch Einsicht und Erfahrung erlangten gottgefälligen Lebens durch die Darstellung eines unverwechselbaren Einzelschicksals.[5]

---

[4]   Joachim Heinrich Campe: *Von den Erfordernissen einer guten Erziehung von Seiten der Eltern vor und nach der Geburt des Kindes.* In: *Allgemeine Revision des gesammten Schul- und Erziehungswesens.* Teil 1. Hamburg 1785, S. 171f. (Zitiert nach Rüdiger Steinlein: *Kinder- und Jugend Literatur der Aufklärung als phantasiepädagogisches Projekt. Bemerkungen zu einem vernachlässigten Konstitutionsaspekt intentionaler Kinder- und Jugendliteratur im 18. Jahrhundert.* In: Dagmar Grenz (Hg.): *Aufklärung und Kinderbuch. Studien zur Kinder- und Jugendliteratur des 18. Jahrhunderts.* Pinneberg 1984, S. 239–257, hier S. 242). Ähnlich äußert sich Campe in dem Vorbericht zur *Entdekkung von Amerika,* nämlich vehement gegen „den Hang zu romanhaften Aussichten ins Leben und zu arkadischen Träumereien, zu welchen so viel andere Modebücher ihn [den jungen Kopf] einladen, [...] gegen das faselnde, schöngeisterische, empfindelnde, Leib und Seele nach und nach entnervende Geschwätz der besagten Modebücher" (sprich belletristischen Werken). *Die Entdekkung von Amerika, ein angenehmes und nüzliches Lesebuch für Kinder und junge Leute.* Nach dem Hamburger Erstdruck hg. und eingeleitet von Gabrijela Zaragoza. München 2019. Vorbemerkung (*Von der Absicht dieses Buchs*), S. 77–79, hier S. 77.

[5]   In der Formulierung von Angelika Reinhard: „Sie stellt den lehrreichen Gedanken [...] gerade nicht als solchen, sondern [...] als gelebtes Schicksal [...] vor Augen" und verwendet viel „Mühe darauf, für die religiös-moralische Botschaft [...] einen

Für Campe ist Defoes umwegloses Narrativ nicht von Interesse. Dass die primäre literarische Fiktion, das Erzählen aus erster Hand, in seinem Konzept keinen Ort mehr findet, heißt freilich nicht Verzicht auf Fiktionalität, sondern Erweiterung des fiktionalen Rahmens. In seinem Vermittlungswerk wird die Vermittlung selbst Teil der Fiktion, so wie die Fiktion Teil der Vermittlung. Das Ästhetische oder eben *bloß* Ästhetische hingegen fällt in die Kategorie des Nutz- und Wertlosen. Auch wenn Defoe sein Werk als *wahre* Geschichte im scheinbar dokumentarischen Sinn des Tatsachenberichts vorstellt, sieht Campe sie mit „erdichteten Dingen […] aufgestutzt". Das trifft auch zu (wenngleich „aufstutzen" polemisch ist), nur: Ähnlich wie Defoe die vermeintlich biographische „Wahrheit" als Authentizität fingiert, behauptet Campe, an Stelle literarischer Erfindungen „lieber […] wahre Gegenstände, wahre Produkte und Erscheinungen der Natur" (5f., *Vorbericht*) in die Erzählung aufzunehmen, er weist Defoes theosophischen Wahrheitsanspruch zurück, um ihn, unter pädagogischer Prämisse neu formuliert, dann doch zu adaptieren.

Dass die reklamierte, auf den allgemeinen Nenner der „Natur" gerichtete Authentizität unerfülltes Postulat bleiben und Campe den eigenen Anspruch nicht einlösen kann, dazu später mehr. Mehrfach, und durchgängig prononciert, hat sich der Aufklärer gegen die sogenannte ‚Schwärmerei' ausgesprochen, ein Thema, das Lessing beschäftigt hat, weniger einseitig im übrigen als oft angenommen wird, wankelmütiger als Campe, der die Schwärmerei im „Vorbericht" seines Robinsonbuchs eine „fantastische Schäferwelt" nennt, „welche nirgends sei" (7). Ein Teil Projektion kann indessen auch darin gesehen werden. So trägt die Insel des neuen Robinson anders als bei Defoe paradiesische Züge und erscheint als eben jener liebliche Ort und *locus amoenus*, den man aus Schäferdichtung und Idylle kennt. Sie lässt nicht nur das biblische Eden als Horizont der Erziehungsutopie aufleuchten, sondern will „an schönen, das Interesse fesselnden Bilder […] die Gültigkeit allgemeiner moralischer Sätze" illustrieren:[6]

> Es war Nacht, und Robinson lag ruhig auf seinem Lager, die treuen Lama's zu seinen Füssen. Der Mond stand in seiner ganzen Herlichkeit am Himmel; die Luft war rein und stil, und ein tiefes Schweigen herschte durch die ganze Natur. Robinson, von der Arbeit ermüdet, lag schon im süssen Schlummer und träumte, wie er sehr oft zu thun pflegte, von seinen lieben Eltern.

Von seinen lieben Eltern – durchgängig unterliegt die Vorstellung der „Eltern", mehr noch die des „Vaters", einer hemmungslosen, oft schwer erträglichen Idolatrie. Es gibt andere Stellen, an denen Campes Insel in einer Lieblichkeit erscheint, die Defoe nicht kennt, und die Funktion solcher Passagen ist das Einfangen eben der kindlichen Einbildungskraft, das Campe methodisch kritisiert. Ohne Zweifel

---

aufwendigen Schein gelebten Lebens zu produzieren" (Reinhard: *Die Karriere des „Robinson Crusoe"* [Anm. 2], S. 81).

[6] Ebd., S. 135.

unterbreitet der *locus amoenus* dem avisierten Leser ein größeres Identifikations-angebot als ein irgend unwirtlicher Ort und es darf angenommen werden, dass die kindliche Vorstellung, selbst in die Haut Robinsons zu schlüpfen und nach geta-nem Tagwerk die letzten Gedanken der Elternliebe zu widmen, durch die Luftreise an den idyllischen Ort nicht zufällig erregt wird.

Andererseits verwirft Campes Robinson-Version die Ästhetik einer geschlos-senen Romanwelt, weil es vielmehr darauf ankommt, ihren lebenspraktischen Nutzen zu extrahieren und in ein Gefüge von Anwendungsmöglichkeiten, in die Vermittlung technischer Kenntnisse und Fertigkeiten, in ein abstraktes Arbeits-ethos und konkrete Handlungsanweisungen zu überführen. Mit seiner Rahmen-handlung beruft sich Campe deshalb auf Sprach- und Verhaltensmuster des All-tagslebens. Ohne die unhintergehbare Literarizität einer solchen Bekundung zu reflektieren, endet der „Vorbericht" mit der Versicherung, „lieber wirkliche, als erdichtete Personen" auftreten zu lassen und lieber „meistentheils wirklich vorge-fallene Gespräche […] nachschreiben, als ungehaltene und künstliche Dialogen" (14) bieten zu wollen. Realitätsbezug also statt „Träumen und Schimären". In der Sprachform kennt Campes Beteuerung dabei vor allem Wendungen wie „Unser Robinson" oder „Ihr könnt Euch vorstellen" oder „Seht, Kinder". Das Gros der Sprechakte und Verhaltensweisen namentlich der Kinder hingegen ist nichts we-niger als natürlich. Im Gegensatz zu Rousseaus Ansinnen, auf das Campes Vorbe-richt ja dezidiert verweist, wirken sie durchgängig wie Miniaturerwachsene, eine so wenig glaubwürdige Schar von Musterschülern, dass man sich nicht wundert, wenn bereits das spätere 19. Jahrhundert sie mitsamt dem kompletten Rest der Rahmenhandlung aus den Neuauflagen herausgestrichen hat.[7]

Um zwei Beispiele zu geben, das erste ist geographisch:

> *Vater*: Eine von den Inseln heißt, wie Ihr wißt, *Madera*.
> *Diederich*.[8] Ach ja, die den Portugiesen gehört!
> *Johannes*. Wo der schöne *Maderawein* wächst –
> *Gotlieb*. Und Zukkerrohr!
> *Lotte*. Und wo die vielen Kanarienvögel sind, nicht Vater?
> *Vater*: Ganz recht. (41)

---

[7]   Das geht so weit, dass im Vorwort einer 2006 unter dem irreführenden Titel *Robinson* erschienenen Neuauflage von Campes Buch mit keiner Silbe auf dessen Editionsge-schichte eingegangen wird, der mit dieser Geschichte nicht vertraute Leser also glauben muss, die vorliegende Edition entspreche der ursprünglichen Campes. Das Impressum gibt lediglich an „Bearbeitete Originalausgabe von 1908" – da war die Rahmenhand-lung längst eskamotiert. (Eckard Schimpf: *Robinson und die „Waschfrau von der Oker"*. In: Braunschweiger Zeitungsverlag / Archiv Verlag (Hg.): *Robinson*. Mit Bil-dern von W. Zweigle. Braunschweig 2006, S. 7–9).

[8]   In der Originalausgabe mal Diederich, mal Diderich.

Das Gespräch zeigt, dass die Kinder bereits wissen, was eigentlich gelehrt werden soll. Im zweiten Beispiel vom siebenten Abend äußern die Kinder den Wunsch, an Robinson zu schreiben, und Lotte, noch nicht imstande, selbst zu schreiben, diktiert der Mutter diesen Brief:

> *Mein lieber Robinson,*
> Mache doch, daß Du recht arbeitsam und gut werdest. Das wird vielen Leuten Freude machen und deinen Eltern auch. Ich grüße Dich sehr vielmahl. Du siehst nun, wie die Noth nüzlich ist! [...] Kom einmahl zu uns, so will ich Dich auch noch besser unterrichten.
>
> *Lotte.* (108)

Dass Campe in einer Anmerkung beteuert, er habe diese „Briefe, so wie sehr viele [mithin nicht alle, HB] Fragen und Antworten der Kinder durchs ganze Buch [...] Wort für Wort den Kindern nachgeschrieben" (108), erscheint schon deshalb unglaubwürdig, weil der Brief der altklugen Tochter wesentliche Tugenden des väterlichen Erziehungsprogramm bereits in den Mund legt: Arbeitsamkeit, Elternliebe, Nützlichkeit, Unterweisung. Es wird komplettiert durch Eigenschaften wie Geduld, Geselligkeit, Mäßigung und Selbstüberwindung.[9] Das Wissen wird weniger generiert als dekretiert.

Am Brief von Lotte, dem einzigen Kind, das innerhalb der Rahmenhandlung annähernd individuelle Gestalt annimmt, wird das methodische Problem der Romankonstruktion, nämlich die Kinder bereits über die Eigenschaften verfügen zu lassen, zu denen sie doch erst erzogen werden sollen, besonders kenntlich.[10]

---

[9] Ohne Legitimation und Kontextualisierung bleibt die Aussage von Hans-Heino Ewers, (*Campe als Kinderliterat* [Anm. 4], S. 14), die Gespräche der Rahmenhandlung bildeten eine „von Campe so grandios beherrschte ‚dialogische Form'". Und inwieweit Campes Natürlichkeitsideal jenseits von allgemeinen Verwandlungsgeschehen der Schrift und einzurechnender, funktionsgebundener Einrichtung der Textdarbietung über das Postulat hinaus tatsächlich natürliche Sprach- und kindliche Ausdrucksformen wiedergibt, diesen Nachweis bleibt auch Silke Köstler-Holste in ihrer Arbeit *Natürliches Sprechen im belehrenden Schreiben* (Tübingen 2004) trotz einer sorgfältigen sprachgeschichtlichen wie gesprächsanalytischen Situierung schuldig. Nach dem Motto ‚Wo ist das Problem?' heißt es: „Warum [...] soll Campe sich Dialoge zwischen einem Erzieher und seinen Zöglingen ausdenken, wenn er selbst Kinder um sich hat, deren Dialoge nur nachgeschrieben werden müssen und an Spontaneität und kindlicher Natürlichkeit authentisch vorliegen?" (S. 122). Es wird vorausgesetzt, was zu ermitteln wäre.

[10] Das nicht zuletzt von Lessing geforderte eigene Denken bleibt wohl stets Desiderat. Adorno fasst es in einem Gespräch über die Ideologie des Fernsehens in die zum Vergleich sich anbietende Formulierung, daß „eine Reihe von Werten als schlechterdings dogmatisch positiv geltend den Menschen aufgeschwatzt werden, während die Bildung, von der wir sprechen, gerade darin bestünde, daß man solche Begriffe, die hier als positiv gesetzt werden, in ihrer Problematik durchdenkt und daß man zu einem selbständigen und autonomen Urteil über sie gelangt." *Fernsehen und Bildung.* In:

Und weil dies so ist, weil diese steinharte, auch die *Entdekkung von Amerika* kenn-
zeichnende pädagogische *petitio principii* auch für die anderen Kinder und die
Erwachsenen gilt, gleichen sie eher den Stimmen eines Chors als denen lebendiger
Individuen, obwohl fast alle auf reale Personen zurückgeführt wurden.[11] Allein
der Vater, dessen intellektuelle und soziale Physiognomie gesondert zu betrachten
wäre, ist davon auszunehmen.

Campes Misstrauen gegen Form und Prätention des Romans hat Rousseau-
sche Wurzeln, steht aber auch im Horizont des Dessauer Philanthropin. Der Autor
misstraut der verführerischen Kraft der Fiktion, deren Appell an Vorstellungsver-
mögen und Einbildungskraft vermeintlich von der Bewältigung der praktischen
Erfordernisse des Lebens ablenkt. Gleichwohl muss auch er dem eigenen Werk
notwendig künstlerische Gestalt geben; auch die angebliche Realität und Faktizi-
tät seiner Rahmenhandlung ist weit stärker, als er wahrhaben oder wahr machen
will, selbst Teil einer fiktiven Setzung. Ein „guter Teil des ‚Elementarwissens‘,
das *Robinson der Jüngere* transportieren soll, [...] ist pur teleologisch konzipiert",
schreibt Angelika Reinhard, es wird nicht aus den Gesprächen und gemeinsamen
Erfahrungen im familiären Umkreis entwickelt, vielmehr wird das Erzählte „aus
vorgängigen Begriffen konstruiert".[12] Insofern könnte man Campes Rahmenhandlung als ‚Fiktion der Wirklichkeit‘ bezeichnen. Einerseits, schon im Rekurs auf
den Robinsonstoff, auf Fiktionalität angewiesen, verhehlt der Autor diese andererseits sich selbst ebenso wie seinen Lesern.

Als ausdrückliche Modifikation der Defoe'schen Fabel benennt Campe seinen
Verzicht darauf, Robinson in seinem Daseinskampf von Beginn an mit Werkzeug
auszustatten. Es würden den jungen Lesern die elementaren Bedürfnisse des Menschen sonst nicht vor Augen geführt und die Möglichkeit verschenkt, sich „blos
mit seinem Verstande und mit seinen Händen" aus einer vergleichbar misslichen
Lage zu befreien. Natürlich kommt auf längere Sicht auch *Robinson der Jüngere*
nicht ohne Werkzeug aus, trotz der noch im dritten Kapitel wiederholten Versicherung, „Er hatte kein einziges Werkzeug, als seine beiden Hände" (56).

Vorsehung – das ist Campes Gottheit –, göttliche Vorsehung und Natur werden
dem Notstand Robinsons abhelfen. Die erste Form des Spatens ist „eine große
Muschelschale" (63), die der Held mit Hilfe flachsähnlicher Pflanzen, deren Fa-
sern er isoliert, trocknet und verarbeitet, an einem großen Stock befestigt. Das
erste Gefäß, in dem er Wasser zu transportieren vermag, ist die Schale einer Ko-
kosnuss. Wie es Robinson in der Erzählung des vierten Abends gelingt, diese Nuss
so zu öffnen, dass ein brauchbares, tragfähiges Gefäß verbleibt, bleibt dem Leser
bis zur dritten Auflage zwar noch Geheimnis, dann allerdings erfährt er, dass der

---

Gerd Kadelbach (Hg.): *Theodor W. Adorno: Erziehung zur Mündigkeit. Vorträge und
Gespräche mit Hellmut Becker 1959–1969.* Frankfurt/M. 1971, S. 50–69, hier S. 55.
[11]   Köstler-Holste: *Natürliches Sprechen* (Anm. 9), S. 105–107.
[12]   Reinhard: *Die Karriere des „Robinson Crusoe"* (Anm. 2), S. 138 und 134.

Held sie „mit unbeschreiblich vieler Mühe durch Hülfe scharfer Steine öffnete".[13] Dem Vater der Rahmenhandlung bleibt im Übrigen verschlossen, wie ein solcher Kokosbaum, den er als einzigen der Insel klassifiziert und der sonst auch „auf den amerikanischen Inseln" nicht zu finden sei, überhaupt auf das karibische Eiland vor der Mündung des Orinokoflusses gelangt sein könnte.

Noch während Robinson mit Ausnahme des dankenswert stabilen Muschelspatens und des Kokosnussgefäßes im prä-werkzeuglichen Zustand lebt, hat er eine Höhle als Wohnung bezogen und davor zwei Reihen mit rasch wachsenden jungen Bäumen gepflanzt, deren Ausschlagen und Grünen anzusehen ihm „eine rechte Lust war" (64). Innerhalb kurzer Zeit ist der Zwischenraum beider Reihen so geschickt mit Erde ausgefüllt, dass sich eine feste Wand und mit ihr die Ahnung der späteren Festung gebildet hat. Doch bleibt das *Bedürfnis* nach Werkzeugen dringlich, und es ist hilfreich, dass Robinson bei seiner Suche schon nach kurzer Zeit in einem Feld mit „Talksteinen" (Specksteinen) *einen* findet, „bei dessen Anblick ihm vor Freuden das Herz im Leibe klopfte", war er doch „ordentlich wie ein Beil gestaltet; er ging vorn scharf zu und hatte so gar ein Loch, um einen Stiel hinein zu stekken" (65). Mit Hilfe eines weiteren Steines sowie seiner rasch sich vervollkommnenden Flechtkunst gelingt es Robinson, das steinerne Beil an einem Stock zu befestigen und zwar derart, „als wenn er wäre eingenagelt gewesen" (65). Damit, mit Behältnis, Spaten und Beil ist die handwerkliche Grundausstattung gegeben. Hinzu kommen, aus dem nämlichen Steinacker – und Kultur heißt ja, die Steine vom Acker zu lesen[14] – zwei geeignete Steinmetzwerkzeuge, nämlich eine Art Beitel oder Stemmeisen sowie ein Klöpfel, mit dem der Beitel zu handhaben ist. So nehmen die technischen Dinge ihren Lauf. So verkürzt das dargestellt ist, erscheint doch Campes postulierter Werkzeugverzicht, durch den er den Naturzustand des Menschen simuliert, als eine Form des Etikettenschwindels, so bequem, zügig und verlässlich sorgt die Vorsehung für adäquaten Ersatz in der Natur.

Auch sind die Elementarbedürfnisse des Hungers und Durstes, des Wohnen und Schlafens rasch und leicht befriedigt, Robinsons Tisch ist durch Quellwasser, Austern und Kokosnüsse, bald auch durch Milch- und Fleischprodukte vom Lama, später zudem mit Zitronen, Kartoffeln und Schildkröten, weit bequemer gedeckt als der frugale der Vorlage Defoes, trotz des Werkzeugs, das dessen Held aus dem Schiffswrack bergen konnte. Und wie bereits erwähnt, ist die Insel des *Jüngeren Robinson* – von Regenzeiten abgesehen – ein Ort mit paradiesischen Zügen, ohne doch für den Autor je „im Reich der Träume und Schimären" zu verschwimmen. Auch hier unterliegt die Darstellung der offiziell entsagten Fiktion.

Schließlich fragt, wer nach den im *Vorbericht* angekündigten „wahren Gegenständen [...] und Erscheinungen der Natur" (5f.) fragt, was die für Robinsons

---

[13] Dem handwerklich mäßig begabten Verfasser dieses Beitrags, der sich im 20. und 21. Jahrhundert an mehreren Weihnachtsfesten mit Hilfe unterschiedlicher Werkzeuge am Öffnen von Kokosnüssen versucht hat, erscheint die Formulierung „mit unbeschreiblich vieler Mühe" als eine der schlüssigsten im Gesamttext.

[14] Campe schlägt für Kultur (erfolglos) den Begriff *Geistesanbau* vor.

Überleben wesentlichen Lamas aus den Anden auf die karibische Insel verschlagen hat, wenn, „in Verkennung der klimatischen Verhältnisse",[15] nicht die dichterische Phantasie des Autors. Vermutlich weiß nur die Fiktion, warum Campe nicht bei Defoes Ziegen geblieben ist. Vielleicht, dass sein Lama ein veritables Nutztier mit etlichen Vorteilen ist. Es ist vertrauensselig und deshalb leicht, nämlich mit Hilfe einer einfachen Schlinge, einzufangen. Es bietet nahr- und schmackhaftes Fleisch; sein Fell dient zur Herstellung von Fußlappen und Kleidung, mag diese anfangs auch scheuern. Die Lamamilch ist wohlschmeckend und lässt sich zu Butter und Käse verarbeiten. Das Tier kann lange ohne Wasser auskommen und ist so zutraulich wie der treueste Freund des Menschen. Als Robinson von einer schweren „Unpäßlichkeit" befallen, am Beginn des zweiten Bands das Krankenbett hütet, ist es ihm „ein rührender Anblick, sie [die Lamas] zu seinen Füßen liegen zu sehen, [...] als wenn sie sich erkundigen wolten, ob's noch nicht besser mit ihm wäre?" (166) Das alte Mutterlama ist so nah beim Helden, dass es ihm gelingt, „etwas Milch aus dem Eiter [sic] zu ziehen", deren Genuss „seinem Körper auch wohl zuträglich sein [muste], denn es ward ihm recht wohl darnach" (166). Und schließlich eignet es sich zum Ackerbau und zieht den Pflug in einer Art, „als wenn Robinson und Freitag ausgelernte Landleute und die Lama's Ochsen oder Esel gewesen wären" (292).

Es ist wohlfeil, solche Details aus Campes Werk aufzuspießen und sich darüber lustig zu machen, aber die Unbedenklichkeit und Nonchalance des Autors in Fragen der konkreten Lebenswelt, auf die er sich programmatisch beruft, rührt an das grundsätzliche Problem von fiktiver versus wirklichkeitsgetreuer Darstellung. Der Widerspruch zwischen dem Postulat, „wahre Gegenstände, wahre Produkte und Erscheinungen der Natur" (5f., *Vorbericht*), darzustellen, statt eine mit „erdichteten Dingen [...] aufgestuzte" Geschichte zu erzählen, so ja Campes Vorwurf an Defoe, dieser Widerspruch ist zu manifest, um ihn übergehen zu können. Immer wieder führt Campe klandestin diejenigen fiktiven Elemente ein, die er *ex cathedra* aus der Kinder- und Jugendliteratur verbannt wissen will.[16] Seine Darstellung besitzt deshalb so wenig Authentizität, weil sie entgegen dem eigenen Anspruch nicht realen Begebenheiten, natürlichen Vorgängen oder den Imponderabilien des menschlichen Lebens folgt, sondern einem pädagogisch-philosophischen Konzept, dem die Dinge der Welt nur Exempel für das Walten der göttlichen Vorsehung sind.

„Es geht", wie Angelika Reinhard in ihrer vorzüglichen, 1994 veröffentlichten Dissertation *Die Karriere des „Robinson Crusoe" vom literarischen zum pädagogischen Helden* ausführt, der meine Ausführungen entscheidende Hinweise und Einsichten verdanken, es geht „allein um den *Schein* des Praktischen, der dazu

---

[15]   Annette Keck: *Buchstäbliche Anatomien. Vom Lesen und Schreiben des Menschen.* Würzburg 2007, S. 84.
[16]   Sichtbar auch daran, dass Campe sowohl den Roman selbst als auch den Beginn der Robinson-Erzählung innerhalb des „Ersten Abends" mit einer der prominentesten literarischen Formeln überhaupt, „Es war einma(h)l", beginnen lässt.

dient, das idealistische Lob von der überwältigenden Macht des Willens zur Bewährung in der Not mit einem Inhalt auszustatten".[17]

Reinhard exemplifiziert ihre These am Beispiel des begehrtesten aller Gewürze, dem Salz, das Robinson zufällig „zwischen Felsenklüften" findet. Sein Vorkommen wird weniger naturwissenschaftlich als aus dem Nutzen begründet, den der Mensch ihm verleiht. Zwar erklärt der Vater, „indem nemlich nach einer hohen Fluth, oder nach einer Ueberschwemmung Seewasser auf dem Lande zurük bleibt, so troknet die Sonne nach und nach dies Wasser aus und was denn an dem Orte übrig bleibt, das ist Salz" (114) – was Lotte „närrisch" (also verrückt, unglaublich) findet, worauf der Vater wiederum entgegnet, als hätte es in der Geschichte nie an Salz gemangelt, als hätte es keine zuvörderst dafür gebauten Handelsstraßen und keine Auseinandersetzungen um das ‚weiße Gold' gegeben: „So gütig hat der liebe Gott für uns gesorgt, daß dasjenige, was uns am unentbehrlichsten ist, die wenigste Zubereitung durch Kunst erfodert, und am häufigsten da ist." (114) Das ist keine Erklärung der Realien (als solche wäre sie falsch), sondern Motiv der religiösen Sinnerfüllung aus dem Wertekanon von Autor und Erzähler.

Im Kräftespiel zwischen der Unberechenbarkeit der Natur und dem Walten der Vorsehung besitzt die letztere stets den längeren Atem. Auch wenn weder Robinson noch der ‚Vater' noch andere definitiv Einsicht in den Lauf der Dinge gewinnen, ist es meist nur eine Frage der Zeit, bis sich die Überlegenheit der übernatürlichen über die natürlichen Kräfte zeigt.

Wenn ein Unglück passiert, ein schweres Gewitter, das Unheil und Zerstörung anrichtet, gereicht es Robinson am Ende dennoch zum Vorteil, konkret verhilft es ihm zum Besitz des Feuers. Wenn ein Erdbeben, „ein schrecklicher Erdstoß nach dem andern" die Insel erschüttert, Bäume und Felsen niederreißt und das Meer „bis auf den tiefsten Abgrund" durchpflügt, die Lamas panisch fliehen lässt, wenn „Die ganze Natur [...] sich ihrem Ende zu nahen" scheint (128f.) – ist doch das Ende vom Lied, dass die geretteten Lamas Robinsons Hände lecken, seine Höhle geräumiger als zuvor ausgestattet und er selbst in der Lage ist, zum Löschen der Brände präparierte Kalksteine vorzufinden. So viel Glück ist verdächtig und so viel Unglück kann in der Bilanz nicht für Feuer, Kalk und neue Kellerräume sorgen, ohne den Gedanken an Welten zu wecken, die nicht realer Erfahrung, sondern Konzept und Kalkül des Autors entsprechen. Die Plausibilität von Wirklichkeit und dichterischer Erfindung gerät in Schieflage, wenn sie Wirklichkeit postuliert und die ideale Welt als Schmuggelgut einführt.

Die ideale Welt Campes offenbart ein Weltbild, das die *essentials* des menschlichen Daseins unabhängig von den realen Umständen seiner Existenz sieht.[18] Nur vordergründig geht es konkret um praktische, mechanische und technische Fertigkeiten, vielmehr reicht an Stelle des genauen Erklärens oft schon der „Gestus

---

[17] Reinhard: *Die Karriere des „Robinson Crusoe"* (Anm. 2), S. 142, Hervorhebung von mir.

[18] Vgl. ebd., S. 129.

des Erklärens".[19] Auf ihn trifft man deshalb so oft, weil am Ende wichtiger als die pragmatische Lösung lebenswichtiger Probleme der vom Helden offenbarte abstrakte Wille erscheint, *überhaupt* zu einer Lösung zu gelangen.

Darum erscheint für das Erziehungsziel von *Robinson dem Jüngeren* die Verhaltensweise des Bewusstseins wichtiger als der durch die Praxis beglaubigte Erwerb von Kenntnissen und Fertigkeiten. Die Vermittlung des richtigen Bewusstseins wird *ex negativo* an einer Vielzahl von Phänomenen illustriert, die doch alle auf einen Nenner zu bringen sind: die richtige Erziehung. Ob es die Eltern Robinsons sind, durch deren Nachlässigkeit der Held die richtige Erziehung erst durch das Abenteuerleben am eigenen Leib erfahren muss, ob es sich um Kinder, Seeräuber oder Kannibalen, Kriminelle oder „ungesittete" Völker, um mangelnde Kenntnisse, schlechte Manieren, Laster, Faulheit oder – für Campe der *worst case* – fehlenden Respekt vor den Eltern handelt, in allen Fällen mangelt es allein an Unterrichtung. Das klingt zwar allgemein, bleibt aber Campes pädagogischer Refrain auf die Welt. Sie löst sich in Erziehung bzw. Mangel an Erziehung auf. Tatsächlich scheint „Dem Optimismus des Erziehungszeitalters", dem ruchlosen Optimismus, wie Schopenhauer sagen würde, alles „eine Angelegenheit der Erziehung zu sein und so lassen sich […] sämtliche Eigenschaften des Wilden wie des Kannibalen in einer einzigen zusammenfassen: sie sind nicht erzogen."[20]

Auch darum bleiben viele Erklärungsversuche des Vaters schon auf halbem Wege stecken, und man erhält „eine Reihe wertloser Tautologien […]. Das Wissen über das Klima fehlt, weil es nicht vermittelt worden ist, und die Wilden sind unzivilisiert, weil es ihnen an der entsprechenden Erziehung mangelt […] – dem Aufklärer gerät alles gleichermaßen zum Indiz der Nicht-Erziehung."[21]

Der große Erfolg von Campes der Jugend zugedachtem *Robinson der Jüngere* verrät in seiner Radikalität, die ganze Welt als Didaxe zu sehen, in seiner unerbittlichen Affirmation von Welt, Gesellschaft und individuellem Leistungswillen zugleich die Schwächen des Buches, die bis zur Penetranz lückenlose Pädagogisierung des Lebens, auf die man heute zurückblickt wie etwa auf Reklamespots der 50er Jahre, etwas ungläubig zumeist, gelegentlich auch mit Erheiterung.

[19]   Ebd., S. 143.
[20]   Dieter Richter: *Das fremde Kind. Zur Entstehung der Kindheitsbilder des bürgerlichen Zeitalters.* Frankfurt/M. 1987, S. 160.
[21]   Reinhard: *Die Karriere des „Robinson Crusoe"* (Anm. 2), S. 159.

ROMAN LACH

„Ich wolte, ich könte" – Joachim Heinrich Campes „Vater" und die Widrigkeiten des Erzählens in *Die Entdekkung von Amerika* (1781)

Hans Heino Ewers unterscheidet in seinem maßgeblichen Beitrag zu Campe als Kinder- und Jugendbuchautor dezidiert zwischen dem progressiven Kinder- und dem eher konventionellen Jugendbuchautor. Als ersterer experimentiere Campe, als letzterer ordne er sich dem Zeitgeschmack unter. Das ist durchaus konsequent: Insofern Campe als Rousseaunachfolger Kindheit und Erwachsenenalter als getrennte Bereiche etabliert und dabei die Kindheit als einen vorgesellschaftlichen, geschichtslosen Zustand verklärt, liegt es in der Logik, in der Jugendliteratur den Übergang aus der Idylle in die Welt des Gesellschaftsvertrags und seiner Konventionen herzustellen: „So stark er das Schreiben für Kinder und dasjenige für Erwachsene für etwas grundsätzlich Verschiedenes hält, mit Blick auf die erwachsenere Jugend würde Campe sich durchaus dem Diktum J. K. Wezels anschließen, wonach man für diese nicht anders als für Erwachsene schreiben müsse."[1]

Ebenso sieht Campe wie Wezel, der beim Erscheinen des *Robinson* zeitweilig mit seiner eigenen Bearbeitung des Defoe'schen Romans sein Konkurrent und Widersacher gewesen war, im zeitgenössischen Sturm und Drang und der aufkommenden Subjekt- und Romanliteratur ein Übel, das zu einer verzerrten Wahrnehmung der Wirklichkeit führe und schädlich sei. Zumindest in der Abneigung gegen die Empfindsamkeit trifft er sich also sogar mit Wezel, der in seinem Werk immer wieder vor den Gefahren von Gefühlsdarstellungen warnt, die nicht auf Naturbeobachtung und Einhaltung des Prinzips der Wahrscheinlichkeit basieren.[2]

Bald nach dem Erscheinen von *Robinson der Jüngere* ließ Campe 1781 den ersten Band, *Kolumbus* seiner dreiteiligen *Entdekkung von Amerika* folgen, dem sich in Jahresabständen *Kortes* und *Pizarro* anschlossen. Gemäß seinem Konzept einer sukzessiv den Fähigkeiten und Kenntnissen des jeweiligen Alters angepassten literarischen Bildung folgte dem insular beschränkten und damit sozusagen *in*

---

[1]   Hans-Heino Ewers: *Joachim Heinrich Campe als Kinderliterat und als Jugendschriftsteller.* In: *Visionäre Lebensklugheit. Joachim Heinrich Campe in seiner Zeit. 1746–1818.* Ausstellung des Braunschweigischen Landesmuseums und der Herzog August Bibliothek Wolfenbüttel vom 29. Juni bis 13. Oktober 1996. Hg. von Hanno Schmitt u. a. Wiesbaden 1996, S. 159–177, hier 168.

[2]   Vgl. Jutta Heinz: *Johann Karl Wezel.* Hannover 2010, S. 26–27.

vitro durchgeführten Experiment des Zivilisierungshelden Robinson der Aufbruch in die Weltgeschichte und in die Welt.

> Ich sezte daher auch grade diejenige Ideenmasse bei ihnen [den jungen Leserinnen und Lesern] voraus, welche jene Bücher entweder mittheilten oder entwikkeln halfen; und wo der jüngere Robinson in dieser Mittheilung und Entwikkelung aufhörte, da fängt Kolumbus wieder an. Auch der Ton der Erzählung ist aus dieser Ursache in dem Leztern um einige Noten höher gestimmt worden, als er es in dem Vorhergehenden sein durfte.[3]

Campe hält dabei mit der Folge der Bände an einem Prinzip der Steigerung fest, das von der geographischen Betrachtung in die sich immer komplizierter und widersprüchlicher entfältelnde Historie führt, vom Prinzip der Nachahmung hin zu einer differenziert kritischen Haltung gegenüber Ereignissen und Protagonisten. Ausgegangen wird vom weitgehend ‚einfachen‘, sich moralisch noch halbwegs zur Identifikation anbietenden Columbus.

> Ich habe mehr als einmahl den Grundsaz geäussert, daß der Erzieher die fehlerhaften Seiten der Menschheit jungen Kindern nicht geflissentlich aufdekken, sondern, so viel möglich, sie vor ihnen verhüllen müsse, um nicht den gefährlichen Gedanken in ihnen zu veranlassen: „Haben andere Menschen so viel Thorheiten und Laster an sich, wie kan man von mir verlangen, daß ich allein eine Ausnahme machen sol?“[4]

Dieser Grundsatz, der Campes rousseauistischer Idealisierung der Kindheit geschuldet ist, dass Widersprüche bewusst zu verschleiern seien, was im Falle des *Robinson* zur Unterschlagung der Handlung um die kriminellen englischen Schiffbrüchigen führte, die einen Teil der ethischen Ambivalenz von Defoes Roman ausmachen, wird jedoch bereits im *Kolumbus*, erst recht in den die kolonialen Verbrechen der Spanier behandelnden Folgeromanen zum ethisch-didaktischen Problem, das Campes Erzählerfigur des pädagogisch wohlinformierten Vaters in immer größere Schwierigkeiten bringt. Mit der Verunsicherung seiner auktorialen Position gewinnt dessen Bericht jedoch zugleich eine Ambiguität und narrative Komplexität, die der Erzählung literarisch zum Vorteil gereicht, so sehr Campes Ambition, wie Ewers ausführt, eine geradezu literaturfeindliche sein mag.[5]

Parallel zur Entwicklung der zuhörenden Kinder, denen schrittweise größere Widersprüche, größere geschichtliche Übel – und komplexere Formulierungen

---

[3]   Johann Heinrich Campe: *Die Entdekkung von Amerika, ein angenehmes und nützliches Lesebuch für Kinder und junge Leute.* Erster Theil. Hamburg: J.G. Virchaux, 1781, „Von der Absicht dieses Buchs“, ohne Seitenzählung. (S. 6).
[4]   Ebd. (S. 10).
[5]   Ewers: *Campe als Kinderliterat* (Anm. 1), S. 163.

– zugemutet werden können, nehmen auch die Ambivalenzen zu, besteht auch eine Entwicklung zu immer widersprüchlicheren und negativen Charakteren.

> Nun könte vielleicht Einer oder der Andere von dieser Aeusserung Anlaß nehmen, mir den Vorwurf zu machen, daß ich im gegenwärtigen Buche von meinem eigenen Grundsaze abgewichen wäre, weil ich eine Geschichte darin aufstelle, die an Beispielen von Ungerechtigkeiten, Schurkereien und Unmenschlichkeiten so ergiebig ist. Allein ich antworte: erstlich ist dieses Buch nicht für kleine Kinder, sondern für solche bestimt, die sich dem Jünglingsalter nähern, oder es schon erreicht haben; zweitens haben diejenigen, die mir diesen Vorwurf machen wollen, offenbar vergessen, daß ich bei der Empfehlung jenes Grundsatzes hinzusezte: daß man bei zunehmendem Alter der Kinder, und so wie die Zeit herannahet, da sie selbst in die Welt treten sollen, ihnen allerdings, wie wohl mit Behutsamkeit, nach und nach auch die herschenden Thorheiten und Laster der Menschen aufdekken müsse, damit sie nicht, wenn sie sich in der Einbildung, überal Engel anzutreffen, betrogen fänden, auf der andern Seite in dem Urtheile über ihre Mitmenschen ausschweiften und sie samt und sonders für Teufel hielten.[6]

Wie um bei aller Ambivalenz etwas zu bieten, woran die Kinder sich vertrauensvoll festhalten können, werden immer wieder nautische und geographische Erklärungen, Lernspiele eingeschoben. Bei den schwieriger werdenden moralischen Zwiespalten bleibt Ausgangs- und Angelpunkt die zuverlässige Geographie, auf die man sich immer wieder zurückziehen kann, und so sind Begleitmedium dieses Buches Globen und Karten, die zum Teil auch als Kupferstiche dem Werk beigegeben sind. Im Unterschied zur Geschichte erscheinen diese eindeutig und wertfrei. Der Zugang zur Welt, der hier erstrebt und pädagogisch anempfohlen wird, ist in erster Linie topographisch, dann erst historisch, auch wenn sich in der Abfolge der drei Bände von Columbus über Cortez zu Pizarro eine Steigerung ausmachen lässt, die auch im Sinne einer historischen Entwicklung – zum Schlimmeren – zu verstehen ist.

Im Zeitalter der Entdeckungen, das im 18. Jahrhundert mit den Weltumsegelungen von Wallis und Cook, den Entdeckungen in der Südsee und vor allem den anschließenden Publikationen von Bougainville und Forster ins allgemeine Bewusstsein dringt, ist für Campe die Reisebeschreibung die eigentliche Schule der Weltkenntnis. Hans-Jürgen Lüsebrink zählt 3.520 Reisebeschreibungen, die im 18. Jahrhundert in europäischen Ländern erscheinen.[7] Zu etwa der gleichen Zeit, als Georg Forster beginnt, als Rezensent von Reisebeschreibungen aufzutreten, entwickelt Campe seine erzieherischen Kinder- und Jugendbücher als eine Art Bildungsleitfaden am Band der Reisebeschreibung. Wie Forster macht auch er dabei

---

[6] Campe: *Entdekkung* (Anm. 3), (S. 10–11).
[7] Vgl. Helmut Peitsch: *Georg Forster. Deutsche ‚Antheilnahme' an der europäischen Expansion über die Welt*. Berlin/Boston 2017, S. 11.

keinen Unterschied zwischen Entdeckungsreisen und Hometour,[8] wenn er seine eigene *Reise von Trittau nach Wismar und Schwerin* neben Vasco da Gamas Ostindienreise und Hemskeerks Entdeckungsreise nach Spitzbergen in den ersten Band seiner *Reisebeschreibungen für die Jugend* aufnimmt. Es geht um den bildenden Effekt des Reisens, um die Schulung der Wahrnehmung, die Entdeckung von Alterität, die Horizonterweiterung, die vor der eigenen Haustür beginnen kann.

> Denn wenn irgend etwas recht eigentlich dazu geschikt ist, in einem jungen Kopfe aufzuräumen, seine Welt- und Menschenkenntniß auf eine leichte und angenehme Weise zu erweitern, den Hang zu romanhaften Aussichten ins Leben und zu arkadischen Träumereien, zu welchen so viel andere Modebücher ihn einladen, zu schwächen, ihm frühzeitig einen heilsamen Ekkel gegen das faselnde, schöngeisterische, empfindelnde, Leib und Sele nach und nach entnervende Geschwäz der besagten Modebücher und hingegen einen wünschenswürdigen Geschmack an ernsthaftern und nützlichern Unterhaltungen einzuflößen: so sind es gewiß solche Reisebeschreibungen, bei deren Verfertigung man sowohl in Ansehung der Sachen, als auch des Vortrages, dieses jugendliche Alter einzig und allein unverrükt im Gesichte gehabt hätte.[9]

Menschenkenntnis, Wirklichkeitstauglichkeit, Geschmack: Wenn die literarische Anteilnahme an Reiseberichten für Forster in seinem späten Cook-Essay (1787) „‚Mitleid‘, ‚Menschenliebe‘, ‚Selbstgefühl‘ und ‚Streben nach nützlicher Betriebsamkeit‘" fördere,[10] dann ist der Gewinn für die Erziehung, den Campe ihnen zuspricht, ähnlich gelagert.

Mit seiner Kampfansage an Empfindelei und Geschwätz ist er dabei Parteigänger einer Schwärmerkritik, die sich den Einflüssen der sich immer raffinierter entwickelnden Erzählkunst entgegensetzen will – und deren Sogwirkung auf die Einbildungskraft, die zur Wirklichkeit untauglich mache. Die Aufklärung hatte die Macht der Rede, ihre Möglichkeiten, auf Denken und Einbildungskraft zu wirken, entdeckt und ihr utopisches Potential, wie auch die Gefahren für die Erkenntnis breit diskutiert.[11] Im Zuge der französischen Übersetzung der *Märchen aus Tausend und einer Nacht* durch Antoine Galland (1704–1708) waren auch die entgrenzenden Möglichkeiten des Erzählens, deren Wirkung auf die Einbildungskraft, die sowohl produktiv als auch gefährlich für das Vertrauen in angelernte Wahrheiten sein können, entdeckt worden. Auch Campes Erzählung setzt sich diesen Gefahren aus. Bei aller Vorsicht, die er gegenüber der Fiktion und den Fallstricken des

---

8   Ebd.
9   Campe: *Entdekkung* (Anm. 3), (S. 3–4).
10 Peitsch: *Georg Forster* (Anm. 7), S. 19.
11 Vgl. Hans-Jürgen Schings: *Die Schwärmerkritik der deutschen Aufklärung.* In Ders.: *Melancholie und Aufklärung.* Stuttgart 1977, S. 185–225. Siehe auch: *Aufklärung und Imagination in Frankreich (1675–1810): Anthologie und Analyse.* Hg. von Rudolf Behrens und Jörn Steigerwald. Berlin/Boston 2016.

Erzählens zu wahren behauptet, hat er in der Gestalt des Vaters aus dem *Robinson*, der in der *Entdekkung von Amerika* erneut mit seiner geschichtenhungrigen Kinderschar auftritt, eine Erzählerfigur geschaffen, die im Erzählen in einen Konflikt mit ihren aufklärerischen pädagogischen Prinzipien gerät.

Gemäß seinem Projekt einer sukzessiv gesteigerten Komplexität der Welterfahrung, derzufolge Kinder allmählich an Widersprüche und negative Erfahrungen herangeführt werden sollten, geht Campe also vom kleinen Kreis der Bewährung, den Robinson ausfüllt (wie in Rousseaus *Emile* vorgeschlagen) recht abrupt zum globalen Kontext über, dem sich die Zuhörerschaft mit der Geschichte des Columbus gegenüber sieht.

Auch hier sind es Eigenschaften, durch die sich bereits Robinson hervorgetan hatte, dank derer sich Columbus bewährt: Immer wieder wird seine Standhaftigkeit erwähnt, sein Festhalten an einem einmal getroffenen Entschluss. Gegen die Ungeduld seiner Mannschaft und gegen den Augenschein beharrt er auf der Fortsetzung der eingeschlagenen Route:

> Da stand nun der von allen Seiten bedrengte, von Allen verlassene Kolumbus unter dem algemeinen Tumulte seiner aufrührerischen Gefährten, wie ein einzelner Eichbaum im Sturm und Ungewitter, und stemte sich mit einer bewundernswürdigen Festigkeit des Geistes gegen die rasende Wut der Empörer [...].[12]

Weiterhin scheinen die stoischen Prinzipien des Robinson, das Erlernen von Selbstdisziplin, Eigenständigkeit und der Gebrauch der eigenen Vernunft, der Lehrinhalt zu sein, den Campe seinen jugendlichen Lesern vermitteln will. So liest ihn etwa auch der zehnjährige Prinz Louis Ferdinand von Preußen, der einen Brief an Campe schrieb:

> wenn ich Ihnen sagen soll, was ich alles an dem guten Kolumbus bewundere, so müßte ich Ihnen einen sehr langen Brief schreiben und ich würde heute damit nicht fertig. Vorzüglich hat mich seine Standhaftigkeit, seine Großmut, seine große Unerschrockenheit und seine Gottesfurcht eingenommen, und die Gelassenheit, mit welcher er das Murren des Schiffsvolks erträgt. Ich wünsche nichts so sehr als die Tugenden des Mannes zu besitzen.[13]

Relativ spät im Buch wird in diesem Sinne einer sozialkognitiven Lernmethode, eines Lernens am Modell, Columbus in seiner Kindheit vom Vater als ein Vorbild dargestellt, das die ausgezeichneten Eigenschaften, die in ihm angelegt sind, selbst in sich ausbildet:

---

[12]   Ebd., S. 79.
[13]   Zit. nach: Mario Alexander Zadow: *Karl Friedrich Schinkel. Ein Sohn der Spätaufklärung. Die Grundlagen seiner Erziehung und Bildung.* Stuttgart/London 2001, S. 64.

Als er in eurem Alter war, da übte er sich, bei jeder kleinen Verlegenheit, worin er
gerieth, bei jedem kleinen Unfalle, der ihn betraf, jedesmahl seine ganze Besonnenheit zu behalten; sich nicht von Furcht und Schrekken betäuben zu lassen; sondern
vielmehr gleich auf Mittel und Wege zu denken, wie er das Unglük abwehren, oder
den Schaden wieder gut machen könte. [...] und er verachtete von ganzem Herzen
die weichlichen, verzärtelten, zu allen menschlichen Geschäften untauglichen Geschöpfe, die immer andere Leute für sich denken, andere für sich sorgen und handeln zu lassen gewohnt sind. Dadurch, und durch ein immer arbeitsames, thätiges
und zugleich gottesfürchtiges Leben, welches er von früher Jugend an geführt hatte,
wurde es ihm denn nach und nach zur andern Natur, vor keiner Verlegenheit zu
stuzen, vor keiner noch so großen Gefahr zu zittern, sondern gleich seinen ganzen
Verstand zusammen zu nehmen, um sich mit Muth und Klugheit aus der Sache zu
ziehen. Und so, Kinder, müst ihrs also auch machen, wenn ihr eben solche Männer
zu werden wünscht.[14]

Sofort zeigt dieser Bericht auch Wirkung beim jüngsten Zuhörer.

Friz. Hanne, daß sie mir morgen früh nur nicht wieder kömt, um mir meine Halb-
stiefel zuzuschnüren; ich will's nun wohl allein thun, daß sie's nur weiß! [...]
Vater. Wenn du einmal ein Kolumbus werden wilst, [musst du sie dir] allerdings
[selbst zuschnüren]![15]

Soweit ist der Vater Erzieher, und in diesem Sinne werden die Zwischenreden eingeschoben. Mehr und mehr setzt sich aber in den Gesprächen ein diskursives Prinzip durch, die Kinder hinterfragen das Erzählte, äußern Zweifel, beginnen, indem
sie lernen, selbst zu urteilen, zu bewerten, und zögernd damit auch die Lehren, die
ihnen vermittelt werden, der Kritik auszusetzen, etwa Columbus' vom Vater ge-
rühmte Standhaftigkeit, die letzten Endes auch andere ihren Prinzipien unterjocht,
wenn er seiner Mannschaft nicht die kleinste Abweichung vom Kurs erlaubt.

Nikolas. Da war er doch auch ein bischen eigensinnig! [...]
Vater. Nein, lieber Nikolas, [...] hätt' er nachgegeben, so würden die Leute daraus
geschlossen haben, daß er seiner Sache doch nicht so ganz gewiß sein müste; und
diesem Argwohne sucht' er auf das sorgfältigste vorzubeugen, weil ihm an dem
Zutrauen seiner Gefährten zu viel gelegen war. [...] Aus diesen vernünftigen Ursachen war er fest entschlossen, von seinem mit reifer Ueberlegung entworfenen
Plane, nicht um ein Haar breit abzugehen, und es zeigte sich in der Folge, daß er
recht daran gethan habe.[16]

---

[14]   Campe: *Entdekkung* (Anm. 3), S. 135–136.
[15]   Ebd., S. 136–137.
[16]   Ebd., S. 75–76.

Obwohl der Vater mit seiner Antwort die Ordnung wiederherzustellen vermag:
Der Unterschied zwischen tugendhafter Standhaftigkeit und verantwortungslosem
Eigensinn besteht im vernünftigen Übereinklang mit den Umständen, in der jene,
während Eigensinn im Widerspruch zu diesen steht (eine der Aufklärung sehr
wichtige Frage, die bereits im Kontext des Gottsched'schen *Cato* diskutiert worden war), bleibt die Frage im Raum stehen, was gewesen wäre, wenn sich der Plan
des Columbus als erfolglos erwiesen hätte, wie es mit einem Columbus gewesen
wäre, der als ein Kapitän Ahab seine Mannschaft dem eigenen vermessenen Plan
opfert. So bleibt eine Leerstelle vor der Behauptung:

> Es ist das Vorrecht großer Geister, daß sie die Herzen ihrer schwächern Nebenmen-
> schen biegen können, wie Wachs; und o wie wohl würde es um die Menschheit
> stehn, wenn alle, denen vorzügliche Talente von Gott verliehen wurden, sich dieses
> Vorrechts, so wie Kolumbus, nur zur Beförderung edler, gemeinnüziger Absichten,
> bedienen wollten![17]

Aber weil der Vater, weil Campe zur Abgrenzung des Columbus von den später
auftretenden negativen Führerfiguren gezwungen ist, die Rechtschaffenheit des
Columbus darzulegen, muss er gemäß dem einmal gewählten diskursiven Prinzip,
demzufolge es den Kindern erlaubt ist, auf Augenhöhe Rückfragen zu stellen und
Einwände zu erheben (das, was nach Memoirenberichten einige junge Leser damals besonders beeindruckte an Campes Büchern, während Leser des späteren 19.
Jahrhunderts vor dem Hintergrund realistischer Poetiken in diesen Zwischenge-
sprächen nur noch die „schulmeisterliche Zurichtung"[18] der Aufklärungszeit sehen
und deren Ambivalenzen ignorieren), den Zweifel zulassen, um ihn zu widerlegen.
Das führt dazu, dass der Erzähler zum Reagierenden wird, den Wirkungen des
Literarischen unterliegt, das nicht zulässt, dass Ambiguität durch Eindeutigkeit
restlos ausgeräumt wird. Der Vater erliegt als Teil einer literarischen Erzählung,
als intradiegetischer Erzähler, dem literarischen Prinzip der Ambiguität.

   Immer wieder zeigen sich bei den zuhörenden Kindern leise Zweifel an der
Rechtschaffenheit des Columbus und immer wieder sind es Fragen im Namen der
einfachen moralischen Prinzipien, die im Robinson erlernt wurden, die den Vater
jetzt in Schwierigkeiten und mehr und mehr auch in Widersprüche bringen. Noch
werden diese aber zurückgewiesen:

> Er forschte sorgfältig nach, woher sie die Goldbleche hätten, mit denen ihre Nasen
> prangten […]
> Friz: War er denn so geizig, Vater?

---

[17]   Ebd., S. 74.
[18]   Ewers: *Campe als Kinderliterat* (Anm. 1), S. 170.

Vater. Das nun wohl nicht, lieber Friz; aber er hatte der Königin von Spanien und
seinen goldgierigen Begleitern versprochen, daß er Länder entdekken wolte, aus
denen sie sich bereichern könten, und da wolt er nur gern Wort halten.[19]

Und es bleibt nicht aus, dass auch der Vater Zweifel, wenn auch nur gelinde, an
Columbus zu äußern beginnt, die er durch eingeschobene antizipierende Klagen
äußert, wie „Ach! Hätt' er gewust, welch' ein trauriger Unfal ihm auf dieser kurzen
Fahrt bevorstünde, er würde weniger geeilt, würde lieber auf alles Gold und Silber
Verzicht gethan haben, als den Besiz desselben so theuer erkaufen zu wollen."[20]
    Der Widerspruch bleibt bestehen zwischen dieser Goldgier und Columbus' Be-
hauptung gegenüber einem indianischen Anführer, er sei „nicht gekommen, Böses
zu stiften; sondern der König von Spanien, sein Herr, habe ihn blos deswegen
hergesandt, um zu sehen, ob es in diesem Lande Leute gäbe, welche einander
beleidigten, so wie man von den Karaiben erzähle. Er habe Befehl, ihnen diesen
unmenschlichen Gebrauch abzugewöhnen, und dahin zu sehen, daß alle Bewoh-
ner der Insel in Fried und Ruhe mit einander leben mögten."[21]
    Doch wenn Columbus sich schließlich genötigt sieht „ein Blutbad unter Men-
schen anzurichten, welche weiter nichts suchten, als ihr Eigenthum, ihre Freiheit
und ihr Leben gegen gewaltthätige Räuber zu sichern",[22] erscheint der Vater bei
der Erzählstunde mit einem „Gesichte, welches innige Traurigkeit verkündigte"[23]
und klagt: „O meine lieben Kinder, warum kan ich heute nicht den Vorhang fallen
lassen, um euch auf ewig zu verbergen, was auf der Schaubühne der zu ihrem
Unglükke entdekten neuen Welt sich nun weiter zugetragen hat!"[24]
    Es wird bereits in den Erzählungen um Columbus immer schwieriger, den Wi-
derspruch zwischen der Verherrlichung des stoischen Helden und der Verurteilung seiner Taten zu überdecken. Allein die erzieherische Absicht verhindert, dass
dieser Widerspruch aufgelöst wird. Vielmehr wird er in der mehrfach bemühten
Theatermetapher ausgehalten. Die Geschichte findet auf einer Bühne statt, über
deren Vorhang der Vater die Aufsicht führt. In dieser Funktion hat er eine eigen-
artige Zwischenposition inne, die ihn einerseits zu einer Autorität macht, die historisches Wissen vermittelt und auslegt, interpretiert und bewertet, andererseits
aber dennoch nicht über diesen Gegenstand verfügt, diesen nicht bestimmen und
ändern kann – und in zahlreichen Metalepsen diesen merkwürdigen Zwiespalt immer wieder ironisch betont.
    So macht er einerseits in der Art eines Rhapsoden proleptische, antizipie-
rende Ausrufe, die zeigen, dass er um den Ausgang der Geschichte weiß: „Die

[19] Campe: *Entdekkung* (Anm. 3), S. 94–95.
[20] Ebd., S. 111.
[21] Ebd., S. 181.
[22] Ebd., S. 188–189.
[23] Ebd., S. 190.
[24] Ebd., S. 190.

Unglücklichen! Sie wusten nicht, daß sie selbst die Ketten schmieden halfen, mit denen sie einst gefesselt werden solten!"[25]

Andererseits wieder zeigt er sich als außenstehender Berichter, der mitfiebert um seinen Helden: „Ich muß gestehn, ich bin für das Leben des wakkern Mannes nie besorgter gewesen, als dismahl."[26]

Er kann verfügen, wann die Erzählstunde zuende ist

> Und so, denke ich, wollen wir sie denn auch stehen lassen bis Morgen, da es sich zeigen wird, ob Land da sei, oder nicht.
> Alle. O! o! o! lieber Vater!
> Vater. Sol ich hier noch nicht aufhören?
> Alle. O nein, nein! Bitte, bitte!
> Peter. Nun gehts ja grade am allerangenehmsten!
> Vater. Nun, es sei![27]

– und er stellt sich andererseits wiederum als machtlos gegenüber den Ereignissen dar.

> Mutter. Ich dächte, Lieber, du machtest den guten Leuten die Freude, sie sogleich ans Land zu bringen, damit sie ohne Aufschub auskramen können!
> Vater. Das thät' ich wirklich herzlich gern; aber es steigt mir da am westlichen Himmel ein Wettergewölk herauf, welches mich für meine armen Abendtheurer bange macht. Ich wolte, ich könte sie so lange, bis das herannahende Gewitter vorüber sein wird, in irgend einen sichern Hafen bringen.[28]

Der Vater nimmt so eine Doppelrolle ein. Er ist Erzähler und Teilnehmer eines Familienrituals. Wie eine Art Rhapsode verlebendigt er die Diegese und rückt sie zugleich in historische Distanz. Die Realität der erzählten Wirklichkeit und der Welt, in der erzählt wird, kippen beständig ineinander. Hilfsmittel oder Medien dieses Transfers sind – mehr noch als im *Robinson* – dem Buch beigegebene Karten und Diagramme, ebenso aber Aktivitäten, die das Erzählen begleiten und rahmen und es so in einen von der gesamten Familie veranstalteten „Themenabend" ausweiten, wenn etwa die Mutter zum Abendessen amerikanische Speisen zubereitet.

> Mutter. Nun, Kinder, damit ihr euch über die Entdekkung von Amerika auch zu freuen Ursache haben möget: so solt ihr diesen Abend lauter Amerikanische Landesprodukte essen.
> Alle. Ah!
> Einige. Was denn für welche?

---

[25] Ebd., S. 121.
[26] Ebd., S. 123.
[27] Ebd., S. 82–83.
[28] Ebd., S. 127–128.

Mutter. Eine Suppe von Kakaobohnen.
Friz. Ah, Schokoladesuppe!
Mutter. Und dann noch etwas, was euch wohl nicht sehr behagen wird.
Einige. Was denn ?
Mutter. Kartoffeln.
Alle. Ah! Kartoffeln, Kartoffeln! Unser Leibgericht!
Vater. Vivat Kolumbus, dem wir dieses Leibgericht zu verdanken haben!
Alle. Hoch![29]

Ein praktisch multimediales Erzählen wird hier also zelebriert, bei dem der Vater wie Scheherazade Spannung und Fortsetzung als Mittel einsetzt, die Aufmerksamkeit der Zuhörer zu erhalten, und an Stellen abbricht, an denen ein Wendepunkt kurz bevorsteht. Mag Campe in seinen Vorworten und theoretischen Schriften auch seine Abneigung gegen Literatur und Fiktion beteuern, die ihm als Bedrohungen einer aufgeklärten Pädagogik erscheinen, mit diesem Springen zwischen den diegetischen Ebenen und dem Reflektieren des Erzählten wird Fiktionalität eher betont, als dass sie überspielt würde. Das erscheint merkwürdig inkonsequent für einen Autor, der sich immer wieder ausdrücklich die Unterdrückung der Fiktion und die Beförderung des Wirklichkeitssinns bei seinen jugendlichen Lesern zum Vorsatz macht.

Die Kinder zeigen sich immer wieder hingerissen zu unmittelbaren emotionalen Reaktionen auf die Handlung. Das Spiel mit den Emotionen der Kinder, zu dem den Vater seine Doppelhaltung nötigt, das Hineinziehen in und Herausstoßen aus der Erzählwelt, erscheint reichlich inkonsequent und sogar ein bisschen zynisch in antizipierenden Ausrufen wie „Ach, hätten die armen Geschöpfe gewust, was für Folgen das alles für sie haben würde: sie würden mit Heulen und Wehklagen die Luft erfüllt, oder ihr schuldloses Blut zur Abwehrung dieser Fremdlinge versprizt haben, die sie jezt mit bewundernder Ehrfurcht betrachteten."[30]

Die Wirkungen der performativen Darbietung der Erzählung des Vaters in der Wechselwirkung mit der emotionalen Anteilnahme der zuhörenden Kinder sind zuletzt beeindruckender und nachhaltiger als die erzieherische Absicht der Vermittlung stoischer Verhaltenslehren und der Einsicht in den wohlgefügten Weltzusammenhang. Diese Wirkung muss sich mit den folgenden Bänden, wo es um Cortez und Pizarro geht, noch verstärken. Die Versuche, das Geschehen weiterhin gemäß der vom Vater wie von Campe vertretenen Theodizee einzuordnen, für die alles, was geschieht, seinen Sinn und sein Gutes hat, wird immer prekärer.

1783 äußert ein Kritiker mit dem Kürzel Zf, bei dem es sich vermutlich um Nathanael Gottfried Leske, Professor für Naturgeschichte in Leipzig handelte,[31] in

[29]   Ebd., S. 126.
[30]   Ebd., S. 90.
[31]   Vgl. Gustav Parthey: *Die Mitarbeiter an Friedrich Nicolai's Allgemeiner Deutscher Bibliothek nach ihren Namen und Zeichen in zwei Registern geordnet: ein Beitrag zur deutschen Literaturgeschichte.* Berlin 1842, S. 16.

einer Sammelrezension zu mehreren pädagogischen Neuerscheinungen in der *Allgemeinen Deutschen Bibliothek* über den dritten Band der *Entdekkung von Amerika* (den er ansonsten ausgiebig lobt) Missfallen an Campes Versuch, auch noch die Grausamkeiten eines Pizarro mit der ausgleichenden Gerechtigkeit Gottes zu begründen, indem ja immerhin den Europäern dadurch die Kartoffel und die Chinarinde bekannt geworden seien.

> Wir sind gar nicht dafür, bey allem, was Böses in der Welt geschieht, nach Absichten der göttlichen Zulassung zu spühren, und Kinder zu der Frage zu gewöhnen: warum hat Gott dies geschehen lassen? Eben weil sie solche gar oft in ihrem Leben nicht werden beantworten können. Freylich geschieht nichts, ohne daß es Gott zulässt, er läßt es aber zu, weil er überhaupt nichts durch unmittelbare Anwendung seiner Kraft zu hindern pflegt, was, es sey in der physischen oder moralischen Welt, durch vorhandene hinreichende Ursachen in dem Zusammenhang der Dinge zur Würklichkeit reif ist. [...] Wenn die Verbreitung der Kartoffel und der Chinarinde mit in den Plan Gottes kam, warum er den Spaniern in Peru zu würgen erlaubte: war es denn Gott zu schwer, diese Nahrungs- und Heilmittel den Europäern um einen wohlfeilern Preiß, als durch die Erwürgung der Landeseinwohner, bekannt werden zu lassen? Man begnüge sich doch lieber zu sagen, daß zwar nichts Böses in der Welt ohne Gottes Zulassung geschehe; daß es aber für uns weder anständig noch möglich sey, nach den jedesmaligen Ursachen zu fragen, warum er dieses oder jenes zugelassen habe, daß er endlich weise, gerecht und allmächtig genug sey, um zu verhüten, daß jedem Menschen, dessen Bestimmung ohnedem die Ewigkeit ist, das wenigst mögliche Unrecht geschehe.[32]

Campes theodizeeisches Erziehungsprojekt gerät immer wieder dort in Aporien und Widersprüche, wo er moralische Grundsätze in globale Zusammenhänge stellt. Seine Rechtfertigung des Völkermords durch die Kartoffel ist tatsächlich unfreiwillig zynisch und entbehrt in der Unangemessenheit darüber hinaus auch nicht der unfreiwilligen Komik. Leise deutet sich der weltanschauliche Umbruch, die Abkehr von einem Denken, das die Ordnung der Dinge zur Voraussetzung des Erkennens des Einzelnen macht, in der Kritik des Rezensenten an, wenn er Campes theologische Fragestellung mit einem Begriff der Wolff'schen Philosophie pariert, dem *Zusammenhang der Dinge*, ein Konzept, das sein Herkommen aus der Theodizee nicht leugnet, diese aber entmoralisiert und allein erkenntnistheoretisch festlegt, als einen Komplex von Kausalitäten, der die Ereignisse in der Welt verbindet, ohne dass jedes einzelne dieser Ereignisse unmittelbar auf Gott zurückgehen müsste. Man mag sich an Campes Gegenspieler Johann Karl Wezel erinnert fühlen, der Campes Verharmlosungen im *Robinson* kritisiert hatte und bestritt, „daß man für Kinder anders schreiben soll als für Erwachsene",[33] dass man

---

[32] *Allgemeine Deutsche Bibliothek*, 54. Bd. 1. Stk, S. 280–282, hier S. 281f.
[33] Johann Karl Wezel: *Robinson Krusoe*. Leipzig 1779/80. Vorrede, zit. nach: Ewers: *Campe als Kinderliterat* (Anm. 1), S. 159. Vgl. hierzu auch Heinz: *Wezel* (Anm. 2), S. 71–74.

also Kinder durchaus mit moralischen Widersprüchen und Grundsatzfragen des gesellschaftlichen Zusammenlebens konfrontieren dürfe, was er in seiner eigenen Bearbeitung des *Robinson* auch tat. Wezel hatte in seinem *Belphegor* ganz ähnliche Einwände an ganz ähnlichen Beispielen gegen die Theodizee vorgebracht und den Philosophen Fromal eine relativistische Antwort darauf finden lassen, in der es letzten Endes davon abhängt, welchen Namen man der Verkettung der Dinge in der Welt gibt, ob man diese nun als aufgrund eines göttlichen Willens geschehen oder als eine von zahlreichen möglichen Kausalverknüpfungen betrachtet.

> Ich erblicke in den Begebenheiten der Erde und jedes einzelnen Menschen einen Zusammenhang, der sie so zusammenkettet, daß eine wirkt und die andre gewirkt wird, um wieder zu wirken. Dieß ist das einzige, was ich *mit Gewisheit* sehe, und wenn ich daran zweifeln wollte, so würde ein Stein, der auf meinen Kopf fällt, mich lebhaft davon überzeugen: es ist eine Bemerkung, die eine leichte Aufmerksamkeit macht, und sie hat, deucht mich, die nämliche Evidenz, die das Zeugniß unsrer Sinnen giebt. [...] Da nun jede Wirkung auf die vorhergehende Ursache so gut paßt, daß diese um jener willen dazuseyn scheint, so stellen wir uns vor, daß der Stein darum einem Menschen auf den Kopf fällt, weil er getödtet werden soll: die Einbildungskraft hat hierbey Raum die Menge zu ihrem Spiel; wenn der Stein einen Menschen trift, den wir nach unserm Urtheile für böse halten, so nennen wir es Strafe; trift er einen guten, so nennen wir es Schickung oder wie es uns sonst beliebt. Aber allzeit ist es blos unsre Erfindung, unsre Vorstellung, die wir nie zu einiger Evidenz erheben können. – Jeder Mensch wird durch Erziehung, Unterricht, natürliche Anlagen und Neigungen zu einer von diesen Vorstellungsarten hingerissen und gleichsam so gestellt, daß er den Zusammenhang der Welt in einem von jenen Gesichtspunkten sieht.[34]

Wezel teilt mit Campe die Abneigung gegen die Empfindsamkeit, nicht jedoch die gegenüber dem Roman, in dem Wezel – anders als Campe – nicht nur ein Medium falscher Fiktionen sieht, sondern die Möglichkeit philosophischer Erörterung des Weltzusammenhangs und der Abbildung der Menschheitsgeschichte als gesellschaftlichem Lebenszusammenhang, in dem „Not, Zufall, Leidenschaft, Witz"[35] die wesentlichen Triebkräfte seien.

Campe verharrt dagegen in der Tradition von Leibniz, wenn er sein Weltdenken mit der Theodizeefrage, der Rechtfertigung des Übels in der Welt angesichts der Allmacht und Güte Gottes, verbindet: Die Welt, die empirisch bereist wird, soll immer auch ethisch-ästhetisch konsistent, als sinnhaft und gut erkennbar sein. Dieses Denken hatte der Vater im *Robinson* noch uneingeschränkt vertreten, er vermag ihm aber in der *Entdekkung von Amerika* nicht mehr zu genügen. Die *Entdekkung von Amerika* wird damit auch die Entdeckung des Erzählens und seiner

---

[34] Johann Karl Wezel: *Belphegor oder die wahrscheinlichste Geschichte unter der Sonne.* Leipzig 1776, S. 323.

[35] Wezel: *Robinson Krusoe* (Anm. 33), S. 134.

„Unzuverlässigkeit" – um einen etwas angestaubten Terminus aus der Erzähltheorie zu bemühen. Die Inbetrachtziehung der Unzuverlässigkeit steht am Anfang aller Literarizität.

Der Vater spielt Theater, lenkt die Erzählung und wird von ihr gelenkt. Der auch für heutige Lerinnen und Leser noch bestehende Reiz von Campes Roman besteht in den Widersprüchen, in die er sich mit seinen pädagogischen Absichten verstrickt. Campes Vater geht damit seiner pädagogischen Autorität zugunsten einer literarischen Vielschichtigkeit verlustig, die insofern wiederum in der pädagogischen Absicht des Verfassers liegen könnte, als sie zu einer erheblichen Stärkung des Möglichkeitssinns motiviert.

Nikolas Immer

,Idealische Perspectiven' auf die Französische Revolution? Joachim Heinrich Campes *Briefe aus Paris* (1789/90)

Gegen Ende des Jahres 1789 hegt der Kieler Orientalist Carl Friedrich Cramer die Absicht, ein großes Fest zu feiern. Den Anlass bildet die von Cramer befürwortete Brabanter Revolution, in deren Verlauf es zu revolutionären Erhebungen brabantischer und flämischer Patrioten gegen die österreichische Regierung kommt. In einem Brief an seinen Freund Klopstock erläutert Cramer detailliert, wie er sich das Arrangement für seinen „laute[n], erhabne[n] Freudenschmaus" vorstellt.[1] Besonders wichtig ist Cramer, dass neben vier Pokalen mit freiheitlichen Inschriften ein besonderer Stein auf dem Tisch platziert wird. Dabei handelte es sich um einen halben Mauerstein aus der Bastille, den ihm der schwedische Schriftsteller und Philosoph Thomas Thorild zuvor geschenkt hatte.[2] Tatsächlich war unter Leitung des geschäftstüchtigen Bauunternehmers Pierre-François Palloy bereits Mitte Juli 1789 mit dem Abriss der Bastille und mit dem Verkauf der Steinquader als Souvenire an Paris-Besucher begonnen worden.[3] Wie Cramer in seinem Brief weiter ausführt, plane er, unter der steinernen Reliquie Klopstocks Freiheitsode *Der Entscheider* (1782) zu drapieren.[4] Außerdem sei es seine Absicht, zu Beginn des Fests einen Gleichgesinnten zu ehren: „Auf Campens Wohlseyn [soll] so vielmal

---

[1] Carl Friedrich Cramer an Friedrich Gottlieb Klopstock, 21. Dezember 1789 (Friedrich Gottlieb Klopstock: *Werke und Briefe. Historisch-kritische Ausgabe* [fortan: HKA]. Begründet von Adolf Beck, Karl Ludwig Schneider und Hermann Tiemann, hg. von Horst Gronemeyer u. a. Berlin/New York 1974ff. Bd. VIII.1, S. 169). Am ersten Jahrestag des Bastillesturms wird Adolph Franz Friedrich Ludwig Knigge ein ähnliches Revolutionsfest in Hamburg feiern. Vgl. Hans-Jürgen Lüsebrink und Rolf Reichardt: *Die Bastille. Zur Symbolgeschichte von Herrschaft und Freiheit.* Frankfurt/M. 1990, S. 216f.

[2] Cramer an Christian Günther von Bernstorff, 12. Dezember 1789 (HKA VIII.2, S. 729). Vgl. Rüdiger Schütt: *Von Kiel nach Paris. Carl Friedrich Cramer in den Jahren 1775 bis 1805.* In: *„Ein Mann von Feuer und Talenten". Leben und Werk von Carl Friedrich Cramer.* Hg. von Rüdiger Schütt. Göttingen 2005, S. 13–46, hier S. 32–35.

[3] Zum Werdegang Palloys vgl. Lüsebrink/Reichardt: *Bastille* (Anm. 2), S. 135–150. Als Campe die Bastille in Paris sieht, sind die Abrissarbeiten schon in vollem Gang: „die schaurige Burg liegt, wenigstens zum Theil schon, in ihren Ruinen da, und wird nun bald vollends darin liegen." (BP 60 [bibliographische Angabe in Fn. 6].)

[4] Vgl. HKA VIII.1, S. 169; VIII.2, S. 728.

geklungen [sein] als viele Freyheitsbriefe er geschrieben hat."[5] Mit seiner Rede von den „Freyheitsbriefe[n]" bezieht sich Cramer auf die *Briefe aus Paris zur Zeit der Revolution geschrieben* (1790),[6] über die er sich mit Campe zuvor ausgetauscht hatte. Der Einladung zu Cramers „Schmause" vermochte Campe allerdings nicht Folge zu leisten, wie er im Nachhinein bedauernd schrieb.[7]

Cramer belässt es jedoch nicht bei einer Einladung zu seinem ,Revolutionsfest', sondern veröffentlicht im zweiten Stück seiner Anthologie *Menschliches Leben* eine Würdigung Campes sowie einen knappen Auszug aus dem gemeinsamen Briefwechsel.[8] In diesem Zusammenhang verweist Cramer auch auf Campes *Briefe aus Paris* und bezeichnet ihren Verfasser als den ersten Prosaautor, „der sich mit recht lauter Stimme einer Sache unter uns angenommen, die die theuerste Angelegenheit der Menschheit ist".[9] Diese Andeutung präzisiert Cramer später insoweit, als er Campe als einen Schriftsteller charakterisiert, „der in des Herzogs [von Braunschweig] wohlregierte[m] Lande, ungestört, die Herrlichkeit der [französischen] Umwälzung [...] besang".[10] Die deutlichste Stellungnahme zu Campes *Briefen aus Paris* findet sich jedoch in Cramers Artikel *Die Freunde*, der der zitierten Würdigung unmittelbar vorangestellt ist. In diesem Artikel reagiert er auf eine Kritik des Historikers August Ludwig von Schlözer, indem er sich auf die Haltung eines nicht näher spezifizierten Publikums beruft:

> „Mag es seyn", sagte man, „daß einiges in dem historischen Detail davon anfechtbar ist; daß der edle Enthusiasmus, entglüht durch den Anblick des unerhörtesten Schauspiels der Erde, in den ersten Tagen des Gewirrs, im Gedräng der sich widersprechendsten Zeugnisse, bey dieser Unmöglichkeit so früh das reine Korn historischer Wahrheit zu sondern von der umflatternden Spreu der glänzenden Verbildung; daß er in diesen Tagen das Thun und Lassen der Franken, hier und da, zu sehr con amore, mit zu schimmerndem Colorite gemahlt: Der Geist, der sein Buch

---

[5]   HKA VIII.1, S. 169.

[6]   Joachim Heinrich Campes *Briefe aus Paris zur Zeit der Revolution geschrieben* werden im Folgenden unter der Sigle ,BP' mit nachgestellter Seitenzahl nach der ersten Buchausgabe zitiert: Joachim Heinrich Campe: *Briefe aus Paris zur Zeit der Revolution geschrieben*. Braunschweig 1790.

[7]   Campe an Cramer, 18. Januar 1780; *Briefe von und an Joachim Heinrich Campe* (2 Bde.). Hg., eingeleitet und kommentiert von Hanno Schmitt. Wiesbaden 1996/2007 (fortan: CBr), hier Bd. II, S. 121. Von diesem „Schmause" berichtet Cramer ausführlich in *Menschliches Leben*. Vgl. Carl Friedrich Cramer: *Der Schmaus* [23. Dezember 1781]. In: Ders.: *Reseggab oder Geschichte meiner Reisen nach den caraibischen Inseln*. Viertes Stück (= Menschliches Leben. Siebentes Stück). Altona/Leipzig 1791, S. 480–505.

[8]   Vgl. Carl Friedrich Cramer: *Campe* [20. und 30. Mai 1791]. In: Ders.: *Reseggab* (Anm. 7). Zweites Stück (= Menschliches Leben. Zweites Stück), S. 44–62, 173–183.

[9]   Ebd., S. 45.

[10] Ebd., S. 176f.

durchwehet, ist gut; es ist der Geist der Menschlichkeit! der Freyheit! der Wahrheit! der Freymüthigkeit! der Liebe! [...]"[11]

Die längere Stellungnahme, die Cramer anführt, dient der engagierten Verteidigung von Campes *Briefen aus Paris*. Dabei werden zwei zentrale Kritikpunkte aus dem öffentlichen Diskurs über die *Briefe* aufgegriffen und abgeschwächt: zum einen mangele es Campes Schilderungen an historischer Präzision, zum anderen würden sie die politischen Entwicklungen in Frankreich verklären. Auch wenn die *Briefe* schon mehrfach Gegenstand der Forschung geworden sind, möchte ich im Besonderen die Frage nach Campes Verfahren der Stilisierung und Idealisierung vertiefen. Dazu werde ich erstens auf den Publikationsverlauf und die Schreibsituation der *Briefe* eingehen, zweitens nach der symbolischen Bedeutung der Bastille für Campes Darstellung fragen und drittens verschiedene Tendenzen von Campes Revolutionsenthusiasmus untersuchen.

I. Publikationsverlauf und Schreibsituation

Bekanntermaßen macht sich Campe am 17. Juli 1789 auf den Weg nach Paris, „um dem Leichenbegängniß des französischen Despotismus beizuwohnen" (BP 4). Ebenso bekannt ist, dass er diese Reise nicht allein antrat, sondern sie gemeinsam mit Jürgen Wiesel und Wilhelm von Humboldt unternimmt.[12] Der Aufenthalt in der französischen Hauptstadt veranlasst Campe zur Ausarbeitung seiner *Briefe aus Paris*, die er bemerkenswerterweise in „drei Varianten" publiziert:[13] Zwischen Oktober 1789 und Februar 1790 als Fortsetzung im *Braunschweigischen Journal*, kurz darauf als überarbeitete Buchausgabe und schließlich ebenfalls im Jahr 1790 als *Reise des Herausgebers von Braunschweig nach Paris im Heumonat 1789*, die zugleich den achten Teil der *Sammlung interessanter und durchgängig zwekmäßig abgefaßter Reisebeschreibungen für die Jugend* bildet.

In seinem Katalogbeitrag über Campes biografische Entwicklung hat Hanno Schmitt die im *Braunschweigischen Journal* veröffentlichten Texte als „[d]ie von

---

[11] Carl Friedrich Cramer: *Die Freunde*. In: Ders.: *Reseggab* (Anm. 7). Zweytes Stück (= Menschliches Leben. Zweytes Stück), S. 35–44, hier S. 35f.

[12] Vgl. Hanno Schmitt: *Joachim Heinrich Campes Reise ins revolutionäre Paris (1789)*. In: *Die deutsche Schule* 81 (1989), H. 1, S. 90–102, hier S. 91. Zu Person Wiesels vgl. auch *Wilhelm von Humboldts Tagebücher* (2 Bde.). Hg. von Albert Leitzmann. Berlin 1916/18, Bd. I, S. 86 und 92.

[13] Jörn Garber: *Joachim Heinrich Campes Reisen in die „Hauptstadt der Menschheit"* (1789/1802). In: *Visionäre Lebensklugheit. Joachim Heinrich Campe in seiner Zeit (1846–1818)*. Ausstellung des Braunschweigischen Landesmuseums und der Herzog August Bibliothek Wolfenbüttel vom 29. Juni bis 13. Oktober 1996. Ausstellung und Katalog: Hanno Schmitt in Verbindung mit Peter Albrecht u. a. Wiesbaden 1996, S. 225–246, hier S. 227.

dieser Revolutionsreise geschriebenen *Briefe aus Paris*" bezeichnet.[14] Schmitts Formulierung suggeriert, Campe habe die Paris-Berichte bereits während seines dortigen Aufenthalts verfasst. Doch soweit ich sehe, gibt es keine Zeugnisse, die diese Annahme belegen. Vielmehr spricht eine briefliche Bemerkung Humboldts vom 26. Oktober 1789 für das Gegenteil: „Ich bewundre nur Campes fruchtbares genie, wie der aus seinem strassen und kirchenbesehn eine reisebeschreibung *machen will*."[15] In der französischen Hauptstadt scheint eher das „Pariser Tagebuch" entstanden zu sein, aus dem Campe Auszüge in seiner *Reise des Herausgebers* veröffentlicht.[16]

Ebenso wie die *Briefe aus Paris* besteht dieser ‚zweite Reisebericht' aus acht Briefen, die jedoch von Auszügen aus dem „Pariser Tagebuch" unterbrochen werden. Uwe Hentschel hat bereits nachgewiesen, dass beide Reiseberichte komplementär aufeinander bezogen sind:[17] Während Campe in den *Briefen aus Paris* die „merkwürdige Weltbegebenheit" der Französischen Revolution detailliert schildert, bietet er in der *Reise des Herausgebers* – wie er in einer Selbstrezension im *Braunschweigischen Journal* schreibt – „die von jener großen Weltbegebenheit

---

[14] Hanno Schmitt: *Visionäre Lebensklugheit. Zur Biographie Joachim Heinrich Campes.* In: Schmidt: *Ausstellung* (Anm. 13), S. 13–32, hier S. 29.

[15] Humboldt an Caroline von Beulwitz und Caroline von Dacheröden; Wilhelm von Humboldt: *Briefe.* Historisch-kritische Ausgabe. Abt. 1: Briefe bis zum Beginn der diplomatischen Laufbahn 1781–1802. Bd. I: *1781–Juni 1791.* Hg. und kommentiert von Philip Mattson. Berlin 2014, S. 224; Hervorhebung von mir, NI. Humboldt weiß zu diesem Zeitpunkt nicht, dass Campe schon mit seiner „reisebeschreibung" begonnen hat, erscheint doch der erste der *Briefe aus Paris* gleichzeitig im Oktober-Heft des *Braunschweigischen Journals.* Humboldts Bemerkung impliziert außerdem, dass Campes „reisebeschreibung" in Paris offenbar noch nicht ,gemacht' gewesen war. Schließlich lässt sich belegen, dass sich Campe während seines Aufenthalts bisweilen müde und krank gefühlt hat, was möglicherweise ein Hinderungsgrund für die unmittelbare Ausarbeitung der *Briefe* gewesen ist. Vgl. Humboldt: *Tagebücher* (Anm. 12), Bd. I, S. 124, 133.

[16] Vgl. Joachim Heinrich Campe: *Auszug aus meinem Pariser Tagebuch.* In: Ders.: *Reise des Herausgebers von Braunschweig nach Paris im Heumonat 1789* (= Sammlung interessanter und durchgängig zwekmäßig abgefaßter Reisebeschreibungen für die Jugend. Achter Theil). Reutlingen 1790, S. 172–256, 269–304. Zu Beginn des neunten Teils seiner *Sammlung* ergänzt Campe: „Als ich den Achten Theil dieser Reisebeschreibung schloß, hatte ich den Vorsatz, den gegenwärtigen neunten mit der Fortsetzung meines Pariser Tagebuchs anzufüllen. An Stoff zur Ausführung dieses Vorsatzes fehlte es mir nun nicht; wohl aber an Lust und an der Ueberzeugung etwas Nützliches damit zu thun." (Joachim Heinrich Campe: *Sammlung interessanter und durchgängig zwekmäßig abgefaßter Reisebeschreibungen für die Jugend.* Neunter Theil. Reutlingen 1799, S. 3.)

[17] Vgl. Uwe Hentschel: *Ein Philanthrop im revolutionären Paris. Joachim Heinrich Campes Reise und seine zwei Reisebeschreibungen.* In: *Euphorion* 86 (1992), S. 209–222, insbesondere S. 214.

unabhängigen Bemerkungen".[18] Dieser weitgehende Verzicht auf politische Äußerungen in der *Reise des Herausgebers* ist dem Umstand geschuldet, dass Campe aus der Perspektive eines Vaters berichtet, der sich an seine Tochter und damit an eine junge Leserschaft wendet.[19] Gleichwohl vermag er sich einzelner Kommentare nicht zu enthalten und schreibt über den Auftakt der Französischen Revolution: „Die Köpfe der aristokratischen Tyrannen sollen wie Mohnköpfe fliegen, und die königlichen Truppen das Hasenpanier ergriffen haben."[20] Angesichts solcher pädagogisch bedenklichen Ausfälle entscheidet sich der Rezensent der *Allgemeinen Literatur-Zeitung*, Campes Werk „der minder oder mehr erwachsnen Jugend nicht [zu] empfehlen".[21]

Doch zurück zu den *Briefen aus Paris*, die im Verlauf von vier Monaten im *Braunschweigischen Journal* erscheinen. Da sie schon bald, wie Campe schreibt, „von einem Nachdrucke […] bedroht" werden, gibt er sie in überarbeiteter und ergänzter Form als Buchausgabe im Frühjahr 1790 heraus.[22] Noch im gleichen Jahr werden eine zweite und eine dritte Auflage der *Briefe* gedruckt, in deren erweiterter Vorrede Campe unter anderem auf die „kleinen Schikanen" seiner Kritiker reagiert.[23] Wenn im Folgenden auf die erste Buchausgabe der *Briefe* rekurriert

---

[18] Campe: *Reise* (Anm. 16), S. 133; [Joachim Heinrich Campe:] *Rez. von ‚Joachim Heinrich Campe: Reise des Herausgebers von Braunschweig nach Paris im Heumonat 1789. Reutlingen 1790'.* In: *Braunschweigisches Journal* 3 (September 1790), Neuntes Stück, S. 440–445, hier S. 440. In der Vorrede zu seiner *Reise des Herausgebers* präzisiert Campe außerdem, dass der Leser „[w]ichtige geographische und statistische Bemerkungen […] darin nicht erwarten" dürfe (Campe: *Reise* [Anm. 16], S. 7).

[19] In der Vorrede zu seiner *Reise des Herausgebers* schreibt Campe: „Was er auf dieser Reise des Anmerkens würdig fand, und wovon er glaubte, daß es jungen Leuten, allenfalls auch älteren, zu einer nicht unnützen Unterhaltung dienen könnte, das findet man in folgenden Briefen, die er seiner Tochter schrieb." (Campe: *Reise* [Anm. 16], S. 7.)

[20] Campe: *Reise* (Anm. 16), S. 65.

[21] [Anonym:] *Rez. von ‚Joachim Heinrich Campe: Reise des Herausgebers von Braunschweig nach Paris im Heumonat 1789. Reutlingen 1790'.* In: *Allgemeine Literatur-Zeitung* (9. August 1794), Nr. 260, Sp. 361–363, hier Sp. 363.

[22] [Joachim Heinrich] Campe: *Vorrede zu den Briefen aus Paris, zur Zeit der Revolution geschrieben.* In: *Braunschweigisches Journal* (Januar 1790), Stück 1, S. 65–71, hier S. 65, Anm. *. Mit Blick auf die genannten Überarbeitungen sei exemplarisch auf den ersten Brief verwiesen, in dem von der „plötzliche[n] Umschmelzung und Läuterung" ([Joachim Heinrich] Campe: *Briefe aus Paris, während der Revolution geschrieben. Erster Brief.* In: *Braunschweigisches Journal* 3 [Oktober 1789], Zehntes Stück, S. 227–256, hier S. 244) des französischen Nationalcharakters die Rede ist. In den Buchausgabe spricht Campe dagegen von der „angefangene[n] Umschmelzung und Läuterung" und setzt in der Anmerkung hinzu: „Man verstehe mich recht: ich meine eine *angefangene*, nicht eine schon *vollendete* Umschmelzung des ehemaligen Nationalcharacters. Letztere kann nicht das Werk einiger Wochen seyn." (BP 18.)

[23] Joachim Heinrich Campe: *Briefe aus Paris zur Zeit der Revolution geschrieben.* Dritte verbesserte Auflage. Braunschweig 1790, S. XII. Mit seiner Bemerkung zielt Campe offenbar auf den Kritiker des *Gelehrten Intelligenzblatts zur Braunschweigischen*

wird, stellt sich zunächst die Frage, aus welcher Schreibsituation heraus Campe seine Pariser Erlebnisse präsentiert.

Zu Beginn wird das Bild eines Verfassers entworfen, der gerade in der französischen Hauptstadt eingetroffen ist und sich direkt an einen seiner Briefpartner wendet. Die Adressaten der *Briefe* werden mit den Abkürzungen Herr „T*" (BP 1) und Herr „St*" (BP 256) bezeichnet, hinter denen sich Campes Braunschweiger Freunde Ernst Christian Trapp und Johann Stuve verbergen.[24] Indem eine private Kommunikationssituation fingiert wird, entsteht der Eindruck eines authentischen Erfahrungsaustauschs, der durch die hohe affektive Beteiligung des Verfassers noch an Unmittelbarkeit gewinnt. So kennzeichnet Campe die *Briefe* schon in der Vorrede als den „erste[n] warme[n] Erguß eines frisch gerührten und für die überschwengliche Menge neuer Empfindungen und Ideen […] zu enge gewordenen Herzens" (BP VI).[25]

Neben dieser Inszenierung der Unmittelbarkeit ist zu beobachten, dass Campe gezielt die „politische Metropole" Paris zu erfassen versucht.[26] Während die Auszüge aus seinem Tagebuch zahlreiche Bemerkungen enthalten, die auf verschiedene Baudenkmäler bezogen sind, lehnt es Campe in den *Briefen* ausdrücklich ab, über „die sogenannten Sehenswürdigkeiten dieser unermeßlichen Stadt" (BP 46) zu sprechen. Damit distanziert sich Campe explizit von Reiseführern (BP 47) wie etwa dem von Joachim Christoph Nemeitz verfassten *Séjour de Paris* (1718), dessen Funktion im Nebentitel zum Ausdruck kommt: *Getreue Anleitung, welchergestalt Reisende von Condition sich zu verhalten haben, wenn sie ihre Zeit und Geld*

Zeitung, der Campe in einer Besprechung der *Briefe aus Paris* lächerlich gemacht hatte. Vgl. den Wiederabdruck der Rezension in: Joachim Heinrich Campe: *Briefe aus Paris zur Zeit der Revolution geschrieben*. Mit Erläuterungen, Dokumenten und einem Nachwort von Hans-Wolf Jäger. Hildesheim 1977, S. 30f. (= Dokument 1). An Cramer hatte Campe daraufhin am 8. Dezember 1789 geschrieben: „Fast war ich schon im Begriff, den Rest meiner Briefe aus Paris ins Feuer zu werfen. Warum? Weil ich sehen und erfahren muß, daß ich mir ein unzählbares Heer von fanatischen Despotenfreunden und Speichelleckern damit zu grimmigen Feinden gemacht habe." (CBr II, S. 110.)

[24] Vgl. Schmitt: *Reise* (Anm. 12), S. 92.

[25] Die Reaktion Cramers auf die *Briefe aus Paris* bestätigt, dass sich die Rührung des Schreibenden direkt auf den Leser übertragen kann: „ich mußte die Briefe zwanzigmal niederwerfen, [und] das Fenster öffnen, um frische Luft zu schöpfen" (Cramer an Campe, 26. November 1789; CBr II, S. 102). Kritisch kommentiert dagegen Johann Baptist von Alxinger: „Der Philosoph hat Leidenschaften, wie jeder andere, ich weiß es wohl; aber ehe er schreibt, sucht er kalt zu werden. Das ist, scheint mir, eine Pflicht gegen seine Leser und gegen sich selbst." ([Johann Baptist von] Alxinger: *Anti-Hoffmann*. Erstes Stück. Wien ²1792, S. 33.)

[26] Garber: *Reisen* (Anm. 13), S. 244. Darüber hinaus wird bei Campe auch die „historische Akzeleration" reflektiert, die aus den „revolutionären Neuerungen" (*Deutsche Berichte aus Paris 1789–1933. Zeiterfahrung in der Stadt der Städte*. Hg. von Gerhard R. Kaiser. Göttingen 2017, S. 26) resultieren.

nützlich und wohl zu Paris anwenden wollen.[27] Auch Campe ist darauf bedacht, seine Zeit nützlich in Paris anzuwenden, konzentriert seine Aufmerksamkeit jedoch auf die exzeptionelle gesellschaftspolitische Situation: „Was sind steinerne Palläste, was Tempel und Denkmäler an einem Orte, wo man jetzt eben damit beschäftiget ist, ein unvergängliches Ehrendenkmal unsers Jahrhunderts [...] zu errichten?" (BP 46) Mit dieser ausdrücklichen Fokussierung auf die Vorgänge der Französischen Revolution macht Campe seinen Anspruch geltend, mit den *Briefen aus Paris* als ‚politischer Berichterstatter' aufzutreten.[28]

II. Großstadterfahrung und Besuch der Bastille

Bevor Campe erste politische Reflexionen anzustellen vermag, muss er zunächst den „Wahrnehmungsschock" verarbeiten,[29] der sich nach dem Eintritt in die französische Hauptstadt eingestellt hat. Die überwältigende Großstadterfahrung versucht er zu Beginn des ersten Briefes mithilfe von Naturbildern zu veranschaulichen:

> Ich habe mich aus dem wogenden Menschenstrom, der hier jetzt mehr als jemals, durch alle Straßen hin, den öffentlichen Plätzen zuwallt, herausgearbeitet; und setze mich nun am Ufer, d.i. meiner Stube nieder, um die zahllose Menge neuer Bilder, Vorstellungen und Empfindungen, die, wie junge Bienenbrut, dem Beobachter bei jedem Schritte, den er thut, hier jetzt schwärmend zufliegen, wo möglich, ein wenig auseinander zu setzen und in Ordnung zu bringen. (BP 1f.)

Doch dieser Versuch, Ordnung in das Chaos zu bringen, scheitert, wie Campes anschließender Ausruf „Umsonst!" (BP 2) belegt. Um nun seinem Briefpartner von den Ereignissen in Paris berichten zu können, beabsichtigt Campe, sich „empfindungslos gegen alle äußere Eindrücke [zu] machen" (BP 2f.). Zu beachten ist, dass sich diese ‚Empfindungslosigkeit' allein auf die visuellen und akustischen Störungen bezieht, die den Schreibprozess beeinträchtigen könnten. Die politischen Entwicklungen hingegen will Campe keineswegs „empfindungslos" darbieten, sondern vielmehr in einer Weise, dass sein Briefpartner in der Lage ist, sich in „[s]einen Empfindungszustand zu versetzen" (BP 4). Das wiederum heißt, dass sich Campe bewusst für eine subjektive und zugleich affektorientierte

27 Vgl. Timentes [= Joachim Christoph Nemeitz]: *Séjour de Paris. Getreue Anleitung, welchergestalt Reisende von Condition sich zu verhalten haben, wenn sie ihre Zeit und Geld nützlich und wohl zu Paris anwenden wollen.* [...] Frankfurt/M. 1718; Friedhelm Brusniak: *„Séjour de Paris" – die Reiseeindrücke des Fürstlich-Waldeckischen Hofrates Joachim Christoph Nemeitz.* In: *Französische Einflüsse auf deutsche Musiker im 18. Jahrhundert.* Hg. von Friedhelm Brusniak und Annemarie Clostermann. Köln 1996, S. 7–12.
28 Vgl. Schmitt: *Reise* (Anm. 12), S. 93.
29 Garber: *Campes Reisen* (Anm. 13), S. 225.

Darstellungsform entscheidet, die bisweilen in Schwärmerei münden kann, wie er im Verlauf des zweiten Briefes bekennt:

> Sie sagen: ich schwärme? Gut, mein Lieber; ich freue mich, daß ich bei einer *solchen* Veranlassung noch erwärmt werden kann, und bedaure den, der dazu nicht mehr fähig ist. Sie selbst, wie ich sie kenne, würden, wenn Sie hier wären, mit mir in die Wette schwärmen. (BP 37)

Dass er mit jener „Veranlassung" den „neuen Freiheitssinn" (BP 44) der Franzosen meint, verdeutlicht er zunächst mit Hinweis auf das Reiterdenkmal von Heinrich IV., das nicht nur mit einer Kokarde geschmückt ist, sondern auch von zahllosen Verehrern umlagert wird.[30] Auch wenn Campe versichert, keinen Stadtführer verfassen zu wollen, dienen ihm bekannte Orte und Bauwerke als Wegmarken, um seinen ‚Spaziergang' (BP 47) durch Paris topografisch zu spezifizieren. Den Ausgangspunkt bildet das in der heutigen Rue Bonaparte gelegene Hotel de Moscovie, von wo aus er seinen Weg folgendermaßen fortsetzt: über den Quai Malaquais und den Quai de Conti, weiter über den Pont Neuf, vorbei am Grand Châtelet, über den Place de la Grève, durch die Rue de Saint Antoine bis hin zur Bastille.

Campe ist damit an den Ruinen jenes Bauwerks angelangt, das im 17. und 18. Jahrhundert als ein „Inbegriff furchtgebietender absolutistischer Machtfülle und Willkür" gegolten hatte.[31] In Übereinstimmung mit der zeitgenössischen Pamphletistik charakterisiert er die Bastille als „Bollwerk des französischen Despotismus" (BP 60) und hebt damit ihren Symbolwert hervor, ein Zeichen herrschaftlicher Unterdrückung zu sein.[32] Diese Formulierung ist derart prägend, dass sich auch Wilhelm von Humboldt veranlasst sieht, in seinem Tagebuch zu notieren, das „eigentliche bollwerk des despotismus" gesehen zu haben.[33] Campe wiederum nutzt diese zeittypische Zuschreibung, um am Beispiel der Bastille den Gegensatz zwischen der alten absolutistischen und der neuen proto-demokratischen Regierungsform vorzuführen. Darstellungsästhetisch vertieft er diese Opposition, indem er mithilfe rhetorischer und typografischer Strategien zum einen Mitleid und zum anderen Bewunderung erzeugt.

Um zunächst die Rede vom „Bollwerk des französischen Despotismus" zu begründen, gedenkt Campe der Gefangenen, die in der Bastille inhaftiert waren. Mit pathosgeladener Sprache zielt er darauf ab, Anteilnahme für ihr Schicksal zu wecken und beschreibt das Bauwerk als einen

---

[30] Vgl. auch Campe: *Reise* (Anm. 16), S. 174f.
[31] Lüsebrink/Reichardt: *Bastille* (Anm. 2), S. 15.
[32] Vgl. ebd., S. 66f. An anderer Stelle heißt es, Campes *Briefe aus Paris* würden „sich wie ein Extrakt aus [...] der Pamphletliteratur des 18. Jahrhunderts zur Bastille" (ebd., S. 205) lesen.
[33] Humboldt: *Tagebücher* (Anm. 12), Bd. I, S. 120.

Ort des Schreckens und des Jammers, den so manche heiße Träne benetzte, und aus dessen tiefen und finstern Gräbern, mit lebendigen Leichen angefüllt, so mancher, von Angst und Verzweiflung erpreßter Seufzer durch ungeheure Felsenwände und eiserne Thüren zum Vater der Menschen, zum Richter der Könige emporstieg und um Rache schrie. (BP 60)

Kurz darauf steigt Campe selbst die Stufen in das Gefängnis hinab und intensiviert die einfühlende Darstellung, indem er seinen persönlichen Eindruck von der „mitternächtlichen Finsterniß" und den „pestilenzialischen Dünsten" (BP 62) schildert, die in den Kerkerräumen herrschen. Gleichzeitig erinnert er an verschiedene prominente Häftlinge, zu denen auch der Graf von Lorges gehört, über den er in einer Anmerkung schreibt: „Er hatte in einer der unterirdischen Grüfte 32 Jahre verlebt". (BP 64) Was Campe jedoch nicht zu wissen scheint, ist die Tatsache, dass es den Grafen von Lorges überhaupt nicht gegeben hat.[34] Vielmehr hatten französische „Journalisten und Schriftsteller […] eine Art idealtypischen Gefangenen" geschaffen,[35] um der Öffentlichkeit ein politisches Opfer des absolutistischen Regimes präsentieren zu können. Bei Campe erscheint das vermeintlich traurige Schicksal des Grafen von Lorges als ein extremer Beleg für die – wie es in typografischer Hervorhebung heißt – „*gesetzlose Willkührlichkeit*" (BP 65) des Despotismus.

Die Leidenschaft, mit der die Campe seine Anklage formuliert, weist bereits auf den dritten Brief voraus, in dem er knapp auf die sogenannte ‚Erstürmung' der Bastille eingeht. Indem er die Aufständischen nachhaltig idealisiert, eröffnet er die Möglichkeit, ihr Verhalten staunend zu bewundern:

Welche göttliche Eingebung lehrte denn diesen sogenannten Pöbel auf einmal so uneigennützig, großmüthig, so ordentlich, so einsichtsvoll, so heldenmäßig handeln? Die Eingebung war vorhergegangen; die Vorsehung hatte sie, trotz den menschenfeindlichen Despoten, die sie zu verhindern suchten, zu bewirken gewußt; sie heißt – *Cultur der Aufklärung*! (BP 102)

Doch mit dieser historisch eher ‚kreativen' Darstellung ist der kundige Rezensent der *Allgemeinen deutschen Bibliothek* keineswegs einverstanden. Vielmehr gibt er eine längere Passage aus den *Cahiers de Lecture* wieder und resümiert, „daß

---

[34] „[…] der Graf *von Lorges*, der […] nach 32 Jahren Gefängniß bey der Wegnahme der Bastille mit befreyt worden seyn sollte, findet sich unter mehrern Verzeichnissen der Gefangenen nicht" ([Anonym:] *Sammelrez. u. a. von ‚Joachim Heinrich Campe: Briefe aus Paris, zur Zeit der Revolution geschrieben. Braunschweig 1790'*. In: *Allgemeine Literatur-Zeitung* (11. und 12. April 1790), Nr. 101 und 102, Sp. 81–93, hier Sp. 92).

[35] Lüsebrink/Reichardt: *Bastille* (Anm. 2), S. 123. Darüber hinaus war der Lebensbericht des Grafen von Lorges einer der populärste Flugschriften in der Frühphase der Französischen Revolution. Vgl. ebd., S. 167.

die Bastille nicht erobert [worden] ist, sondern sich vielmehr ergeben hat".[36] Dass diese Ergebung außerdem verlustreich verlief, hätte Campe in Paris auch aus erster Hand erfahren können. Dort hatte sich Humboldt – allerdings vergeblich – auf die Suche nach Wilhelm von Wolzogen begeben,[37] der sich seit September 1788 in der französischen Hauptstadt aufhielt. In seinem Tagebuch hat Wolzogen notiert, wie der Gouverneur und der Inspecteur der Bastille am 14. Juli zum Place de la Grève geführt wurden: „Hier kamen sie schon zum Teil halbtot an. Man hängte sie da vollends oder schluge ihnen die Köpfe herunter".[38] Dieses historisch dokumentierte Racheverhalten bildet geradezu den Gegensatz zu der beschworenen „*Cultur der Aufklärung*".

Für Campe wiederum bleibt die Bastille weiterhin ein zentraler Bezugspunkt,[39] wie etwa der siebente Brief belegt, in dem er seinen gemeinsam mit Louis-Sébastien Mercier unternommenen Besuch des Louvre schildert. Dort widmet er seine Aufmerksamkeit jenen Porträts, „welche an Geschichten erinnerten, die durch die gegenwärtige Revolution wieder neues Interesse erhalten haben" (BP 245). Eines dieser Porträts ist Antoine Vestiers in zahlreichen Kupferstichen verbreitetes Gemälde von Henri Masers de Latude (1789), der aufgrund seiner langjährigen Inhaftierung in der Bastille neben dem Comte de Lorges zur zweiten prominenten „Symbolgestalt" avanciert war.[40] Latude hatte aufgrund eines ursprünglich recht

---

[36]   Rbr.: *Rez. von „Joachim Heinrich Campe: Briefe aus Paris, zur Zeit der Revolution geschrieben. Braunschweig 1790'*. In: *Allgemeine deutsche Bibliothek* 91 (1790), Stück 2, S. 514–522, hier S. 518. Im Anschluss an die wiedergegebene Passage resümiert der Kritiker: „Ueberhaupt ist diese Beschreibung in den Cahiers de Lecture natürlicher, und, vorzüglich in Ansehung des Vorgangs in der Festung, vollständiger und genauer, als man sie hier und in irgend einer andern deutschen Schrift findet." In der dritten Auflage seiner *Briefe aus Paris* hat Campe auf diese Kritik mit einer neuen Anmerkung reagiert: „Ich habe hier die Einnahme der Bastille so erwähnt, wie damals ganz Paris glaubte und versicherte, daß sie geschehen sey. Sechs Monate darnach hat man den Verlauf der Sache anders zu finden geglaubt, und alles Wunderbare so ganz davon abgewischt, daß man diese Einnahme nicht einmal mehr eine *Eroberung*, sondern nur eine *Besitznehmung* nennen wollte." (Campe: *Briefe aus Paris* [Anm. 23], S. 93, Anm. *).

[37]   „Deinen Wolzogen, Karoline, habe ich noch nicht gefunden, und beinahe verzweifle ich. Mehrere Versuche sind mir schon mißlungen. Unter einer Million Menschen einen aufzufinden, ist freilich schwer." (Wilhelm von Humboldt an Karoline von Beulwitz und Karoline von Dacheröden, 4./5. August 1789; Humboldt: *Briefe* [Anm. 15], Abt. 1, Bd. I, S. 210).

[38]   Wilhelm von Wolzogen: *„Dieses ist der Mittelpunkt der Welt". Pariser Tagebuch 1788/1789*. Hg. von Eva Berié und Christoph von Wolzogen. Frankfurt/M. 1989, S. 195f.

[39]   Auch als Campe das Grab von Jean-Jacques Rousseau besucht, würdigt er dessen Verdienst, indem er auf die Bastille rekurriert: „Denn ohne seinen *Contrat social* – dem nunmehrigen Volksbuch der freien Gallier – stünde die Bastille vielleicht noch heute" (BP 262, Anm. *).

[40]   Lüsebrink/Reichardt: *Bastille* (Anm. 2), S. 128.

ungeschickt eingefädelten Komplotts etliche Jahre in Gefangenschaft verbracht, jedoch war es ihm gelungen, wiederholt auf spektakuläre Weise zu flüchten.[41] Davon zeugt die auf Vestiers Gemälde dargestellte Strickleiter, die noch heute im Pariser Museum Carnavalet besichtigt werden kann. Campe hingegen bedauert, diese Revolutionsreliquie übersehen zu haben: „Ich hätte die wirkliche Leiter selbst sehen können; denn sie hing heute, wie ich diesen Abend zu spät erfuhr, zu Jedermanns Ansicht, am Fuß der Treppe, auf der wir, ohne darauf zu merken, zum Gemähldesaal hinauf gestiegen waren." (BP 247)

III. Revolutionsenthusiasmus und Volksverklärung

Dass die Bastille für Campe eine besondere Bedeutung besitzt, wird auch daran deutlich, dass er bereits vor seiner Ankunft in Paris auf sie zu sprechen kommt. Als ihm in Valenciennes eine Kokarde angeheftet wird, bekennt Campe gegenüber seinem Briefpartner: „es war mir in diesem Augenblick zu Muthe, als hätte die ganze französische Nation Brüderschaft mit mir gemacht; und hätte es hier jetzt gleich eine Bastille zu erstürmen gegeben, wer weiß – –" (BP 14). In seinem ungebremsten Revolutionsenthusiasmus deutet Campe an, sich an der Seite der Franzosen sogar gewaltsam gegen den Despotismus erheben zu wollen. Angesichts dieses Überschwangs wird der Braunschweiger Mineraloge August Ferdinand von Veltheim nur wenige Jahre später spöttisch vermerken, dass sich Campe „von den Sans-Culotten" zum „würdigsten ihrer Mitbürger salben ließ".[42]

Die Begeisterung für die revolutionären Vorgänge geht so weit, dass er ein idealisiertes Bild des durchreisten Landes zu entwerfen beginnt. Schon kurz darauf heißt es, er habe „nicht einen einzigen Menschen angetroffen, der etwas Ungeziemendes oder Ungesittetes in Worten oder Handlungen geäußert hätte" (BP 20). Außerdem setzt er hinzu, dass auf der gesamten Strecke von Valenciennes bis Paris „Diebereien" (BP 20) etwas völlig Undenkbares gewesen seien.[43] Dass diese Schilderung allerdings kaum den realen Verhältnissen entsprechen konnte, hatte schon der Rezensent der *Allgemeinen deutschen Bibliothek* angemerkt:

> Der Rec. muß gestehen, daß ihm von Personen, die eben zu der Zeit auch in Paris waren, diese Sicherheit vor Diebstählen, wenigstens in der Nähe von Paris und in Paris selbst, nicht als so vollkommen, allgemein ist angegeben, und überhaupt

---

[41] Vgl. ebd., S. 128–130; Henri Masers de Latude: *Fünfunddreißig Jahre im Kerker*. Aus dem Französischen übertragen und mit einem Nachwort versehen von Adele Ahues. Leipzig [3]1981.

[42] J.C. Herrmann [= August Ferdinand von Veltheim:] *Briefe über die Manufacturen der Mode-Bücher, besonders der Aufruhr-Prediger und Sprach-Umwälzer*. [Helmstedt] [1793], S. 21.

[43] Campe nennt hier als Ausgangspunkt die belgische Stadt Quiévrain (BP 19), die unmittelbar östlich von Valenciennes gelegen ist.

manches nicht so sehr heiter und rosenfarb ist geschildert worden, als es Hrn. C. schien.[44]

Campe hingegen scheint überzeugt zu sein, dass die politische Emanzipation des französischen Volkes unmittelbar parallel zu dessen moralischer Ausbildung verläuft. Anders gesagt: „das Feuer des allgewaltigen Freiheitsgefühls" (BP 18) habe nachhaltig zur ‚Erhöhung' und ‚Veredelung' des französischen Nationalcharakters beigetragen. Im sechsten seiner *Briefe aus Paris* betont Campe, dass damit ein tiefgreifender kultureller Entwicklungsprozess eingeleitet worden sei, der vor allem in „den Künsten und Wissenschaften" (BP 232) zu beobachten sein werde. Folglich prophezeit er den Franzosen:

> Sie werden Feinheit mit Stärke, Leichtsinn mit Geistestiefe, Hang zum Vergnügen mit Heroismus, Geschmeidigkeit mit Festigkeit, Eleganz mit Vollkraft in einem Grade verbinden lernen, der uns – wie schon der jetzige Anfang davon thut – immer mehr und mehr in Verwunderung setzen wird. (BP 233)

Mit Bezug auf diese Passage fragt der Rezensent der *Allgemeinen deutschen Bibliothek* noch recht vorsichtig, ob es „nicht beynahe Schwärmerey" sei, wenn Campe behaupte, „*alle* Franzosen" würden diesen Zivilisierungsprozess durchlaufen.[45] Doch etwas später stellt der Kritiker präziser heraus, wie Campe bei seiner Darstellung der revolutionären Ereignisse und bei der Präsentation der daraus resultierenden Einsichten verfahre: „Herr C. mahlt sich eine idealische Perspective."[46] Wie schwierig es allerdings im Einzelfall ist, an dieser „idealische[n] Perspective" festzuhalten, zeigt sich vor allem dort, wo Campe das Verhalten des dritten Standes thematisiert. Dabei betont er zunächst, dass die gesamte „Umwälzung" (BP 102) nicht mehr als 51 Menschenleben gekostet habe. Diese geringe Zahl erkläre sich damit, „daß der Pöbel mitten in seiner gräßlichsten Wuth, absichtlich keinem Unschuldigen etwas Leides widerfahren ließ" (BP 102). Auch wenn Campe die Worte „keinem Unschuldigen" nicht eigens hervorhebt, erlauben sie es ihm doch, die Hinrichtung des berüchtigten Finanzministers Joseph François Foullon und seines Schwiegersohns (Louis Bénigne) François Bertier de Sauvigny zu rechtfertigen. In einer längeren Fußnote führte Campe aus, dass er deren Tötung für rechtmäßig halte, dass er es aber verurteile, wie mit ihren toten Körpern verfahren worden sei (BP 104, Anm. **). An einer späteren Stelle kommt Campe – erneut nur in einer Anmerkung – nochmals auf diese Leichenschändung zu sprechen und weist die Verantwortung für diese Ausschreitungen vorwiegend den Pariser Marktfrauen zu: „So waren es z. B. mehr diese Weiber, als ihre Männer, welche an den Leichnamen der hingerichteten Volksverbrecher ihre Rachlust sättigten, indem sie dieselben zerstückten, und mit einzelnen Theilen noch eine Zeitlang ihren

---

[44] Rbr.: *Rezension* (Anm. 36), S. 515.
[45] Ebd., S. 520.
[46] Ebd., S. 522.

pöbelhaften und barbarischen Spaß trieben." (BP 186, Anm. *) Diese Erläuterung belegt, dass Campe die Gewaltexzesse, die sich in der Frühphase der Französischen Revolution ereignen, durchaus nicht verschweigt. Indem er sie aber nur in den Anmerkungen mitteilt, werden sie zum einen bewusst marginalisiert. Zum anderen wirkt ihre Beschreibung vergleichsweise gemäßigt, sofern sie etwa mit der drastischen Schilderung verglichen wird, die Friedrich Schulz und Georg Melchior Kraus in ihrer Schrift *Beschreibung und Abbildung der Poissarden in Paris* (1789) bieten.[47] Campe wiederum verweist in seiner *Reise des Herausgebers*, die er im Folgejahr publiziert, ausdrücklich auf diese Schrift. Dabei bezieht er sich insbesondere auf die Titelabbildung, die sein Erlebnis mit drei Pariser Poissarden illustrieren soll, die ihn am 4. August unversehens umarmt hatten:[48]

> Ich fühlte mich nämlich plötzlich von sechs häßlichen, gelbbraunen und dickknochigen Armen umschlungen; sahe zu gleicher Zeit drei; diesen Armen an Farbe und Plumpheit vollkommen entsprechende scheußliche Gestalten mit großen Mäulern, dicken aufgeworfenen Lippen, hervorragenden Backenknochen und borstigen Augbrauen, sich zu meinen Wangen drängen, und fing aus dem Strome plattfranzösischer Worte, den diese häßlichen Gesichter aus ihren rauhen und kreischenden Kehlen mit entgegen sprudelten, folgenden Sinn auf: *erlauben sie, Herr Abbe, daß wir sie umarmen, dann mögen sie uns geben, was ihnen beliebt!*[49]

Campe hat darauf verzichtet, diese Begegnung in seinen *Briefen aus Paris* zu erwähnen. Freilich ließe sich argumentieren, dass diese Anekdote keinen Aussagewert für die Beschreibung der politischen Verhältnisse besitzt und sie Campe deshalb nicht in seine *Briefe* aufgenommen hat. Gleichwohl zeigt diese Begegnung aber auch seinen Abscheu gegenüber einigen Repräsentantinnen des dritten

---

[47] „Der Anblick des Blutes schien sie [die Poissarden] wie gewisse reissende Thiere, rasend zu machen und sie bemächtigten sich der Rümpfe der Hingerichteten, und schleppten sie mit greulichem Geschrey durch die Straßen, während ihre Freunde die Köpfe auf Piken durch die Stadt trugen. Bey der Ermordung Foulons und Berthiers stieg ihre Unmenschlichkeit auf den höchsten Grad, und die waren den Thieren am wenigsten ähnlich, welche ihre Körper bloß zertraten und steinigten und Fetzen von ihren Kleidern rissen, um sie für Kinder und Kindeskinder aufzubewahren." ([Friedrich] Schulz, [Georg Melchior] Kraus: *Beschreibung und Abbildung der Poissarden in Paris*. Weimar/Berlin 1789, S. 10. – vgl. zu Schulz und Campe den Beitrag von Dirk Sangmeister in diesem Band.)

[48] Von diesen ‚Umarmungen' berichten auch Schulz und Kraus: „Den Tag nach der Eroberung der Bastille liefen sie [die Poissarden] haufenweise durch die Stadt, um alles, was ihnen begegnete – zu küssen. Ehe sichs der Fußgänger, besonders wenn er jung war, versah, hing ihm solch ein schweres, dickes, vierschrötiges Wesen am Halse, oder schlug seine gewaltigen Arme um ihn und herzte ihn, daß ihm alle Glieder krachten, und es ward wohl böse, wenn er nicht recht artig zurück gab, was es ihm so gewaltthätig aufdrang." (Ebd.).

[49] Campe: *Reise* (Anm. 16), S. 227.

Standes, den er in den *Briefen* eigentlich nur aus einer „idealische[n] Perspective"
betrachten möchte.

IV. Berichterstattung und Revolutionskritik

Schon vor mehr als 25 Jahren hat Jörn Garber resümiert, dass Campe kein „Rhe-
toriker der idealisierenden Stadtbeschreibung, sondern ein genauer Beobachter
der gewaltsamen Revolution" gewesen ist.[50] Beide Feststellungen sind nach wie
vor zutreffend: In seinen *Briefen aus Paris* hat Campe sowohl die unansehnlichen
Seiten der Großstadt berücksichtigt als auch die gesellschaftspolitischen Vorgänge aufmerksam registriert.[51] Dennoch ist es unverkennbar, dass seine Schilderung
der gegenwärtigen und vergangenen Ereignisse einem ausgeprägten Revolutionsenthusiasmus entspringt. Das hat wiederum Auswirkungen auf Campes Darstel-
lungsweise: Historische Sachverhalte werden mit rhetorischen Wirkungsstrategien
auf- oder abgewertet, bestimmte geschichtliche Details werden gezielt marginalisiert und künftige Entwicklungstendenzen werden einseitig positiv ausgelegt.
Eine wichtige Motivation für diese affirmierende Darbietungsform stellt die Art
und Weise dar, mit der ausländische Zeitungen über die Französische Revolution
berichten hatten:

> Ueberhaupt gehen verschiedene ausländische Journalisten und Zeitungsschreiber
> bei der Beurtheilung der großen, für die gesammte Menschheit so überaus wohlthä-
> tigen Revolution schon jetzt […] so unbarmherzig und ungerecht zu Werke, daß
> man zweifelhaft wird, ob man sie eher einer vorsetzlichen Unredlichkeit oder ei-
> ner gänzlichen Unwissenheit in der Geschichte beschuldigen soll. Bald erdichten
> sie Briefe aus Paris, mit Grausamkeiten und Unmenschlichkeiten angefüllt […]
> (BP 202f.)

Jenen erdichteten Briefen stellt Campe seine idealisierten *Briefe aus Paris* entgegen. Diese ideologische Ausrichtung trägt maßgeblich dazu bei, dass sie in der
antirevolutionären Presse kritisiert und sogar verrissen werden. Bekanntermaßen
reagiert der Wiener Publizist Leopold Alois Hoffmann am heftigsten auf Campes *Briefe aus Paris*, indem er beispielsweise dessen Schwärmerei als bloße Lar-
moyanz zu entlarven versucht: „Er [Campe] reiste mit der Absicht hin, *um sich
satt schwärmen zu können*. Er sah das ganze *politische* Drama nicht im Gesichtspunkte der Politik an; er besah es, wie eine empfindsame Dame ein empfindsames
Trauerspiel."[52] Neben solchen persönlichen Angriffen entfaltet Hoffmann schließlich auch eine Verschwörungstheorie, die er mit dem offenbar höchst brisanten

---

50   Garber: *Campes Reisen* (Anm. 13), S. 230.
51   Zur negativen Einschätzung der Stadt Paris vgl. BP 38–42.
52   [Leopold Alois Hoffmann:] *Ueber die politischen Angelegenheiten Frankreichs. In
     Briefen an den Herrn Edukationsrath und Buchhändler Joachim Heinrich Campe in*

Wohnort Campes in Verbindung bringt: „In eben diesem Braunschweig ist bereits seit längerer Zeit [...] ein sistematischer Plan zu einer Total-Revolution in Deutschland bearbeitet [...] worden."[53]

Braunschweig. In: *Wiener Zeitschrift* 1 (1792), H. 1, S. 54–84; H. 2, S. 186–194, hier S. 66.

[53]   [Leopold Alois Hoffmann:] *Einige Worte über den Schluß des höchsten Kaiserl. Kommissiondekretes wegen den französischen Angelegenheiten im Elsaß.* In: *Wiener Zeitschrift* 1 (1792), H. 2, S. 229–235, hier S. 232.

„Ewig hat er vor augen und führt er im munde das, was nützlich ist [...]."[1]
Joachim Heinrich Campe als philanthropischer Reiseautor

Als sich der 1749 geborene Goethe 1811 beim Schreiben von *Dichtung und Wahrheit* an seine Kindheit erinnerte, musste er konstatieren, dass es „zu der Zeit noch keine Bibliotheken für Kinder" gegeben hatte;[2] er sah sich auf die Literatur der Erwachsenen verwiesen, auf diverse Chroniken, Kompendien, auf Defoes *Robinson Crusoe* oder die Merian-Bibel.

Dieser Zustand sollte sich rasch ändern. Aufklärer wie Christian Felix Weiße entdeckten das Kind als Leser, und viele, weit weniger Ambitionierte und pädagogisch Geschulte drangen mit ihren Werken auf den Buchmarkt; der Handel mit Erziehungsschriften versprach ein gutes Geschäft.

Bereits 1789 beklagte sich der Berliner Aufklärer und Pädagoge Friedrich Gedike in einer Schrift mit dem Titel *Einige Gedanken über Schulbücher und Kinderschriften* darüber, dass „itzt in Deutschland nicht leicht irgend ein Feld der Litteratur so eifrig gedüngt und bearbeitet" werde „als die Schriftstellerei *für Kinder und Schulen*, und keine einzige litterarische *Manufaktur* [...] so sehr im Gange" sei, „als die Büchermacherei *für die Jugend* nach allen ihren Gradationen und Klassen". Zwar lobt er „die großen Verdienste" der Meister des Fachs, er nennt die Namen Campe, von Rochow, Weiße und Salzmann; doch sie lockten „einen unabsehlichen Schwarm von Skriblern herbei, die wie hungrige Heuschrekken über das neue Feld herfielen, und sich so gut wie jene Männer berufen glaubten, für Kinder und Schulen zu schreiben".[3]

Campe gehörte zu den Schrittmachern der philanthropischen Bewegung, das hat auch mehr als 200 Jahre nach Gedike seine Richtigkeit, und zugleich war seine Position nicht unangefochten, Nachahmer bedrängten ihn und Nachdrucker

---

[1]   Wilhelm von Humboldt: *Tagebuch der Reise nach Paris und der Schweiz 1789*. In: Ders.: *Tagebücher*. Hg. von Albert Leitzmann. Bd. I, Berlin 1916, S. 85.

[2]   Johann Wolfgang Goethe: *Werke* (Weimarer Ausgabe). Hg. im Auftrage der Großherzogin Sophie von Sachsen (4 Abt. in 133 Bden.). Weimar 1887–1919, Abt. 1, Bd. XXVI, S. 49.

[3]   Alle Zitate Friedrich Gedike: *Einige Gedanken über Schulbücher und Kinderschriften*. In: Ders.: *Gesammelte Schulschriften*. Berlin 1789, S. 244f.

schmälerten seinen finanziellen Erfolg.[4] Und auch er musste sich angesichts der angespannten Konkurrenzsituation immer wieder neu entscheiden zwischen Erziehungsauftrag und kommerziellem Gewinn. Seit seiner Trennung vom Philanthropinum in Dessau und dem Umzug nach Hamburg 1777 war ihm bewusst, dass er einen Großteil seines Einkommens auf dem literarischen Markt erzielen müsse.

Der Beschäftigung mit Rousseaus Erziehungsroman *Emile* verdankte er nicht allein den Hinweis auf den Robinson-Stoff, sondern hier fand er auch formuliert, dass für ein Kind, welches der Natur gemäß aufwachsen soll, die Beschäftigung mit Literatur schädlich sei.[5] Obgleich Campe dieser Einsicht nicht grundsätzlich widersprach, begann seine „pädagogische Fabrik"[6] – wie Eichendorff später das Unternehmen Campe nannte – auf Hochtouren zu laufen; er schreibe „beinahe immer für zwei Pressen",[7] teilte er seinem Schwager Johann Heinrich Hiller 1779 mit.

Sein Erstling, der fiktive Reisebericht *Robinson der Jüngere. Ein Lesebuch für Kinder*, mit dem er bereits sechsjährige Leser zu erreichen suchte, wurde rasch ein Erfolg; für den marktorientierten Autor, der mit Geschick das englische Original umgeschrieben hatte, kein Zufall: „In Ansehung des Robinsons [...] bin ich meiner Sache so gewiß, daß ich ihn auf eigene Kosten werde drukken lassen".[8]

Erst mit dem Abschluss der *Kinderbibliothek* 1784 begann sich Campe mit seinen Büchern an die Jugend zu wenden, zwar hatte er bereits zuvor, z.B. 1778 in der Schrift *Ueber das schädliche Frühwissen und Vielwissen der Kinder* mit Verweis auf Rousseau gefordert, man müsse diese bis zum 12. Jahre vor der Lektüre bewahren, sich jedoch zugleich genötigt gesehen, diesen „Wunsch, um die Hälfte herabzustimmen, um wo möglich, nur die ersten sechs Lebensjahre des Kindes von dem Verderben des Schulunterrichts zu retten."[9] – jetzt nun, 1785, mit dem Beginn des neuen Projekts, einer *Sammlung interessanter und durchgängig zwekmäßig abgefaßter Reisebeschreibungen für die Jugend* bot sich eine Möglichkeit,

---

[4]   Raubdrucke erschienen z.B. bei Grötzinger in Reutlingen.

[5]   „Die Lektüre ist die Geißel der Kindheit und dabei fast die einzige Beschäftigung, die man ihnen gibt. Emile wird mit zwölf Jahren noch kaum wissen, was ein Buch ist." (Jean-Jacques Rousseau: *Emile oder Über die Erziehung*. Stuttgart 1976, S. 258.)

[6]   Joseph von Eichendorff: *Sämtliche Werke*. Historisch-kritische Ausgabe. Hg. von Hermann Kunisch und Helmut Koopmann. Bd. III. Stuttgart [u.a.] 1984, S. 54.

[7]   Joachim Heinrich Campe an Johann Heinrich Hiller, 25. März 1779. In: *Briefe von und an Joachim Heinrich Campe* (2 Bde.). Hg., eingeleitet und kommentiert von Hanno Schmitt. Bd. I. Wiesbaden 1996, S. 219.

[8]   Ebd.

[9]   Joachim Heinrich Campe: *Ueber das schädliche Frühwissen und Vielwissen der Kinder*. In: Ders.: *Sammlung einiger Erziehungsschriften*. Theil 2. Leipzig 1778, S. 236. – Als Campe später, 1786, den Aufsatz nochmals abdruckte, entschuldigt er seine Inkonsequenz: „allein ich überschaute damahls das Nachtheilige der Sache, vor der ich hier abermahls warnen will, noch nicht ganz, noch nicht bestimmt genug, noch nicht nach allen seinen Folgen" (*Allgemeine Revision des gesammten Schul- und Erziehungswesens*. Theil 5. Wolfenbüttel 1786, S. 4f.).

den Vorgaben Rousseaus weitestgehend zu entsprechen – ohne auf den finanziellen Gewinn aus der eigenen „pädagogischen Fabrik" verzichten zu müssen.

Bereits kurz nach der Veröffentlichung des Robinson-Textes muss ihm die Idee
gekommen sein, eine Sammlung von Reisebeschreibungen für jugendliche Leser
herauszugeben. In der Vorrede zu dem Lesebuch *Die Entdekkung von Amerika*
1781 spricht er von diesem „Plan"[10] – und damit bereits von der Absicht, auf diese
Weise

> in einem jungen Kopfe aufzuräumen, seine Welt- und Menschenkenntniß auf eine
> leichte und angenehme Weise zu erweitern, den Hang zu romanhaften Aussichten
> ins Leben und zu arkadischen Träumereien, zu welchen so viel andere Modebü-
> cher ihn einladen, zu schwächen, ihm frühzeitig einen heilsamen Ekkel gegen das
> faselnde, schöngeisterische, empfindendelnde, Leib und Sele nach und nach entner-
> vende Geschwäz der besagten Modebücher [...] einzuflößen.[11]

Vier Jahre später war es dann so weit, der erste Band der Reihe erschien und Campe erinnerte seine Leser an sein Versprechen, das er nunmehr einzulösen gedenkt,
denn er habe vielfach Zuspruch zu seinem Plan erfahren. Er will versuchen, seine
jungen Leser an möglichst viele Gegenden der Erde zu führen;[12] zu diesem Zwecke sollen die interessantesten Reisebeschreibungen ausgesucht und unter „Weg-
lassung dessen, was für die Jugend nicht gehört, nur dasjenige" erzählt werden,
„was sie zu gleicher Zeit vergnügen und unterrichten kann":

> In Ansehung der Thatsachen und Begebenheiten werde ich mich genau an meine
> Quellen halten; aber ich werde zugleich an den Faden einer jeden Erzählung so
> viel gemeinnützige Kenntnisse zu knüpfen suchen, als es, ohne sie ermüdend zu
> machen, nur immer geschehen kann.[13]

Zudem kündigt er an, gelegentlich auch von Reisen zu berichten, die er selbst
unternommen habe.

1785 mit einer Sammlung von Reisebeschreibungen an die Öffentlichkeit zu
treten, stellte eine durchaus mutige Entscheidung dar, denn es war die Hochzeit

---

10   Joachim Heinrich Campe: *Die Entdekkung von Amerika, ein angenehmes und nüzliches
     Lesebuch für Kinder und junge Leute.* Theil 1. Hamburg 1781, unpaginiert.
11   Ebd.
12   Er verfolge das „Ziel", seine „jungen Leser, [...], nach und nach in alle Weltgegenden
     zu leiten." (*Sammlung interessanter und durchgängig zwekmäßig abgefaßter Reise-
     beschreibungen für die Jugend.* Theil 1. Hamburg 1785, unpag. (Vorbericht). – Siehe
     auch Gabriele Brune-Heiderich: *Die Begegnung Europas mit der überseeischen Welt.
     Völkerkundliche Aspekte im jugendliterarischen Werk Joachim Heinrich Campes.*
     Frankfurt/M. [u. a.] 1989.
13   Alle Zitate *Sammlung* (Anm. 12), unpaginiert (Vorbericht).

der Reiseliteratur im 18. Jahrhundert,[14] die inzwischen alles bot vom gelehrten, statistisch enzyklopädischen Bericht Nicolaischer Manier bis hin zum empfindsamen Reiseroman à la Sterne. Und es existierten in den achtziger Jahren bereits mehr als 20 Reisesammlungen;[15] deren Herausgeber machten es sich zu ihrer Aufgabe, den Lesern die weite Welt zu zeigen – und auch sie argumentierten damit, dass das, was sie boten, eine weitaus nahrhaftere Lektüre sei als die der Romane – und die gelehrte Kritik stimmte ihnen zu. Es gab Reihen wie die *Sammlung der besten und neuesten Reisebeschreibungen*, die bei Mylius in Berlin erschien und es zwischen 1763 und 1784 auf 25 Bände brachte; renommierte Autoren wie Anton Friedrich Büsching (*Magazin für die neue Historie und Geographie*, 12 Bde.; 1767–1793), Christoph Daniel Ebeling (*Neue Sammlung von Reisebeschreibungen*, 10 Bde.; 1780–1790), Johann Reinhold Forster, Matthias Christian Sprengel (*Beiträge zur Völker- und Länderkunde*, 7 Bde.; 1781–1790) oder Johann Wilhelm v. Archenholz (*Literatur und Völkerkunde*, 9 Bde.; 1782–1786) fungierten als Herausgeber diverser Reisesammlungen. Oft gab es einen Wettlauf um die fremdsprachigen Originalwerke, die, sobald sie erschienen waren, rasch beschafft und übersetzt werden mussten, damit man als Erster mit dem Werk den Buchmarkt beliefern konnte. Obgleich jeder Verleger die Übertragung sofort öffentlich ankündigte, konnte es geschehen, dass von einem Reisewerk bis zu drei Übersetzungen zustande kamen, die dann später von anderen Herausgebern wieder übernommen und nachgedruckt wurden.[16]

Und auch Campe bediente sich auf diese Weise,[17] indem er sich verfügbare Übersetzungen aneignete und sie entsprechend seinen Vorgaben umarbeitete,

---

[14] Das betrifft auch die philanthropische Reiseliteratur: „Beobachtende Erzieher haben längst die Bemerkung gemacht, daß Reisebeschreibungen für den größten Theil der Jugend nicht nur eine sehr nützliche, sondern zugleich auch eine sehr angenehme Lectüre sey, und haben deßhalb seit einigen Jahren die junge Welt mit Sammlungen von Reisebeschreibungen zu versorgen gesucht. Unter denen, die mir bekannt sind, behauptet die *Campesche*, nach meiner Einsicht, unstreitig den ersten Platz." (*Merckwürdige Reisen in fremde Welttheile: zunächst für die Jüngere Jugend*. Hg. von Jacob Glatz. Fürth 1802, S. 4 [Vorrede].)

[15] Uwe Hentschel: *Reisesammlungen*. In: Ders.: *Wegmarken. Studien zur Reiseliteratur des 18. und 19. Jahrhunderts*. Frankfurt/M. 2010, S. 55–76.

[16] Uwe Hentschel: *„Ich glaube es muß nicht damit gesäumt werden, denn an Concurrenten wird es nicht fehlen." Eine Reise-Sammlung des Vossischen Verlages auf dem literarischen Markt am Ausgang des 18. Jahrhunderts*. In: *Leipziger Jahrbuch zur Buchgeschichte* 4 (1994), S. 135–153.

[17] Als Jakob Glatz 1802 mit dem ersten Band der *Merckwürdigen Reisen in fremde Welttheile. Zunächst für die jüngere Jugend* (Fürth 1802) hervortrat, war Campe bereit, sich mit dem Konkurrenten abzusprechen, damit sie „nicht mehrmals zufälliger Weise auf einen und denselben Stoff" verfallen: „[…] ich bin daher gern bereit, die Uebereinkunft mit Ihnen einzugehen, daß wir uns etwa jedes halbe Jahr die getroffene Wahl der das nächste Mal zu bearbeitenden Reisen gegenseitig bekannt machen." (Joachim Heinrich Campe an Jakob Glatz, 21. Januar 1802. In: *Briefe von und an Joachim Heinrich*

das heißt, sie von unnützem Bildungsgut entschlackte, auf ihre Richtigkeit prüf-
te und in eine lesbare, den potentiellen Rezipienten nicht ermüdende Fassung
umschrieb;[18] der Neuigkeitswert seiner Vorlagen interessierte ihn in der Regel
nicht. Offensichtlich hatte er bei der Umsetzung seines Konzepts nicht allein sein
jugendliches Klientel im Blick; in der Manier eines selbstbewussten Autors formulierte er: „[...] in Ansehung der Einkleidung [...] wird man, hoffe ich, bei aller
Simplicität, deren ich mich beflissen habe, doch nicht leicht auf etwas stoßen,
welches der Würde eines gesetzten Schriftstellers, der zu gesetzten Lesern redet,
unwürdig wäre [...]".[19] Der Erwachsene möge angesichts der sich wiederholenden
„Anrede: *Junger Leser!* [...] das Beiwort *Junger* ungelesen lassen".[20]

Nach Campes Umsiedlung nach Braunschweig wurde die *Sammlung* im eigenen Verlag[21] fortgesetzt; der dritte Teil erschien bereits 1787. In der *Vorrede* heißt
es, dass sich das Projekt eines „fortdauernde[n] Beifall[s]"[22] erfreue. Dabei hatten in den ersten beiden Bänden gerade einmal auf 200 Seiten Auszüge aus zwei
Entdeckungsreisen Platz gefunden, dabei handelte es sich um Jacob Heemskerks
Entdeckungsreise nach Spitzbergen und Nova Zembla und Vasco de Gamas *Reise*

Campe. Hg., eingeleitet und kommentiert von Hanno Schmitt, Anke Lindemann-Stark
und Christophe Losfeld. Bd. II. Wiesbaden 2007, S. 558.)

[18] Ich habe „mir bei der gegenwärtigen Sammlung von Reisebeschreibungen zur Regel
gemacht; nicht blos das Interessanteste dieses Fachs für euch auszusuchen, sondern
auch noch überdem von Zeit zu Zeit eine und die andere von jenen ganz ausserordentli-
chen Reisebegebenheiten einzuweben, deren Geschichte an Annehmlichkeit und Wun-
derbarkeit den Romanen völlig gleichkommt, ohne daß wir dadurch, wie von diesen,
aus der wirklichen Welt in die der Phantasien und der Hirngespinnste hinausgeführt
werden." (*Sammlung interessanter und durchgängig zwekmäßig abgefaßter Reisebeschreibungen für die Jugend.* Theil 5. Braunschweig 1788, S. 7f. [An die jungen
Leser].)

[19] Ebd., unpaginiert.

[20] Ebd. – „Uebrigens bitte ich meine Beurtheiler, nicht zu vergessen, daß ich diese Reisebeschreibungen nicht für Kinder, sondern für die *erwachsenere Jugend* bestimmt [...]."
(*Sammlung interessanter und durchgängig zwekmäßig abgefaßter Reisebeschreibungen für die Jugend.* Theil 9. Braunschweig 1791, unpaginiert [Vorrede]). – „Die vor
uns liegenden Briefe über Paris [...] sind fast durchaus für jedes Alter lesenswürdig
und verständlich." (Rezension zu Teil 8: *Allgemeine Litteratur-Zeitung* Nr. 260 vom
9. August 1794, S. 363.) Mit Bezug auf Teil 4 und 5 der *Neuen Sammlung* wird festgestellt, „daß das Werk nicht nur für junge Leute sehr nützlich seyn, sondern auch manche
Erwachsene angenehm unterhalten wird." (*Jenaische Allgemeine Litteratur-Zeitung* 1
[1803], Bd. II, Nr. 109, S. 247.)

[21] Rolf Hagen: *Die Gründung von Campes Schulbuchhandlung und die Übersiedlung des
Vieweg-Verlages nach Braunschweig.* In: *Das Vieweg-Haus in Braunschweig.* Hg. von
Hans-Herbert Möller. Hannover 1985, S. 7–12.

[22] *Sammlung interessanter und durchgängig zwekmäßig abgefaßter Reisebeschreibungen
für die Jugend.* Theil 3. Braunschweig 1787, S. III.

nach Ostindien;[23] den größeren Teil aber nahmen die Beschreibungen von zwei Reisen ein, die Campe selbst unternommen hatte, noch von Hamburg aus nach Wismar und Schwerin sowie in die Schweiz.[24] Bereits in der Vorrede zum ersten Teil hatte er angekündigt, die Leser nicht allein in ferne Weltgegenden zu führen, sondern auch „zur Beförderung der Kenntniß unsers Vaterlandes"[25] beizutragen, indem er gelegentlich auch seine eigenen Reiseerlebnisse mitteile.

Innerhalb seiner zwei großen Reisebeschreibungsprojekte, der bereits genannten *Sammlung* in 12 Teilen, erschienen zwischen 1785 und 1793, und der *Neuen Sammlung* von 1802 bis 1806, aus 7 Bänden bestehend, tritt Campe insgesamt sieben Mal als Reiseautor in Erscheinung; dabei füllen sein Berichte über Fahrten in die Schweiz, nach Frankreich und England sowie nach Böhmen allein sechs Bände,[26] die jeweils auch außerhalb der Reihe in Einzelausgaben veröffentlicht wurden.

Alle Beschreibungen sind dadurch charakterisiert, dass in ihnen der Reisende als Figur Gestalt annimmt, mit seinen Sorgen, Beschwerden, Vorstellungen und Maßgaben vorgeführt wird; die Brieffiktion und das Berichten zahlreicher Mikrologismen aus dem Erfahrungsumfeld des erzählenden Reisenden sowie Hinweise

---

[23] Maria Teresa Cortez: *Zwischen Kulturen: Joachim Heinrich Campes Reisebericht ,Vasco de Gamas Reise nach Ostindien' (1785).* In: *Komparatistik als Humanwissenschaft.* Hg. von Monika Schmitz-Emans, Claudia Schmitt und Christian Winterhalter. Würzburg 2008, S. 223–231.

[24] Siehe Franklin Kopitzsch: *Von Hamburg nach Schaffhausen – Campes Reise durch Deutschland in die Schweiz.* In: *Visionäre Lebensklugheit. J.H. Campe in seiner Zeit (1746–1818).* Hg. von Hanno Schmitt. Wiesbaden 1996, S. 77–87.

[25] *Sammlung interessanter und durchgängig zwekmäßig abgefaßter Reisebeschreibungen für die Jugend.* Theil 1. Hamburg 1785, unpaginiert (Vorbericht).

[26] 1) *Des Herausgebers kleine Reise von Trittow nach Wismar und von da nach Schwerin in Briefen an seine Kinder.* In: *Sammlung interessanter und durchgängig zwekmäßig abgefaßter Reisebeschreibungen für die Jugend.* Theil 1. Hamburg 1785, S. 209–270; 2) *Reise des Herausgebers von Hamburg bis in die Schweiz, im Jahr 1785.* In: *Sammlung interessanter und durchgängig zwekmäßig abgefaßter Reisebeschreibungen für die Jugend.* Theil 2. Wolfenbüttel 1786; 3) *Reise des Herausgebers von Braunschweig nach Paris im Heumonat 1789.* In: *Sammlung interessanter und durchgängig zwekmäßig abgefaßter Reisebeschreibungen für die Jugend.* Theil 8. Braunschweig 1790; 4) *Reise durch England und Frankreich in Briefen an einen jungen Freund in Deutschland.* In: *Neue Sammlung merkwürdiger Reisebeschreibungen für die Jugend.* Theil 4. Braunschweig 1803; 5) *Fortsetzung und Beschluß der Reise durch England und Frankreich in Briefen an einen jungen Freund in Deutschland vom Herausgeber.* In: *Neue Sammlung merkwürdiger Reisebeschreibungen für die Jugend.* Theil 5. Braunschweig 1803; 6) *Meine Rückreise von Paris nach Braunschweig.* In: *Neue Sammlung merkwürdiger Reisebeschreibungen für die Jugend.* Theil 6. Braunschweig 1804; 7) *Reise von Braunschweig nach Karlsbad und durch Böhmen in Briefen von Eduard und Karl herausgegeben von Joachim Heinrich Campe.* In: *Neue Sammlung merkwürdiger Reisebeschreibungen für die Jugend.* Theil 7. Braunschweig 1806.

auf konkrete Fremdwahrnehmungen[27] vermitteln den Eindruck einer subjektiven Authentizität;[28] der Leser glaubt dem Autor, dass er das, worüber er berichtet, auch wirklich erlebt hat. Nur ganz selten wird auf einen anderen Reisebericht Bezug genommen oder gar aus ihm zitiert.

Gleich in seinem ersten Bericht von der Reise von Hamburg nach Schwerin 1785 macht er seinen Lesern deutlich, was er beabsichtigt. Er werde keinen Reiseführer erstellen. Früher habe er überall, wo er sich aufhielt, den Wunsch verspürt, die Sehenswürdigkeiten eines Orts zu besichtigen, „lediglich um nachher sagen zu können: *das hab ich auch gesehn!*" Dann kam er zu einem folgenschweren Entschluss:

> Nachdem ich nun schon an manchem Orte von Raritäten dieser Art eine beträchtliche Menge angegafft hatte, da fiel mir eines guten Tages die Frage schwer aufs Herz: was für *Nutzen* hast du denn nun wohl davon gehabt? Bist du etwa klüger, verständiger, weiser und besser dadurch geworden? Hast du irgend etwas daraus gelernt? was dazu dienen könnte, deine oder anderer Menschen Glükseligkeit zu befördern? Oder bist du dadurch reicher an Menschenkenntniß geworden, und weißt du nun etwa besser, als vorher, was du von deinen Nebenmenschen zu erwarten hast, und wie du mit ihnen umgehen mußt, um, so viel möglich, in Friede und Freundschaft mit ihnen zu leben? […] Hm! dachte ich da, bist du nicht ein rechter Thor gewesen, Zeit und Geld zu verschwenden, um Dinge kennen zu lernen, deren Kenntniß niemand von dir fordert, weil du weder ein Baumeister, noch ein Gelehrter, noch ein Künstler von Profession bist, und die, wenn du sie auch alle an den Fingern herzuzählen wüßtest, dich doch nicht um ein Haarbreit geschikter in deinen Berufsgeschäften und nicht um Haarbreit weiser und glüklicher machen könnten! Also künftig weg damit! Von nun an will ich meine Augen und meine Aufmerksamkeit nur auf dasjenige richten, wovon ich für mich oder meine Nebenmenschen in demjenigen Stande, worin mich Gott gesezt hat, irgend einen Nutzen vor mir sehe.[29]

Damit ist der Gesichtspunkt klar benannt, der die Auswahl der auf der Reise zu betrachtenden Gegenstände bestimmte: Nur das, was dem Einzelnen und mithin auch der Sozietät förderlich ist, sowohl im sozialen als auch im wirtschaftlichen Bereich, ist der Aufmerksamkeit wert und bedarf der Erörterung. Damit distanzierte sich der Reiseautor Campe gleichermaßen von der gelehrt enzyklopädischen Berichtsform, nach der möglichst alles erfasst werden und jeder Fehler des Vorgängers korrigiert werden müsste, aber auch von den Bildungsreisen, in denen

27   „Eins und das andere [der Sehenswürdigkeiten] muß ich indeß doch davon mitnehmen, wäre es auch nur, um zu zeigen, daß ich wirklich hier gewesen bin." (*Reise des Herausgebers von Hamburg bis in die Schweiz* [Anm. 26], S. 111.)

28   Im Teil 8 der *Sammlung* teilt er mit, dass er sich „bemühe, die Dinge so zu sehen und zu erfahren, wie sie sind, und sie so zu beschreiben, wie er sie erfuhr." (*Reise des Herausgebers von Braunschweig nach Paris* [Anm. 26], S. 8.)

29   *Des Herausgebers kleine Reise von Trittow nach Wismar* (Anm. 26), S. 212f.

das Natur- und Kunsterlebnis im Mittelpunkt steht und schließlich von dem Be-
schreibungstypus, in dem das reisende Ich vor allem seinen Gefühlen Ausdruck
gibt und romaneske Abenteuer ausbreitet. Der eigene Ansatz und die Abgrenzung
von den anderen Formen erlaubt ihm auch über Städte wie London oder Paris zu
schreiben, obgleich bereits vor ihm zahlreiche Reiseautoren von dort berichtet
hatten.[30]

Für Campe zählt, ganz gleich, wo er sich aufhält, was der Mensch zu leisten
imstande und wie es um die Bedingungen bestellt ist, die ein nützliches Wirken
begrenzen oder ermöglichen können. Dabei sind es stets konkrete Reiseerfah-
rungen und -erlebnisse, die ihn zur kritischen Reflexion veranlassen – ob es sich
nun um den „Anblik zerlumpter Bettler"[31] in Kassel oder den „unvernünftigen
Zunftzwang[e]" in Aachen handelt.[32] Es sei nachgerade die „Pflicht beobachtender
Reisenden", die „Mitmenschen auf Misbräuche aufmerksam zu machen, welche
abgeändert werden *können* und daher auch *sollten*".[33]

Campe sucht und findet Plätze wirtschaftlichen Fortschritts, wo die „Quellen
des Reichthums und des Wohlstandes" reichlich sprudeln,[34] ohne dabei einer selbst-
herrlichen Prachtliebe das Wort zu reden. „Sparsamkeit und Erwerbsamkeit"[35] sind
für ihn die zwei Leittugenden:[36] „Gelderwerb ist zwar an und für sich recht gut;

[30] „Als man in dem vorigen Jahr in den Zeitungen las, daß Hr. Campe eine Reise nach
England und Frankreich angetreten habe; wer war da nicht schon zum voraus neugierig,
die Aerndte derselben in seiner neuen Sammlung von Reisebeschreibungen zum allgemeinen Genusse mitgetheilt zu finden. Denn so sehr auch in unsern Tagen beyde merk-
würdige Länder und ihre Hauptstädte bereist und beschrieben worden sind: so kann
man doch immer von Hrn. C. feinem und vorurtheilslosem Beobachtungsgeist neue
Ansichten und Bemerkungen erwarten, welche Erwartung auch nicht ganz getäuscht
worden ist." Der Rezensent schließt mit der Bemerkung, dass die Reisebeschreibung
wohl „kein neugieriger Leser ungelesen lassen wird" (*Neue allgemeine deutsche Bibliothek* 85 [1803], S. 266 u. 271).
[31] *Reise des Herausgebers von Hamburg bis in die Schweiz* (Anm. 26), S. 134.
[32] *Reise des Herausgebers von Braunschweig nach Paris* (Anm. 26), S. 69.
[33] *Reise des Herausgebers von Hamburg bis in die Schweiz* (Anm. 26), S. 19. – „[…] wo
giebt es […] ein besseres und wirksameres Mittel zur Abstellung öffentlicher Mängel
und Ungehörigkeiten, als dieses, daß verständige und wohlwollende Reisende ihre Bemerkungen darüber öffentlich mittheilen, und auf jene Abstellung öffentlich antragen?"
(*Reise des Herausgebers von Braunschweig nach Paris* [Anm. 26], S. 33.)
[34] *Reise des Herausgebers von Hamburg bis in die Schweiz* (Anm. 26), S. 187.
[35] Ebd., S. 313.
[36] In *Ueber einige verkannte wenigstens ungenützte Mittel zur Beförderung der Industrie,
der Bevölkerung und des öffentlichen Wohlstandes* schreibt er, dass er „keine andere Tugend kenne, welche in unsern Tagen geprediget und auf alle Weise befördert zu
werden verdiente, als – *Sparsamkeit, Fleiß, Industrie und wohlgeordneter Erwerbungs-
trieb*." (Joachim Heinrich Campe: *Ueber einige verkannte wenigstens ungenützte Mittel zur Beförderung der Industrie, der Bevölkerung und des öffentlichen Wohlstandes*.
2 Fragmente. Wolfenbüttel 1786, Fragment 1, S. 4.) – Siehe auch Jörg Eschenbächer:
Arbeit und Beruf bei Joachim Heinrich Campe. Diss. masch. Erlangen/Nürnberg 1966.

aber wo er auf Kosten der Sitten und ohne Fleiß und Mühe geschieht, da macht er weder reich noch glüklich. Er macht vielmehr arm und elend."[37]

Gut nachvollziehbar, dass sich für Campe mit der Reise nach England 1802 ein großer Wunsch erfüllt hatte; hier fand er ein Land, welches „einer einzigen großen Werkstatt ähnlich" sah,[38] wo Gewerbe- und Handelsfreiheit herrschten und all die Tugenden zu Hause waren, die Fortschritt und materiellen Wohlstand ermöglichen. Ausführlich beschreibt er die außergewöhnliche Mobilität der Engländer, deren überall wahrnehmbare Ordnung und Reinlichkeit, die wohltätigen Anstalten und die mit Dampfmaschinen betriebenen Manufakturen – das alles, vom politischen System befördert, führe unter den Engländern zu einem Nationalstolz, den er so noch nicht kennengelernt habe. „Diese Verfassung ist ganz darauf berechnet, daß Betriebsamkeit und Fleiß dadurch angefeuert, der Unternehmungsgeist dadurch geweckt und unterhalten, die Vaterlandsliebe dadurch angefacht, und der edle Vaterlandsstolz dadurch genährt werden muß."[39]

Als Campe 1786 seinen Besuch am Rheinfall bei Schaffhausen beschreibt, wird selbst der Bericht über dieses imposante Naturereignis zu einem Lehrbrief, in dem alle Ansichten ausnahmslos diskreditiert werden, die den propagierten Nützlichkeitspostulaten entgegenstehen.[40]

Campe kann sich für den Rheinfall so recht nicht begeistern, denn er verhindert den Transport der Waren. „Ginge sein Strom, wie andere ehrliche Flüsse, fein gemäßiget und regelmäßig einher: so könnte er auf seinem Rücken Lastschiffe tragen; so könnte er Handlung und Gewerbe befördern", da er dies aber nicht vermag, so fragt der Pragmatiker Campe folgerichtig weiter: „[...] und was kann er denn? Das Auge des Müßigen ergötzen; allenfalls auch Stoff zu dichterischen Gemählden liefern [...]".[41]

Indem Campe seine Leser von der Nutzlosigkeit des Rheinfalls zu überzeugen sucht, kommt er zugleich zu dem Schluss, dass diejenigen, die ihn begeistert feiern, sich selbst des Müßiggangs verdächtig machen. Und damit meint er ausdrücklich die jungen Dichter des Sturm und Drang, die wie Goethe, Lenz, Stolberg oder Heinse den Fall besucht hatten, um sich der Allgegenwart Gottes in der Natur auszusetzen.[42] Ihren Gefühlen gaben sie anschließend zumeist dichterisch kraftvoll Ausdruck. Für Campe handelte es sich bei diesen Autoren, die mit einer nach seiner Ansicht zur Schau gestellten hypersensiblen Aneignungs- und Dar-

---

[37] *Reise des Herausgebers von Braunschweig nach Paris* (Anm. 26), S. 56.

[38] *Fortsetzung und Beschluß der Reise durch England und Frankreich* (Anm. 26), S. 3.

[39] *Reise durch England und Frankreich* (Anm. 26), S. 245.

[40] Zum Rheinfall-Erlebnis Campes siehe Uwe Hentschel: *„aber mein Herz wollte noch immer nicht klopfen [...]." Eine Kontroverse um das Naturerhabene am Ende des 18. Jahrhunderts.* In: *Lenz-Jahrbuch* 7 (1997), S. 121–136.

[41] *Reise des Herausgebers von Hamburg bis in die Schweiz* (Anm. 26), S. 379f.

[42] Uwe Hentschel: *Naturerfahrung und Landschaftsdarstellung in den Beschreibungen des Rheinfalls bei Schaffhausen im 18. und 19. Jahrhundert.* In: *Jahrbuch der Österreichischen Goethe-Gesellschaft* 106/107 (2002/2003), S. 88–91.

stellungsweise die Leser zu gewinnen versuchten, ausschließlich um sogenannte „Empfindler",[43] die nicht in der Lage oder bereit waren, ihre Gefühle zu kontrollieren und zu mäßigen. Es sind Menschen, die „zu keinem einzigen, nach Zeit und Ort bestimmten regelmäßigen Geschäfte des bürgerlichen Lebens tauglich" seien.[44] Und so wie der Rheinfall unnütz ist, so sind auch seine enthusiastischen Bewunderer dem Müßiggang verfallen.[45]

Dass es „höhere Bedürfnisse" geben könne,[46] dass das Schöne und Erhabene, das ganzheitliche Naturerlebnis und die ästhetische Bewältigung des Erfahrenen unverzichtbare menschliche Bedürfnisse sein könnten, blieb dem Vertreter eines utilitaristischen Eudämonismus verborgen.

Mit welcher Begeisterung Campe, der Rousseau-Kenner [!], für bürgerliche Betriebsamkeit in seinen Reiseberichten votiert, ohne mitzubedenken, dass dieser Weg des bürgerlichen Wirtschaftens auch Gefahren in sich birgt, zeigt eine Beschreibungssequenz aus dem Text *Reise des Herausgebers von Braunschweig nach Paris im Heumonat 1789*.[47] Die „Wallfahrt [...] zum Grabe des französischen Despotismus"[48] führte ihn u. a. auch durch Krefeld, eine preußische Enklave im Westphälischen. Hier besichtigt Campe Samt- und Seidenmanufakturen, welche „nicht blos diesem Orte, sondern ganz Deutschland Ehre"[49] machen. „Man glaubt, indem man dieselben sieht, in einer der blühendsten Fabrikstätte Englands zu seyn; so groß ist der Umfang dieser Anstalt, so sinnreich das Maschinenwerk, so muster-

---

[43] Joachim Heinrich Campe: *Ueber Empfindsamkeit und Empfindelei in pädagogischer Hinsicht*. Hamburg 1779, S. 6.

[44] *Reise des Herausgebers von Hamburg bis in die Schweiz* (Anm. 26), S. 379.

[45] „Der Rhein kam mir nemlich hier gerade wie ein junges Genie in derjenigen Bedeutung vor, worin man dieses Wort seit ohngefehr zehn Jahren in Deutschland zu nehmen gewohnt ist, und nach welcher es einen zwar kraftvollen, aber aufbrausenden jungen Geist bedeutet, der etwas Ungewöhnliches, Seltsames und Auffallendes affectiert; sich über hergebrachte Sitten, Gebräuche und Wohlanständigkeit hinweg setzt; nicht anders, als aus innerm Drange und im Sturme handeln zu können wähnt [...]" (ebd., S. 378f.).

[46] Friedrich Leopold Graf zu Stolberg über Campes Ansichten angesichts des Besuchs des Rheinfalls: „Wir waren schon ziemlich weit auf dem Rückwege [vom Rheinfall], ehe wir unser Stillschweigen unterbrachen. Und nur als wir uns abgekühlt fühlten von der Empfindung Glut, warfen wir im Geist einen flüchtigen Seitenblick auf den Weltweisen, welcher den Rheinfall sehen, und mit kalter Bedächtlichkeit fragen konnte: wozu er nütze? [...] Der Mensch lebt nicht von Brod allein, mein Herr! Wenn Sie für höhere Bedürfnisse, für erschütternde Wonne beim Anblick der größten Natur keinen Sinn haben, so versöhne Sie die *nützliche* Drahtmühle mit einer der herrlichsten Naturerscheinungen." (*Reise in Deutschland, der Schweiz, Italien und Sicilien* [4 Bde.]. Königsberg und Leipzig 1794. Bd. I, S. 75.)

[47] Zum Reisetext siehe Uwe Hentschel: *Ein Philanthrop im revolutionären Paris. Joachim Heinrich Campes Reise und seine zwei Reisebeschreibungen*. In: *Euphorion* 86 (1992), S. 209–220.

[48] *Reise des Herausgebers von Braunschweig nach Paris* (Anm. 26), S. 16f.

[49] Ebd., S. 42.

haft die dabey überall herrschende Ordnung und Reinlichkeit!"[50] Campe berichtet, dass „gegen 6000 Menschen" in zahlreichen „palastmäßigen Gebäuden"[51] arbeiten; dabei handle es sich um „ganze Strassen kleinerer Häuser [...], die innwendig durchbrochen sind, so daß man aus einer Werkstatt in die andere tritt und alle unter einem Dache zu seyn scheinen".[52]

Obgleich man sich noch nicht der Dampfmaschine bediente, sondern sich noch auf Pferde als Antriebsmittel beschränkte, so war doch der Besucher fasziniert vom effizienten Einsatz dieser Kraftquelle: „Stelle Dir vor, wieviel Menschenhände dadurch erspart werden!"[53] Dieser Prozess der Freisetzung von Arbeitskraft, der mit dem Einsatz der Dampfkraft noch eine immense Beschleunigung erfahren sollte, führt an dieser Stelle[54] zu keinem Nachdenken darüber, was mit den so freigestellten Arbeitern geschehen soll.

Wenig später versucht er seinen Lesern die Arbeitsvorgänge an einem der Webstühle zu erklären. Dabei macht Campe ein bemerkenswertes Eingeständnis, denn obgleich die „erforderlichen Handgriffe so simpel" seien, „daß bei jedem Stuhle gerade zu dem, was das Künstliche an der Sache zu seyn scheint, nur ein Knabe gebraucht" werde, „so begriff" er „doch nichts davon" und konnte selbst „mit der schärfsten Aufmerksamkeit den Zusammenhang zwischen dem, was der Knabe that, und dem, was daraus erfolgte",[55] sich nicht erklären.

Wohl ist anzunehmen, dass auch der junge Arbeiter selbst diesen komplexen Vorgang von der arbeitsteiligen Handlung hin zum Produkt nicht durchschaute. Campe beschreibt, ohne dass es ihm selbst bewusst gewesen wäre, einen Vorgang entfremdeter Tätigkeit unter noch manufakturellen Produktionsbedingungen.

Für einige von Campes Zeitgenossen waren solche Erfahrungen, ob nun selbst gemacht oder literarisch vermittelt, Anlass für eine Abgrenzung von dieser Welt des Nutzens, der Naturentfremdung, Ich-Dissoziation und Arbeitsteilung, in deren Folge das Individuum immer nur einen Teil seiner Anlagen werde entwickeln können. Schiller bringt es auf den Punkt:

---

[50] Ebd.

[51] Ebd.

[52] Ebd.

[53] Ebd., S. 43.

[54] Campe wird später in seinem England-Bericht nachdenklicher, als er über den selben Sachverhalt berichtet: „Allein so wie alles in der Welt [...] nur beziehungsweise gut oder böse genannt werden kann: so hat auch die fortschreitende Erfindung so vieler bewundernswürdigen Kunstgetriebe oder Maschinen, wodurch Menschenhände gespart werden, ihre schlimme Seite, von der man sie nicht ansehen darf, wenn man in der menschlichen Freude über die hohen Fähigkeiten des Menschen nicht auf die unangenehmste Weise gestört werden will." (*Fortsetzung und Beschluß der Reise durch England und Frankreich* [Anm. 26], S. 11f.)

[55] *Reise des Herausgebers von Braunschweig nach Paris* (Anm. 26), S. 44.

> Ewig nur an ein einzelnes kleines Bruchstück des Ganzen gefesselt, bildet sich der
> Mensch selbst nur als Bruchstück aus, ewig nur das eintönige Geräusch des Rades,
> das er umtreibt, im Ohre, entwickelt er nie die Harmonie seines Wesens, und anstatt
> die Menschheit in seiner Natur auszuprägen, wird er bloß zu einem Abdruck seines
> Geschäfts, seiner Wissenschaft.[56]

Campe stand nicht auf der Seite der Bedenkenträger, der Zivilisations- und Fort-
schrittskritiker, die ihre Abneigung gegenüber dem allgegenwärtigen Utilitarismus zum Ausgangspunkt ihrer klassisch-romantischen Dichtung machten. Campe
vertrat die Ansicht derer, die von jenen als Philister verspottet wurden. Sie fochten
für einen (klein-)bürgerlichen Liberalismus, ohne – dies sei hinzugefügt – das
ihnen gegenwärtige Gesellschaftssystem infrage zu stellen. Mit ihren Wünschen
und Vorstellungen nahmen sie vorweg, was eine moderne bürgerliche Lebenswelt erbringen sollte. Als Campe das revolutionäre Paris besuchte, wo für ihn die
Aufklärungsideale Realität geworden waren, sah er auch verwirklicht, wofür er in
seinen Reisebeschreibungen stritt:

> Wir werden zum erstenmal ein großes Reich sehen, worin das Eigenthum eines Je-
> den heilig, die Person eines Jeden unverletzlich, die Gedanken zollfrei, das Glauben
> ungestempelt, die Aeußerungen desselben durch Worte, Schriften und Handlungen
> völlig frei und keinem menschlichen Richterspruch mehr unterworfen seyn wird;
> ein Reich, worin keine priviligirte, keine gebohrne Volksbedrücker, keine Aristo-
> kratie, als die der Talente und der Tugenden, keine Hierarchie und kein Despo-
> tismus mehr Statt finden, wo vielmehr Alle gleich [...]; ein Reich, wo Recht und
> Gerechtigkeit für Alle auf gleiche Weise und *ohne alles Ansehn der Person* werden
> verwaltet, und zwar *unentgeldlich* verwaltet werden, und wo Jeder, auch der arm-
> seligste Landmann, nicht etwa nur dem Scheine nach, wie in andern Ländern, son-
> dern *wirklich* in der gesetzgebenden Versammlung repräsentirt werden, also Jeder,
> auch der armseligste Landmann, Mitregent und Mitgesetzgeber seines Vaterlandes
> seyn wird.[57]

Die Aussagen, die Georg Forster, Wilhelm von Humboldt u. a. über Campes utilitaristische Ansichten und sein begrenztes Menschenbild gefällt haben, mögen

---

[56] Friedrich Schiller: *Über die ästhetische Erziehung des Menschen.* In: Ders.: *Werke. Na-
      tionalausgabe.* Hg. im Auftrag der Nationalen Forschungs- und Gedenkstätten der klas-
      sischen deutschen Literatur in Weimar (Goethe- und Schiller-Archiv) und des Schil-
      ler-Nationalmuseums in Marbach des Schiller-Nationalmuseums und der Deutschen
      Akademie von Lieselotte Blumenthal und Benno von Wiese (seit 1978 von Siegfried
      Seidel und Norbert Oellers), Weimar 1943ff., Bd. XX, S. 323.
[57] Joachim Heinrich Campe: *Briefe aus Paris. Zur Zeit der Revolution geschrieben.* Hg.
      von Hans-Wolf Jäger. Hildesheim 1977, S. 328.

richtig sein,[58] doch der Erfolg seiner Reisetexte,[59] die nicht allein von der erwachsenen Jugend gelesen wurden, sind ein Beleg dafür, dass ein Großteil der Bürger seine Vorstellungen teilte.[60]

[58] „Ich kann mich nicht in die art finden, wie er die dinge ansieht. Seine und meine gesichtspunkte liegen immer himmelweit auseinander. Ewig hat er vor augen und führt er im munde das, was nützlich ist, was die menschen glücklicher macht, und wenn es nun darauf ankommt zu bestimmen was das ist, so ist diese bestimmung immer so eingeschränkt. Für das schöne, selbst für das wahre, tiefe, feine, scharfsinnige im intellectuellen, für das grosse, in sich edle in moralischen dingen scheint er äusserst wenig gefühl zu haben, wenn nicht mit diesem zugleich eigen ein unmittelbarer nuzen verbunden ist." (Humboldt: *Tagebuch* [Anm. 1], S. 85f.) Vgl. auch den Aufsatz von Cord-Friedrich Berghahn in diesem Band.

[59] Für den Erfolg spricht z. B., dass Ernst Christian Trapp Campes *Sammlung*, als dieser die Reihe 1793 einstellte, selbst weiterschrieb (6 Teile; 1794–1802) und so für die *Fortsetzung der Campeschen Reisebeschreibungen für die Jugend* sorgte. Zugleich entschied sich auch der Verleger Johann Friedrich Cotta, von dem Konzept Campes überzeugt, für die Fortführung der Reihe unter dem Titel *Neue Sammlung interessanter und zweckmässig abgefaßter Reisebeschreibungen* (Teil 1, Tübingen 1794).

[60] Georg Forster musste bereits 1789 einräumen, dass Campe zu den Autoren gehört, die „die Gunst des Publikums ungeteilt und unangefochten genießen" und ihm zugleich „die schädlichsten Grundsätze" beibringen. (Forster an Christian Gottlob Heyne, 7. September 1789. In: Georg Forster: *Werke*. Hg. von Gerhard Steiner. Bd. XV, Berlin 1981, S. 336.)

Alexander Weinstock

Von Sittenlehrern und Jugendgefährdern: Joachim Heinrich Campe und das Theater

Zum Repertoire der Selbstbeschreibungen des 18. Jahrhunderts gehört auch und dezidiert der Bezug auf das Theater. Angesichts der umfangreichen Debatten, die sich um die Schädlichkeit, vor allem aber einen neu entdeckten, edukativen Nutzen der Schaubühne ranken, einer in Folge dessen ab der Jahrhundertmitte entstehenden Fülle von Fachzeitschriften, einem erwachenden Interesse von Policey und Kameralistik sowie der Bedeutung, die dem Theater für die Verarbeitung und Produktion anthropologischen Wissens attestiert wird,[1] vermag die Apostrophierung des 18. als „das *theatralische Jahrhundert*"[2] nicht zu überraschen. Aufschlussreich ist diese Zeitdiagnose allerdings hinsichtlich ihres Kontextes: Sie

---

[1] Vgl. zur Tradition der Theaterfeindschaft Jonas Barish: *The Antitheatrical Prejudice.* Berkeley/Los Angeles/London 1980 oder, jüngeren Datums, den von Stefanie Diekmann, Christopher Wild und Gabriele Brandstetter herausgegebenen Sammelband *Theaterfeindlichkeit.* München 2012; vgl. demgegenüber zum über seine erzieherische Funktionalisierung nobilitierten Theater unter anderem die Arbeiten von Hilde Haider-Pregler: *Des sittlichen Bürgers Abendschule. Bildungsanspruch und Bildungsauftrag des Berufstheaters im 18. Jahrhundert.* Wien/München 1980; Ruedi Graf: *Das Theater im Literaturstaat. Literarisches Theater auf dem Weg zur Bildungsmacht.* Tübingen 1992; Christopher J. Wild hat sehr überzeugend dargelegt, inwiefern diesem für das 18. Jahrhundert neuen, affirmativen Theaterverständnis eine Antitheatralität fest eingeschrieben ist, vgl. Christopher J. Wild: *Theater der Keuschheit – Keuschheit des Theaters. Zu einer Geschichte der (Anti-)Theatralität von Gryphius bis Kleist.* Freiburg/Br. 2003; vgl. zur Theaterpublizistik grundlegend Peter Heßelmann: *Gereinigtes Theater? Dramaturgie und Schaubühne im Spiegel deutschsprachiger Theaterperiodika des 18. Jahrhunderts (1750–1800).* Frankfurt/M. 2002; vgl. zum policeylichen und kameralistischen Interesse Wolfgang Martens: *Obrigkeitliche Sicht: Das Bühnenwesen in den Lehrbüchern der Policey und Cameralistik des 18. Jahrhunderts.* In: *Internationales Archiv für Sozialgeschichte der deutschen Literatur* 6 (1981), S. 19–51; vgl. zur Rolle des Theaters für ein sich disziplinär ausdifferenzierendes Wissen vom Menschen Alexander Košenina: *Anthropologie und Schauspielkunst. Studien zur ‚eloquentia corporis' im 18. Jahrhundert.* Tübingen 1995.

[2] [Joachim Heinrich Campe]: *Eine Bitte an die theatralischen Dichter.* In: *Pädagogische Unterhandlungen*, 1. Jahrgang 1777/78, 4. Stück, S. 349–357, hier S. 349. Hervorhebung im Original.

stammt weder aus dem aufklärerischen, künstlerischen Umfeld des Theaters, noch von Seiten klerikaler oder kulturkritischer Theaterfeinde, sondern wird aus Sicht der entstehenden Pädagogik gestellt, für deren Professionalisierung und Institutionalisierung im Philanthropismus das Theater von maßgeblicher Bedeutung ist.[3] Joachim Heinrich Campe, als einem der wichtigsten Vertreter der philanthropistischen Pädagogik, kommt hier allerdings insofern eine besondere Rolle zu, als dass seine Rede vom ‚theatralischen Jahrhundert‘ zugleich Ausdruck eines zutiefst zwiespältigen Verhältnisses ist, das er *als* Pädagoge zum Theater unterhält – eines Verhältnisses, in dem bedingte Affirmation und strikte Ablehnung aufeinandertreffen, und das im Folgenden, ausgehend von drei eng zusammenhängenden Thesen, hinsichtlich beider Positionen, ihrer Begründungen, ihrer Mischverhältnisse, aber auch deren Darstellung in den Blick genommen werden soll: Während, *erstens*, Campes Affirmation auf einem aufklärerischen Verständnis des Theaters als Sittenschule beruht, schreibt seine Ablehnung zugleich Argumentationsmuster traditioneller Theaterfeindschaft fort, die dabei allerdings fachspezifisch modifiziert und eingeschränkt werden: Den Pädagogen Campe interessieren die Auswirkungen der Bühne speziell auf theaterschauende wie -spielende Kinder, im Unterschied zu Erwachsenen. Die vermeintlich grundsätzlichen Gefahren des Theaters werden in dieser Perspektive zu pädagogischen Problemen, die dem Anliegen einer auf gesellschaftliche Nützlichkeit zielenden, philanthropistischen Erziehung zuwiderlaufen. Dabei zeigt sich *zweitens*, dass diese gegensätzlichen Positionen nicht zueinander in Widerspruch geraten, sondern sich entlang einer Reihe von Unterscheidungen verteilen, in denen pädagogische Kategorien und Prämissen binnendifferenzierend und als Bewertungsgrundlage auf theatrale bezogen und umgekehrt von ihnen als tragfähig ausgewiesen werden. *Drittens* nutzt Campe, der selbst kaum als Dramatiker in Erscheinung getreten ist, gezielt formale Dramatisierungen, um diese Positionen nicht einfach auktorial zu setzen, sondern als Ergebnis eines in dialogisch-szenischer Unmittelbarkeit inszenierten Austauschs zu präsentieren, so dass eine suggerierte Evidenz von Vorgängen ihre Folgerichtigkeit und Überzeugungskraft verbürgt.

Unter Kollegen?

Die Zwiespältigkeit, mit der Campe dem Theater gegenübersteht, zeigt sich *in nuce* in seinen Ausführungen zum ‚theatralischen Jahrhundert‘. Denn dieser Titel gebührt zunächst einmal einer Zeit, in der „alles [...] Comödiant geworden [ist]; jeder spielt, so gut er kann, eine fremde Rolle; keiner ist mehr, was er scheint“.[4] Dieser Einschätzung zufolge hat sich offenbar verwirklicht, wovor eine von

---

[3]　Vgl. dazu vor dem Hintergrund einer vorausgehenden Pädagogisierung des Theaters ausführlich der Verf.: *Das Maß und die Nützlichkeit. Zum Verhältnis von Theater und Erziehung im 18. Jahrhundert*. Bielefeld 2019.

[4]　[Campe]: *Eine Bitte an die theatralischen Dichter* (Anm. 2), S. 349.

Theaterfeindlichkeit angereicherte Kulturkritik nachdrücklich gewarnt hat, wie sie sich zeitgenössisch überaus wirkmächtig bei Jean-Jacques Rousseau findet, der allerdings auch einen möglichen Lösungsansatz präsentiert: Verstellung und Unaufrichtigkeit entfalten ihre unheilvolle soziale Prägekraft nicht zuletzt vom Theater befeuert und sind, wenn überhaupt, nur auf pädagogischem Wege auszuhebeln. Rousseau, der als Autor des *Emile* zu den wesentlichen Impulsgebern der Philanthropisten zählt,[5] stellt daher ins Zentrum seines literarisierten Erziehungsprogramms einen von den defizitären gesellschaftlichen Zusammenhängen nicht korrumpierbaren „natürliche[n] Mensch[en]",[6] der jedoch, das zeigt das Beispiel des Zöglings Emile, nur mit größtem pädagogischen Aufwand herzurichten ist.[7] Im *Brief an D'Alembert über das Schauspiel*, „der von der argumentativen Stoßrichtung her mit dem Erziehungstraktat einen kohärenten Zusammenhang bildet und parallel zu ihm entsteht",[8] wird nun als Keimzelle sozialer Deformationen, wie sie Campe als sich gesellschaftlich universalisierend beklagt, ausdrücklich das Theater ausgemacht. Dem Schauspieler, dessen Tätigkeit darin besteht, „sich zu verstellen, einen anderen als den eigenen Charakter anzunehmen, anders zu scheinen, als man ist," kreidet Rousseau nichts weniger an, als „daß er die Fähigkeit, Menschen zu täuschen, für alle Berufe ausbildet und sich in Haltungen übt, die nur auf dem Theater unschuldig sein können, sonst aber dazu dienen, Böses zu tun".[9]

---

[5] Vgl. Susanne Düwell: *„Gebietet ihm nie Etwas [...]. Er wisse nur, daß er schwach und daß ihr stark seyd".* Institutionalisierung der Pädagogik und Rousseaurezeption im Philanthropismus. In: Metin Genç und Christof Hamann (Hg.): *Institutionen der Pädagogik. Studien zur Kultur- und Mediengeschichte ihrer ästhetischen Formierungen.* Würzburg 2016, S. 87–109.

[6] Jean-Jacques Rousseau: *Emile oder Über die Erziehung.* Herausgegeben, eingeleitet und mit Anmerkungen versehen von Martin Rang. Unter Mitarbeit des Herausgebers aus dem Französischen übertragen von Eleonore Sckommodau. Stuttgart 2009, S. 112.

[7] Martin Jörg Schäfer hat aufgezeigt, wie hochgradig theatral dabei diese Erziehung des erklärten Theatergegners Rousseau im *Emile* verläuft, vgl. Martin Jörg Schäfer: *Das Theater der Erziehung. Goethes »pädagogische Provinz« und die Vorgeschichte der Theatralisierung von Bildung.* Bielefeld 2016, S. 103–125. Dass Rousseau bereits im *Brief an D'Alembert* trotz der dort vorgetragenen Ablehnung weitaus weniger theaterfeindlich ist, als er selbst vorgibt, argumentiert auch Stefanie Diekmann: *Kein Theater für Genf. Rousseaus ‚Brief an D'Alembert'.* In: Dies., Christopher Wild und Gabriele Brandstetter (Hg.): *Theaterfeindlichkeit.* München 2012, S. 31–40, insbes. S. 39f.

[8] Schäfer: *Das Theater der Erziehung* (Anm. 7), S. 106.

[9] Jean-Jacques Rousseau: *Brief an Herrn D'Alembert über seinen Artikel ‚Genf' im VII. Band der Enzyklopädie und insbesondere über den Plan, ein Schauspielhaus in dieser Stadt zu errichten.* In: Ders.: *Schriften.* Band I. Herausgegeben von Henning Ritter. Frankfurt/M. 1995, S. 333–474, hier S. 414f. Vgl. zum Schauspieler im *Brief an D'Alembert* Juliane Rebentisch: *Die Kunst der Freiheit. Zur Dialektik demokratischer Existenz.* Frankfurt/M. 2013, S. 273–280 und im breiteren Kontext einer eben nicht modellhaft am Theater, sondern der Versammlung orientierten „Demokratietheorie" Rousseaus, S. 271–341, Zitat von S. 271.

Anders als man es bei dieser Eröffnung zunächst vermuten würde, schreibt Campe die anzitierte Theaterkritik jedoch keineswegs fort. Seine *Bitte* fordert nicht etwa, dass die ‚theatralischen Dichter' verstummen, sondern, dass sie weiterschreiben mögen. Sie ist kein Angriff auf gesellschaftliche Störfaktoren, sondern, im Gegenteil, ein Appell an Kollegen. Denn das theatralische ist nicht allein ein Jahrhundert der Verstellung. Es ist vielmehr und gerade als theatralisches ein *pädagogisches Jahrhundert*,[10] wie Campes Text in dezidiertem Anschluss an ein Theaterverständnis unterstreicht, das sich innerhalb der Aufklärung rasch als diskursiv vorherrschend erweist und in dessen Zentrum eine pädagogische Funktionalisierung der Schaubühne steht. Auslöser wie Antrieb dieser Entwicklung sind die mit Johann Christoph Gottsched seit den 1720er Jahren anhebenden Bestrebungen, aus dem bestenfalls geduldeten Jahrmarktvergnügen im Rahmen einer umfassenden Reform eine Erziehungsinstitution von beispielloser Wirkmächtigkeit zu machen – eine, wie es Friedrich Schiller bekanntlich auf den Begriff bringen wird, *moralische Anstalt*. Innerhalb dieses funktionalen Umstrukturierungs- und pädagogischen Ausdifferenzierungsprozesses, der das Theater auf einen dramatischen Text als verbindliche Grundlage und dessen adäquate Aufführung wie Rezeption verpflichtet, werden alle daran beteiligten Akteure genau so begriffen, wie Campe einige von ihnen adressiert: „[D]ie Schauspieldichter und die Schauspieler von Profession sind fast die einzigen Sittenlehrer geworden, welche auf die moralische Bildung der Nation einen merklichen Einfluß haben."[11]

Es ist dieser zugestandene Einfluss – mit dem nicht zuletzt die Anerkennung des theaterreformatorischen Projektes einhergeht –, der Campes *Bitte* motiviert. Sie etabliert in ihrem Anliegen allerdings zugleich auch klare Hierarchien zwischen

---

[10]   Das Epitheton geht auf Johann Gottlieb Schummels satirischen Roman *Spitzbart* von 1779 zurück, dessen Untertitel *eine komisch-tragische Geschichte für unser pädagogisches Jahrhundert* lautet. Vgl. zu diesem ‚pädagogischen Jahrhundert' Ulrich Herrmann: *Die Pädagogik der Philanthropen.* In: Hans Scheuerl (Hg.): *Klassiker der Pädagogik. Erster Band. Von Erasmus von Rotterdam bis Herbert Spencer.* Zweite, überarbeitete Auflage. München 1991, S. 135–158, hier S. 135–141; sowie, überaus pointiert, Nicolas Pethes: *Zöglinge der Natur. Der literarische Menschenversuch des 18. Jahrhunderts.* Göttingen 2007, S. 15–17.

[11]   [Campe]: *Eine Bitte an die theatralischen Dichter* (Anm. 2), S. 349. Gottsched etwa schreibt ausdrücklich ein von ihm in der Antike verortetes Verständnis der Dichter als „Lehrer des menschlichen Geschlechts" fort (Johann Christoph Gottsched: *Versuch einer critischen Dichtkunst: Erster allgemeiner Theil.* In: Ders.: *Ausgewählte Werke,* herausgegeben von Joachim Birke und Brigitte Birke. Sechster Band, Erster Teil. Berlin/New York 1973, S. 139); und auch Lessing zufolge haben sie „die Absicht uns zu unterrichten, was wir zu tun oder zu lassen haben" (Gotthold Ephraim Lessing: *Hamburgische Dramaturgie.* In: Ders.: *Werke und Briefe in zwölf Bänden.* Band VI: *Werke 1767–1769.* Herausgegeben von Klaus Bohnen. Frankfurt/M. 1985, S. 181–713, hier S. 341). Die Schauspieler nimmt etwa Johann Friedel als „Lehrer der Sitten" in die Pflicht (*Philanthropin für Schauspieler.* In: *Theater-Journal für Deutschland,* Siebzehntes Stück (1781), S. 15–27, hier S. 18).

professionellen Pädagogen, pädagogisch wirkenden Theaterdichtern und allen, die sich offenbar sonst noch meinen, dazu äußern zu müssen. Die Theaterdichter als die „allgemein beliebten Lehrer der Nation"[12] haben auf die Bühne zu bringen, was ihre hauptamtlichen Kollegen, und niemand sonst, als Erziehungsgrundlagen festlegen. Ein spezifisch pädagogisches Wissen und eine Autorität in Fragen des Modethemas Erziehung reklamiert Campe dabei ausdrücklich nur für die eigene Zunft. Dieses Wissen jedoch im Sinne einer breitenwirksamen Popularisierung aufzubereiten – nicht mehr – obliegt den ‚theatralischen Dichtern':

> Man schwatzt und schreibt jetzt überall – auch hier bey uns – von nichts als Kinderzucht. Ueber verschiedene axiomatische Grundsätze derselben hat man, dächt' ich, nunmehr ausgeschwatzt, über viele andere aber wird man erst noch lange schwatzen und noch lange experimentiren müssen, bevor sie für axiomatisch gehalten werden können. Jene sollten nun auch unters Volk – das vornehme und gemeine Volk – gebracht werden: aber sie bleiben noch immer in todten Büchern vergraben. Euch ist es vorbehalten, sie aus diesen Goldgruben hervor zu ziehen, und mit dem Bildniß der *Thalia* oder der *Melpomene* gestempelt, unter die Leute zu bringen. Denn, wem anders, als euch, und allenfalls den Romanschreibern, ist es gegeben worden, die Folgen guter und schlechter Erziehungsgrundsätze so lebendig und überzeugend darzustellen, daß auch der unphilosophische Zuschauer sie mit Händen greifen kann?[13]

Solche Grundsätze allerdings überhaupt erst zu entwickeln, das heißt, die eigene Tätigkeit auf ein theoretisches Fundament zu stellen, macht einen nicht geringen Teil der Arbeit der Pädagogen aus, die sich der Notwendigkeit ebenso wie der Schwierigkeiten bewusst sind, Axiome für eine Praxis zu gewinnen, die ihren Gegenstand, den Zögling, als Individuum zu behandeln beansprucht und zugleich als Ausgangspunkt für die Genese eines anthropologischen Spezialwissens nehmen muss, das bereits bei Rousseau in Folge einer disziplinär konstitutiven Unterscheidung als fehlend ausgemacht wird: „Die Kindheit ist etwas uns vollkommen Unbekanntes", schreibt er und warnt zugleich davor, „im Kind den Erwachsenen [zu suchen], ohne zu bedenken, was ein Kind vorher ist."[14] Der in Folge dieser Differenz ausgemachten Unwissenheit ist allein auf praktischem Wege, im direkten Kontakt von Erziehern mit den als solchen ‚unbekannten' Kindern zu begegnen: „Studiert zunächst eure Zöglinge besser, denn ihr kennt sie ganz sicher nicht."[15]

---

[12] [Campe]: *Eine Bitte an die theatralischen Dichter* (Anm. 2), S. 349.

[13] Ebd., S. 350. Hervorhebung im Original.

[14] Rousseau: *Emile* (Anm. 6), S. 102. Vgl. zu dieser konstitutiven Differenz von Kind und Erwachsenem, ihrem Entstehen in Zusammenhang mit der sich ihrerseits systemisch ausdifferenzierenden Pädagogik und deren schließlich lebenskoextensivem Zugriff Niklas Luhmann: *Das Erziehungssystem der Gesellschaft*. Herausgegeben von Dieter Lenzen. Frankfurt/M. 2002. S. 82–101.

[15] Rousseau: *Emile* (Anm. 6), S. 102.

Die in Campes *Bitte* anklingende, experimentelle Haltung der Philanthropisten soll für dieses ,Kennenlernen' die Voraussetzungen schaffen und zugleich die beiden fachlichen Enden, eine noch weiter auszubauende Theorie und eine immer auch zu verbessernde, in ihrem Zugriff verfeinerte Praxis miteinander verbinden.[16] Ganz im Rousseau'schen Sinne geht die philanthropistische Pädagogik dabei von der empirischen Seite aus: Jeder Erzieher muss sich zunächst als minutiöser und versierter „Kinderbeobachter" erweisen, der Situationen inszeniert, in denen sich seine Zöglinge unverstellt und offen präsentieren, also „in einen Zustand [versetzt sind], worin sie so wenig wie möglich *gereizt* werden, sich zu *verstellen*, damit sie sich zeigen, wie sie sind".[17] Aus derartigen Beobachtungen sind nun die genannten Erziehungsgrundsätze zu destillieren, die jedoch dann nicht einfach unverrückbar gesetzt werden, sondern hinsichtlich ihrer tatsächlichen Anwendbarkeit wieder zu überprüfen und „durch Versuche, durch vielfältig wiederholte Versuche und Erfahrungen"[18] an die pädagogische Praxis rückzubinden sind.

Dabei kommt dem regen Publikationsbetrieb der Philanthropisten eine entscheidende Rolle zu, bitten doch Zeitschriften wie die zunächst von Campe und Johann Bernhard Basedow herausgegebenen *Pädagogischen Unterhandlungen* ausdrücklich um die Zusendung von Erfahrungsberichten, die einem breiteren Fachpublikum zur Einbeziehung in das empirisch-theoretische Wechselverhältnis zugänglich gemacht werden sollen.[19]

Die Zeitschriften sind jedoch nicht allein Sammelbecken solcher beobachtungsbasierter *Erziehungsgeschichten*.[20] In ihnen werden ausgiebig die philanthropistische Programmatik, ihre institutionelle Umsetzung, aber auch grundlegende Erziehungsfragen ausgebreitet, und zwar mitunter in einer Weise, die Diskussion und Austausch als ihnen vorausgehend ebenso wie als anvisierten Effekt auf formaler Ebene abbildet und in mal mehr, mal weniger stark dramatisch modellierten Gesprächssituationen und Szenerien zu einem Teil der Texte werden lässt. Das betrifft sowohl konkrete Erziehungsszenen und zeigt so die Pädagogen bei der

---

[16] Vgl. zur „experimentelle[n] Pädagogik" des Philanthropismus Pethes: *Zöglinge der Natur* (Anm. 10), S. 219–243, Zitat von S. 239.

[17] [Anonym]: *Antwort im Namen des Instituts, auf die Anfrage im 2ten Briefe des Ungenanten*. In: *Pädagogische Unterhandlungen*, 4. Jahrgang 1780–82, 1. Quartal, S. 67–103, hier S. 87f. Hervorhebung im Original.

[18] Ebd., S. 101.

[19] Vgl. Nicolas Pethes: „*Und nun, ihr Pädagogen – beobachtet, schreibt!*" Zur doppelten Funktion der Medien im Diskurs über Erziehung und Bildung im 18. Jahrhundert. In: Eva Geulen und Ders.: (Hg.): *Jenseits von Utopie und Entlarvung. Kulturwissenschaftliche Untersuchungen zum Erziehungsdiskurs der Moderne*. Freiburg/Berlin/Wien 2007, S. 49–67.

[20] Vgl. zur Programmatik, zu Anspruch, Problematiken und Vorgehen beim Verfassen solcher Erfahrungsberichte und ihrer biographieorientierten Form [Johann Karl Wezel]: *Ueber die Erziehungsgeschichten*. In: *Pädagogische Unterhandlungen*, 2. Jahrgang 1778, 1. Quartal, S. 21–43.

Arbeit,[21] als auch deren gemeinsames Beratschlagen, Abgleichen von Erfahrungen und fachliches Verallgemeinern als Voraussetzung pädagogischer Theoriebildung. Die Folge ist in jedem Falle, dass in diesen partiell eingesetzten Wechseln des Darstellungsmodus an die Stelle auktorialer Setzungen eine Evidenz von Vorgängen tritt und die Argumentation einer Erläuterungs- und Vermittlungsinstanz dem vermeintlich ergebnisoffenen Austausch eines Dialoges weicht, der sich als *Gattung* vom Drama herschreibt und ihm als *Form* konstitutiv eingeschrieben ist.[22]

Eine solche Dramatisierung der Form, die pädagogische Theoriebildung und Praxis in ihrer Prozessualität und als gesprächsbasiert vorführt, findet sich beispielsweise dort, wo Campe die aus pädagogischer Sicht durchaus grundsätzliche und nicht unweit von zeitgenössischer theatraler Wirkungsästhetik entfernte Frage aufwirft *Soll man die Kinder mitleidig zu machen suchen?*[23] Darüber diskutieren

---

[21]   Vgl. etwa den anonymen *Brief eines Ungenanten an das Institut; nebst einigen Bemerkungen für die praktische Erziehung.* In: *Pädagogische Unterhandlungen*, 3. Jahrgang 1779/80, 3. Quartal, S. 325–353.

[22]   Die antike Tragödie, in die, so Walter Benjamin, wesentliche Elemente des Gerichtsprozesses eingehen, findet ihren „Epilog" im philosophischen Dialog sokratischer Prägung: „Im Dialog tritt die reine dramatische Sprache diesseits von Tragik und Komödie, ihrer Dialektik, auf." (Walter Benjamin: *Der Ursprung des deutschen Trauerspiels.* In: Ders.: *Gesammelte Schriften.* Unter Mitwirkung von Theodor W. Adorno und Gershom Scholem herausgegeben von Rolf Tiedemann und Hermann Schweppenhäuser, hier: Band I.1. Herausgegeben von Rolf Tiedemann und Hermann Schweppenhäuser. Frankfurt/M. 1974, S. 203–430, hier S. 297) Vgl. zu dieser Verwandtschaft von Drama und (philosophischem) Dialog auch Martin Puchner: *The Drama of Ideas. Platonic Provocations in Theater and Philosophy.* New York 2010, insbes. S. 3–35. Auf formaler Ebene ist umgekehrt der Dialog die *conditio sine qua non* des Dramas. Lessing bezeichnet ihn als „die äußere dramatische Form" (*Hamburgische Dramaturgie* (Anm. 11), S. 450), was etwa Peter Szondi retrospektiv verschärfen wird: Er betont „[d]ie Alleinherrschaft des Dialogs, das heißt der zwischenmenschlichen Aussprache im Drama" (Peter Szondi: *Theorie des modernen Dramas (1880–1950).* Frankfurt/M. ⁸1971, S. 15). Vgl. zur „Rolle des Dialogs als formaler Bedingung dramatischer Texte" Reinhold Zimmer: *Dramatischer Dialog und außersprachlicher Kontext. Dialogformen in deutschen Dramen des 17. bis 20. Jahrhunderts.* Göttingen 1982, S. 11–45, Zitat von S. 12; vgl. für das 18. Jahrhundert ferner die grundlegenden Studien von Gabriele Kalmbach: *Der Dialog im Spannungsfeld von Schriftlichkeit und Mündlichkeit.* Tübingen 1996, und Alexandra Kleihues: *Der Dialog als Form. Analysen zu Shaftesbury, Diderot, Madame d'Épinay und Voltaire.* Würzburg 2002.

[23]   [Joachim Heinrich Campe]: *Soll man die Kinder mitleidig zu machen suchen?* In: *Braunschweigisches Journal philosophischen, philologischen und pädagogischen Inhalts.* Zweites Stück. Februar 1788, S. 150–190. Das *Braunschweigische Journal* gibt Campe gemeinsam mit den übrigen Mitgliedern des Braunschweigischen Schuldirektoriums heraus, zu dem neben Conrad Heusinger auch Johann Stuve und Ernst Christian Trapp gehören. Vgl. zur Einbindung der Zeitschrift in Campes breite verlegerische und publizistische Aktivitäten Hanno Schmitt: *Vernunft und Menschlichkeit. Studien zur philanthropischen Erziehungsbewegung.* Bad Heilbrunn 2007, S. 66f.

im ersten Drittel des Textes zwei Figuren, die zwar nur rudimentär als „Freund A"
und „Freund B" bezeichnet, jedoch mit einer ihre jeweilige Position – A ist dagegen, B dafür – breiter grundierenden Disposition eingeführt werden.[24] Sie sind
allerdings nicht allein. Eine auktoriale Instanz, die die titelgebende Frage aufwirft
und ihre zunächst dialogische Beantwortung einleitet, schreibt sich selbst als eine
Beobachtungsfigur in das dramatisierte Gespräch ein, um nach dessen plötzlichem
Ende „meinen Lesern die Resultate vorzulegen, die ich aus dem Für und wider
der beiden Streiter für mich gezogen habe."[25] Dabei nimmt diese Autorinstanz
als figuriertes Ich im Text eine Doppelrolle ein. Es führt in der aufmerksamen
Beobachtung der Diskussion und seinen anschließenden Schlussfolgerungen eben
diesen Lesern zugleich eine erwünschte Rezeptionshaltung vor und macht sie zu
Zuschauern zweiter Ordnung, die nicht nur die Vorgänge auf dem sich zur Bühne
wandelnden Text verfolgen,[26] sondern ebenso dem selbst eine Zuschauerposition
in den Kulissen dieser Bühne einnehmenden Ich zuschauen: A und B „treten also
auf und ich – stehe einstweilen hinter der Schirmwand."[27]

    Eine solche „narrative Inszenierung"[28] ermöglicht zweierlei: Erstens sugge-
riert sie eine vermeintliche Ergebnisoffenheit in der Beantwortung der titelgebenden Frage, die eben nicht auktorial gesetzt, sondern prozessual im Dialog, im
Austausch von Argumenten ausgehandelt wird. Dies ermöglicht eine gleichsam
subtilere Rezeptionssteuerung, spätestens dann, wenn der sich in seinen Reden
zunehmend hartherzig zeigende A aus der Diskussion heraussstiehlt, wie eine Büh-
nenanweisung am Ende des Dialogteils anzeigt: „(läuft davon.)"[29] Er verweigert
damit die Annahme der überzeugenderen Argumente seines Gegenübers, die, wie

---

[24]   Vgl. [Campe]: *Soll man die Kinder mitleidig zu machen suchen* (Anm. 23), S. 151:
       Freund A wird vorgestellt als „der Paradoxe, dem die Natur ein so sonderbares Auge
       verlieh, daß er an allen Gegenständen grade diejenigen Seiten zuerst und am hellsten
       sieht, welche die abgewandtesten und verborgendsten sind", B hingegen als „der Gut-
       herzige, der alles, was Mensch heißt, mit warmer theilnehmender Bruderliebe umfaßt"
       (ebd.).

[25]   Ebd., S. 167.

[26]   Vgl. Martin Huber: *Der Text als Bühne. Theatrales Erzählen um 1800.* Göttingen 2003.

[27]   [Campe]: *Soll man die Kinder mitleidig zu machen suchen* (Anm. 23), S. 151.

[28]   Huber: *Der Text als Bühne* (Anm. 26), S. 81. Mit diesem „Arbeitsbegriff" bezeichnet
       Huber „Textphänomene, die mit Elementen des Theaters bei der Fiktionsbildung arbei-
       ten und dabei den Text gewissermaßen zur Bühne machen", wobei für ihn „theatrale
       Phänomene wie Wahrnehmungsvorgänge, Beobachtungsebenen, Betonung und expli-
       zite Verdoppelung von (Sprach-)Zeichen und Körper im Mittelpunkt [stehen]." (Ebd.)
       Im vorliegenden Zusammenhang wird der Fokus neben den auch bei Huber relevanten
       Beobachtungsverhältnissen hingegen vor allem auf die formale Ebene im Sinne einer
       Dramatisierung des Textes gelegt.

[29]   [Campe]: *Soll man die Kinder mitleidig zu machen suchen* (Anm. 23), S. 167. Im Text
       selbst liegt ein Druckfehler vor, wird doch die zugehörige Replik nicht A. sondern B.
       zugeschrieben, der gerade umfassend gegen mitleidsfeindliche, „eiserne[ ] Herzen"
       (ebd., S. 167) argumentiert.

er zugibt, „im Stande [wären] mich selbst weichherzig zu machen", und flüchtet stattdessen, „um die Ehre meines Systems zu retten"[30] – eines Systems, das, wie die Performanz des Dialogs vorführt,[31] argumentativ unterlegen ist. In der Unmittelbarkeit der dramatisierten Darstellung wird so die Position des Mitleidsgegners A von ihm selbst als die schwächere ausgewiesen.

Zweitens ermöglicht die Inszenierung der auktorialen Instanz als figuriertes Ich eine Fortsetzung der Rezeptionssteuerung, suggeriert doch dieses Ich der Leserschaft als ihr intratextueller Stellvertreter, was in Folge der vermeintlich gleichen Voraussetzungen unparteiischer, aufmerksamer Beobachtung der Diskussion für Schlüsse zu ziehen sind.

Für den vorliegenden Kontext ist dabei vor allem relevant, was er in der dritten von acht Regeln festlegt, die insgesamt auf „das rechte Maß des Mitleidens"[32] samt dessen pädagogischer Vermittlung zielen. Hier wird nun ausgerechnet vor dem Theater gewarnt, als einer Institution, die offenbar nicht nur – wie in der *Bitte an die theatralischen Dichter* – Erziehungsgrundsätze zu popularisieren, sondern auch gesellschaftsschädliche Wirkungen zu zeitigen im Stande ist. Ein Widerspruch liegt dabei jedoch nur auf den ersten Blick vor, denn Campe differenziert in der Theaterrezeption entlang pädagogischer Kategorien und unterscheidet zwischen erwachsenen und kindlichen bzw. jugendlichen Zuschauern. Dabei verlagert er, was theaterfeindliche Argumentationen grundsätzlich unterstellen, gänzlich auf die eine Seite dieser Unterscheidung: Nachdrücklich abgeraten wird davon, Kinder ins Theater gehen zu lassen. Warum dies so problematisch ist, führt wiederum in den breiteren Kontext von Campes Empfindsamkeitskritik.

Pädagogisches Maß – theatrale Extreme

Im Zuge einer pädagogisch ebenso zu stimulierenden wie zu formenden Mitleidsfähigkeit, muss, so Campe, unbedingt vermieden werden, „müßige Rührungen, d. i. solche hervorzubringen, welche auf gar keine Weise fruchtbar oder folgenreich werden können".[33] Dezidiert „schädlich" sind solche Rührungen, weil sie „nicht in Grundsätze oder Handlungen übergehn", sondern umgekehrt deren Voraussetzungen sabotieren, indem sie „den Thätigkeitstrieb junger Leute zerknicken", ihnen ihr „Kraftgefühl" nehmen, sie so unfähig zu jeder „Kraftäußerung"[34] und darüber ebenso untauglich zur Lebensbestreitung wie unglücklich machen. Als paradigmatisch verantwortlich für solche ‚unfruchtbaren' Impulse führt Campes Text nun ausdrücklich Romane und Trauerspiele an, denen damit ebenso ausdrücklich

---

30 Ebd., S. 167
31 Kleihues versteht unter der „Performanz des Dialogs […] das Bemühen, Inhalte vorzuführen, ohne sie unmittelbar auszusagen" (*Der Dialog als Form* (Anm. 22), S. 145).
32 [Campe]: *Soll man die Kinder mitleidig zu machen suchen* (Anm. 23), S. 168.
33 Ebd., S. 172.
34 Ebd., S. 173.

genau jener edukative Übertrag abgesprochen wird, der im Zentrum theatraler[35] Wirkungsästhetiken der Zeit steht. Gerade für den mit Campe freundschaftlich verbundenen Lessing[36] sorgt das Trauerspiel schließlich nicht für folgenlose, „müßige Schmerzgefühle", für „Abspannung und Entkräftung",[37] sondern schafft, im Gegenteil, in der Erregung und damit einhergehenden, maßvollen Formung von Furcht und eben Mitleid überhaupt erst die Voraussetzungen für sozialkompatibles Agieren im Sinne stabiler Selbst- und Fremdverhältnisse.[38]

So konträr nun beide Positionen in ihrer Perspektivierung des Theaters sein mögen, sie operieren mit den gleichen Kategorien und bringen für die Qualifizierung erziehungszuträglicher wie -unzuträglicher Einflüsse eine Bewertungsgrundlage in Anschlag, die ethische, anthropologische und ästhetische Aspekte miteinander verschränkt. Bekanntlich denkt Lessing die theatrale *katharsis* vor dem Hintergrund der aristotelischen *mesótes*-Lehre. In der *Nikomachischen Ethik* wird in diesem Sinne die Tugend als „ein Mittelmaß" bestimmt, der „das Übermaß und der Mangel" als Defizite gegenüberstehen.[39] Der Effekt des Trauerspiels ist es nun, die tragischen Affekte auf genau diese tugendhafte Form zu bringen, das heißt, sie „von beiden Extremis […] zu reinigen".[40] Sorgt das Theater in Lessings Konzeption also überhaupt erst für ‚das rechte Maß des Mitleidens', führt es in Campes Kritik zu dessen Extrem- und Defizitformen, die individuell unglücklich und sozial unbrauchbar machen. Dies gilt jedoch wohlgemerkt so explizit nur für kindliche Zuschauer. Anders als Erwachsene, denen auf theatralem Wege offenbar durchaus die Wichtigkeit der Erziehung und pädagogische Grundsätze vorgeführt werden können, werden sie, die „jungen Leute", hier „zu winselnden und ächzenden Empfindlern" gemacht.[41] Wo sich also den aufmerksamen, um nicht zu sagen analytischen Blicken der Einen ursächliche Zusammenhänge in theatraler Evidenz

35 Dies gilt auch, dezidiert daran anschließend, für den Roman, vgl. Friedrich von Blankenburg: *Versuch über den Roman*. Faksimiledruck der Originalausgabe von 1774. Mit einem Nachwort von Eberhard Lämmert, Stuttgart 1965. Schließlich wird das bei Blanckenburg wirkmächtig herausgestellte Gattungskriterium der Darstellung einer „innre[n] Geschichte des Menschen" (ebd., S. 391) in seinen Ausführungen von Bezugnahmen auf theatrale Affekterregung, Wirkungsästhetik und Darstellungsweisen flankiert.
36 Vgl. Franklin Kopitzsch: *Joachim Heinrich Campe und Gotthold Ephraim Lessing. Zur Geschichte einer Freundschaft*. In: Günter Schulz (Hg.): *Lessing und der Kreis seiner Freunde*. Heidelberg 1985, S. 193–234.
37 [Campe]: *Soll man die Kinder mitleidig zu machen suchen* (Anm. 23), S. 175.
38 Vgl. Lessing: *Hamburgische Dramaturgie* (Anm. 11), und hier insbesondere Lessings einschlägige Ausführungen zum aristotelischen Tragödiensatz und der *katharsis* im 74.–78. Stück.
39 Aristoteles: *Die Nikomachische Ethik*. Aus dem Griechischen und mit einer Einführung und Erläuterungen versehen von Olof Gigon. München ⁸2010, 1106b.
40 Lessing: *Hamburgische Dramaturgie* (Anm. 11), S. 574.
41 [Campe]: *Soll man die Kinder mitleidig zu machen suchen* (Anm. 23), S. 173.

präsentieren, werden die Anderen von ‚mächtigen Schmerzgefühlen' überwältigt und deformiert.

Warum Campe nun das Theater mal als Sittenschule, mal als soziale Gefahr perspektiviert, erhellt sich aus dieser scharfen Trennung theatraler Wirkungen, die erstens entlang der grundlegenden pädagogischen Unterscheidung von (potentiell vernünftigen) Erwachsenen und (grundsätzlich erziehungsbedürftigen) Kindern verläuft und diese Differenz über die jeweils zugeordneten Wirkungen zugleich stabilisiert.[42] Zweitens wird in dieser Zuordnung deutlich, inwiefern Campe dort, wo er das Theater affirmiert, also dort, wo Erwachsene die Zuschauer eines reformierten, edukativen Literaturtheaters sind, zugleich dessen wirkungsästhetisches Fundament als Legitimationsvoraussetzung halbiert: Das Theater soll zwar ‚lebendig und überzeugend darstellen', dabei aber vor allem evidentialisierend, nicht affizierend wirken.[43]

Wo hingegen vor dem Theater gewarnt wird, genauer, vor dessen schädlichem Affizierungspotential für junge Leute, scheint Campes Ablehnung zunächst die Argumente der traditionellen Theaterfeindschaft einfach fortzuschreiben. Die Problematik emotionaler Unmäßigkeit weist als deren eigentlichen Hintergrund jedoch etwas anderes aus: Sie resultiert aus einem Graduierungs- und Wertigkeitsgefüge, das Campes Auseinandersetzung mit der Empfindsamkeit strukturiert.[44] Diese Auseinandersetzung wiederum führt zu einer eigenen, pädagogischen Begründung der Theaterkritik, einer Modifizierung tradierter Vorbehalte im Zeichen professioneller Erziehung: Die philanthropistische Programmatik zielt im Kern auf nichts weniger, als „durch Kentnisse und Gewöhnung zu den Ständen des gesellschaftlichen Lebens *gemeinnüzig* die Jugend vorzubereiten!"[45] Dazu ist nun auch ein maßvolles Empfindungsvermögen unerlässlich, das als Quelle „der Liebe und Dankbarkeit gegen Gott, Eltern und Wohltäter", aber auch „der Freundschaft

---

[42] „Offensichtlich", so Niklas Luhmann, „stützt sich die Semantik Kind auf leicht zu erkennbare Besonderheiten dieser Wesen im Unterschied zu Erwachsenen. Ohne diesen Unterschied, der an Körpergröße und Verhalten sichtbar wird, gäbe es keine Kinder. Kinder sind das Konstrukt einer Unterscheidung." (Niklas Luhmann: *Das Kind als Medium der Erziehung.* In: Ders.: *Schriften zur Pädagogik.* Herausgegeben und mit einem Vorwort von Dieter Lenzen. Frankfurt/M. 2004, S. 159–186, hier S. 166)

[43] Wie sehr dabei eine solche Trennung von Wirkungsweisen quer zu den theaterreformatorischen Überlegungen der Zeit steht, zeigt sich besonders einschlägig zweifellos in Schillers, diese Überlegungen zu einem großen Teil bündelnder *Schaubühnenrede*, die mit emphatischer Rhetorik nicht nur ein Kaleidoskop theatraler Effekte entfaltet, sondern sie auch als Gesamtpaket der moralischen Anstalt einschreibt.

[44] Campes Position kann hier als repräsentativ für den Philanthropismus insgesamt gesehen werden, betont Wolfgang Doktor: *Die Kritik der Empfindsamkeit.* Bern/Frankfurt 1975, S. 442–456.

[45] [Anonym]: *Antwort im Namen des Instituts, auf die Anfrage im 2ten Briefe des Ungenanten.* In: *Pädagogische Unterhandlungen,* 4. Jahrgang 1780–82, 1. Quartal, S. 67–103, hier S. 76. Hervorhebung im Original.

und der Menschliebe"[46] gleichermaßen die Voraussetzungen gelingender Erziehung wie gesellschaftlicher Nützlichkeit schafft. Campes Überlegungen kreisen daher um die Notwendigkeit, diesbezüglich „die rechte Mittelstraße zu treffen, damit unser Zögling weder fühllos bleibe, noch gar zuempfindlich[!] werde".[47] Sie weisen damit das aristotelische Modell von Mangel, rechtem Maß und Übermaß als Ordnungs- und Bewertungsgrundlage dieser unter dem Begriff Empfindsamkeit subsumierten, aufklärungskonstitutiven und das heißt „für die bürgerliche Gesellschaft grundlegenden Affektmodellierungen" aus.[48] Dass dieses Modell die philanthropistische Pädagogik, die wiederum „die Jugend zum bürgerlichen Leben vorbereiten sol",[49] programmatisch prägt, zeigt sich selten deutlicher als in Campes Empfindsamkeitsdiskussion.[50] Dient es für Lessing noch dazu, die spezifische pädagogische Leistung des Theaters zu fassen, ziehen es die Pädagogen heran, um dessen jugendgefährdendes Potential und die Erziehungsabsicht, von der es wegführt, zu bestimmen. Philanthropistische Erziehung muss nämlich, so fordert es Campe, im Zeichen eines anthropologischen Gleichgewichts stehen, das alle Kräfte und Vermögen des je einzelnen Zöglings in Relation zu seinem späteren Lebens-, und das heißt Berufsweg, ausgewogen ausbildet. Teil dieser erzieherisch herzurichtenden, anthropologischen Mittellage muss daher auch eine emotionale sein, die, als „[w]ahre Empfindsamkeit, [...] mit allen Kräften des Menschen, be-

---

[46]   Joachim Heinrich Campe: *Von der nöthigen Sorge für die Erhaltung des Gleichgewichts unter den menschlichen Kräften. Besondere Warnung vor dem Modefehler die Empfindsamkeit zu überspannen.* In: Ders. (Hg.): *Allgemeine Revision des gesammten Schul= und Erziehungswesens von einer Gesellschaft praktischer Erzieher.* Dritter Theil. Hamburg 1785, S. 291–434, hier S. 417.

[47]   Ebd., S. 415.

[48]   Albrecht Koschorke: *Körperströme und Schriftverkehr. Mediologie des 18. Jahrhunderts.* München 1999, S. 12.

[49]   [Christian Heinrich Wolke]: *Von Vorbereitung zum bürgerlichen Leben durch die Erziehung.* In: *Pädagogische Unterhandlungen,* 4. Jahrgang 1780, 2. Quartal, S. 158–162.

[50]   Dass der Philanthropismus einem „Ethos der Mittelmäßigkeit" in der Tradition der *mesótes*-Lehre verpflichtet ist, konstatiert bereits Georg Jäger: *Empfindsamkeit und Roman. Wortgeschichte, Theorie und Kritik im 18. und frühen 19. Jahrhundert.* Stuttgart [u. a.] 1969, S. 52. Das Ideal des rechten Maßes, auf das auch Lessings *katharsis*-Deutung zielt, ist einer der wesentlichen Kreuzungspunkte theaterreformatorischer und reformpädagogischer Diskurse, findet sich jedoch nicht nur hier. Carsten Zelle verweist auf dessen Bedeutung für die frühe Anthropologie der 1740er und 50er Jahre, vgl. Ders.: *Erfahrung, Ästhetik und mittleres Maß: Die Stellung von Unzer, Krüger und E.A. Nicolai in der anthropologischen Wende um 1750 (mit einem Exkurs über ein Lehrgedichtfragment Moses Mendelssohns).* In: Jörn Steigerwald und Daniela Watzke (Hg.): *Reiz, Imagination, Aufmerksamkeit. Erregung und Steuerung von Einbildungskraft im klassischen Zeitalter (1680–1830).* Würzburg 2003, S. 203–224, insbes. S. 214–216. Antje Arnold wiederum zeigt, wie die literaturhistorische Empfindsamkeit einer „Rhetorik der Mitte" verpflichtet ist, vgl. dies.: *Rhetorik der Empfindsamkeit. Unterhaltungskunst im 17. und 18. Jahrhundert.* Berlin/Boston 2012, S. 45–53, Zitat von S. 48.

sonders mit dem Verstande, der Vernunft, und der Körperkraft desselben in richtigem Ebenmaaße [steht]".[51] Von ihr weichen nun die „Empfindlichkeit" als ein Empfindungsübermaß ab, das dieses Kräftegleichgewicht kippt, und die „Empfindelei", die „im Grund aus einem Mangel an wirklicher Empfindung entsteht",[52] der jedoch dazu neigt, in sein Gegenteil umzuschlagen, so dass beide Extreme „gemeiniglich […] in einer und eben derselben Person zusammen[treffen]".[53]

Folgt man Campes Argumentation aus dem *Mitleids*-Aufsatz, dann ist das Theater geradezu prädestiniert, junge Menschen hinsichtlich genau dieser Verschränkung zu deformieren. Aus der Perspektive eines von pädagogisch spezifizierter Theaterfeindschaft gespeisten, aufklärerisch-bürgerlichen Nützlichkeitsethos bedingt es einen doppelt schädlichen Transfer: Erstens führt die Erregung ‚mächtiger Schmerzgefühle' zu einer übermäßigen Affizierung, die „den Menschen nicht nur in hohem Grade unbrauchbar zur Erfüllung aller seiner Pflichten als Mensch und Bürger, sondern auch zugleich ausnehmend elend macht".[54] Für eine sittliche Verderbnis sorgt zudem zweitens die Übertragung eines dem Theater wesenhaft innewohnenden und von seinen Gegnern, etwa dem bereits genannten Rousseau, zu einem unverzeihlichen Makel erklärten Prinzips der Verstellung: Der Theaterbesuch macht aus jungen Leuten, wie Campe es betont, ‚Empfindler', und „Empfindelei" zeichnet sich insbesondere dadurch aus, dass sie „theatralisch gaukelnd, wortreich, eitel und, je nachdem der Falls ist, entweder hochtönend oder winselnd [ist]".[55] Das Kind, das Theater schaut, wird also selbst theatralisch, es wird habituell und emotional außer Form gebracht – aus einer Form, die philanthropistische Pädagogik als Mitte zwischen Extremen erzieherisch herzurichten versucht, um damit die Weichen zu stellen für ein zufriedenes, sozialkompatibles Leben.

Die Pädagogen diskutieren darauf bezogen jedoch nicht nur Chancen[56] und, wie in Campes Fall, Risiken des Theaterbesuchs ‚junger Leute', sondern auch die

---

[51] Campe: *Von der nöthigen Sorge für die Erhaltung des Gleichgewichts* (Anm. 46), S. 405.

[52] Ebd., S. 405f.

[53] Ebd., S. 410f.

[54] Ebd., S. 411.

[55] Ebd., S. 402.

[56] Unter Rückgriff auf die einschlägigen Argumente der Theaterreform schreibt etwa Johann Stuve: „Auf keine Art kann insonderheit Menschenkenntniß, und alles das, was zur gesellschaftlichen Ausbildung und zur Klugheit des Lebens gehört, besser gelehrt werden, als durchs Schauspiel. Welch eine lehrreiche Schule müßte es daher für junge Leute seyn können. [Absatz] Wie kann man sie leichter zur Kenntniß der mannigfachen menschlichen Charactere, Leidenschaften, Thorheiten, Vorurtheile, Schicksale, Leiden und Freuden führen? Wie kann man sie das Conventionelle des gesellschaftlichen Umgangs und die mannigfachen Verhältnisse der Menschen untereinander besser lehren? Wie kann man ihnen Laster und Thorheit anschaulicher in ihrer verächtlichen Gestalt und in ihren traurigen Folgen; Tugend und Weisheit aber in ihrer Schönheit und Würde und in ihrem wohlthätigen Erfolge darstellen, wie kann man mächtiger das jugendliche Herz zu großen Gefühlen erheben und damit begeistern?" (Johann Stuve:

Möglichkeit, sie selbst auf der Bühne stehen zu lassen. Campe verfasst zu dieser Frage unter dem Titel *Soll man Kinder Komödien spielen lassen?* ein komplexes Plädoyer, das sich zugleich dafür und dagegen ausspricht, also sein ambivalentes Verhältnis zum Theater fortschreibt und dazu ebenfalls die Möglichkeiten einer dramatisierten Form nutzt, um zwischen Fürsprache und Gegenrede eine Gewichtung einzuziehen, die den strengen Bedingungen, unter denen kindliches Theaterspiel zu gestatten ist, nachdrücklich einen Katalog dessen erziehungsgefährdender Potentiale vorausschickt.

Soll man Kinder Komödien spielen lassen?

Campe lässt diese für die Philanthropisten wichtige Frage in dialogischer Form von den drei Sprechern A., B. und C. diskutieren, hinter deren Kürzeln kaum wirkliche Figuren stehen, sondern sich in dramatischer Unmittelbarkeit artikulierende und zueinander in Bezug setzende Positionen zu der aufgeworfenen Frage. Die hier nun eingangs von Theaterfreund A. aufgezählten Vorzüge kindlichen Theaterspiels kreisen ebenso um ein erfolgreiches, weil körper-sprachlich souveränes und wirkungssicheres öffentliches Auftreten[57] wie um die Voraussetzungen empathischen Agierens und den Ansporn, sich mit seinem Betragen hervorzutun. „Zugestanden"[58] werden diese Vorzüge von beiden Gesprächspartnern, bevor B. ausführlich eine Gegenposition zu entfalten beginnt und die titelgebende Frage nachdrücklich verneint. Dass B. nun trotz Zustimmung eine radikal ablehnende Position bezieht, ist Folge eines pädagogischen Kosten-Nutzen-Kalküls; dass diese Ablehnung wesentlich ausführlicher vorgestellt und begründet wird, ein Kalkül von Campes Text. Kindliches Theaterspiel produziert, so argumentiert B., immer auch negative Effekte, die wesentlich gewichtiger sind: Die „Vorzüge und Vollkommenheiten auf der einen Seite" können dementsprechend nur „durch größere Unvollkommenheiten und Verwahrlosungen auf der andern erkauft werden".[59] Diese ‚Unvollkommenheiten' scheinen dem Theater in B.s Version wesenhaft

Ueber die Nothwendigkeit Kinder frühzeitig zu anschauender und lebendiger Erkenntniß zu verhelfen und über die Art wie man das anzufangen haben. In: Joachim Heinrich Campe (Hg.): *Allgemeine Revision des gesammten Schul= und Erziehungswesens von einer Gesellschaft praktischer Erzieher.* Zehnter Theil. Wien und Braunschweig 1788, S. 163–444, hier S. 429f.)

[57]   Campes A. schließt damit an den traditionellen Leistungskatalog des älteren, rhetorisch geprägten Schultheaters an, vgl. Wilfried Barner: *Barockrhetorik. Untersuchungen zu ihren geschichtlichen Grundlagen.* Tübingen 1970, S. 302–321 und S. 344–352.

[58]   Joachim Heinrich Campe: *Soll man Kinder Komödien spielen lassen?* In: *Braunschweigisches Journal philosophischen, philologischen und pädagogischen Inhalts* 1 (1788), S. 206–218, hier S. 206f. Diese Reaktion von B. und C. erfolgt einstimmig auf jeden der genannten Vorzüge.

[59]   Ebd., S. 214.

eingeschrieben und fester Bestandteil seiner Wirkungspalette zu sein. Der Theatergegner entwirft nun in seiner Argumentation ein Panorama dieser schädlichen Kausalität, die das theaterspielende Kind auf drei Ebenen gefährdet: Mediale Charakteristika der Schaubühne, theatrale Rezeption sowie dramatisches Material erzeugen eine hochgradig jugendgefährdende Aufführungssituation, nicht weil sie per se defizitär wären, sondern – auch hier wird eine grundsätzlichere Theaterkritik pädagogisch spezifiziert – weil sie nicht kindgemäß sind und sein können. Grundlage der Bewertung ist also eine pädagogische Transponierung des rhetorischen *aptum*-Gebots,[60] das den Erziehungseffekt der Darstellung auf die kindlichen Darsteller selbst und nicht aufs Publikum ins Zentrum rückt, wie es im professionellen Literaturtheater der moralischen Anstalt vornehmlich der Fall ist.

Am Anfang von B.s Gegenargumentation steht zunächst ein Mangel an geeignetem dramatischem Material. Es gibt, ihm zufolge, „nicht bloß in unserer deutschen Litteratur, sondern auch in allen andern Sprachen, vielleicht nicht z w e i gute, vielleicht nicht e i n e i n z i g e s vortrefliches Stück [...], welches für Kinder, merken Sie wohl! für K i n d e r, in jeder Rücksicht völlig unschädlich und durchaus zweckmässig wäre".[61] Diese Einschätzung ist insofern erstaunlich, als

---

[60] Vgl. zum transponierenden Rückgriff der Aufklärungspädagogik auf die Rhetorik Ingrid Lohmann: *Bildung, bürgerliche Öffentlichkeit und Beredsamkeit. Zur pädagogischen Transformation der Rhetorik zwischen 1750 und 1850*. Münster/New York 1993, S. 31–51.

[61] Campe: *Soll man Kinder Komödien spielen lassen* (Anm. 58), S. 208. Hervorhebung im Original. Campe selbst trägt eher wenig dazu bei, diesem Mangel Abhilfe zu schaffen. Folgt man Heike Heckelmann, dann können ihm nur *Der Geburtstag des Fürsten* aus den *Pädagogischen Unterhandlungen* und *Die bestrafte Eitelkeit* aus der *Kleinen Kinderbibliothek* zugeschrieben werden, vgl. Heike Heckelmann: *Schultheater und Reformpädagogik. Eine Quellenstudie zur reformpädagogischen Internatserziehung seit dem 18. Jahrhundert*. Tübingen 2005, S. 104f. In *Der Geburtstag des Fürsten*, anlässlich des Geburtstagsfestes von Franz von Anhalt-Dessau geschrieben und aufgeführt, werden genau diese Feierlichkeiten zu Ehren des Landesvaters und maßgeblichen Förderers des Philanthropins von dessen Zöglingen vorbereitet. Sie spielen sich hier also selbst, und zwar so, wie sie sein sollen: dankbar, anständig, gehorsam, und mit anderen Worten einer weiteren (finanziellen) Unterstützung wert, zu der den Fürsten gewogen zu machen, Campes Stück zweifellos beitragen sollte, vgl. [Joachim Heinrich Campe]: *Der Geburtstag des Fürsten, ein Kinderschauspiel am Geburtsfeste des Landesvaters aufgeführt*. In: *Pädagogische Unterhandlungen*, 1. Jahrgang 1777/78, 4. Stück, S. 367–383. In *Die bestrafte Eitelkeit. Ein kleines Schauspiel* wird der überhebliche, die Anregungen seiner Eltern ignorierende und um sich Anerkennung zu erheischen als gelehrt gebärdende Christel vom Bauernjungen Jakob, den er zuvor rüde verspottet, aus einer selbstverschuldeten Notlage gerettet. Dabei lernt Christel, der sich im Wald verlaufen hat, buchstäblich über Nacht die viel größere Nützlichkeit von Jakobs praktischem Wissen gegenüber seiner eitlen Buchgelehrsamkeit kennen und schätzen und kehrt am nächsten Morgen ebenso reuig wie nun wohlerzogen in die Arme seiner Eltern zurück, vgl. [Joachim Heinrich Campe]: *Die bestrafte Eitelkeit. Ein kleines Schauspiel*. In: *Kleine Kinderbibliothek*. Herausgegeben von Joachim Heinrich Campe. Vierter

dass gerade im letzten Drittel des 18. Jahrhunderts genau solche Kinderschauspiele, die adressatenspezifisch, das heißt nach dem Maßstab der Kindgemäßheit, das Theaterverständnis der moralischen Anstalt transponieren, einen wichtiger Teil der entstehenden Kinder- und Jugendliteratur ausmachen und einige der Autoren im direkten Umfeld des Philanthropismus zu verorten sind.[62] Der seinem Verständnis nach angemessen strenge B. lässt gerade zwei Stücke von Johann Jakob Engel durchgehen und die nur zur Lektüre.[63] Er verlagert damit seine Gegenrede von einer prinzipiell zu entkräftenden, dramatischen Material- zu einer grundlegenden Medienkritik des Theaters.

    Zwischen unterschiedlichen Unterrichtsmitteln und -medien zu differenzieren, ist in den Überlegungen und Entwürfen der Philanthropisten nichts Ungewöhnliches. Dem Schauspiel kommt hier jedoch durchaus eine „Sonderstellung" zu, sprechen ihm doch auch die Pädagogen jene besondere „medienspezifische Wirkkraft" zu,[64] die bereits im Diskurs der Theaterreform unbestritten gewesen

<hr/>

Theil. Neue, stark verminderte, und dadurch verbesserte Ausgabe. Frankfurt am Mayn 1796, S. 8–23.

[62] Vgl. zur Tradition und Entwicklung dieser sich dezidiert an Kinder richtenden, von ihnen in ihrer Erfahrungswelt handelnden Dramatik Otto Brunken und Carola Cardi: *Vom „Speculum Vitae" zur „Moralischen Anstalt für Kinder". Zur Beziehung zwischen traditionellem Schuldrama und aufklärerischem Kinderschauspiel.* In: Dagmar Grenz (Hg.): *Aufklärung und Kinderbuch. Studien zur Kinder- und Jugendliteratur des 18. Jahrhunderts.* Pinneberg 1984, S. 119–152: vgl. grundlegend zum Kinderschauspiel um 1800, aber auch wichtigen Autoren wie Christian Felix Weiße oder August Rode ausführlich Carola Cardi: *Das Kinderschauspiel der Aufklärungszeit. Eine Untersuchung der deutschsprachigen Kinderschauspiele von 1769–1800.* Frankfurt/Bern/New York 1983; Gunda Mairbäurl: *Die Familie als Werkstatt der Erziehung. Rollenbilder des Kindertheaters und soziale Realität im späten 18. Jahrhundert.* München 1983; Ute Dettmar: *Das Drama der Familienkindheit. Der Anteil des Kinderschauspiels am Familiendrama des späten 18. und 19. Jahrhunderts.* München 2002; vgl. zur Produktion von Kinderschauspielen im Umfeld des Dessauer Philanthropins und ihren Aufführungen im ab 1780 bestehenden hausinternen, kleinen Theater Heckelmann: *Schultheater und Reformpädagogik* (Anm. 61), S. 46–57 und speziell zu Campes Verhältnis zum Schultheater S. 101–114.

[63] „Und doch [...] mögte ich selbst diese, sobald vom A u f f ü h r e n und nicht vom L e s e n die Rede ist, für Kinder nicht völlig unschädlich nennen." (Campe: *Soll man Kinder Komödien spielen lassen* (Anm. 58), S. 208). Hervorhebungen im Original. Genannt werden *Der dankbare Sohn* und *Der Edelknabe*. Gleichwohl beide Stücke in pädagogischen Kontexten veröffentlicht worden sind – *Der dankbare Sohn* 1772 in der *Wochenschrift zum Besten der Erziehung der Jugend* und *Der Edelknabe* 1775 im *Niedersächsischen Wochenblatt für Kinder* –, waren sie ursprünglich als Dramen für das professionelle Theater konzipiert und vor allem letzteres wurde zeitgenössisch als für Kinder und Erwachsene gleichermaßen pädagogisch wertvoll gelobt, vgl. Cardi: *Das Kinderschauspiel der Aufklärungszeit* (Anm. 62), S. 82–84.

[64] Dettmar: *Das Drama der Familienkindheit* (Anm. 62), S. 71.

war.[65] Wo es allerdings, wie in der Diskussion um das Kinderschauspiel, um die Darsteller selbst als primäre pädagogische Adressaten geht, gerät diese Wirkkraft zum Problem, zumindest aus Perspektive des Theatergegners B. Er kehrt damit ein ebenfalls über die Theaterreform in den Diskurs der Pädagogen eingespeistes Argument um. Denn es ist just die das Schauspiel eigentlich als Unterrichtsmittel auszeichnende, maximal gesteigerte Anschaulichkeit und Unmittelbarkeit, die hier zu einem pädagogischen Problem wird, weil sie auf die sie allererst hervorbringenden kindlichen Darsteller als wirkübermächtig zurückfällt. Zu der ihren Darstellern nicht entsprechenden Kinderdramatik gesellt sich daher noch eine andere Unangemessenheit: die des Mediums selbst. Sie gewinnt in der Argumentation vor allem Kontur im Kontrast zu einer hier nun überraschend gemäßigt behaupteten Rezeption durch Lektüre: „Das Lesen macht vergleichungsweise nur flache, das Aufführen hingegen und das damit verbundene Hineinstudiren, Hineinempfinden tiefe Eindrükke."[66] Diese Unterscheidung ist insofern erstaunlich, als dass gewöhnlich gerade die ‚Eindrükke' der Lektüre als paradigmatisch für jene emotionale Unmäßigkeit gelten, gegen die sich etwa die philanthropistische Empfindsamkeitskritik richtet – eine Unmäßigkeit, die gewöhnlich daraus resultiert, dass man Schriftlichkeit als medialer Voraussetzung von Empfindsamkeit, aber eben nicht „allein auf Grund ihrer medialen Struktur",[67] sondern von poetischen Inhalten befeuert, eine distanzlose Rezeption attestiert, die insbesondere „Kinderselen" in einer „fantastischen Schäferwelt" hält, „welche nirgends ist" und so „für diejenige wirkliche Welt, in der wir uns dermalen selbst befinden",[68] verdirbt.

[65] So etwa mit Bezug auf die Tragödien bei Gottsched: „Man liest, man höret sie nicht nur, in einer matten Erzählung des Poeten; sondern man sieht sie gleichsam mit lebendigen Farben vor Augen. Man sieht sie aber auch, nicht in todten Bildern auf dem Papiere; sondern in lebendigen Vorstellungen auf der Schaubühne." (Johann Christoph Gottsched: *Die Schauspiele, und besonders die Tragödien sind aus einer wohlbestellten Republik nicht zu verbannen*. In: Ders.: *Ausgewählte Werke*. Hg. von P.M. Mitchell. Neunter Band, Zweiter Teil: *Gesammelte Reden*. Bearbeitet von Rosemary Scholl. Berlin/New York 1976, 492–500, hier S. 496)

[66] Campe: *Soll man Kinder Komödien spielen lassen* (Anm. 58), S. 209.

[67] Koschorke: *Körperströme und Schriftverkehr* (Anm. 48), S. 195. Aufgrund dieser medialen Struktur, so Koschorke weiter, schafft Schriftlichkeit „exakt jene Bedingungen, aus denen auf semantischer Ebene die Fetische der Empfindsamkeit hervorgehen" (ebd.).

[68] Joachim Heinrich Campe: *Robinson der Jüngere, zur angenehmen und nützlichen Unterhaltung für Kinder*. Nach dem Erstdruck herausgegeben von Alwin Binder und Heinrich Richartz. Stuttgart 2005, Vorrede, S. 7. Anders als Campe, der mit seinem *Robinson* ein „Gegengift" (ebd.) zu verabreichen sucht, plädiert der in seiner Empfindsamkeitskritik deutlich radikalere Peter Villaume für drastischere Maßnahmen: „Verschlies, noch besser, verbrenne deine Romanen, Trauerspiele, Elegien, Dramas, und wie das Zeug alle heist. Hüte das Kind vor der honigsüßen, schmelzenden, entzükten Poeterei." (Peter Villaume: *Ueber die Weichherzigkeit. Eine pädagogische Aufgabe*. In:

In B.s Argumentation wird hingegen diese ansonsten geradezu topisch betonte Gefahr, die von der Schrift ausgeht, medial verschoben: Nicht Schrift und Lektüre sind hier problematisch, sondern Verkörperung und Aufführung. Die der Lektüre in dieser Kontrastierung zugesprochene, geringere Wirkungsintensität rührt daher, dass gerade dem lesenden Kind eine Distanzierung von dem Text, der in seinen Händen liegt, zugetraut wird – dem Kind, das diesen Text auf die Bühne bringen soll, hingegen abgesprochen werden muss, hat es sich doch, zum Zwecke dieser Darstellung, notwendig in ihn ‚hineinzuempfinden'. Die Folgen dieser letztlich schauspieltheoretischen Prämisse[69] reichen B. zufolge noch über die tradierte Verstellungskritik hinaus. Denn das von ihm und seinen Gesprächspartnern gleichermaßen angenommene Hineinempfinden ist vielmehr eine Einformung der Darsteller in die dramatische Vorlage und führt zu einem defizitären Verhalten, das tatsächlich referenziell gedeckt, weil es Ausdruck eines von lasterhaften Figuren verunstalteten, kindlichen Wesens ist:

> so darf ich keck behaupten, daß auch die Seele des Knaben, der den lokern Fähndrich oder den schurkischen Feldwebel mit einiger Wahrheit, also mitempfindend spielt, nach dem Spiele nicht mehr in jeder Betrachtung die nämliche sey, die sie vor dem Spiele war, sondern das irgend etwas, dem nachgeahmten Charakter entsprechendes, in ihr hafte; es sey dies übrigens so viel oder so wenig, als es wolle.[70]

Ein Risiko, das die Mittelbarkeit der Lektüre reduziert, wenn nicht gar ausschließt. Schließlich gewährt sie einen größeren Schutz vor einer feindlichen Übernahme des Gemüts durch eine ihren Darstellern unangemessene Darstellungsgrundlage:

> Beim Lesen können die Empfindungen und die ganze Gemüthsverfassung des Lesers mit den Empfindungen und der ganzen Gemüthsverfassung einer im Buche

Pädagogische Unterhandlungen 3. Jahrgang, 4. Quartal, Dessau 1780, S. 539–554, hier S. 548.)

[69] Vgl. Ute Dettmar: *Von der Rolle. Zur Theorie und Praxis des Kinderschauspiels im späten 18. und frühen 19. Jahrhundert.* In: *Kinder- und Jugendliteraturforschung* 2000/2001, S. 13–23, hier S. 16–18, sowie Dies: *Das Drama der Familienkindheit* (Anm. 62), S. 74f. Dettmar betont hier zurecht, dass Campes Überlegungen an ein Verständnis des Darstellers als Gefühls- oder heißem Schauspieler anschließen, wie es auf den durch Lessings Übersetzung und Kritik in Deutschland bekannt gemachten Pierre Rémond de Sainte-Albine zurückgeht.

[70] Campe: *Soll man Kinder Komödien spielen lassen* (Anm. 58), S. 210f. Vgl. zur Debatte um die Zulässigkeit negativer Figuren im Kinderschauspiel und der hier einschlägigen Debatte zwischen Christian Felix Weiße und Campe, der Weißes Stück *Der ungezogene Knabe* umschreibt, aus den charakterlichen Schwächen der titelgebenden Figur korrigierbare Erziehungsdefizite macht und es unter dem Titel *Der leichtsinnige Knabe* in seine *Kleine Kinderbibliothek* aufnimmt Dettmar: *Das Drama der Familienkindheit* (Anm. 62), S. 67–80, sowie Walter Pape: *Das literarische Kinderbuch. Studien zur Entstehung und Typologie.* Berlin/New York 1981, S. 225–230.

dargestellten unmoralischen Person füglich constrastiren: beim Aufführen hingegen muß, wenn anders die theatralische Darstellung gelingen soll, der Gemüthszustande des Spielenden mit dem Gemüthszustande der gespielten unmoralischen Person nothwendig zusammentreffen. Der Leser kann also mit Abscheu lesen; der Spieler muß mit theilnehmender und nachahmender Empfindung spielen.[71]

B.s Vorbehalt hängt sich also an einer pädagogisch defizitären Verknüpfung auf, an der Einspeisung nicht kindgemäßer Inhalte in ein latent wirkübermächtiges Medium. Die Folgen dieses hochgradig schädlichen Zusammenspiels werden nun unter Umständen noch durch die Aufführungssituation verstärkt. In diesem Zusammenhang wird allerdings deutlich, dass sich B.s Theaterablehnung, anders als es der Argumentationsgang und die fundamentale Kritik lange Zeit und sicher durchaus bewusst suggerieren, nicht grundsätzlich gegen kindliches Theaterspiel richten, sondern gegen eine ganz bestimmte Form: gegen professionell organisierte Kindertruppen, die vor einem öffentlichen, erwachsenen Publikum Stücke zu dessen Unterhaltung aufführen.[72] Dieses Theater wird deswegen vehement als „ein so unmoralisches, sittenverderbendes Kinderspiel" attackiert, weil die Verantwortlichen – B. spricht vom „Director einer Kindertrupp" – aus pädagogischer Sicht versagen und ihre kindlichen Darsteller einer Rezeptionssituation aussetzen, die zusätzlich zur Unangemessenheit des Materials im unangemessenen Medium eine Deformationsgefahr darstellt, die den habituellen Kern vollends zersetzt, den philanthropistische Erziehung im Zögling anlegen und zur Grundlage seines späteren Lebens machen will: Neben einer „unverzeihlichen Nachläßigkeit" in der Auswahl des Materials beklagt B., „wie die kleine Buhlerin, und der kleine liebenswürdige Taugenichts für ihre allerliebsten Schelmereien beklatscht, gelobt, gestreichelt und bewundert werden".[73] Unter diesen Voraussetzungen ist jede Fürsprache für das Kindertheater ausgeschlossen, sie sorgen dafür, dass noch jeder „rechte Gebrauch [...] gleichfalls Misbrauch [ist]".[74] Denn selbst wenn sich das dramatisch-mediale Risiko ausschalten ließe, wenn also lediglich pädagogisch integre Stücke vorgestellt würden, „in welchen keine andere, als moralisch gute, also nachahmungswürdige Personen und Handlungen vorkommen", bliebe im professionellen Rahmen noch immer die Rezeptions- und Erwartungshaltung eines Publikums bestehen, das sich ausschließlich versammelt, um sich „zu belustigen".[75] Zunichte gemacht wird darüber der philanthropistische Erziehungsansatz einer umfassenden, harmonischen Formung des Zöglings, der sich einst durch seine soziale Nützlichkeit auszeichnen soll:

[71] Campe: *Soll man Kinder Komödien spielen lassen* (Anm. 58), S. 209.
[72] Vgl. zum professionellen Kindertheater Melchior Schedler: *Kindertheater. Geschichte, Modelle, Projekte.* Frankfurt/M. 1972, S. 21–42.
[73] Campe: *Soll man Kinder Komödien spielen lassen* (Anm. 58), S. 212f.
[74] Ebd., S. 213.
[75] Ebd., S. 213.

> Einer vernünftigen Erziehung Hauptzweck ist und bleibt, dafür zu sorgen, daß in einem gesunden Leibe eine gesunde Seele wohne, und daß der kleine Mensch Neigung, Fähigkeit und Geschicklichkeit zu seinem künftigen Berufe erlange. Diesem Hauptzwecke nun ist das theatralische Spiel, besonders wenn es oft wiederholt wird, und wenn es vor einem aus fremden Personen bestehenden Auditorio geschieht, schnurstracks zuwider. Es ist ihm zuwider, weil die Kinder an dieser Beschäftigung und Belustigung gar bald so viel Vergnügen finden, daß jede andere auf ihren künftigen Beruf, als Hausfrauen und Hausmütter, oder als Hausväter und Geschäftsmänner, abzielende Uebung ihnen dadurch zum Ekel wird.[76]

Die als latent übermäßig disqualifizierten Publikumsreaktionen tragen wesentlich dazu bei, dass den schauspielenden Kindern eine ihrer Lebensphase eigentlich inhärente Mäßigkeit ausgetrieben wird. Und sie sind schuld daran, dass ihnen zugleich ein Erwartungs- und Bewertungsmaßstab ins Gemüt gepflanzt wird, der nicht um eine sich durch Maß und Vernunft auszeichnende Nützlichkeit zentriert ist, sondern allein einer Logik von Aufmerksamkeit und Applaus folgt: Das kindliche Theaterspiel ist also dem pädagogischen ‚Hauptzwecke' der Philanthropisten

> […] zuwider – und dies ist der Hauptpunct – weil das Klatschen, das Lobpreisen und Bewundern der Zuschauer das junge Herz zur Eitelkeit, zur Coketterie und zur Lobsucht entzünden, das kleine Köpfchen verdrehen und dem Kinde Ansprüche auf das Bemerktwerden und auf Bewundern verleihen, welche den guten, schlichten und liebenswürdigen Kindersinn um einige Jahre früher aus ihm verdrängen, als es für seine künftige Moralität und Zufriedenheit zu wünschen wäre. Es ist ihm endlich zuwider, weil dieses unweise Beklatschen und Bewundern ihnen einen ganz falschen und in hohem Grade schädlichen Maaßstab zur Schätzung und Würdigung des wahren Werthes ihrer Handlungen und Bestrebungen verleiht.[77]

Die Folgen aber einer solchen Theaterpraxis machen aus der professionalisierten Schaubühne für Kinder geradezu das diametrale Gegenprojekt philanthropistischer Erziehung: Der zu frühe und intensive Kontakt mit unangemessenen Themen und Verhaltensweisen, die medial befeuerte Prägekraft des oftmals ungeeigneten dramatischen Materials, vor allem aber die gleichermaßen konstitutive Aufführungssituation führen zu einer umfassenden Deformation des Zöglings und einer Inkompatibilität mit den ihm erzieherisch vorgezeichneten, sozialen Bahnen. Das kindliche Theaterspiel, wie es B. so nachdrücklich ablehnt, bedingt nichts weniger als die „totale Verstimmung der ganzen jungen Seele und völlige Ablenkung derselben von dem, was man ihr über alles wichtig machen sollte, von jeder Vorbereitung zur künftigen Erfüllung ihrer Berufspflichten im häuslichen und bürgerlichen Leben".[78]

---

[76] Ebd., S. 215. Hervorhebung im Original.
[77] Ebd., S. 215f.
[78] Ebd., S. 217.

Die dialogische Form des Textes ermöglicht nun, die Überzeugungskraft von Bs. Argumentation gleich mit darzustellen. Nach dessen umfangreicher Theaterschelte, vor allem nach ausführlicher Schilderung der zu befürchtenden Folgen für die Darsteller, muss auch der Theaterfreund A. gestehen, „daß ich von dieser Seite die Sache noch niemals angesehen hatte".[79] Dass der Text selbst durchaus mit Bs. Position sympathisiert, macht schon allein der Umfang deutlich, der ihr eingeräumt wird. Schließlich besteht ein Großteil der Diskussion aus seiner Kritik, die zu teilen man sicher auch Campe selbst attestieren darf. Dabei darf jedoch nicht vergessen werden, dass hier eine bestimmte Form von Kindertheater abgelehnt wird und dass dieser Ablehnung die Diskussionsteilnehmer genauso wenig widersprechen wie einer am Ende des Textes von C. vorgeschlagenen Variante des kindlichen Theaterspiels, deren Koordinaten die genannten Gefahren entschärfen sollen. C. plädiert für Figuren, deren Verkörperung eine pädagogisch wünschenswerte Einformung bedingt – also für „solche dramatische Stücke […], worin kein einziger Character vorkommt, den man den Kindern nicht zum Muster der Nachahmung ausstellen kann."[80] Er legt außerdem den Status des Theaters als einer möglichen Freizeitgestaltung fest; als Spiel, das sich in der Handhabung nicht von anderen Spielen der Zöglinge unterscheiden soll: Es sei „ihnen eine solche Unterbrechung ihrer nützlichern Beschäftigungen, nur selten erlaubt, und ihnen die Sache nicht zu einer wichtigen Angelegenheit, wobei Ehre oder Schande zu erwecken steht, sondern lediglich zu einem kindischen Spiele, ohne alle weitere Bedeutung, werden läßt."[81] Solche Spiele gibt es im Philanthropismus allerdings nicht, sie haben alle irgendeine weitere Bedeutung: Denn nicht nur muss sich jedes Spiel immer als edukativ und nützlich ausweisen – so wie umgekehrt der Unterricht möglichst spielerisch gestaltet wird –,[82] es zeigt sich auch das spielende und, so muss man ergänzen, gerade das vorbildliche Charaktere nicht eigentlich (schau-)spielende, sondern einformend nachahmende Kind, seinen stets minutiös beobachtenden Erziehern besonders unverstellt.[83] Schließlich bestimmt C. auch die Aufführungssituation samt zugehöriger Rezeptionshaltung: Man soll „der ganzen Sache bloß die Form einer häuslichen Familienergötzlichkeit [geben], alle fremde Zuschauer davon entfern[en], und alles aufblähende Lobpreisen vermeide[n]."[84]

---

[79] Ebd., S. 218.
[80] Ebd., S. 218.
[81] Ebd., S. 219.
[82] Diese Unterrichts- und Freizeit letztlich ununterscheidbar machende Verschränkung führt die Rahmenhandlung von Campes *Robinson* mustergültig vor.
[83] Bei Salzmann heißt es in diesem Sinne etwa: „Ihr [die Erzieher – AW] werdet […] Gelegenheit finden, in das Innerste eurer Kleinen zu sehen, da sie bei dem Spiele weit offner und freier handeln als in anderen Lagen und isch mit allen ihren Fehlern, Schwachheiten, Einfällen, Anlagen, Neigungen zeigen, wie sie wirklich sind." (Christian Gotthilf Salzmann: *Krebsbüchlein. Ameisenbüchlein.* Leipzig 1984, S. 218.)
[84] Campe: *Soll man Kinder Komödien spielen lassen* (Anm. 58), S. 219.

An die Stelle einer öffentlichen rückt hier also eine private Aufführungssituation, die einer pädagogisch integren Darstellung verpflichtet ist und sich ausschließlich vor den Blicken ausgewählter, vornehmlich erziehungsberechtigter
Kreise vollzieht, die nicht die darstellerischen Qualitäten der Kinder loben, sondern eine dann auch über die Aufführung hinaus erwünschte, einformende Nachahmung der vorbildlichen Figuren durch ihre Darsteller beobachten.[85] Unter diesen Bedingungen wird kindliches Theaterspiel, anders als es in der Forschung
wiederholt betont worden ist, also keineswegs obsolet.[86] Es wird vielmehr, weil
es sich aus philanthropistischer Sicht als kindgemäß erweisen und als potentielles
Erziehungsmittel behaupten muss, in C.s Skizze den damit verbundenen Anforderungen gemäß modifiziert: In einem entprofessionalisierten, privatisierten und
pädagogisch funktionalisierten Rahmen können Kinder Komödien spielen, kann
das Theater als Bestandteil philanthropistischer Erziehung zu deren Gelingen
beitragen.

Auch hier zeigt sich also, und dies gilt für jede der durchgespielten theatralen
Konstellationen, egal wer vor oder auf der Bühne steht, dass sowohl Affirmation
als auch Ablehnung zwar an die zeitgenössischen Debatten um Nutzen und Schädlichkeit der Schaubühne anschließen, Campe die Argumente der Theaterreformer
und -feinde jedoch nicht per se übernimmt, sondern in Bezug auf die Interessen
professioneller Erziehung. Damit wird zugleich ein eigener Bewertungsmaßstab

---

[85]   Diese Koordinaten selbst sind keineswegs neu, sondern im Umfeld der Philanthropisten
       bereits verschiedentlich betont worden, vgl. etwa Wolkes pointierten, direkt an Campe
       gewandten Beschwichtigungsversuch im Kontext einer Kritik von Moissys *Spielen der
       kleinen Thalia*, wo es heißt: „Wenn Kinderschauspiele [...] dem Character, Geschlechte
       und Stande der Kinder, von denen sie aufgeführt werden, ganz angemessen sind, und
       kein Affectiren in Handlung oder Denkart nöthig machen; wenn darinn weder Senten-
       zen den Kindern auf eine unnatürliche Weise in den Mund gelegt, noch Unarten, die
       dadurch leicht ankleben würden, wiederholt werden; wenn das Lob über die Fertig-
       keit der Vorstellung nichts weiter ist, als eine Bezeugung, daß man von ihrer (der Kin-
       der) Geschicklichkeit und Bereitwilligkeit zum lobenswürdigen Guten nun öfter und
       mehr zu hören hoffe; unter diesen Bedingungen, würde unser Campe die Aufführung
       der Kinderschauspiele, da sie Uebung und Vergnügen giebt, nicht so sehr abrathen."
       ([Anonym]: *Ueber die aus dem Französischen übersetzten Spiele der kleinen Thalia,
       des Herrn Moisy*. In: *Pädagogische Unterhandlungen*, 1. Jahrgang 1778/79, 9. Stück,
       S. 825–853, hier S. 832) Wolke und Campe melden sich beide im Text via Fußnoten zu
       Wort. Ein solches Kindertheater findet sich zudem bereits ausführlicher vorgestellt in
       der anonym erschienenen Abhandlung *Von Kindertheatern*. In: *Wochenblat für recht-
       schaffene Eltern*. Vierzigstes Stück (1773), S. 605–613.
[86]   Heckelmanns Behauptung, unter diesen Bedingungen habe sich das „Theaterspiel für
       Kinder erübrigt" (Schultheater und Reformpädagogik (Anm. 61), S. 102) verkennt die-
       se pädagogische Funktionalisierung und die damit einhergehenden Anforderungen und
       Prämissen. Dies gilt noch umso mehr für Walter Pape, der schlussfolgert, dass „[d]ie
       Forderungen [...] auf eine Ächtung des Schauspiels für Kinder hinaus[laufen]" (*Das
       literarische Kinderbuch* (Anm. 70), S. 227f.).

für die titelgebende Institution des ‚theatralischen Jahrhunderts' behauptet, der alle
von dieser bewusst mehrdeutigen Benennung ausgehenden Aspekte umfasst: Sei
es die Nutzung des populären Mediums zur breitenwirksamen Bekanntmachung
pädagogischer Grundsätze; seien es die zu emotionaler wie habitueller Maßlosig-
keit führenden Auswirkungen auf Kinder; oder sei es schließlich die Möglichkeit,
es als Beobachtungsmaterial liefernde Spielform unter anderen einzusetzen – der
Bewertungsmaßstab des Theaters, der den verschiedenen Äußerungen Campes
als gemeinsamer Nenner unterliegt und sie zu einem größeren Argumentationszu-
sammenhang verbindet, ist dessen Vereinbarkeit mit den Ansprüchen und Zielen
philanthropistischer Pädagogik.

OLGA KATHARINA SCHWARZ

Schiff, Steuerruder und Segel – Seelenlehre und Pädagogik bei Joachim Heinrich Campe

Zahlreich sind bekanntlich die Würdigungen Joachim Heinrich Campes durch seine Zeitgenossen.[1] Sein Verdienst, sich erfolgreich der Erziehung der Jüngsten angenommen zu haben, war über die Grenzen Deutschlands bekannt. Aktiver Pädagoge und Theoretiker, Herausgeber der *Allgemeinen Revision* und zudem Verfasser von Kinderliteratur – Campe bespielte das pädagogische Feld in vielfacher Weise. In seiner *Charakteristik der Erziehungsschriftsteller Deutschlands. Ein Handbuch für Erzieher* lobte 1790 Samuel Baur:

> Ein reifer Beobachtungsgeist, langes unausgesetztes Studium der Knabenseele, philosophische Genauigkeit und Bestimmtheit in Entwicklung der Begriffe, und die lichtvolleste Darstellung derselben charakterisieren alle seine Schriften. Alle seine Vorschläge zwecken darauf ab, den jungen Weltbürger auf dem sichersten und kürzesten Wege seiner Bestimmung entgegen zu führen, alle Steine des Anstoßes aus dem Wege zu räumen, und verjährte Vorurtheile durch die faßlichste Entwicklung ihrer schädlichen Folgen zu verbannen.[2]

Campe habe es vermocht, „gleichsam [seine; O.K.S.] ganze Seele, Denkungsart, Sitten und Ausdruck […] den Knabenseelen anzuschmiegen, oder sich in dieselben wie hineinzudenken, und eben so ganz nach ihrer Art zu reden".[3] Diese Würdigung ist nicht nur Zeugnis der Wertschätzung Campes als Kinderschriftsteller, als welche Hans-Heino Ewers sie zitiert,[4] sondern sie gibt auch Aufschluss über eine Besonderheit der Schriften Campes und seiner Arbeitsweise: das Vermögen, sich „den Knabenseelen anzuschmiegen", Resultat eines „lange[n] unausgesezten

---

[1] Zur – nicht nur zeitgenössischen – Wirkungsgeschichte vgl. Hans-Heino Ewers: *Joachim Heinrich Campe als Kinderliterat und als Jugendschriftsteller.* In: Ders.: *Erfahrung schrieb's und reicht's der Jugend. Geschichte der deutschen Kinder- und Jugendliteratur vom 18. bis zum 20. Jahrhundert.* Gesammelte Beiträge aus drei Jahrzehnten. Frankfurt/M. 2010, S. 53–77, hier S. 53–57.

[2] Samuel Baur: *Charakteristik der Erziehungsschriftsteller Deutschlands. Ein Handbuch für Erzieher.* Leipzig 1790, S. 68.

[3] Ebd., S. 69.

[4] Ewers: *Campe als Kinderliterat* (Anm. 1), S. 53.

Studium[s] der Knabenseelen". Was Baur hier beschreibt, ist ein zentrales Charakteristikum des Campe'schen Œuvres. Titel wie *Die Empfindungs- und Erkenntniskraft der menschlichen Seele* (1776), *Seelenlehre für Kinder* (1780), *Von der nöthigen Sorge für die Erhaltung des Gleichgewichts unter den menschlichen Kräften* (1785) oder *Über die früheste Bildung junger Kinderseelen* (1785) zeugen von seinem lebhaften Interesse an der Psychologie und den anthropologischen Bedingungen, einem die Entwicklung der Pädagogik im ausgehenden 18. Jahrhundert prägenden Interesse.[5] Grundlage seiner pädagogischen Reflexionen und seiner schriftstellerischen Tätigkeit ist die unentwegte Beschäftigung mit dem Wesen der Seele, ihren Vermögen und Bedingungen. Denn nur wer weiß, nach welchen Prinzipien und unter welchen Voraussetzungen die Seelenvermögen sich entwickeln – und dass sie sich entwickeln, davon ging Campe aus –, nur wer um die Funktionen und das Zusammenspiel der Seelenvermögen, ihr Potential und ihre Spezifika weiß, kurz: nur wer weiß, wie der Mensch funktioniert, kann ihn zielgerichtet erziehen.

Für die Campes pädagogischen Arbeiten zugrundeliegende Seelentheorie sind unter anderem drei frühe Schriften von Interesse: *Die Empfindungs- und Erkenntniskraft der menschlichen Seele* von 1776 widmet sich, wie bereits der Titel vermuten lässt, dem Verhältnis von Empfindungskraft und der deutlichen Erkenntniskraft, also von Sinnlichkeit und Verstand. Sie steht für Campes Wissen um das Potential der menschlichen Sinnlichkeit und seinen Einsatz für die aktive Nutzung desselben in der Erziehung des Menschen. Im Sinne dieser Abhandlung geht er in seiner drei Jahre später publizierten Schrift *Ueber Empfindsamkeit und Empfindelei in pädagogischer Hinsicht* (1779) gegen eine falsche Ausprägung der Empfindsamkeit an, die Empfindelei. 1785 erscheint dann im dritten Band der *Allgemeinen Revision* seine Abhandlung *Von der nöthigen Sorge für die Erhaltung des Gleichgewichts unter den menschlichen Kräften. Besondere Warnung vor dem Modefehler die Empfindsamkeit zu überspannen.* Sie umfasst eine überarbeitete Fassung von *Ueber Empfindsamkeit und Empfindelei* – die Problematik blieb für Campe wichtig – und entwickelt die Idee des ganzen Menschen weiter, die bereits in seinen Gedanken zur Empfindungs- und Erkenntniskraft dominierte. Eine ganzheitliche Ausbildung des Menschen, seinem Alter und seiner zukünftigen Bestimmung im gesellschaftlichen Leben gemäß, ist das von Campe vertretene Erziehungsideal.

„Empfindungskraft", „Empfindsamkeit", „Empfindelei", „Modefehler der Empfindsamkeit" – die Titel sprechen für sich: Der menschlichen Sinnlichkeit lässt Campe besondere Aufmerksamkeit angedeihen. Das hat auch die Forschung

---

[5]   Vgl. Christa Kersting: *Die Genese der Pädagogik im 18. Jahrhundert. Campes „Allgemeine Revision" im Kontext der neuzeitlichen Wissenschaft.* Weinheim 1992, S. 12–14. Kersting rekonstruiert verschiedene anthropologische, philosophische und medizinische Modelle, die den unterschiedlichen pädagogischen Ansätzen jeweils zugrundeliegen.

wiederholt hervorgehoben.[6] Im Zentrum der folgenden Ausführungen steht die Frage, welche Bedeutung Campe der Sinnlichkeit grundsätzlich im menschlichen Dasein beimisst, wie er das Verhältnis von Sinnlichkeit und Verstand bewertet und welche Konsequenzen Campe aus diesem Seelenmodell für seine Pädagogik zieht. In einem ersten Schritt werden die Grundsätze der Seelenlehre im Allgemeinen und dem Verhältnis von Empfindungs- und deutlicher Erkenntniskraft im Besonderen rekonstruiert. Vor diesem Hintergrund wird dann in einem zweiten Teil nach den Erziehungsgrundsätzen Campes gefragt wie auch nach der Rolle, die der Dichtung – unter anderem als „Gegengift" gegen eine fehlgeleitete Sinnlichkeit – hierbei zukommt.

I. Seelenlehre: Empfindungs- und Erkenntniskraft

Seine Überlegungen zur *Empfindungs- und Erkenntniskraft der menschlichen Seele* veröffentlichte Campe 1776. Anlass der Abhandlung war eine Preisfrage der Königlichen Akademie der Wissenschaften zu Berlin;[7] eine der heute eher bekannteren Preisfragen, so wäre zu ergänzen, schließlich gehört in ästhetik- und anthropologieaffinen Kreisen der germanistischen Forschung Johann Gottfried Herders Beantwortung der Frage, seine Arbeit *Vom Erkennen und Empfinden der menschlichen Seele* (1774/1775/1778),[8] mit zum Kanon. Doch im Gegensatz zu Herders Abhandlung und auch zu der des Preisträgers Johann August Eberhard, der *Allgemeine[n] Theorie des Denkens und Empfindens*, ist Campes Antwort

---

[6] Vielfach wurde auf Campe als Repräsentant des Empfindsamkeitsdiskurses verwiesen, so u. a. von Georg Jäger: *Empfindsamkeit und Roman. Wortgeschichte, Theorie und Kritik im 18. und frühen 19. Jahrhundert* (Studien zur Poetik und Geschichte der Literatur 11). Stuttgart/Berlin/Köln/Mainz 1969; Gerhard Sauder: *Empfindsamkeit.* Bd. I: *Voraussetzungen und Elemente.* Stuttgart 1974; und Jutta Heinz: *Wissen vom Menschen und Erzählen vom Einzelfall. Untersuchungen zum anthropologischen Roman der Spätaufklärung* (Quellen und Forschungen zur Literatur- und Kulturgeschichte 6 [240]). Berlin/New York 1996, S. 180f.

[7] Vgl. Joachim Heinrich Campe: *Die Empfindungs- und Erkenntnißkraft der menschlichen Seele die erstere nach ihren Gesetzen, beyde nach ihren ursprünglichen Bestimmungen, nach ihrem gegenseitigen Einflusse auf einander und nach ihren Beziehungen auf Charakter und Genie betrachtet.* Leipzig 1776 (künftig: EE), S. 3.

[8] Zu den drei Fassungen der Abhandlung Herders – *Uebers Erkennen und Empfinden der Menschlichen Seele* (1774), *Vom Erkennen und Empfinden, den zwo Hauptkräften der Menschlichen Seele* (1775) und *Vom Erkennen und Empfinden der menschlichen Seele. Bemerkungen und Träume* (1778) – vgl. die Kontextualisierung und umfassende Rekonstruktion bei Marion Heinz: *Sensualistischer Idealismus. Untersuchungen zur Erkenntnistheorie des jungen Herder (1763–1778)* (Studien zum achtzehnten Jahrhundert 17). Hamburg 1994, S. 109–173.

inzwischen nur noch wenigen bekannt,[9] nicht so zu seinen Lebzeiten: Campes Schrift zählte zu den Referenzwerken der ästhetischen Theorie.[10] Die Rezensenten priesen ihn als vielversprechenden Nachwuchs und „geübten Denker in dem Fache der speculativen Philosophie",[11] als „scharffsinnigen Weltweisen",[12] und waren beeindruckt von seiner Vorgehensweise und seiner „so deutlichen und angemessenen Schreibart".[13] Viel Neues fände sich zwar nicht bei Campe,[14] aber da man darin übereinstimmte, dass es bei der Beantwortung dieser Preisfrage „nicht auf Erfindung neuer Schätze, sondern auf Anordnen des Erfinders an[komme]",[15] war dies kein geringes Lob.

Worum ging es? In der seiner Abhandlung vorangestellten „Nachricht" zitiert Campe zunächst die Grundannahme der ursprünglich auf Französisch formulierten Preisfrage in deutscher Übersetzung:

> Die Seele hat ein zweyfaches ursprüngliches Vermögen, aus welchem alle ihre Eigenschaften und Wirkungen herzuleiten sind, nämlich die Erkenntniß- und Empfindungskraft.
>
> Beym Gebrauch der erstern ist die Seele mit einem Gegenstande beschäftiget, den sie als ausser ihr befindlich ansieht, und für welchen sie eine Art von Neugier heget: ihre Wirksamkeit scheint alsdann nur dahin zu streben, *daß sie den Gegenstand richtig erkenne*. Bey dem Gebrauch der letztern hat sie es mit sich und mit ihrem Zustande zu thun, und fühlet entweder etwas angenehmes, oder etwas unangenehmes. Alsdann scheint ihre Wirksamkeit nur dahin zu gehen, daß sie ihren *Zustand*

[9] So auch die Einschätzung von Ernst Stöckmann: *Anthropologische Ästhetik. Philosophie, Psychologie und ästhetische Theorie der Emotionen im Diskurs der Aufklärung* (Hallesche Beiträge zur Europäischen Aufklärung 39). Tübingen 2009, S. 153, Anm. 9.

[10] Vgl. ebd., S. 152, Anm. 8.

[11] [Rez.:] *Die Empfindungs- und Erkenntnißkraft der menschlichen Seele, die erste nach ihren Gesetzen, beyde nach ihren ursprünglichen Bestimmungen, nach ihrem gegenseitigen Einfluß auf einander und nach ihrer Beziehung auf Charakter und Genie, betrachtet von J. H. Campe. Leipzig, in der Weygandschen Handlung, 1776.* In: *Der Teutsche Merkur* (1777) 1, S. 97–101, hier S. 97.

[12] Bm. [d.i.: Hermann Andreas Pistorius]: *Die Empfindungs- und Erkenntnißkraft der menschlichen Seele, die erstere nach ihren Gesetzen, beyde nach ihren ursprünglichen Bestimmungen, nach ihrem gegenseitigen Einflusse auf einander, und nach ihren Beziehungen auf Charakter und Genie betrachtet von J.H. Campe. Leipzig, in der Weygandischen Handlung. 1776.* [Rez.] In: *Allgemeine deutsche Bibliothek* 30 (1777) 1, S. 536–539, hier S. 536.

[13] Ebd., S. 537.

[14] Vgl. ebd.

[15] [Rez.:] *Die Empfindungs- und Erkenntnißkraft* (Anm. 11), S. 98.

ändere, wenn sie nämlich etwas unangenehmes *fühlt*, oder daß sie *desselben genie-ße*, wenn er angenehme Empfindungen in ihr veranlasset. (EE, 4f.)[16]

Die Preisfrage, das wird bereits nach den ersten Sätzen klar, trägt die Handschrift Johann Georg Sulzers. Er hatte ausgehend von der Vermögenspsychologie Christian Wolffs argumentiert, dass die Seele über zwei Grundvermögen verfüge: das Erkenntnis- und das Empfindungsvermögen.[17] Wenn die Diskutanten von der Akademie weiter ersucht werden, (i.) die jeweiligen Bedingungen und Gesetze dieser beiden Vermögen zu erklären, (ii.) ihre Beziehung untereinander zu erläutern und schließlich zu erörtern, inwiefern (iii.) das Genie, d.h. die Geistesfähigkeit, und der Charakter, also die sittliche Gemütsart, von der Beschaffenheit der beiden Vermögen abhängen, dann ist dies der Versuch einer Bestandsaufnahme der aktuellen Positionen zu zentralen Fragen des 18. Jahrhunderts; oder auch, wie Campe angesichts des „reichen Schatzes" an psychologischen Abhandlungen anmerkt, die „Absicht [...], gewisse von glücklichen Genien schon längst entdeckte Wahrheiten der Seelenlehre bestätiget, in ein neues Licht gesetzt, und allgemeiner bekannt gemacht zu sehen" (EE, 20) – eine Werbekampagne für den zum Zeitpunkt der Veröffentlichung der Preisfrage noch zukünftigen Direktor der philosophischen Klasse, für Sulzer.

Gegenstand der Preisfrage ist mithin nichts Geringeres als der Mensch, das Wesen und die Funktionsweise der menschlichen Seele. Mit der Einführung eines eigens für die Empfindung zuständigen Vermögens, das unabhängig vom Erkenntnisvermögen ist und gleichberechtigt neben diesem existiert, ist die Frage nach der Hierarchie von Sinnlichkeit und Verstand neu gestellt. Die im ersten Drittel des Jahrhunderts verhalten, oftmals eher implizit diskutierte Nutzbarmachung der Empfindungen gewinnt in der Folge an Relevanz: Welchen Platz haben Empfindungen, Leidenschaften, Affekte im menschlichen Dasein? Welche Bedeutung für

---

[16] Wenn nicht anders angegeben, dann liegen die Hervorhebungen im Original vor. Alle typographischen Hervorhebungen – Fettdruck, Kursivierung, Sperrsatz und Kapitälchen – werden im Folgenden durch Kursivierung wiedergegeben.

[17] Zu Sulzers Seelenlehre vgl. u.a. Wolfgang Riedel: *Erkennen und Empfinden. Anthropologische Achsendrehung und Wende zur Ästhetik bei Johann Georg Sulzer*. In: Hans-Jürgen Schings (Hg.): *Der ganze Mensch. Anthropologie und Literatur im 18. Jahrhundert*. Stuttgart/Weimar 1994, S. 410–439; Wolfgang Riedel: *Erster Psychologismus. Umbau des Seelenbegriffs in der deutschen Spätaufklärung*. In: Jörn Garber und Heinz Thoma (Hg.): *Zwischen Empirisierung und Konstruktionsleistung. Anthropologie im 18. Jahrhundert*. Tübingen 2004, S. 1–17; Élisabeth Décultot: *Die Schattenseiten der Seele: Zu Johann Georg Sulzers Theorie der dunklen Vorstellungen*. In: Hans Adler und Rainer Godel (Hg.): *Formen des Nichtwissens der Aufklärung*. München 2010, S. 263–278; und Elisabeth Décultot: *Kunsttheorie als Theorie des Empfindungsvermögens. Zu Johann Georg Sulzers psychologischen und ästhetischen Studien*. In: Dies. und Gerhard Lauer (Hg.): *Kunst und Empfindung. Zur Genealogie einer kunsttheoretischen Fragestellung in Deutschland und Frankreich im 18. Jahrhundert*. Heidelberg 2012, S. 81–101.

seine intellektuelle Leistungsfähigkeit und sein moralisches Handeln? Dass diese Fragen (und ihre im Hinblick auf die Sinnlichkeit durchaus positiven Antworten) nicht erst ein Phänomen des späten 18. Jahrhunderts waren, dafür stehen auch die Gewährsleute, auf die Campe verweist. Neben Sulzer und Leonhard Cochius sind dies Gottfried Wilhelm Leibniz und Christian Wolff (vgl. u. a. EE, S. 20 u. 31). Die bei ihnen zu findende Annahme, dass die Sinnlichkeit Bedingung der deutlichen Erkenntnis und notwendig für das menschliche Handeln ist, vertritt auch Campe. *Die Empfindungs= und Erkenntniskraft der menschlichen Seele die erstere nach ihren Gesetzen, beyde nach ihren ursprünglichen Bestimmungen, nach ihrem gegenseitigen Einflusse auf einander und nach ihren Beziehungen auf Character und Genie betrachtet* – bereits der Titel zeigt, wie sehr Campes Abhandlung sich an der Preisfrage bzw. den drei ihr untergeordneten ‚Arbeitsaufträgen' orientiert. Es ist jedoch auffällig, dass Campe, anders als in der Ausschreibung gefordert, nicht auch die allgemeinen Gesetze der Erkenntniskraft, sondern nur die der Empfindungskraft entwickelt. Campe begründet diesen Verzicht mit der Vielzahl der an Leibniz und Wolff anschließenden erkenntnistheoretischen Arbeiten im deutschsprachigen Raum.[18]

Die allgemeinen Gesetze der Erkenntniskraft setzt Campe als bekannt voraus, die Psychologie Leibniz-Wolff'scher Prägung als gesetzt. Jegliche Ausführung seinerseits hierzu wäre unnötige, ja, gar „lästige[ ] Wiederholung" (EE, 21). Die Akzentuierung der Empfindungskraft ist, wie Campe selbst schreibt, der einfachen Tatsache geschuldet, dass sie als *eigene* Seelenkraft noch relativ ‚neu' und damit auch weniger erforscht sei. Dabei geht es weniger um eine ‚Neuentdeckung' der Sinnlichkeit in Absetzung zu den sogenannten Rationalisten Leibniz, Wolff oder Baumgarten. Wie Sulzers Erweiterung der Seele um die Empfindungskraft als zweite ursprüngliche Seelenkraft, so sind auch Campes Einlassungen eine Fortsetzung der Ideen der Rationalisten bzw. die Konsequenz aus ihren sich letzten Endes als problematisch oder auch widersprüchlich erweisenden Reflexionen.

Ganz Schüler Leibniz' statuiert Campe die Unteilbarkeit der Seele, sie ist „einige Vorstellungskraft", *vis repraesentativa* (EE, 7). Je nachdem, welche Eindrücke sie auf welche Weise empfängt, modifiziert sie sich, verändern sich ihre Vorstellungen. Hieraus entstehen die unterschiedlichen Kräfte, und so auch Empfindungs- und Erkenntniskraft. Wenn die Seele sich der Erkenntniskraft bedient, „ist die Seele", wie Campe auf die Ausschreibung rekurrierend schreibt, „mit einem Gegenstand beschäftiget, den sie als außer ihr befindlich ansiehet, und für welchen sie eine Art von Neugier heget: ihre Wirksamkeit scheint alsdann nur dahin zu streben, daß sie den Gegenstand richtig erkenne" (EE, 8). Bedient sie sich

---

[18]   Vgl. EE, 20: „Denn, was insonderheit die Gesetze des Denkens, oder der deutlichen Erkenntniß, und zum Theil auch der Gesetze der Empfindungen anbetrifft: so darf unsere deutsche Philosophie, nach Leibnizens und Wolfens Zeiten, sich eines so reichen Schatzes hierhergehöriger Beobachtungen und daraus hergeleiteter allgemeiner Grundsätze rühmen, daß sie besonders in Ansehung der erstern kaum eines neuen Beytrages zu bedürfen scheint."

aber der Empfindungskraft, dann „hat sie es mit sich und mit ihrem eigenen Zustande zu thun, und fühlt entweder etwas angenehmes, oder etwas unangenehmes.
Alsdann scheint ihre Wirksamkeit nur dahin zu gehen, daß sie ihren Zustand ändere, wenn sie nämlich etwas unangenehmes fühlt; oder daß sie desselben genieße,
wenn er angenehme Empfindungen in ihr veranlaßt" (EE, 8). Wie dies vonstatten
geht, warum die Seele sich unter bestimmten Bedingungen entsprechend verhält
und welche Art von Vorstellungen jeweils die Seele dominieren, erörtert Campe
im ersten Kapitel.

Grundsätzlich gilt, dass die Seele „in jedem Momente ihres Daseyns" „mit
irgend einer Vorstellung beschäfftiget ist" (EE, 8). Was sie sich vorstellt, kann
sie sich deutlich oder verworren, d. h. für Campe dunkel und klar vorstellen. Hat
sie die deutliche Erkenntnis einer Sache, dann stellt sie sich die Merkmale bzw.
Bestimmungen einer Sache einzeln und nacheinander vor. Hat sie eine verworrene
Erkenntnis, dann stellt sie sich viele Merkmale gleichzeitig vor. Die Empfindung
gehört zur Klasse der verworrenen Vorstellungen, zeichnet sich aber dadurch aus,
dass sie zudem „lebhaft ist und von einem klaren Bewustseyn, sowohl unserer
selbst, als auch der Beziehung, welche der erkannte Gegenstand auf uns hat, begleitet wird" (EE, 9). Im Zustand der Empfindung stellt sich die Seele also nicht
nur die Merkmale einer Sache vor, wie es bei der Erkenntnis der Fall ist, sondern
setzt sich selbst in Beziehung hierzu und nimmt wahr, wie der Gegenstand auf
sie wirkt. Dieser Zustand ist die „niedrigste[ ] Stufe ihrer Vollkommenheit" (EE,
18), in ihm unterscheidet sich die menschliche Seele nicht vom Tier. Denn die zugrundeliegende Erkenntnis ist eine undeutliche und damit unsichere. Erst mit dem
Verstand und der mit ihm einhergehenden deutlichen Erkenntnis entfernt sich der
Mensch vom Animalischen. Da die Seele im Zustand der Empfindung fühlt, sich
dessen bewusst ist, wie der von ihr wahrgenommene Gegenstand auf sie wirkt,
ob angenehm oder unangenehm, ist ihre Empfindungskraft zum ‚Handeln' aufgerufen. Bei unangenehmen Empfindungen ist der Zustand zu verändern, bei angenehmen zu genießen. Denn mit Leibniz und Wolff hat auch bei Campe die Seele
und damit der Mensch nur ein Ziel: die Beförderung der eigenen Vollkommenheit
(vgl. EE, 18f.).

Auch die Erkenntniskraft strebt selbstverständlich nach Vollkommenheit, in
ihrem Fall heißt dies: nach deutlicher Erkenntnis, nach Wahrheit. Den Vorgaben
der Akademie folgend betrachtet Campe die Empfindungen nicht lediglich im
Gegensatz zur Erkenntnis und ihren verschiedenen Modi, sondern im Gegensatz
zur deutlichen Erkenntnis. Deutliche Erkenntnis einer Sache erlangen wir, führt
Campe aus, wenn die Seele „ihre Aufmerksamkeit von sich selbst, von ihrem Ver-
hältniß zu dem Gegenstande ihrer Erkenntniß und von allen Merkmalen desselben
bis auf ein einziges, auf welches sie ihre ganze Vorstellungskraft zu concentrieren
sucht, abgewandt hat" (EE, 12f.). Voll und ganz konzentriert sich die Aufmerksamkeit auf ein einzelnes Merkmal des zu erkennenden Gegenstandes. Der Gegenstand als ganzer und die Seele selbst, ihr Bewusstsein von sich, treten hinter
das einzelne Merkmal zurück, müssen zurücktreten, denn „mit den Augen unseres
Geistes [verhält es sich], wie mit unsern körperlichen Augen, in welchen sich zwar

auf eine verworrene Art das Bild einer ganzen vor uns ausgebreiteten Landschaft,
aber auf eine deutliche und bestimmte Weise nur das Bild eines einzigen sehr
kleinen Gegenstandes, auf den sie ausschließungsweise gerichtet sind, abmahlen
kann" (EE, 12). Im Moment der angestrebten deutlichen Erkenntnis hat die Seele
es „bloß mit dem Gegenstande ihrer Erkenntnis zu thun [...], und ohne durch
etwas angenehmes oder unangenehmes gerührt zu werden", strebt sie nach der
richtigen, der deutlichen Erkenntnis des Gegenstandes (EE, 13).

Nach diesen recht allgemein gehaltenen Erläuterungen zur Seele und ihren
beiden Grundvermögen unternimmt Campe den Versuch einer Klassifizierung
der Empfindungen und einer, gemäß Kapitelüberschrift, „Entwickelung der allgemeinen Gesetze der Empfindungskraft" (EE, 20). Er unterstreicht erneut, dass
Empfindungen, „selbst das sinnliche Gefühl des Schmerzes und des Kitzels, [...]
auf bloße Vorstellungen unserer Seele zurück[zuführen]" sind (EE, 27), die durch
den „Eindrucke eines äußerlichen Gegenstandes auf unsere sinnlichen Werkzeuge" (EE, 31), also auf die körperlichen Sinnesorgane entstehen. Die Einwirkung
auf die Sinnesorgane führt zu einer Veränderung in den menschlichen Nerven,
was wiederum eine Veränderung in der Seele hervorruft: die Empfindung. Die
Frage nach der Beziehung zwischen Körper und Seele lässt Campe offen. Denn
auf die Gesetze der Empfindungen habe es keinen Einfluss, ob er seinen Überlegungen die Theorie vom *influxus physicus*, der prästabilierten Harmonie oder des
Okkasionalismus zugrundelege (vgl. EE, 32). Ähnlich argumentierte auch Wolff.[19]
Festzuhalten ist, „daß keine Empfindung in unserer Seele, ohne eine damit übereinstimmende Veränderung in unserem Körper, und umgekehrt keine Veränderung
in unserm Körper ohne eine damit übereinstimmende Vorstellung in unserer Seele
angetroffen werde." (EE, 32)

Ausführlich geht Campe im Laufe des Kapitels auf das Phänomen der ge-
mischten Empfindungen ein, legt dar, warum Empfindungen länger andauern können als die Wirkung des Gegenstandes auf die Sinnesorgane, und erörtert die ‚materielle' und ‚formelle' Verschiedenheit der Empfindungen. Anhand der letzteren
wird noch einmal deutlich, wie sehr die Empfindungen Produkt des Individuums
und seiner individuellen Möglichkeiten sind, und damit implizit auch, warum die
Empfindungen als verworrene Vorstellungen, die keine sichere und vergleichbare
Erkenntnis liefern, im Gegensatz zur deutlichen und sicheren Erkenntnis stehen.
Die materielle Beschaffenheit hängt von der Beschaffenheit des vorgestellten Ob-
jekts und von der Art und Weise ab, wie die Sache auf die körperlichen Sinnesorgane wirkt, demnach wird die Empfindung als ein- oder vielartige, als reine oder
vermischte Empfindung beschrieben. „Der Klang einer einzigen Flöte", exemplifiziert Campe, „kann nicht dieselbe Empfindung in uns erregen, als die harmoni-
rende [sic!] Töne vieler musikalischen Instrumente zugleich, und der Geruch einer
einzigen Rose ist nicht das für uns, was uns die vermischten Wohlgerüche eines

---

[19]   Vgl. Christian Wolff: *Gesammelte Werke.* Bd. I.9: *Ausführliche Nachricht von seinen*
      eigenen Schriften, die er in deutscher Sprache heraus gegeben. Mit einer Einleitung
      von Hans W. Arndt. Hildesheim/New York 1973, § 100, S. 281f.

mit mannigfaltigen Blüthen angefüllten Geruchtopfes sind." (EE, 37) Auch ob die Rose auf das Auge oder die Nase wirkt, entscheidet genauso über die Art der Empfindung wie die Beschaffenheit des angesprochenen Sinnesorgans des einzelnen. Nicht jeder sieht, hört, riecht die Welt in gleicher Weise (vgl. EE, 35–39).

Dass ein- und derselbe Gegenstand bei verschiedenen Menschen unterschiedliche Empfindungen hervorruft, begründet Campe weiter mit der formellen Verschiedenheit der Empfindungen: Wie stark der Eindruck des vorgestellten Gegenstandes ist, wie schnell er auf die Sinnesorgane wirkt, wie empfindlich die entsprechenden Nerven sind und auch wie empfänglich die Seele für die Empfindungen ist, ob sie auf sie eingestellt war, ob sie sie als Gutes oder etwas Schlechtes erwartet hat – all dies hat Einfluss auf die Lebhaftigkeit der Empfindungen und erklärt, „warum bey einer vortreflichen Musik der eine in sanften Empfindungen zerfließen, der andere hingegen kalt und fühllos bleiben kann; warum der eine diesem, der andere jenem Stücke den Vorzug giebt" (EE, 46; vgl. EE, 39–47).

Empfindungen sind stark vom Rezipienten, seiner Beschaffenheit und auch von seinen Erfahrungen geprägt. In dieser anfänglichen Unbestimmtheit sieht Campe einen Ansatzpunkt zur Erziehung des Menschen. Ein Hang zu bestimmten Empfindungen, zu sogenannten „Grundempfindungen" kann ihm geradezu eingepflanzt werden (EE, 59). Denn man weiß, so Campe, „daß oft wiederholte Empfindungen einer gewissen Art, die Seele immer unwilliger und unfähiger zu allen entgegengesetzten Empfindungen, aber immer fähiger und geneigter zu Empfindungen eben derselben Art zu machen pflegen" (EE, 45). Sowohl positive als auch negative Empfindungen und die mit ihnen einhergehenden Gewohnheiten kann der Mensch sich ‚antrainieren', denn „[j]e öfterer [...] eine Empfindung oder Vorstellung in unserer Seele erscheint" (EE, 58), desto stärker strebt die Seele danach, sie erneut hervorzurufen, und wird durch die Übung hierzu auch zunehmend befähigt (vgl. EE, 57–59). Für die Bildung des sittlichen Charakters wie der Geistesfähigkeit ist dieses Potential nicht zu unterschätzen, denn nicht die deutliche Erkenntnis ist es laut Campe, die den Menschen zum Handeln veranlasst, sondern die Empfindungen (vgl. EE, 60–63). Sind sie auf das moralisch Gute ausgerichtet, dann ist dies auch unser Handeln.

Die Empfindungskraft macht den Menschen aber nicht nur zum handelnden Wesen. Erst durch sie kann der Mensch überhaupt Vergnügen und Missvergnügen empfinden, genießen und leiden (vgl. EE, 66f.). Die sinnlichen Empfindungen tragen zur Erweiterung der seelischen „Ideensphäre" und damit zur Vervollkommnung der Seele bei, wird sie doch durch das gleichzeitige Auftreten der Menge an Vorstellungen beschäftigt und geübt, ihr „Ideenschatz vergrössert", „Stoff und Materie zu künftigen Bearbeitungen [wird ihr] verliehen." (EE, 68) Dank der Empfindungskraft und seines Körpers kann der Mensch die Schönheit, die „sinnliche Vollkommenheit", wahrnehmen, die „Schönheit, Ordnung und Regelmäßigkeit des Weltalls" und folglich die Größe Gottes erkennen (EE, 70). Sinnliche Empfindungen sind „die Wächter unseres Lebens", solange die Vernunft uns noch nicht warnen kann, lassen sie uns wissen, „was für die Erhaltung unsers Lebens zuträglich, und was hingegen nachtheilig dazu werden könne" (EE, 71). Und denen, die nicht mit Verstand gesegnet sind, erlauben sie es, ein Bewusstsein ihrer selbst zu haben und des Vergnügens fähig zu sein (vgl. EE, 71f.). Erst die Empfindungen (als Empfindnisse) versetzen uns in die Lage, Neigungen und Abneigungen zu haben, ermöglichen die Vervollkommnung, ja, überhaupt erst die deutliche Erkenntnis (vgl. EE, 76–79). – Campes Loblied auf sinnliche Empfindungen und Empfindungskraft, es ließe sich noch fortsetzen. Doch für den Moment muss dieser erste Eindruck genügen, denn seine Preisung beschränkt sich nicht nur auf die ‚eine Hälfte der Seele'.

Auch die Verdienste der Erkenntniskraft waren laut Preisfrage zu würdigen, selbst wenn diese als allgemein bekannt galten: Ohne sie hätte der Mensch kein Gedächtnis, wäre nicht in der Lage zu urteilen, vernünftig zu schließen. Er könnte keine allgemeinen Begriffe formen, keine Wahrheiten ableiten, er wäre seiner moralischen Prinzipien beraubt (vgl. EE, 80–85). Der Mensch – ein Tier! „Nichts, als die äusserliche Bildung (ein trauriger Vorzug, weil er uns um so viel dürftiger macht!) würde uns von den übrigen Thieren der Erde unterscheiden können." (EE, 80) Und nichts würde den Menschen davor bewahren, von seinen Empfindungen, seinen Neigungen in die Irre geleitet zu werden (vgl. EE, 85).

Empfindungs- und Erkenntniskraft – sie bestimmen den Menschen und stehen in einer wechselseitigen Beziehung. Die Erkenntniskraft baut auf den Empfindungen auf, sie sind ihr Material. Die Förderung der Sinne und Empfindungen kommt folglich auch der Erkenntniskraft zugute (vgl. EE, 100). Doch gibt es zu viele Empfindungen, „bestürmen" sie geradezu die Seele, dann ist die Seele in ihrer intellektuellen Tätigkeit, der Mensch, geschwächt durch die Quantität der Empfindungen, in seinem Handeln eingeschränkt (vgl. EE, 101). „[Ü]bertriebene Sinnlichkeit" schwächt die Seele (EE, 102). Die Erkenntniskraft hat sie in ihre Schranken zu weisen und anzuleiten, ‚falsche Neigungen', das Streben nach sogenannten Scheinvollkommenheit, durch Aufklärung zu unterbinden. Die Erkenntniskraft lehrt den Menschen, *richtig* zu empfinden.[20] Sie vermag es, die Konsequenzen einzusehen, die mit gewissen angenehmen, aber verderblichen, da wollüstigen Gegenständen einhergehen, und auf diese Weise Empfindungen zu schwächen oder zu stärken. Die Aufschlüsselung der der jeweiligen Empfindung zugrundeliegenden Ideen begünstigt den „Genuß angenehmer, der moralischen Natur unserer Seele zuträglicher Empfindungen" (EE, 113). Die diversen positiven Aspekte werden gesondert betrachtet – und genossen. Ganz grundsätzlich sieht Campe in der Erkenntniskraft auch eine Voraussetzung für den empfindsamen Menschen: „Es ist ein bekanntes Sprichwort: was ich nicht weiß, das macht mich nicht heiß; Dinge von denen ich keine Kenntniß habe, können meinem Busen nicht erwärmen, können keine Empfindungen in mir erwecken." (EE, 104) Mit der deutlichen Erkenntnis wird der Empfindungskreis erweitert.

Bemerkenswert ist, dass Campe zur Veranschaulichung dieser – nicht gerade mit seinen vorherigen Äußerungen zur Empfindungskraft in Einklang stehenden

---

[20] Wie dies im Einzelnen vonstattengeht, erläutert Campe ausführlich, vgl. EE, 104–114.

– These zunächst Gotthold Ephraim Lessings *Emilia Galotti* (1772) heranzieht, um im Anschluss dessen Mitleidstheorie zu korrigieren bzw. zu erweitern. Der Rohe und Ungebildete, erläutert Campe, werde sich bei seinem Theaterbesuch entweder „mit einem dummen Angaffen der Schauspieler und der Dekorationen begnügen" oder, wissend, dass die Handlung lediglich erdichtet sei, „bey den rührendsten Situationen in ein noch dümmres Gelächter ausbrechen, und seinen empfindliche-ren Nachbaren, denen die Thränen in großen Tropfen aus den Augen stürzen, mit Verwunderung zusehen" (EE, 105). Als notwendige Ergänzung der von Lessing in seinem mit Moses Mendelssohn und Friedrich Nicolai geführten *Briefwechsel über das Trauerspiel* (1756/57) entwickelten Mitleidstheorie, derzufolge der „*mit-leidigste Mensch [...] der beste Mensch*, zu allen gesellschaftlichen Tugenden zu allen Arten der Großmuth der aufgelegteste [ist]",[21] wirkt die Schlussfolgerung, die Campe aus dieser Beobachtung zieht:

> Die Erkenntnißkraft also, und nur sie allein, ist es, welche uns zuförderst aller mo-
> ralischen, aller der edlen Empfindungen fähig macht, welche der Menschheit vor
> allen übrigen empfindenden Geschöpfen hienieden, eine so ausgezeichnete Würde
> verleyhen. Denn die sittlichen Gegenstände unserer Vorstellungen können, in so
> fern sie sittlich sind, nicht in die Sinne fallen, und also auch keine sinnliche [sic!]
> Empfindungen in uns erwecken. Nur durch Hülfe des Erkenntnißvermögens sehen
> wir die Dinge in der Welt von ihrer moralischen Seite an [...]. (EE, 105)

Erkenntnis ist Voraussetzung von moralischer Empfindung und Rührung. Die Er-kenntniskraft lehrt den Mensch demnach nicht nur richtig zu empfinden, sondern bedingt hier das sittliche Empfinden überhaupt.

Campe wäre nicht Campe, würde er nicht – wie schon bei der Empfindungs-kraft – auch den Kompetenzbereich der Erkenntniskraft einschränken. Auch ein zu viel an Erkenntnis ist nicht von Vorteil, schadet wiederum dem Empfindungs-vermögen und folglich dem Menschen als Menschen. Denn was können die emp-finden, die sich nur noch dem „tieffsinnigen Nachdenken gewidmet haben, gegen alle äußerlichen Gegenstände nach und nach immer gleichgültiger werden, bis sie endlich zu der unseligen Kälte des Herzens gelangen, daß sie durch nichts auf der Welt auf eine etwas lebhafte Weise mehr gerührt werden können" (EE, 115)? Sie sind der lebhaften Rührung des Herzens unzugänglich. Erkenntnis- und Emp-findungskraft müssen im Gleichgewicht sein. „[…] die höchstmögliche Vervoll-kommnung der menschlichen Natur", postuliert Campe,

> [könne] nur durch eine verhältnißmäßige Cultur beyder Hauptvermögen unserer
> Seele, der Erkenntniß- und Empfindungskraft, bewerkstelliget werden [...] Wollen
> wir also den Absichten der Natur entsprechen; wollen wir uns zu dem höchsten

[21] Lessing an Nicolai, im Nov. 1756. In: Gotthold Ephraim Lessing, Moses Mendelssohn
    und Friedrich Nicolai: *Briefwechsel über das Trauerspiel*. Herausgegeben und kom-
    mentiert von Jochen Schulte-Sasse. München 1972, S. 55.

> Gipfel der uns zum Ziel gesetzten Vollkommenheit schwingen: so müssen wir das schwesterliche Band, wodurch unsere Seelenkräfte, zum Besten unsers ganzen Wesens, so inniglich verbunden sind, zu erhalten und zu verstärken suchen. Dieß ist der Weg zur höchstmöglichsten Vortrefflichkeit des Herzens und des Geistes; dieß ist der Weg zu einer Glückseligkeit, welche so wenige erreichen, und zu welcher gleichwohl, den Anlagen ihrer Natur nach, alle bestimmt sind. (EE, 117f.)

Der *ganze* Mensch ist zu bilden, auf dass seine Seelenvermögen im Gleichgewicht seien, aber nicht nur die.

II.   Gleichgewicht der Kräfte: Ansätze zur Pädagogik

Das „Gleichgewicht[] unter den menschlichen Kräften",[22] die *„proporzionierte* Ausbildung *aller*", und der Körper ist hier eingeschlossen, „wesentlichen Kräfte und Fähigkeiten der *gesamten* menschlichen Natuhr"[23] – das ist das Leitmotiv der Campe'schen Pädagogik, zumindest der frühen, wie es auch in unterschiedlichen Ausprägungen von vielen seiner Zeitgenossen vertreten wurde.[24] Es taucht zunächst 1779 in seiner Schrift *Ueber Empfindsamkeit und Empfindelei in pädagogischer Hinsicht* wieder auf. Campes Versuch, gegen den „Modefehler Empfindsamkeit"[25] anzuschreiben, indem er den *wahren* sittlichen Charakter der Empfindsamkeit hervorhebt und sein Verständnis von Empfindsamkeit gegen das absetzt, was er „Empfindelei" nennt,[26] hat zwei Ziele: Zum einen kann er am Beispiel der Empfindsamkeit und ihrer Stiefschwester, der Empfindelei, zeigen, wie wichtig die „proporzionierte Ausbildung" und das von ihr angestrebte Ziel des Gleichgewichts der Vermögen ist. Zum anderen und vor allem will Campe die von ihm in *Die Empfindungs- und Erkenntniskraft der menschlichen Seele* nachgezeichnete positive Bedeutung der Empfindungen untermauern. Zunächst

---

[22]   So der Titel der 1785 erschienenen Schrift Campes, hier nach folgender Ausgabe zitiert: Joachim Heinrich Campe: *Von der nöthigen Sorge für die Erhaltung des Gleichgewichts unter den menschlichen Kräften. Besondere Warnung vor dem Modefehler die Empfindsamkeit zu überspannen.* Herausgegeben, mit einem Nachwort und Anmerkungen versehen von Reinhard Stach. Heinsberg 1996 (künftig: VnS).

[23]   Joachim Heinrich Campe: *Ueber Empfindsamkeit und Empfindelei in pädagogischer Hinsicht.* Hamburg 1779 (künftig: EmE), S. 20.

[24]   Auf die zentrale Stellung des „Gleichgewichts von ‚Kopf' und ‚Herz'" – nicht nur bei den Philanthropen – hat u. a. hingewiesen Sauder: *Empfindsamkeit* (Anm. 6), S. 125–132, mit Rekurs auf Jäger: *Empfindsamkeit und Roman* (Anm. 6), S. 47–53, der den Beitrag der Philanthropen als diskursbestimmend wertet.

[25]   Vgl. den Untertitel von VnS (Anm. 22).

[26]   Der Beitrag von Campes Schrift zur Verbreitung des Begriffs ‚Empfindelei' wurde verschiedentlich hervorgehoben. Hierzu, zum Verhältnis von Empfindsamkeit und Empfindelei wie auch zur Rezeption des Begriffspaars vgl. Georg Jäger: *Empfindsamkeit und Roman* (Anm. 6), S. 20–27; und Sauder: *Empfindsamkeit* (Anm. 6), S. 154–176.

einige Worte zu letzterem, erlaubt doch die Gegenüberstellung von Empfindsamkeit und Empfindelei, zwei an die Empfindungskraft gebundenen Phänomenen der Seele, Campes Bewertung von Sinnlichkeit und Empfindungen noch besser zu konturieren.

Die „wahre Empfindsamkeit" (EmE, 3) bezeichnet nicht einfach „eine", wie Campe als bekannt voraussetzt, „grössere Fähigkeit zu jeder von Arth Empfindungen, sondern bloos eine grössere Fähigkeit zu solchen Empfindungen, in welchen etwas *Sittliches* ist" (EmE, 4). Zu unterscheiden sind Empfindsamer und Empfindler grundsätzlich im Hinblick auf die Entstehung ihrer Empfindungen: Während der Empfindsame „bei gewissen Gegenständen oder Vorfällen [empfindet], *er mag wollen oder nicht*" (EmE, 5), *will* der Empfindler empfinden. Die Empfindungen des einen sind natürlich, die des anderen erkünstelt. Der Empfindsame wird von den Gegenständen in der Tat angenehm oder unangenehm gerührt. Der Empfindler aber „*dichtet* denjenigen Dingen, bei denen er den Gerührten spielen will, *fantastische* Eigenschaften und Bezihungen an, die sie nie hatten, nie haben konten" (EmE, 6f.). Zudem treten Empfindsamkeit und Empfindelei auf verschiedene Weise in Erscheinung: Während der Empfindsame seine Empfindungen allenfalls zurückhaltend äußert, trägt der Empfindler sie zur Schau. Entsprechend ist ihr Handeln: Der Empfindsame *muss* handeln, der Empfindler handelt nur, wenn er gesehen wird (vgl. EmE, 10f.). Empfindsamkeit, so lernen wir, ist das wahrhaftige Empfinden: bescheiden in der Erscheinung, konsequent im Handeln. Zudem, und hier zeigt sich die entscheidende Differenz der beiden Empfindungstypen, basiert die Empfindsamkeit „auf deutlich erkannte[n] Grundsätze[n] der Vernunft und harmoniert daher, sowohl mit der Natuhr des Menschen, als auch mit der Natuhr und Bestimmung anderer Dinge". Der Empfindsame ist gerührt und handelt folglich nur, wenn er „wirklich etwas sitlich Gutes oder Böses [...] deutlich und zuverlässig erkannt hat" (EmE, 14). Der Empfindler tappt im Dunkeln.[27]

Der Nutzen der Empfindsamkeit dürfte deutlich geworden sein und damit auch, dass es sich lohnt, sie durch Übung zu erweitern und zu stärken, den Menschen auch in dieser Hinsicht zu bilden. Einen Erziehungsplan legt Campe sogleich vor.[28] Es ist eine nach rationalen Grundsätzen kontrollierte wie zweck- und alltagsorientierte Empfindsamkeit, die Campe vorschwebt. So sollen Vernunft und Wahrheit den hervorzurufenden Empfindungen zugrundegelegt werden. Die Angemessenheit der zu pflanzenden Empfindungen für das Leben in der Welt und ihrer Realität ist im Blick zu behalten und die erzeugten Empfindungen sind immer auch sogleich in Handlungen zu überführen, um jeglicher Neigung zu „müssiger, faselnder, auf nichts würdiges abzwekkender Empfindelei" vorzubeugen.

---

[27] Vgl. EmE, 14: „Empfindelei hingegen beruhet bloos auf dunkeln Gefülen dessen, was andere Menschen für sitlich schön und für sitlich häslich halten, und steht daher nicht selten, sowohl mit der Natuhr des Menschen, als auch mit der Natuhr und Bestimmung anderer im offenbaren Widerspruche [...]." – Für eine Gegenüberstellung von Empfindsamkeit und Empfindelei vgl. auch EmE, 16–18.

[28] Campe formuliert zehn Erziehungsregeln. Hierzu wie zum Folgenden vgl. EmE, 26–41.

Auf diese Weise wird es dem Zögling „nach und nach zur Natuhr [...], von jedem in ihm aufsteigenden guten Gefüle zur unmittelbaren Wirksamkeit über zu gehen" (EmE, 38). Weiter soll er nicht durch Übertreibung abgestumpft werden: auch das kleine Unglück soll später rühren und das kleine Glück erfreuen. Voraussetzung der Ausbildung der Empfindsamkeit ist jedoch, so Campe, „daß alle andere [sic!] Kräfte und Fähigkeiten unserer gesamten körperlichen und geistigen Natuhr in völlig gleichem Grade zugleich mit entwikkelt, ausgebildet und gestärkt werden" (EmE, 21). Der Ausbau und die Förderung der Empfindsamkeit kann erfolgreich nur auf der Grundlage einer gestärkten Vernunft und einer soliden körperlichen Konstitution erfolgen, denn für Campe gilt:

> Der Koerper ist das Schif, die Vernunft das Steuer, Empfindsamkeit die Segel. Wilst du dir eine glükliche Fahrt versprechen, so befestige, verware und stärke doch ja zuvor die Ersten, ehe du die Lezten aufzuspannen wagst. Unverständig und unglüklich ist der Schiffer, der bei einem zu leichten oder lekken Schiffe, bei einem Steuerruder aus Schindeln gemacht, das stürmische Meer mit vollen Segeln durchschneiden wil. (EmE, 39f.)

Sechs Jahre nach dem Erscheinen von *Ueber Empfindsamkeit und Empfindelei in pädagogischer Hinsicht* wird das angestrebte Gleichgewicht der menschlichen Kräfte titelgebend. 1785 erscheint Campes Abhandlung *Von der nöthigen Sorge für die Erhaltung des Gleichgewichts unter den menschlichen Kräften. Besondere Warnung vor dem Modefehler die Empfindsamkeit zu überspannen*, die, wie eingangs erwähnt, Campes Gedanken *Über Empfindsamkeit und Empfindelei* aufgreift. Anders als in seiner anlässlich der Preisfrage der Akademie verfassten Schrift *Die Empfindungs- und Erkenntniskraft der menschlichen Seele* zählt Campe in *Von der nöthigen Sorge* alle grundlegenden Vermögen der Seele auf, die größtenteils aus der Psychologie Wolffs geläufig und der Erkenntniskraft zuzuordnen sind, und skizziert ihre Tätigkeiten. Verstand, Vernunft, Einbildungskraft, Gedächtnis, Empfindungskraft, Vergleichungskraft, sinnliches Begehrungsvermögen und Wille – sie alle nennt Campe und unterscheidet weiter zwischen den gemeinen Vermögen und den abgeleiteten Vermögen. Letztere sind besonders ausgeprägte Varianten der gemeinen, „*besondere Modifikationen* und *höhere Grade* der [...] sogenannten natürlichen Kräfte" (VnS, 10). Wenn Campe nun das Gleichgewicht der Vermögen einfordert, dann geht es ihm um die „Art und Weise, wie sie wirken" (VnS, 11), den Grad ihrer Tätigkeit und mit welcher Leichtigkeit zwischen den einzelnen Vermögen kommuniziert wird (vgl. VnS, 11f.). Vor diesem Hintergrund ist der mit dem Titel der Studie an den Erzieher erteilte Auftrag, *Sorge für die Erhaltung des Gleichgewichts unter den menschlichen Kräften* zu tragen, zu verstehen:

> *Sorge dafür, daß die sämmtlichen ursprünglichen Kräfte deines Zöglings in einer solchen Ordnung und in einem solchen Maaße gestärkt und ausgebildet werden, daß der erwachsene und zu seiner Reife gediehene Mensch diese Kräfte alle mit*

gleicher Leichtigkeit in gleich starke Thätigkeit setzen könne, und daß es ihm leicht
sey, nach Erforderniß der Umstände, von der einen Wirkungsart zu der andern
ohne Widerwillen und Ermattung überzugehn. (VnS, 19)

Das natürliche Verhältnis der Vermögen wird erhalten und die „innere Fähigkeit
zur Glükseligkeit" des Menschen gefördert. Sein Horizont wird gleichsam erweitert, „für tausend angenehme Genüsse [hat er] Sinn und Empfänglichkeit [...],
wofür andere minder ausgebildete Menschen keinen Sinn, keine Empfänglichkeit
haben" (VnS, 24). Und je ausgeprägter die ursprünglichen Vermögen im Gleichgewicht zueinander sind, „*desto größer und ausgebreiteter ist seine Brauchbarkeit*
im bürgerlichen Leben" (VnS, 41).

Selbstverständlich gibt Campe dem Leser auch in diesem Kontext Regeln an
die Hand, wie der ganze Mensch zum zufriedenen, im Dienste der Gesellschaft
stehenden Subjekt erzogen werden kann. Drei Grundregeln mit jeweils mehreren
Unterregeln führt Campe an. Im Großen und Ganzen fordert er eine Erziehung im
Einklang mit der Natur.[29] Die Erziehung ist an der natürlichen Entwicklung der
Vermögen auszurichten, zunächst sind die niedrigen, dann die höheren zu fördern
(vgl. VnS, 55–57). Dabei darf die Übung der einen Vermögen nicht zur Schwächung der anderen führen: Das Gleichgewicht der Vermögen ist stets im Auge zu
behalten (vgl. VnS, 59). Und schließlich ist darauf zu achten, wie die Gesellschaft
beschaffen ist, in die der Zögling eintreten wird.[30] Die Sitten, die Beschäftigungen,
die Lebensart – sie bestimmen, in welchem Verhältnis die Vermögen geübt werden
müssen, damit sich am Schluss alles im Gleichgewicht befindet (vgl. VnS, 65).

Doch Campes Gesellschaftsdiagnose sieht düster aus, denn mit der Lebensart
der „gesitteten Welt" einher gehen: „eine Verfeinerung des ganzen Menschen",
von Leib und Seele, „eine Schwächung der Nerven und der ganzen Köperkraft",
des „gesunden Menschenverstand[s] und der „schlichte[n] Vernunft", die Auflösung des „Gefühl[s] für das, was gut und schön ist", und zugleich die Einführung
eines „Geschmak[s] am Erkünstelten, Gesuchten, Unnatürlichen und Uebertriebe-
nen", und auch die Stärkung von Scharfsinn und Witz, die „Erhitzung der Einbildungskraft" usw. usf. (VnS, 65) – Der Pädagoge, er muss all dies berücksichtigen
und versuchen, dem künftigen Übel entgegenzuwirken. Sein Gegenprogramm:

---

[29] Interessant ist in diesem Zusammenhang Campes Bewertung von Belohnungen und
Strafen als Erziehungsmaßnahmen, gerade hinsichtlich der Entwicklung der philanthropischen Pädagogik. Vgl. hierzu Rudolf Biermann: *Erziehungsmittel oder Erzie-*
hungsmaßnahme? Zur Wandlung der philanthropischen Pädagogik bei Basedow, Cam-
pe und Salzmann. In: *Paedagogica Historica* 12 (1972) 2, S. 341–369, insbesondere
S. 362–366.

[30] Campes Konzept von der Erziehung des Menschen zum Bürger und dessen Implikationen hat in den Blick genommen Ulrich Herrmann: *Campes Pädagogik – oder: die*
Erziehung und Bildung des Menschen zum Menschen und *Bürger.* In: *Visionäre Le-*
bensklugheit. Joachim Heinrich Campe in seiner Zeit (1746–1818). Wiesbaden 1996,
S. 151–157.

keine Verfeinerung der Vermögen, keine Förderung von Scharfsinn und Witz, hingegen Übung des schlichten Menschverstands und der Vernunft, Stärkung der Nerven und Übung der wahren Empfindungskraft, doch: *„nur an natürlichen und unerkünstelten Gegenständen, niemahls an erdichteten Geschöpfen der Phantasie."* (VnS, 67)

Mit der Absage an die „erdichteten Geschöpfen der Phantasie", an das Wunderbare, spricht Campe eine Warnung aus, eine Warnung vor Büchern: „Ein einziges empfindelndes oder zu empfindsames Duodezbändchen", so mahnt er schon in *Ueber Empfindsamkeit und Empfindelei in pädagogischer Hinsicht,* „bringt mehr fehlerhafte Disposizionen in die junge Sele, als ganze Folianten, vol der lautersten Vernunft, wider ausglätten können. Und o wie viel sind dieser Bändchen!" (EmE, 40)[31] Dies ist natürlich kein Abgesang auf die Literatur, sondern der Auftakt zur eigenen Buchankündigung:

> Hätte man ein Buch, worin der Mensch, als Mensch, mit allen seinen natührlichen Bedürfnissen und Kräften lebhaft dargestelt würde; worin die wahren und eingebildeten Güter des Lebens auf eine eben so auffallende als wahre Weise mit einander kontrastierten; worin ein verborgener Reiz zur Anwendung und Uebung aller unserer geistigen und körperlichen Kräfte gelegt wäre, welcher Alle zur wirklichen Tätigkeit antribe; worin das Glük des geselligen Lebens, bei allen Mängeln unserer dermaligen geselschaftlichen Verfassungen, nicht geschildert, sondern so anschaulich so fühlbar gemacht würde, daß keiner der es läse, umhinkönte, sich in seinem eigenen Zustande glüklich zu preisen; und hätte dieses Buch denn noch oben drein all das Anziehende für Junge und Alte, welches der empfindsamste oder der abenteuerlichste Roman nur immer haben mag: so wäre das eine Arznei wider die moralische Seuche der Empfindsamkeit unserer Zeiten, welche dem verderblichen Gifte, welches unserer Jugend aus den Modebüchern einsauget, zum wirksamsten Gegengift dinen könte. (EmE, 41 f.)

Das Buch, das Campe sich bereits 1779 herbeisehnte, erscheint noch im gleichen Jahr: *Robinson der Jüngere. Delectare* und *prodesse* – Campes Roman hat nicht nur Unterhaltungswert. Er ist zugleich Arbeitsbuch und Anschauungsmaterial im pädagogischen Unterricht, der Erziehung des ganzen Menschen. „[R]echt viele Gelegenheiten zu moralischen, dem Verstande und dem Herzen der Kinder angemessenen Anmerkungen" soll er dem Erzieher geben,[32] den Samen der Tugend, der Frömmigkeit und der Zufriedenheit mit den Wegen der göttlichen Vorsehung"

---

[31]   Vgl. auch VnS, 96: „Ein einziges empfindelndes oder zuempfindsames Duodezbändchen kann die Seele des gutartigen Jünglings oder des sanften Mädchens auf immer verstimmen, ihre Empfindnißkraft oft immer überschreiben! Und o wie viel sind dieser Bändchen!"

[32]   Joachim Heinrich Campe: *Robinson der Jüngere, zur angenehmen und nützlichen Unterhaltung für Kinder.* Erster Theil. Hamburg 1779, S. a 3ᵛ.

will Campe „in junge Herzen" setzen.[33] Ob er dieser Absicht im Einklang mit seiner Anerkennung von Empfindungskraft und Empfindsamkeit und seinem theoretischen Erziehungskonzept gerecht wird, bleibt an anderer Stelle zu erörtern.

[33] Ebd., S. a 4[r].

Anett Lütteken

Erzählend erziehen – Campes didaktische Schriften und die Schulreformen der Spätaufklärung

Campes Rolle im Jahrhundert der Pädagogik

Auf die Frage des „Geheimen Rathes" von Berg, was man denn eigentlich für 300 Dukaten Salär von einem „Hofmeister" verlangen und erwarten könne, entgegnet der „Major" von Berg zu Beginn der Komödie *Der Hofmeister oder Vortheile der Privaterziehung* eher ratlos:

> Daß er – was ich – daß er meinen Sohn in allen Wissenschaften und Artigkeiten und Weltmanieren – Ich weiß auch nicht, was Du immer mit Deinen Fragen willst; das wird sich schon finden; das werd ich ihm alles schon zu seiner Zeit sagen.[1]

Die relative Unbedarftheit des Vaters in Bezug auf Lerninhalte und Lehrziele, die man seinem Standort im ostpreußischen Rückzugsgebiet Insterburg ebenso zurechnen kann wie der absoluten Unkenntnis der zeitgenössischen didaktischen Diskurse, lenkt den Blick mittelbar auch auf die lebensweltliche Dimension der im fortgeschrittenen 18. Jahrhundert als relevant erachteten Erziehungsmethoden und Bildungsziele.

Im 1774 erstmals erschienenen Schauspiel von Lenz wird daher nicht von ungefähr die im wirklichen Leben omnipräsente ökonomische Notlage der Schulleute verhandelt. Zudem ist es wenig verwunderlich, dass der Konnex von gesellschaftlichem Status und Bildungszugang ebenso wie die mehr oder weniger sinnvollen Lerninhalte vielfältig ironisch gebrochen thematisiert werden: So taugt

---

[1] Jacob Michael Reinhold Lenz: *Der Hofmeister*. St. Ingbert 2002 (Jacob Michael Reinhold Lenz: *Werke in zwölf Bänden*. Bd. III), S. 7; vgl. Heribert Tommek: *Der Hofmeister oder Vortheile der Privaterziehung. Eine Komödie*. In: *Handbuch Sturm und Drang*. Hg. von Matthias Luserke-Jaqui u.a. Berlin/Boston 2017, S. 279–290, hier S. 282f.; vgl. auch: Michael Hofmann: *Die Selbstkastration des Erziehers. Begehren, Gesellschaft und Pädagogik in Lenz' „Hofmeister"*. In: *Institutionen der Pädagogik. Studien zur Kultur- und Mediengeschichte ihrer ästhetischen Formierungen* (Konnex 14). Hg. von Metin Genç und Christof Hamann. Würzburg 2016, S. 111–125, hier S. 115–118.

das vermeintlich sittlich kultivierende „Gradeschreiben"[2] und dessen mutmaßlich direkter Zusammenhang mit dem geraden Handeln ebenso zum Komödienmaterial wie die Vertreibung des Teufels aus der „heutige[n] vernünftige[n] Welt".[3]

In den Diskussionen der Bildungstheoretiker stand damals (wie heute) im Zentrum, was im Schauspiel vollständig aus dem Ruder läuft, das gesittete Erwachsenwerden bei gutem Ausbildungsstand nämlich, und wie man im wirklichen Leben dafür sorgen kann, eben dies zu gewährleisten. Dass dabei immer wieder der Ist-Zustand der Schulausbildung mit der verheißungsvollen Perspektive, Welt und Moral durch vernunftgeleitetes Handeln zu verbessern, verglichen wurde, erstaunt wenig, sehr viel mehr aber die Intensität, mit der dies gerade im deutschen Sprachraum im Zeitraum von etwa 1750 bis 1790 geschah. Die Gleichzeitigkeit, Vielfalt und überregionale Breitenwirksamkeit der ambitionierten pädagogischen Reformbestrebungen ist kaum zu übersehen. Darin liegt eine große Schwierigkeit, da es zwar wünschenswert, dennoch aber kaum zu leisten ist, die entsprechenden Tendenzen im lutherischen Norddeutschland, in pietistischen Zirkeln, im reformierten Zürich oder im katholischen Wien vergleichend zu erforschen. Dies gilt nach wie vor, obwohl in den vergangenen Jahrzehnten dieser zweifellos intensiv vernetzte Diskursraum sukzessive und gerade auch in Bezug auf die Geschichte der Pädagogik stärker in den Blick gerückt und die zugehörige Quellenbasis durch die Digitalisierung deutlich erweitert worden ist. Es ist also sehr wahrscheinlich, dass diese substantiellen Verbesserungen der Forschungssituation auch neue Einblicke in das Wirken Joachim Heinrich Campes und die Aufnahme seiner Werke werden gewähren können.

Als ein kleiner Schritt in diese Richtung mögen die folgenden Gedanken zu Jochim Heinrich Campes Präsenz, Resonanz und Status in der damaligen ‚Pädagogenrepublik' dienen. Aus forschungsgeschichtlicher Perspektive ist hierzu anzumerken, dass Campes Relevanz in der pädagogikgeschichtlichen Forschung seit 1968 einschlägig akzentuiert wahrgenommen worden ist. Eine Wahrnehmung dies, die, auch das sei festgehalten, wohl nur bedingt in Einklang mit derjenigen der Zeitgenossen Campes zu bringen wäre.[4] Erstere haben in ihm seiner

---

[2] Lenz: *Hofmeister* (Anm. 1), S. 77: „[…] denn nichts lernen die Bursche so schwer als das Gradeschreiben, das Gleichschreiben – Nicht zierlich geschrieben; nicht geschwind geschrieben; sag' ich immer, aber nur grad geschrieben, denn das hat seinen Einfluß in alles, auf die Sitten, auf die Wissenschaften, in alles, lieber Herr Hofmeister. – Ein Mensch, der nicht grad schreiben kann, sag' ich immer, der kann auch nicht grad handeln – ".

[3] Lenz: *Hofmeister* (Anm. 1), S. 143; vgl. zum Hauslehrer-Dasein auch: Daniel Eißner: *Unberechenbare Multiplikatoren – pietistische Hauslehrer.* In: „*Schrift soll leserlich seyn". Der Pietismus und die Medien. Beiträge zum IV. Internationalen Kongress für Pietismusforschung 2013* (2 Bde.). Hg. von Christian Soboth und Pia Schmid. Halle 2016. Bd. I, S. 130–145.

[4] Vgl. Diana Franke-Meyer und Jürgen Reyer: *Klassiker der Pädagogik der frühen Kindheit. Ideengeber und Vorläufer des Kindergartens.* Weinheim/Basel 2015, S. 37–39 und S. 43.

Affinität zur Französischen Revolution wegen vor allem einen Garanten des gesellschaftlichen Fortschritts sehen wollen, der sich umstandslos zum Ahnherrn der
Revolutionsfreunde des fortgeschrittenen 20. Jahrhunderts instrumentalisieren
ließ.[5] Dieser evident weltanschaulich begründeten Popularität sollen einige historisch geeigneter erscheinende Kontextualisierungen beigegeben werden. Dabei
soll es keineswegs um die Schmälerung des Campe'schen Ruhms gehen, sondern
darum, seinen Ort im Gefüge des Zeitalters mittels eines knappen Standortver-
gleichs (in Bezug auf Schulreformen ebenso wie auf die hierbei verwendeten
Medien)[6] etwas zu präzisieren.

Verschiedenste Fragestellungen wären hier sinnvoll und notwendig anzu-
schließen, so etwa, ob bzw. inwiefern auf dem Gebiet der Pädagogik ein Konflikt
zwischen verschiedenen Aufklärergenerationen ausgetragen worden ist. Zu erkun-
den wäre auch, ob sich Campes Lehrmittel und -techniken, seine Unterrichtstheo-
rie wie seine didaktischen Handreichungen von denen anderer Pädagogen wirklich substantiell (oder eben auch nicht) unterschieden, und in welchem Umfang
er sich von den christlich grundierten Erziehungsgrundsätzen, durch die er selbst
geprägt wurde, im späteren Leben emanzipierte. Ob Campe auf seinem Gebiet am
Ende eher Impulsgeber oder Nachahmer (z. B. des „Bahnbrechers Basedow", wie
manche Zeitgenossen meinten),[7] ob er Zugpferd oder Mitläufer war, wäre eine
größere, aber gewiss lohnende, weil die Epoche selbst erhellende Forschungsauf-
gabe. Neben Campes eigener Schulsozialisation, den in seinen Arbeiten dokumentierten Traditionsbezügen und allenfalls erkennbaren Ansätzen, sich von diesen
zu befreien, wird also der in der zweiten Jahrhunderthälfte diagnostizierte schuli-
sche Reformbedarf vergleichend sowie im Hinblick auf markante Lösungsansätze

---

[5] Vgl. die mit Rück- und Vorsicht auf die eigene Situation in Braunschweig, gleichwohl
    aber explizit formulierten Sympathiebekundungen für die Revolution in: Joachim
    Heinrich Campe: *Briefe aus Paris zur Zeit der Revolution geschrieben.* Braunschweig
    1790. S. VIII–IX: „Er [Campe] glaubt, daß jede gewaltsame Staatsumwälzung, selbst
    da, wo die Menschheit durch Cultur und Aufklärung schon in hohem Grade veredelt ist,
    nie ohne mancherlei Gräuel und Unmenschlichkeiten vor sich gehen könne; und daß
    sie nie, oder doch selten zum Glück der lebenden Zeitgenossenschaft des erschütterten
    Landes, sondern gemeiniglich nur zum Besten der Nachwelt und der Mitmenschen in
    andern Ländern auszuschlagen pflege."

[6] Vgl. etwa: *Tafelkratzer, Tintenpatzer: Schulgeschichten aus Wien.* Hg. von Reinhard
    Buchberger, Michaela Feurstein-Prasser, Felicitas Heimann-Jelinek und Nina Linke.
    Wien 2016, S. 112ff. und passim.

[7] [Anon.]: *Ueber das Erziehungsfieber. Auszug aus einem Schreiben an den Herausgeber
    der „Ephemeriden der Menschheit".* In: *Ephemeriden der Menschheit* (1780), Bd. I,
    S. 169–174, hier S. 169: „Gewiß wird er des Bahnbrechers Basedow Fehler vermeiden;
    aber ob er nicht in eigne falle, steht zu erwarten. Die Erziehungsverbesserer haben uns
    doch seit einigen Jahren Anlaß zu Mistrauen gegeben, und den Beweis des Sa[t]zes
    zur höchsten Vollständigkeit gebracht. Theorie und Praxis sind der Dinge zwei; einen
    schönen Plan machen und ihn ausführen, auch zwei."

wenigstens punktuell zu betrachten sein.[8] In einem dritten und letzten Schritt dann sollen die Konzeptionen von Lehrplänen und Unterrichtswerken mit Ausblicken auf den so bemerkenswert populären „edlen Pädagogen und Jugendschriftsteller[ ]"[9] Campe und dessen spezifische Erzähltechniken untersucht werden.

Traditionsbezüge im Werk Campes oder
Von der „allgewaltigen Kraft des Beispiels"[10]

Auch wenn Campe in einem späten Tagebucheintrag eigens betonte, daß ihn „niemand gekannt" habe,[11] so war er dennoch ein durchaus typisches Kind seiner Zeit. Vielleicht kein ganz typisches, weil er nach dem temporären Besuch der (vom Vater als unzulänglich empfundenen) Dorfschule nämlich Hausunterricht erhielt.[12] Sein Biograph Leyser kolportiert, dass der begabte Jüngling den aus manchen familiären Widrigkeiten resultierenden „Mangel seiner geistigen Fortbildung" schmerzlich verspürte und diesen Mangel durch den Besuch der erst 1760 begründeten und die seit 1569 bestehende Amelungsborner Klosterschule fortführenden Herzoglichen Kloster- und Stadtschule Holzminden zu kompensieren suchte.[13] Dass er dort auf deren ersten Rektor Friedrich Wilhelm Richter, einen Schüler August Hermann Franckes, traf, lässt durchaus Rückschlüsse auf die Campe seitdem maßgeblich prägenden Verhaltensweisen und Inhalte zu. Francke hatte bereits 1702 in der Abhandlung *Kurtzer und Einfältiger Unterricht Wie die Kinder zur wahren Gottseligkeit und christlichen Klugheit anzuführen sind*, eingangs kategorisch erklärt: „Die Ehre GOttes muß in allen dingen / aber absonderlich in

---

[8]	Vgl. Esther Berner: *Im Zeichen von Vernunft und Christentum. Die Zürcher Landschulreform im ausgehenden 18. Jahrhundert* (Beiträge zur historischen Bildungsforschung 40). Köln/Weimar/Wien 2010, S. 83ff.

[9]	Jakob Anton Leyser: *Joachim Heinrich Campe. Ein Lebensbild aus dem Zeitalter der Aufklärung*. Braunschweig 1877, Bd. I, S. VI.

[10]	Joachim Heinrich Campe: *Von den Erfordernissen einer guten Erziehung von Seiten der Eltern vor und nach der Geburt des Kindes*. In: *Allgemeine Revision des gesammten Schul- und Erziehungswesens, von einer Gesellschaft praktischer Erzieher*. Hg. von J.H. Campe. Hamburg 1785, Erster Theil, S. 125–232, hier S. 221; vgl. zu Campes sensualistischer Lesart: Pia Schmid: *Medien des Beispiels. Zur Frömmigkeitsdidaktik pietistischer Exempelgeschichten des 18. Jahrhunderts*. In: *„Schrift soll leserlich seyn". Der Pietismus und die Medien. Beiträge zum IV. Internationalen Kongress für Pietismusforschung 2013*. Hg. von Christian Soboth und Pia Schmid. Halle 2016. Bd. II, S. 401–416, hier 401f.

[11]	Leyser: *Campe* (Anm. 9), S. VII.

[12]	Ebd., S. 6.

[13]	Ebd., S. 8; vgl. auch: [Anon.]: *Vereinigung der Klosterschule zu Amelungsborn mit der Stadtschule zu Holzminden an der Weser*. In: *Nova Acta Historico-Ecclesiastica oder Sammlung zu den neuesten Kirchengeschichten*. Weimar 1768, 57. Theil, S. 55–64, hier S. 61.

Aufferziehung und Unterweisung der Kinder als der Haupt-Zweck immer für Augen seyn so wohl dem Præceptori als den untergebenen selbst."[14]

Um nun solche „Gottseligkeit" und „Klugheit" zu erlangen, waren entsprechende erzieherische Mittel zu ergreifen. Das Resultat war im Hinblick auf Letztere ein knapper, gleichwohl ambitionierter Lehrplan: Grundkenntnisse in den „Wissenschaften / Künsten und Sprachen", praktische Nützlichkeitserwägungen, das „Studium Historicum" wie auch die Lektüre bestimmter „Auctores" sollten zu dieser Art von „Klugheit" anleiten, wobei sinnvoll dosierte „Exempel" ein bedeutender Bestandteil dieses konfessionell gebundenen Konzepts waren.[15] Auch wenn der juvenile Campe im Lateinischen nur geringe Vorkenntnisse mitgebracht hatte, so waren ihm die Bestseller seines Zeitalters durchaus schon frühzeitig vertraut, allen voran natürlich Defoes *Robinson Crusoe*, dazu Gellerts Werke oder Schnabels *Insel Felsenburg*. Jenseits seiner Lektürevorlieben sollte, wie bereits angedeutet, die prägende Wirkung der in Holzminden an Campe herangetragenen pietistisch grundierten (und damit dezidiert gefühlsbetonten und auf das Seelenleben eines Individuums bezogenen) Unterrichtsformen keinesfalls unterschätzt werden.[16] Nicht von ungefähr wohl bekannte sich der Pädagoge Campe auch später immer wieder „zum Medium des Beispiels" (Pia Schmid), wie es in der protestantischen Tradition gerade bei den für Kinder als tauglich erachteten Lektüren tiefverwurzelt war.[17]

Nur am Rande sei hier noch erwähnt, dass Campes spätere Affinität zur Theoriebildung und detaillierten Systemschau, wie sie dann in den sechzehn Teilen der *Allgemeinen Revision* umgesetzt wurde,[18] ihre Grundlegung im Studium von Werken wie Johann Georg Sulzers 1745 bzw. 1748 erschienener Abhandlung *Versuch von der Erziehung und Unterweisung der Kinder*[19] und sehr viel mehr noch durch

---

[14] August Hermann Francke: *Kurtzer und Einfältiger Unterricht / Wie Die Kinder zur wahren Gottseligkeit / und Christlichen Klugheit anzuführen sind / ehemals Behuf Christlicher Informatorum entworffen / und nun auff Begehren zum Druck gegeben* […]. Halle 1702, S. 2.

[15] Francke: *Unterricht* (Anm. 14), S. 52–53.

[16] Allgemein hierzu: Cornelia Niekus Moore: „*Gottseliges Bezeugen und frommer Lebenswandel. Das Exempelbuch als pietistische Kinderlektüre*. In: *Das Kind in Pietismus und Aufklärung*. Hg. von Josef N. Neumann und Udo Sträter. Tübingen 2000, S. 131–142.

[17] Zitiert nach: Schmid: *Medien* (Anm. 10), S. 401.

[18] *Allgemeine Revision* (Anm. 10) [1785–1792]; vgl. Simone Austermann: *Die „Allgemeine Revision". Pädagogische Theorieentwicklung im 18. Jahrhundert* (*Beiträge zur Theorie und Geschichte der Erziehungswissenschaft* 32). Bad Heilbrunn 2010; Christa Kersting: *Die Genese der Pädagogik im 18. Jahrhundert. Campes „Allgemeine Revision" im Kontext der neuzeitlichen Wissenschaft*. Weinheim 1992, S. 115–135.

[19] Johann Georg Sulzer: *Versuch von der Erziehung und Unterweisung der Kinder*. Zürich 1748[2] [zuerst: 1745].

Basedows Arbeiten[20] gehabt hat. Dass Campe sich (in wie auch immer gearteter Form) später noch an Sulzer orientierte, mag sein Briefkontakt zu ihm belegen: Am 4. April 1774 reagierte dieser auf die Zusendung von Campes *Philosophischen Gesprächen* jedenfalls mit ermunternden Worten: Als „Censor exofficio" habe er sie mit „viel Vergnügen und Beyfall" gelesen.[21] Basedow aber war und blieb ganz offenkundig (ebenso wie Rousseau) das große Vorbild. Jedenfalls suggeriert dies Campes ebenso schlichtes wie anrührendes Gedicht *An Basedow's Grabe*, das 1790 publiziert wurde:[22]

> Du sä'test mir,
> Wie Rousseau dir;
> Und spat und früh
> Und früh und spat
> Pflegt' ich der Saat,
> Und sie gedieh.
> Giebt nun darein
> Gott Sonnenschein,
> Und reift die Saat:
> So sey sie dein;
> Dort oben dein,
> Wo wildes Schrein
> Um Schul-Latein
> Und Ketzerein,
> Und alle Fehd' ein Ende hat.

Durch die Bezugnahme auf die beide Männer umtreibende Schulwirklichkeit und deren Reformbedarf und die Hinweise auf die philosophische („Rousseau") wie auf die protestantische Traditionslinie (mit „[…] alle Fehd' ein Ende" auf den Schlussvers der ersten Strophe von *Allein Gott in der Höh sei Ehr* (EG 179)), in der sich Basedow wie Campe aus Überzeugung sahen, gelang hier ein überaus prägnantes, die (spät)aufklärerische Mentalität zutreffend spiegelndes Charakterbild.

---

[20] Vgl. etwa: Johann Bernhard Basedow: *Neue Lehrart und Übung in der Regelmäßigkeit der Teutschen Sprache*. Kopenhagen 1759; Ders.: *Des Elementarbuchs für die Jugend und für ihre Lehrer und Freunde in gesitteten Ständen*. Erstes Stück. Altona/Bremen 1770.

[21] *Briefe von und an Joachim Heinrich Campe*. Hg., eingeleitet und kommentiert von Hanno Schmidt (Wolfenbütteler Forschungen 71). Wolfenbüttel 1996, S. 83.

[22] Joachim Heinrich Campe: *An Basedow's Grabe*. In: *Braunschweigisches Journal* 3 (1790), H. 8, S. 501.

Schulreformen: Zwischen breitenwirksamer Aufklärung und Zwangsbeglückung

Zeit für einen Schauplatzwechsel: Dass es um die Jahrhundertmitte nicht in jeder Hinsicht und überall im Alten Reich zum Besten mit der schulischen Ausbildung stand, war eine durchaus verbreitete Erkenntnis. Betrachtet man die feierliche, gleichwohl aber freudlos wirkende Buchausteilung an gute Schüler zum Ende des Schuljahres im Zürcher Großmünster, wie sie David Herrliberger 1751 schilderte, so lässt dies ahnen, dass der Entfaltung des Individuums unter solchen Umständen enggesteckte Grenzen gesetzt waren und dies nicht allein in Zürich mit seinem orthodoxen Kirchenregiment (Abb. 1).[23] Doch selbst dort stand den maßgeblichen Akteuren aus Politik und Kirche klar vor Augen, dass erheblicher Verbesserungsbedarf vorhanden war. Über das aus dieser Erkenntnis resultierende umfangreiche Maßnahmenpaket berichtete Leonhard Usteri[24] im Jahr 1773 in seiner *Nachricht von den neuen Schul-Anstalten in Zürich*.[25] Es seien „wichtige[ ] Veränderungen, die von unsern Landes=Vätern nach einer langen Ueberlegung, in Absicht auf die öffentliche Erziehung und den Unterricht der Jugend" ins Werk gesetzt worden waren. Hierauf folgte ein Plädoyer für den öffentlichen Unterricht mit dem Ziel, den häuslichen Unterricht ebenso bedachtsam wie systematisch zu marginalisieren. Mit anderen Worten: Die staatlichen Stellen, die Usteri als „die weise Obrigkeit" beschrieb, hatten verstanden, dass es für das Gemeinwesen attraktiv und wichtig war, die Landeskinder gut auszubilden, und dazu, dass man die Eltern am ehesten durch die Entlastung von der kostspieligen „väterliche[n] Erziehungs-Sorge" ,ködern' konnte. Der öffentliche Unterricht sei, so Usteri, das einzig probate Mittel in einem „freyen popularen Staat, wie der unsrige ist, wo die Bürger alle gleich wie Brüder, und keiner über den andern erhaben seyn soll."[26] Es entspricht diesem konsequent republikanischen Ansatz, dass sich Usteri zum einen für die Einrichtung einer Töchterschule einsetzte, und zum anderen, dass dieses schulreformerische Vorhaben von den beiden Zürcher Aufklärern schlechthin, den zu dieser Zeit bereits recht betagten Professoren des Collegium Carolinum Bodmer

---

[23] David Herrliberger: *Kurze Beschreibung der gottesdienstlichen Gebräuche, wie solche in der reformierten Kirche der Stadt und Landschaft Zürich begangen werden.* Zürich 1751. [Tafel: *Distribution des Livres aux Etudiants et aux Ecôliers à Zurich*].

[24] Usteri (1741–1789) war zunächst Professor für hebräische Sprache am Zürcher Collegium Humanitatis sowie ab 1769 Professor für Beredsamkeit; 1773 wurde seine Lehrbefugnis auf die Fächer Logik, Rhetorik und Mathematik ausgeweitet. In diesem Jahr begründete er auch die erste „Töchterschule" Zürichs.

[25] [Leonhard Usteri]: *Nachricht von den neuen Schul-Anstalten in Zürich. Als eine Anweisung und Aufforderung, sich dieselben zu nutze zu machen; meinen Mitbürgern gewiedmet.* Zürich 1773. Vorrede [A2].

[26] Usteri: *Nachricht* (Anm. 25), S. 7; vgl. auch: [Leonhard Usteri]: *An die edeldenkenden Gönner der Töchterschule. Nachricht von dem Erfolg dieser Anstalt, nach Verfluß der ersten drey Jahre.* Zürich 1777.

Abb. 1

und Breitinger,[27] im Hintergrund ebenso wie an vorderster Front, nämlich durch
das Verfassen von konzeptionell adäquaten Schulbüchern, unterstützt wurde.[28]

Hierbei ist als Charakteristikum hervorzuheben, was namentlich von Johann
Jakob Bodmer seit den 1760er Jahren forciert worden war: die staatskundliche
Ausrichtung des Unterrichts, wobei Exempla aus der eidgenössischen Geschichte
dazu dienten, das Bewusstsein für konfessionelle wie staatliche Krisensituationen

---

[27] Grundlegend hierzu: *Reformierte Orthodoxie und Aufklärung. Die Zürcher Hohe Schule im 17. und 18. Jahrhundert.* Hg. von Hanspeter Marti und Katrin Marti-Weissenbach.
Wien 2012.

[28] Vgl. z. B. [Johann Jacob Bodmer]: *Sittliche und gefühlreiche Erzählungen für die Real-
Schulen.* Zürich 1773; [Anon.]: *Anleitung zur Erlernung der deutschen Sprache. Für
die Real-Schulen.* Zürich 1776, aber auch Johann Christoph Gottscheds noch postum
weit verbreitete Schulbücher und didaktische Kompendien (wie z. B. die *Akademische
Redekunst zum Gebrauche der Vorlesungen auf hohen Schulen als ein bequemes Handbuch eingerichtet und mit den schönsten Zeugnissen der Alten erläutert von Johann
Christoph Gottsched.* Leipzig 1759).

zu schärfen und hierdurch zugleich patriotisches Gedankengut zu verankern.[29] Dieses Kalkül fand eine vergleichsweise breite Resonanz, erkennbar beispielswei- se an Leonhard Meisters dezidiert für die „vaterländische Jugend" aufbereiteter *Helvetische[r] Galerie großer Männer und Thaten* oder an Johann Caspar Lava- ters *Schweizerliedern*, die erstmals 1767 in Bern erschienen und später auch in vertonter Form ein großer Erfolg waren.[30]

Erheblichen Reformbedarf hatte man zu diesem Zeitpunkt längst schon auch in Wien ausgemacht. Gegen die körperliche Züchtigung in den öffentlichen Schu- len etwa hatte man sich bereits in dem unter jesuitischer Ägide publizierten Band *Nutzliche Schul-Regeln Für Christliche Eltern, Schul-Meister, Und Schul-Kinder* gewandt, der 1748 in Wien erschienen war. Darin wurde allen genannten Partei- en ihre jeweilige „Schuldigkeit" zugewiesen.[31] Ähnlich wie einige Zeit später in Zürich ging es vornehmlich darum, die Kinder aus dem häuslichen Kontext zu befreien, um ihnen den „wahren Catholischen Glauben" nahebringen zu können. Zu diesem Behuf seien die Kinder „bekannten, wohl-approbirten, offentlichen Schulmeistern" zuzuführen, „von welchen sie hernach nicht nur lesen, schreiben, und rechnen, sondern auch die nothwendige Glaubens-Geheimnussen, die wahre Christliche Zucht und Ehrbarkeit erlernen" könnten.[32]

Unabhängig davon also, ob katholisch oder reformiert, erkannte man im öf- fentlichen Unterricht das Mittel der Wahl. Doch damit nicht genug. 1774 brachte die von Kaiserin Maria Theresia befürwortete und von Johann Ignaz von Felbi- ger vorangetriebene Einführung der *Allgemeinen Schulordnung für die deutschen Normal-, Haupt- und Trivialschulen* den eigentlichen Durchbruch.[33] Die Einfüh- rung der „Unterrichtspflicht" wurde von der gleichfalls neu begründeten Kon- trollinstanz, der „Studienhofkommission", überwacht. Was die Kaiserin eingangs programmatisch verlautbarte, dürfte auch anderen reformbereiten Herrschern der Epoche eingeleuchtet haben, nämlich, „daß die Erziehung der Jugend, beyderley Geschlechts, als die wichtigste Grundlage der wahren Glückseligkeit der Natio- nen" gewisser Maßnahmen bedürfe, da

---

[29]   Johann Jacob Bodmer: *Unterredungen von den Geschichten der Stadt Zürich. Für die Real-Schulen.* Zürich 1773; Ders.: *Wilhelm Tell, oder der gefährliche Schuß.* Zürich 1775; in diesem Kontext auch: Ders.: *Arnold von Brescia in Zürich. Ein religioses Schauspiel.* Frankfurt 1775; Ders.: *Arnold von Brescia in Rom. Samt Ueberbleibseln von seiner Geschichte.* Zürich 1776.

[30]   Johann Caspar Lavater: *Schweizerlieder. Nachdruck der 4., verb. und verm. Auflage. Zürich 1775* (Helvetica Rara). Zürich/Hildesheim/New York 2009; vgl. auch: [Johan- nes Schmidlin und Johann Heinrich Egli]: *Schweizerlieder mit Melodieen.* Zürich 1775.

[31]   *Nutzliche Schul-Regeln Für Christliche Eltern, Schul-Meister, Und Schul-Kinder.* Wien 1748.

[32]   *Nutzliche Schul-Regeln* (Anm. 31), S. 7.

[33]   Johann Ignaz von Felbiger: *Allgemeine Schulordnung für die deutschen Normal-, Haupt- und Trivialschulen in sämmtlichen Kaiserl. Königl. Erbländern.* Wien 1774.

von einer guten Erziehung, und Leitung in den ersten Jahren die ganze künftige Lebensart aller Menschen, und die Bildung des Genies, und der Denkensart ganzer Völkerschaften abhängt, die niemals kann erreicht werden, wenn nicht durch wohlgetroffene Erziehungs- und Lehranstalten die Finsterniß der Unwissenheit aufgekläret, und jedem der seinem Stande angemessene Unterricht verschaffet wird.[34]

Dieser, die Gedanken der Aufklärung breit in der Gesellschaft verankernde Ansatz mit detaillierten „Lections-Catalogen"[35], katechetischen Unterweisungen, kleinteiligen Lehrplänen vom „Buchstabenkennen" über die „Erdbeschreibung" bis zu den Regeln der „Wohlanständigkeit" wurde bekanntermaßen durch die Josephinischen Reformen noch drastisch forciert.

Und Campe? Als er, *erst* im Jahre 1785, damit begann, federführend die *Allgemeine Revision des gesammten Schul- und Erziehungswesens*[36] zu publizieren, war das zweifellos ein großer Schritt im Kontext der kleinteiligen Verhältnisse in Deutschland, aber vielleicht doch kein ganz so großer eingedenk der in anderen Gemeinwesen des deutschsprachigen Raumes länger schon praktizierten evolutionären Ansätze. Zweifellos aber dokumentierte er hier den Diskursfortschritt in Theorie und Praxis, wenn auch zu einem Zeitpunkt, zu dem der Diskurs schon ziemlich weit fortgeschritten war.

Erkennbar ist in der dem 1. „Theil" vorangestellten programmatischen „Vorrede, welche zugleich den Plan des Werks enthält", nun aber nicht allein Campes ambitionierter Ansatz, sondern namentlich auch sein Talent, Systemschau im großen Stil zu betreiben und den Erfahrungsschatz anderer dabei mit Gewinn einzubeziehen.

Der Zeitpunkt der Publikation fällt in die Jahre der Krise des Ancien Régime, und manche Indizien deuten darauf hin, dass das Projekt selbst eine Art Strategie ist, um eine evidente Krise durch geeignete Maßnahmen in den Griff zu bekommen. Campes Wortwahl und Metaphorik sind diesbezüglich einschlägig. Ausgesprochen anschaulich ist hier nämlich der zwischen grenzenlosem Optimismus und dem Erzwingenwollen von Zielen schwankende Zeitgeist dokumentiert.[37] Etwa dort, wenn die Rede ist von der „allgemeine[n] Gährung in Erziehungssachen", die aus Campes Sicht zunächst einmal durchaus positive Folgen zeitigt. „Aber", so notierte er,

ich konnte mir auch nicht verheelen, daß sie – wie das bei jeder großen und schnellen Umwälzung unvermeidlich ist – hie und da auch wohl manche, nicht ganz unerhebliche schädliche Folge gehabt haben möge. Man hat nehmlich, indem man

---

[34]   Ebd., S. 4.
[35]   Ebd., S. 41.
[36]   Vgl. grundsätzlich hierzu die Beiträge im: *Handbuch der deutschen Bildungsgeschichte*. Hg. von Notker Hammerstein und Ulrich Herrmann. Bd. II: *18. Jahrhundert*. München 2005.
[37]   Campe: *Allgemeine Revision* (Anm. 10), 1, S. VIII.

die auffallenden Fehler der alten Erziehungsweise aussichten wolte, hin und wieder auch wohl ein gesundes gutes Korn mit der staubigen Spreu zugleich verworfen.

So ehrenwert das Anliegen, dass Campe umtrieb, so deutlich ist auch, dass er die Grenzen zwischen evolutionärer Fortentwicklung und revolutionärer Zäsur nicht mehr besonders scharf ziehen mochte. Im Ansatz zeigte Campe damit hier die (nicht wenigen radikalen) Aufklärern eignende Tendenz zu befürworten, dass man für die Erlangung des allem überzuordnenden Ziels ‚Aufklärung' gewisse Kollateralschäden in Kauf zu nehmen hatte. Der ‚Tugendterror' war, so möchte man meinen, keine Erfindung französischer Revolutionäre, sondern hatte seine intellektuelle Vor-Geschichte auch in solchen Passagen solcher Texte.

Campes Diagnose des Ist-Zustandes im Erziehungswesen wirkt desillusioniert. Damit richtete er sich in erster Linie gegen traditionelle Erziehungsideale, „welche nur bei idealischen Kindern in einer idealischen gesellschaftlichen Verfassung anwendbar waren". Dementsprechend ermahnte er dazu, „das Gebäude der Erziehungslehre", wie er es nannte, nun endlich zu errichten, da es doch die hierfür erforderlichen „brauchbare[n] Materialien" längst gäbe. Weil aber die „systematische Ordnung" noch fehle, setze er mit der *Allgemeinen Revision* nun an, diese durch eine „Gesellschaft erfahrner, geschikter und verständiger Baumeister" ins Werk zu setzen. Campe pries die Theorie einer solchen Erziehungslehre damit als Summe kollektiver Anstrengungen seitens einer „Gesellschaft reformatorischer Erzieher und Schulmänner" an, was noch auf manche Leser des fortgeschrittenen zwanzigsten Jahrhunderts ungemein innovativ wirkte. Dass Campe darüber hinaus nicht staatliche Anstrengungen abwarten wollte, sondern es vorzog, selbst die Initiative zu ergreifen, tat ein Übriges, um das Vorhaben auch in späteren Zeiten als besonders fortschrittlich bewerten zu können.

Und auch die Formel „reformatorische[ ] Erzieher und Schulmänner" wirkt einschlägig konnotiert: Campe wollte sichtlich aufholen und deutsche Rückständigkeit neutralisieren und kompensieren. Dieser Entwurf zu einem praktikablen ‚change management' dokumentierte so nicht nur die Verheißung der Verwirklichung von damals zeitgemäßen Erziehungsidealen, sondern zeigte (und zwar keineswegs allein zwischen den Zeilen), dass kein Stein auf dem anderen bleiben sollte: Campes Erzieher-Netzwerk versprach einerseits geballte pädagogische Kompetenz.[38] Das lockere Gremium sollte gleichwohl von vornherein vermeintlich objektivierenden, in Wahrheit aber durchaus einengenden Entscheidungsmechanismen unterliegen. Die beschriebenen Vorgehensweisen bis hin zu ‚peer review'-Vorläufern mit Korrespondenz-Zwang zwecks Bereinigung von inhaltlichen Divergenzen lassen sich dabei durchaus als problematisch wahrnehmen, da sie gerade nicht vom Vertrauen in die Urteilskraft des Individuums zeugen, sondern die Kollektivierung (auch der Gedanken) als Ideal anstreben.

[38] Ebd., 1, S. XIII und XIV.

Was ist nun das Besondere des Campe'schen Ansatzes? Womöglich ist es tatsächlich sein Talent, eine kleinteilig strukturierte, ganzheitliche Systemschau zu betreiben, bei der die bei Schulreformen andernorts (noch) im Zentrum stehenden konfessionellen Aspekte von vornherein von untergeordneter Relevanz waren. Bei dieser auf empirischer Basis angelegten Systemreflexion wurden komplexe Aspekte wie Seelenerziehung, Diätetik oder Persönlichkeitsentwicklung ebenso eingebunden wie das Nachdenken über den Einsatz der zur Erlangung der Ziele geeigneten Mittel. Campes Terminologie des Aufbruchs mitsamt der von Grund auf aufklärerisch-optimistischen und vernunftgesteuerten Selbstorganisation mögen ein Übriges getan haben, die Zeitgenossen nachhaltig zu beeindrucken. Fortschrittlich, weil nicht standesbezogen, war das Vorhaben ohnedies, ausgerichtet auf bürgerliche Verhältnisse und Bedürfnisse und damit auf die Mitte der Gesellschaft, weshalb es in gewisser Hinsicht prädestiniert war, besonders nachhaltig zu wirken.[39] Campes ausgeprägte Bereitschaft, der Theorie Taten folgen zu lassen (etwa durch die Begründung seiner beiden Hamburger Erziehungsanstalten in den Jahren 1777 und 1783), dokumentiert nicht zuletzt auch ganz buchstäblich (s)einen erheblichen Befreiungs- und Bewegungsdrang: Hinaus aus den engen Stuben und hinein in die Natur sollte es gehen oder auch – wie in den Erzählungen – in die große weite Welt. Die einen erfüllte ein solcher „Erziehungsverbesserer" von vornherein mit tiefstem Misstrauen.[40] Andere gaben zu bedenken, dass es mehr als ein „Es werde" brauche, um solchen hehren Plänen „Dasein und Wirksamkeit zu geben."[41] Dritte vermochte Campe dagegen zu begeistern, weil er auf eine Art Kompromisslösung setzte. Wie hatte noch der Kritiker der *Ephemeriden der Menschheit* geschrieben?[42]

> Herr Campe wird es uns hoffentlich nicht übel nehmen, daß wir ihn bekannt machen. Es geschieht nur, weil uns seine kleine Anstalt sehr wohl ausgedacht und sehr nachahmungswürdig erscheint [...]. Uns deucht, man könne darin fast alle Vorteile der häuslichen Erziehung mit denen der öffentlichen vereinigen und den Nachteilen von beiden ausweichen.

---

39 Joachim Heinrich Campe: „Ich habe [...] in dem Werke selbst an mehr als Einem Orte geäußert, daß ich es vornehmlich für junge Frauenzimmer des glücklichen Mittelstandes, nicht für junge Damen von Stande schrieb." (*Väterlicher Rat für meine Tochter. Ein Gegenstück zum Theophron. Der erwachsenern weiblichen Jugend gewidmet von Joachim Heinrich Campe.* Frankfurt/Leipzig 1790, S. VIII); vgl. auch: [Anon.]: *Erziehungsanstalt des Herrn Campe.* In: *Ephemeriden der Menschheit* (1780), Bd. I, S. 231–236, hier: S. 231.

40 [Anon.]: *Erziehungsfieber* (Anm. 7), S. 169.

41 Ebd., S. 171.

42 [Anon.]: *Erziehungsanstalt des Herrn Campe.* In: *Ephemeriden der Menschheit* 1 (1780), hier S. 231; der Text wird auch Campe selbst zugeschrieben.

Erzählend erziehen: Textsorten, Sprache, Adressatenorientierung

Um das kühn gedachte Projekt des Systemwandels durch- und umsetzen zu können, waren in der Erziehungs- und Schulpraxis viele kleine und eher unschein-
bare Maßnahmen erforderlich. Nur am Rande erwähnt sei hier, wie bedachtsam
Campe den Markt für das zugehörige Portfolio an didaktischen Hilfsmitteln als
Autor und Herausgeber auch in eigener Sache bediente und lenkte. Doch selbst er
beanspruchte nicht, irgendwie originell zu sein, wenn er zur Auffassung gelangt
war, dass es bereits gute Lösungen und gangbare Wege gab. So etwa im zuerst
1779 publizierten *Sittenbüchlein für Kinder aus gesitteten Ständen*.[43] Dort gestand
Campe ein, mehr als nur Lizenzen bei Johann Georg Schlossers bereits 1773 pub-
liziertem *Sittenbüchlein für die Kinder des Landvolks* genommen zu haben,[44] um
den Stadtkindern ein Äquivalent bieten zu können. Seine ausgesprochen pragmatische Vorgehensweise verschwieg er dabei nicht:[45]

> Wirklich habe ich auch dieses allgemein beliebte Werkchen dergestalt dabey zum
> Grunde gelegt, daß ich alles Gemeinnützige daraus, das heist, und zwar großen
> Theils mit den eigenen Worten des vortrefflichen Verfassers, in das Meine übertra-
> gen habe; so oft ich nämlich keine bequemere und keine simplere Ausdrücke finden
> konnte. Wie viel, oder wie wenig von dem Meinigen dazugekommen sey, kann ein
> jeder, dem daran gelegen ist, durch Vergleichung erfahren.

Trotz der Nähe zur Vorlage ist es dennoch bemerkenswert, dass Campe hinsichtlich der Darbietungsform auf Abgrenzung setzte, wie er ein Jahr später in der
zweiten „verbesserten" Auflage notierte.[46] Schlossers, „blos im erzählenden und
unterrichtenden Tone" verfasster Text genüge nicht, betonte er. Er selbst wolle
mittels gezielt differierender Darbietungsweise strikt adressatenorientiert, „verständlich", „angenehm" und „lehrreich" für sechs- bis zehnjährige Kinder schreiben und so zugleich ein „Lehrbuch der Sittenlehre" präsentieren. Das reine Erzählen wie bei Schlosser sollte also mittels eines abstrahierenden ‚Überbaus' zu
Transferleistungen befähigen und erste Einblicke in ein philosophisches System
bieten. Sprechende Namen („Gottlieb Ehrenreich", „Andres Gutwil")[47] korrespon-

---

[43] Joachim Heinrich Campe: *Sittenbüchlein für Kinder aus gesitteten Ständen*. Frankfurt/
Leipzig 1779.

[44] Vgl. Johann Caspar Lavater: *Sittenbüchlein für das Gesinde*. Homburg vor der Höhe
1773; Ders.: *Sittenbüchlein für die Kinder des Landvolks*. Homburg vor der Höhe 1773;
Johann Georg Schlosser: *Religionsbüchlein für die Kinder des Landvolks, von dem Verfasser des Sittenbüchleins für Kinder des Landvolks*. Altona/Hamburg 1776, und noch:
Sittenbüchlein für die Kinder auf dem Lande. Wien 1785.

[45] Campe: *Sittenbüchlein* (Anm. 43), [o. S.; „Nachricht"].

[46] Joachim Heinrich Campe: *Sittenbüchlein für Kinder aus gesitteten Ständen. Zweite verbesserte Auflage*. Dessau 1780 [o. S.; „Nachricht"].

[47] Ebd., S. 7.

238   Anett Lütteken

dieren hier selbstredend mit einem positiv konnotierten Charakter. Die schlichte
(freilich nur noch bedingt auf dem christlichen Glauben basierende) Botschaft
‚Tue Gutes!‚ gleich, ob einem Christen, Türken oder Juden‘, wird mit limitierten
und wohl als leicht fasslich gedachten poetischen Mitteln (rudimentäre Rahmen-
und Binnenhandlungsstrukturen, Formeln wie „stiller Sonnenabend", „schattigte
Linde")[48] und einer Schwarz-Weiß-Optik in Bezug auf die menschliche Psyche
und typische Verhaltensweisen verpackt. Von der Schilderung lebensnaher ‚ge-
mischter Charaktere‘ ist Campe hier denkbar weit entfernt. Der alte Gottlieb etwa
neigt entschieden zur Rührseligkeit, sowohl bei der Rückschau auf sein Leben als
auch eingedenk seiner anderen Menschen gegenüber erbrachten Wohltaten. Campe notiert: „und bei jeder Erinnerung an irgend eine gute That [...] rolte die süs-
seste Freudenträne seine heitere Wange herab". Seine Zeitgenossen können folgerichtig nicht an den Verstorbenen denken, ohne ihrerseits in Tränen auszubrechen.
Derselbe Campe, der im *Deutschen Museum* anlässlich der *Ankündigung eines
neuen Lesebuchs für Kinder* über die „ausgebreiteten moralischen Verwüstungen"
gewettert hatte, „welche das Empfindsamkeitsfieber unserer Zeit unter den natürlichen Kräften der Menschen" angerichtet habe, unterschied sich in seinen eigenen
Schreibweisen nur bedingt bzw. bisweilen auch kaum vom empfindsamen Duktus
Gellert'scher Prägung.[49]

Schließlich drängen sich durchaus gewisse Zweifel in Bezug auf die von ihm
postulierte lebensnahe und authentische Darstellung kindlicher Verhaltensweisen
auf: Ob Kinder des 18. Jahrhunderts wohl wirklich alles stehen und liegen gelassen hätten, um den Greis Gottlieb Ehrenreich „von den Pflichten gegen sich
selbst" berichten zu hören? Wohl kaum, Campe tat hier, was er anderen Didakti-
kern in der *Vorrede* zur *Allgemeinen Revision* vorwarf, nämlich „idealischen Kindern" ein Modell für eine „idealische[] gesellschaftliche Verfassung" vorzulegen.

Jenseits solcher grundsätzlicher Vorbehalte wird man sich aber fragen dürfen,
ob Campe seine Lehrziele wohl tatsächlich erreichte? Es fällt schwer abzuwägen,
welche Erwartungshaltung Kinder hegten und über welche Techniken sie verfügten, um derartige Texte zu verstehen und für ihr eigenes Verhalten hieraus Schlüsse zu ziehen. Offenkundig ist es dagegen, dass Campe mit seinem *Sittenbüchlein*
hochgradig marktbewusst und an literarischen Moden orientiert agierte, wie er es
im Übrigen auch mit seinem Ratgeber für heranwachsende Knaben (*Theophron*)
tat.[50]

Campe war sichtlich davon überzeugt, mit gestelzten Erzählsituationen ein,
sein, Publikum – Pädagogen, bürgerliche Eltern und deren Kinder – erreichen zu
können. Der Markterfolg seiner Bücher gab ihm recht. In der *Kinderbibliothek*[51]

[48] Ebd., S. 8f.
[49] Joachim Heinrich Campe: *Ankündigung eines neuen Lesebuchs für Kinder.* In: *Deutsches Museum* 1 (1779), S. 118–124.
[50] Joachim Heinrich Campe: *Theophron, oder der erfahrne Rathgeber für die unerfahrne
Jugend [...].* Wien 1790.
[51] Joachim Heinrich Campe: *Kleine Kinderbibliothek.* Hamburg 1781ff.

finden sich rührselige Passagen ebenso wie im „Lesebuch" *Die Entdeckung von Amerika* von 1782,[52] wo eine gleichfalls kaum zu bremsende Kinderschar begierig ist, väterliche Erzählungen zu vernehmen. Dass der kleine Nikolas dort vermeldet, „es wird eben so eine Geschichte sein als die vom Robinson",[53] gibt einen Hinweis auf die offenbar schon damals bekannten Techniken, solide Erfolge durch ziemlich überschaubare Varianten von Vertrautem fortzuschreiben.

---

[52] Joachim Heinrich Campe: *Die Entdeckung von Amerika, ein angenehmes und nützliches Lehrbuch für Kinder und junge Leute*. Hamburg 1781.

[53] Joachim Heinrich Campe: *Robinson der Jüngere, zur angenehmen und nützlichen Unterhaltung*. Hamburg 1779, S. 14.

Jörg Kilian

Dialogische Wortschatzarbeit: Wörter, Begriffe und Sachen in Joachim Heinrich Campes Lehr- und Lerngesprächen

Zur Einführung

Der Wortschatz einer Sprache ist der Schlüssel zur Bildung des Menschen. Auf diese Formulierung kann man Joachim Heinrich Campes Überzeugung vom Zusammenhang zwischen Sprache und Bildung konzentrieren. Campe hat diese Überzeugung in seinen pädagogischen Schriften wie auch im Zuge seiner volksaufklärerischen Verdeutschungsarbeit geradezu zum Leitprinzip erklärt. So liest man zum Beispiel in seinen *Proben einiger Versuche von deutscher Sprachbereicherung* aus dem Jahr 1790, mit denen der Fremdwortverdeutscher Campe die philologische Bühne seiner Zeit betrat:

> Nächst der noch überall, mehr oder weniger, nöthigen Verbesserung der Landstraßen, der Erziehung und der Rechtspflege [...] scheint es für eine Nation, welche aufwärts strebt, nichts Nothwendigeres und Dringenderes, als eine fortschreitende Bereicherung und Ausbildung der Sprache, zu geben. So wie der Geist und der Charakter eines Volks auf seine Mundart wirken, so wirkt auch umgekehrt [...] diese wiederum auf jene zurück.[1]

Erst diese enge Beziehung zwischen Sprache und Denken, Wortschatz und Welterkenntnis, die Campe in den *Proben* von 1790 ausführlich darlegt, gestattet es, seine Verdeutschung als „Volksaufklärung" und Volksbildung zu begreifen, wie Campe selbst es später in seinem *Wörterbuch zur Erklärung und Verdeutschung der unserer Sprache aufgedrungenen fremden Ausdrücke* darlegt:

> Ohne Reinheit der Sprache, d. i. ohne eine, für ein ganzes Volk verständliche, also durch ihre eigene Ähnlichkeitsregel begrenzte, und alles Fremde, dieser Ähnlichkeitsregel widerstrebende, ausschließende Sprache, findet keine allgemeine

---

[1] Joachim Heinrich Campe: *Proben einiger Versuche von deutscher Sprachbereicherung.* In: *Braunschweigisches Journal* 3 (1970), S. 257–296, hier S. 257.

Belehrung, keine Volksaufklärung oder Volksausbildung, in irgend einem
beträchtlichen Grade der Allgemeinheit, Statt.[2]

Man kann durchaus auf den Gedanken kommen, dass Wilhelm von Humboldts
Denkfigur, die Sprache sei „das bildende Organ des Gedanken",[3] ihren Ursprung
dem Lehrer Campe verdankt. Für Campe selbst jedenfalls war der Zusammenhang
zwischen Sprache und Denken nicht zuerst von philosophischem, sondern von
(volks)pädagogischem Interesse. Wörter lernen und reflektieren ist Gesellschafts-
bildung und für das Individuum nützlich im Leben und im Beruf.

In seinem Jugendbuch *Robinson der Jüngere*[4] – der Untertitel hebt die angestrebte Nützlichkeit der Lektüre explizit hervor – gibt es zahlreiche Szenen,
in die kleine Einheiten des Wörterlernens und Wörterreflektierens eingearbeitet
sind; man darf durchaus von einer literarisch geformten sprachdidaktischen Wortschatzarbeit und Begriffsbildung sprechen.[5] Das Besondere hier und auch in anderen Arbeiten Campes für Kinder und Jugendliche ist, dass diese Einheiten zur
Wortschatzarbeit und Begriffsbildung dialogisch modelliert werden. Damit liegt
eine doppelte Dialogstruktur vor: Die die Dialoge direkt führenden fiktiven und
fiktionalen Personen konstruieren und konstituieren als Lehrende und Lernende
lexikalisch gebundenes Bedeutungswissen; der diese Dialoge lesende (oder sie
von anderen vorgelesen hörende) Lerner tritt dem textinternen Dialog als externer
Dialogpartner sowie als Lernender hinzu.

Im vorliegenden Beitrag wird der Versuch unternommen, die Frage zu beant-
worten, welche wortschatzdidaktischen Ansätze und Methoden in Campes Lehr-
und Lerngesprächen zu beobachten sind. Diese Ansätze und Methoden sollen vor
dem Hintergrund zeitgenössischer wortschatzdidaktischer Arbeiten als Bausteine

---

[2] Joachim Heinrich Campe: *Wörterbuch zur Erklärung und Verdeutschung der unserer
     Sprache aufgedrungenen fremden Ausdrücke. Ein Ergänzungsband zu Adelungs Wör-
     terbuche* (2 Bde.). Braunschweig 1801, hier S. VI. Vgl. dazu auch Jürgen Schiewe:
     *Sprachpurismus und Emanzipation. Joachim Heinrich Campes Verdeutschungspro-
     gramm als Voraussetzung für Gesellschaftsveränderungen* (Germanistische Linguistik
     96/97). Hildesheim/Zürich/New York 1988.
[3] Wilhelm von Humboldt: *Über die Verschiedenheit des menschlichen Sprachbaues und
     ihren Einfluß auf die geistige Entwicklung des Menschengeschlechts* [1835/36]. Hg.
     von Donatella Di Cesare. Paderborn 1998, S. 180.
[4] Vgl. Joachim Heinrich Campe: *Robinson der Jüngere, zur angenehmen und nüzli-
     chen Unterhaltung für Kinder.* Hamburg 1779/80. Nach dem Erstdruck herausge-
     geben von Alwin Binder und Heinrich Richartz. Stuttgart 1981. Das Original ist als
     Digitalisat verfügbar unter <http://www.deutschestextarchiv.de/book/view/campe_
     robinson01_1779?p=80> und <http://www.deutschestextarchiv.de/book/show/campe_
     robinson02_1780> .
[5] Vgl. z. B. Campe: *Robinson* (Anm. 4), 39 (*Boegspriet, Orkan*), 52 (*Kampeschenbäu-
     me*), 54 (*Ebbe, Flut*), 100 (*einbökeln*), 195 (*Stollen*), 235 (*Stapel*) u.v.a.

einer zu rekonstruierenden Sprachlern- und Sprachlehrtheorie Campes ausgewiesen werden.[6]

Wörter lernen im Gespräch

Eine dieser dialogischen Szenen im *Robinson* sei als erstes Beispiel gewählt:[7]

> Vater. [...] Einige Tage darauf, da sie immer südwärts gesteuert hatten, wurden sie plözlich eines großen Schiffes gewahr, welches nach ihnen zu hielt. Bald darauf hörten sie, daß es einige Nothschüsse that, und bemerkten nun, daß es den *Fokmast* und den *Boegspriet* verloren habe.
> Nikolas. Den Boegspriet?
> Vater. Ja; du weist doch noch, was das ist?
> Nikolas. Ach ja, der kleine Mastbaum, der nicht so, wie die andern, grade in die Höhe gerichtet, sondern nur so schief hingestellt ist auf dem Vordertheil des Schiffes, als wenn's der Schnabel des Schiffes wäre!
> Vater. Ganz recht. Sie steuerten also auf dieses beschädigte Schif zu, und da sie nahe genung gekommen waren, um mit den Leuten, die darauf waren, reden zu können; schrien ihnen diese mit aufgehobnen Händen und mit kläglichen Gebehrden zu:
> „Rettet, guten Leute, o rettet ein Schif vol Menschen, die alle des Todes sein müssen, wenn ihr euch ihrer nicht erbarmet!"
> Man fragte sie hierauf, worin ihr Unglük denn eigentlich bestehe? und da erzählte einer von ihnen folgender Gestalt:
> „Wir sind Engländer, die nach der französischen Insel *Martinike* — (Seht hier, Kinder; dies ist sie, hier mitten in Amerika!) — schiften, um eine Ladung Kaffebohnen zu holen. Da wir alda vor Anker lagen und bald wieder abreisen wolten, giengen unser Schiffer und der Obersteuerman eines Tages ans Land, um noch etwas einzukaufen. Unterdeß erhob sich ein so gewaltiger und zugleich wirbelnder Sturmwind, daß unser Ankertau zerriß und wir aus dem Hafen in das weite Meer hinausgetrieben wurden. Der *Orkan* —
> Gotlieb. Was ist das?

---

[6] Zu zeitgenössischen wortschatzdidaktischen Arbeiten vgl. z. B. Jörg Kilian: *Lehrgespräch und Sprachgeschichte. Untersuchungen zur historischen Dialogforschung.* Tübingen 2002, S. 305f. (zu Pöhlmann); 331ff. und 419f. (zu Felbiger); Tobias Heinz: *Von der Klarheit und Deutlichkeit der Worte. Wortschatzarbeit und Wissensvermittlung in der aufklärerischen Sprachlehre.* In: Jörg Kilian und Jan Eckhoff (Hg.): *Deutscher Wortschatz – beschreiben, lernen, lehren. Beiträge zur Wortschatzarbeit in Wissenschaft, Sprachunterricht, Gesellschaft* (Germanistik – Didaktik – Unterricht 13). Frankfurt/M. 2015, S. 223–242 (zu Basedow).

[7] Campe: *Robinson* (Anm. 4), S. 38f.

Vater. Ein solcher heftiger und wirbelnder Sturmwind, der daraus entsteht, wenn mehrere starke Winde von verschiedenen Seiten gegen einander blasen. — „Der Orkan also wüthete drei Tage und drei Nächte; [...]"

Die Wörter *Fokmast*, *Boegspriet*, *Martinike* und *Orkan* sind im Original durch Fettsatz, im Nachdruck durch Kursivsatz hervorgehoben. Zwei von ihnen, nämlich *Boegspriet* und *Orkan*, werden definitorisch paraphrasiert und dadurch der Wissenswelt der zuhörenden Kinder zugänglich gemacht – mit Genus proximum und spezifischer Differenz:

> [*Boegspriet*] der kleine Mastbaum, der nicht so, wie die andern, grade in die Höhe gerichtet, sondern nur so schief hingestelt ist auf dem Vordertheil des Schiffes
>
> [*Orkan*] heftiger und wirbelnder Sturmwind, der daraus entsteht, wenn mehrere starke Winde von verschiedenen Seiten gegen einander blasen

Ein weiteres markiertes Wort, nämlich *Martinike*, wird als appositiver Nebenkern mittelbar ebenfalls auf diese Weise semantisch erklärt: „nach der französischen Insel Martinike", zudem aber ostensiv durch Verweis auf das Referenzobjekt auf einer Landkarte. Das Wort *Fokmast* braucht an dieser Stelle nicht erklärt zu werden, da es am Abend zuvor bereits paraphrasiert wurde:

> Ach, hieß es, wir sind verloren! Ein Wetterschlag hat den *Fokmast* (das heißt, den ersten von den drei aufrechtstehenden Mastbäumen des Schifs) zersplittert und der *große mittlere Mast* steht nun so lose, daß er auch *gekapt* und über Bord geworfen werden muß![8]

Silke Köstler-Holste unterscheidet bezüglich der Semantisierungen im *Robinson* vier Arten: „die Synonymerklärung, die Definitionserklärung, die Übersetzungserklärung sowie die deiktische oder zeigende Erklärung."[9] Das ist gewiss zutreffend, indes eher einzelwortorientiert in lexikographischen Mustern gedacht (was bei Köstler-Holste im Zusammenhang mit den von ihr aus Campes *Robinson* erarbeiteten „Fragmenten eines ‚Wörterbuch[s] des Kindes'"[10] zu sehen ist).[11]

---

8   Campe: *Robinson* (Anm. 4), S. 26.
9   Silke Köstler-Holste: *Natürliches Sprechen im belehrenden Schreiben. J.H. Campes „Robinson der Jüngere" (1779/80)*. Tübingen 2004, S. 380.
10 Ebd., Kap. 12.
11 Silke Köstler-Holste hat zum *Robinson* verdienstvoll „Fragmente eines ‚Wörterbuch[s] des Kindes'" versammelt, in dem „diejenigen Begriffe zusammengetragen worden [sind], die vom Handlungsfaden der Robinsonade abzuleiten gewesen sind" (Köstler-Holste: *Natürliches Sprechen* (Anm. 9), S. 472). Die Auswahl sei erfolgt „nach dem Kriterium der didaktischen Aufbereitung besonderer Begriffe bzw. Wissensbereiche, die allgemeingültigen Charakter haben, d.h. von ihrer Explikation her in einer Enzyklopädie zu finden wären" (ebd.). Die Wörter werden einmal in einem alphabetischen

Insofern, als für Campe die dialogische Erarbeitung des verstehensrelevanten Bedeutungswissens von besonderer Bedeutung ist, greift eine an lexikologisch-lexikographischen Semantisierungsprinzipien orientierte typologische Ordnung des Wortschatzlernens und der Begriffsbildung in seinen pädagogischen Schriften jedoch zu kurz, solange sie die Ansätze und Methoden der Semantisierung nicht auch aus wortschatzdidaktischer Perspektive im Kontext des Campe'schen Unterrichtsgesprächs betrachtet und bewertet. Zu dieser Betrachtung und Bewertung kann zum Beispiel der dialoggrammatische Ansatz der Differenzierung (proto)typischer Zugsequenzen herangezogen werden:[12]

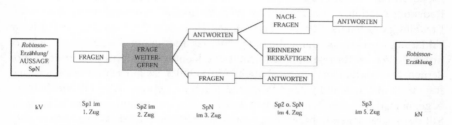

Abb. 1: (Proto)typische Zugsequenzen in Campes Unterrichtsgesprächen

Im vorliegenden Fall etwa wird das Wort *Boegspriet* mit einer Definitionserklärung versehen. Dieselbe liefert aber nicht der Lehrer-Vater, sondern der Schüler Nikolas. Das Wort *Boegspriet* kommt im *Robinson* vor und nach dieser Szene kein weiteres Mal vor. Nikolas muss es also bereits vorher erworben haben. Gleichwohl lässt Campe im internen Lehrgespräch Nikolas die Frage nach der Bedeutung des Wortes stellen. Es liegt daher eine aus dem Kontext der *Robinson*-Erzählung extrinsisch, als Wissens- bzw. Erinnerungsdefizit Nikolas' intrinsisch motivierte Schülerfrage vor. Dieselbe wird indes nicht sogleich vom Lehrer-Vater beantwortet und damit die propositionale Lücke geschlossen. Campes Lehrer-Vater weiß,

---

Register und sodann in einem Sachregister präsentiert (ebd., Kap. 12). Die im *Robinson* kursiv (bzw. im Originaldruck fett) gesetzten Wörter (wie z.B. *einbökeln* [Campe: *Robinson* (Anm. 4), S. 100]) sind in den Registern enthalten (allerdings nicht eigens ausgewiesen). Darüber hinaus sind diese „Fragmente" eine Fundgrube und Findehilfe für Wörter, die im Text zwar nicht hervorgehoben sind, unbezweifelbar aber dort, wo sie im Text erscheinen, als die lexikalisierten Kondensate des verstehensrelevanten begrifflichen Wissens dienen und dieses Wissen kognitivierbar und kommunizierbar machen sollen (vgl. z.B. das Wort *Notwehr* im Kontext des Gesprächs am 15. Abend; Campe: *Robinson* (Anm. 4), S. 201).

[12]   Skizze von. J. Süllwold; vgl. auch Jörg Kilian: *Pragmatische Valenz? Dialoggrammatische Anmerkungen zu Struktur und Wandel der pragmatischen Wertigkeit sprechaktbezeichnender Verben.* In: Michael Szurawitzki und Christopher M. Schmidt (Hg.): *Interdisziplinäre Germanistik im Schnittpunkt der Kulturen. Festschrift für Dagmar Neuendorff zum 60. Geburtstag.* Würzburg 2008, S. 165–184.

dass Nikolas das Wort und seine Bedeutung kennen müsste und gibt die Frage an ihn zurück. Die auf diese Weise herbeigeführte Definitionserklärung dient sodann in gleicher Weise dem externen Dialogpartner, d. h. dem den *Robinson* lesenden Lerner. Strukturell liegt hier folgende Zugsequenz aus den für Campes *Robinson* typischen Möglichkeiten (s. Abb. 1) vor:

FRAGEN → FRAGE WEITERGEBEN → ANTWORTEN → BEKRÄFTIGEN

Wie an diesem Beispiel aufgezeigt, muss die Rekonstruktion des Wortschatzlernens und der Begriffsbildung in Campes Jugendschriften stets die dialogpragmatische Struktur berücksichtigen.[13] Des Weiteren ist innerhalb dieses Rahmens die Redekonstellation zu beachten: Das Wort *Boegspriet* erscheint in der *Robinson*-Erzählung des Vaters (der in Lehrkontexten als Lehrer firmiert). Die semantische Erklärung wird initiiert durch die Frage Nikolas' (der in Lehrkontexten als Schüler firmiert). Das ist für institutionell-schulische Kontexte noch im vermeintlich modernen 21. Jahrhundert ungewöhnlich: Ein Schüler ist intrinsisch motiviert und fragt nach der Bedeutung eines Wortes, das ihm im Lehrervortrag als unbekanntes begegnete, das er aber bereits kannte und nur nicht mehr erinnerte. Das ist ganz im Stil des sokratischen Lehrgesprächs des späten 18. Jahrhunderts, das dieses „Ablocken" des bereits im Lernenden vorhandenen Wissens als ein typisches Kennzeichen aufweist.[14]

Auch die Schülerfrage ist eines der sprachpragmatischen Aushängeschilder des sokratischen Lehrgesprächs in der philanthropischen Theorie und Praxis.[15] Der ideale Schüler ist interessiert, intrinsisch motiviert und selbständig bestrebt, kognitive Lücken zu schließen. Er möchte wissen und verstehen. In Campes Lehrgesprächen (und denen philanthropischer Zeitgenossen) erscheint das Frage-Antwort-Muster daher nicht mehr nur prototypisch als Handlungsmuster im komplementären Lehrgespräch mit den festgelegten Rollen des wissenden und fragenden Lehrers und des (noch) unwissenden und antwortenden Schülers, sondern als Muster im kooperativen Informationsgespräch mit der Frage des Unwissenden als initialen Gesprächsakt und der Antwort des Wissenden als reaktiven Gesprächsakt.

Joachim Heinrich Campe hat in einem mit seinem Kürzel C. gekennzeichneten Beitrag in den *Pädagogischen Unterhandlungen* die aus seiner Sicht pädagogisch wertlose katechetische Gesprächsführung in Lehrbüchern und im Unterricht verurteilt und „wider die Methode überhaupt, nach welcher dem Kinde nichts, als ein armseliges **Ja** oder **Nein**, zu antworten übrig gelassen wird" argumentiert:

---

[13]   Vgl. zur dialogischen Form der Kinder- und Jugendliteratur Campes auch Hans Heino Ewers: *Joachim Heinrich Campe in seiner Zeit (1746–1818)*. Wiesbaden 1996, S. 159–177, hier S. 170ff.
[14]   Vgl. Kilian: *Lehrgespräch* (Anm. 6), S. 204 und S. 223.
[15]   Vgl. ebd., S. 238ff.

Man kennt die gewöhnliche Schwatzhaftigkeit dieser kleinen Plauderer, und den natürlichen Trieb Wißbegierde, der in ihnen noch stärker, als in den Seelen der Erwachsenen wirkt, und sie antreibt, Fragen über Fragen zu thun, ohne ihnen oftmals Zeit zu lassen, die jedesmalige Antwort abzuwarten. Ein Gespräch also, worinn bloß der Lehrer fragt, und das Kind nur immer antworten muß, ist schon um deswillen nicht aus der Natur genommen; wie viel weniger, wenn man das Kind beständig nur **ja** oder **nein** antworten läßt?[16]

Die Zulassung der Schülerfrage ist ein Kennzeichen philanthropischer Pädagogik und der in diesem Kontext entworfenen sokratischen Lehrgespräche – der geführten (jedenfalls soweit die Quellen authentischer Gespräche diesen Schluss zulassen), vor allem aber der fiktionalen Lehrgespräche in der Kinder- und Jugendliteratur und der fiktiven Lehrgespräche in den zahlreichen dialogisch strukturierten Lehr-Lern-Büchern.[17] Die Schülerfrage indiziert in diesen Texten den „natürlichen Trieb der Wißbegierde". Diese „Wißbegierde" sollte in den sokratischen Gesprächen gestillt werden, indem das erfragte Wissen individuell im Gespräch erzeugt wurde. Die „Wißbegierde" war also gerade nicht, wie in den katechetischen Gesprächen, zu unterdrücken, um fertiges Wissen lediglich zu vermitteln. Es bedurfte dann allerdings eines dialogstrukturellen Kniffs, um die didaktische Kraft der Maieutiké techné in den sokratischen Gesprächen zum Zuge kommen zu lassen. Denn eigentlich soll nicht die Schülerfrage das Gespräch initiieren und steuern, sondern die Lehrerfrage, die den Schüler dazu bringen soll, das Wissen selbst zu erzeugen, die dem Schüler also das Wissen „ablocken" soll.[18] Dieses Problem wurde in der Regel dadurch gelöst, dass der initiierenden Schülerfrage eine reaktive Lehrerrückfrage folgte. So auch hier bei Campe: „N i k o l a s. Den Boegspriet? Va t e r. Ja, du weißt doch noch, was das ist?"[19]

Campes dialogische Wortschatzdidaktik im historischen Kontext

Vor dem Hintergrund des Ausgeführten wird deutlich, wie wichtig der Blick auf die Lernenden für die Beurteilung des von Campe gewählten Ansatzes der dialogischen Wortschatzarbeit und Begriffsbildung ist. Im zeitgenössischen Rahmen am Ende des 18. Jahrhunderts mutet Campes dialogische Wortschatzarbeit geradezu modern an, galt doch eher die Regel, bei jüngeren und noch ungeübten Schülern

---

[16] [Joachim Heinrich] C[ampe]: *Schreiben eines Frauenzimmers an ihre Freundinn, den Unterricht überhaupt betreffend. Nebst einer kleinen Kinderphilosophie.* In: *Pädagogische Unterhandlungen*, Bd. II, 9. Stück (1778), S. 799–824, hier S. 822f. Online verfügbar unter <http://reader.digitale-sammlungen.de/de/fs1/object/display/bsb10703306_00139.html>.

[17] Vgl. Kilian: *Lehrgespräch* (Anm. 6), S. 238ff.

[18] Vgl. Anm. 14.

[19] Campe: *Robinson* (Anm. 4), S. 38f.

den Unterricht straff gelenkt in die Hand des Lehrers zu legen, und zwar selbst
dann, wenn Formen des sokratischen Gesprächs gepflegt wurden. Die aufge-
zeichneten Lehr-Lern-Gespräche des Kantors Bruns in der Landschule Friedrich
Eberhard von Rochows im brandenburgischen Reckahn legen davon Zeugnis ab.[20]
Lehrgespräche mit geringerer Lehrerlenkung sind aus der Entstehungszeit des *Robinson* nur mit älteren und zudem fortgeschrittenen Schülern nachzuweisen, und
zwar vornehmlich auf Privaterziehungsanstalten, wie sie Campe kannte und selbst
leitete (an einer typischen Dorfschule hat Campe nie unterrichtet). Das Frontispiz
des *Robinson* zeigt eine für Campes Lehrgespräche typische Situation mit einer
kleinen Gruppe von Schülern aus sozial bessergestellten Milieus.[21]

Joachim Heinrich Campe war aber nicht der Erste, der versuchte, Sach-, Fach-
und Weltwissen im Wege der Wortschatzarbeit zu vermitteln. Johann Amos Comenius darf mit seinem *Orbis sensualium pictus* (1658) als einer der bedeutendsten
Vorgänger gezählt werden;[22] Johann Bernhard Basedow war mit seinem *Elementarwerk* (1785) Campes Zeitgenosse auch in Bezug auf die Wortschatzarbeit und
Begriffsbildung.[23]

Für Johann Amos Comenius eröffnet die Erstsprache bzw. Muttersprache dem
Menschen den Weg zur Bildung. In seiner *Großen Didaktik* entfaltet Comenius
seinen Ansatz und erstreckt die bildende Funktion und Wirkung der Sprache auf
unterschiedliche Wissensbereiche (z. B. „zum Studium der Realien, der Mathematik, der Physik usw.",[24] „der Wissenschaften, Künste, Sprachen, der Sittlichkeit
und Religiosität"[25]). Dabei ist der Grundgedanke leitend, Sprache als Werkzeug
zur Aneignung der Sachen zu nutzen; Sprachunterricht ist gleichsam Vehikel für
den Sachunterricht.[26]

Im Unterschied zu Campe wählt Comenius jedoch nicht das Gespräch als di-
daktisches Mittel der Semantisierung, sondern das Bild; kognitionspsychologisch
würde man heute von „dualer Kodierung" sprechen.[27] Campe nutzt später ebenfalls Wort-Bild-Verfahren, jedoch weniger zur Vermittlung lexikalisch gebundenen deklarativen Sachwissens als zum Zweck des Lesenlernens.[28]

---

[20]   Vgl. zum Voranstehenden Kilian: *Lehrgespräch* (Anm. 6), Kap. III.4.1.2.2.

[21]   Vgl. <http://www.deutschestextarchiv.de/book/view/campe_robinson01_1779?p=8>.

[22]   Vgl. z. B. Martin Huber: *Die Welt als Buch. Pluralisierung des Wissens am Beispiel
        von Johann Amos Comenius' Orbis sensalium pictus.* In: *Mitteilungen des Deutschen
        Germanistenverbandes* 56.4 (2009), S. 461–475.

[23]   Vgl. z. B. Heinz: *Von der Klarheit und Deutlichkeit der Worte* (Anm. 6).

[24]   Johann Amos Comenius: *Große Didaktik. Neubearbeitet und eingeleitet von Hans Ahr-
        beck.* Berlin 1961, S. 135.

[25]   Ebd., S. 194.

[26]   Ebd., S. 135.

[27]   John R. Anderson: *Kognitive Psychologie.* 6. Aufl. Deutsche Ausgabe hg. von Joachim
        Funke. Berlin, Heidelberg 2007, S. 130.

[28]   Vgl. z. B. Joachim Heinrich Campe: *Abeze=und Lesebuch. Mit vier und zwanzig illumi-
        nierten Kupfern* [1807]. Braunschweig 1830 [Ndr. Dortmund 1979].

Campes Zeitgenosse und kurzzeitiger Dessauer Kollege Johann Bernhard Basedow kombiniert in seinem *Elementarwerk*, das zuerst 1774, dann in „sehr verbesserter" zweiter Auflage 1785 erschien, teilweise beide Verfahren, indem er die Realienkunde in Beziehung zum sokratischen Gespräch setzt. Wörterlernen und Sachenlernen gehen auch bei ihm Hand in Hand; sein *Elementarwerk* darf als „ein enzyklopädisches Sprachbuch" betrachtet werden.[29] Im Unterschied zu Comenius belässt es Basedow wortschatzdidaktisch und methodisch jedoch nicht bei Wort-Bild-Benennungsakten, sondern Basedow erarbeitet semantische Strukturen in fiktiven sokratischen Lehr-Lern-Gesprächen.[30] Man findet hier, so Heinz, semantische Paraphrasen im Sinne der klassischen Definitionslehre ebenso wie piktural Repräsentationen von Wortbedeutungen, „narrativ-szenische"[31] Darstellungen zu Sachfeldern ebenso wie merkmalgeleitete Vergleiche zur Feststellung von Ähnlichkeiten und Unterschieden – und dies in dialogischen Formen,[32] wie sie für Campes pädagogisch-didaktische Arbeiten so typisch sind.

Joachim Heinrich Campe hat sich an verschiedenen Stellen mit den Zusammenhängen zwischen Wortschatzerwerb, lexikalisch-semantischem Lernen und Begriffsbildung bei Kindern befasst, eine zusammenhängende und systematisch ausgearbeitete Theorie dazu indes nicht vorgelegt. In seiner *Kleinen Seelenlehre für Kinder*, für deren Gespräche er übrigens ebenfalls Authentizität verbürgt, indem er anführt, er habe sie „am Ende einer jeden Lehrstunde mit alle den Lokal=umständen [...], unter denen sie gehalten waren", aufgeschrieben,[33] fasst er seine Ansätze, „psychologische und moralische Begriffe für Kinder aufzuklären und sie ihnen anschaulich zu machen",[34] wie folgt zusammen:

1. Man kann bloß wörtlich erklären: – die schlechteste und unwirksamste Methode unter allen, vornehmlich wenn man damit anfängt. Der Lehrer von Einsicht wendet sie zuletzt, oder nur alsdann an, wann ihm ganz und gar keine andere zu Gebote steht.
2. Man kann dergleichen Ideen in s i n n l i c h e n Vorstellungen, Gemählden, Kupferstichen u.s.w. darstellen, und die Kinder sie davon abziehen lassen.
3. Man kann sie durch w a h r e oder e r d i c h t e t e B e i s p i e l e von A n d e r n, welche man für die junge Seele anziehend zu machen gewußt hat, bis zu einem gewissen Grade der Anschaulichkeit erheben; noch besser aber d u r c h s o l c h e

---

[29] Heinz: *Von der Klarheit und Deutlichkeit der Worte* (Anm. 6), S. 231.
[30] Vgl. ebd., S. 236ff.
[31] Ebd., S. 234.
[32] Vgl. ebd., S. 236ff.
[33] Joachim Heinrich Campe: *Kleine Seelenlehre für Kinder. Zur allgemeinen Schul= encyclopädie gehörig.* Dritte verbesserte Aufl. Braunschweig 1791, S. VIII. Das Original ist als Digitalisat verfügbar unter <http://reader.digitale-sammlungen.de/de/fs1/object/display/bsb11108552_00005.html>.
[34] Ebd., S. IX.

Beispiele, welche aus dem eigenen kleinen Erfahrungs=magazine
der jungen Kinderseele selbst hergenommen sind.

4. Endlich (und dies ist ohnstreitig die beste Methode von allen) kann man die junge
   Seele durch allerlei leicht zu erfindende Anstalten selbst in den Fall setzen, daß
   sie dasjenige thun oder empfinden muß, was man ihr anschaulich zu machen zur
   Absicht hat, so daß der Lehrer sie alsdann nur erinnern darf, ihren Blick in sich
   selbst zu kehren, um dasjenige zu lesen, was man sie lehren wollte.[35]

Die Methoden, die Campe hier nennt, brauchen den Vergleich mit den in der modernen Lernpsychologie beschriebenen Formen der Repräsentation begrifflichen
Wissens nicht zu scheuen (man greift übrigens nicht zu weit, wenn man in der
unter 4. genannten Methode [„erinnern"] das bereits oben erwähnte sokratische
„Ablocken" erkennt, das heißt das durch Fragen und andere Impulse angeregte
Wiedererkennen des Gewussten). Legt man der Interpretation der Methoden Campes zum Beispiel das weit verbreitete „semantische Dreieck" in der „didaktisier-
ten" Fassung Otto Brauns[36] zugrunde, so wird die Modernität Campes unmittelbar
deutlich:

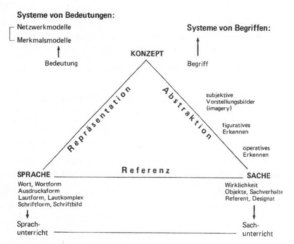

Abb. 2: Didaktisiertes semantisches Dreieck
(nach Ogden und Richards 1923, S. 11; aus: Braun 2002, S. 92)

Eine Worterklärung, die ausschließlich auf der Seite „Repräsentation" des Mo-
dells zwischen den Kanten „Sprache" und „Bedeutung" verbleibt (Methode 1),

---

35   Ebd., S. X.
36   Otto Braun: *Allgemeiner Überblick über verschiedene Interventionsansätze zur Sprach-
     förderung und Sprachtherapie im Bereich der Semantik.* In: Manfred Grohnfeldt (Hg.):
     Störungen der Semantik. 2. Aufl. Berlin 2002, S. 87–109, hier S. 92.

vermag wohl zwar das Sprachzeichen aus Ausdrucksform (im Modell: „Sprache")
und Bedeutung (im Modell: „Konzept") zu konstituieren, ist für das Wörterlernen
nach Campe indes die „schlechteste und unwirksamste Methode".[37] Wer Vokabeln
auf diese Weise lernt oder Definitionen zu Termini, baut kein „Konzept" im Sinne
begrifflichen Wissens auf.

Campes Methode 2 entspricht der „Referenz"-Beziehung zwischen „Sprache"
und „Sache". Diese Beziehung sucht z. B. Comenius durch Wort-Bild-Verbindun-
gen aufzubauen. Bedeutsam für das Wortschatzlernen ist laut Campe allerdings,
dass die Kinder den Begriff davon „abzuziehen" in den Stand gesetzt werden.[38]
Das Wortschatzlernen darf sich daher nicht im Benennungshandeln erschöpfen.

Dieses „Abziehen", so Campe, werde erleichtert, wenn die Kinder „aus dem
eigenen kleinen Erfahrungs=magazine" schöpfen können (Methode 3), d. h. wenn
– im Modell Brauns – zu dem „operativen Erkennen" und dem „figurativen Erkennen" die „subjektiven Vorstellungsbilder" treten, die den Begriff aufbauen helfen. Ein Begriff nämlich ist eine „geistige Struktur, die Dinge in der Welt aufgrund
von Ähnlichkeiten gruppiert";[39] er ist für das Individuum eine „inhaltsspezifische
kognitive Struktur".[40] Begriffe sind einzelsprachlich als „Bedeutung" kodiert.[41]
Die Kinder sollen daher dazu angehalten werden, die individuellen Begriffe aus
ihrem „Erfahrungs=magazine"[42] mit den in der Sprache enkodierten und sprach-
gesellschaftlich kollektiv geteilten Bedeutungen zusammenzuführen.

Am besten (Methode 4) sei es, wenn das Wörterlernen von der „jungen Seele"
– im Modell: vom „Konzept", das man wohl erst einmal als Präkonzept verstehen
darf – seinen Ausgang nimmt. Wenn die Lernenden an dieses Konzept „erinnert"
und dazu angeregt werden, selbst die „Sachen" dazu zu entdecken und dieselben zu „lesen" (d. h. auch: benennen), sei es der beste Ansatz, „psychologische
und moralische Begriffe für Kinder aufzuklären und sie ihnen anschaulich zu
machen".[43] Man darf davon ausgehen, dass Campe diesen Weg grundsätzlich auch
für Konkreta als den besten erachtet; beim Wort *Boegspriet* im *Robinson* wird er
eingeschlagen.

Campes Überlegungen zu Zusammenhängen zwischen Wortschatzerwerb,
lexikalisch-semantischem Lernen und Begriffsbildung sind des Weiteren auch mit
modernen Ansätzen zur Beschreibung und Erklärung der mentalen Repräsentation

---

[37] Campe: *Kleine Seelenlehre* (Anm. 33), S. X.

[38] Ebd.

[39] Gisela Szagun: *Sprachentwicklung beim Kind*. Unveränderter Neudruck der 6., vollst.
überarb. Aufl. Weinheim/Basel 2000, S. 103.

[40] Ebd., S. 139.

[41] Vgl. z. B. auch Ingelore Oomen-Welke: *Die Sachen, ihre Namen und noch etwas da-
zwischen: Wie Kinder Begriffe bilden und Lexik gebrauchen*. In: Roland Jost, Werner
Knapp und KerstinMetz (Hg.): *Arbeit an Begriffen. Fachwissenschaftliche und fachdi-
daktische Aspekte*. Baltmannsweiler 2007, S. 156–172, hier S. 156ff.

[42] Campe: *Kleine Seelenlehre* (Anm. 33), S. X.

[43] Ebd., S. IX.

von Wissen zu rekonstruieren. Jérôme S. Bruner hat eine Theorie der Repräsentationsformen aufgestellt, die zwischen aktionaler, ikonischer und symbolischer
Repräsentation unterscheidet:[44]

Darstellung		
handlungsmäßig	bildhaft	symbolisch
Streichholz anzünden	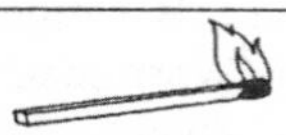	Feuer
Fotografieren, Experimentieren mit Mattscheibenkamera	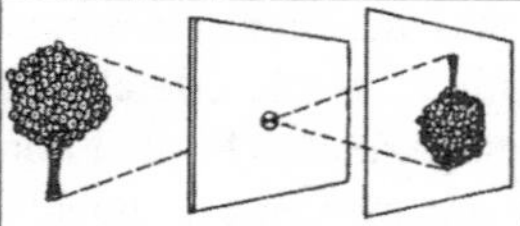	Fotografie Kamera
Licht einschalten Stromkreis bauen	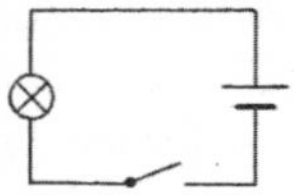	elektrischer Strom, Stromkreis

Abb. 3: Die drei Formen der inneren kognitiven Repräsentation;
aus: Edelmann 1986, S. 236

Das „handlungsmäßig", d.h. aktional Repräsentierte kann zum Beispiel durch
‚Be-Greifen' erworben werden. Aktionale Repräsentationen werden sprachlich
zum Beispiel aufgebaut (und auch erkennbar), indem Gegenstände benannt werden und die Bedeutung des Wortes dadurch aufgebaut wird, dass man angibt, was
man mit dem Gegenstand auf welche Weise tun kann.[45] In Campes *Robinson* wird
auf diese Weise die Bedeutung des Wortes *Hebel* erklärt:

> [Vater.] Er machte einen Versuch, den Kleinsten dieser Steinklumpen fortzuwäl
> zen: aber vergebens! Er fand, daß diese Arbeit seine Kräfte bei weitem übersteige.
> Da stand er also wieder in tiefen Gedanken und wußte nicht, was er machen solte.
> Johannes. O ich wüßte wohl, was ich gemacht hätte!
> Vater. Und was denn?
> Johannes. J, ich hätte mir einen *Hebel* gemacht, wie wir neulich thaten, da wir den
> Balken auf dem Hofraum fortwälzen wolten.
> Gottlieb. Da bin ich nicht bei gewesen; was ist denn das ein Hebel?
> Johannes. Das ist so eine dikke und lange Stange; die stekt man mit dem einen
> Ende unter den Balken, oder den Stein, den man fortbewegen wil, und denn legt

---

[44] Vgl. zu Bruners Theorie Hendrik Bullens: *Zur Entwicklung des begrifflichen Denkens.*
In: Rolf Oerter und Leo Montada: *Entwicklungspsychologie. Ein Lehrbuch.* München
u.a. 1982, S. 425–474, hier S. 433ff; die nachfolgende Graphik aus Walter Edelmann:
Lernpsychologie. Eine Einführung. 2., völlig neu bearb. Aufl. München/Weinheim
1986, S. 236.

[45] Vgl. Bullens: *Zur Entwicklung des begrifflichen Denkens* (Anm. 44), S. 438.

man einen kleinen Kloz oder Stein unter die Stange, aber recht nahe bei den Balken, den man wegwälzen wil; und denn faßt man an das andere lange Ende der Stange und drükt sie so stark, als man kan, auf den kleinen Kloz; denn hebt sich der Balken und man kan ihn mit leichter Mühe fortwälzen.

Vater. Wie das geschieht, wil ich euch zu einer andern Zeit erklären; jezt hört, was Robinson that.

Nach langem vergeblichen Nachsinnen, fiel ihm endlich eben dieses Hülfsmittel ein. Er erinnerte sich, in seiner Jugend zuweilen gesehen zu haben, daß alle Arbeitsleute es so zu machen pflegen, wenn sie schwere Lasten bewegen wollen; und er eilte nun den Versuch davon zu machen.

Es gelang ihm. In einer halben Stunde waren beide Steine, welche wohl vier Menschen mit ihren bloßen Händen nicht von der Stelle gekriegt hätten, aus seiner Höhle glüklich hinaus gewälzt.[46]

Das Wort *Hebel* wird hier durch Johannes mit einer aktionalen, „handlungsmäßigen" Erklärung versehen. Johannes nennt das Instrument („dikke und lange Stange") und beschreibt dann die Handlung, die aus der Stange einen Hebel macht. Die genauere Erklärung des Hebel-Effekts wird vom Vater anschließend auf einen späteren Zeitpunkt verschoben („Wie das [das „Fortwälzen", J.K.] geschieht, wil ich euch zu einer andern Zeit erklären"[47]). Er vergisst indes nicht den Hinweis darauf, dass Robinson dieses Wissen bereits durch Anschauung erworben hatte – und sich nun an die Handlung „erinnerte".

Im *Robinson* finden sich auch Beispiele für eine ikonische Repräsentationsformen. Das Wort *Martinike* ist ein Eigenname und lässt sich nicht konkret semantisieren; eine allgemeine Erklärung („französische Insel") sowie die Lokalisierung auf der Landkarte („Seht hier, Kinder; dies ist sie, hier mitten in Amerika!") dienen der Wissensvermittlung. Im *Robinson* wird sodann das Wort *Pflug* ikonisch semantisiert:

[Vater.] Da die Spaten fertig waren, ging *Robinson* noch weiter und versuchte, ob er nicht auch gar einen Pflug erfinden könte [...]. Kurz, dieser Pflug hatte vollkommen die Gestalt von demjenigen, dessen die alten *Griechen* sich zu bedienen pflegten, da sie anfingen, sich auf den Akkerbau zu legen und wovon ich euch hier eine Zeichnung zeigen kan.

[46] Campe: *Robinson* (Anm. 4), S. 136.
[47] Ebd., S. 136.

Ferdinand. Das ist ja ein küriöser Pflug!

Konrad. Waren denn keine Räder daran?

Vater. Nein, wie du siehst. So einfach und ungekünstelt, als dieser Pflug, sind anfangs alle andere Werkzeuge auch gewesen. Nach und nach nahmen die Menschen
eine vortheilhaftere Einrichtung nach der andern wahr, änderten, verbesserten, und
beförderten so immer mehr und mehr den Nuzen und die Bequemlichkeit eines
jeden Dinges, dessen sie zu ihren Arbeiten bedurften.[48]

Die symbolische Repräsentationsform schließlich ist diejenige, die in der Wortschatzarbeit besonders zu fördern ist.

Die Sprache verknüpft bestimmte Repräsentationen mit Wörtern. Das Kind lernt
die auf unterschiedlicher Abstraktionsstufe repräsentierten Merkmale symbolisch-
sprachlich abzubilden, die Dinge bzw. die sie bezeichnenden Wörter nach bestimmten Merkmalen zu unterscheiden oder zusammenzufassen, solche Gruppierungen
wiederum mit einem Wort [...] zu versehen usw.[49]

Dies sei am Beispiel des Abstraktums *Notwehr* im *Robinson* veranschaulicht:

[Vater.] Dieser gab ihm durch Zeichen zu verstehen, daß er die Bogen und Pfeile
der Getödteten nehmen und ihm folgen solte. Der Wilde hingegen bedeutete ihm,
daß er erst die todten Körper im Sande verscharren wolte, damit ihre Kameraden,
wenn sie etwa nachfolgen solten, sie nicht finden mögten. *Robinson* bezeugte ihm
Beifal über diese seine Vorsichtigkeit, und da war er mit seinen Händen so hurtig
darüber aus, daß er in weniger, als einer Viertelstunde schon beide Leichname ver-
scharrt hatte. Dan wanderten Beide nach *Robinsons* Wohnung und erstiegen den
Berg.

Lotte. Aber, Vater, nun war ja Robinson ein Mörder geworden.

Frizchen. J, das waren ja nur Wilde, die er umgebracht hatte; das thut nichts!

Lotte. Ja, es waren aber doch Menschen!

Vater. Allerdings waren sie das, Frizchen, und wild oder gesittet thut hier nichts
zur Sache. Die Frage ist nur, ob er ein Recht dazu hatte, diese Unglüklichen umzubringen? Was meinst du, Johannes?

Johannes. Ich glaube, daß er recht daran that.

Vater. Und warum?

Johannes. Weil sie solche Unmenschen waren, und weil sie sonst den andern
armen Wilden würden todt gemacht haben, der ihnen doch wohl nichts mogte zu
Leide gethan haben.

Vater. Aber wie konte *Robinson* das wissen? Vielleicht hatte dieser den Tod ver-
dient? Vielleicht waren diejenigen, die ihn verfolgten, Diener der Gerechtigkeit, die

---

[48]   Ebd., S. 291f.

[49]   Bullens: *Zur Entwicklung des begrifflichen Denkens* (Anm. 44), S. 442.

von ihrem Oberhaupte dazu befehliget waren. Und dan, wer hatte *Robinson* zum Richter über sie bestelt?

Nikolas Ja, aber wenn er sie nicht getödtet hätte, so würden sie seine Burg gesehen haben, und dan hätten sie es den Andern wieder erzählt —

Gotlieb. Und denn wären sie alle gekommen und hätten den armen *Robinson* selbst umgebracht.

Frizchen. Und aufgefressen dazu!

Vater. Jezt seid ihr auf dem rechten Flekke; zu seiner eigenen Sicherheit must' er's thun, ganz recht! Aber ist man denn wohl berechtiget, um sein eigenes Leben zu retten, einen Andern umzubringen?

Alle. O ja!

Vater. Warum?

Johannes. Weil Gott wil, daß wir unser Leben erhalten sollen, so lange wir nur können. Wenn also einer uns umbringen wil, so muß es ja wohl recht sein, ihn erst umzubringen, damit er's wohl müsse bleiben lassen.

Vater. Allerdings, lieben Kinder, ist eine solche Nothwehr nach menschlichen und götlichen Gesezen recht, aber — wohl gemerkt! — nur in dem einzigen Fal, wenn ganz und gar kein anderes Mittel zu unserer eigenen Rettung übrig ist. Haben wir hingegen Gelegenheit, entweder zu entfliehen, oder von Andern beschüzt zu werden, oder unsern Verfolger außer Stand zu sezen, uns zu schaden: so ist ein Angrif auf sein Leben ein wirklicher Mord, und wird auch von der Obrigkeit, als ein solcher, bestraft.

Vergeßt nicht, lieben Kinder, Gott zu danken, daß wir in einem Lande leben, in welchem die Obrigkeit so gute Veranstaltungen zu unserer Sicherheit getroffen hat, daß unter hundert tausend Menschen höchst selten ein Einziger in die traurige Nothwendigkeit gerathen kan, von dem Rechte der Nothwehr Gebrauch machen zu müssen.[50]

Hier nun, wo man weder etwas vormachen noch auf etwas zeigen kann, wo weder Handlung noch Bild zur Semantisierung einen Beitrag leisten können, setzt Campe ganz auf das Gespräch zum Zweck der Wortschatzarbeit und Begriffsbildung, und zwar auf das sokratische Lehrgespräch in der Form des fragend-enwickelnden Selbstfindens, das noch heute als gelenktes Unterrichtsgespräch die Unterrichtskommunikation dominiert und bei Campe sehr oft bereits zum freien Unterrichtsgespräch neigt.[51]

Der zitierte Gesprächsausschnitt dient der Begriffsbildung, hier des Begriffs der „Nothwehr". Initiiert wird die dialogische Begriffsbildung durch Lottes lexikalisch-semantische Erfassung der Handlung Robinsons mit der Bezeichnung des Handelnden als *Mörder*. Während Frizchen und sodann Johannes die Ablehnung dieser lexikalisch-semantischen (und begrifflichen) Erfassung der Handlung

---

[50] Campe: *Robinson* (Anm. 4), S. 200ff.
[51] Vgl. Kilian: *Lehrgespräch* (Anm. 6), Kap. 4.1.2.2 und 4.1.2.3; Köstler-Holste: *Natürliches Sprechen* (Anm. 9), Kap. 6.6.

Robinsons mit Bezug auf die Kategorisierung der von dieser Handlung Betroffenen zu begründen versuchen (und das Wortfeld *Wilder, Unmensch, Mensch* dazu
aufspannen), lenkt der Lehrer-Vater das Gespräch auf einen anderen Fokus, den
des (moralischen und ethischen) Rechts zum Vollzug der Handlung. Auch dies ist
typisch für das gelenkte Unterrichtsgespräch am Ende des 18. Jahrhunderts, dass
deren Gegenstände in der Regel religiöse und moralisch-ethische Begriffe waren,
ferner Begriffe zu Realien in der die Schüler umgebenden Welt sowie Begriffe
aus dem mathematisch-naturwissenschaftlichen Bereich. Der Weg der Begriffsbildung erfolgt dann, wenn man erneut das „semantische Dreieck" zu Rate zieht,
von der „Sache" über das „Konzept" zum „Wort"; ein Weg, an dessen Ende eine
begrifflich gebundene kognitive Struktur steht. Die lexikalische Kodierung (*Notwehr*) des hier entwickelten Begriffs wird daher erst ganz am Ende des Gesprächs
genannt. Zunächst fragt der Vater sokratisch das vorhandene Wissen aus den Kindern heraus, stellt es scheinbar widersprechend („aber") in Frage und führt es zusammen („ablocken" nannte die philanthropische Sokratik dieses Verfahren, s. o.):
„Was meinst du, Johannes?", „Und warum?", „Aber wie konnte *Robinson* das
wissen?",[52] „Aber ist man denn wohl berechtigt [...]?" Die Steuerung der Begriffsbildung liegt fest in der Hand des Lehrer-Vaters – und wird letztlich auch von ihm
zur Lösung geführt, indem er den moralisch-ethischen Fokus auf die Gründe und
Intentionen des Handelnden legt: zwischen den Begriffen „Mord" und „Nothwer"
wird differenziert, indem die Handlung entweder im Dienst der eigenen *„Sicherheit"* und eigenen *„Rettung"* steht oder nicht.

Schluss

Campes dialogische Wortschatzarbeit und Begriffsbildung schlägt den Weg von
den Sachen zu den sprachlichen Symbolen und Begriffen ein. Man wird nicht zu
weit greifen, wenn man feststellt, dass Campe in erster Linie am Auf- und Ausbau des Sachwissens gelegen war. Dass damit auch eine sprachliche Bildung der
Schüler verknüpft ist, war Campe bewusst; aber ähnlich wie bei Comenius nimmt
die Sprache in Campes dialogischer Wortschatzarbeit die Rolle des Vehikels ein.
Das vornehmste Lehr-Lern-Ziel ist auch in Campes dialogischer Wortschatzarbeit die Begriffsbildung als Wissensvermittlung. Das dialogische Verfahren, das
er dazu einsetzte, ist im *Robinson* und auch in anderen Jugendschriften Campes
zu beobachten: Man beachte etwa das „Ablocken" zur Erzeugung eines Begriffs
der „Seele" in Campes „Kleiner Seelenlehre für Kinder"[53], oder man beachte das
Kapitel „Sprichwörter" in Campes *Abeze= und Lesebuch*, in dem Campe darum
bittet, dieselben „zu Begriffsentwickelungen durch zweckmäßige Fragen nach
Sokratischer Lehrart" zu benutzen.[54] Schon Zeitgenossen attestierten Campe eine

---

52   Campe: *Robinson* (Anm. 4), S. 200ff.
53   Campe: *Kleine Seelenlehre* (Anm. 33), S. 8f.
54   Campe: *Abeze=und Lesebuch* (Anm. 28), S. 123.

Meisterschaft auf diesem Gebiet. Samuel Baur etwa hebt in seiner „Charakteristik der Erziehungsschriftsteller Deutschlands" aus dem Jahr 1790 diese Kunst Campes besonders hervor:

> Sein Styl ist angenehm und lebhaft, und meisterhaft versteht er die Kunst, Begriffe zu entwickeln, und jedem Alter und Stande faßlich vorzutragen. Viele haben es versucht, Kinder redend einzuführen, und den Vortrag durch ihre Fragen und Bemerkungen unterbrechen zu lassen, aber außer Campe und Salzmann ist es nur wenigen gelungen.[55]

Die Begriffsbildung erfolgt im Wege der Sprachlehre bzw. Wortbedeutungslehre, wobei das Lehrgespräch ähnliche Funktionen übernimmt wie das natürliche Gespräch im Prozess des Spracherwerbs: Die Gebrauchssphären eines Wortes werden dialogisch im Wege der Merkmaldiskriminierung abgesteckt, von der Anschauung über das mentale Modell zum sprachlichen Symbol vorangeführt, bis am Ende eine begrifflich gebundene kognitive Struktur steht. Die lern- und entwicklungspsychologische Rekonstruktion der Wege, die Campe dabei einschlägt, vermag Ansätze einer modernen Wortschatzdidaktik ante litteram aufzuzeigen. Diese Ansätze sind, wie die Wortschatzdidaktik und praktische Wortschatzarbeit auch, in der Didaktik des Deutschen als Erstsprache in Vergessenheit geraten und werden erst jüngst wieder für bedeutsam erachtet. Eine Lektüre der Jugendschriften Joachim Heinrich Campes kann der modernen Wortschatzdidaktik ein Schrittmacher sein.

---

[55] Samuel Baur: *Charakteristik der Erziehungsschriftsteller Deutschlands. Ein Handbuch für Erzieher*. Leipzig 1790. Ndr. Mit einer Einleitung von Gernot Koneffke. Vaduz 1981.

IMKE LANG-GROTH

Auf der Suche nach glücklichen Ausdrücken –
Campes Wörterbuch

Für Helmut Henne, mit großem Dank.

I.

1797 plant Joachim Heinrich Campe, zunächst zusammen mit sechs sprachkriti-schen Gelehrten,[1] das von Johann Christoph Adelung (1732–1806) in den Jahren von 1774 bis 1786 erschienene *Grammatisch-kritische Wörterbuch der hoch-deutschen Mundart*[2] durch einen weiteren Band zu bereichern. Mit diesem Er-gänzungsband möchte er Berichtigungen einfügen und Lücken füllen, die er im Adelung'schen Wörterbuch festgestellt hat und folglich beanstandet. Einen zu-sätzlichen Band mit dem vorläufigen Titel *Wörterbuch zur Bereinigung und Berei-cherung der deutschen Sprache* möchte Campe dann allein verfassen. Schon bald jedoch scheitert die angedachte Gemeinschaftsarbeit mit den Gelehrten und das vielversprechende Projekt versiegt – zunächst! Campe gibt 1801, nur vier Jahre später als geplant, ein einbändiges *Wörterbuch zur Erklärung und Verdeutschung der unserer Sprache aufgedrungenen fremden Ausdrücke*[3] heraus – also ein – wie wir es heute nennen – Fremdwörterbuch. Diesem soll von 1807–1811 sein größtes und auch letztes Projekt, das *Wörterbuch der Deutschen Sprache*, folgen.[4] Für die

---

[1]   Konrad Gottlob Anton (1746–1814) Sprachforscher, Hermann Heimart Cludius (1754–1835) Lyriker und Publizist, Johann Friedrich Heynatz (1744–1809) Professor der Be-redtsamkeit, Johann Friedrich August Kinderling (1743–1807) Pastor und Philologe, Georg Wilhelm Petersen (1744–1816), Prinzenerzieher und Johann Christian Christoph Rüdiger (1751–1822) Sprachforscher.

[2]   Johann Christoph Adelung: *Grammatisch-kritisches Wörterbuch der Hochdeutschen Mundart, mit beständiger Vergleichung der übrigen Mundarten, besonders aber der Oberdeutschen.* Zweyte vermehrte und verbesserte Ausgabe. Leipzig 1793/1801 [Re-print: Hildesheim/New York 1970. (Documenta Linguistica. Reihe II. Wörterbücher des 17. und 18. Jahrhunderts. Hg. von Helmut Henne. Mit einer Einführung und Biblio-graphie von Helmut Henne S. I–XXII]. Erster Theil: Von A–E. 1793. Zweyter Theil: Von F–L. 1796. Dritter Theil: Von M–Scr. 1798. Vierter Theil: Von Seb–Z. 1801.

[3]   Joachim Heinrich Campe: *Wörterbuch zur Erklärung und Verdeutschung der unserer Sprache aufgedrungenen fremden Ausdrücke. Ein Ergänzungsband zu Adelungs Wör-terbuche.* In zwei Bänden. Erster Band: A–E. Zweiter Band: F–Z. Braunschweig 1801.

[4]   Joachim Heinrich Campe: *Wörterbuch der Deutschen Sprache.* Braunschweig 1807–1811 [Reprint: Hildesheim/New York 1969 (Documenta Linguistica. Reihe II.

Umsetzung rekrutiert er zwei Mitarbeiter: Theodor Bernd (1775–1854) und Johann Gottlieb Radlof (1775–1827), die aus dem bereits von Campe gesammelten und dem noch zu sammelnden Material Wörterbuchartikel konzipieren, die Campe abschließend akribisch redigiert.[5] 1813 erscheint schließlich die von Campe selbst überarbeitete Ausgabe seines Fremdwörterbuches oder Verdeutschungswörterbuches mit dem Titel: *Wörterbuch zur Erklärung und Verdeutschung der unserer Sprache aufgedrungenen fremden Ausdrücke. Ein Ergänzungsband zu Adelung's und Campe's Wörterbüchern. Neue starkvermehrte und durchgängig verbesserte Ausgabe von Campe [...]*.[6]

Campes Arbeit mit dem deutschen Wortschatz hatte aber schon sehr viel früher begonnen. Bereits 1790 veröffentlicht er im *Braunschweigischen Journal philosophischen, philologischen und pädagogischen Inhalts*[7] (1788–1793) einen Aufsatz: *Proben einiger Versuche der deutschen Sprachbereicherung* (ebd. 1790). Campe schreibt:

> [...] für eine Nation, welche aufwärts strebt [scheint] es nichts Notwendigeres und Dringenderes, als eine fortschreitende Bereicherung und Ausbildung ihrer Sprache, zu geben. So wie der Geist und der Charakter eines Volkes auf seine Mundart wirken, so wirkt umgekehrt, nach einem unverkennbaren Rückflusse, diese wiederum auf jene zurück. [...] So viel neue Wörter und Redensarten, eben so viel neue Empfindungen und Begriffe; so viel Abänderungen in jenen, eben so viel neue Schattirungen und nähere Bestimmungen in diesen. Das Wörterbuch und die Sprachlehre eines Volks geben also für die jedesmal mögliche Geistes≈ausdehung und Charakter≈ausbildung desselben die unüberschreitbaren Grenzen an; [...] Die

Wörterbücher des 17. und 18. Jahrhunderts. Hg. von Helmut Henne)], S. V*–XXVIII*. Erster Theil: A–E. 1807. Zweiter Theil: F–K. 1808; nebst einer Beilage. Dritter Theil: L–R. 1809. Vierter Theil: S und T. 1810; nebst einer Beilage. Fünfter und letzter Theil: U–Z. 1811.

5   Vgl. Imke Lang-Groth: *Auf dem Weg zu einem Belegwörterbuch – Der Beitrag von Joachim Heinrich Campe und Theodor Bernd* (Braunschweiger Beiträge zur deutschen Sprache und Literatur 16). Bielefeld 2012.

6   Joachim Heinrich Campe: *Wörterbuch zur Erklärung und Verdeutschung der unserer Sprache aufgedrungenen fremden Ausdrücke. Ein Ergänzungsband zu Adelung's und Campe's Wörterbüchern*. Neue starkvermehrte und durchgängig verbesserte Ausgabe von Joachim Heinrich Campe. Braunschweig 1813 [Reprint: Hildesheim 1970 (Documenta Linguistica. Reihe II. Wörterbücher des 17. und 18. Jahrhunderts. Hg. von Helmut Henne)].

7   Joachim Heinrich Campe, Ernst Christian Trapp, Johann Stuve und Konrad Heusinger (Hg.): *Braunschweigisches Journal, philosophischen, philologischen und pädagogischen Inhalts*. Braunschweig 1788–1793.

Bereicherung und Ausbildung der Sprache sind also [...] eine Sache von sehr großer Wichtigkeit.[8]

Es wäre, so schreibt er weiter:

> wol ein verdienstliches Werk, unsere classischen Schriftsteller – oder falls wir de-
> ren, wie Adelung behauptet, noch gar nicht haben sollten – unsere beinahe classi-
> schen Schriftsteller einmal bloß in der Absicht durchzulesen, um die neuen Wörter
> und Redensarten, die sich bei ihnen finden, zu sammeln, und sie demnächst, als ein
> kleines Wörterbuch geordnet, erscheinen zu lassen.[9]

Diesen Aufsatz ergänzt er um einen Anhang, ein Verzeichnis von 94 Wörtern,
mit der Vorstellung, dass die nicht nur von ihm, sondern auch anderen „Verdeut-
schern" neu gebildeten Wörter in den Sprachschatz mit aufgenommen würden.
Als Beispiel möchte ich folgende drei in einer Eins-zu-eins-Übersetzung kommentarlos nennen:
– *Säulengang* für **Colonade*
– *Zusammenstoß* für **Collision*
– *Vervollständigen* für **Completiren*[10]
Campe markiert dabei einzelne Lemmata mit einem von insgesamt 12 von ihm
eigens ausgewählten diakritischen Zeichen[11] – hier ist es ein Sternchen für jene
Wörter, die bereits andere vor ihm so übersetzt haben. Die Übersetzung klingt
nicht nur schlüssig, sie ist auch im Sprachgebrauch des 21. Jahrhunderts durchaus
üblich.
    Ferner nimmt er u. a. folgende Stichwörter auf: *Coquet*, *Extrem* und *Fraternité*.
Dem Lemma *Coquet* fügt er eine differenzierte Erklärung bei:

> in milderer Bedeutung eroberungs≈süchtig oder eroberungs≈gierig;
> in schlimmerer buhlerisch.[12]

Die Adjektive *süchtig* und *gierig* bucht er unter *milderer* und *buhlerisch* unter
schlimmerer Bedeutung. Er wägt also in der Bedeutungsangabe zwischen *milde*
und *schlimm* ab, damit beschreibt er – wenngleich subjektiv motiviert – abgestuft
die differenzierte Semantik eines Wortes.

---

[8]   Joachim Heinrich Campe: *Proben einiger Versuche von deutscher Sprachbereicherung.*
    In: *Braunschweigisches Journal philosophischen, philologischen und pädagogischen*
    Inhalts. Elftes Stück. November 1790, S. 257f.
[9]   Ebd.
[10]   Ebd., S. 280.
[11]   Lang-Groth: *Auf dem Weg zu einem Belegwörterbuch* (Anm. 5), hier S. 83–139 und
    S. 145–176.
[12]   Campe: *Proben einiger Versuche von deutscher Sprachbereicherung* (Anm. 8), S. 282.

Das nächste Stichwort *Extrem*[13] übersetzt er mit *[das] Äußerste* und liefert dazu eine Paraphrase:

> z. B. von einem Äußersten zum anderen übergehen. In einigen Fällen würde man vielleicht besser Außen≈ende sagen;

Darauf folgt ein Beleg: „zwischen diesen beiden Außenenden stehen die meisten Menschen in der Mitte (Theophron.)" Hier zeigt Campe über eine Textstelle – besser Beleg – aus seinem Ratgeber von 1783, *Theophron oder der erfahrne Rathgeber für die unerfahrne Jugend*,[14] wie das Stichwort in einen möglichen Kontext eingebettet sein kann – wenn er statt des fremden *Extrem*(s) das Wort *Außenende* vorschlägt, das er im Übrigen später nicht in seinem Wörterbuch lexikalisiert, heute möchte man sagen: wohlweislich.

Weitaus ausführlicher beschreibt er schließlich das Stichwort *Fraternité* im Anhang:

> *Fraternité*: „Als ich zu Paris im August 1789 nicht nur dies Wort häufig hörte, sondern auch die Gesinnung, die dadurch angedeutet werden soll, in dem damals so friedlichen, freundlichen und liebreichen Betragen der neuen Republikaner, gegeneinander beobachtete, und das Beobachtete meinen Landsleuten erzählen wollte: that es mir leid, in unserer, sonst so herrlichen Sprache, kein Wort dafür zu finden […] Am Ende wagte ich's, und prägte Brüderlichkeit."[15]

Campe liefert hier nicht nur eine Übersetzung, er liefert eine ganze Geschichte. Als begeisterter Augenzeuge der Französischen Revolution sucht er eine entsprechende Übertragung von *Fraternité* und meint sie in *Brüderlichkeit* gefunden zu haben. Später in seinem Wörterbuch 1807 geht er sogar darüber hinaus, wenn er auch das Wort *Schwesterlichkeit* (s.v. *Brüderlichkeit*[16]) vorschlägt. Leider muss Campe im Nachhinein korrigiert werden – bereits Lavater hat das Lemma *Brüderlichkeit* 1776 eingeführt, nachzulesen bei Friedrich Kluge 1963.[17] Mit seinem Wortanhang, so kann man sagen, wird der Grundstein für die bald folgende Wörterbucharbeit, wie eben kurz angerissen, gelegt.

---

[13] Ebd., S. 284.
[14] Joachim Heinrich Campe: *Theophron, oder der erfahrne Rathgeber für die unerfahrne Jugend; ein Vermächtniß für seine gewesenen Pflegesöhne und für alle erwachsene junge Leute, welche Gebrauch davon machen wollen.* Hamburg 1783.
[15] Campe: *Proben einiger Versuche von deutscher Sprachbereicherung* (Anm. 8), S. 286f.
[16] Campe: *Wörterbuch der Deutschen Sprache* (Anm. 4), Bd. I, S. 629.
[17] Friedrich Kluge: *Etymologisches Wörterbuch der deutschen Sprache.* 19. Aufl. bearbeitet von Walter Mitzka. Berlin 1963, hier S. 103f. In Friedrich Kluges *Etymologischem Wörterbuch der deutschen Sprache* von 1899 ist das Lemma *Raubmord* noch nicht gebucht.

II.

1795 bereits konstituiert Campe eine Gruppe von „Sprachfreunden", das sind Gelehrte unterschiedlichster Disziplinen, mit denen er die *Beiträge zur weitern Ausbildung der deutschen Sprache* von 1795–1797 in drei Bänden herausgibt.[18] In diesen *Beiträgen* sind Aufsätze enthalten, die sich sprachkritisch mit der Literatursprache der Zeit auseinandersetzen. Den Autoren geht es neben Verdeutschungen fremder Ausdrücke zusätzlich auch um grammatische Richtigkeit. Sie maßen sich an, so darf oder besser muss man es sogar nennen, u. a. Gedichte des Schweizers Albrecht von Haller (1708–1777) so zu überarbeiten, dass sie zwar grammatisch korrekt, aber poetisch missglückt sind. Für diese Grenzüberschreitung muss sich der Braunschweiger Johann Joachim Eschenburg (1743–1820) verantworten. Der Philosoph Hermann Heimart Cludius (1754–1835) korrigiert hingegen die Übersetzungen lateinischer Dichtungen, und der Freund Mendelssohns, Joël Löwe (1762–1802), erlaubt sich gar Goethes *Iphigenie* zu modifizieren. Die *Beiträge* allerdings finden wenig Leser, das begründet ihre kurze Lebensdauer. Die Reaktionen aber, die zeitnah darauf entbrennen, sind Teil des Xenienstreits zwischen Goethe, Schiller und Campe.

Folgende Xenie in Schillers *Musenalmanach* (1797) ist an Campe gerichtet und prangert dessen Sprachpurismus an. Ich möchte sie mit Campes späterer Wörterbucharbeit abgleichen:

Purist

Sinnreich bist du, die Sprache von fremden Wörtern zu säubern,
Nun sage doch Freund, wie man *Pedant* uns verdeutscht.[19]

Das ist eine polemische Spitze gegen Campe und sein Projekt. Goethe und Schiller rechnen hier sowohl mit Campes Kritik an ihren Werken wie mit seiner Person als einem Vertreter der Spätaufklärung und ihres vermeintlichen Utilitarismus ab.

Wie aber verdeutscht Campe – und das soll an dieser Stelle von Interesse sein – zunächst das Stichwort *Xenie*? In seinem Verdeutschungswörterbuch heißt es: „Dieses Wort, welches Küchengeschenke und Gastgeschenke bedeutet, ist durch Schiller's und Goethe's Musenzeitweiser für 1797 gar sehr in Umlauf gekommen. Die Herren Verfasser meinten Doppelverse (Disticha) für's Leckermäulchen damit zu bezeichnen."[20] Von den *Küchengeschenken* einmal abgesehen, wäre *Gastgeschenke* die direkte Übersetzung des griechischen Lexems *xénion*. *Küchengeschenk* als zusammengesetztes Wort bucht Campe gar nicht in seinem Wörterbuch.

---

[18]   Joachim Heinrich Campe (Hg.): *Beiträge zur weitern Ausbildung der Deutschen Sprache von einer Gesellschaft von Sprachfreunden* (3 Bde.). Braunschweig 1795–1797.

[19]   Friedrich Schiller (Hg.): *Musen-Almanach auf das Jahr 1797.* Tübingen: J.G. Cotta, 1797, S. 237.

[20]   Campe: *Wörterbuch zur Erklärung und Verdeutschung der unserer Sprache aufgedrungenen fremden Ausdrücke* (Anm. 6), S. 610.

Ein Kompositum also, von dem er wohl selbst nicht überzeugt zu sein scheint. Der *Musenzeitweiser* aber fordert ebenfalls auf, einen Blick in sein Wörterbuch zu werfen. Ein *Zeitweiser*, so schreibt Campe, sei ein *Kalender*. Zu dem Lemma *Kalender* führt er folgende Beschreibung im Verdeutschungswörterbuch aus:

> Da dieses Wort schon längst in die Volkssprache übergegangen ist, und durch seine Töne die deutsche Sprachähnlichkeit nicht beleidiget: so müßte man es eigentlich für ein Deutsches gelten lassen, wenn nicht die undeutsche Betonung desselben und der Umstand, daß seine Laute dem deutschen, als deutschen, gar keinen Begriff darbieten, der Einbürgerung desselben entgegen wären. Aus beiden Ursachen, besonders der letzten wegen, wäre zu wünschen, daß wir ein eigenes dafür in unserer Sprache hätten, und zwar ein solches, bei welchem der gemeine Mann sich etwas denken könnte, damit er nicht durch die Dunkelheit des Ausdrucks veranlaßt würde, allerlei ungereimte und abergläubische Dinge in dem Kalender zu suchen und zu finden, welche zu gemeinschädlichen Irrthümern führten. Die Holländer haben das gute Tydwyzer, Zeitweiser, dafür gebildet. Dieses hat auch schon Stieler in seinen Sprachschatz aufgenommen. [...] Für Musenalmanach könnte man Musenzeitweiser sagen.[21]

Muse ist zwar auch kein deutsches Wort – aber das interessiert Campe an dieser Stelle nicht.

Es geht aber noch weiter. Campe orientiert sich sprachlich u. a. an den Niederlanden. Das, so schreibt er in den *Proben zur Deutschen Sprachbereicherung*, wie unser Niederdeutsch auch, inspiriere – entgegen der Adelung'schen regionalen Begrenzung des Kursächsischen Sprachraums – zur Sprachbereicherung und dann nennt er Beispiele, von denen ich drei exemplifiziere:
- Das fremde *Bibliothekar* wird im Niederländischen *Boekbewaarder* zu *Bücherbewahrer*
- das *Mausoleum* ndl. *Praalgraf* oder *Pronkgraf* wird zu *Prunkgrab*
- das *Diplom* heißt ndl. *Magtbrief* und wird zu dt. *Machtbrief*

Campes Blick richtet sich somit auch auf andere Sprachregionen, damit zeigt er sich nicht nur offen, über die deutschen Grenzen hinaus zu blicken, sondern beweist auch seine Bereitschaft, von den Nachbarländern zu partizipieren, sofern diese einen „glücklichen Ausdruck" in seinem Sinne gebildet haben. Dass er später weder *Bücherbewahrer* noch *Prunkgrab* bucht, sondern allein *Machtbrief*,[22] dabei jedoch in anderer Bedeutung, sei hier nur am Rande erwähnt.

Die obige Xenie trägt den Titel *Purist*.[23] Auch zu diesem Stichwort sieht Campe Erläuterungsbedarf. Ich möchte den Artikel aus seinem Wörterbuch inhaltlich zusammenfassen: Der *Purist* als Spottwort wurde von Leibniz mit *Reindünkler*

---

[21]   Ebd., S. 164.
[22]   Campe: *Wörterbuch der Deutschen Sprache* (Anm. 4), Bd. III, S. 180.
[23]   Campe: *Wörterbuch zur Erklärung und Verdeutschung der unserer Sprache aufgedrungenen fremden Ausdrücke* (Anm. 6), S. 508.

verdeutscht, besser als das Wort wäre im verächtlichen Sinne *Sprachseiher*, so Campes Vorschlag. Im milderen Sinne genommen auch *Sprachreiniger*, auch *Verdeutscher* passe; Heynatz hat *Reinheitsverfechter* dafür vorgeschlagen. Campe selbst hat scherzhaft *Alfanzer* (von dem veralteten *al* d. i. *fremd* und *fanzen* d. i. *reden*) vorgeschlagen. Für den ernsthaften Vortrag nennt er *Sprachmenger* oder auch *Unreinigkeitsfreunde*. In der neueren Vernunftwissenschaft, damit verdeutscht Campe die *Philosophie*, wird unter dem Lemma *Purist* ein *Verteidiger der Tugendreine* verstanden. Hier also liefert Campe ausreichend Wortvarianten, ein fremdes, dazu spottendes Wort zu verdeutschen. Campes Replik auf die Schiller'sche Xenie lautet dann wie folgt:

> *Alfanzer*
> Spöttisch nennt ihr Puristen die, welche sorglich euch bürsten;
>   Wißt ihr Herren denn auch, wie euch der Bürstende nennt?
> Weil ihr menget die Sprachen, besudelt das Deutsche durch Fremdes,
>   Nennt er – zwar altdeutsch, doch rein – nennet er Alfanzer euch.[24]

Campe zeigt also durchaus Humor und Schlagfertigkeit. Die Anklage der Dioskuren gegen Campe aber lautet: Er sei *Pedant*. Daraus schlägt er produktives Kapital: „ich selbst habe Steifling dafür zu sagen versucht, weil Steifheit die allgemeinste Eigenschaft aller Pedanten ist". Dazu folgender Beleg:

> „Nur das du, bei dem Bemühen den Zwang und die Unbiegsamkeit des unbelebten Steiflings zu vermeiden, nicht in den entgegengesetzten Fehler eines windigen Wesens und der französelnden Unverschämtheit fallest." (Theophron).[25]

Wieder schöpft Campe eine Stelle aus seinem Ratgeber *Theophron*. Interessant dabei ist jedoch, dass Campe diese Verdeutschungen erst in seinen späteren Auflagen des Ratgebers liefert – in der Ausgabe von 1783 heißt es für *Steifling* an dieser Stelle noch *Pedant*. Campe als Sprachreiniger reinigt selbstredend auch seine eigenen Werke von fremden Ausdrücken – im Nachhinein – um sie durch „glückliche[re] Ausdrücke" zu ersetzen. Beispielsweise hat er in seinem Jugendbuch *Robinson der Jüngere* (1779) – vergleicht man spätere Auflagen mit der Erstausgabe – etliche Wörter übertragen wie: *Kameraden* in *Gespielen*, *Matrosen* in *Schifferknechte* oder *Bootsleute* und *Horizont* in *Gesichtskreis*.[26] Gleiches gilt im Übrigen für alle seine früheren Texte.

In den *Beiträgen zur weitern Ausbildung der Deutschen Sprache* veröffentlicht Campe auch einen Aufsatz: *Was ist Hochdeutsch? In wiefern und von wem*

---

[24]   Campe: *Beiträge zur weitern Ausbildung der Deutschen Sprache von einer Gesellschaft von Sprachfreunden* (Anm. 18), Bd. III, S. 180.

[25]   Campe: *Theophron* (Anm. 14), S. 467.

[26]   Campe: *Braunschweigisches Journal, philosophischen, philologischen und pädagogischen Inhalts* (Anm. 7), S. 147.

darf und muß es weiter ausgebildet werden? Die Antwort auf die erste Frage, so schreibt er, sei dort zu finden, wo überhaupt Deutsch gesprochen und geschrieben werde. Die deutsche Sprache solle ein Aushub sein und zwar nicht nur der gehobenen Umgangs- und Schriftsprache, sondern zugleich ein Griff in die Werke sowohl der Früh- wie auch der Neuzeit. Das rechtfertigt auch seine Übertragung von *Pedant* in *Alfanzer*,[27] das vom frühneuhochdeutschen *alvanzen* abgeleitet ist, s. o.

Die Sprache nämlich soll – so Campe – von den Anfängen bis in die Gegenwart betrachtet werden, denn nur so könne man ihre Entwicklung und ihren Fortschritt abbilden. Damit richtet er sich bewusst gegen die von Adelung proklamierte zeitliche, geographische und soziologische Eingrenzung. Adelung schreibt:

> Die hochdeutsche Sprache ist eine Mund-Art, nämlich die Obersächsische oder Meißnische, […] Nichts ist gutes, echtes Hochdeutsch, als was in den höhern Kreisen der Obersachsen geredet wird, und aus diesen in die Schriften kam, die in dem goldenen Zeitalter unserer Sprache von [17]40–[17]60 geschrieben wurden.[28]

Campe macht deutlich, dass

> der letztverflossene Zeitraum von ungefähr 1760 an, gerade derjenige sei, worin unsere Sprache und unser Geschmack, und zwar gerade außerhalb der Gränzen des Deutschen Attika's sich am meisten gebildet und entwickelt haben.[29]

Campe benutzt das Adelung'sche Wörterbuch in extenso als Vorlage und ergänzt es dort, wo er Lücken zu füllen sich verpflichtet sieht – und zwar durch den von ihm neu gesammelten Wortvorrat. Dieser stammt aus der Exzerption zeitgenössischer Literatur, Campe liest und sammelt aus Neuerscheinungen und auch aus Zeitungen, was für den Zeitpunkt noch als Novum einzuschätzen ist. „Unsere Sprache ist so unermesslich und reich; [und] die Zahl der Werke, aus welchen für ihr Wörterbuch geschöpft werden kann, ist so ungeheuer groß […]."[30] Damit zeigt sich, dass Campe über umfangreichere Kenntnisse der Literatur als Adelung verfügt.

> Unsere Quellen also sind: die feinere Umgangssprache in allen Deutschen Ländern, und alle in der Gemeinsprache geschriebene Deutsche Werke, von den ältesten Denkmählern unserer Schriftsprache an, bis auf die neuesten Schriften, welche die letzte Büchermesse, geliefert hat, sie mögen aus Oberdeutschen, Mitteldeutschen oder Niederdeutschen Schriftsteller verfaßt worden sein. Wir kennen kein zwanzigjähriges goldenes Zeitalter, in welchem allein man echtes Deutsch geschrieben haben soll, und keine Landschaft Deutschlands, in welcher allein echtdeutsch gesprochen würde. Es kümmert uns sogar bei unserm Sammeln im geringsten nicht,

---

[27] Campe: *Wörterbuch der Deutschen Sprache* (Anm. 4), Bd. I, S. 97.
[28] Campe: *Beiträge zur weitern Ausbildung der Deutschen Sprache* (Anm. 18), S. 7.
[29] Ebd., S. 4.
[30] Campe: *Wörterbuch der Deutschen Sprache* (Anm. 4), Bd. I, Einleitung S. IX.

ob der Schriftsteller, aus dessen Werken wir schöpfen, zu den Berühmten gehöre oder nicht**); auch der Unberühmteste, sogar der Schlechteste hat oft […] einen glücklichen Ausdruck gefunden […].[31]

Campes Suche nach „glücklichen Ausdrücken" beginnt mit der intensiven Exzerption der Literatur – er nimmt alte und neue Wörter in sein Wörterbuch auf, erklärt ihre Bedeutung und unterstützt diese in der Regel mit Belegen. Belege sind authentische literarische Beispiele aus Texten. Authentisch sind sie, weil sie nicht vom Lexikographen *erfunden*, sondern von ihm *gefunden* wurden. Das heißt, Campe verwendet autorisierte Beispiele, die er in der Literatur aufspürt, und er bedient sich ihrer, wenn er ein von ihm gebuchtes Lexem im Wörterbuch in einem sinnfälligen oder sprachlich besonderen Zusammenhang darstellen will. Campe beruft sich auf Texte oder Textstellen von Autoren, um sein im Wörterbuch gebuchtes Lemma in gewisser Weise zu verifizieren. Literarische Belege im Wörterbuch besitzen etwas Außerordentliches, weil sie den Lesern mögliche Verwendungsmöglichkeiten der Stichwörter aufzeigen und darüber hinaus zusätzliche semantische Informationen liefern. So untermalen sie durchaus die Bedeutungserklärung des Wörterbuchschreibers, weil sie bestimmte Facetten eines Stichwortes anschaulicher machen. Sie können ferner die Aufgabe erfüllen, weitere Perspektiven von Verwendungsbeispielen zu dokumentieren, die in der gelegentlich abstrakten Darstellung der konventionellen Anwendung nicht oder nicht explizit genannt sind. Belege sind somit Teile einer besonderen Sprachwelt von Autoren. Sie spiegeln im besten Falle Lebensauffassung und Denkart ihres Verfassers wider und geben darüber Auskunft, wie der Gebrauch des Belegwortes in seiner Zeit zu verstehen war. Sie werden zu sprachlichen Zeitzeugen. – Später heißt es im *Deutschen Wörterbuch*: „Wörter verlangen beispiele, die beispiele gewähr, ohne welche ihre beste kraft verloren gienge." [32] Das heißt, dass der Beleg ein mögliches Anwendungsbeispiel zeigt, mit der Nennung der Quelle als Beweis. Campe selbst denkt nicht philologisch genug, denn er nennt selten den Ort, aus dem der Beleg gewonnen wird, nennt nur dessen Verfasser. Diese Tatsache sollte nach Grimm als wirklicher Mangel seines Wörterbuchs gesehen werden:

> wie könnten stellen (loci) heiszen, deren stelle ungenannt bliebe? der name ihres urhebers reicht nicht aus, sie müssen aufgeschlagen werden können; aus der leichtigkeit dieses nachschlagens entspringt ein groszer reiz, denn wie genau auch diese belege ausgehoben seien, der leser hat nicht selten das bedürfnis sie in ihrem vollständigeren zusammenhang einzusehen: indem er weiter vordringt, findet er dicht neben den beigebrachten ausdrücken noch etwas anderes, unmittelbar gebliebenes, wodurch ihm das verhältnis vollends erschlossen wird. auch in der classischen philologie ist es hergebracht die quelle anzuführen, aus der entnommen wurde.

---

[31] Ebd., S. IIIV.
[32] *Deutsches Wörterbuch von Jacob und Wilhelm Grimm* (16 Bde. in 32 Teilbdn.). Leipzig 1854–1960. Bd. I, Vorwort, S. XXXV.

unbelegte citate sind unordentlich zusammen gerafte, unbeglaubigte, unbeeidete zeugen.[33]

Diese Äußerung muss als Affront gegen Campes Wörterbucharbeit verstanden werden. Vielleicht aber hat Campe auf Stellenangaben verzichtet, weil Adelung – sein Vorgänger – sie auch nicht geliefert hat, was eher als schwache Ausrede gelten dürfte. Grimms Anspruch geht also weit über Campe hinaus, dessen Ziel ist, die Bedeutung eines Wortes zu belegen, nicht aber einem wissenschaftlichen Anspruch gerecht zu werden. Außerdem begründet Campe lapidar, dass ihm dadurch zu viel Raum verloren ginge, den er für Wörter benötige, die Adelung nicht genannt hätte. Campes Wörterbuch richtet sich also nicht an Sprachforscher, so schreibt er ausdrücklich in seiner Einleitung,[34] sondern solle dem allgemeinen Gebrauch für Schriftsteller, Leser, Sprachschüler und Ausländer dienen. Seine Idee dabei ist: „Vorrangig jene Wörter zu verdeutschen, die wegen ihres Fremdwortcharakters nicht in die Volkssprache übergehen konnten. Die Verdeutschung sollte den Begriff durchsichtig machen und damit auch den ungebildeten Schichten zugänglich gemacht werden."[35]

III.

Im Folgenden möchte ich neue Wortbildungen zeigen, die im Wörterbuch gebucht sind und die nicht auf Verdeutschungen von Fremdwörtern beruhen, aber die Suche nach einem „glücklichen Ausdruck" noch hervorheben mögen. Ein von Campe neu gebuchtes Lexem ist die ⊖*Baumdruffel*[36] mit folgender semantischer Erläuterung: „eine Druffel, ein Klumpen von Bäumen, die neben einander stehen und ein Ganzes bilden (Baumgrouppe)." Als Beleg liefert Campe folgendes Syntagma: „Und Rasenplätze mit einigen Baumdruffeln." C.
    Zu dem Stichwort *Druffel*[37] heißt es sodann im Wörterbuch:

> † Die Druffel, eine Menge dicht nebeneinander befindlicher Dinge derselben Art. Eine Druffel Äpfel. In weiterer Bedeutung eine Druffel von Bäumen (Baumgrouppe).

Dazu folgt erneut obiger Campe'scher Beleg, aber auch ein weiterer von Campe exzerpierter:

---

[33] Ebd.
[34] Campe: *Wörterbuch der Deutschen Sprache* (Anm. 4), Bd. I. Einleitung S. V.
[35] Jürgen Schiewe: *Sprachpurismus und Emanzipation. J.H. Campes Verdeutschungsprogramm als Voraussetzung der Gesellschaftsveränderung.* Hildesheim/Zürich 1988, S. 134.
[36] Campe: *Wörterbuch der Deutschen Sprache* (Anm. 4), Bd. I, S. 394. Vgl. dazu auch den Beitrag von Eberhard Rohse in diesem Band.
[37] Campe: *Wörterbuch der Deutschen Sprache* (Anm. 4), Bd. I, S. 759.

„Dieser Ort liegt zwischen einer Druffel von Bergen." (Ders.)

Dazu: „S. auch Drosse und C. Verdeutschungsw. Grouppe" ergänzt Campe und verweist neben *Drosse*[38] zusätzlich auf das Stichwort *Grouppe*,[39] das französisch ausgesprochen, aber eingedeutscht geschrieben werde.

> Die *Drosse*: „im N.D. ein Haufe mehrerer gleichartiger Dinge an und neben einander; eine Druffel (Grouppe)."
> „Da sieht man eine Drosse von Weibern" C.
> In einer Anmerkung zu dieser Stelle fügt derselbe Verfasser hinzu: „ein veraltetes N.D. Wort, welches für das französische Grouppe vielleicht eingeführt zu werden verdiente."

Campe bedient sich niederdeutscher Wörter, ich habe das oben bereits ausgeführt, um den deutschen Sprachschatz über landschaftliche Ausdrücke, also solche, die nur im Regionalsprachlichen benutzt werden, zu bereichern. Er macht das an dieser Stelle, um dem Wort G r o u p p e ein deutsches Äquivalent entgegenzusetzen. Im Verdeutschungswörterbuch wägt er in Campe'scher Manier ab. Hier bucht er das Lexem in französischer Schreibung G r o ú p p e .

Ich gebe den Artikel gekürzt wieder: „Es fehlt uns noch ein edles Deutsches Wort für dieses fremde [G r o u p p e] ." Adelung habe *Klump* dafür gebraucht, welches Campe als zu niedrig und nicht recht angemessen beurteilt,

> weil man bei jenem deutschen Worte eher an eine zusammenhangende einfache Masse, als an eine Vielheit nebeneinander stehender Personen oder Dinge zu denken pflegt. […] Sollte vielleicht das veraltete Wort Drosse (S. Ad[elung] unter Troß) und da, wo nicht von Personen, sondern von Sachen, z.B. von Bäumen, Bergen u.s.w. die Rede ist das N.D. Druffel der Veredelung fähig sein? Letzteres wird in der genannten Mundart von Allem gebraucht, was traubenmäßig nahe bei einander ist und ein Ganzes bildet, z.B. eine Druffel Äpfel oder Birnen.[40]

Druffel, so Campe weiter, habe nichts der deutschen Sprachähnlichkeit Widerstrebendes an sich. Dann wägt er kritisch ab und schreibt dem Stichwort *Druffel* eine für alle verständliche Bedeutung zu im Gegensatz zu *Gruppe* (hier deutscht er bereits ein).

> Da Gruppe unsere Deutsche Sprachähnlichkeit durch nichts beleidiget, so kann man sich die Aufnahme dieses Worts in unsere Schriftsprache, aber vor der Hand nur erst in die höhere, gefallen lassen. Dem Volke ist es noch fremd; folglich muß

---

[38] Ebd., S. 755f.
[39] Campe: *Wörterbuch zur Erklärung und Verdeutschung der unserer Sprache aufgedrungenen fremden Ausdrücke* (Anm. 6), S. 343.
[40] Ebd.

es aus Schriften, welche gemeinverständlich sein sollen, dermahlen noch entfernt bleiben; und es ist zu wünschen, daß das von mir bevorzugte Druffel in der Umgangssprache und für die niedrige Schreibart gangbarer gemacht werde.[41]

Die Auszüge zeigen, welcher sprachpolitischen Linie Campe in seinen Wörterbuchartikeln folgt und wie er im Hinblick auf seine Leserschaft abwägend urteilt. Wenn er von höherer und niederer Schreibart spricht, dann differenziert er letztendlich zugunsten einer breiten Leserschaft aus einem nichtakademischen Umfeld, denn vorrangig für jene soll sein (Verdeutschungs-)Wörterbuch sein. Im Grimm'schen Wörterbuch wird die *Druffel* mit Verweis auf Campe gebucht.[42] Bei ten Doornkaat Kohlmann im *Wörterbuch der Ostfriesischen Sprache* von 1879 heißt es später zu dem Stichwort *Drussel* statt *Druffel*: „Klumpen, Bündel, Büschel, Strauß",[43] damit ist das uns heute vermutlich fremde Lexem durchaus mundartlich bestätigt.[44]

Campe – und das möchte ich hier betonen – schöpft zur Verifizierung Belege aus seinen eigenen Texten. Ist er dazu legitimiert oder macht ihn diese Vorgehensweise unseriös? Als sein *Wörterbuch der deutschen Sprache* 1811 fertiggestellt ist, blickt er auf ein umfangreiches Œuvre zurück – er ist der Verfasser von Journalen und Sittenbüchlein, philanthropischen Lesebüchern, Ratgebern, Reise-, Schul- und Kinderbüchern. Er ist, ebenso wie die Quellen, aus denen er schöpft, nicht nur Teil der literarischen Welt des 18. und 19. Jahrhunderts, sondern er ist als Begründer des Genres Jugendbuch zu betrachten. Allein sein *Robinson* erscheint bis ins 20. Jahrhundert in mehr als 120 Auflagen,[45] es ist damit das meistgelesene Buch seiner Zeit und weit darüber hinaus.[46] Campe ist ein viel gelesener und hoch geschätzter Autor im 18. Jahrhundert, und das bis in die Gegenwart. Im Vorwort seines Wörterbuchs schreibt er geradezu lapidar:

> Nicht der Name des Urhebers, sondern die Echtheit eines Ausdrucks [...] stempeln ihn zum Deutschen.[47]

Das heißt, die Echtheit eines Wortes, damit ist seine Verständlichkeit gemeint, wobei verständlich für jedermann nur ein deutsches Wort sein könne, ist maßgeblich.

---

[41] Ebd.

[42] Grimm: *Deutsches Wörterbuch* (wie Anm. 32), Bd. II, S. 1456.

[43] Jan ten Doornkaat Koolmann: *Wörterbuch der ostfriesischen Sprache* (3 Bde.). Wiesbaden 1968 [Reprint der Ausgabe von 1879–1884].

[44] Ebd., Bd. I, S. 348.

[45] Joachim Heinrich Campe: *Robinson der Jüngere, zur angenehmen und nützlichen Unterhaltung für Kinder* (2 Bde.). Hamburg 1779/1780.

[46] Vgl. dazu: Bettina Kümmerling Meibauer: *Klassiker der Kinder- und Jugendliteratur. Ein internationales Lexikon* (3 Bde.). Stuttgart/Weimar 2004. Bd. III, S. 181.

[47] Campe: *Wörterbuch der Deutschen Sprache* (Anm. 4), Bd. I, Einleitung S. VIII.

Ein anderes von ihm neu im Wörterbuch aufgenommenes Wort ist der o*Blumenbuhler*,[48] das ist eine: „dichterische Benennung der Schmetterlinge, welche gleichsam um die Blumen buhlen", so seine semantische Deskription. Über eine Gedichtzeile von Johann Nicolaus Götz, der den Beleg liefert, ist er vermutlich auf das Kompositum gestoßen:

> Ihr Schmetterlinge dieser Auen,
> Ihr muntern Blumenbuhler, ihr! (Götz)

Das Grimm'sche Wörterbuch ist in solchen „Kompositions-Sonderfällen" stets ein gutes Vergleichswerk – im Gegensatz zu dem Lemma *Baumdruffel*, das Grimm bucht (s. o.), verzichtet er auf den *Blumenbuhler*, dessen Lebensdauer ist im deutschen Sprachschatz somit wohl nur von kurzer Dauer, das muss man daraus schließen.

Auch das Stichwort o*blutigroth*[49] nimmt Grimm nicht auf. Campe bucht es als neu mit der einfachen Erklärung: „roth wie Blut" und belegt es mit einer prominenten Stelle aus Schillers *Wallenstein*:

> Und aus den Wolken, blutigroth
> Hängt der Herrgott den Kriegsmantel 'runter. (Schiller)

Auch wenn das Internet heute etliche Stellen angibt, in denen das Wort *blutigrot*[h] Verwendung findet, so zählt es trotz der deutschen Wortbildungsmöglichkeiten nicht unbedingt zu den stark frequentierten Kompositionen, der Duden bucht es nicht.[50]

Ein letztes Beispiel, das ich gerne zeigen möchte, stammt aus der *Allgemeinen Literatur Zeitung*.[51] Es lautet: o*brandlustig*, Campe schreibt als Erklärung dazu: „mit des Brandes lustig" und liefert folgenden Zusatz d. h.: „gern Brand stiftend, mordbrennerisch" und den Beleg:

> „Brand- und raublustiges Gesindel." (Allgem. Liter. Zeitung)

Das Stichwort *raublustig* bucht Campe hingegen nicht – da war er ungenau oder es schien ihm, in Anbetracht eines fehlenden Belegs, nicht aufnahmewürdig.

Abschließend, wo wir uns gerade in kriminellen Wortfeldern mit *Raub-* bewegen, möchte ich nicht vorenthalten, dass das Lemma der o*Raubmord*,[52] das uns in

---

[48]   Ebd., S. 573.
[49]   Ebd., S. 580.
[50]   *Duden. Das große Wörterbuch der deutschen Sprache* (10 Bde.). 3., völlig neubearbeitete und erweiterte Auflage. Hg. vom wissenschaftlichen Rat der Dudenredaktion. Mannheim etc. 1999.
[51]   *Allgemeine Literatur-Zeitung*. Jena 1785–1803 und Halle 1804–1849.
[52]   Campe: *Wörterbuch der Deutschen Sprache* (Anm. 4), Bd. III, S. 758.

heutiger Zeit wahrlich nicht unbekannt ist, bei Campe als ein neues Wort gebucht wird. Das Kompositum, findet sich nicht in den literarischen Werken der Schriftsteller des 18. Jahrhunderts, selbstredend auch nicht vor dieser Zeit. Campe hat es womöglich erst in der Überschrift zu einem Artikel in der *Allgemeinen Zeitung*[53] entdeckt und für bedeutend und brisant erachtet. Der Beleg zu *Raubmord* lautet prägnant:

> „Anzeige eines Raubmords." (Allgem. Anzeiger)

Er zeigt sich durchaus bildhaft und assoziativ. Das Belegwort ergibt sich aus seinen Teilbedeutungen und ist so vom Leser eindeutig zu verstehen, ohne dass Campe hier noch nähere Erläuterungen hätte liefern müssen. Die Erkenntnis, dass das Kompositum *Raubmord* neu gebildet ist und erst zu Beginn des 20. Jahrhunderts in den Wortschatz übernommen wird, erstaunt, denn den *Raub* in Verbindung mit *Mord* dürfte es geben, seit die Menschheit existiert; dennoch bucht es auch das *Deutsche Rechtswörterbuch* (1912ff.) noch nicht.[54]

Belege aus Zeitschriften des 18. Jahrhunderts sind ein Novum in der Lexikographie. Campe entdeckt dieses Medium und nutzt es für seine Belegarbeit. Hier zeigt sich vornehmlich sein Interesse daran, andere Sprachteilnehmer an dem teilhaben zu lassen, was er in der zeitgenössischen Sprache, und das ist hier die aktuelle Sprache der Medien in seiner Zeit, als neu – sowohl modern als auch innovativ – entdeckt. Das 18. Jahrhundert ist das Zeitalter der Zeitschrift, eines Mediums, das sich pfeilschnell dem bildungsbeflissenen Lesepublikum öffnet. Die prosperierende bürgerliche Gesellschaft reißt sich nach Informationen zu gesellschaftlichen und politischen Fragen und Campe versteht offensichtlich diese Quellen für sein Wörterbuch auszuschöpfen.

IV.

Warum nun diese Suche nach „glücklichen Ausdrücken"? Um diese Frage zu klären, hilft der Blick auf Campes Werdegang. Das Projekt Wörterbuch beschließt Campes produktives und vom Philanthropismus geprägtes Leben. Sein positives Menschenbild und seine ausnehmende Wertschätzung junger Menschen zeigen früh seine pädagogisch-aufklärerische Ambition. Seine sprachwissenschaftlichen Intentionen beruhen auf dem Ansatz, innerhalb der Gesellschaft eine für alle Sprachteilnehmer verständliche Sprache zu bilden. Campe wird zu einem kreativen Wortschöpfer, um fremde Ausdrücke zu ersetzen und damit überflüssig werden zu lassen. Für ihn ist ein einheitlicher und verständlicher Sprachgebrauch, den

---

[53] *Allgemeine Zeitung.* Hg. von Ernst Ludwig Posselt. Tübingen: Cotta, ab 1798 (Ehem. *Neueste Weltkunde*).

[54] *Deutsches Rechtswörterbuch. Wörterbuch der älteren deutschen Rechtssprache.* Herausgegeben von der Preußischen Akademie der Wissenschaften. Weimar 1912ff.

Sprecher aller Schichten anwenden können, auch die Basis für ein gerechtes Bildungssystem. Bei der Wissensvermittlung in seinen Kinder- und Jugendbüchern und in seinen Ratgebern finden sich seine ersten Spuren hin zum Wörterbuch, nämlich dort, wo er fremde Wörter durch deutsche ersetzt, oder aber fremde Wörter mit deutschen Begriffen umschreibt. Campes Verdeutschungswörterbuch ist kein klassisches Eins-zu-eins-Wörterbuch, es ist eine Plattform, auf der diskutiert, abgewogen, die Meinungen anderer ins Spiel gebracht und Vorschläge unterbreitet werden. Campe geht dabei nicht apodiktisch vor, er überlässt seinen Lesern nahezu die Entscheidung, welcher seiner „glücklichen Ausdrücke" der beste sei. Dieser pädagogische Gedanke lenkt in die Richtung einer mündigen Gesellschaft, die Campe spätestens seit seinen Erfahrungen mit der Französischen Revolution im Blick hat.

DIETER CHERUBIM

Joachim Heinrich Campe als Sprachkritiker – in seiner Zeit und darüber hinaus

I. Vorbemerkungen zur Sprachkritik

Zu den vielseitigen kulturellen Aktivitäten des Spätaufklärers Joachim Heinrich Campe (1746–1818) gehört auch seine Tätigkeit als Sprachkritiker. Wie seine Sprachkritik aussah und zu verstehen ist, dafür gibt es vor allem drei Zugänge: Erstens kann man seine programmatischen Äußerungen zur Sprachkritik untersuchen, soweit sie in verschiedenen Schriften und Briefen von ihm zugänglich sind. Zweitens kann man versuchen, den Zeitkontext zu rekonstruieren, in den seine Sprachkritik eingebettet war und der als Voraussetzung oder Widerlager für seine besondere Art von Sprachkritik verstanden werden kann. Und drittens könnte man prüfen, wie sich seine Sprachkritik auf seinen eigenen Sprachgebrauch auswirkte und darüber hinaus den Sprachgebrauch seiner Zeitgenossen und Rezipienten beeinflusste. Alle drei Schritte könnten dann Grundlage einer angemessenen Bewertung von Campes Sprachkritik aus heutiger Sicht sein. Ich werde mich hier vor allem mit der zweiten Möglichkeit, d. h. der Programmatik und Einbettung seiner Sprachkritik befassen, zur dritten Möglichkeit, der Untersuchung der Rezeption und Bewertung seiner Sprachkritik aber nur einige Aspekte ansprechen. Zudem werde ich mich vor allem auf die Praxis der Sprachkritik in den von ihm und „einer Gesellschaft von Sprachfreunden" herausgegebenen Zeitschrift *Beiträge zur weitern Ausbildung der Deutschen Sprache* (1795–1797) konzentrieren.

Wer sich mit *Sprachkritik* befasst, muss jedoch zunächst erläutern, was mit diesem mehrdeutigen Ausdruck gemeint sein soll. Walter Dieckmann hat in diesem Zusammenhang von einem „Haus mit vielen Wohnungen" oder von einem „weitem Feld" unterschiedlicher Ausprägungen bzw. verschiedener Spielarten von Sprachkritik gesprochen,[1] die ich hier aber nicht im Einzelnen resümieren kann. In

---

[1] Walther Dieckmann: *Sprachkritik – ein Haus mit vielen Wohnungen. Spielarten wortbezogener „Sprechkritik".* In: *Der Deutschunterricht* 2006, Heft 5, S. 17–26; Ders.: *Wege und Abwege der Sprachkritik.* Bremen 2012. Vgl. jetzt auch Jörg Kilian, Thomas Niehr und Jürgen Schiewe: *Sprachkritik. Ansätze und Methoden der kritischen Sprachbetrachtung* (Germanistische Arbeitshefte 43). Berlin 2010. Siehe auch das von denselben Kollegen herausgegebene *Handbuch Sprachkritik*, das 2020 im J.B. Metzler Verlag (Stuttgart) erschien. Dieckmann beschränkt sich in seiner Monographie über

erster Annäherung möchte ich jedoch davon ausgehen, dass wir uns damit auf unterschiedliche Formen eines leistungs- oder funktionsbezogenen Sprechens oder Schreiben über Sprache und Sprachgebrauch beziehen, die ihre Wurzeln einerseits in der Verwendung von Sprache im Alltag, andererseits in daraus abgeleiteten „alltagsweltlichen Sprachtheorien" haben.[2] Denn menschliche Sprachen haben gegenüber den semiotischen Techniken anderer Lebewesen die Besonderheit, dass sie uns reflexiv zugänglich sind, wir also nicht nur ein (oft diffuses) Sprachbewusstsein oder Sprachgefühl ausbilden, sondern sie auch durch metakommunikative Akte (z.B. durch Markierungen oder Korrekturen) kontrollieren und verändern können. Wird diese reflexiv-bewertende Sprachbehandlung des alltäglichen Umgangs außerhalb kommunikativer Zusammenhänge, d.h. extrakommunikativ professionalisiert, z.B. in Philosophie, Rhetorik oder Politik, wie das schon in der Antike der Fall war,[3] kommt es zu dem, was man heute im weiteren Sinne als auch *Sprachkulturarbeit* bezeichnen könnte. Sie bezieht sich auf unterschiedliche Funktionen von Sprachen, die damit auch verschiedene Formen von Sprachkritik bzw. Sprachkultivierung begründen, besonders
– auf die referentielle Leistung von Sprachen, Wirklichkeit abzubilden bzw. zu konstruieren;
– auf die kommunikative Funktion, Verständigung innerhalb bestimmter Sprachgemeinschaften, aber auch zwischen unterschiedlichen Sprachgemeinschaften (z.B. durch Mehrsprachigkeit, Entlehnung oder Übersetzung) zu gewährleisten oder
– auf die soziale Funktion von Sprachen, regionale, soziale und situative Differenzierungen vorzunehmen und damit die Kontrolle von Menschengruppen zu ermöglichen.
Daneben können sich Sprachkritik und Sprachkulturarbeit auf grundlegende Eigenschaften menschlicher Sprachen beziehen, besonders
– auf ihre komplexe Systematizität (Strukturbildung und Vielschichtigkeit),
– auf ihre immer nur relative historische Stabilität oder Gebundenheit,
– auf ihnen zugeschriebene sinnlich-ästhetische Qualitäten oder

---

sprachkritische Ansätze (2012) weitgehend auf die sog. publizistische Sprachkritik der Gegenwart, greift aber in seinen Erklärungen ebenso auf historische Begründungen zurück und geht sogar punktuell (S. 108ff.) auf J.H. Campes Sprachkritik ein.

[2] Solche „Theorien" sind zunächst bestimmte Erwartungen oder bestimmte (meist idealisierende) Annahmen über Sprachen und Sprachgebrauch, die sich oft hartnäckig, selbst gegen abweichende Beobachtungen oder konträre Erfahrungen halten. Vgl. Dieckmann: *Wege und Abwege* (Anm. 1), S. 4ff., 76ff.

[3] Vgl. Elmar Siebenborn: *Die Lehre von der Sprachrichtigkeit und ihren Kriterien. Studien zur antiken normativen Grammatik* (Studien zur antiken Philosophie 5). Amsterdam 1976. Neben dieser allerdings dominanten kritischen Behandlung von Sprachen existierte aber in der Antike auch eine kulturhistorische Betrachtung, die im europäischen Humanismus wiederaufgegriffen wurde und in den sensualistisch orientierten Sprachtheorien des 18. Jahrhunderts neue Behandlungen erfuhr.

– auf ihr Verhältnis zu anderen Sprachen im Interesse kultureller Repräsentanz und Selbstbestimmung von Sprachgemeinschaften.

Sprachkritik bzw. Sprachkultivierung umfasst in der Praxis meist drei Aufgaben und ähnelt darin, wie schon in der Antike gesehen wurde, der Medizin:[4] zunächst Sichtung und Beschreibung eines problematisch erscheinenden Sprachzustands oder -gebrauchs (Anamnese); dann dessen Bewertung anhand bestimmter Kriterien (Diagnose); schließlich Vorschläge oder Maßnahmen zur Behebung des Problems in Hinsicht auf bestimmte Normwerte oder Parameter der Optimalisierung (Therapie). Oberste Zielvorstellung der antiken Sprachkritik, deren Wirkung bis heute reicht und die früher oft prägnant nur als *Kritik* (griech. *kritiké téchne*) bezeichnet wurde, war die „Richtigkeit" der Sprache (griech. *orthótes*, – auch ein medizinischer Begriff!), was eine Sprachforschung begründete, welche vor allem praktische Zwecke verfolgte und in entsprechenden Textgattungen (z. B. Grammatiken, Wörterbüchern, Antibarbari, Synonymiken) ausgearbeitet wurde. Kriterien dieser Sprachrichtigkeit waren vor allem die unterstellte Systematik der Sprachen *(ratio grammatica*, speziell die *Analogie*), der beobachtbare Sprachgebrauch *(usus)*, einzelne Sprachautoritäten, Texttraditionen oder ästhetische Qualitäten wie der Wohlklang. Dieser sprachkritische Apparat der antiken Sprachforschung und Philologie wurde dann seit der Renaissance auch für die Kultivierung der europäischen Einzelsprachen nutzbar gemacht.[5]

II. Sprachkritik in der deutschen Aufklärung

Das 18. Jahrhundert war wie kein anderes Jahrhundert der Neuzeit auch ein Jahrhundert der Sprachkritik.[6] Denn in ihm dominierte eine unterschiedlich motivierte Erneuerungsbewegung, die das geistige und soziale Leben in vielen europäischen Ländern nachhaltig veränderte. Sie zielte vorrangig auf Rationalität,[7] d. h. auf eine

---

[4] Vgl. Dieter Cherubim: *Pathologia linguae. Die Krankheiten der Sprache und deren Remedur.* In: *Sprache im Leben der Zeit. Beiträge zur Theorie, Analyse und Kritik der deutschen Sprache in Vergangenheit und Gegenwart. Helmut Henne zum 65. Geburtstag.* Herausgegeben von Armin Burkhardt und Dieter Cherubim. Tübingen 2001, S. 427–447.

[5] Die Rezeption dieses Kriterieninventars der antiken Sprachkritik, wie sie Siebenborn: *Lehre* (Anm. 3) ausführlich dargestellt hat, lässt sich für die Beschreibung des Deutschen etwa von Justus Georg Schottelius (*Ausführliche Arbeit von der Teutschen HaubtSprache.* Braunschweig 1663) bis Johann Christoph Adelung (*Umständliches Lehrbuch der deutschen Sprache.* Leipzig 1782) gut nachvollziehen.

[6] Ausführlicher dazu Dieter Cherubim: *Zu Stellenwert und Praxis der Sprachkritik im Zeitalter der Aufklärung.* In: *Sprache, Universität, Öffentlichkeit. Festschrift für Jürgen Schiewe.* Herausgegeben von Kersten Sven Roth, Jürgen Spitzmüller, Birte Arendt und Jana Kiesenthal. Bremen 2015, S. 47–64.

[7] Dass in der Aufklärungsepoche auch der Ausdruck der Emotionalität menschlichen Verhaltens stärker ausgebildet wurde, zeigen nicht zuletzt die mit Etiketten wie

Neu-Begründung von Wissen, Verstehen und Verhalten, das heißt auch auf eine „kritische" Auseinandersetzung mit Traditionen, Autoritäten oder Ansprüchen in vielen Bereichen. Dadurch kam es auch zu erheblichen Veränderungen in verschiedenen Formen des sozialen Zusammenlebens, von denen besonders folgende als Hintergründe für die sprachkritischen Bemühungen der Zeit bedeutsam sind:[8]

1. Ausbildung einer neuen, tendenziell überständischen sozialen Schicht, des Bildungsbürgertums, das zum Träger der Erneuerungsbewegung wurde;
2. Entwicklung von neuen Formen privater und institutionalisierter „Geselligkeit" innerhalb dieses Bürgertums, die sich z. B. als *Freundschaftsnetzwerke, Sozietäten, Bünde, Clubs,* später auch *Salons* verstanden;
3. Entstehung einer „großen", ja einer internationalen Öffentlichkeit, die nicht zuletzt durch eine neue mediale Kultur in Gestalt von festen Korrespondenzen, Zeitschriften, Schriftreihen, Almanachen usw. begründet und zusammengehalten wurde;
4. Einführung von neuen Praktiken wissenschaftlichen Denkens und Forschens, die sich zunehmend an naturwissenschaftlichen, d. h. an empirischen Methoden der Beobachtung, Ordnung, Hypothesenbildung und experimenteller Überprüfung orientierten und zur Sammlung und Präsentation ihrer Wissensbestände in Handbüchern, Lexika und Enzyklopädien tendierten.[9]

Maßgeblich für dieses Jahrhundert waren ferner zwei Orientierungen, die ebenfalls für die Sprachkritik der Zeit von Bedeutung waren:

Empfindsamkeit, Rokoko o. ä. verbundenen literarischen Tendenzen des späten 18. Jahrhunderts. Zur Problematik der historischen Emotionsforschung, insbesondere der These vom Umbruch am Ende des 18. Jahrhunderts vgl. Rüdiger Schnell: *Haben Gefühle eine Geschichte? Aporien einer history of emotions.* 2 Teile. Göttingen 2015; speziell zur Epoche der Empfindsamkeit S. 107ff. Aber schon Gottfried Wilhelm Leibniz hatte den Ausbau der Möglichkeiten des sprachlichen Ausdrucks von „Gemütsbewegungen" gefordert. Vgl. Gottfried Wilhelm Leibniz: *Unvorgreifliche Gedanken, betreffend die Ausübung und Verbesserung der deutschen Sprache. Zwei Aufsätze.* Herausgegeben von Uwe Pörksen. Kommentiert von Uwe Pörksen und Jürgen Schiewe. Stuttgart 1983, S. 8 und 10.

[8]   Vgl. dazu Wolfgang Ruppert: *Bürgerlicher Wandel. Die Geburt der modernen deutschen Gesellschaft im 18. Jahrhundert.* Frankfurt/M. 1984.

[9]   Vgl. *Wissenschaften im Zeitalter der Aufklärung* [...]. Herausgegeben von Rudolf Vierhaus. Göttingen 1985; Ulrich Johannes Schneider: *Zur Systematisierung des Wissens in der zweiten Hälfte des 18. Jahrhunderts.* In: *Die Wissenschaft vom Menschen in Göttingen um 1800. Wissenschaftliche Praktiken, institutionelle Geographie, europäische Netzwerke* (Veröffentlichungen des Max-Planck-Instituts für Geschichte 237). Herausgegeben von Hans Erich Bödeker, Philippe Büttgen und Michel Espagne. Göttingen 2008, S. 69–82.

5. eine starke praktisch-pädagogische Ausrichtung und
6. ein eher appellativer Patriotismus, der u. a. der unmittelbaren politischen Situation nach dem 30jährigen Krieg geschuldet war und der nationalen Selbstfindung wie der Abwehr starker Fremdeinflüsse diente.[10]

Sprache als zentrales, unhintergehbares Medium von Wahrnehmung, Erkenntnis, kultureller Selbstbestimmung und sozialem Verkehr musste unter diesen Bedingungen ins Zentrum vieler aufklärerischen Bemühungen rücken. Dabei ging es vor allem um Klarheit und Richtigkeit der Sprache in mehrfachem Sinne; ferner – angesichts ihres prinzipiell unvollkommenen und heterogenen Entwicklungszustands, neuer kommunikativen Anforderungen und der Bedeutung von Fremdsprachen im 18. Jahrhundert[11] – um Reichtum, Reinheit und Glanz, wie es z. B. der Universalgelehrte Leibniz formuliert hatte.[12] Festzuhalten bleibt allerdings, dass das Sprachthema in dieser Zeit noch keine eigene Disziplin im Kreis der universitären Fächer begründete. Wohl aber gab es Versuche, einen übergeordneten Begriff der *Sprach=Kunst* zu bestimmen, wie es in einem Artikel im 39. Band des Zedler'schen *Universallexikon* (1744) versucht wurde.[13] *Sprach-Kunst* ist hierbei eine Lehnübersetzung von lat. *ars grammatica* und bezeichnete ein ähnlich weitgefasstes Konzept von Grammatik, wie es auch heute wieder in der modernen Linguistik genutzt wird. Eine schematische Rekonstruktion dieses Artikels (Abb. 1), die ich an anderer Stelle diskutiert habe, mag hier genügen.[14]

---

[10] Auf die politischen Folgen der Aufklärung, wie sie auch in Campes Sprachkritik sichtbar werden, will ich hier nicht eingehen. Doch vgl. Jürgen Schiewe: *Sprachpurismus und Emanzipation. Campes Verdeutschungsprogramm als Voraussetzung für Gesellschaftsveränderungen* (Germanistische Linguistik. Hefte 96, 97). Hildesheim 1989.

[11] Vgl. *Mehrsprachigkeit in der deutschen Aufklärung* (Studien zum 18. Jahrhundert 5). Herausgegeben von Dieter Kimpel. Hamburg 1985.

[12] Leibniz: *Unvorgreiffliche Gedanken* (Anm. 7), S. 27. Vgl. Beate Leweling: *Reichtum, Reinigkeit und Glanz – Sprachkritische Konzeptionen in der Sprachreflexion des 18. Jahrhunderts. Ein Beitrag zur Sprachbewusstseinsgeschichte* (Germanistische Arbeiten zu Sprache und Kulturgeschichte 46). Frankfurt/M. 2005.

[13] *Grosses Vollständiges Universal-Lexicon aller Wissenschaften und Künste* [...]. Bd. XXXIX. 1744, Spalte 451–462. Vgl. dazu auch Sigurd Wichter: *„Sprache, Rede, loquela" in Zedlers Universal-Lexicon*. In: *Alles, was recht ist. Rechtsliteratur und literarisches Recht. Festschrift für Ruth Schmidt-Wiegand zum 70. Geburtstag*. Herausgegeben von Hans Höfinghoff, Werner Peters, Wolfgang Schild, Timothy Sodmann. Essen 1996, S. 235–246.

[14] Dieter Cherubim: *Vom Sprachinteresse zur Sprachwissenschaft im 18. Jahrhundert. Folgen eines praktisch orientierten Wissenschaftskonzepts?* In: *Die Wissenschaft vom Menschen in Göttingen um 1800* (Anm. 9), S. 255–273, hier 259–261.

Abb. 1: Rekonstruktion der *Sprach-Kunst* in Zedlers *Universal-Lexicon* (1744)

Unübersehbar sind hier noch der enge Zusammenhang von Textphilologie und ersten Ansätzen einer systematischen Sprachforschung sowie eine starke Praxis-orientierung auf Spracherlernung bzw. Sprachunterricht. Und praktisch stand Sprachforschung in dieser Zeit oft nur im Dienst anderer etablierter Disziplinen wie der Theologie, Jurisprudenz, Textphilologie oder wurde für neue Fächer wie Geographie und Geschichtsforschung als Hilfswissenschaft in Anspruch genom-men. Ihr Handwerkszeug, d. h. ihre Begriffe, Methoden und Fragestellungen verdankte sie dabei weitgehend der durch den Humanismus vermittelten philo-logischen Tradition, die ja im höheren Schulunterricht wie in der universitären Grundausbildung immer noch eine wichtige Rolle spielte. *Kritik, das* Leit- und Fahnenwort dieses Jahrhunderts, zielte dabei ebenso auf die Revision der Grund-lagen wie auf die Erschließung neuer Erkenntnisse. Für diese noch „undiszipli-nierte" Sprachforschung hieß das u. a.

–   Neubegründung der Grammatik durch Bezug auf logische Systeme (z. B. von René Descartes, Christian Wolff oder Immanuel Kant) in den sog. *Universal-grammatiken* oder *Allgemeinen Grammatiken*[15] oder (zumindest) durch fort-laufende Überarbeitung der tradierten grammatischen Terminologie;

–   Entwürfe zu neuen Wörterbuchkonzeptionen, wie sie schon im Ansatz bei Leibniz zu finden sind und dann im Laufe des 18. Jahrhunderts in großen Werken, wie z. B. dem *Teutsch=Lateinische(n) Wörter=Buch* von Johann

---

[15]   Vgl. Helmut Weiss: *Universalgrammatiken aus der ersten Hälfte des 18. Jahrhunderts. Eine historisch-systematische Untersuchung.* Münster 1992.

Leonhard Frisch (1741), später in den lexikographischen Arbeiten von Johann Christoph Adelung umgesetzt wurden;[16]
- Entwicklung von Sprachstandards, nicht zuletzt auch als Bezugsgrößen für eine differenzierte Gestaltung unterschiedlicher „Sprech- bzw. Schreibarten" (bei Christoph Martin Wieland z. B. als „gemeine, ästhetische und gelehrte Sprachen" unterschieden);[17]
- Erschließung neuer empirischer Untersuchungsbereiche durch Entwicklung und Systematisierung bestimmter Forschungsansätze, wie Sprachvergleichung, kulturgeschichtliche oder neue sprachpsychologische Ansätze,
- Entwicklung von Modellen der Entwicklung von Sprachen unter phylogenetischen wie ontogenetischen Gesichtspunkten.

Für die Sprachforschung und Sprachkritik zum Deutschen war, wie schon erwähnt, die Kulturarbeit an den antiken Sprachen vorbildlich. Gegenüber der mittelalterlichen Skepsis, ob Volkssprachen wie das Deutsche überhaupt kultivierbar seien, war das Bewusstsein von der Möglichkeit und Notwendigkeit der Verbesserung der deutschen Sprache im 18. Jahrhundert dann aber voll ausgebildet. Das beginnt schon mit Leibniz' (1717 postum) erschienenem Aufsatz *Unvorgreiffliche Gedancken, betreffend die Ausübung und Verbesserung der teutschen Sprache* (Untertitel: *De linguae Germanicae cultu*), der 15 Jahre später (1732) durch Johann Christoph Gottsched im ersten Band seiner *Beyträge zur Critischen Historie der deutschen Sprache, Poesie und Beredsamkeit*, gleichsam als Manifest der Sprachkultivierung, erneut publiziert wurde. Dahinter stand freilich noch ein Älterer, der das Feld vorbereitet hatte: der Barockgelehrte Justus Georg Schottelius, dessen vielseitige Hauptschrift *Ausführliche Arbeit von der Teutschen HaubtSprache* (Braunschweig 1663) ebenfalls von Gottsched in seinen *Beyträgen* (1733) wiederentdeckt und als Vorbild gewürdigt wurde. Gottsched selbst wurde dann zu einem maßgeblichen, doch zugleich immer arroganter auftretenden Sprachkritiker im frühen 18. Jahrhundert, dessen Handbücher zur Poetik, Rhetorik und Grammatik bald selbst scharfer Kritik unterworfen wurden, und der deswegen ganz

---

[16] Leibniz: *Unvorgreiffliche Gedanken* (Anm. 7), S. 17f. Johann Leonhard Frisch: *Teutsch-lateinisches Wörter-Buch* […]. Berlin 1741. Zu Adelung vgl. Margrit Strohbach: *Johann Christoph Adelung. Ein Beitrag zu seinem germanistischen Schaffen mit einer Bibliographie des Gesamtwerkes* (Studia Linguistica Germanica 21). Berlin/New York 1984.

[17] Vgl. Joaschim Scharloth: *Sprachnormen und Mentalitäten. Sprachbewusstseinsgeschichte in Deutschland im Zeitraum von 1766–1785.* Tübingen 2005; Katja Faulstich: *Konzepte des Hochdeutschen. Der Sprachnormierungsdiskurs im 18. Jahrhundert* (Studia Linguistica Germanica 91). Berlin/New York 2008. – Noch immer lesenswert ist hier auch ein Essay von Karl Eibl, der den „Versuch einer situationslogischen Rekonstruktion des Verhältnisses von Gesellschaft, Literatur und Sprache im 18. Jahrhundert" unternimmt: Karl Eibl: *Sprachkultur im 18. Jahrhundert. Über die Erzeugung von Gesellschaft durch Literatur.* In: *Sprachkultur.* Jahrbuch 1984 des Instituts für deutsche Sprache. Herausgegeben von Rainer Wimmer. Düsseldorf 1985, S. 108–124.

persönlich in zahllose Streitereien verwickelt war.[18] Und nicht zu vergessen ist hier
Gottscheds Rolle als Gründer, Förderer und Kritiker der zahlreichen *Deutschen
Gesellschaften*, in denen sich vor allem patriotisch gesinnte, sprachinteressierte
Laien unterschiedlicher Profession, vereinzelt auch schon gebildete Frauen, zu-
sammenfanden, um sich der Verbesserung der deutschen Sprache ihrer Zeit durch
Analyse, Kritik, Übersetzung und Produktion von Musterschriften im geselligen
Austausch zu widmen. Praktische Sprachkritik fungierte dabei als Eintrittskarte
und war ebenso ritueller Bestandteil ihrer institutionellen Praxis.[19]

III. Campes Sprachkritik. Am Beispiel der *Braunschweiger Beiträge*

Auch Joachim Heinrich Campe war seit 1767 Mitglied einer solchen *Deutschen
Gesellschaft*, nämlich der Helmstedter *Deutschen Gesellschaft*.[20] Von ihm erhalten blieb aus diesem Zusammenhang allerdings nur eine Gelegenheitsschrift, eine
gebundene Rede auf den Geburtstag des liberalen Braunschweiger Herzogs Carl I,
die sicher auch sprachkritisch beäugt wurde. Für seine folgende sprachkritische
Behandlung der deutschen Sprache wird nun ein nur wenig älterer Zeitgenosse
zum wichtigsten Bezugspunkt, an dem er sich immer wieder abarbeiten sollte: der
Wörterbuchmacher, Grammatiker, Stillehrer und Kulturhistoriker der deutschen
Sprache Johann Christoph Adelung (vgl. Abb. 2).[21]

---

[18] Vgl. Dieter Cherubim: *Streitkultur an Hochschulen des 18. Jahrhunderts. Im Umfeld
der Auseinandersetzungen zwischen Zachariae und Gottsched.* In: *Justus Friedrich Zachariä. Studien zu Leben und Werk* (Germanisch-Romanische Monatsschrift. Beihefte
92). Herausgegeben von Cord-Friedrich Berghahn, Gerd Biegel und Till Kinzel. Heidelberg 2018, S. 47–84.

[19] Vgl. Dieter Cherubim und Ariane Walsdorf: *Sprachkritik als Aufklärung. Die Göttinger Deutsche Gesellschaft im 18. Jahrhundert* (Göttinger Bibliotheksschriften 27). 2.,
verbesserte und erweiterte Auflage. Mit einem Beitrag von Helmut Henne. Göttingen
2005, besonders S. 53 ff., 165 ff.

[20] Vgl. Cherubim / Walsdorf: *Sprachkritik als Aufklärung* (Anm. 19), S. 184–186 mit
weiterführenden Hinweisen.

[21] Zur Bedeutung Adelungs vgl. jetzt *Sprache und Kulturentwicklung im Blickfeld der
deutschen Spätaufklärung. Der Beitrag Johann Christoph Adelungs* (Abhandlungen
der Sächsischen Akademie der Wissenschaften zu Leipzig. Philologisch-historische
Klasse. Band 70, Heft 4). Herausgegeben von Werner Bahner. Berlin 1984; *Aufklärer, Sprachgelehrter, Didaktiker: Johann Christoph Adelung (1732–1806)* (Studien zur
Deutschen Sprache). (Forschungen des Instituts für deutsche Sprache 45). Herausgegeben von Heidrun Kämper, Annette Klosa und Oda Vietze. Tübingen 2008. Zu Adelung
als „Anstoß" im doppelten Sinne, insbesondere auch im Verhältnis zu Jacob Grimms
historischer Sprachwissenschaft vgl. Helmut Henne: *Johann Christoph Adelung –
Leitbild und Stein des Anstoßes. Zur Konstitutionsproblematik gegenwartsbezogener
Sprachforschung.* In: *Sprache und Kulturentwicklung* (siehe oben), S, 98–108; jetzt

Abb. 2: Johann Christoph Adelung (1732–1806)

In seiner Studienzeit in Helmstedt und Halle hatte sich Campe allerdings zunächst noch mit theologischen und philosophischen Fragen befasst; danach in Berlin, Dessau und vor allem in Hamburg sowie später in Braunschweig mit pädagogischen Arbeiten, die auch politische Aspekte mitansprachen.[22] Erst relativ spät kommen seine sprachkritischen Intentionen zum Ausdruck, die letztlich in die Arbeit an einem großen deutschen Wörterbuch einmünden sollten. Dazu haben sich andere schon kenntnisreich und im Detail geäußert. Helmut Henne geht in diesem Zusammenhang von drei Schritten aus, in die sich Campes Sprachforschung auf dem Wege zu einer „vor dem lesenden Publikum" stattfindenden Selbstausbildung als Lexikograph einteilen ließe:[23] Für den ersten Schritt steht zunächst ein Beitrag

auch in: Helmut Henne: *Reichtum der Sprache. Studien zur Germanistik und Linguistik.* Herausgegeben von Jörg Kilian und Iris Forster. Tübingen 2006, S. 89–100.

[22] Für den Lebenslauf Campes orientiere ich mich an Hanno Schmitt: *Visionäre Lebensklugheit: Zur Biographie Joachim Heinrich Campes.* In: *Visionäre Lebensklugheit. Joachim Heinrich Campe in seiner Zeit (1746–1818).* Ausstellungskataloge der Herzog August Bibliothek. Nr. 74. Wolfenbüttel 1996, S. 13–32.

[23] Helmut Henne: *Braunschweigische Wörterbuchwerkstatt – Joachim Heinrich Campe und sein(e) Mitarbeiter.* In: *Visionäre Lebensklugheit* (Anm. 22), S. 215–224, besonders

im *Braunschweiger Journal* von 1790 mit dem Titel *Proben einiger Versuche von deutscher Sprachbereicherung*, der ein Jahr später auch als selbständige Publikation erscheint. Es folgt ein stark vermehrter *Zweiter Versuch deutscher Sprachbereicherung* (1792). Vorläufig abgeschlossen wird diese erste programmatische Reihe dann mit einem dritten Versuch *Ueber die Reinigung und Bereicherung der Deutschen Sprache*, der als Preisschrift des *Königlich Preußischen Gelehrtenvereins zu Berlin* 1794 publiziert wird. Diesem ersten persönlichen Ansatz, der aber schon ein größeres Publikum erreichte, schließt sich dann ein kollektives Unternehmen als zweiter Schritt an: Die *Beiträge zur weitern Ausbildung der Deutschen Sprache von einer Gesellschaft von Sprachfreunden* in drei Bänden (1795-1797 – vgl. Abb. 3). Nur mit ihnen will ich mich im Folgenden beschäftigen.[24] Auf den dritten Schritt, die Erarbeitung der Campe'schen Wörterbücher, der im Vorwort zum ersten Band (S. 21) angedeutet und im letzten (8.) Stück des dritten Bandes der *Beiträge* von 1797 bereits auf über 100 Seiten entworfen wird, will ich nicht eingehen.[25]

Abb. 3: Titelblatt der *Beiträge zur weitern Ausbildung der Deutschen Sprache*

S. 215.

[24]　Dafür lege ich das Exemplar der Universitätsbibliothek Braunschweig (Signatur 1002-198) zugrunde. Die Seitenangaben beziehen sich also darauf.

[25]　Vgl. Helmut Henne: *Einführung und Bibliographie zu Joachim Heinrich Campe, Wörterbuch der Deutschen Sprache (1807–1811)*. In: *Deutsche Wörterbücher des 17. und 18. Jahrhunderts. Einführung und Bibliographie*. Herausgegeben von Helmut Henne. 2., erweiterte Auflage. Hildesheim 1975, S. 179–204; Henne: *Braunschweigische Wörterbuchwerkstatt* (Anm. 23).

Eröffnet werden die *Beiträge* mit einer „Zueignungsschrift an die Deutschen", einem längeren Zitat aus Herders *Briefe(n) zur Beförderung der Humanität* (5. Sammlung 1795), in dem Sprache als Bildungs- und Erziehungsmittel der Nation beschworen wird, und einer Einleitung von Campe, die den programmatischen Titel „Abrede und Einladung" führt und explizit an seine früheren Äußerungen zur Sprachkritik, zuletzt also an seine Berliner Preisschrift von 1794 anknüpft. Mit „Einladung" bezieht Campe sich dabei in dialektischer Manier auf das, was er will (und wofür er andere zu gewinnen versucht), mit „Abrede" auf das, was er nicht will, was er also ablehnt. Wie schon Leibniz in seinem Aufsatz von 1717 (vgl. Anm. 7) geht er dabei von einer Zeitdiagnose aus:

> Wir scheinen uns jetzt dem glücklichen Zeitpunkte zu nähern, da die Deutschen das Bedürfniß einer ausgebildeten, reinen, bestimmten und auf ihrem Regelgebäude feststehenden Sprache eben so allgemein zu empfinden allmählig anfangen werden, als andere, ungefähr auf einerlei Stufe der wissenschaftlichen Erleuchtung mit uns stehenden Völker, es schon lange empfunden haben, und schon lange es zu befriedigen bemüht gewesen sind. (1. St., S. 1f.)

Dies wird dann näher erläutert:

> Das sichtbare rühmliche Bestreben vieler unserer guten Schriftsteller nach größerer Sprachrichtigkeit; die zunehmende Aufmerksamkeit, die man in einigen unserer beurtheilenden Tagebücher diesem großen Volksbedürfnisse zu widmen angefangen hat; die Vermehrung der bisher so kleinen Zahl ebenso eifriger als sachkundiger Sprachanbauer [sic!] unter uns; das in mancher Betrachtung, und unter gewissen Bedingungen, nützliche Zusammentreten einiger unter ihnen zur Errichtung gemeinschaftlich wirkender, sprachforschender und sprachberichtigender Gesellschaften; der aufmunternde Beifall, womit der verständige Theil unserer Zeitgenossen die Bemühungen dieser Männer aufzunehmen und zu belohnen scheint [...] das sind die erfreulichen Zeichen der Zeit, auf die wir jene Hoffnung mit einiger Zuversicht gründen dürfen.

Allein dieser noch als „Anfang des goldenen Zeitalters unserer Sprache" (S. 2) apostrophierte Zustand bedarf weiterer sprachkultivierender Anstrengungen, die vornehmlich von guten Schriftstellern, nicht aber von den Sprachforschern, trotz aller ihrer anerkennenswerten Verdienste, geleistet werden können und müssen:

> Nicht sowohl die eigentlichen Sprachforscher und Sprachlehrer, als vielmehr die guten und, wie es sich von selbst versteht, gelesenen und wiedergelesenen Schriftsteller eines Volks, bilden die Sprache desselben insofern aus, als diese, nicht etwa bloß das Vorrecht einiger wenigen sprachgelehrten Köpfe, sondern wirklich das gemeinsame, durch allgemeinen Schrift=Umlauf benutzte Eigenthum des gesammten Volkes ist. (S. 3f.)

Nicht nur die Abweichung von den Ansichten Adelungs, die sich auch termino-
logisch an der Differenz von „hochdeutsche(r) Mundart" (Adelung) vs. „Hochdeutsch" (Campe) festmachen lässt,[26] ist hier bemerkenswert, sondern auch seine
durchaus politische Konzeption von einer „allgemeinen Volkssprachausbildung"
(S. 5). Dazu müssen, so seine begrenzte Zielsetzung, zunächst die bisher als
Mustertexte geltenden Produktionen der Schriftsteller „einer genauen und unpar-
theiischen Prüfung in Ansehung der Sprache" durch „ebenso billigdenkende als
sachkundige Männer" unterzogen werden, was ja auch im Interesse dieser Schriftsteller sein müsste. Diese Prüfung müsste „den edlen Schriftstellern, denen diese
Aufmerksamkeit erwiesen würde, selbst ebenso willkommen sein, als sie für diejenigen, welche nach ihnen und durch sie ihre Sprache bilden sollen, etwas sehr
erwünschtes und verdienstliches sein würde; selbst der Tadel wird hier zu Lobe;
denn er erklärt den Getadelten für einen unser besten Schriftsteller, nach der Meinung der Tadelnden." (S. 5)
    Wer aber sind die dafür geeigneten Prüfer? Es sind unabhängige, mit Campe
zusammenarbeitende „Sprachfreunde", die sich zu einer Gesellschaft zusam-
mengefunden haben, die „als Gesellschaft nichts will" (S. 7). Jeder, der mit-
arbeitet, soll vielmehr für sich sprechen, jeder soll abweichende Meinungen
vertreten dürfen (S. 12 Anm.), aber auch der Kritik anderer sowie beständiger
Selbstkritik unterliegen. Auf diese Weise soll jede „Anmaßung der Machtspre-
cherei", jede „gelehrte Heuchelei und Knechtelei" (S. 8) vermieden werden.
Damit setzt Campe sich offenkundig auch von der traditionellen, eher beckmes-
serischen Praxis der *Deutschen Gesellschaften* ab. Ebenso will er weder den
Sprachgebrauch als übergeordnete oder gar unbefragte Autorität gelten lassen,
vielmehr muss sich die Kritik der Mustertexte in erster Linie an einer allgemeinen Verständlichkeit orientieren; dann an der Vernunft, die mit der Logik verbunden wird, und an der Sprachähnlichkeit (Analogie), – wir würden hier heute
von der inneren Systematizität der Sprachen sprechen. Wie weit die Freiheit der
Sprachfreunde reichen soll, zeigt auch die Regelung, dass jeder seinen Beitrag
in seiner eigenen Rechtschreibung verfassen kann (was z. B. die Schreibung von
Teutsch vs. *Deutsch*, *Beiträge* mit <ei> vs. *Beyträge* mit <ey> betrifft). Dass es
(bisher) noch keine verbindliche Rechtschreibung für die deutsche Sprache gibt,
wird an anderer Stelle von Campe sogar als Ausweis des „Freiheits-sinns" der
Deutschen „in gelehrten Sachen" gewertet (S. 88)! Gegenstände der Kritik der
Texte sollen sein (S. 18ff.):
– „Alle und jede Fehler gegen den anerkannten, und in der Natur der Sprache
   oder in der Sprachähnlichkeit gegründeten Sprachgebrauch";
– „Die vielen noch in der Frage schwebenden Fälle" (also die heute so genannten
   Zweifelsfälle);

---

[26] Ausführlicher dazu schon Helmut Henne: *Semantik und Lexikographie. Untersuchun-
      gen zur lexikalischen Kodifikation der deutschen Sprache.* Berlin/New York 1972,
      S. 53–58.

- „Alle [...] Ungehörigkeiten" (‚der Auskehricht unserer Sprache': S. 19), und zwar logischer, grammatischer oder ästhetischer Art;
- „Alle Sprachverunreinigungen durch Einmischung fremder und fremd-artiger Wörter, Wortfügungen und Redensarten" (S. 20);
- „Die neugebildeten oder aus den alten Denkmählern und den verschiedenen Sprech-arten unserer Sprache hervorgezogenen Wörter und Redens-arten [...]" (also Neologismen, Archaismen und Provinzialismen: S. 21).

Jedes Stück der *Beiträge* (mit bis zu 200 Seiten im Oktavformat) soll nach fünf „Hauptfächern" (Rubriken) gegliedert sein, was aber tatsächlich nur z.T. erreicht wird (S. 15ff.):

1. „Fortlaufende ausführliche Beurtheilungen" von Mustertexten nach Sprachreinigkeit und Sprachrichtigkeit;
2. „Gelegentliche Sprachberichtigungen" (auch in Texten von Zeitschriften oder „gelehrten Tagebüchern");
3. „Gegen-urtheile" (also Kritik von Kritiken, auch der Selbstkritiken);
4. „Ausführliche Sprach-untersuchungen" (heute würden wir sagen: sprachwissenschaftliche Abhandlungen);
5. „Vermischtes" (als Sammelbecken für Fragen über zweifelhafte Fälle, Antworten darauf, Nachrichten, kurzgefasste Vorschläge usw.: S. 16).

Wer sind nun die Beiträger dieser entschieden sprachkritischen Zeitschrift? In erster Linie Campe selbst, der neben den Einleitungen oder Vorberichten zu den drei Bänden insgesamt für 20 unterschiedlich lange Beiträge in verschiedenen Rubriken verantwortlich zeichnet und dessen eigene Beiträge darüber hinaus in mindestens zehn Beiträgen anderer zum Gegenstand von Kritik werden. Neben ihm lieferten mehrere „ebenso eifrige wie sachkundige Sprachanbauer" (S. 2; später nennt er sie „Sprachpfleger") längere oder kürzere Beiträge. Um nur einige prominentere Personen herauszugreifen, hier eine Auswahl:[27]

- Johann Friedrich August *Kinderling* (1743–1809), der zunächst, d.h. seit 1768, Lehrer an der berühmten pietistischen Schule *Klosterberge* bei Magdeburg, danach Prediger und Pastor in Calbe/Saale war und dessen einschlägige Schrift *Ueber die Reinigung der deutschen Sprache* (1795) in Konkurrenz zu Campe den zweiten Preis von der Berliner Akademie erhalten hatte. Er publizierte später noch die erste *Geschichte der Nieder-Sächsischen oder sog. Plattdeutschen Sprache* (1800).
- Johann Friedrich *Heynatz* (1744–1809). Pädagoge und Philologe, ab 1769 Lehrer am *Grauen Kloster* in Berlin, dann ab 1791 Professor für Beredsamkeit und schöne Wissenschaften in Frankfurt an der Oder. Er publizierte eine *Deutsche Sprachlehre für Schulen* (1770), die in mehreren Auflagen erschien, ferner *Briefe die deutsche Sprache betreffend* in 6 Bänden (1771–1775), ferner

---

[27] Die folgenden Charakteristiken folgen den einschlägigen Artikeln in *Bio-bibliographisches Handbuch zur Sprachwissenschaft des 18. Jahrhunderts: die Grammatiker, Lexikographen und Sprachtheoretiker des deutschsprachigen Raums mit Beschreibung ihrer Werke* (8 Bde.). Herausgegeben von Herbert Ernst Brekle. Tübingen 1992–2005.

den ersten *Versuch eines deutschen Antibarbarus* (1796/97) und *Neue Beiträ-ge zur Verbesserung der deutschen Sprache von einer Gesellschaft verbunde-ner Sprachfreunde* herausgegeben (1801), eine Art Fortführung von Campes *Beiträgen*.

– Johann Christian Christoph *Rüdiger* (1751–1822), der zunächst eine Ausbil-dung als Kanzlist, Ökonom und Kameralist erfuhr, dann aber einen *Grundriß einer Geschichte der menschlichen Sprache* (1782) publizierte und sich im Weiteren durch seine bibliographischen Recherchen und Sammlungen einen Namen machte. Von ihm stammte auch ein kritischer Verriss von Goethes *Groß-Cophta* im 5. Stück seiner eigenen Zeitschrift *Neuester Zuwachs der teutschen, fremden und allgemeinen Sprachkunde* (1793).

– Ignaz *Mertian* (1766–1843) aus dem Elsaß, wie Campe ein Unterstützer der *Französischen Revolution*, fachlich Theologe, Pädagoge und Mathematiker; von ihm erschien 1796 im Schulbuchverlag eine *Allgemeine Sprachkunde*, eine rationalistisch fundierte Grundlegung der Grammatiktheorie, die sich auch an Leibniz, Condillac und Herder orientierte und zahlreiche anthropolo-gische, psychologische und semiotische Erläuterungen enthielt.

– Wilhelm Friedrich August *Mackensen* (1768–1798), Philosoph und zuletzt Privatdozent in Kiel; er publizierte neben *Beyträgen zur Kritik der Sprache, insbesondere des Deutschen* (1794) im Jahr 1797 eine Schrift *Ueber den Ur-sprung der Sprache*, zu der eine umfangreiche Vorfassung im 7. Stück von Campes *Beiträgen* im gleichen Jahr erschienen war.

– Otto Friedrich Theodor *Heinsius* (1770–1849), Theologe, Philosoph und Pä-dagoge, seit 1795 Lehrer am *Friedrich-Wilhelm-Gymnasium* in Berlin, dann Lehrer an weiteren Berliner Gymnasien (z. B. am *Grauen Kloster*). Wilhelm Scherer hat ihn später in seinem ADB-Artikel als „Lehrer, aber kein Gelehr-ter" charakterisiert.[28] Heinsius publizierte in seiner langen Lebenszeit vor al-lem praktische Lehrwerke (z. B. *Teutsche Sprachlehre* (1798/99), *Teut oder theoretisch-praktisches Lehrbuch* (1807ff.)), außerdem bearbeitete er in einem Auszug Adelungs Stilistik (die zuerst 1785 erschienen war) und Karl Philipp Moritz *Allgemeinen deutschen Briefsteller* von 1793. Seit 1802 veröffentlichte er zudem *eine Sammlung von Deutschen Barbarismen und Soloecismen nebst einem kleinen Verzeichnisse von Synonymen* (1802).[29]

---

[28] Wilhelm Scherer: *Heinsius, Theodor H.* In: *Allgemeine Deutsche Biographie.* Leipzig 1880. Nachdruck Berlin 1969. Bd. XI, S. 660.

[29] Dass viele der am Ende des 18. und zu Beginn des 19. Jahrhunderts entstandenen sprachkritischen Schriften schon in ihren Titeln auf die sprachkritische Tradition der lateinischen Schulgrammatik (z. B. Vossius, Cellarius) verweisen, ist noch selbst-verständlich. Vgl. auch Dieter Cherubim: *Sprachentwicklung und Sprachkritik im 19. Jahrhundert. Beiträge zur Konstitution einer pragmatischen Sprachgeschichte.* In: *Literatur und Sprache im historischen Prozeß. Vorträge des Deutschen Germanisten-tages Aachen 1982.* Herausgegeben von Thomas Cramer. Band II: *Sprache.* Tübingen 1983, S. 170–188.

Augenfällig ist bei den Mitstreitern Campes die dominante pädagogische Orientierung, viele von ihnen waren ja Lehrer an Schulen oder arbeiteten als Hochschullehrer, und ihre weiteren Publikationen zielten meist unmittelbar auf die Verbesserung der Sprachpraxis. Das Hauptgewicht ihrer Beiträge in Campes *Beiträgen* liegt wie angekündigt auf den „ausführlichen Beurtheilungen" von Mustertexten. Dabei scheut man, wie ausdrücklich beabsichtigt war, nicht vor „Autoritäten", d. h. bereits angesehenen Schriftstellern und deren Produkten zurück, sondern wählt sie gerade bewusst aus. Den Reigen eröffnet im 1. Stück der Braunschweiger Literaturwissenschaftler Johann Joachim Eschenburg mit kritischen Bemerkungen zu Albrecht von Hallers Gedichten. Es folgen kritische Bemerkungen zu Texten von Herder (*Ideen* zur Philosophie *der Geschichte der Menschheit, Abhandlung über den Ursprung der Sprache*), zu Wieland (*Die Grazien*), zu Goethes *Iphigenie* (von Joël Löwe, mit Zusätzen von Campe, insgesamt fast 80 Seiten!), flankiert von einem kleineren Beitrag, wiederum von Campe, zur Reinigung und Bereicherung der Sprache durch Goethe mit Beispielen aus dem *Wilhelm Meister*; schließlich zu Gedichten von Johann Heinrich Voss und zur *Abhandlung vom ewigen Frieden* von Immanuel Kant; letzterer ebenfalls von Campe selbst, der auch gerne Zeitschriftentexte kritisch durchsieht: z. B. aus dem *Neuen Teutschen Merkur*, der *Berliner Monatsschrift* oder Adelungs *Magazin für die deutsche Sprache*.

Einen zweiten Schwerpunkt in den *Beiträgen* bilden die „Sprach-untersuchungen" [sic!] unterschiedlicher Art: etwa zu den Sprachfehlern klassischer Schriftsteller (von Heynatz), zur neuen Sprachform der „Geschichtsschreiber und Erdbeschreiber", über die „Wesenheit der Sprache"; ferner zur Frage, was Hochdeutsch sein soll (natürlich wieder von Campe selbst und in Auseinandersetzung mit Adelung) und zur (problematischen) Verbesserung der deutschen Sprache durch die Sprachgelehrten, auch mit Spitzen gegen Adelung. Weitere Themen, die hier behandelt werden, sind u. a. Spracherwerb und Sprachursprung, Etymologie und der „falsche Witz in der Sprache". Schließlich gibt es gezielte Studien oder Bemerkungen zu umstrittenen sprachlichen Phänomenen wie zum Verb bzw. Substantiv *sein*, zu Doppelwörtern[30] und Doppelkonsonanten, zu speziellen Problemen der Orthographie, zu Synonymen bzw. Quasisynonymen, zu Neologismen und „Endungen der Zunamen von Weibern" (also zur Movierung, Beispiel *Gottschedin*), zu überflüssigen Verneinungen, zur Differenz von *wenn* vs. *wann*, *denn* vs. *dann*; zur Ableitung von Beiwörtern aus Umstandswörtern (z. B. *damals > damalig, dort*

---

[30] Das Thema der Doppelwörter, also der Regeln der Kompositabildung im Deutschen, wird wenig später auch von dem Schriftsteller Jean Paul aufgegriffen, dessen puristische Vorstellungen, vor allem aber deren Umsetzung in seiner eigenen literarischen Praxis dann von Jacob Grimm aus historischer Sicht kritisiert werden. Vgl. Jacob Grimm: *Jean Pauls neuliche Vorschläge, die Zusammensetzung der deutschen Substantive betreffend* (zuerst in: *Hermes* 1819, II, S. 27–33). Wiederabgedruckt und kommentiert in: *Sprachwissenschaft des 19. Jahrhunderts.* Herausgegeben von Hans Helmut Christmann. Darmstadt 1977, S. 7–18. Und es bleibt ein bekanntes Objekt sprachkritischer Diskussionen bis heute.

> *dortig*), zur Komparation von *möglich* (*möglicher, am möglichsten*) und selbst zum noch heute ungeliebten und damals schon „verbannten" *nämlich,* – die letzten beiden wiederum von Campe selbst. Und immer wieder geht es um das Thema der gelungenen oder nicht gelungenen Verdeutschung von Fremdwörtern, einschließlich der kritischen Bemerkungen dazu von anderen Seiten.

Dass trotz der guten Absicht der Förderung einer bereits entwickelten Sprache, der Absicht einer Beschränkung auf Sachkritik und der intendierten Verhinderung von „Bitternis" bei den von der Kritik Betroffenen dennoch Betroffenheit erzeugt werden musste, war nicht zu vermeiden: Mehrfach sahen Campe und seine Mitarbeiter sich daher genötigt, Missverständnisse bei den Kritisierten anzusprechen, so wie sie selbst auch immer wieder für ihre Verbesserungsvorschläge kritisiert wurden. Im vorletzten (siebten) Stück der Beyträge von 1797 finden sich für solche Paare von Kritik und Gegenkritik besonders originelle poetische Beispiele: So werden unter der Rubrik „Vermischtes" zu den *Xenien* (= Gastgeschenken) in Schillers Musenalmanach von 1797 Gegengeschenke ebenfalls in Form von Distichen formuliert, die dazu dienen, die in spielerischer Weise unterstellten Vorwürfe der Weimarer wie Anmaßung, Pedantismus und Purismus bei den Kritikern oder deren Versuche, die Sprachkritiker lächerlich zu machen, zurückzuweisen. Hier nur ein bekannteres Beispiel:[31]

An des Erídanus Úfern úmgeht mir die furchtbare Waschfrau,
welche die Sprache des Teut säubert mit Lauge und Sand
[so die Xenien]
Seid ihr rechtliche Männer, so habt ihr nichts zu befahren;
diesen zeiget man nur, selbst sich zu waschen, den Quell.
Seid ihr aber von jenen, „die über und über beschlabbert
bis an die Ohren mit Koth, liegen auf faulendem Heu":
dann vermeidet den Ort; denn solcher wartet die Lauge,
wartet der reibende Sand, wartet der striegelnde Kamm!
[so die „Waschanstalt am Eridanus"]

[31] Zur Einordnung und Interpretation dieses und eines weiteren Beispiels sowie generell zum puristischen Ansatz Campes vgl. jetzt auch Helmut Henne: *„Nun so sage doch Freund, wie man Pedant uns verdeutscht." Campes nachdenkliche Antwort.* In: *Muttersprache* 123 (2013), S. 206–213. Im selben Stück der *Beyträge* (3. Bd., 7. St., S. 168–178) findet sich unter *V. Vermischtes* aber auch ein positive Würdigung von Goethes Leistung für die Bereicherung der deutschen Sprache, exemplifiziert an dessen Roman *Wilhelm Meister* (S. 178ff.).

IV. Ausblick ins 19. Jahrhundert

Campe war in Sachen Sprachkritik weitgehend ein Kind des 18. Jahrhunderts, wenn auch als überzeugter Antipode seines wirkungsmächtigeren Mitaufklärers Johann Christoph Adelung. Dabei müsste seine Kritik am Sprachgebrauch, um sie in allen Facetten einschätzen zu können, auch in ihrer Wirkung in seinen eigenen philosophischen, pädagogischen und literarischen Schriften aufgesucht werden. Auf seinen kindgemäßen, gesprächshaften Stil in den Erziehungsschriften und in seiner Reiseliteratur ist dabei mehrfach hingewiesen worden.[32] Auch auf seine Versuche, durch Verdeutschung fremdsprachiger Ausdrücke (jeweils mit Klammerzusatz des übersetzten Fremdworts) oder durch die analytische Bindestrich-Schreibung komplexer Komposita (z. B. *Sprach-urtheile*) ein besseres Begriffs- und Textverständnis zu ermöglichen, wäre hier einzugehen. Interessant zu wissen wäre auch, inwieweit Campe in seinen *Briefen aus Paris* (1789–1790) oder in anderen Privatschriften speziell auf die politische Sprache seiner Zeit, die ihm gerade als Volksaufklärer am Herzen liegen musste, eingeht. Sicherlich dürften ihm die politisch motivierten sprachlichen Folgen der revolutionären Ereignisse in Paris nicht entgangen sein, wie auch seine Versuche zur Verdeutschung von politischen Schlagwörtern aus dem Französischen zeigen.[33] Eine grundlegende Kritik des politischen Sprachgebrauchs, wie sie 20 Jahre nach seinem Tod Carl Gustav Jochmann vorgelegt hat, findet man bei Campe noch nicht, doch baut diese wiederum auch auf Campes vielseitiger Sprachkritik auf.[34] Traditionell im Sinne der Aufklärung ist ebenfalls Campes hohe Wertschätzung der Normkriterien Vernunft und Systematizität (‚Analogie‘) sowie insgesamt seine pädagogische Ausrichtung, auch wenn sein emanzipatorischer Anspruch, die Sprache als verbindliches Eigentum des gesamten Volkes auszubilden zu wollen, über die engere sprachkritische Praxis vieler Zeitgenossen, z. B. in den sog. *Deutschen Gesellschaften* oder von den Schulmännern, die ja auch mit ihm zusammenarbeiteten, hinausgeht.

---

[32] Vgl. z. B. Ulrich Hermann: *Campes Pädagogik – oder: die Erziehung und Bildung des Menschen zum Menschen und Bürger.* In: *Visionäre Lebensklugheit* (Anm. 22), S. 151–158; Hans-Heino Ewers: *Joachim Heinrich Campe als Kinderliterat und als Jugendschriftsteller.* In: *Visionäre Lebensklugheit* (Anm. 22), S. 159–178. Ewers (S. 159 und Anm. 5) zitiert aber auch die Kritik an diesem „tätschelnden" Stil durch Johann Karl Wezel.

[33] Vgl. Henne: *„Nun sage doch Freund"* (wie Anm. 31), S. 211. Anzumerken ist auch, dass Campe mit dem radikalen Sprachreformer der Französischen Revolution, dem Abbé Grégoire (Henri Jean-Baptiste Grégoire [1750–1831]) in Korrespondenz stand. Vgl. Brigitte Schlieben-Lange: *Die Französische Revolution und die Sprache.* In: *Zeitschrift für Literaturwissenschaft und Linguistik* 11 (1981), Heft 41, S. 90–123; Dies.: *idéologie, révolution et uniformité de la langue.* Liège 1996. Ein konkretes Beispiel findet sich im (freilich revolutionskritischen) *Göttinger Revolutions-Almanach* von 1796, S. 63–67, wo es um das egalisierende „republikanische" Duzen geht.

[34] Vgl. Jürgen Schiewe: *Sprache und Öffentlichkeit. Carl Gustav Jochmann und die politische Sprachkritik der Spätaufklärung.* Berlin 1989.

Anders sieht es jedoch aus, wenn man den Übergang der Sprachforschung zum 19. Jahrhundert in den Blick nimmt. Denn vieles spricht dafür, dass sich um 1800 eine deutliche Schwerpunktverschiebung (aber kein Paradigmawechsel) in der Sprachforschung vollzieht,[35] die sich besonders an zwei, z. T. widerstrebenden Tendenzen festmachen lässt: an der „Historisierung" von Gegenständen und methodischen Zugriffen einerseits, die vielfach zur Anlehnung an die neuen Naturwissenschaften führte,[36] und an der Entwicklung einer neuen europäischen „Wissenschaft vom Menschen" andererseits, die sich vor allem unterschiedlichen anthropologischen Interessen verdankte. Der Begriff der „Historisierung" betrifft dabei sowohl die gründliche empirische Erfassung der sprachlichen Gegenstände, z. B. durch Sprachvergleichung und taxonomische Systematisierung,[37] als auch die Verabsolutierung einer entwicklungsbezogenen Perspektive, die in den zeitgenössischen Begriffen der „Naturgeschichte" und des „Organismus" ihren wirkungsmächtigen Ausdruck finden sollte.[38] Und die Entwicklung einer „neuen Wissenschaft vom Menschen", eine anthropologische Wende, nicht nur in der Sprachwissenschaft, ist zweifellos auch eine Folge der allgemeinen Säkularisierungstendenzen in der Aufklärung:

> Neue anthropologische Erkenntnisse der Aufklärer haben in einem komplexen und vielgestaltigen historischen Prozeß voller theoretischer Umwege und Ambivalenzen diese ‚Wissenschaft vom Menschen' heraufgeführt. Sie gründet nicht zuletzt in der aufklärerischen Ablösung von einer theologisch geprägten Metaphysik seit der Mitte des 18. Jahrhunderts. In diesem Kontext wurde die Interpretation der menschlichen Natur Schritt für Schritt enttheologisiert, naturalisiert und historisiert.[39]

[35]   Cherubim: *Vom Sprachinteresse zu Sprachwissenschaft* (Anm. 14).

[36]   Zu denken ist hier vor allem an die Biologie und Geologie, später kommt auch die Vergleichende Anatomie (F. Bopp) hinzu. Speziell zur Bedeutung der Geowissenschaften für die Sprachforschung des 18. und 19. Jahrhunderts vgl. auch *Language and Earth. Elective Affinities Between the Emerging Sciences of Linguistics and Geology* (Amsterdam Studies in the Theory and History of Linguistic Science 66). Edited by Bernd Naumann, Frans Plank, Gottfried Hofbauer. Amsterdam, Philadelphia 1992.

[37]   Materieller Ausgangspunkt sind hierbei die großen Sprachensammlungen, z. B. die von Katharina d. Gr. veranlasste Sammlung von Simon Peter Pallas (1787), deren Rezension durch den Königsberger Philosophen Christian Jakob Kraus neuerdings als erste Prinzipien- und Methodenlehre der komparativen Sprachwissenschaft angesehen wurde. Vgl. Barbara Kaltz: *Christian Jakob Kraus (1753–1807) Revisited.* In: *Sprachdiskussion und Beschreibung von Sprachen im 17. und 18. Jahrhundert.* Herausgegeben von Gerda Haßler und Peter Schmitter. Münster 1999, S. 297–315, hier S. 307.

[38]   Zur Entstehung des Organismusbegriffs in der Sprachwissenschaft vgl. Hartmut Schmidt: *Die lebendige Sprache. Zur Entstehung des Organismuskonzept*s (Akademie der Wissenschaften der DDR. Zentralinstitut für Sprachwissenschaft. *Linguistische Studien*. Reihe A. Arbeitsberichte 151). Berlin 1986.

[39]   Hans-Erich Bödeker, Philippe Büttgen und Michel Espagne: *Die „Wissenschaft vom Menschen" in Göttingen. Skizze der Fragestellung.* In: *Die Wissenschaft vom Menschen* (Anm. 9), S. 11–20, hier S. 12.

Die teleologische (bzw. optimistische) Sprachkulturarbeit der Aufklärer mit dem Ziel der Standardisierung der Nationalsprache passte dann nicht mehr in den Rahmen der neuen „Naturgeschichte der Sprachen", die jetzt von Wilhelm von Humboldt und Jacob Grimm ausgearbeitet wurde. Nicht mehr der Logik der sprachlichen Systematik, sondern ihrer in Entwicklungsprozessen und unterschiedlichen typologischen Ausprägungen zum Ausdruck kommenden Psychologik war man nun auf der Spur.[40] Mit W. von Humboldts genetischem Konzept von Sprache[41] und J. Grimms biologistischem Organismusbegriff fanden zwar die kulturhistorischen Ansätze des 18. Jahrhunderts (Condillac, Herder, Adelung) eine gewisse Fortsetzung, aber die traditionelle Sprachkritik anhand unterschiedlicher Normkriterien, wie sie bei Adelung und Campe praktiziert wurde, musste nun als obsolete, unangemessene Sprachpedanterei erscheinen.[42] In Konsequenz davon verlor die Sprachkritik der Spätaufklärung ihren wissenschaftlichen Status bzw. setzte sich nur als pädagogische Praxis in den Schulen oder – angesichts der Idealisierung der klassischen Literatur einerseits, der rasanten Ausweitung des journalistischen Sprachgebrauchs andererseits – als vorwiegend nationalistisch-konservative Bewegung in der öffentlichen Sprachreflexion fort.[43]

[40] Diese psychologische Grundlegung der Sprachwissenschaft wurde dann – freilich in unterschiedlicher Form – für das 19. Jahrhundert bestimmend und reichte sogar bis ins 20. Jahrhundert. Vgl. dazu Clemens Knobloch: *Geschichte der psychologischen Sprachauffassung in Deutschland von 1850–1920*. Tübingen 1988.

[41] Zur Entwicklung der neuen Sprachwissenschaft W. von Humboldts vgl. Peter Schmitter: *Das ‚allgemeine‘ und ‚vergleichende‘ Sprachstudium bei W. von Humboldt. Zu Inhalt und Genese eines linguistischen Forschungsprogramms (1789–1820).* In: *Sprachdiskussion und Beschreibung von Sprachen* (Anm. 37), S. 455–491.

[42] Am deutlichsten hat das Jacob Grimm in seiner berühmten Akademieabhandlung *Über das Pedantische in der deutschen Sprache* (1847) zum Ausdruck gebracht: Jacob Grimm: *Über das Pedantische in der deutschen Sprache.* In: Jacob Grimm: *Reden in der Akademie.* Ausgewählt und herausgegeben von Werner Neumann und Hartmut Schmidt. Berlin 1984, S. 41–63.

[43] Vgl. Jürgen Schiewe: *Über die Ausgliederung der Sprachwissenschaft aus der Sprachkritik. Wissenschaftsgeschichtliche Überlegungen zum Verhältnis von Normsetzung, Normreflexion und Normverzicht.* In: *Sprache und mehr. Ansichten einer Linguistik der sprachlichen Praxis* (Reihe Germanistische Linguistik 245). Herausgegeben von Angelika Linke, Hanspeter Orner und Paul R. Portmann-Tselikas. Tübingen 2000, S. 401–416. Vgl. auch Wilhelm Wackernagel: *Von der deutschen Pedanterei* [1854]. In: *Reichthum und Armut deutscher Sprache. Reflexionen über den Zustand der deutschen Sprache im 19. Jahrhundert.* Herausgegeben von Walther Dieckmann. Berlin/ New York 1989, S. 256–270.

III.
SPUREN

Valérie Leyh

„L'ami du jeune âge": Zur Rezeption von Joachim Heinrich Campes Schriften in Frankreich

I. Campe und Frankreich

Im Kontext der Rezeption von Campes Schriften in Europa[1] muss seine Beziehung zu Frankreich als eine besondere betrachtet werden.[2] Bekannt ist, dass Campe sich für dieses Land und für die Französische Revolution begeistert hat, dass sein Werk maßgeblich von Jean Jacques Rousseaus Schriften geprägt wurde, ja, dass ihn die Lektüre von Rousseaus *Émile* dazu bewogen haben soll, Defoes *Robinson Crusoe* als Basis für seinen eigenen *Robinson* zu wählen.[3] Bekannt ist zudem, dass die deutsche Kinder- und Jugendliteratur des 18. Jahrhunderts von französischen Vorbildern beeinflusst wurde.[4] Campes bemerkenswerter Einfluss auf die französische Literatur sowie die komplexe Rezeptionsgeschichte seiner Schriften

---

[1] Vgl. im europäischen Raum die folgenden Beiträge zu Ungarn, Portugal und Kroatien. Ferenc Kolbach: *J.H. Campe und Ungarn.* In: *Vermittlung und Rezeption. Beiträge zu den geistesgeschichtlichen Berührungen in der Aufklärungszeit.* Hg. von Bodo Fehlig. Frankfurt/M. 1987, S. 65–79; Maria Teresa Cortez: *Joachim Heinrich Campes „Die Entdeckung von Amerika" in portugiesischen und spanischen Übersetzungen des 19. Jahrhunderts.* In: *Kinder- und Jugendliteraturforschung* (2011/2012), S. 37–48; Tihomir Engler, Lana Mayer und Vedrana Živković Zebec: *Deutsch-kroatische Kontakte im kinder- und jugendliterarischen Bereich. Bestandsaufnahme zum Forschungsstand und Forschungsvorhaben.* In: *Spurensuche: Deutsche Sprache, Literatur und Kultur in Kroatien.* Hg. von Thomas Möbius und Tihomir Engler. Berlin 2019, S. 121–137.

[2] Vgl. Jörn Garber: *Joachim Heinrich Campes Reisen in die „Hauptstadt der Menschheit" (1789/1802).* In: *Visionäre Lebensklugheit. Joachim Heinrich Campe in seiner Zeit 1746–1818.* Ausstellung und Katalog: Hanno Schmitt in Verbindung mit Peter Albrecht. Wiesbaden 1996, S. 225–244.

[3] Vgl. Joachim Heinrich Campe: *Robinson der Jüngere zur angenehmen und nützlichen Unterhaltung für Kinder.* Nach dem Erstdruck hg. von Alwin Binder und Heinrich Richartz. Stuttgart ²2012, S. 8. Siehe auch Hans Heino Ewers: *Joachim Heinrich Campe als Kinderliterat und als Jugendschriftsteller.* In: *Visionäre Lebensklugheit* (Anm. 2), S. 159–178.

[4] Vgl. Reiner Wild: *Aufklärung.* In: *Geschichte der deutschen Kinder- und Jugendliteratur.* Hg. von Reiner Wild. 3., vollständig überarbeitete und erweiterte Auflage. Stuttgart/Weimar 2008, S. 43–95, hier S. 72f. und 82f.

in Frankreich wurde hingegen erst neulich verstärkt in den Blick genommen. Im Folgenden sollen der *gegenseitige* Einfluss deutsch-französischer Texte und Autoren im Bereich der Kinder- und Jugendliteratur und vor allem Campes Rolle in diesem Transferprozess näher untersucht werden. In diesem Zusammenhang werden neuere Forschungsergebnisse vertieft und wird auch die Rolle kultureller Vermittler betont.

Bereits Campes eigene Briefe zeigen, dass er sich direkt über den Transfer seiner Schriften in Frankreich äußerte und diesen selbst mitgestaltete. In einem Brief an Louis-Sébastien Mercier vom 8. Januar 1790, also unmittelbar nach seiner Frankreich-Reise, schreibt er:

> Mich dünkt, eine französische Übersetzung meiner Briefe [gemeint sind die *Briefe aus Paris*, V.L.] durch Herrn Poinçot wäre nicht überflüssig; es könnte für die Pariser von Interesse sein zu erfahren, wie gerecht ein Fremder sie zu beurteilen vermag. Allerdings benötigte man hierfür einen Übersetzer, der beide Sprachen vollkommen beherrscht.[5]

An dieser Briefpassage wird Campes Interesse an einem interkulturellen Dialog sowie an seiner Rezeption in Frankreich deutlich. Dennoch fand die von Campe erwünschte Übersetzung seiner *Briefe aus Paris* in dieser Form schließlich nicht statt – eine vollständige Übersetzung erfolgte erst zum 200-jährigen Jubiläum der Französischen Revolution im Jahre 1989.[6] Aber dies ändert nicht viel an der Tatsache, dass Campe zu Lebzeiten und auch noch in den Jahrzehnten nach seinem Tod in Frankreich außerordentlich bekannt und beliebt war. Davon zeugen zumindest zwei Dokumente. In einem Brief an seine Frau Maria Dorothea Campe vom 6. August 1802 zitiert Campe selbst eine kurze Lobrede, die zu ihm in der *Gazette Nationale ou le Moniteur Universel* erschienen ist:

> Unter den Fremden, die Frankreich seit dem Frieden besucht haben, wäre es ungerecht, Herrn Campe, einen der nützlichsten Autoren, die es je gegeben hat, zu vergessen. Der Erziehung der zarten Jugend hat er seine meisten Arbeiten gewidmet. Seinen Büchern verdanken wir diejenigen von Berquin, der immer zugegeben hat, sein Nachahmer und Schüler zu sein. Sein neuer Robinson wurde in alle europäischen Sprachen übersetzt, sogar bei den unkultiviertesten Völkern. In Deutschland wird es ständig nachgedruckt. Dort gibt es kein Kind, das dieses Buch nicht mit immer neuer Freude gelesen und abermals gelesen hat. Gleiches gilt für den Kinderfreund, die Geschichte der Entdeckung von Amerika, die Kinderbibliothek, die

---

[5]   Brief an Louis-Sébastien Mercier vom 8. Januar 1790. In: *Briefe von und an Joachim Heinrich Campe* (2 Bde.). Hg., eingeleitet und kommentiert von Hanno Schmitt, Anke Lindemann-Stark und Christophe Losfeld. Bd. II: *Briefe 1789–1814*. Wiesbaden 2007, S. 115.

[6]   *Eté 1989. Lettres d'un Allemand à Paris*. Texte de Joachim Heinrich Campe traduit par Jean Ruffet. Paris 1989.

Sammlung merkwürdiger Beschreibungen und für die anderen Bücher des Autors. Fast alle wurden bereits oder werden ins Französische übersetzt. Sie verdienen, daß man sie allen Eltern empfiehlt, und sollten ein Beispiel für alle Schriftsteller sein, die sich der Jugendliteratur verschreiben möchten.[7]

Mehrere Aspekte gilt es hier hervorzuheben: Campe wird in dieser Beschreibung als Autor präsentiert, der allgemein, aber auch insbesondere in Frankreich berühmt ist, und zwar vor allem für seinen *Robinson* und für die Kinderliteratur. Bei der Auflistung seiner verschiedenen Werke ist allerdings auch vom „Kinderfreund" die Rede – obwohl Werke mit diesem Titel von Christian Felix Weiße und Friedrich Eberhard von Rochow stammen. Hat der französische Autor ihm hier also ein weiteres Werk angedichtet? Des Weiteren fällt ins Auge, dass Campes Bekanntheit zwar betont wird, jedoch im ersten Satz von seinem möglichen Vergessen die Rede ist. Hiermit schleicht sich indirekt der Verdacht ein, dass Campes literarisches Nachleben vielleicht doch bedroht ist. Schließlich wird in dieser Passage der französische Kinder- und Jugendbuchautor Arnaud Berquin genannt – auf diesen wird noch zurückzukommen sein.

Campes Ruhm als Kinder- und Jugendbuchautor blieb auch nach seinem Tod, zumindest bis zur Mitte des 19. Jahrhunderts in Frankreich unumstritten. Es erschienen mehrere Beiträge zu seinem Leben und Werk, u. a. ein Essay als Vorwort zu einer französischen Übersetzung der *Geschichte der Entdeckung und Eroberung Amerikas*. Dort heißt es:

> Mais c'est l'écrivain spécial, c'est l'ami du jeune âge que la postérité louera surtout dans Campe, parce qu'elle trouvera en lui la réunion des qualités qu'exigent les compositions destinées à l'instruction de l'adolescence. Sa supériorité dans ce genre d'ouvrages et aussi la difficulté d'y réussir sont constatés par l'impuissance des imitateurs et des rivaux qui ont voulu parcourir la même carrière et disputer à Campe la faveur dont jouit cet écrivain depuis plus de soixante ans. […] En Angleterre, et en France surtout, Campe a conservé cette popularité qui est le plus éloquent éloge du mérite de cet écrivain.[8]

Auch hier ist die Rede von Campes Nachahmern, um dann sogleich die unerreichbare Qualität von Campes Schriften zu betonen. Vor dem Hintergrund dieser Beiträge mag ein Blick auf die Rezeption Campes in Frankreich im 20. Jahrhundert zunächst etwas ernüchtern: Erstens ist sein *Robinson* als Neudruck erst seit 2013

---

[7]   Brief an Maria Dorothea Campe vom 6. August 1802. In: *Briefe von und an Joachim Heinrich Campe*. Bd. II (Anm. 5), S. 570.

[8]   *Essai sur la vie et les ouvrages de Campe*. In: *Histoire de la découverte et de la conquête de l'Amérique*. Par J.H. Campe. Traduction nouvelle, précédée d'un essai sur la vie et les ouvrages de l'auteur par Charles Saint-Maurice, traducteur des mélanges de Wieland. Nouvelle édition ornée de vignettes dessinées par MM. Staal et Bertrand. Paris 18… [nicht weiter präzisiertes Datum], S. XVI.

in der Übersetzung aus dem Jahre 1853 bei Hachette zu finden.[9] Zweitens sprechen die meisten Beiträge, die sich mit Arnaud Berquin befassen, wenig bis kaum von Campe, betont wird dagegen immer wieder die Rolle Christian Felix Weißes. Erst in der jüngsten Vergangenheit kam ein neues Interesse zustande. Aufgrund dieser Kluft soll daher folgenden Fragen nachgegangen werden: Wie wurden Campes Schriften in die französische Sprache übertragen? Wie lässt sich das Verhältnis zwischen Campe und Berquin sowie zwischen ihren jeweiligen Werken beschreiben? Welche anderen Autor(inn)en haben Campes Schriften für ein französisches Publikum angepasst oder für ihre Vermittlung gesorgt?

II. Französische Übersetzungen des *Robinson*

Da es im Rahmen dieser Arbeit zu komplex wäre, auf alle französischen Übersetzungen von Campes Schriften einzugehen, soll zunächst der *Robinson* in den Blick genommen werden. Im Unterschied zu Defoes Vorlage zeichnet sich dieses Werk vor allem durch den erzählerischen Rahmen aus, der in der für Campe typischen Gesprächsform Dialoge zwischen einem Vater und einer Gruppe von Kindern darstellt. Wie in der Forschung bereits gezeigt wurde, erfüllen diese Dialoge verschiedene Ziele: In ihnen wird konkretes Wissen vermittelt, es werden moralische Ansichten zu verschiedenen Themen artikuliert,[10] auch findet eine Funktionalisierung für die Religionsvermittlung und eine Metareflexion über den Erzählprozess statt.[11] Die Spezifizität von Campes Werk liegt also gerade in dieser Verbindung zwischen der Geschichte und dem multifunktionalen Rahmen. Genau

---

[9]   Dies entspricht aber der Situation in Deutschland, in der Campes Texte auch nicht mehr Teil der aktiven Kinder- und Jugendliteratur sind, vgl. Ewers: *Joachim Heinrich Campe als Kinderliterat und als Jugendschriftsteller* (Anm. 3).

[10] Vgl. Hans-Christoph Köller: *Erziehung zur Arbeit als Disziplinierung der Phantasie. J.H. Campes Robinson der Jüngere im Zuge der philanthropischen Pädagogik.* In: *Vom Wert der Arbeit. Zur literarischen Konstitution des Wertkomplexes ‚Arbeit' in der deutschen Literatur (1770–1930).* Hg. von Harro Segeberg. Tübingen 1991, S. 40–76.

[11] Vgl. dazu Rüdiger Steinlein: *„Aufgeklärte Gottesfurcht" – das Gott-Vater-Paradigma als religionspädagogisches und wirkungsästhetisches Prinzip erzählender Kinder- und Jugendliteratur der Aufklärung (am Beispiel von J.H. Campes „Robinson der Jüngere").* In: *Zeitschrift für Germanistik* NF. 4 (1994), S. 7–23. Zu diesen metareflexiven Kommentaren und Fiktionsbrechungen zählt unter anderem die folgende Passage: „*Vater*. Lieben Kinder, ich danke euch in Robinsons Namen, daß ihr so viel Freundschaft für ihn habt. Aber diese Briefe hinschicken, – das kann ich nicht. *Gotlieb*. I warum nicht? *Vater*. Darum nicht, weil Robinsons Sele schon lange im Himmel, und sein Leib schon lange verweset ist. *Gotlieb*. Ach, ist er schon todt? Er hat sich ja eben erst noch gebadet? *Vater*. Du vergißt, lieber Gotlieb, daß das, was ich euch vom *Robinson* erzähle, sich schon vor zweihundert Jahren zugetragen hat. Er selbst ist also schon lange todt. Aber in der Geschichte, die ich jetzt von ihm schreibe, will ich eure Briefe mit abdrucken lassen. Wer weiß, vielleicht erfährt er im Himmel, daß ihr ihn so lieb habt, und das

diese erzählerische Strategie werden auch französische Autoren von Kinder- und Jugendliteratur übernehmen.[12]

Einen Überblick der französischen Übersetzungen von Campes Werken und insbesondere des *Robinson* geben Isabelle Havelange und Isabelle Nières-Chevrel in einem sehr detaillierten und umfassenden Kapitel zu den Übersetzungen kinder- und jugendliterarischer Schriften des 18. Jahrhunderts.[13] Laut Havelange und Nières-Chevrel ist Campe zu der Zeit der am meisten übersetzte Autor in Frankreich. Anhand dieser Ausführungen sowie der Angaben in der *Bibliographie du genre romanesque français 1751–1800*,[14] die ich um ein paar weitere ergänzt habe, wird deutlich, dass jede Übersetzung vielfach, an verschiedenen Orten und in unterschiedlichen (z. B. auch zweisprachigen) Ausgaben neugedruckt wurden.[15] So wurde Campes *Robinson* sehr schnell, nämlich noch im selben Jahr 1779 ins Französische übersetzt (darauf achtete Campe selbst[16]) und war daraufhin über

---

wird ihm denn gewiß auch dort Freude machen." (Joachim Heinrich Campe: *Robinson der Jüngere* (Anm. 3), S. 111.)

[12] Vgl. Isabelle Nières-Chevrel: *Introduction à la littérature de jeunesse*. Paris 2009, S. 119.

[13] Isabelle Havelange und Isabelle Nières-Chevrel: *Livres pour l'enfance et la jeunesse*. In: *Histoire des traductions en langue française. XVIIe et XVIIIe siècles*. Hg. von Yves Chevrel, Annie Cointre und Yen-Maï Tran-Gervat. Lagrasse 2014, S. 1211–1281, hier S. 1235f. sowie S. 1243.

[14] Vgl. *Bibliographie du genre romanesque français 1750–1800*. Hg. von Angus Martin, Vienne G. Myle und Richard Frautschi. London/Paris 1977, 79.12bis, 79.12ter, 83.19, 87.28.

[15] Joachim Heinrich Campe: *Le Nouveau Robinson, pour servir à l'amusement & à l'instruction des enfants*. Traduit de l'allemand de Mr. Campe [unbekannter Übersetzer] chez l'auteur et en commission chez Charles Ernest Bohn 1779, t.1. 288p.; Joachim Heinrich Campe: *Le Nouveau Robinson, pour servir à l'amusement & à l'instruction des enfants*. Traduit de l'allemand de Mr. Campe [unbekannter Übersetzer]. Hambourg : J.G. Virchaux, 1779, t.1. – 1782, t.2. [andere Ausgaben 1783, 1784, 1802]; Joachim Heinrich Campe: *Le Nouveau Robinson, pour servir à l'amusement et à l'instruction des enfants*. Traduit de l'allemand de Mr. Campe par Auguste-Simon d'Arnex. Paris 1783 [zahlreiche andere Auflagen, u. a. eine zweisprachige Ausgabe, die 1788 in der Schweiz erschienen ist, sowie eine weitere Ausgabe, die 1794 bei der Société typographique in Bern erschienen ist]; Joachim Heinrich Campe: *Le Nouveau Robinson*. Traduit de l'allemand par Michael Huber. Brunsvic: Librairie des écoles, 1793; Joachim Heinrich Campe: *Le Nouveau Robinson*. Traduit de l'allemand par J.D. Grandmottet. Brunsvick 1805; Joachim Heinrich Campe: *Le nouveau Robinson*. Traduction nouvelle, revue et corrigée par M. Lebas, professeur à l'Université de Paris. 7e édition avec un vocabulaire. 1847; *Le Robinson allemand*. Traduit de Campe par Ch. Wolfers. Paris 1853.

[16] Vgl. dazu François Genton: *Arnaud Berquin (1747–1791) et l'influence des auteurs de langue allemande sur la littérature enfantine française à la fin du XVIIIe siècle*. In: *Révolution, Restauration et les jeunes 1789–1848: écrits et images*. Hg. von Elisabeth Genton und Gilbert Van de Louw. Paris 1989, S. 47–73, hier S. 51.

mehrere Jahrzehnte erfolgreich. Die von Michael Huber übersetzte Fassung von 1793 wurde ab 1801 von J.D. Grandmottet neubearbeitet, der auch mehrere andere Werke Campes ins Französische übersetzte. Bis 1821 gab es vielfache weitere Ausgaben. In der Mitte des 19. Jahrhunderts ist vor allem noch eine Ausgabe zu nennen, nämlich die von Ch. Wolfers übersetzte Fassung von 1853, die den Titel *Le Robinson allemand* trägt und heute bei Hachette als Neudruck verfügbar ist.

Aus heutiger Perspektive ist sie aus zwei Gründen interessant. Dass Campes Robinson nun als *Le Robinson allemand* bezeichnet wird, liegt erstens daran, dass in der Zwischenzeit, im Jahre 1812 eine weitere Robinsonade, nämlich der so genannte *Schweizerische Robinson* von Johann David Wyss veröffentlicht worden war, in dem eine ganze Familie auf einer Insel strandet. Der Text erschien 1813 in einer französischen Übersetzung der schweizerischen Übersetzerin Isabelle de Montolieu, die einige Jahre später sogar eine Fortsetzung der Geschichte schrieb. Dieses Werk feierte in Frankreich ebenfalls große Erfolge.[17] In Frankreich erschien in der Nachfolge dieser Werke u. a. *Le Robinson de douze ans* (1818) von Mme Mallès de Beaulieu, der als erster Jugendroman in Frankreich gilt.[18]

Die zweite Beobachtung zu Wolfers' Übersetzung von Campes Werk betrifft ihren Inhalt. Erkennbar wird nämlich, dass Wolfers den Text stark gekürzt hat – und zwar vor allem um den für Campes Werk spezifischen Erzählrahmen und um die verschiedenen, auf didaktische Ziele ausgerichteten Digressionen von der Haupthandlung (z. B. Erklärungen, Gedichte usw.). Insofern tilgt diese Übersetzung also die meisten von Campes Merkmalen. Auch wenn diese Ausgabe heutzutage von der *Bibliothèque nationale de France* und Hachette tradiert wird, ist es also nicht diejenige, die die französische Kinder- und Jugendliteratur beeinflusst hat. Somit stellt sich die grundlegende Frage nach der *Art der Bearbeitung* von Campes Schriften, eine Frage, die sich besonders prägnant an Campes *Kleiner Kinderbibliothek* nachweisen lässt.

---

[17] Heute sind auch von Wyss' Roman zahlreiche Ausgaben der BnF als Neudrucke verfügbar. Vgl. hierzu außerdem Hannelore Kortenbruck-Hoeijmans: *Johann David Wyß' „Schweizerischer Robinson". Dokument pädagogisch-literarischen Zeitgeistes an der Schwelle zum 19. Jahrhundert.* Hohengehren 1999, sowie u. a. zur Übersetzung von Isabelle de Montolieu Irene Weber Henking: *Der Schweizerische Robinson. Bearbeitungen – Übertragungen – Übersetzungen.* In: *Kreative Praktiken des literarischen Übersetzens um 1800.* Hg. von Alexander Nebrig und Daniele Vecchiato. Berlin/Boston 2019, S. 281–296.

[18] Vgl. hierzu die Ausführungen von Isabelle Nières-Chevrel: *Introduction à la littérature de jeunesse* (Anm. 12), S. 36f. Siehe auch Dies.: *La littérature d'enfance et de jeunesse entre la voix, l'image et l'écrit.* In: <http://www.vox-poetica.org/sflgc/biblio/niereschevrel.html#_ftnref8> .

III. Deutsch-französischer Austausch: Campes *Kleine Kinderbibliothek*

Campes *Kleine Kinderbibliothek* erschien erstmals zwischen 1779 und 1785 und hatte zum Ziel, den Kindern die Literatur auf angemessene Art und Weise zu vermitteln. Die 12 Bände umfassen Texte von Campe selbst, zum großen Teil aber auch Texte von Autoren und Autorinnen der Zeit wie etwa Matthias Claudius, Christoph Adolph Overbeck, Elise Reimarus, Karoline Rudolphi, Christoph Martin Wieland, Magnus Gottfried Lichtwer, Johann Georg Jacobi, Gotthold Ephraim Lessing, Justus Friedrich Wilhelm Zachariä, Karl Philipp Moritz und Ewald von Kleist – Texte, die teilweise adaptiert wurden. In den einzelnen Bänden sind außerdem einige Übersetzungen von französischen Werken, z. B. von Voltaire, François-Thomas-Marie de Baculard d'Arnaud und auch Arnaud Berquin vorzufinden.[19]

Den französischen Kinderbuchautor Arnaud Berquin (1747–1791), der lange Zeit als Lehrer der Kinder des berühmten Verlegers Charles-Joseph Panckoucke tätig war, traf Campe selbst in Paris im August 1789. Das Porträt, das Wilhelm von Humboldt in seinem Tagebuch von ihm niederschrieb, ist allerdings nicht sehr vorteilhaft:

> 10. August 1789: Ich sah den ganzen tag über nichts merkwürdiges. Den morgen führte mich Campe zu Mr. Berquin, einem paedagogischen schriftsteller, dem herausgeber des ami des enfans. Es ist ein sehr unbedeutender mensch, der seine schriftstellerei bloß als handwerk zu treiben scheint. Seine romanzen – er hat einen ganzen band herausgegeben – sind nur aufs höchste mittelmäßig. Schon iezt denkt er daran die künftige constitution für iunge leute zu bearbeiten. Mit ihm gingen wir zu Didot, besahen seine pressen und seine drukke.[20]

[19] Vgl. hierzu Hans-Heino Evers: *Joachim Heinrich Campe: Kleine Kinderbibliothek. 12 Bändchen. Hamburg 1778–1784 (1779–1785)*. In: Theodor Brüggemann in Zusammenarbeit mit Hans Heino Ewers: *Handbuch zur Kinder- und Jugendliteratur. Von 1750 bis 1800*. Stuttgart 1982, S. 196–206. Zu Elise Reimarus und ihrer Mitarbeit an der *Kleinen Kinderbibliothek* vgl. Almut Spalding: *Elise Reimarus (1735–1805). The Muse of Hamburg. A Woman of the German Enlightenment*. Würzburg 2005, S. 218–258. Im Jahre 2019 erschien außerdem Simone Austermanns verdienstvolle Studie, die erstmals das Gesamtkorpus der *Kleinen Kinderbibliothek* erschließt (S. 28–105), ihre Entstehungsgeschichte rekonstruiert und ihre pädagogische Konzeption analysiert. Auf die Wirkungsgeschichte geht Austermann nur kurz ein (S. 143–147), sie betont in diesem Zusammenhang die Notwendigkeit weiterer Analysen. Siehe Simone Austermann: *Gewissen, Geographie und Gartenidylle. Eine Analyse der Kleinen Kinderbibliothek von Joachim Heinrich Campe*. Bad Heilbrunn 2019.

[20] Wilhelm von Humboldt: *Tagebuch der Reise nach Paris und der Schweiz 1789*. Eintrag vom 10. August 1789. In: *Wilhelm von Humboldts Tagebücher*. Hg. von Albert Leitzmann. Bd. I: *1788–1798*. Berlin 1916, S. 123f.

Gleichwohl erlangte Berquin – wie Campe – zu Lebzeiten und im 19. Jahrhundert als Kinderbuchautor internationalen Ruhm.[21] Wie Campe arbeitete er nicht als „Original-Schriftsteller", sondern sah sich selbst als Nachahmer, der die Stoffe und Texte anderer Schriftsteller für sein eigenes Publikum bearbeitete.[22] Schon sehr früh interessierte er sich für die deutschsprachige Literatur und Kultur, wie z. B. ein Brief an Johann Gottlob Immanuel Breitkopf belegt. In diesem Brief vom 18. Februar 1776 bittet Berquin den Verleger Breitkopf, ihm die sämtlichen Werke zahlreicher deutscher Autoren zukommen zu lassen. Er könne ihm dafür Exemplare seiner Idyllen schicken:

> Etant dans le dessein de me former a la ville et a la campagne une bibliothèque choisie de livres allemands, je vous envoie la note des auteurs dont je voudrais les ouvrages de l'édition la plus complette et la plus Soignée que vous ayez. Je prendrais deux exemplaires de chacun de ces ouvrages, et, en echange, je vous donnerais de mes idylles que vous connaissez peut etre […].[23]

Genannt werden anschließend u. a. die Werke von Bodmer, Breitinger, Canitz, Ebert, Gerstenberg, Geßner, Gieseke, Gleim, Hagedorn, Haller, Jacobi, Karsch, Kleist, Klopstock, Lessing, Lichtwer, Ramler, Schlegel, Uz, Weiße, Wieland und Zachariä. Ob es zu diesem Tauschhandel gekommen ist, lässt sich nicht nachweisen; dass Berquin aber ausführliche Kenntnisse der damaligen deutschsprachigen Literatur besaß, ist nicht zu bestreiten.

Berühmt wurde Berquin im französischsprachigen Raum durch seine Zeitschrift *L'ami des enfans*, die in den Jahren 1782 und 1783 erschien und – wie die *Kleine Kinderbibliothek* in Deutschland – damals als neuartig galt. Auf *L'ami des enfans* folgte *L'ami de l'adolescence*. In seinem „Avertissement" erklärte Berquin, dass *L'ami des enfans* stark von den deutschen Autoren Christian Felix Weiße, Joachim Heinrich Campe, Christian Gotthilf Salzmann und Johann Gottlieb Schummel beeinflusst worden sei. Genaue Informationen über die Art der Bearbeitung gab er nicht – was für diese Zeit und für den Bereich der Kinder- und Jugendliteratur auch nicht unüblich war. Berquins Erfolg als Kinderbuchautor führte allerdings später dazu, dass die Texte und Autoren, die ihm als Quellen gedient hatten,

---

[21] Vgl. zu seinem Werk allgemein die unveröffentlichte Dissertation von Annette Baudron: *L'oeuvre d'Arnaud Berquin. Littérature de jeunesse et esprit des Lumières*. Université François Rabelais Tours 2009.

[22] Interessanterweise wurde dies in Deutschland kritisiert, um die deutsche Gallomanie wiederum anzuprangern. Vgl. hierzu den Beitrag im *Deutschen Museum* 1778, Bd. I, S. 134–148: <http://ds.ub.uni-bielefeld.de/viewer/image/1923976_005/144/#topDocA nchor> (letzter Zugriff: 28.03.2019).

[23] Brief von Arnaud Berquin in Johann Gottlob Immanuel Breitkopf vom 18. Februar 1776. In: Staatsbibliothek zu Berlin-Preußischer Kulturbesitz (SBPK), Slg. Härtel; Signatur: Slg. Härtel: Berquin, Arnaud (Der Text wurde genau transkribiert, die Rechtschreibung nicht korrigiert).

schließlich verdeckt und vergessen wurden. Und obwohl Berquin in der *Gazette Nationale* von 1802 noch als Nachahmer Campes bezeichnet wurde, entwickelte sich dies ausgerechnet zu Ungunsten Campes. Warum? Im Grunde, weil der Titel *L'ami des enfans* natürlich eindeutig noch an Weißes *Kinderfreund* erinnerte, Campes Einfluss aber dadurch in Vergessenheit geriet.

Ab hier lässt sich nun über das ganze 20. Jahrhundert hinweg eine komplexe Forschungsgeschichte zu Berquin nachzeichnen, in der es stets um die Suche nach den Quellentexten geht. Erste Erkenntnisse erbrachte Jean-Marie Carrière im Jahre 1935,[24] er konnte aufzeigen, dass sich Berquin von Texten Johann Jacob Engels sowie Johann Gottlieb Stephanies und Otto Heinrich von Gemmingens inspiriert hatte. Fast vierzig Jahre später, im Jahre 1974, konnte Angus Martin[25] weitere Quellentexte aus Christian Felix Weißes *Kinderfreund* identifizieren. In den 1980er Jahren fanden Göte Klingberg[26] und François Genton[27] wiederum weitere Bezüge zu Weißes *Kinderfreund* sowie zu zwei Texten Campes. Auch wenn das Interesse für diese Quellensuche also vor allem in den 1970er und 1980er Jahren neu erwachte, wurde Campes maßgeblicher Einfluss damals nicht erkannt.

Erst Isabelle Nières-Chevrel hat 2014 in zwei Beiträgen ausführlich zeigen können,[28] wie sehr Berquin tatsächlich als „Nachahmer" Campes gilt. Anhand zahlreicher digitalisierter Ausgaben konnte sie die Texte miteinander vergleichen und herausfinden, dass 33 weitere Texte aus Berquins *L'ami des enfans* auf Geschichten aus Campes *Kleiner Kinderbibliothek* beruhen. Diese aufschlussreichen Forschungsergebnisse verändern maßgeblich die Sicht auf Berquins Werk: War man bis 2014 noch davon ausgegangen, dass Weißes *Kinderfreund* mit 18 Quellentexten die Hauptquelle war, so zeigen die aktuellen Zahlen, dass Campes Einfluss vorwiegt: Seitdem sind 35 Geschichten auf Texte Joachim Heinrich Campes zurückzuführen. Da von 124 Texten inzwischen 93 ermittelt wurden, bleiben indes noch Fragen offen, sodass sich das Gleichgewicht noch verschieben könnte.[29]

[24] Jean-Marie Carrière: *Berquin's Adaptations from German Dramatic Literature*. In: *Studies in Philology* 32 (1935), S. 608–617.

[25] Angus Martin: *Notes sur « L'ami des enfants » de Berquin et la littérature enfantine en France aux alentours de 1780*. In: *Dix-Huitième Siècle* 6 (1974), H. 9, S. 299–308.

[26] Göte Klingberg: *L'oeuvre de Berquin. Problèmes et notes sur ses sources*. In: *Nous voulons lire*. N° spécial: *Arnaud Berquin, 1747–1791. Bicentenaire de l'Ami des enfants*. Hg. von Denise Escarpit. Pessac 1983, S. 50–63.

[27] François Genton: *Arnaud Berquin (1747–1791) et l'influence des auteurs de langue allemande* (Anm. 16), S. 47–73. Vgl. außerdem Marie-Emmanuelle Plagnol-Diéval: *La presse périodique pour la jeunesse au XVIIIe siècle: essor et fragilité*. In: *Le temps des médias* 21 (2013), vol. 2, S. 24–34.

[28] Havelange/Nières-Chevrel: *Livres pour l'enfance et la jeunesse* (Anm. 13), S. 1211–1281. Isabelle Nières-Chevrel: *Des sources nouvelles pour « L'ami des enfants » de Berquin*. In: *Revue d'histoire littéraire de la France* 114 (2014), S. 807–828.

[29] Vgl. hier Havelange/Nières Chevrel: *Livres pour l'enfance et la jeunesse* (Anm. 13), S. 1238 und S. 1245; Nières-Chevrel: *Des sources nouvelles* (Anm. 28).

Durch eigene weitere Funde können diese wichtigen Erkenntnisse bestätigt sowie erweitert werden. Für die Geschichte *Papillon, joli Papillon,*[30] für die bislang
noch keine Quelle eruiert wurde, diente meines Erachtens die Erzählung *Lieschen
zum Schmetterling*[31] als Vorlage:

Campe – Lieschen zum Schmetterling	Berquin – Papillon, joli Papillon
Schmetterling, Schmetterling, sez dich! Sieh den Sperling, der auf dich laurt und seinen Schnabel wezet, um dich als einen Braten zu essen, und Sallat von dem Blätchen, wo du sizest, dazu zu pikken. Schmetterling, Schmetterling, sez dich! Ich wil dir nicht einen Flügel ausreissen, oder einen Fuß, oder dich ängstigen, Närchen! Nein! Du bist klein, wie ich! Georg, mein größerer Bruder, fängt sich größere Vögel, und er geht nicht mit ihnen um, wie ich mit dir umgehen werde. – Weißt du, was ich wil? Ich wil dich ein wenig ansehen, schönes Jüngferchen, nicht lange. – Ich weiß, du lebst nur kurz, armes Vögelchen! Künftigen Sommer bist du nicht mehr, und ich bin schon sieben Sommer alt. – Ich wil dich nicht vom Leben aufhalten, armes Vögelchen; aber besehen will ich dich, dein niedliches Köpfchen, und dein schlankes Leibchen, und diese deine spizen Flügelchen, das wil ich besehn. Und damit du keine Zeit verlierst, werd' ich dir ein Blätchen vorhalten, damit du während der Zeit essen kanst. Schmetterling, Schmetterling, sez dich! Närchen, ich mein' es gut mit dir. Schmetterling, Schmetterling, sez dich!	Papillon, joli papillon ! viens te poser sur cette fleur que je tiens dans ma main. Où vas-tu, petit étourdi ? Ne vois-tu pas cet oiseau gourmand qui te guette ? Il vient d'aiguiser son bec, & il l'ouvre déjà, tout prêt à t'avaler. Viens, viens ici ; il aura peur de moi, & il n'osera t'approcher. Papillon, joli papillon ! Viens te poser sur cette fleur que je tiens dans ma main. Je ne veux point t'arracher les ailes, ni te tourmenter ; non, non, tu es petit & foible [!], ainsi que moi. Je ne veux que te voir de plus près ; je veux voir ta petite tête, ton long corsage & tes grandes ailes bigarrées de mille & mille couleurs. Papillon, joli papillon ! viens te poser sur cette fleur que je tiens dans ma main. Je ne te garderai pas long-tems, je sais que tu n'as pas long-tems à vivre. A la fin de cet été, tu ne seras plus, & moi, je n'aurai alors que six ans. Papillon, joli papillon ! viens te poser sur cette fleur que je tiens dans ma main. Tu n'as pas un moment à perdre pour jouir de la vie. Tu pourras prendre ta nourriture tandis que je te regarderai.
Aus den Lebensläufen nach aufsteigender Linie	

---

[30]   Arnaud Berquin: *L'ami des enfans.* Jahrgang 1783. Bd. IV, S. 31f.
[31]   *Kleine Kinderbibliothek.* Hg. von Joachim Heinrich Campe. Bd. VI. Hamburg 1781,
       S. 9f.

Ein Vergleich der Texte zeigt, dass die Suche deshalb erschwert wurde, weil Berquin die Titel der Geschichten nicht übersetzt, sondern verändert bzw. selbst gewählt hat. Bei den Geschichten an sich erkennt man, dass Berquins Texte meistens relativ textnahe Übersetzungen Campes sind – auch wenn er immer wieder Änderungen vornimmt. Sichtbar wird an diesem Beispiel, dass die deutschen Namen wegfallen, in anderen Fällen werden sie durch französische Namen ersetzt. Manches wird ergänzt, anderes weggelassen, weiteres verändert.[32] Für seine Zeitschrift machte Berquin außerdem eine gezielte Auswahl: Während Campes *Kinderbibliothek* einem recht eklektischen Prinzip folgt und Erzählungen, Gedichte (Lieder), Fabeln, Gespräche, Theaterstücke sowie Beiträge aus Nachrichten und Zeitungen miteinander verbindet, begrenzt Berquin seine Auswahl auf moralische Erzählungen, Gespräche und kleine Theaterstücke, die sich oft auf die eigene Zeit (nicht etwa auf frühere Zeiten, z. B. auf die Antike) beziehen. Auffällig ist außerdem, dass die bei Campe recht häufigen Verweise auf andere europäische oder außereuropäische Länder, Kulturen und Geschichten bei Berquin fehlen, exotische Aspekte in seiner Zeitschrift also verschwinden. Insgesamt wird deutlich, dass er darauf achtet, einen der Mündlichkeit nahen Ton zu treffen, was später den Erfolg dieser Zeitschrift und der Texte garantieren wird.[33]

Neben der Erzählung *Lieschen zum Schmetterling* sind (mindestens) auch noch drei weitere Texte, für die bislang keine Quellen angegeben wurden, auf Texte aus der *Kleinen Kinderbibliothek* zurückführen. Meine neuen Funde können also folgendermaßen zusammengefasst werden:[34]

Titel bei Campe	Angabe	Titel bei Berquin	Angabe
Die Tulpenliebhaberin	1. Band, 1779	*Les tulipes*	1783, 4. Heft
Die frommen Kinder	2. Band, 1779	*L'amour de Dieu et de ses parents*	1782, 10. Heft
Lieschen zum Schmetterling	6. Band, 1781	*Papillon, joli papillon*	1783, 4. Heft
Aus Leonhard und Gertrud, einem Buche für das Volk	6. Band, 1781	*Le lit de mort*	1783, 6. Heft

Isabelle Nières-Chevrels Ergebnisse können ferner aus einer anderen Perspektive ergänzt bzw. korrigiert werden. Da sie von einer späteren Ausgabe von 1815 ausging, in der Campes recht präzise Quellenangaben getilgt wurden, konnte nämlich nicht erkannt werden, dass einige der Texte, die Berquin übernahm, nicht von

---

[32]   Im deutschen Text ist vom „künftigen Sommer" die Rede, im französischen vom „Ende des Sommers" („fin de l'été"). Hier findet also eine leichte Verschiebung statt.

[33]   Vgl. hier Havelange/Nières Chevrel: *Livres pour l'enfance et la jeunesse* (Anm. 13), S. 1254ff.

[34]   Für einen detaillierten Überblick mit einer vollständigen Liste aller Texte Berquins und der Funde bis 2014 verweise ich auf Nières-Chevrel: *Des sources nouvelles* (Anm. 28), S. 819–828.

Campe selbst, sondern von anderen deutschen Autoren (etwa von Karl Philipp Moritz) stammen. Noch bemerkenswerter ist aber folgende Beobachtung: Bei der Erzählung *Der Kanarienvogel* fand der Transfer in die *andere* Richtung statt: Diesen Text hat Campe von Berquin übernommen. Bereits das erste Bändchen der *Kleinen Kinderbibliothek* aus dem Jahre 1779 enthält die Erzählung *Der kleine wohltätige Mirtil*, für die Campe auf Berquin verweist.[35] Noch bevor Berquin in Campes Sammlungen schöpfte, hatte Campe also bereits Texte von Berquin in seine Schriften aufgenommen.

Rückblickend findet hier somit eine bedeutsame Reflexion über Autorschaft und Übersetzung statt: Arnaud Berquin hat sich selbst als Nachahmer verstanden und nur vage auf seine Quellen hingewiesen. Das führte in den darauffolgenden Jahrzehnten und Jahrhunderten zu Fehlinterpretationen, die erst durch neue, sehr detaillierte Erforschungen wieder ins rechte Licht gerückt werden konnten. Versucht man diese intertextuellen Beziehungen anhand von Renate Lachmanns Modellen theoretisch zu fassen, so lassen sie sich zwischen dem Modell der Partizipation und demjenigen der Usurpation situieren.[36] Insofern als Berquin sich selbst bewusst als Nachahmer deutscher Schriftsteller aufgefasst und präsentiert hat, sah er auch sein Werk als Fortschreibung der deutschen Texte und als Adaption für das französische Publikum. Mit der Zeit und *gegen seinen Willen* wandelte sich diese Partizipation zu einer Usurpation, da die unklare Darstellung der intertextuellen Beziehung dazu führte, die „originären Spuren"[37] zu verdecken.[38]

Zu einer solchen ‚Usurpation gegen den Willen' kam es vor allem, weil Berquin im 19. Jahrhundert so berühmt wurde und das allgemeine Publikum seine Geschichten für eigene, originale Texte hielt. Mit dieser Praxis war er indes nicht allein, sie war ja für diese Zeit nicht unüblich. Auch Campe selbst übernahm Texte aus dem Ausland als ‚Stoff' (nicht als ‚Originalwerk'), um daraus eigene Texte für das spezifische Publikum zu gestalten. Diese Bewegungen entsprechen also weniger einem Transfer als einem wechselseitigen Austausch.

Insofern nimmt es nicht wunder, dass Berquins *Ami des enfans* anschließend auch in Deutschland erfolgreich und vor allem zum Erlernen der französischen Sprache empfohlen wurde. Der Nutzen einer *deutschen* Übersetzung leuchtete dem Rezensenten der *Litteratur- und Theaterzeitung* allerdings nicht ein, dort heißt es:

[35] *Der kleine wohltätige Mirtil.* In: *Kleine Kinderbibliothek.* Hg. von Joachim Heinrich Campe. Bd. I. Hamburg 1779, S. 55–59.
[36] Renate Lachmann und Schamma Schahadat: *Intertextualität.* In: *Literaturwissenschaft. Ein Grundkurs.* Hg. von Helmut Brackert und Jörn Stückrath. Reinbek bei Hamburg ⁷2001, S. 678–687.
[37] Ebd., S. 681.
[38] Besonders beachtenswert ist die Tatsache, dass diese Entwicklung in anderen kulturellen Räumen und insbesondere im russischen Kontext durchaus vergleichbar ist. Vgl. hierzu in diesem Band Oxane Leingangs Aufsatz, der zu sehr ähnlichen Schlüssen kommt.

Von dem *Ami des Enfans* des Hrn. Berquin zu Paris sind daselbst der eilfte und zwölfte Theil erschienen, wodurch das Werk geschlossen ist. Aeltern, die ihren Kindern ein geschmackvolles Französisches Buch in die Hände geben wollen, können wir diesen *Ami des Enfans* mit Zuversicht empfehlen. Wir haben es schon einmal (bei der Anzeige des ersten Theils) gesagt: die Schreibart ist klassisch, und da der Stoff größtentheils aus deutschen Werken,*) vornehmlich dem Kinderfreunde des Hrn. Weiße und aus den Schriften der Herren Campe, Salzmann und Engel entlehnt ist, so kann das Buch auch sehr schicklich zum Unterrichte bei der Französischen Sprache gebraucht werden, indem der Inhalt den Kindern schon bekannt ist, wodurch das Lesen des Buchs ihnen erleichtert wird.

*) Wir wunderten uns daher nicht wenig, als wir vor kurzem eine deutsche Uebersetzung von diesem Ami des Enfans angekündigt sahen; soll selbige nicht einem Nachdruck ähnlich sehen, so werden alle die Stücke wegbleiben müssen, die deutschen Autoren zugehören. Und wozu dann eine Uebersetzung des Buchs?[39]

Diese Passage zeigt, dass nur inhaltliche und sprachliche Argumente bei diesem Rezensenten eine Rolle spielen, ästhetische Aspekte hingegen nicht berücksichtigt werden. Gleichwohl erschien im Jahre 1798 in Pirna eine erste Übersetzung von ausgewählten Erzählungen aus Berquins *Kinderfreund*,[40] eine zweite Übersetzung (von Georg Matthias Kißling) mit dem gleichen Titel *Der Kinderfreund* erschien 1842 in Ulm.[41] In der Ausgabe von 1798 wurde u. a. die Erzählung *Papillon, joli Papillon* ins Deutsche zurückübersetzt, der Beginn lautet:

Schmetterling! Schöner Schmetterling!
Schmetterling! Schöner Schmetterling Komm, setze dich auf die Blume, die ich in meiner Hand halte!
Wo willst du hin, kleiner Unbesonnener! Siehst du nicht jenen lüsternen Vogel, der auf dich lauert? Schon hat er seinen Schnabe [!] gewetzt, schon hält er ihn offen, um dich zu verschlingen! Komm, komm hierher! Er wird sich scheuen, und dir nicht zu nahe kommen.
Ich will dir nicht deine Flügelchen ausraufen, will dich nicht quälen! Nein, nein! Du bist klein und schwach, so wie ich. Ich möchte dich nur gern betrachten, möchte

---

[39] *Litteratur- und Theaterzeitung* 1783, S. 204. Digital verfügbar unter: <https://gdz.sub. uni-goettingen.de /id/PPN556490444_1783?tify={%22pages%22:[209],%22view%2 2:%22info%22}> (Letzter Zugriff: 28.03.2019). Vgl. auch Genton: *Arnaud Berquin* (Anm. 16).

[40] *Berquins Kinderfreund*. Aus dem Französischen. Pirna: in der Arnoldischen Buchhandlung. Erster Teil 1798, zweiter Teil 1800. Es handelt sich um eine Auswahl von 28 Geschichten, darunter einige, die auf Campes *Kleine Bibliothek* zurückzuführen sind, z. B. *Schmetterling, schöner Schmetterling* als Übersetzung von *Papillon, joli Papillon*.

[41] Berquin: *Der Kinderfreund*. Aus dem Französischen von Georg Matthias Kißling. Ulm 1842.

gern dein Köpfchen sehen, und deinen länglichen Leib, und deine großen Flügel, mit tausenderlei Farben gesprengelt.[42]

Die Rezeptionsgeschichte von Campes Schriften darf insofern keineswegs als ein linearer Prozess, sondern muss als multidirektionales Verfahren verstanden werden, das eine lange Wechselbeziehung zwischen Frankreich und Deutschland vorführt.

IV. Weitere Vermittler und Formen der Vermittlung

Wenngleich Arnaud Berquin sicherlich der bekannteste Vermittler von Campes Werk in Frankreich ist, so sollen in einem letzten Schritt einige weitere Vermittlerfiguren angeführt werden, um das Bild zu vervollständigen. Im Zusammenhang mit Campes Rezeption in Frankreich ist zunächst auch eine Autorin zu nennen, die heutzutage im Kontext der deutsch-französischen Beziehungen neuentdeckt wird. Es handelt sich um Marie-Elisabeth de La Fite (1737–1794). Die aus Hamburg gebürtige Marie-Elisabeth Boué heiratete im Jahre 1768 den protestantischen Pastor Jean-Daniel de La Fite, mit dem sie anschließend in Den Haag lebte. Nach dem Tod ihres Mannes im Jahre 1781 zog sie nach London, wo sie die Töchter der Königin Charlotte unterrichtete. Sie interessierte sich also insbesondere für die Erziehung und Ausbildung von Kindern und Jugendlichen, war aber zugleich als Autorin und Übersetzerin tätig.[43] So war sie etwa die erste, die Sophie von La Roches *Geschichte des Fräuleins von Sternheim* ins Französische übersetzte.[44] Bereits im Jahre 1778 erschien aber auch der erste Band ihrer *Entretiens, drames et contes moraux, à l'usage des enfans*, mit dem sie – wie Campe und Berquin – geeignete Texte für Kinder bereitstellen wollte. Die kulturell aufgeschlossene Autorin, die ebenfalls einen Blick auf die deutschsprachige Literatur warf, stellte dabei fest, dass genau zu dieser Zeit ähnliche Werke in Deutschland entstanden – ab 1775

---

[42]   *Berquins Kinderfreund* (Anm. 40), S. 166–168.

[43]   Vgl. hierzu: Ineke Janse: *Traveller, pedagogue and cultural mediator. Marie-Elisabeth de la Fite and her female context*. In: *Woman Writing Back / Writing Women Back. Transnational perspectives from the late Middle Ages to the dawn of the modern era*. Hg. von Alicia Montoya, Anke Gilleir und Suzan van Dijk. Leiden u. a. 2010, S. 309–326.

[44]   Sie übersetzte außerdem die von Johann Adolph Schlegel und Gottlieb Leberecht Heyer herausgegebenen *Freundschaftlichen Briefe* Gellerts sowie Lavaters *Physiognomische Fragmente*. Zu ihrer Übersetzung von Sophie von La Roches *Geschichte des Fräuleins von Sternheim* siehe Angela Sanmann: *Challenging Female Ideals: Marie-Elisabeth de La Fite's Translation of Sophie von La Roche's „Geschichte des Fräuleins von Sternheim"*. In: *Writing the Self, Creating Community. German Women Authors and the Literary Sphere, 1750–1850*. Hg. von Elisabeth Krimmer und Lauren Nossett. Rochester/New York 2020, S. 69–86.

Weißes *Kinderfreund*, ab 1779 Campes *Kleine Kinderbibliothek*. In ihrem Vorwort erklärt auch sie explizit, dass deutsche Werke ihre Schriften beeinflusst haben:

> J'avois composé la moitié de celle-ci, lorsque j'appris qu'il paroissoit deux ouvrages allemands destinés comme le mien à rendre l'instruction agréable et facile. J'en ai fait usage, et j'ai eu le soin d'indiquer les secours qu'ils m'ont fournis. J'y puiserai des morceaux encore plus intéressans, si je me détermine à publier un second volume [...].[45]

Im zweiten Band verweist sie durch Fußnoten explizit auf ihre Quellen, etwa auf Texte von Weiße, Gleim, Jacobi – und natürlich auch Campe. So findet man am Anfang der Geschichte *Mina ou L'enfant corrigé* folgenden Hinweis: „Ce morceau et les deux suivans sont tirés d'un ouvrage allemand de M. Campe, intitulé *Kleine, Bibliothèque für Kinderen*"[46] [!]. Anders als Berquin nennt Madame de La Fite also genauer ihre Quellen und die Form ihrer Überarbeitung. Sie präzisiert öfters, ob sie einen Text übersetzt oder anpasst bzw. imitiert. Ihre Auswahl unterscheidet sich außerdem von Berquins Wahl, insofern sie z. B. auch zwei Fabeln aus Campes *Kinderbibliothek* übernimmt.

Bemerkenswert ist ihr Werk aber auch noch aus einem weiteren Grund. Nach den drei Texten, die sie von Campe ins Französische übertragen hat, fügt sie nämlich erneut einen fiktiven Brief von „Madame de Valcour" an „Annette" ein, in dem sie ausgerechnet für Campes *Robinson* und für dessen französische Übersetzung Werbung macht:

> Je profite d'une occasion qui se présente, ma chère Annette, pour vous envoyer le nouveau Robinson (1), qui surement vous fera grand plaisir, ainsi qu'à vos jeunes amis. Nous ne l'avons que depuis quelques jours; Julie, qu'il intéresse beaucoup, n'a pas encore eu le temps de l'achever; et ce n'est pas une petite preuve d'amitié qu'elle vous donne, en consentant à vous céder son exemplaire.
>
> (1) [Fußnote] On ne sauroit trop recommander la lecture de cet ouvrage, dont la traduction françoise a paru en même temps que l'original. M. Campe a refondu l'ancien Robinson, et au moyen de ses additions et de ses retranchements, en a fait un livre entièrement approprié aux enfans.[47]

---

[45]   Marie-Elisabeth de La Fite: *Entretiens, drames et contes moraux*. Ohne Ortsangabe 1791. Bd. I, S. XI. (4. Ausgabe von 1791, 1. Ausgabe: Den Haag 1778).

[46]   Marie-Elisabeth de La Fite: *Entretiens, drames et contes moraux*. Ohne Ortsangabe 1791. Bd. II, S. 125. Vgl. auch Nières-Chevrel: *Des sources nouvelles* (Anm. 28), S. 808f.; Havelange/Nières Chevrel: *Livres pour l'enfance et la jeunesse* (Anm. 13), S. 1212, S. 1233, S. 1236f., S. 1245.

[47]   Marie-Elisabeth de La Fite: *Entretiens, drames et contes moraux*, Bd. II (Anm. 46), S. 134.

In einem fiktiven Brief wird Campes *Robinson* hier in seinen grundlegenden Zügen und in seinem Nutzen für die junge französische Leserschaft dargestellt. Dass hier die Autorstimme durchscheint, wird daran deutlich, dass die Aussage in der Fußnote mit den Ansichten im Brief übereinstimmt. Innerhalb eines Werks, das Texte für Kinder umfasst und diese aus Schriften anderer Kulturräume adaptiert, wird somit zugleich die Lektüre anderer Werke empfohlen. Auch die Grenze zwischen Fakt und Fiktion beginnt hier zu verschwimmen.

Neben diesen Adaptionen erschien im Jahre 1800 eine französische Übersetzung von Campes *Kleiner Kinderbibliothek* von Jean Denis Grandmottet, der seit ca. 1790 in Braunschweig lebte, dort am Carolinum lehrte und vermutlich also mit Campe in Kontakt stand. In seinem Vorwort zur Übersetzung bezieht er sich auf Berquin und erklärt, dass er – im Unterschied zu Berquin – nun eine Übersetzung von Campes Texten unternimmt, die deren „natürlichen Charakter" nicht tilgt.[48] Er unterscheidet also deutlich zwischen seinen Übersetzungen und den Adaptionen Berquins. Zwölf Jahre später wiederum veröffentlicht der Autor und Verleger Pierre Blanchard eine Ausgabe mit dem Titel *L'ami des petits enfants ou Contes les plus simples de Berquin, Campe et Pierre Blanchard*, eine Schrift, die 24 Texte von Berquin, 24 von Campe und 4 von Blanchard enthält.[49] Dabei handelt es sich bei den Texten Campes um Übersetzungen von Grandmottet und bei den Texten Berquins teilweise um Adaptionen Campes:[50] Übersetzung und Adaption stehen hier also nebeneinander, was allerdings nicht sogleich deutlich wird, da es sich um unterschiedliche Erzählungen handelt.

Eine nicht unwesentliche Rolle wird für Campes Beziehungen nach Paris und Frankreich schließlich auch Carl Friedrich Cramer ausgeübt haben.[51] Als

---

[48]   Joachim Heinrich Campe: *Petite Bibliothèque des enfants*. Traduit par Jean Denis Grandmottet. Den Haag 1802, Vorwort.

[49]   Pierre Blanchard: *L'ami des petits enfants ou Contes les plus simples de Berquin, Campe et Pierre Blanchard*. Paris 1812. Vgl. auch Nières-Chevrel: *Des sources nouvelles* (Anm. 28), S. 811.

[50]   Im ersten Band sind drei Texte enthalten, die unter Berquins Namen angeführt werden, aber auf Campe zurückzuführen sind: *Les fraises et les groseilles* (Campe: *Der kleine Gärtner*), *Le rosier à cent feuilles* (Campe: *Der Rosenstock*), *Les maçons sur l'échelle* (Campe: *Durch gegenseitige Hülfeleistungen gehen die Geschäfte des Lebens ihren Gang*). Der Band umfasst also Adaptionen und Übersetzungen von Campes Erzählungen. Auch Blanchard geht in seinem Vorwort auf die komplexe Beziehung zwischen Campe und Berquin ein.

[51]   Vgl. zu Carl Friedrich Cramer u. a.: Franz Obermeier: *Carl Friedrich Cramer als Übersetzer. Ein Beitrag zu den deutschfranzösischen Kulturbeziehungen am Ende des 18. und Anfang des 19. Jahrhunderts*. In: Ders.: *Carl Friedrich Cramer (1752–1807). Revolutionär, Professor und Buchhändler*. Nordhausen 2002, S. 418–438.; Ders.: *Übersetzen und vermitteln. Carl Friedrich Cramer und der deutsch-französische Kulturaustausch*. In: *„Ein Mann von Feuer und Talenten". Leben und Werk von Carl Friedrich Cramer*. Göttingen 2005, S. 177-208; Alain Riuz: *Carl Friedrich Cramer, exilé politique et traducteur à Paris. De l'époque de la Révolution de 1789 à l'Empire / Carl*

Übersetzer (u. a. der *Tableaux de Paris* von Louis-Sébastien Mercier) und Buchhändler in Paris, als Briefkorrespondent Campes konnte er ihm für die Verbreitung seiner Texte die nötigen Kontakte verschaffen, wie etwa folgender Briefauszug nahelegt:

> Vorläufig melde ich Ihnen nur, in Absicht des Druckes des *Robinson*, daß Sie sich, wenn Sie anders wollen, wegen einer Übersetzung ins Italienische davon keine Mühe zu geben brauchen, weil ich hier einen sehr vertrauten Freund habe, der sich verschiedne Jahre in Rom aufgehalten hat, das Italienische leidenschaftlich liebt, und die Sprache wie ein Eingebohrner schreibt. Er hat schon Proben davon abgelegt und z.E. Bernhardin de St. Pierres Paul et Virginie ins Italienische übersezt […]. Dieser wird also für ein Honorar von neun Thalern, (vielleicht weniger,) gern die Übersetzung Ihres Robinsons übernehmen, über deren Druck ich Ihnen nach geschehner Kostenübernehmung das Nähere u. Umständlichere schreiben werde.[52]

Eine italienische *Robinson*-Übersetzung des Übersetzers J.F.C. Blanvillain, von dem hier die Rede ist, konnte bislang nicht eruiert werden. Cramer selbst, der zuvor auch schon Rousseaus Schriften für Campe ins Deutsche übersetzt hatte, soll später Campes *Sittenbüchlein für Kinder* unter dem Titel *Petit livre de morale pour les enfans: faisant partie de l'encyclopédie universelle pour les écoles* ins Französische übersetzt haben.[53] Auch er verstärkte hiermit Campes Rezeption im französischsprachigen Raum.

V. Fazit

In der aktuellen Forschung zur Kinder- und Jugendliteratur gilt Joachim Heinrich Campe und sein Werk als wichtiger Grundstein für die Entstehung der französischen Kinderliteratur und vor allem auch des französischen Jugendromans.[54] Erst ein genauer Blick auf die Texte und die Vermittlerfiguren vermag jedoch die

Friedrich Cramer, Exilant und Übersetzer in Paris. Von der Französischen Revolution bis zum Empire. In: *Migration, exil et traduction. Traductions dans l'histoire.* Hg. von Bernard Banoun, Michaela Enderle-Ristori und Sylvie Le Moël. Tours 2011, S. 69–98.

[52] Brief an Carl Friedrich Cramer an Campe vom 3. März 1797. In: Campe: *Briefe*, Bd. II (Anm. 5), S. 471–472, hier S. 471.

[53] Vgl. Obermeier: *Carl Friedrich Cramer als Übersetzer* (Anm. 51), S. 432. Die Ausgabe soll in Paris, Braunschweig und Breslau erschienen sein. Die zweisprachige Ausgabe (Französisch-Polnisch) ist digital verfügbar, der Übersetzer wird jedoch nirgends genannt: <https://polona.pl/item/petit-livre-de-morale-pour-les-enfans,NDAzMTU5Nzg/15/#index> (letzter Zugriff: 28.03.2019).

[54] Siehe Nières-Chevrel: *Introduction à la littérature de jeunesse* (Anm. 12). Vgl. auch Mathilde Lévêque: *La littérature allemande pour la jeunesse en France: quelques pistes de réflexion pour une « grande question ».* In: *Kinder- und Jugendliteraturforschung international. Ansichten und Aussichten? Festschrift für Hans-Heino Ewers.* Hg. von

Austauschprozesse aufzuzeigen. Insgesamt kann die Analyse also zeigen, dass Berquin vermutlich mindestens genauso stark von Campe wie von Weiße beeinflusst wurde und dass es sich um einen gegenseitigen Austausch handelte. Erkennbar wird auch, dass der literarische Transfer u. a. durch die fiktionalen Texte selbst (wie etwa im Falle von Marie-Elisabeth de La Fites Werk) gefördert wurde. Die Zirkulation der Texte und die verschiedenen Formen der Überarbeitung erschweren zwar das spätere Verständnis der Austauschprozesse, zeigen aber, wie vertrackt diese auch sein können. In diesem Sinne erleichtern Digitalisierungen sicherlich die Erforschung solcher Beziehungen, dennoch sollte die Auswahl der digitalisierten bzw. neugedruckten Ausgaben genauer geprüft oder gar kommentiert werden. Im Falle des *Robinson allemand* hat man es mit einer stark überarbeiteten Fassung zu tun, die dem Text Campes nicht wirklich gerecht wird. Und in diesem Sinne ist wiederum ein starker Austausch zwischen den Disziplinen und den deutsch-französischen Forschungsräumen nur allzu wünschenswert.

Gabriele von Glasenapp, Ute Dettmar und Bernd Dolle-Weinkauff. Frankfurt/M. 2014, S. 77–88. Als wichtiger Ausgangspunkt gilt Campe auch für die russische und die hebräische Kinderliteratur. Siehe dazu Oxane Leingangs Aufsatz in diesem Band sowie Zohar Shavit: *Literarische Beziehungen zwischen der deutschen und der jüdisch-hebräischen Kinderliteratur in der Epoche der Aufklärung am Beispiel von J.H. Campe.* In: *Übersetzen, verstehen, Brücken bauen. Geisteswissenschaftliches und literarisches Übersetzen im internationalen Kulturaustausch.* Teil 2. Hg. von Armin Paul Frank u. a. Berlin 1993, S. 755–765.

Oxane Leingang

Die kleine Kinderbibliothek und Robinson der Jüngere – Campes kinderliterarische Best- und Longseller in Russland

I. Campe und Russland

Auch in Russland genoss Joachim Heinrich Campe,[1] „der illustre und populärste deutsche Autor jener Zeit",[2] ein ausgezeichnetes Renommee. Seine kinder- und jugendliterarischen Werke kamen in Einzelausgaben und als Auszüge in Periodika und Chrestomathien bis in die zweite Hälfte des 19. Jahrhunderts immer wieder auf den Markt. Der verkaufsstrategische Verweis „Campe" oder gar „der berühmte Campe" wurde in den Titeleien aller Publikationen aufgeführt, auch in jenen Texten, die zwar aus dem Deutschen übersetzt wurden, aber nicht aus seiner Feder stammen. Diese scheinbar basale Tatsache ist besonders erwähnenswert, wurden doch oft die Namen der Autoren und Übersetzer bei den meisten kinderliterarischen Übertragungen ins Russische unterschlagen. Die Werke für Kinder galten als Allgemeingut, während die Urheber- sowie Copyrightrechte ohnehin nur eine marginale Rolle spielten.

Die erste bekannte kinderliterarische Campe-Ausgabe in Russland ist der deutschsprachige Reprint für den Fremdsprachenunterricht: *Das Sittenbüchlein für Kinder aus gesitteten Ständen* (dt. EA 1777), das bereits zwei Jahre nach der Erstpublikation in St. Petersburg herausgebracht wurde.[3] Im Untertitel taucht der

---

[1] Russische Wörter und Eigennamen werden grundsätzlich in der wissenschaftlichen Transliteration wiedergegeben, die im deutschen Sprachraum üblich ist. Die einzige Ausnahme bildet der Name des Autors *Joachim Heinrich Campe*. Dieser wird im Fließtext nicht als *Ioachim Genrich Kampe* rücktransliteriert, sondern in seiner deutschen Schreibweise beibehalten. Alle Zitate aus den russischen Quellen sind von mir übersetzt.

[2] Nikolaj Čechov: *Očerki istorii detskoj literatury (1750-1855) // Materialy po istorii detskoj literatury*. Moskva 1927, S. 27; S. 41. Ähnlich äußert sich auch der Slavist Peter Drews, der Campe als den „am meisten beachteten deutschen Jugendautor" bezeichnet. Peter Drews: *Die Rezeption deutscher Belletristik in Russland 1750–1850*. München 2007, S. 21.

[3] Joachim Heinrich Campe: *Sittenbüchlein für Kinder aus gesitteten Ständen: Zum Gebrauch des Gymnasium bey der Kayserlichen Akademie der Wissenschaften*. St. Petersburg 1779.

exklusive Anwendungshinweis auf: *Zum Gebrauch des Gymnasiums bey der Kaiserlichen Akademie der Wissenschaften*. Hier genoss das Erlernen der deutschen Sprache zumindest in den Anfängen höchste Priorität.[4] Gedruckt wurde *Das Sittenbüchlein* in der akademieeigenen Typographie, die seit ihrer Gründung fast ausschließlich Lehrbücher für universitären und allgemeinen pädagogischen Gebrauch vertrieb.[5] Die zweite Auflage folgte bereits ein Jahr später; 25 Exemplare dieses Werkes sind seit 1781 in der Bibliothek des Akademischen Gymnasiums[6] und der Bibliothek des Landkadettenkorps, einer Eliteschule des Adels, katalogisiert. Eine russische Übersetzung des *Sittenbüchleins* erschien allerdings erst dreizehn Jahre später in Moskau in der privaten Typographie von Andrej Rešetnikov. Im Untertitel tauchte der verkaufsfördernde Verweis „Die Werke des berühmten Herrn Campe" auf, der Adressatenkreis wird nobilitierend auf „adlige Kleinkinder" eingegrenzt.[7]

Campes Erfolg in Russland war nicht zufällig: Im letzten Viertel des 18. Jahrhunderts – während der zweiten Hochphase des ‚Übersetzungsimports'[8] – kam es zu einem rasanten Aufschwung der (Lehr-)Buchproduktion. Im Rahmen der nationalen Bildungsoffensive und der Popularisierung des aufgeklärten Gedankenguts übertrug man aus den westeuropäischen Nachbarländern vor allem wirkungsmächtige Texte. Maßgeblich forciert durch drei Faktoren – die Diversifizierung des Schulsystems, das wachsende Interesse an progressiver Pädagogik sowie die kurzzeitige Aufhebung des Staatsmonopols über das florierende Druckerei- und Verlagswesen[9] – stieg auch die Zahl an Publikationen explosionsartig an, die explizit für Kinder bestimmt waren. Die (kinderliterarische) deutsche Weltliteratur[10]

---

[4]   Das Akademische Gymnasium wurde 1726, ein Jahr nach der Gründung der Akademie der Wissenschaften, ins Leben gerufen, und zwar mit dem primären Ziel, zukünftige russische Studenten auszubilden. Im ersten Jahr der Akademischen Universität, die zunächst aus drei Fakultäten (Medizin, Jurisprudenz, Philosophie) bestand, mussten mangels der einheimischen Hörer neun Studierende aus Deutschland rekrutiert werden. Dazu Kristine Koch: *Deutsch als Fremdsprache im Rußland des 18. Jahrhunderts. Ein Beitrag zur Geschichte des Fremdsprachenlernens in Europa und zu den deutsch-russischen Beziehungen* (Geschichte des Deutschen als Fremdsprache 1). Berlin/New York 2002, S. 154.

[5]   Ebd., S. 221.

[6]   Ebd., S. 254, Fn. 219.

[7]   [I.-G.] Kampe: *Nravoučenie dlja maloletnich blagorodnych detej. Sočinenija slavnogo g. Kampe. Perevod s nemeckago (Maksima Šlykova)*. Moskva: V vol'noj tipografii A. Rešetnikova, 1793.

[8]   Jörn Albrecht und Iris Plack: *Europäische Übersetzungsgeschichte*. Tübingen 2018, S. 369.

[9]   Koch: *Deutsch* (Anm. 4), S. 244.

[10] Aktuell dazu Dieter Lamping: *Was ist Weltliteratur? Ein Begriff und seine Bedeutung*. In: Anton J. Escher und Heike Spickermann (Hg.): *Perspektiven der Interkulturalität. Forschungsfelder eines umstrittenen Begriffs* (Intercultural Studies 1). Heidelberg 2018, S. 127–141.

in ihrer normativen globalen, intertextuellen und -kulturellen Bedeutung erscheint dabei auch als eine distributive Strategie des möglichst lukrativen Bücherverkaufs. Die Kommerzialisierung des Lehrbuchmarkts war ferner für die Segmentierung des Angebots verantwortlich. Von Sittenbüchlein, Klugheitsregeln über Kinderlogiken, Chrestomathien bis hin zu Enzyklopädien – eine Flut an Publikationen unterschiedlichster Genres überschwemmte den kinderliterarischen Markt.

Neben den obligaten Konzessionen an die Zensurbehörde praktizierte man die textimmanente Übersetzungsstrategie der überschreibenden Usurpation bzw. die „Similaritäts-Intertextualität" des translatorischen Ideals der *belles infidèles*,[11] das im 18. Jahrhundert erneut einen Aufschwung erlebte.[12] Diese freie, optimierte Übersetzungsform bzw. Re-Interpretation orientierte sich zwar inhaltlich am Original, erlaubte aber auch krude lektorierende Eingriffe als soziokulturelle Rezeptionsdispositive, wie etwa Anpassungen an den Erfahrungshorizont und die Erwartungen des neuen Leserkreises, was letztendlich auch die (In-)Signifikanz des Originals dokumentierte.[13] „The fact that transfer always entails transformation is rarely more evident than in the field of the Enlightened translation business", konstatiert Stefanie Stockhorst.[14] Dank *imitatio* und *aemulatio* entstanden idealiter nahezu eigenständige Schöpfungen, die in ihrer Gewichtung und Wertschätzung neben den Originalen rangierten.[15] Die Werke wurden mit russischen (Autoren-) Namen camoufliert, durch landestypische Realien und Schauplätze stark modifiziert und dadurch zu „quasi-eigenen" Texten transformiert.[16] Auf diese Weise forcierte die Bereicherung des Lektüreangebots durch Übertragungen ins Russische – durch Akkulturation, kreative Nachahmungen oder gar Neuschöpfungen – zwangsläufig auch die Etablierung und Ausdifferenzierung der eigenen (Kinder-) Literatur.

Dass das Buchgeschäft infolge des chronischen Defizits zum lukrativen Terrain wurde, zeigt sich daran, wie schnell die ausländische Literatur das katharinäische Russland erreichte. In den 1720er und 1750er Jahren wurde ein westeuropäisches Werk nicht selten erst nach einer Latenzzeit von bis zu fünf Dekaden in russischer Sprache verfügbar. Im letzten Drittel des 18. Jahrhunderts verkürzte sich die Spanne drastisch. So las man Defoes *Robinson Crusoe* (1719) zunächst in der französischen Fassung *La vie et les aventures surprenantes de Robinson Crusoe*

---

[11] Renate Lachmann und Schamma Schahadat: *Intertextualität*. In: Helmut Brackert und Jörn Stückrath (Hg.): *Literaturwissenschaft. Ein Grundkurs*. 7. erweiterte und durchgesehene Ausgabe. Hamburg 2001, S. 678–687, hier S. 682.

[12] Albrecht/Plack: *Übersetzungsgeschichte* (Anm. 8), S. 128ff.

[13] Dazu stellvertretend: Stefanie Stockhorst: *Introduction. Cultural Transfer through translation: a current perspective in Enlightment studies*. In: Dies. (Hg.): *Cultural Transfer through Translation. Thought in Europe by Means of Translation*. Amsterdam/ New York 2010, S. 7–26, hier S. 13.

[14] Ebd.

[15] Ebd., S. 8.

[16] Lachmann/Schahadat: *Intertextualität* (Anm. 11), S. 683.

(1720/21) von Juste Van Effen und Henri Cordonnier; eine russische Übertragung kam aber erst 1762/64 auf den Markt.[17] Goethes Erfolgsroman *Die Leiden des jungen Werthers* (1774) lag sieben Jahre nach dem Erscheinen in russischer Sprache vor,[18] während Campes *Die kleine Kinderbibliothek* bereits vier Jahre nach der Erstpublikation ins Russische übertragen wurde.

Diese zeitliche Asymmetrie, ein Vergleichsparameter und Bewertungsmaßstab zugleich, erlaubt Rückschlüsse auf die Dynamiken des (kinder-)literarischen Kulturtransfers.[19] Anders als die meist unzuverlässigen Verkaufszahlen von Büchern können Translate und ihre Neuauflagen nach Konjunkturen sortiert und nach Wirkkraft hierarchisiert werden. Die empirisch untersuchbaren Auswahl- und Aneignungsprozesse lassen sich auch in ihrer qualitativen Dimension (ästhetischer Wert, literarische Trends etc.) erfassen. Auch die Lese(r)zeugnisse wie autobiographische Lektüreerfahrungen und die kontrovers geführten Debatten unter den Pädagogen und Literaturkritikern indizieren die faktische Verbreitung der Werke sowohl im öffentlichen als auch im privaten Bereich.

Im Folgenden werden zwei exponierte Beispiele der Campe-Rezeption in den Blick genommen: Im Fokus stehen dabei neben den Analysekriterien der *translation studies* (Rezeptionsgeschwindigkeit, Produktionsbedingungen, Umstände der Übertragung, Aspekte der Distribution)[20] die Untersuchungsebenen der Kulturtransfertheorie, wie spezifische Logik der Selektion, Mediation und (produktive) Rezeption sowie Integration des Importierten.

II.   Campes *Die kleine Kinderbibliothek* in Russland

Campes Ruhm in Russland begründete vor allem die Übersetzung seines Kinderalmanachs *Die kleine Kinderbibliothek*, angefertigt von dem hochdekorierten Kriegshelden und späteren Marineadmiral, Staatssekretär des Zaren Alexander I., dem Kultusminister und Präsidenten der Russischen Akademie der Wissenschaften Aleksandr Šiškov (1754–1841). Die außergewöhnliche Personal-Union „Admiral-Kinderliterat" erregte bei den Zeitgenossen viel Aufmerksamkeit. Für seine kinderliterarischen Werke wurde ihm nicht nur hymnisches Lob zuteil. Vor allem als Staatsmann erntete Šiškov Spott und Hohn, galt und gilt doch das kinderliterarische Terrain für viele und nicht nur in Russland als ein Tummelplatz von

---

[17]   Albrecht/Plack: *Übersetzungsgeschichte* (Anm. 8), S. 284.
[18]   Koch: *Deutsch als Fremdsprache* (Anm. 4), S. 97f.
[19]   Hans-Jürgen Lüsebrink: *Interkulturelle Kommunikation*. Stuttgart 2016; Kap. 5 *Kulturtransfer*, S. 143–188, hier S. 145.
[20]   Susan Bassnett: *The Translation Turn in cultural studies*. In: Susan Petrilli (Ed.): *Translation translation*, (Approaches to translation studies 21). Amsterdam/New York 2003, S. 433–449.

Dilettanten,[21] die „bar jeglicher Gelehrsamkeit, Schönheit des Wortes oder Einbildungskraft" seien.[22] Welche Bedeutung Šiškov selbst seinem kinderliterarischen Schaffen beimaß, zeigt sich beispielsweise daran, dass er für die *Kinderbibliothek* den allerersten Band in der siebzehnbändigen Ausgabe seiner gesammelten Werke reservierte.[23]

Zum Übersetzen kam Šiškov eher zufällig: 1779 wurde der damals dreiundzwanzigjährige Marineoffizier, der Französisch, Deutsch, Englisch und Italienisch beherrschte,[24] zum Lehrer für Taktik an der St. Petersburger Marinekadettenanstalt bestellt, deren Absolvent er selbst war. Dieses 1752 gegründete Internat für Adelssöhne gehörte neben dem bereits erwähnten Landkadettenkorps zu den größten und führendsten Bildungseinrichtungen der katharinäischen Epoche, an denen neben der militärischen Ausbildung eine exklusive, humanistisch-kosmopolitische Erziehung vermittelt werden sollte.[25] Zu jener Zeit begann auch Šiškovs rege Tätigkeit als Übersetzer und Bearbeiter kinderliterarischer Werke und maritimer Fachliteratur. Vor allem (Deutsch-)Lehrer und Erzieher betätigten sich, oft in Eigenregie, als Lehrbuchautoren, weniger für ein Zubrot, sondern in erster Linie intrinsisch motiviert, weil ihnen geeignete Materialien für den eigenen Unterricht fehlten.[26] So übersetzte Šiškov unter anderem aus dem Französischen eine Monographie über die Marinetaktik und stellte ein dreisprachiges Marinevokabularium zusammen.[27]

Auf Geheiß des damaligen Präsidenten der Russischen Akademie der Wissenschaften, Sergej Domašnev, übertrug Šiškov in den Jahren 1783–1785 auch *Die kleine Kinderbibliothek* von Campe, wie er 1806 in dem Vorwort der Neuauflage verriet. Neben den Lehrern an den Elite-Einrichtungen spielten vor allem die kultur- und bildungspolitischen Institutionen als Generatoren des Kulturtransfers eine signifikante Rolle. Mit ihrer Hilfe wurden die staatlich gesteuerten Übersetzungsprozesse forciert und die Translate als Schullektüre kanonisiert. Die Aktualität der ausgewählten Quellen, die Material oder auch nur didaktische Impulse

[21] So fürchtete selbst noch Mark Twain um seinen Ruf als Schriftsteller, als sein Erfolgsroman *The Adventures of Tom Sawyer* (1876) als „a boy's story" vermarktet werden sollte. Charles A. Norton: *Writing Tom Sawyer. The Adventures of a Classic.* Jefferson 1983, S. 20.

[22] [K.G.] Bolenko und [E.È.] Ljamina: *„Klassičeskoe stichotroven'ece".* In: *Novoe literaturnoe obozrenie,* 6 (1993–1994), S. 222–227, hier S. 225.

[23] *Sobranie sočinenij i perevodov admirala Šiškova. Čast' pervaja. Sobranie detskich povestej.* Sankt-Peterburg: v tipografii Rossijskoj Akademii, 1818.

[24] Svetlana Karajčenceva: *Nravoučitel'nye knigi v rossijskom detskom knižnom repertuare konca XVIII veka.* In: *Vestnik Moskovskogo gosudarstvennogo universiteta pečati imeni Ivana Fedorova,* 4 (2015), S. 44–53, hier S. 51, Fn. 46.

[25] Koch: *Deutsch als Fremdsprache* (Anm. 4), S. 108.

[26] Ebd., S. 270.

[27] [G.A.] Černaja: *Šiškov, Aleksandr Semënovič (1754–1841).* In: *Zarubežnye detskie pisateli v Rossii. Bibliografičeskij slovar'.* Pod ob. redakciej I.G. Mineralovoj. Moskva 2005, S. 496–501, hier S. 496.

lieferten, dokumentiert, wie genau in Russland die pädagogischen Entwicklungen im deutschsprachigen Raum verfolgt wurden.

Šiškovs Übertragung erschien unter dem Titel *Die Kinderbibliothek herausgegeben in deutscher Sprache vom Herrn Campe, übersetzt aus dieser von Hr.****. Die Identität des Übersetzers wurde zwar durch drei Asterisken verschleiert, allerdings bereits im Vorwort gelüftet. Zeit seines Lebens blieb Šiškov auf diese Autorschaft stolz;[28] mit seiner kongenialen Übersetzung avancierte er selbst zum bekanntesten Kinderliteraten des ausgehenden 18. und des beginnenden 19. Jahrhunderts.[29] Gewidmet sind die beiden Bände der Fürstin Ekaterina Daškova, die in der Zwischenzeit zur Direktorin der Kaiserlichen Akademie der Wissenschaften ernannt wurde – der ersten Frau weltweit an der Spitze einer solchen Institution.[30]

Aleksandr Šiškovs Übersetzung gilt als das erste, „glänzend geglückte" Beispiel russischer Kinderliteratur nach europäischer Manier.[31] Scheinbar wahllos suchte Šiškov 106 Werke aus den vier ersten der zwölf bis dato publizierten Bände der *Kleinen Kinderbibliothek* heraus, wobei er den kurzen Gedichten und moralischen Erzählungen für die Jüngeren den Vorzug gab. Mit seiner Anthologie popularisierte er neue Genres, wie etwa Wiegenlieder, Gebete oder Warn- und Unglücksgeschichten.[32] Darüber hinaus enthielt seine Sammlung auch 17 Kinderfabeln, die zu den ersten in russischer Sprache zählen.[33] Ausgerechnet der für die Kinderbücher des späten 18. Jahrhunderts überproportional große Lyrikanteil[34] der *Kleinen Kinderbibliothek* erfuhr in Russland die größte Beliebtheit und beeinflusste nachhaltig die originäre russische Kinderlyrik. Dabei hatte Campe keinen Anteil an den Gedichten über Natur, Jahreszeiten, Stadt- und Landleben, sondern kompilierte sie geschickt.[35] Šiškov übernahm die Fokussierung auf die kindlichen Erlebniswelten und imitierte zum ersten Mal die oralkulturelle Performanz der kurzatmig exaltierten Kindersprache. Diese Gedichte wurden zum Zitiergut der russischen Kinder- und Populärkultur und vor allem durch Parodien zum Referenzpunkt im öffentlichen Diskurs, was erneut die fortschreitende Kanonisierung

---

28 Bolenko/Ljamina: „*Klassičeskoe stichotroven'ece*" (Anm. 22), S. 227, Fn. 13.
29 Marina Kostjuchina: *Zolotoe zerkalo. Russkaja literatura dlja detej XVIII–XIX v.* Moskva 2008, S. 12.
30 Als Pendant zu der Zarin Katharina II. wurde ihre Favoritin Ekaterina Daškova im Volksmund „Ekaterina die Kleine" genannt.
31 Valentin Golovin/Oleg Nikolaev: *I.-G. Kampe „Winterlied". A. S. Šiškov „Nikolašina pochvala zimnim utecham". Pervyj detskij chrestomatijnyj text v russkoj poėzii.* In: *Detskie čtenija* 2 (2017), S. 346–381, hier S. 346.
32 Ebd., S. 349.
33 Dazu Elena Imendёrfer [Immendörffer]: *Pervyje detskije basni v Rossii XVIII veka.* In: *Russkaja literatura, istoriko-literaturnyj žurnal,* 2 (1998), S. 51–64, hier S. 53.
34 Hans-Heino Ewers: *Joachim Heinrich Campe* (1746-1818): *Kleine Kinderbibliothek, 12. Bändchen. Hamburg 1778–1784 (1779–1785).* In: Theodor Brüggemann (Hg.) in Zusammenarbeit mit Hans-Heino Ewers. *Handbuch zur Kinder- und Jugendliteratur. Von 1750 bis 1800.* Stuttgart 1982, Sp. 196–206, hier Sp. 204.
35 Ebd., Sp. 199.

der *Kleinen Kinderbibliothek* dokumentiert. Mit der Verbreitung philanthropischer Ideen Campes wurde auch die adressatenspezifische Akkommodation zu einem Muss in der russischen Kinderliteratur.[36]

Besonders im ersten Teil der russischen Übertragung wechselten sich drastische Unglücks- und Warngeschichten rasch ab, so die Erzählungen *Der bösartige Kater und die unschuldig leidende Hündin Šavka* (Zlodejstvujuščij kot i nevinno stradajuščaja Šavka), in der ein sadistischer Kater als Strafe für seine Untaten in das Fangeisen für Füchse gerät und sich prompt die Wirbelsäule bricht. Daran anschließend folgt das Gedicht *Das sterbende zwölfjährige Kind* (Umirajuščee 12 letnee detja), in dem die moribunde, fromme Liza ihrer weinenden Mutter Trost spendet. In der nächsten Geschichte *Die treue Hündin* (Vernaja sobaka) erschießt ein Kaufmann seine Hündin Strelka, weil er ihr Bellen als Tollwutanfall interpretiert.[37] Einige Seiten später hantieren in der Erzählung *Das bejammernswerte Schicksal zweier Jungen* (Plačevnaja sud'ba dvuch malčikov) zwei Brüder mit den geladenen Pistolen ihres Vaters und erschießen sich gegenseitig. Diese Reihenfolge wurde in der Wiederauflage von 1806–1807 geändert.

Wie bereits erwähnt, verzichtete Šiškov im Gegensatz zu Campe auch auf die spezifische Ausdifferenzierung des Lesestoffs nach Altersstufen. Selbstverständlich verloren die Frühlings- und Herbst- bzw. Weihnachtsbände, die Campe zu Michaelis- und Ostermesse publizieren ließ, ihre thematische Akzentuierung. „Teils Übersetzung, teils Nachahmung":[38] Mit den Praxen der textnahen Übertragung und der imitativen Nachahmung als „epigonale Eigenschöpfung" vermischte Šiškov zwei Formen der (produktiven) Rezeption,[39] die Renate Lachmann in ihrer Taxonomie unter Partizipation und Usurpation zusammenfasst.[40] Zwar adaptierte Šiškov als Campes Nachahmer dessen Texte, durch die Tilgung der Quellenverweise kaschierte er auch ihre „originären Spuren".[41] Einer Russifikation unterlagen vor allem die Vornamen (aus Wilhelm wird Andrjuša, aus Karolinchen Maša). Als Konzession an die kindlichen Leser veränderte er landesspezifische Realien der Alltagskultur und das protestantische Kalendarium. Während beispielsweise in der Warngeschichte *Luischen* die exaltierte, durstige Titelheldin „ein wenig Bier trinkt",[42] nimmt die überhitzte Nataša, ihr russisches Pendant, „frisches Eiswasser"

---

36   Černaja: *Šiškov* (Anm. 27), S. 501.

37   [Aleksandr Šiškov]: *Detskaja Biblioteka izdannaja na Nemeckom jazyke godpodinom Kampe s onago perevedena* g. ***. 1. Teil. V Sanktpeterburge: Iždeveniem Imperatorskoj Akademii Nauk. Vtorym tisneniem, 1793, S. 25–30.

38   Aleksandr Šiškov: *Sobranie detskich povestej. Preduvedomlenie*. V Sanktpeterburge u Morskoj tipografii, 1806, (nicht paginiert).

39   Lüsebrink: *Interkulturelle Kommunikation* (Anm. 19), S. 147.

40   Lachmann/Schahadat: *Intertextualität* (Anm. 11), S. 678–687.

41   Ebd., S. 681.

42   Joachim Heinrich Campe: *Sämmtliche Kinder= und Jugendschriften. Vierte Gesamtausgabe der letzten Hand. Zweites Bändchen. Kleine Kinderbibliothek*. Erster Theil. In

ДѢТСКАЯ БИБЛІОТЕКА,

изданная на Нѣмецкомъ языкѣ

ГОСПОДИНОМЪ КАМПЕ,

а съ онаго переведена Г. * * *

Часть I.

Вторымъ тисненіемъ,

ВЪ САНКТПЕТЕРБУРГѢ

Иждивеніемъ Императорской Академіи Наукъ.

1793 года.

ДѢТСКАЯ
БИБЛІОТЕКА.

Колыбельная пѣсенка, которую поетъ
Анюта, качая свою куклу.

Hа дворѣ овечка спитъ,
  Хорошохонько лежитъ,
  Баю баюшки баю.
Не упрямится она,
  Но послушна и смирна,
  Баю баюшки баю.
Не сердита, не лиха,
  Но спокойна и тиха,
  Баю баюшки баю.
Щиплетъ ходючи траву,
  На зеленомъ на лугу,
  Баю баюшки баю.

Abb. 1 und 2: Titelseite und Anfangsvignette zur *Kleinen Kinderbibliothek* in der
Übersetzung von Šiškov (1793)

zu sich.[43] Beide erkranken, verweigern vehement die Medikation und sterben rasch. Allerdings bleibt Šiškov hier nicht konsequent, so werden Nataša und ihr Bruder Petruša, der prompt am gebrochenen Herzen stirbt, wie im Campe'schen Original, unweit von Leipzig beerdigt. Dieses topographische Detail, das auch in den überarbeiteten Wiederauflagen beibehalten wurde,[44] verweist auf die ausgangskulturelle Sprache und ist hier lesbar als eine Ausprägung *latenter* bzw. *impliziter Mehrsprachigkeit*, die strukturell eine „sprachliche Fremdbestimmtheit" indiziert und die metasprachliche Aufmerksamkeit der erwachsenen (Mit-)Leser aktiviert.[45]

Im Gegensatz zu Campe, der – zumindest in den früheren Auflagen – alle Autoren namentlich kennzeichnete und auf diese Weise ihr Einverständnis mit seiner redaktionellen Bearbeitung signalisierte,[46] umging Šiškov die Nennung der Verfasser, was die (retrospektive) Attribuierung der Autorschaft erheblich erschwert. Mehr noch: In den späteren Anthologien wurden alle Übersetzungen als Originalwerke von Šiškov rubriziert, so die immens populären Übertragungen von Kindergedichten Overbecks oder seine Fabelübersetzungen, die beispielsweise ausgerechnet im Sammelband *Russische Fabeln des 18. und 19. Jahrhunderts* (2007)[47] auftauchen.[48]

Gegenüber anderen Anthologien und Chrestomathien auf dem russischen Markt hatte die Ausgabe von Šiškov einen entscheidenden Vorteil durch ihre handliche Kompaktheit.[49] So wundert es nicht, dass die erste positive Rezension nicht lange auf sich warten ließ. In der Zeitschrift *Zerkalo sveta* (Der Weltspiegel) wurde Folgendes vermerkt:

der Reihe die verzehnte Original= Auflage. Braunschweig: Verlag der Schulbuchhandlung, 1836, S. 67.

43 [Aleksandr Šiškov]: *Detskaja Biblioteka izdannaja na Nemeckom jazyke godpodinim Kampe s onago perevedena* g. ***. 2. Teil. V Sanktpeterburge 1793. Iždeveniem Imperatorkoj Akademii Nauk. Vtorym tisneniem, S. 107.

44 Luischen aus dem gleichnamigen Gedicht von Leopold Friedrich Günther von Göcklingk, stirbt in Warg, unweit von Leipzig (Campe: *Sämmtliche Kinder= und Jugendschriften* (Anm. 42), S. 65).

45 Andreas Krafft: *Vorsprung durch Mehrsprachigkeit? Zum Verhältnis von Mehrsprachigkeit und metasprachlichem Wissen*. In: Havva Engin und Ralph Olsen (Hg.): *Interkulturalität und Mehrsprachigkeit*. Baltmannsweiler 2009, S. 77–88, hier S. 77–80.

46 Ewers: *Campe* (Anm. 34), Sp. 199.

47 A.S. Šiškov: *Basni*. In: [B.A.] Gradova (Hg.): *Russkaja basnja XVIII i XIX veka*. Moskva 2007, S. 699–703.

48 Zur ähnlichen Situation in Frankreich siehe den Beitrag von Valérie Leyh in diesem Band.

49 Elizaveta Oleskina: *Konflikt franzuskoj i nemeckoj tradicii v russkoj detskoj literature konca XVIII – načala XIX veka. A.S. Šiškov kak perevodčik Kampe*. In: [A.] Balakin et al. (Hg.): *Ozernaja škola. Trudy pjatoj Meždunarodnoj letnej školy na Karel'snom perešejke po russkoj literature*. Sankt-Peterburg 2009, S. 122–132, hier S. 128f.

Von vielen Lehranstalten im deutschen Lande gutgeheißen und aus mehreren Teilen bestehend, gehört dieses Buch tatsächlich zu der Zahl der allerbesten Werke, die in der heutigen Zeit zur Belehrung der Kinder in Sittlichkeit verlegt werden, sowohl aufgrund der guten Auswahl der Aufsätze, als auch aufgrund des einfachen, verständlichen und ausnehmend angenehmen Stils. Die herrliche Übertragung in die russländische Sprache erweise nicht nur demjenigen, der daran arbeitete, sondern auch dem Verfasser selbst die Ehre.[50]

Zur Rezeptionsgeschichte des eigenen Werkes schrieb Šiškov im Vorwort der Wiederauflage von 1806–1807 stolz:

> Dieses Buch in der russländischen Sprache ist längst bekannt unter der Bezeichnung die Kinderbibliothek. Es ist teils Übersetzung, teils Nachahmung des oben erwähnten Buches des Herrn Campe in deutscher Sprache unter dem Titel „Kleine Kinderbibliothek". Mein obig erwähntes Büchlein belustigt Kinder mit einfacher Schreibweise und unterweist sie in Tugendhaftigkeit, viele Gedichtchen können sie auswendig aufsagen, auch die Eltern nahmen dieses Buch wohlwollend auf, deswegen wurde es in den letzten sechzehn oder siebzehn Jahren dreimal aufgelegt.[51]

Tribut zollend an die kindliche Schaulust, wurde jedes Kapitel in der Wiederauflage mit Anfangs- oder Schlussvignetten und kolorierten Kupferstichen vergleichsweise dicht illustriert, „denn es ist bereits bekannt aus Erfahrung", so Šiškov weiter, „dass die Bildchen in Kindern Neugier erregen und sie zum Betrachten und Lesen verlocken, in ihre junge Gehirne die Samen der Tugenden pflanzend".[52] Wie Campe[53] tilgte der Sprachpurist Šiškov auch jene Entlehnungen, die in der zweiten Hälfte des 17. und in der ersten Hälfte des 18. Jahrhunderts ins Russische eingewandert waren. So ersetzte Šiškov Gräzismen, Latinismen und vor allem Gallizismen des Deutschen, wie etwa *Bibliothek*, *Drama*, *commandieren (commander)*, *Appetit (apéttit)*, *Bukett (bouquet)* oder *Pasteten*, durch russische Äquivalenten oder gar durch Archaismen des Kirchenslavischen.[54] Auf diese Weise sollten seine Leser das Modell der gereinigten Sprache ohne „fremdsprachige"

---

[50]   Zit. nach [K.G.] Bolenko: *„Kleine Kinderbibliothek" I.G. Kampe v perevode A.S. Šiškova*. In: *Vestnik moskovskogo Universiteta* 8,3 Istorija. Moskva 1996, S. 57–68, hier S. 59.

[51]   Aleksandr Šiškov: *Sobranye detskich povestej. Preduvedomlenie* (nicht paginiert). V Sanktpeterburge u Morskoj tipografii 1806.

[52]   Ebd.

[53]   Vgl. bspw. Joachim Heinrich Campe: *Über die Reinigung und Bereicherung der deutschen Sprache. Dritter Versuch.* Braunschweig 1794.

[54]   [T.N.] Krivko: *„Pučok cvetkov iz moego sadiku". O jazyke detskich povestej A.S. Šiškov.* In: *Russkaja reč'* 50.1 (2017), S. 92–99, hier S. 97.

Wörter goutieren.[55] Doch Šiškov kämpfte auf verlorenem Posten, die verbannten Wörter waren längst in die russische Alltagssprache eingegangen.[56]

Šiškovs Übersetzung der *Kleinen Kinderbibliothek* erlebte bis 1846 insgesamt sieben Auflagen.[57] Die beispiellose Popularität lässt sich an den zahlreichen Repertorien und Empfehlungslisten für Kleinkinder ablesen.[58] Für Jahrzehnte etablierte sich dieses epochale Werk – trotz der inzwischen antiquierten Sprache – als *das* Erstlesebuch für die Kinder der russischen Aristokratie. In der anonym publizierten Biographie des Admirals Šiškov finden sich folgende Hinweise:

> […] jeder Russe, der das Lesen und Schreiben lernt, las und wiederholte auswendig die Fabeln und Gedichte aus der „Kinderbibliothek".
>
> […] übersetzt so elegant, dass sie (die Kleine Bibliothek) für die Erziehung der Kinder in der Sittlichkeit und in den Anfängen des Schrifttums galt, so kann man sagen, als das klassische Werk.
>
> […] folglich kann man sagen, dass Aleksandr Semënovič in ganz Russland überall dort bekannt ist, wo man nur auf Russisch liest.[59]

Ungeachtet des admirativen Gestus, in dem diese Biographie verfasst ist, lässt sich bereits aus dem Zitat die tatsächliche Verbreitung des Translats erahnen. In der Tat findet das Werk mehrfach Erwähnung in den Autobiographien und Memoiren, die in der zweiten Hälfte des 19. Jahrhunderts publiziert wurden. In *Die Aufzeichnungen meines Lebens* (*Zapiski o moej žizni*) notierte der berühmte Pädagoge, Schriftsteller und Übersetzer Nikolaj Greč (1787–1867) über seine Lesesozialisation:

> Zu den oben erwähnten Büchern, die mich in der Kindheit beschäftigten, muss ich mit Dankbarkeit „Die Kinderbibliothek" von Campe dazu zählen, übersetzt von Šiškov: Ich lernte sie auswendig, muss aber zu Ehren meines kindlichen Gespürs sagen: Ich fühlte eine Ungleichheit der Schreibweise und beschloss, dass es nicht von einem, sondern von mehreren geschrieben wurde.[60]

---

55 Šiškov: *Sobranie detskich povestej* (Anm. 51), o. S.
56 Im Gegensatz zu den anderen westeuropäischen Sprachen wurden im Russischen vor allem im 18. und 19. Jahrhundert die eingedeutschten Latinismen, Gräzismen und Gallizismen am meisten entlehnt. Dazu Helmut Glück: *Deutsch als Fremdsprache in Europa vom Mittelalter bis zu Barockzeit*. Berlin/New York 2002, S. 282–289, hier S. 288.
57 Golovin/Nikolaev: Kampe (Anm. 31), S. 349.
58 *Pospis rossijskim knigam dlja čtenija iz biblioteki A. Smirdina, sistemačiskim porjadkom raspolozenija*, Sankt-Peterburg 1818, Nr. 1613, 1648. Zit. nach ebd., S. 352, Fn. 13.
59 Zit. nach Bolenko: *Kleine Kinderbibliothek* (Anm. 50), S. 60.
60 Nikolaj Greč: *Zapiski o moej žizni*. Sost., poslesl., komment. E. G. Kapustinoj. Moskva 1990 (Dnevniki. Vospominanija. Pis'ma), S. 70.

Der Schriftsteller Sergej Aksakov (1791–1859), der seine Kindheit im Südural verbrachte, schrieb im zweiten Teil seiner Memoiren *Die Kinderjahre des Bagrov-Enkels* (Detskie gody Bagrova-vnuka) (EA 1851) Folgendes: „Aleksandr Semënovic Šiškov, ohne Zweifel, erwies mit der Übersetzung dieses Büchleins den größten Verdienst, das, abgesehen von der altertümlichen Sprache und den belehrenden Kunstgriffen, bis heute das beste Kinderbuch bleibt. Es hatte mehrere Auflagen, die erste Ausgabe war wohl in 1782";[61] wobei Aksakov wiederum vor allem die Gedichte, die er bereits mit vier Jahren auswendig aufsagen konnte, als „die wahren Schätze für Kleinkinder" anpries.[62] Auch der Schriftsteller und Dramaturg Petr Suchonin (1821–1884), übrigens ein weiterer Absolvent der bereits erwähnten Marinekadettenanstalt, bestätigte noch im Jahre 1861 die scheinbare Zeitresistenz der *Kleinen Kinderbibliothek*: „In Russland gab es keine gebildete Familie, in der man es nicht hatte: Aus diesem Grund hat es bis heute ihren Wert nicht verloren. Die Einfachheit der Darlegung und die Leichtigkeit der Erzählung bewahren ihren Vorzug, und es kann sogar heute noch einem Kind gegeben werden".[63]

Der kommerzielle Erfolg der *Kleinen Kinderbibliothek* basierte in erster Linie auf dem internationalen Renommee des deutschen Autors. So schrieb der Schriftsteller, Pädagoge und Übersetzer Vasilij Podšivalov (1765–1813), ein Freund Karamzins, im Vorwort seiner Anthologie mit dem schwerfälligen Titel *Ein kostbares Geschenk für wohlerzogene Kinder, bestehend aus kurzen, rührenden kleinen Märchen, geistreichen Fabelchen, unterhaltsamen Gesprächen und kleinen Komödien, deren Helden zu großem Teil Kleinkinder, ihre Eltern, ihre Erzieher und Mentoren sind* (1797):[64] „Dieses ganze Buch ist entnommen aus einem Werk, das aus mehreren Bänden besteht, herausgegeben vom Herrn Campe, der in der ganzen Welt bekannt ist aufgrund seiner ziemlich vielen und hervorragenden Werke".[65] Binnen kurzem erlebte auch diese Ausgabe drei Auflagen. Um von der Popularität von Campe bzw. Šiškov profitieren zu können, lancierte Podšivalov seine Übertragung auch unter dem verwirrungsstiftenden Untertitel *Die Kinderbibliothek, herausgegeben in deutscher Sprache von Herrn Campe*. Wie es sich längst herausstellte, erhielt dieser Sammelband zwar alle 36 Übersetzungen, die er für die erste russische Kinderzeitschrift des Aufklärers, Publizisten und Freimaurers Nikolaj

---

[61]   Sergej T. Aksakov. *Sobranie sočinenij. Tom pervyj. Semejnaja chronika. Detskie gody Bagrova vnyka. Stichotrovenija*. Moskva 1986, S. 291, Fn. 1.

[62]   Ebd., S. 292.

[63]   Zit. nach Golovin/Nikolaev: *Kampe* (Anm. 31), S. 353.

[64]   *Beszenyj podarok dlja blagovospityvaemych detej, ili Novaja detskaja biblioteka, zaključajuščaja v sebe kratkija trogatel'nyja povesti, nravoučitel'nyja skazočki, zamyslovatyja basenki, zanimatel'nye razgovory i nebol'šie komedii, – kotorych geroi bol'šoju častiju maloletnyja deti i ich roditeli, vospitateli i nastavniki: V dvuch otedelenijach. S kartinkami: Perevod s nemeckago*. Otdelenie 1. i 2. v dvuch otdelenijach. Moskva 1797.

[65]   Zit. nach der zweiten Aufl.: Vasilij Podšivalov: *Beszenyj podarok dlja blagovospityvaemych detej*. Otd. 1. Moskva 1801, Preduvedomlenie, V.

Novikov *Kinderlektüren für Herz und Verstand* (Detskie čtenija dlja serdca i rasuma) anfertigte, aber nur 13 Texte wurden tatsächlich der *Kleinen Bibliothek* entnommen.[66] Übrigens orientierte sich der Herausgeber Novikov maßgeblich an der Struktur, der Gesamtlänge und der thematischen Ausrichtung des Campe'schen Kinderalmanachs.[67]

III. Vier Variationen über Campes *Die vier Jahreszeiten*

Das Phänomen der Hypertextualität nach Genette (1993)[68] – eines Textes zweiten und dritten Grades, der einen Prätext durch die innerfiktionale Imitation und Inhaltstransformation im usurpierenden Gestus überlagert – zeigt sich an der Kurzgeschichte *Die vier Jahreszeiten* aus dem ersten Band (1779) der *Kleinen Kinderbibliothek* von Campe. Diese kurze Erzählung kreist konzentrisch um das Motiv der (törichten) Wünsche und den Vegetationsrhythmus der Natur. Eingebettet in einem stark zyklischen Zeitmodell,[69] durchspielt Campe die altersspezifischen Wunschdramaturgien und entwirft eine kinderliterarische Ikonographie der Jahreszeitendarstellung, die in den nachfolgenden Texten mehrfach variiert wird. Plastisch in Szene gesetzt wird das Verstreichen der Zeit anhand klimatischer Bedingungen, vegetativer Blüte und des Reifens von saisonalen Früchten, was die Kurzgeschichte in die Nähe der sinnlich beobachtenden Naturdichtung *The Seasons* von James Thomson (1700–1748) bringt. Die Wunschträume des jungen Protagonisten sind eng verbunden mit der kindlichen Definition des wahren Glücks: der Spielfreude in der Freilichtkulisse und den gustatorischen Genüssen jenseits der Affektkontrolle. Zentral bei Campe sind das rezeptionspsychologisch attraktive, semantische Feld des Süßen sowie die amöne Natur als Stimmungsmedium.

Der Inhalt ist schnell erzählt: Nachdem der Junge Ernst einen Schneemann gebaut hat, wünscht er sich einen immerwährenden Winter. Sein Vater lässt ihn diesen Wunsch auf einer Schreibtafel notieren. Dieser Imperativ signalisiert zum einen die Schreib- und Lesefähigkeit des Jungen und erinnert zum anderen an die ursprüngliche Funktion der Schrift als Gedächtnisstütze. Auch beim Anblick der blühenden Aurikel, Hyazinthen und Narzissen möchte der verzückte Junge, dass auch der Frühling nicht zu Ende ginge. Ähnlichen Wunsch äußert er beim

---

[66]   Vitalij Simankov: *Istočniki žurnala „Detskoe čtenie dlja serdca i razumy"* (1785–1789). In: *XVIII vek. Sbornik 28. Rossijskaja Akademija Nauk, Institut russkoj literatury* (Puškinskij dom). Moskva/Sankt-Peterburg 2015, S. 323–374, hier S. 328f.

[67]   Peter Drews: *Deutsch-slavische Literaturbeziehungen im 18. Jahrhundert.* München 1996, S. 22.

[68]   Gérard Genette: *Palimpsestes. La littérature au second degré.* Paris 1982, S. 7–17.

[69]   Vgl. dazu auch *Die vier Jahreszeiten im 18. Jahrhundert. Colloquium der Arbeitsstelle 18. Jahrhundert. Gesamthochschule Wuppertal. Universität Münster. Beiträge zur Geschichte der Literatur und Kunst des 18. Jahrhunderts* (Beiträge zur Geschichte der Literatur und Kunst des 18. Jahrhunderts 10). Heidelberg 1986.

Schmausen von Kirschen und anderem Obst in der pastoralen Sommeridylle und im Herbst, als er zusammen mit seiner Familie in den Weinbergen reife Trauben und Melonen verputzt. In einem Gespräch mit seinem Vater werden die Wünsche lesend rekapituliert, was wiederum die Konservierungskraft der Schrift erneut in den Fokus rückt. Prompt kommt Ernst zu der Erkenntnis, dass alle Jahreszeiten gut seien. In der abschließenden Sequenz wird Gott als der weise Demiurg und der eigentliche Initiator des Jahreszeitenwechsels bestätigt und die Wünsche im Subtext als töricht deklariert: „[...] und daß der liebe Gott viel besser, als wir armen Schelme von Menschen, sich auf das Weltmachen verstehen muß! ... Wohl uns, dass es nicht auf uns ankommt, wie es in der Welt sein soll! Wie bald würden wir sie verschlimmern, wenn wir könnten!"[70]

Abb. 3: Illustration zur Kurzgeschichte *Die vier Jahreszeiten* (1806)

Die erste Version von Šiškov ist äußerst originaltreu: Der Junge Ernst darf zunächst seinen deutschen Vornamen behalten; Erwähnung findet auch die ‚exotische' Frühlingsblume Aurikel, die im Wörterbuch des 18. Jahrhunderts nicht vermerkt ist.[71] Die Wünsche werden nicht mehr wie bei Campe eher unpraktisch auf einer Schreibtafel, sondern in einem Notizbuch aufgeschrieben. Auch in der zweiten Version erfreut sich der inzwischen umgetaufte Junge Petruša (Diminutiv von Pjotr) an den winterlichen Aktivitäten der Schneeballschlacht und der Schlittenfahrt.[72] Im Blumenbeet bewundert er neben Hyazinthen und Narzissen sogar Rosen und Lilien (es sei dahingestellt, ob es sich bei diesem Blumenensemble

---

[70] Campe: *Sämmtliche Kinder= und Jugendschriften* (Anm. 42), S. 14.

[71] *Slovar' russkogo jazyka XVIII veka.* AN SSR. In-t rus. Jaz. Glavnaja redakcija Ju. S. Sorokin. Leningrad 1984–1991 (online verfügbar unter: <http://feb-web.ru/feb/sl18/ slov-abc/> (letzter Abruf: 30.03.2019)).

[72] Zitiert nach der Ausgabe: *Sobranie deskich povestej.* A.Š. V Sanktpereburge pri Morskoj tipografii 1806, S. 121–124.

um die schiere Unkenntnis der heimischen Flora oder um einen ikonographischen Hinweis auf die Vanitas und somit auch auf die Mannigfaltigkeit Gottes handelt, wie sie in der Genremalerei des Barocks durchgespielt wurde).

Der Dichter und Dramaturg Boris Fedorov (1794–1875), ein Protegé Šiškovs, übertrug den Prosatext in Verse. Das Gedicht erschien in seinem Sammelband *Die Kindergedichte* (Detskie stichotvorenija) (1829), den er seinem Gönner widmete. Die Campe'sche Moralsentenz avanciert hier zum programmatischen Titel *Jede Zeit ist angenehm* (Vsjakoe vremja prijatno). Inhaltlich folgt Fedorov der Version von Aleksandr Šiškov. In den ersten vier Strophen wird das Vierschema der Jahreszeiten ausgemalt: Im Frühling fängt der Junge Miša Schmetterlinge und gärtnert; in den sommerlichen Hainen sammelt er Himbeeren, isst Wassermelonen im Herbst und läuft Schlittschuh im Winter. Die obligate Figur des Vaters als *des* Repräsentanten der aufgeklärten Rationalität wird zwar eliminiert, aber mit der zunehmenden „Vernünftigkeit" kommt Miša selbst zur Erkenntnis, dass der ewige Vegetationsrhythmus göttlich gelenkt sei.[73]

Auch der Schriftsteller und berühmteste Pädagoge jener Zeit Konstantin Ušinskij (1823–1870), eine Galionsfigur der Volksbildung und russischer Pädagogik, bearbeitete die Prosaversion Šiškovs redaktionell. Unter dem Titel *Vier Wünsche* (Četyre želanija*)* nahm Ušinskij die Kurzgeschichte in *Das einheimische Wort* (Rodnoe slovo) (1846), sein Erstlesebuch für breite Massen, auf. Diese erschwingliche, millionenfach gedruckte Fibel für Kinder von sechs bis acht Jahren erlebte bis 1915 insgesamt 147 Auflagen.[74] Bis heute wird Ušinskij die Autorschaft zugeschrieben.

Der Junge Mitja (Kurzform von Nikolaj) fährt, wie auch in der Vorgängerversionen, Schlittschuh auf einem zugefrorenen Fluss, jagt die Schmetterlinge durch die Wiesen und pflückt Blumen im Frühling. Im Sommer fängt er Fische, sammelt Beeren, purzelt im duftenden Heu. Die exotischen (Wasser-)Melonen des Campe'schen Originals werden nun endgültig zu heimischen Äpfeln und Birnen. Ušinskij präsentiert hier eine säkularisierte Variante, denn der gottpreisende Abschluss der Erzählung fehlt ganz, ausgerechnet in jenem Lesebuch, dessen zweiter Teil ein altkirchenslavisches ABC und einige Gebete enthält, was wiederum diese Kurzgeschichte für zahlreiche Wieder- und Neuauflagen in der sowjetischen und postsowjetischen Zeit prädestiniert(e). Bezeichnend für diese Variante ist die exzessive Verwendung des Attributs *veselo* (fröhlich, lustig) als Mitjas Gemütszustand und des Verbs *naveselitsja* (sich vergnügen, sich ausheitern).

Auch das Kindergedicht des jüdisch-russischen Poeten und Satirikers Saša Černyj (eigentlich Aleksandr Glikberg) (1880–1932) erinnert stark an das Campe'sche Original. Das namenlose Gedicht wird oft mit dem Titel *Wann ist es lustiger (*Kogda veselej) oder mit dem Auftaktvers *Im Winter ist es lustiger (*Zimoj vsego veselej) überschrieben. Auch das lyrische Ich bei Černyj katalogisiert in

---

[73]   Boris Fedorov: *Detskie stichotvorenja*. Sanktpeterburg: V tipografii Aleksandra Smirdina, 1829, S. 23–24.

[74]   Konstantin Ušinskij: *Rodnoe slovo*. Izdanie 147. Petrograd 1915.

Abb. 4 und 5: Sowjetische Illustrationen von N. Petrovaja zur Kurzgeschichte
Vier Wünsche (1937)

jeder Strophe die kindlichen Freuden des Winters, Frühlings und Sommers; wobei hier neben den stereotypen Aktivitäten wie „Schlittschuh laufen, schwimmen und pflücken von Blumen und Obst", aber auch kreative Streiche als Spielanleitungen formuliert werden, wie etwa „das Herumschreien in den grünen Feldern", „das Abnagen des Kirschbaumharzes", „Herumgraben im Moos mit einem Spieß" und das „Hetztreiben eines Eichhörnchens von Baum zu Baum".[75] Im Gegensatz zu den Vorgängerversionen wird hier auf das Aufschreiben der Wünsche endgültig verzichtet und mit der Aussage „Aber im Herbst ist es am lustigsten" diese Jahreszeit zum Höhepunkt des (landwirtschaftlichen) Jahres deklariert.[76]

Campes Kurzgeschichte *Die vier Jahreszeiten* fungiert als ein Gravitationszentrum, um welches herum in einer Zeitspanne von über 150 Jahren epochen- und landestypische Variationen entstehen. Bereits an der zweiten Fassung kann man die graduelle Russifizierung als inhaltliche, adressatenspezifische Akkommodation beobachten. *En miniature* lässt sich hier die Genese der originären russischen Kinderliteratur qua Übersetzung und Adaptation rekonstruieren. Während bei Campe der Junge Ernst in einem Bewunderungsgestus eher statisch-kontemplativ als Genussmensch konzipiert ist – er „stand", „sah umher", „ging" und „aß"[77] –, werden in den russischen Versionen der Überschwang an Fröhlichkeit/*hilaritas*, das körperliche Ausagieren bis zur Erschöpfung eines selbstbewussten, gutgelaunten und unternehmungslustigen Kindes exponiert. Die Hemmung der Gesamtmotorik als Erziehungsziel wird durch die gesteigerte körperliche Beweglichkeit ersetzt. Diese rustikal-vitale Natürlichkeit, die ganzjahreszeitliche *vita activa* eines Kindes, seine ungebrochene Lebenskraft stellen die russischen Autoren allerdings nie subversiv dar. Dass es sich bei diesen Transformationen um einen deutschen protestantischen Prätext handelt, lässt sich nicht mehr feststellen. So wurde in den sowjetischen Illustrationen beispielsweise der archaisierend-slavophile Gestus weitertradiert, den bereits Ušinskijs Lesebuch etablierte.

IV. Die russischen Übersetzungen des *Robinson*

Bereits 1790 wurde in *Sposob učenija*,[78] dem ersten russischen didaktischen Methodenhandbuch für Lehrer, *Robinson der Jüngere* für den Gebrauch in der deutschen Syntaxklasse, also in der unteren Klasse, des Moskauer Gymnasiums vorgeschrieben. Kein Wunder also, dass zahlreiche deutschsprachige Reprints immer wieder auf den Markt kamen. Dass Campes *Robinson* noch zu Beginn des

---

[75] Saša Černyj: *Detskij ostrov. Stichi.* Illustrator Konstantin Kuznecov. Moskva 1928, S. 44.

[76] Ebd., S. 45.

[77] Campe: *Sämmtliche Kinder- und Jugendschriften* (Anm. 42), R-12.

[78] [V.I.] Smirnov: *Istorija obrazovanija i pedagogičeskoj mysli. Čast' II. Istorija otečestvennogo obrazocavija i pedagogiki.* Nižnij Tagil 2013, S. 123.

20. Jahrhunderts im Fremdsprachenunterricht eingesetzt wurde, zeigt eine Ausgabe für die (außer-)schulische Lektüre, welche bis 1911 fünf Auflagen erlebte.[79]

Die erste russische Übertragung *Der neue Robinson der Erheiterung und Belehrung der Kinder dienend, geschrieben von Herrn Campe* erschien in vier Bänden im Jahre 1792.[80] Übersetzt wurde dieser kinderliterarische Bestseller von dem damals neunzehnjährigen Studierenden der Moskauer Universität Fedor Pečerin (1773–1836), was nicht weiter verwunderlich ist, wurden doch alle Hörer der Akademischen Universität ab dem vierten Studienjahr per Reglement als Übersetzer oder Fremdsprachenlehrer zwangsrekrutiert.[81] In seinen Memoiren erinnerte sich Pečerin an den zivilisierenden Effekt der Lektüre: Dank seines charismatischen Deutschlehrers Matvej Gavrilov (1759–1829)[82] mauserte sich der am „Abgrund stehende" Faulenzer und Libertin Pečerin zum Klassenbesten.[83] Nachdem er aus persönlichen Gründen die Universität quittieren musste, vollendete er die im Unterricht begonnene Übersetzung von *Robinson* in vier Monaten und verkaufte sie an die Universitätstypographie.[84]

[79] Der Herausgeber Maks Fišer versah das Lehrwerk mit Anmerkungen und Synonymen, mit Fragen zum Textverständnis und Themen für mündliche und schriftliche Übungen. *Robinson. Posobie dlja klassnogo i domašnego čtenija. Na nemeckom jazyke. Von I.H. Campe. Obrabotka, primečanie, sinonymami, voprosami dlja povtorenija teksta, temami dlja ustnogo i pis'memonogo upražnenija snabdil Maks Fišer.* 5. izdanie. Moskva 1911.

[80] Zit. nach der zweiten Auflage; *Novyj Robinson, služaščij uveseleniju i nastavleniju detej. Sočinenyj g. Kampe.* Perevod s nemeckago. V četyrech častjach. V universitetskoj tipografii. Moskva 1819.

[81] Per Erlass des Direktors der Akademie der Wissenschaften S. G. Domašnev vergönnte man jedem Studenten lediglich drei Jahre des Studiums. Nach Ablauf dieser akademischen Schonfrist wurde man als Übersetzer oder Lehrer bestellt, je nach den Bedürfnissen der Akademie und den Kompetenzen der Studenten. Jeder Student musste pro Jahr ein ihm zugewiesenes Buch ins Russische übertragen. Der Umfang der Bücher wurde auf 100 Druckbögen in Oktav festgelegt (Sumomilov zit. nach Koch: *Deutsch als Fremdsprache* (Anm. 4), S. 96f.).

[82] Matvej Gavrilov, der produktivste Deutschlehrer russischer Herkunft, durchlief eine erfolgreiche Karriere vom einfachen Lehrer zum Professor der Slavistik, Theorie der schönen Künste, Archäologie und bis schließlich zum Staatsrat. Er publizierte zwei deutsche Grammatiken, ein deutsches Lesebuch sowie ein fünfsprachiges Vokabularium (ebd., S. 202f.).

[83] Zit. nach Ekaterina Privalova: „*Robinson Kruzo*" *v detskoj i pedagogičeskoj literature.* In: *Detskie čtenija* 2 (2012) S. 42–54, hier S. 48 [EA 1929 in der Fachzeitschrift *Knigi detjam*, Nr. 2–3, S. 12–18].

[84] [S.I.] Nikolaev/[V.P.]Stepanov: *Pečerin Fedor Pantelejmonovič, Slovar' russkich pisatelej XVIII veka*, Vyp. 1–3. (online einsehbar unter: <http://lib.pushkinskijdom.ru/ Default.aspx?tabid=787> (letzter Aufruf: 30.03.2019)).

Отъѣздъ робинзоновъ.

Abb. 6 und 7: Titelillustrationen zum ersten und dritten Band von
Der neue Robinson (1819)

336   Oxane Leingang

Campes *Robinson* wurde in der Folgezeit zu *der* bekanntesten Adaptation von Defoe in Russland,[85] was sich in zahlreichen, kaum überschaubaren Wieder- und Neuauflagen der unterschiedlichen Moskauer und St. Petersburger Verlage niederschlug. Mehr noch: Diese Ausgabe avancierte für mehrere Jahrzehnte zum Hauptwerk der russischen Kinderliteratur.[86] Mit den Bildern von Ludwig Richter versehen, erlebte das Werk unter dem verkürzten Titel *Robinson der Jüngere. Ein Buch für Kinder* 1853 seine 40. Auflage. Noch 1880 erschien eine Wiederauflage, redaktionell bearbeitet von dem Pädagogen, Publizisten und Ethnographen Nikolaj von Vessel' (1834–1906), einem gebürtigen Petersburger aus einer assimilierten deutschen Familie.[87] Das Interesse an *Robinson* in der äußerst erfolgreichen Übersetzung von Pečerin blieb ungebrochen: Zwei Dekaden nach der Erstpublikation wurden in Moskau und St. Petersburg zwei *Robinson*-Fortsetzungen des sächsischen Vielschreibers Johann Andreas Christoph Hildebrandt (1764–1846) anonym herausgebracht: *Robinsons Kolonie. Eine Fortsetzung von Campe's Robinson der Jüngere* (1806), eine *ad-verbatim* und eine russifizierte Version, die unterschiedlicher nicht sein konnten: *Ein angenehmes und nützliches Buch für Kinder, oder Erzählungen über die Bevölkerung der Robinson-Insel in Süd-Amerika, vorgestellt in sittlichen Gesprächen des Vaters mit den Kindern, als Fortsetzung des Neuen Robinson dienend, eines Werkes von Campe* (1814)[88] sowie *Robinsonsche Kolonie* (Robinsonova kolonija) (1811).[89]

Noch 1842 erschien mit *Robinzon Kruse. Ein Roman für Kinder* (*Robinzon Kruse. Roman dlja detej*) eine Neuübersetzung des Journalisten und Publizisten Vasilij Meževic (1814–1849), die bis in die späten 1850er Jahre mehrere Auflagen erlebte.[90] Bereits ein Jahr später brachte beispielsweise die Typographie der Petersburger Stadtpolizei eine illustrierte Ausgabe mit den Holzdrucken des Barons Nettelhorst auf den Markt.[91] Fast zeitgleich ging eine vollständige, kongeniale Neuübersetzung des Originals von Defoe in Druck, die von der russischen Presse

85 Michail Alekseev: „Robinson Kruso" v russkich perevodach. In: Ders. (Hg.): Meždunarodnye svjazi russkoj literatury. Sbornik statej. Moskva/Leningrad 1963, S. 86–101, hier S. 90.
86 Privalova: „Robinson Kruzo" (Anm. 83), S. 49.
87 I.G. Kampe: Robinzon mladšij. Kniga dlja detej. V 2. č. Perevod pod red. N Ch. Vesselja. Sankt-Peterburg 1880.
88 Prijatnaja i poleznaja kniga dlja detej, ili Povestvovanie o naselenii Robinzonova ostrova v Južnoj Amerike, predstavlennoe v nravoučitel'nych razgovorach otca s det'mi, služaščee prodolženiem novago Robinsona, Sočinenija Kampe. / [I.A.K. Gil'debrandt]; Perevod s nem. 2. Izdanie. Sankt-Peterburg. 1814.
89 [I.A.K. Gil'debrandt]: Robinsonova kolonija. Perevod s nem. I.D. Moskva 1811.
90 I.G. Kampe: Robinzon Kruze. Roman dlja detej. Soč. Kampe. Per. S. nem B. Meževic. 3. Izd. Sankt-Peterburg 1859.
91 Robinson Kruze: Roman dlja detej. Soč. Kampe. Per. S. nem. S. kart. Risov. g-m Timmom i vyrez. na derive baronom Nettel'gostom. Čast' 1. Soč. Kampe. Sankt-Peterburg 1842.

hochgelobt wurde, aber sich nicht gegen Campe behaupten konnte.[92] Wie bereits die *Kleine Kinderbibliothek*[93] wurde auch *Robinson* (oft in gekürzter Fassung)[94] als Schullektüre an den militärischen Ausbildungseinrichtungen kanonisiert.

Der publizistische Erfolg des *Robinson* rief unter anderem auch den berühmtesten und äußerst einflussreichen Literaturkritiker jener Zeit, Vissarion Belinskij (1811–1848), auf den Plan. Der sowjetische Literaturwissenschaftler Michail Alekseev geht davon aus, dass ausgerechnet Belinskijs Einschätzung ausschlaggebend für die Wiederentdeckung Defoes war.[95] In seiner anonym veröffentlichten Rezension der Neuübersetzung von Meževic (1842) in der Zeitschrift *Vaterländische Aufzeichnungen* (Otečestvennye zapiski) verglich Belinskij beide Versionen und favorisierte das „ursprüngliche", „einzig wahre" Original. Bei Campe, so Belinskij weiter, werden die „pietistischen, räsonierenden" Gespräche des Vaters mit den Kindern bei ihnen eher „Langeweile und Ekel vor der Moral" als die „Lehrhaftigkeit" hervorrufen.[96] „In jedem Fall ist diese Neuübersetzung des Campe-Buches nicht überflüssig in unserer Literatur, die so arm an halbwegs passablen Werken für Kinder ist; umso mehr wertvoller, weil sie ordentlich, mit Verstand gemacht und säuberlich herausgegeben wurde".[97] Dass in einer Rezension nicht nur die Qualität der Übersetzung, sondern auch die haptische Aufmachung gewürdigt wird, ist hier lesbar als Kritik an den minderwertigen Erzeugnissen der russischen Kinderbuch-Branche. Zwanzig Jahre später war *Robinson* immer noch präsent im pädagogischen Diskurs: Der deutschstämmige Pädagoge und Literaturkritiker Felix-Èmmanuil Toll' (1823–1867) rubrizierte das Werk in seiner Monographie *Unsere Kinderliteratur* (Naša detskaja literatura) (1862) als eine abenteuerliche Reiseerzählung und ein Geographiebuch. Aufgrund der in die epische Breite gezogenen Narration empfahl Toll' das Werk in erster Linie als Lektüre für unbegabte, retardierte Kinder.[98]

Während Campes *Robinson* die russische Kinderliteratur des späten 18. Jahrhunderts und in der ersten Hälfte des 19. Jahrhunderts dominierte, wurde er von den Neuübersetzungen und Nacherzählungen des englischen Originals sowie von den russischen und sowjetischen Robinsonaden vollständig verdrängt. Lediglich deutschsprachige Reprints und Spezialausgaben für den Fremdsprachenunterricht hielten sich bis in die 1910er Jahre auf dem Buchmarkt.

---

[92] Alekseev: *Robinson* (Anm. 85), S. 93.

[93] Ebd., S. 92.

[94] In der Typographie des Stabs von militärischen Lehranstalten wird eine auf 46 Seiten gekürzte Fassung des *Robinson* herausgegeben: *Sokraščennyj Robinson: Knižka dlja detej*. Kampe. Predislovie V.P. Sankt-Peterburg: Tipografija Štaba voenno-učebnych zavedenij, 1843.

[95] Ebd.

[96] Belinskij zit. nach V. Ternovskaja/N. Jakušin (Hg.): *V.G. Belinskij, N. G. Černyševskij, N.A. Dobroljubov o detskoj literature*. Sbornik. Moskva 1993, S. 136.

[97] Ebd.

[98] Zit. nach Privalova: *„Robinson Kruzo"* (Anm. 83), S. 51.

V. Fazit

Die Rezeption der Werke Campes stellt ein exponiertes Beispiel des deutsch-rus-sischen Kulturaustauschs dar, bei dem sich die Vermischung des kommerziellen Marketings mit dem pädagogischen Diskurs beobachten lässt. Für mehrere Deka-den gehören die Steady- und Longseller *Die kleine Kinderbibliothek* und *Robinson* zu den finanziell profitabelsten und zeitresistenten Kinderbüchern auf dem russi-schen literarischen Markt. Zur Varianz der Ausprägungen des kulturellen Transfers zählen die offene Anerkennung und Bewunderung Campes wie auch die ebenso offene Verleumdung durch die Renationalisierung, die Erfindung eines autochtho-nen Ursprungs seiner originalen Texte bzw. die eklektischen Kompilationen.

Während die Kapitalisierung des Namens „Campe" als Marke verkaufsstra-tegisch im Paratext aller Einzelausgaben auftaucht, ist eine Attribuierung der Urheberschaft der fragmentierten Texte aus den zahlreichen Chrestomathien ein schwieriges Unterfangen. Gerade weil Campe die importorientierte russische Kinder- und Jugendliteratur wie kein anderer Literat dominierte, schrieben und schreiben ihm viele Forscher reflexartig die Autorschaft für diverse, zwar äußerst erfolgreiche, aber anonym publizierte Werke des späten 18. Jahrhunderts zu.[99] Fakt ist, dass die russische Kinderliteratur in ihren Anfängen immens von den Leistungen und Modernitätsvorsprüngen deutscher Kinder- und Jugendliteratur als Handlungs- und Symbolsystem profitierte und sogar ihre erste Blütezeit erleb-te, die sich unter anderem an der quantitativen Dominanz der Übersetzungen aus dem Deutschen belegen lässt.[100] Welchen enorm prägenden Einfluss der omniprä-sente Campe auf die Genese der originären russischen Kinder- und Jugendliteratur in ihren ersten Dekaden hatte, kann daher nicht hoch genug eingeschätzt werden.

---

[99] Campe zugeschlagen werden beispielsweise die Neubearbeitung von *Robinson Crusoe* (dt. 1779, russ. 1781) (Novyj Robinson Kruze, ili Pochoždenija slavnogo Anglinskogo morechodca) (1781) des Berner Pastors Johann David Wyss oder gar die Übersetzun-gen des Originals von Daniel Defoe; ebd., S. 4. Als Campes Werk gilt auch *Der gol-dene Spiegel* der Hildesheimer Botanikerin und Pädagogin Catharina Helena Dörrien (1717–1795), dazu Kostjuchina: *Zolotoe zerkalo* (Anm. 29), S. 11. Auch die Kompila-tionen der didaktischen Kurzgeschichten *Die Kindervergnügen* (1792) (Detskie zaba-vy), welche die Eleven eines Moskauer Eliteinternats angefertigt haben, galten lange Zeit als Campes Werke. Dazu: Vitalij Simankov: *„Detskoe čtenie dlja serdca i razu-my"* (1785–1789) i *„Detskie zabavy" (1792). Recepcija nemeckogo protestantizma v detskich izdaniach XVIII v.* In: *Вивлиоѳика: E-Journal of Eighteenth-Century Russian Studies* 5 (2017), S. 18–39.

[100] Inna Sergienko: *Nemeckie avtory – russikim detjam: Opyt bibliografii detkoj knigi vto-roj poloviny XVIII veka*, In: *Detskie čtenija* 17.2 (2017), S. 395–411.

EBERHARD ROHSE

„wie Joach. Heinr. Campe sagt" – zur Campe-Rezeption in Werken des Erzählers und Zeichners Wilhelm Raabe

I.   „Bergdruffel" – von Campe zu Raabe

In seinem ersten Roman *Die Chronik der Sperlingsgasse* (1856) lässt Wilhelm Raabe den mit dem Ich-Erzähler Johannes Wachholder befreundeten „Karika-turenzeichner" Ulrich Strobel (in den der „Chronik" Wachholders beigefügten „Strobeliana") über eine Weser-Wanderung berichten: „Es war an einem Sonntag-morgen im Juli, als ich auf braunschweigischem Grund und Boden am Uferrand der Weser lag und hinüberblickte nach dem jenseitigen Westfalen."[1] Wobei, nach überraschender Vorbeifahrt eines Weserdampfers „Hermann" mit „Hunderten von Auswandrern" in Richtung Nordsee mit Männerchorgesang: „Was ist des Deut-schen Vaterland"[2] („und die alten Eichen schienen traurig die Wipfel zu schüt-teln; sie wußten keine Antwort darauf zu geben, und das Schiff flog weiter"), sich gleichwohl erhebende Ausblicke auf bedeutsame Geschichts- und Kulturland-schaften „deutscher Erde" eröffnen:

> Ich verließ meinen Ruheplatz und ging durch den Buchenwald den nächsten Berg hinauf bis zu einer freien Stelle, von wo aus der Blick weit hinausschweifen konnte ins schöne Land des Sachsengaus. Welch eine Scholle deutscher Erde! Dort jene blauen Höhenzüge – der Teutoburger Wald! [...] Dort jene Berggruppe – der Ith, cui Idistaviso nomen, sagt Tacitus. Ich bevölkerte die Gegend mit den Gestalten der Vorzeit [...]. (BA I, 148)

---

[1]   Wilhelm Raabe: *Die Chronik der Sperlingsgasse.* In: Wilhelm Raabe: *Sämtliche Werke. Braunschweiger Ausgabe* (20 Bde. und 5 Erg.-Bde.). Hg. im Auftrag der Braunschwei-gischen Wissenschaftlichen Gesellschaft von Karl Hoppe und Jost Schillemeit. Göt-tingen 1960–1994. Bd. I. Bearb. von Karl Hoppe und Max Carstenn, 2., durchges. Aufl. besorgt von Jörn Dräger 1980, S. 143–150 (*Strobeliana*), hier S. 145 (sämtliche Zitate nach dieser Ausgabe nachfolgend abgekürzt: BA bzw. BAE mit Band-Nr. und Seitenzahl).

[2]   Titelzeile aus Ernst Moritz Arndts zur Zeit der Befreiungskriege 1813 entstandenen patriotisch-populärem Kampf- und Bekenntnislied *Des Teutschen Vaterland* („Was ist des Teutschen Vaterland?").

Statt freieren Fernblicks aber zum „Teutoburger Wald", deutschlandutopisch
befeuert zudem von Tacitus-Zitaten über Germanienbefreier Arminius und
Varusschlacht,[3] bleibt ein Ausblick zum (damals noch unfertigen, erst 1875 vollendeten) „Hermannsbild" als erhofftem Sinnbild deutscher Einheit bereits deshalb
unmöglich, weil – überraschend kommt, ausdrücklich zitiert, der Braunschweiger Autor, Sprachforscher und Pädagoge Joachim Heinrich Campe exakt hier ins
Spiel[4] – ärgerlicherweise eine „‚Bergdruffel' (wie Joach. Heinr. Campe sagt)" als
vorgelagerter Höhenzug den Ausblick blockiert, wohingegen das duodezfürstliche
Kasseler Herkules-Monument fern flussaufwärts, narrativ fiktional, sehr wohl
sichtbar ist:

> [...] Ich schleuderte den Tacitus ins Gras, stellte mich auf die Zehen, reckte den
> Hals aus, so lang als möglich, und schaute hinüber nach dem Teutoburger Walde.
> Da eine vorliegende „Bergdruffel" (wie Joach. Heinr. Campe sagt) mir einen Teil
> der fernen, blauen Höhen verbarg, gab ich mir sogar die Mühe, in eine hohe Buche
> hinaufzusteigen, wo ich auch das Fernglas zu Hülfe nahm. Vergeblich – nirgends
> eine Spur vom Hermannsbild! Alles was ich zu sehen bekam, war der große Chri-
> stoffel bei Kassel, und mit einem leisen Fluch kletterte ich wieder herunter [...].
> (BA I, 148f.)

„wie Joach. Heinr. Campe sagt": Zu fragen bleibt, wo im Werk Campes bzw. von
welchen Bedeutungskontexten her Raabe sein „Bergdruffel"-Diktum – einem
emphatisch bewegten Weserwanderer zitierend in den Mund gelegt – literarisch
aufnehmen konnte. Bemerkenswert im Campe'schen Werkpanorama sind hier,
zugleich narrativ und lexikographisch vorgeprägt, gleich zwei „Bergdruffel"-
Textkomplexe. Narrativ, zum einen, als Charakteristik des Landschaftsumfelds
der „Stadt Münden" („unstreitig bei weitem die angenehmste und vielleicht eine

---

[3]   Nach Tacitus' *Annalen* (BA I, 148): „Ich sah die achtzehnte, neunzehnte und zwanzigste
      Legion unter dem Prokonsul Varus gegen die Weser ziehen und lauschte ihrem fern
      verhallenden Todesschrei. [...] und lauschte dem Schlachtenlärm am Idistavisus, bis
      der große Arminius, der ‚turbator Germaniae', durch die Legionen und den Urwald sein
      weißes Roß spornte [...]. Ich sah, wie er die Cheruska von neuem aufrief zum neuen
      Kampf gegen die ‚urbs', wie das Volk zu den Waffen griff [...]."
[4]   Vgl. einführend zu Campe Jacob Leyser: *Joachim Heinrich Campe. Ein Lebensbild aus
      dem Zeitalter der Aufklärung* (2 Bde.). Braunschweig 1877; Bernd Naumann: *Campe,
      Joachim Heinrich*. In: *Literatur Lexikon. Autoren und Werke deutscher Sprache*. Hg.
      von Walther Killy. Bd. II. Gütersloh/München 1989, S. 351–353; Helmut Henne: *Cam-
      pe, Joachim Heinrich*. In: *Braunschweigisches Biographisches Lexikon. 19. und 20.
      Jahrhundert*. Hg. von Hans-Rüdiger Jarck und Günter Scheel. Hannover 1996, S. 118;
      Visionäre Lebensklugheit. Joachim Heinrich Campe in seiner Zeit (1746–1818). Aus-
      stellung des Braunschweigischen Landesmuseums und der Herzog August Bibliothek
      Wolfenbüttel vom 29. Juni bis 13. Oktober 1996. Ausstellung und Katalog: Hanno
      Schmidt in Verbindung mit Peter Albrecht et al. (Ausstellungskataloge der Herzog Au-
      gust Bibliothek 74). Wiesbaden 1996.

der niedlichsten in Deutschland") in Campes Reiseschilderung *Reise des Herausgebers von Hamburg bis in die Schweiz, im Jahre 1785*:

> Es liegt nämlich dieser Ort [die „Stadt Münden"] zwischen *einer Druffel von Bergen*, welche auf sonderbarste Weise dergestalt zusammengeschoben sind, daß sie den beiden Flüssen, der Werre und Fulde, nur einige schmale Thäler offen gelassen haben, durch welche sie in vielen Krümmungen sich herwinden, um sich bei Münden zu vereinigen und durch diesen ihren Zusammenfluß die Weser zu bilden.[5]

Lexikographische Zitatquelle zum anderen, intertextuell nicht minder bemerkenswert, könnte zugleich auch der Artikel *Die Druffel* in Campes *Wörterbuch der deutschen Sprache* (1807) sein, der das Lemma „Druffel" nicht nur semantisch erläutert („eine Menge dicht nebeneienander befindlicher Dinge derselben Art"), sondern stets auch dessen literarische Verwendung in Zitatbeispielen (weithin auch aus Campes eigenen Werken) zu belegen sucht:

> † *Die Druffel*, Mz. die –n, eine Menge dicht nebeneinander befindlicher Dinge derselben Art. Eine Druffel Aepfel. In weiterer Bedeutung, eine Druffel von Bäumen (Baumgruppe). „Und Rasenplätze mit einigen Baumdruffeln." C. „Dieser Ort liegt zwischen einer Druffel von Bergen." Ders. [...].[6]

Dabei besagt das vorangestellte Markierungszeichen (†), dass „Druffel", so Campe in der *Vorrede* zum *Wörterbuch*, zur Kategorie „Landschaftliche Wörter" gehöre, deren schriftsprachlich bislang ungenutzte „mundartliche" Sprach-Dignität in Wort-Beispielen „guter Schriftsteller" (neben Lessing, Bürger nochmals Campe selbst) durchaus belegbar sei:

---

5   [Joachim Heinrich Campe:] *Reise des Herausgebers von Hamburg bis in die Schweiz, im Jahre 1785*. In: *Sämmtliche Kinder- und Jugendschriften* von Joachim Heinrich Campe. Neue Gesammtausgabe der letzten Hand. Achtzehntes Bändchen. *Erste Sammlung merkwürdiger Reisebeschreibungen*. Zweiter Theil. Braunschweig: in der Schulbuchhandlung, 1830, S. 7. – In der Beschreibung Kassels zudem (ebd. S. 98) wird unter den Sehenswürdigkeitem besonders auch auf die „Bildsäule des Herkules" hingewiesen.

6   [Joachim Heinrich Campe:] *Wörterbuch der deutschen Sprache*. Veranstaltet und herausgegeben von Joachim Heinrich Campe. *Erster Theil. A – E.* Braunschweig: in der Schulbuchhandlung, 1807, S. 759. Vgl. als semantisch verwandte Wort-Artikel hier ähnlich auch: „© *Die Baumdruffel*, Mz. die –n, eine Druffel, ein Klumpen von Bäumen, die nebeneinander stehen und ein Ganzes bilden (Baumgruppe). ‚Und Rasenplätze mit einigen Baumdruffeln.' C." (ebd., S. 394); „© *Druffeln*, v. trs. In eine Druffel bringen, ordnen, stellen (groupiren). ‚Schön gedruffelte Baumklumpen.' C. S. dessen Verdeutschungswörterb. Groupiren. Das Druffeln." (ebd. S. 759). Zu Campes Lemma-Markierungen † und © siehe unten Anm. 7.

† Landschaftliche Wörter, [...] welche entweder von guten Schriftstellern, verdienter oder unverdienter Weise, gebraucht worden sind, oder auch, noch ungebraucht, der Einführung in die Schriftsprache werth zu sein scheinen; z. B. drall, von Lessing; risch, von Bürger; pladdern, das Geräusch des Regens auszudrücken: wann's pladdert und gießet, wann's stürmet und kracht. C.[7]

Mehr noch: Campes Empfehlung zur Aufnahme des landschaftlich-mundartlichen (niederdeutschen) „Druffel" in die deutsche Schriftsprache korrespondiert wesentlich zugleich mit seinen sprachpuristischen Ambitionen; so etwa auch, wenn er in seinem *Wörterbuch zur Erklärung und Verdeutschung der unserer Sprache aufgedrungenen fremden Ausdrücke* (1813) zum Fremdwort-Lexem „Groúppe (spr. Gruppe)" befindet: „Es fehlt uns noch ein edles Deutsches Wort für dieses fremde", und stattdessen empfiehlt:

> Sollte vielleicht [...] da, wo nicht von Personen, sondern von Sachen, z. B. von Bäumen, Bergen u.s.w. die Rede ist, das N. D. [d. h. Niederdeutsche] *Druffel*, der Veredelung fähig sein? Letztes wird in der genannten Mundart von Allem gebraucht, was traubenmäßig nahe beieinander ist und ein Ganzes bildet, z. B. eine Druffel Äpfel oder Birnen. [...] es ist zu wünschen, daß das von mir hervorgezogene Druffel in der Umgangssprache und für die niedrige Schreibart gangbarer gemacht werde. Ich selbst habe es in meine Reisen einigemahl zu gebrauchen keine Bedenken getragen: „Dieser Ort liegt zwischen einer Druffel von Bergen." „Weite Rasenplätze mit einigen Baumdruffeln." [...].[8]

---

[7] Campe: *Wörterbuch* (Anm. 3), *Vorrede*, S. XXI; zur Markierung ◎ für „Baumdruffel"/ „Druffeln" ebd. auch: „◎ Neue Wörter; von zweifelhaftem, noch nicht ausgemachtem Werthe. Diese Zeichen erhalten ohne Ausnahme alle diejenigen Campe'schen Wörter, die man in das Wörterbuch aufnehmen zu müssem glaubte, weil sie in schon gelesenen Schriften vorkommen; z. B. Lehrgang für *Cursus*; folgerecht für *consensus*." – Ausführlich zu „Campes Markierungen" Imke Lang-Groth: *Auf dem Weg zu einem Belegwörterbuch. Der Beitrag von Joachim Heinrich Campe und Theodor Bernd* (Braunschweiger Beiträge zur deutschen Sprache und Literatur 16). Bielefeld 2012, S. 83–139, bes. S. 85 („◎ neu von Campe") und S. 115–117 (Unterkapitel: „Landschaftliche Wörter, die einer Einführung in die Schriftsprache wert zu sein scheinen, tragen ein †"). – Geradezu leitmotivisch übrigens begegnet „pladdern" auch in Raabes *Chronik der Sperlingsgasse*, z. B. etwa: „[...] die Pflicht eines braven Regens [...]. Da pladdert und plätschert er erst recht" (BA I, S.116); zu „pladdern" weiterhin mit „Robinson Krusoe"-Bezügen (ebd.) vgl. weiter unten.

[8] [Joachim Heinrich Campe:] *Wörterbuch zur Erklärung und Verdeutschung der unserer Sprache aufgedrungenen fremden Ausdrücke. Ein Ergänzungsband zu Adelung's und Campe's Wörterbüchern.* Neue stark vermehrte und durchgängig verbesserte Ausgabe durch Joachim Heinrich Campe, Doktor der Gottesgelahrtheit. Braunschweig: in der Schulbuchhandlung, 1813, S. 343.

Ähnlich zum Lexem „Grouppieren (spr. groppiren)", wo statt des „undeutsch betonte[n] Zwitterwort[s] *grouppiren*" (dessen Verdeutschung „gruppen" lauten würde, z. B. „Diese Bäume [...] sind schön gegruppt") als „Aussagewort" eher niederdeutscher Vorprägung (Lexem „Druffel") besser „druffeln" zu wählen sei:

> [...] Würde das N. D. [d. h. Niederdeutsche] Druffel für *Grouppe* beliebt, so könnte man auch ein Aussagewort, druffeln davon ableiten. Schöngedruffelte Baumhaufen, könnte man sagen.[9]

Zurück zur „Bergdruffel"-Szene in Raabes *Chronik der Sperlingsgasse* als werkchronologisch frühestem Beispiel (1856) seiner *literarischen* Campe-Rezeption. Erstaunlich schon hier die figuren- und zitatperspektivisch verweisungsträchtige Komplexität und Mehrdimensionaliät des Erzählens. So entspricht dem als Campe-Kuriosum aktualisierten „Bergdruffel"-Zitat nicht nur, regional passgerecht, der Erzählschauplatz Weserland als braunschweigisch-ostfälische Sprach- und Kindheitsheimat Campes, der, in Deensen geboren, das Gymnasium in Holzminden besuchte (wie übrigens später auch Raabe selbst); dem im Sinne Campe'scher Lexikographie durchaus niederdeutschen „Bergdruffel"-Lexem korrespondiert dialektal zugleich auch der dörflich-plattdeutsche ‚O-Ton' der Gegend – als resolute Antwort einer „Alten" auf die Frage des Wesertouristen Strobel, warum sie, statt sonntäglichen Gottesdienstbesuchs, einen „widerspenstig heulenden, strampelnden Bengel" (und „vier andere kleine ‚Blaen'") gründlicher Waschung gerade zur Kirchzeit unterziehe: „Et geit nich immer; eck mott düsse lütten Panzen waschen und antrecken – Herre – Kinderschrieen is ok een Gesangbauksversch!" (BA I, 146).

Und während dem niederdeutsch-naturnahen, wie eine „Predigt" erlebten, wanderselig immer wieder zitierten Bauernmutter-Spruch („Kinderschrieen is ok een Gesangbauksversch"), hymnisch pantheisierend, alsbald ein Goethe'sches *Faust*-Zitat folgt („Nenn's Glück! Herz, Liebe! Gott!/ Ich habe keinen Namen/ Dafür! Gefühl ist alles"),[10] bezeichnet hingegen das – im Sinne sprachpuristischer Campe'scher „Verdeutschung" – gleichfalls niederdeutsche „Bergdruffel"-Zitat den intertextuellen End- und Wendepunkt aller bisherigen, gerade auch deutschlandthematischen (E.M. Arndt, Tacitus) Weserwanderer-Zitate: als raumsymbolisch ebenso treffende wie sarkastisch ironische *dystopische* Sprachmarkierung augenfällig blockierter Landschafts-Fernsicht und politischer Deutschland-Utopie.[11]

---

[9]   Ebd., S. 344.
[10] Aus Fausts Antwort zur ‚Gretchenfrage': „Nun sag, wie hast du's mit der Religion?" (*Faust I*, V. 3454ff.).
[11] Entsprechend niederschmetternd das Erlebnisfazit des Weserwanderers (BA I, 149): „[...] wie verändert blickte mich das alles an. Hätte das Dampfschiff mit seinen Auswandrern nicht später kommen können [...]?! Hätte ich Narr nicht unterlassen können, nach dem Hermannsbild umzuschauen? Wie ruhig könnte ich dann jetzt im Grase meinen Mittagsschlaf halten, ohne mich über den großen Christoffel, den so viele brave

Raabes Virtuosität narrativen Zitierens (Bauernmutter, Arndt, Goethe, Tacitus, Campe) zeigt, schon im initialen Erzählbeispiel seiner Campe-Rezeption, ein in artifizieller Polyvalenz geradezu paradoxes Rezeptionsmodell: mit nur *einem* Campe-Zitat, pointiert blickschärfend im Erzählkontext positioniert, gelingt poetisch profilierte Evokation szenisch wie diskursiv eindrücklicher Campe-Präsenz.

Dieses Struktur- und Zitiermodell pointiert punktueller Campe-Rezeption in episch-integrativer Kontextualisierung bleibt, vielfältig variabel, poetologisch wirksam auch in Erzählwerken späterer Campe-Rezeption Raabes – in deutlichem Unterschied etwa zum kulturhistorisch-narrativen Rezeptionsmodell seines Braunschweiger Schriftstellerkollegen Hermann Klencke (1813–1881),[12] der in umfänglich-mehrbändigen Braunschweig-Romanen wie *Der Parnass zu Braunschweig* (1854) und *Der Braunschweig'sche Hof und der Abt Jerusalem* (1863)[13] Campe als literarische Figur im historischen Figurenpanorama herzoglich-braunschweigischer Ereigniskontexte – szenisch-dialogisch durchweg überaus ausführlich und detailliert – leibhaftig agierend auftreten lässt (als Herzogs-Favorit, Bildungs- und Schulreformer, Aufklärungstheologe, Jerusalem-Kontrahent, Opfer geistlicher Orthodoxie, Sympathisant der Französischen Revolution u.a.m.).[14] Rezeptionstypologisch grundlegend anders aber zeigt sich, wie weiter zu betrachten, die keineswegs „culturhistorische", sondern in besonderer Poetizität literarische – verschiedentlich auch zeichnerische – Campe-Rezeption Raabes, deren biographischer Entstehungshintergrund zuvor kurz zu beleuchten ist.

Katten mit ihrem Blute bezahlt haben, zu ärgern! [..] Der Dämon Mißmut ließ mich nicht los, wütend sprang ich auf […] und marschierte brummend auf Rühle zu."

12   Vgl. Eberhard Rohse: *Klencke, Philipp Friedrich Hermann*. In: Wilhelm Kühlmann in Verbindung mit Achim Aurnhammer u. a. (Hg): *Killy Literaturlexikon. Autoren und Werke des deutschsprachigen Kulturraumes*. 2., vollst. überarbeitete Auflage. Bd. VI. Berlin/New York 2009, S.473–475; Eberhard Rohse: *Klencke, Friedrich Philipp Hermann*. In: Jarck/Scheel (Hg.): *Braunschweigisches Biographisches Lexikon* (Anm. 4), S. 32.

13   Genaue Titel der jeweils dreibändigen Werke: *Der Parnass zu Braunschweig. Historischer Roman* in drei Büchern von Klencke. Erstes Buch: *Die Arkadier an der Oker*. Zweites Buch: *Die Titanen*. Drittes Buch: *Der Abzug der Götter*. Cöthen 1854. – (Pseudonym publiziert): *Der Braunschweig'sche Hof und der Abt Jerusalem. Culturhistorischer Roman* von Hermann von Maltitz, Verfasser der Romane: „Lucas Cranach" – „Luther und Cranach" – „Der Herzog an der Leine" – „Leibnitz und die beiden Kurfürstinnen" (3 Bde.). Leipzig 1863.

14   Klenckes literarische Campe-Rezeption ist ein noch unbearbeitetes Forschungsdesiderat. Dazu in beiden Braunschweig-Romanen ansatzweise bisher Eberhard Rohse: *Abt Jerusalem als literarische Figur. Darstellung und Bild J.W.F. Jerusalems in historischen Romanen Hermann Klenckes und Wilhelm Raabes*. In: Klaus Erich Pollmann (Hg.): *Abt Johann Friedrich Wilhelm Jerusalem (1709–1789). Beiträge zu einem Colloquium anläßlich seines 200. Todestages* (Braunschweiger Werkstücke 81). Braunschweig 1991, S. 127–171 (passim).

II. Vom „Punkt über dem I" zum „Garten des Robinson-Campe" –
biographische Aspekte zu Raabes Campe-Rezeption

In einer autobiographischen Skizze für den *Heidjer*-Kalender 1906 schreibt der schon hochbetagte Wilhelm Raabe (1831–1910) über seine Campe-Rezeption, damals in seiner Weserheimat von frühester Kindheit an:

> Ich bin am 8ten September 1831 zu Eschershausen im Herzogthum Braunschweig geboren worden. Mein Vater war der damalige „Aktuar" am dortigen Amtsgericht, Gustav Karl Maximilian Raabe und meine Mutter Auguste Johanne Friederike Jeep, die Tochter des weiland Stadtkämmerers Jeep zu Holzminden. Meine Mutter ist es gewesen, die mir das Lesen aus dem Robinson Crusoe unseres alten Landsmanns aus Deensen, Joachim Heinrich Campe beigebracht hat. Was ich nachher auf Volks- und Bürgerschulen, Gymnasien und auf der Universität an Wissenschaften zuerworben habe, heftet sich Alles an den lieben feinen Finger, der mir ums Jahr 1836 herum den Punkt über dem I wies. [vgl. Abb. 1][15]

In diesem Altersrückblick figuriert der pädagogische Schriftsteller Campe nicht nur als *Genius loci* von Weserheimat („unseres alten Landsmanns aus Deensen") und *Spiritus rector* frühkindlicher Erziehung und Bildung Raabes, sondern als autobiographische Portalfigur zugleich literarischer Campe-Rezeption überhaupt, wobei Campes literarischer Bestseller, sein „Lesebuch für Kinder" *Robinson der jüngere*,[16] sich als dasjenige seiner Werke erweist, das im späteren Werk Raabes nicht nur am häufigsten zitiert, kommentiert, narrativ verspiegelt, szenisch imaginiert erscheint, sondern bereits als initialer Anschauungs- und Übungstext auch mütterlich-liebevoll begleiteter frühkindlicher Alphabetisierung des kaum Fünfjährigen fungiert (durch „den lieben feinen Finger, der mir […] den Punkt über dem I wies") – ganz im Sinne von Campes zur Erleichterung frühkindlichen Buchstabierens verfasstem *Abeze- und Lesebuch* (z.B. zum Buchstaben i) [Abb. 2].[17] Raabes Campe-Rezeption als *Robinson-Rezeption*: Noch bei Charakteristik seines

---

[15] Wilhelm Raabe: *Sämtliche Werke*. Erste Serie, Band 1. Berlin-Grunewald: Verlagsanstalt Hermann Klemm [1934], S. VII–X, hier S. VII (Zitat-Transkription nach dem Faksimile des handschriftlich hier dokumentierten Raabe-Briefs an den Herausgeber des *Heidjer*-Kalenders Hans Müller-Brauel vom 9. August 1906).

[16] *Robinson der jüngere. Ein Lesebuch für Kinder* von Joachim Heinrich Campe. 11. rechtmäßige Ausgabe. Braunschweig. In der Schulbuchhandlung 1812 (Raabes Privatbibliothek, Sign. 16/890). Erstdruck: *Robinson der jüngere, zur angenehmen und nützlichen Unterhaltung für Kinder* von J.H. Campe. Hamburg 1779, beim Verfasser und in Commission bei Carl Ernst Bohn.

[17] Joachim Heinrich Campe: *Bilder-Abeze. Mit 23 Fabeln und illuminierten Kupfern*. Hg. von Dietrich Leube. Frankfurt/M. 1975, S. 26f. (als frühere Ausgabe vgl. z.B.: *Neues Abeze= und Lesebuch mit vielen schönen Bildern* von Joachim Heinrich Campe. Braunschweig: Schulbuchhandlung 1807).

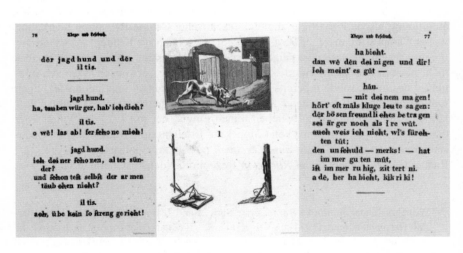

Abb. 1 und 2: Campe-Rezeption zwischen frühkindlicher *Robinson*-Lektüre und
i-Punkt-Alphabetisierung: in autobiographischem Rückblick Raabes
(handschriftlich im *Heidjer*-Kalender 1906); nach Campeschem *Bilder-Abeze.
Mit 23 Fabeln und illuminierten Kupfern* (Braunschweig 1807 u. ö.; hier zum
Buchstaben i)

Fenster-Ausblicks aus seiner letzten Braunschweiger Wohnung auf den (damals) nahegelegenen Campe'schen Garten[18] heißt es formelhaft (per „Postkarte" an Karl Schönhardt am 30. Dez. 1902): „Garten des Robinson-Campe".[19] Ähnlich Raabes Formulierung gegenüber einem Besucher 1908: „Ich stand an einem Frühlingsabend mit Raabe am Fenster in seiner Arbeitsstube. „Sehen Sie, dort drüben liegt Lessing begraben, und die hohen Bäume dort hat der Campe gepflanzt, der den ‚Robinson' geschrieben hat."[20]

Rezeptionsbiographisch weiterhin bemerkenswert: Schon Raabes Großvater August Raabe (1759–1841),[21] herzoglicher Postrat in Holzminden, Privatgelehrter, aufklärerischer Publizist und Redakteur des *Holzmindischen Wochenblatts*, pflegte Campe-Kontakte, publizierte 1790 aber im *Braunschweigischen Journal* eine (politisch moderate) Gegenposition zur Kritik politischer Zensur, wie sie dort, im Einklang mit Campe, dessen Herausgeber Ernst Christan Trapp vertreten hatte.[22] Oder auch: Dem Elternhaus Raabes (1842–1845) in Stadtoldendorf benachbart lebten Familienmitglieder des „von Campeschen Hauses"; noch Jahrzehnte später erinnert sich Raabe, wie „der junge Campe" hier einen zahmen Raben erschoss.[23] Vor allem aber, in einem Brief vom 2. Juli an einen Forstassessor, dem er für die „Zusendung der Forstkarten meiner Jugendheimath" dankt und dabei die in seinem Roman *Das Odfeld* (1888) verwendeten Flurnamen-Varianten „Quadhagen oder Katthagen" kurz erörtert, verweist Raabe auf eine „sehr interessante

---

[18] Vgl. Peter Albrecht: *Campes Garten in Braunschweig.* In: Schmitt: *Visionäre Lebensklugheit* (Anm. 4), S. 127–147.

[19] „Mein lieber Karl! […] Augenblicklich habe ich […] nichts anderes als inliegende ‚Postkarte'. In diesem abgeschmackten scheußlichen Koulissenbau muß der alte Raabe gegenwärtig horsten. Aus den Fenstern, wo das x steht, sehe ich wenigstens auf […] den Garten des Robinson-Campe und den Zipfel des Magni-Kirchhofs, auf welchem Gotthold Ephraim Lessing liegt […]." In: *„In alls gedultig". Briefe Wilhelm Raabes (1842–1910).* Im Auftrage der Familie Raabe hg. von Wilhelm Fehse. Berlin 1940, S. 366 (Nr. 406).

[20] Paul Keller (Schriftsteller) in: *Kleine Geschichten von einem Großen.* In: *Die lustige Woche. Der Guckkasten*, Nr. 36, Berlin 1908, S. 8 (Wiederabdruck in: BAE IV, *Gespräche*, S. 257).

[21] Vgl. Horst Denkler: *Raabe, August Heinrich.* In: Jarck/Scheel (Hg.): *Braunschweigisches Biographisches Lexikon* (Anm. 4), S. 472.

[22] Vgl. Angela Klein: *Campe und die Zensur im Fürstentum Braunschweig-Wolfenbüttel.* In: Schmitt: *Visionäre Lebensklugheit* (Anm. 4), S. 113–126, insbes. S. 113.

[23] Raabe erzählt (am 19.8.1889): „In meinem Elternhause [Stadtoldendorf 1842–1845] wurde ein zahmer Rabe gehalten […]. Als wir mit unserer Wohnung wechselten, blieb der Rabe an der alten Stelle zurück; […] so schloß er enge Freundschaft mit einem an der Kette liegenden Fuchs des von Campeschen Hauses, mit dem er die Mahlzeiten teilte. Er trieb von Tag zu Tag mehr Unfug […] [schließlich] benutzte der junge Campe die Gelegenheit ihn abzuschießen" (Heinrich Stegmann: *Aus den Zetteltöpfen eines alten Raabefreundes*. Wolfenbüttel 1930, S. 10 (Wiederabdruck in: BAE IV, *Gespräche*, S. 17f.)).

Karte", die wahrscheinlich der „Robinson-Campe" aus „Deensen" habe anferti-
gen lassen, als eine für den *Odfeld*-Roman wichtige kartographische Orts- und
Flurnamenquelle:[24]

> [...] meinen aufrichtigen Dank für die freundliche Zusendung der Forstkarten mei-
> ner Jugendheimath. Ob die Flüchtlinge von Amelungsborn im Quadhagen oder
> Katthagen Unterschlupf gefunden haben, wer kann's genau bestimmen? Die Be-
> zeichnung „Quadhagen" habe ich einer sehr interessanten Karte entnommen, die
> wahrscheinlich Robinson-Campe zu Anfang des vorigen oder Ende des vorvorigen
> Jahrhunderts hat anfertigen lassen. Nämlich D e e n s e n, sein Geburtsort, bildet da-
> rauf in verzierter Schrift und unterstrichen den Mittelpunkt, zu welchem die übrige
> Gegend nur ein Appendix ist.

Ein für Raabes literarische Campe-Rezeption, wie bereits erkennbar, topographisch wie sprachlich höchst aufschlussreiches Bild/Text-Dokument (Abb. 3).[25]
Hinzu kommen, als literarische Quellen- bzw. Rezeptionsbasis aus Raabes Privatbibliothek, dort vorhandene Textausgaben von Werken Campes, hier und da
auch anderer Autoren (z. B. Defoes *Robinson Crusoe*). Dabei ergibt sich folgender
Textbestand (jeweils mit Signatur):
- Joachim Heinrich Campe: *Kleine Kinderbibliothek*. 1. 2. 3. 4. In 2 Bänden. 10.
  rechtm. Ausgabe. Braunschweig: Schulbuchhandlung 1805 [I 16/66] R
- Joachim Heinrich Campe: *Robinson der jüngere. Ein Lesebuch für Kinder*. 11.
  rechtm. Ausgabe. Braunschweig: Schulbuchhandlung 1812 [I 16/890] R
- Joachim Heinrich Campe: *Sammlung ... interessanter Reisebeschreibungen
  für die Jugend*. T 5. Braunschweig: Schulbuchhandlung 1788 [I 16/67] D
- [François Levaillant:] *Neue Reise in das Innere von Afrika... In den Jahren
  1780 bis 1785. Ein nützliches Lesebuch für die Jugend*, nach Campe's Lehrart
  bearbeitet. Altona: Bechtold 1803. [16/378] Gustav Raabe [R.s Vater]
- [François Levaillant:] *Le Vaillant's erste Reise in das Innere von Afrika, während der Jahre 1780 bis 1782. Aus dem Französischen übersetzt. Mit Anmerkungen von Joh. Reinhold Forster*. Berlin: Voss 1790. [I 16/377] =
- [François Levaillant:] *Voyage de Mr. Vaillant dans l'intérieur de l'Afrique...
  dans les années 1780, 81, 82, 83, 84 & 85. 1. 2.* Liège 1790: *Journal general
  de l'Europe*. geb. [I 16/376] Be
- Daniel Defoe: *The life and surprising adventures of Robinson Crusoe...* Leipzig: Tauchnitz 1845. R[26]

---

[24] Brief an Forstassessor Hampe, Braunschweig, 2. Juli 1902. In: *„In alls gedultig"*
(Anm. 19), S. 359f., Nr. 398. – Die Landkarte der mittleren Oberweser und des Sollings
stammt von Campes Neffen, dem Verleger, Drucker und Buchhändler Friedrich Campe
(1777–1846); Raabes Privatbesitz (heute im Braunschweiger Raabe-Haus).

[25] Abb. 3: Bildzitat hier aus: BA XX, Anhang (nach S. 416), Abb. 4.

[26] Nach Gabriele Henkel: *Verzeichnis der Raabe-Bibliothek*. In: Dies.: *Studien zur Privatbibliothek Wilhelm Raabes. Vom „wirklichen Autor, von Zeitgenossen und „ächten*

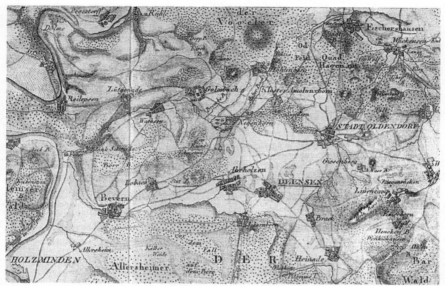

Abb. 3: Campe-Rezeption kartographisch: Weser/Solling-Karte von Friedrich
Campe (Ausschnitt), aus Raabes Besitz – mit Ortsbezeichnungen „Deensen"
(Geburtsort Joachim Heinrich Campes) und z. B. „Od Feld", „Quad Hagen",
„Kloster Amelunxborn" (zentralen Erzählschauplätzen in Raabes *Das Odfeld*)

Abb. 4: Rezeption Campe'scher *Reisebeschreibungen* (darin 3 *Reisen um die
Erdkugel*) in Schüler-Kritzeleien Raabes 1844 in seinem Katechismus-Exemplar
Die kleine Bibel (Braunschweig 1840); oben rechts: „Erdkugel"-Federzeichnung
im Umfeld exotischer (z. T. philiströs verfremdeter) Löwen-Karikaturen

III. Aspekte literarischer Campe-Rezeption

In Raabes Roman-Erstling *Die Chronik der Sperlingsgasse* zeigt sich Campe nicht nur lexikographisch, sondern, bei näherem Hinsehen und intertextuell anspielungsreich, auch als „Robinson-Campe" präsent. War das Campe'sche „Bergdruffel"-Zitat in der Erzähleinlage des Weserwanderers Strobel signifikant landschaftlich lokalisiert, so positioniert Raabes Ich-Erzähler aus der „Sperlingsgasse" eine hintergründig-ironische „Robinson Krusoe"-Allusion inmitten großstädtischer Alltagswelt bei alles überflutendem februartypischem Dauerregen:

> Der alte Marquart in seinem Keller ist freilich übel dran, seine Barrikaden und Dämme, die er brummend errichtet, werden weggeschwemmt, seine Treppe verwandelt sich in einen Niagarafall. Alles, was Loch heißt, nimmt der Regen von Gottes Gnaden in Besitz. [...] Man sollte meinen, nachts würde er sich [...] etwas Ruhe gönnen. Bewahre! Da pladdert und plätschert er erst recht. Da wäscht er Nachtschwärmer [...]; da wäscht er Doktoren und Hebammen auf ihren Berufswegen; da wäscht er Kutscher und Pferde, Herren und Damen [...]; da wäscht er Katzen auf den Dächern und Ratten in den Rinnsteinen; da wäscht er Nachtwächter und Schildwachen selbst in ihrem Schilderhaus. Alles, was er erreichen kann, wäscht er! Kurz: „Bei Tag und Nacht allgemeiner Scheuertag, und Hausmütterchen Natur so unliebenswürdig, wie nur eine Hausfrau um drei Uhr nachmittags an einem Sonnabend sein kann." Das ist das Bulletin des Februar, den man einst mensis purgatorius nannte. (BA I, 116)

Die Komik naturhafter „Hausmütterchen"-Idyllik setzt, weitaus grotesker noch, unmittelbar sich fort in gleichnishafter Ironisierung der „großen Stadt" insgesamt als philiströs wasserscheuer „Hausvater" bei häuslichem Waschtag – als aberwitzig-virtuose literarische Kontrafaktur des aus Schiffbruch und Meeresfluten sich gerade noch rettenden Robinson:

Dichtern" (Braunschweiger Werkstücke 97). Braunschweig 1997, S. 134–235, hier S. 147, 148 und 190; bzw. nach Dorothea Bänsch: *Die Bibliothek Wilhelm Raabes nach Sachgebieten geordnet.* In: *Jahrbuch der Raabe-Gesellschaft* [nachfolgend abgekürzt: JbRG] 1970, S. 87–165, hier S. 89, 134 und 162 (mit Siglen zu den Titeln: R von Raabe mit seinem Namen versehen; D von R. mit seinem Namen und Anschaffungsdatum versehen; = Das Buch gehörte nicht mit Sicherheit zu Raabes Bibliothek; Be Das Buch gehörte ursprünglich Bertha Raabe, geb. Leiste). Zur Campe-Rezeption in der Raabe-Forschung bisher fast nur Friedrich Jentsch: *Wilhelm Raabes Zitatenschatz.* Wolfenbüttel 1925, S. 13f. (Nr. 403–410); Heinrich Spiero: *Raabe-Lexikon.* Berlin o. J. [1927], S. 43; BA (im Anhang z. T. Campe-Erläuterungen); Johannes Graf: *„Der in doppelter Hinsicht verschlagene Reisende."* Joachim Heinrich Campe in Raabes Werk. In: JbRG 1998, S. 99–114. Unberücksichtigt bleibt Campe im jüngst erschienenen Forschungsband: *Raabe-Handbuch. Leben – Werk – Wirkung.* Hg. von Dirk Göttsche/Florian Krobb/Rolf Parr. Stuttgart 2016.

Jetzt finde ich auch einen Vergleich für das Aussehen der großen Stadt. Lange genug habe ich mich besonnen, keiner schien passend. Nun aber hab ich's! Aufs Haar
gleicht sie einem unglücklichen Hausvater, der den Fluten des sonnabendlichen
Scheuerns auf einem Stuhl am kalten Ofen geschwemmt haben, wo er sitzt – ein
neuer Robinson Krusoe – mit Kind, Katze und Dompfaffenbauer, die Beine auf
einem hohen Schemel stehend und die Schlafrockenden herabhängend in die Wo-
gen. (BA I, 116f.)[27]

Hier also, humoristisch verfremdet: „ein neuer Robinson Krusoe". Dass als Rezeptionsbasis Raabe'schen Erzählens hier eher Campes *Robinson der Jüngere* (statt
üblicherweise nur Defoes *Robinson Crusoe*) eminent bedeutsam ist, signalisiert
bereits Raabes Wahl der – in Campes *Robinson* seit dessen Erstausgabe durchweg
und einzig verwendeten – Namensform „Krusoe" (statt „Crusoe").[28] Aber auch
die Wortwahl „pladdert" und „Hausvater" in Raabes parodistischer Starkregen/
Robinson-Szenerie verrät literarische Campe-Rezeption: Erinnert, zum einen, sei
an Campes Empfehlung des „landschaftlichen" Wortes „pladdern" für Schriftsteller im *Druffel*-Artikel seines *Wörterbuchs der deutschen Sprache* (sein Beispiel:
„Wanns pladdert und gießet...").[29] Auffällig, zum anderen, ist eine intertextuelle
„Hausvater"-Kontrapunktik zwischen Raabes *Robinson*-Szenerie und Campes
Robinson-Lesebuch, deren konfigurativ-werkkontrastive Brisanz ihresgleichen
sucht: Während Campes „Hausvater", umgeben von kindlichen Zuhörern (samt

---

[27]   Vgl. hierzu die Schiffbruchs- und Rettungsszene aus Campes *Robinson*: „Er versank, da
das Boot umschlug, mit allen seinen Gefährten im Meer. Aber ebendieselbe gewaltige
Welle, die ihn verschlungen hatte, riß ihn mit sich fort und schleuderte ihn gegen den
Strand. Er wurde heftig gegen ein Felsstück geworfen, daß der Schmerz ihn aus dem
Todesschlummer, worin er schon gesunken war, wieder erweckte. Er schlug die Augen
auf, und da er sich unvermuthet auf dem Trockenen sah, so wandte er seine letzten
Kräfte an, um an den Strand hinaufzuklimmen." (*Robinson der Jüngere. Ein Lesebuch
für Kinder* von Joachim Heinrich Campe. 58., rechtmäßige Auflage. Braunschweig:
Verlag der Schulbuchhandlung. Friedrich Vieweg und Sohn, 1860 (Nachdruck Dort-
mund 1978: *Bibliophile Taschenbücher* 55), Erster Theil (*Dritter Abend*), S. 24).

[28]   Vgl. Campe: *Robinson* (Anm. 27), Erster Theil, S. 5 (*Erster Abend*): „Nun war also
nur der Kleinste übrig, den man K r u s o e nannte [...]"; ebd. z.B. auch: *Vorbericht zur
ersten Ausgabe* [1779], S. X (die in hier zitierten Textpassagen aus Rousseaus *Emile*
vorgegebene Namensform aufnehmend): „R o b i n s o n   K r u s o e ist sein Name". – Im
Anmerkungsteil der kritisch kommentierten reclam-Ausgabe der *Chronik der Sperlingsgasse* (rub 7726). Hg. von Ulrike Koller. Stuttgart 1965, wird lediglich vermerkt
(S. 192): „*Robinson Krusoe:* ‚Robinson Crusoe' (1719), Roman von Daniel Defoe (d.i.
Daniel Foe, 1660?–1731)"; im Anmerkungsteil BA I, S. 471 fehlt jede Erläuterung. –
Zu „Crusoe" bei Defoe siehe weiter unten.

[29]   Campe: *Wörterbuch* (Anm. 3), S. 115. Bemerkenswert weiterhin, dass Raabes Formulierung „Da pladdert und plätschert es..." im Erstdruck der *Chronik* (Berlin: Stage,
1857) und deren Zweitauflage (Berlin: Schotte, 1858) ursprünglich, deutlich Campe-
näher, nur lautete: „Da pladdert es...."; vgl. BA I, Anhang (Lesarten), S. 441.

„Hausmutter")[30] in geordneter Natur-Idylle, gerade als Erzähler und Kommentator von Robinson-Geschichten, philanthropische Aufklärung, Pädagogik und Vernunft unangefochten optimistisch verkörpert, figuriert Raabes „unglücklicher Hausvater", als Schlafrock-Philister wasserbedroht von „Hausmütterchen Natur" in eigenem Haus, großstadtsymbolisch selber als Robinson-Karikatur. Dabei verzichtet Raabe keineswegs darauf, die in dieser „Robinson Krusoe"-Persiflage fehlende Schiffbruch-Motivik an anderer Stelle der *Chronik* einzubringen – in turbulente „Wassergüsse"-Szenerie einmal mehr in der „großen Stadt", ironisch perspektiviert mit römisch-antikem „Schiffbrüchigen"-Zitat als (mit Blumenberg zu sprechen) „Schiffbruch mit Zuschauer":[31]

> Kennt ihr das „Rette sich wer kann!" bei einem plötzlich hereinbrechenden Gewitter in einer großen Stadt? [...]. Die Droschken scheinen sich zu vervielfältigen, und – „süß ist's, vom sichern Hafen Schiffbrüchige zu sehen"[32] – an allen Fenstern erscheinen lachende Gesichter. Studenten, Referendare, junge Theologen usw. wischen ihre Brillen ab; Maler verlassen ihre Paletten und Staffeleien und machen Studien nach dem Leben; Tanten und Mütter schelten über Indezenz. – Platsch, platsch! Alle Dachrinnen senden wie hämische Ungeheuer ihre Wassergüsse der dahertrabenden Menschheit in den Nacken. [...] Welche Überschwemmung! (BA I, 161)

„Robinson-Campe": Die in dieser Fazit-Formel resümierte Gesamtperspektive literarischer Campe-Rezeption Raabes bleibt, bis in sein Spätwerk hinein, variiert oder ergänzt hier und da noch durch einige weitere Campe-Bezüge, werkprägend insgesamt dominant. So etwa begegnet in *Pfisters Mühle. Ein Sommerferienheft* (1884) der ironisch anschauliche Hinweis (des Ich-Erzählers Eberhard Pfister gegenüber seiner Braut) auf „Vater" Campe als *Robinson*-Erzähler und dessen plötzliche Erzählabbrüche vor spannenden Ereignis-Höhepunkten:

> Übrigens aber, mein Herz, habe ich mich immer nach den besten Mustern zu bilden bestrebt; [...] in diesem Augenblicke schwebt mir Vater Joachim Heinrich Campe als nachahmungswertes Exempel vor. Der brach unter seinem Apfelbaum in seinen

---

[30] Campe: *Robinson* (Anm. 27), S. 1: „Es war einmal eine zahlreiche Familie, die aus kleinen und großen Leuten bestand. Diese waren theils durch die Bande der Natur, theils durch wechselseitige Liebe innig vereinigt. Der *Hausvater* und die *Hausmutter* liebten Alle, wie ihre eigenen Kinder [...]" (Hervorhebungen von mir, E.R.).

[31] Hans Blumenberg: *Schiffbruch mit Zuschauer. Paradigma einer Daseinsmetapher*. Frankfurt/M. 1979.

[32] Vgl. Titus Lucretius Carus (98–55 v. Chr.): *Über die Natur der Dinge (De rerum natura)*. Übers. von Karl Ludwig von Knebel (Zweites Buch, v. 1–4): „Süß ist's, anderer Not bei tobendem Kampfe der Winde/ Auf hochwogigem Meer vom fernen Ufer zu schauen,/ Nicht als könnte man sich am Unfall andrer ergötzen,/ Sondern dieweil man es sieht, von welcher Bedrängnis man frei ist."

Historien von Robinson dem Jüngern und seinem treuen Freund Freitag stets dann ab, wenn's in ihnen interessanter wurde [...]. (BA XVI, 43)

Rezeptions- und bildungsgeschichtlich aufschlussreich überdies sind Romanszenen, die auf *Robinson* als vielgelesenes Jugendbuch in zeittypischen Lektürekontexten verweisen. So z. B. in *Meister Autor oder die Geschichten vom versunkenen Garten* (1873) die Schilderung einer alten Frau, der „Base Schaake", die längere Abwesenheiten ihres Neffen als Steuermann auf hoher See („Der Junge war ihr Liebling und ihr ganzes Leben") nur erträgt, indem sie seine mit ihm erlebte Kinderlektüre, von *Robinson* bis zu „Reisen und Abenteuern" aller Art, fast kindhaft-symbiotisch („dass sie in dem Jungen ihr Dasein spürte"), ständig neu wiederholt:

> Wenn er abwesend war, so war es ihr einziger Trost, daß sie saß und las [...] – und was las sie? Den Robinson, und die Geschichten vom fliegenden Holländer und vor allem andern die Geschichten von dem türkischen Kaufmann, der zu den Leuten kam, die das Gesicht mitten auf dem Bauch trugen, und der einen Walfisch für eine Insel hielt und mit seinen Kameraden Feuer drauf machte, um seine Suppe zu kochen. Was sie sonst von Reisen und Abenteuern auftreiben konnte, las sie und glaubte alles. (BA XI, 138)

Ein weiteres Spektrum signifikanter Lektürekontexte – meist auch Raabe'scher – kinder- und jugendzeitlicher *Robinson*-Rezeption ist figurenperspektivisch kontroverses Streitthema in *Stopfkuchen. Eine See- und Mordgeschichte* (1891). So erläutert Heinrich Schaumann, genannt „Stopfkuchen", seinem ehemaligen (als erfolgreich-stolzer Afrika-Heimkehrer ihn besuchenden) Schulfreund Eduard Wert und Bedeutung frühester *Robinson*-, Märchen- und Dichterlektüren – angesichts sozialer Ächtung eigenen Außenseiter-Daseins auf der „roten Schanze" ebenso wie für spätere „Kenntnisnahme" Schopenhauers und seiner Weltsicht:

> Ja, lieber Eduard, kein Winkel im Haus, kein Fleckchen im Garten, kein Mauerwerk, keine Bank, kein Busch und Baum und [...] kein Viehzeug auf der roten Schanze, die nicht allgemach den ein lieber Schein und Schimmer überlief aus dem *Robinson*, aus dem *Ferdinand Freiligrath*, aus den *Gebrüdern Grimm*, dem *Hans Christian Andersen* und dem alten *Musäus!* Ich war feist und faul; aber doch nun gerade, euch allen zum Trotz, noch vor meiner Kenntnisnahme *des Weisen von Frankfurts bester Table d'hote* ein Poet ersten Ranges: der *Begriff* war mir nichts; ich nahm alles unter der Hecke weg, mit dem Sonnenschein des Daseins warm auf dem Bauche, aus der *Anschauung*.[33] (BA XVIII, 117; Hervorhebungen von mir, E.R.)

---

[33] Zur zentralen Bedeutung der Schopenhauer-Rezeption im Denken und Schreiben Raabes vgl. Søren R. Fauth: *Der metaphysische Realist. Zur Schopenhauer-Rezeption in Wilhelm Raabes Spätwerk.* Göttingen 2007.

Lieblingslektüre Eduards hingegen, dem Vorbild des gerade verstorbenen Land-
briefträgers Störzer folgend – der „Fünfmal. Rund um den Erdball. Siebenund-
zwanzigtausend und zweiundachtzig Meilen in vierundfünfzigtausendeinhun-
dertvierundsechszig Berufs-Gehstunden!" in 31 Dienstjahren zurücklegte – war
Levaillants *Reise in das Innere von Afrika* (übrigens „nach Campes Lehrart
bearbeitet");[34] zu dieser rein geographischen Lektüre meint Stopfkuchen, der bereits weiß, dass Eduards Jugend-Vorbild einen bislang verheimlichten Totschlag
verübt hat:

> Du persönlich, Eduard, liefest höchstens mit deinem Freunde Störzer und bereite-
> test dich durch des alten Le Vaillants Geschichte von wilden Eseln, Giraffen, Ele-
> fanten, Nashörnern, saubern Namaquamädchen […] auf dein Kaffern-Eldorado vor
> […]; aber den biedern Heinrich Schaumann hast du seinerzeit […] mit den übrigen
> von uns als Stopfkuchen unter der Hecke belassen. (BA XVIII, 116).

Dass Raabes literarische Campe-Rezeption, über *Robinson* hinaus, intertextuelle
Bezüge, obzwar eher marginal, auch zu anderen Campe-Werken herstellt, zeigt
in *Stopfkuchen* zudem, der Leitmotivik Levaillant'scher Afrika-Thematisierungen
zugeordnet, Eduards emphatisches Störzer-Bekenntnis und Kritik am gleichzeiti-
gen gymnasialen Geographie-Unterricht (BA XVIII, 18): „Campes Reisebeschreibungen sind mir lieber. Und du bist mir auch lieber, Störzer."[35]
   In *Drei Federn* (1865) überdies lässt Raabe eine kleinstadtprovinziell-anstän-
dige konfigurativ zentrale Frauengestalt, Mathilde Sonntag aus Hohennöthlingen,
unter Verweis auf Campes Erziehungsschrift *Väterlicher Rath an meine Tochter*,[36]
pädagogisch eklatant scheitern:

---

[34] Vgl. aus Raabes Bibliothek: [François Levaillant:] *Neue Reise in das Innere von
   Afrika... In den Jahren 1780 bis 1785. Ein nützliches Lesebuch für die Jugend*, nach
   Campe's Lehrart bearbeitet. Altona: Bechtold, 1803 (aus dem Besitz Gustav Raabes,
   R.s Vater); zu weiteren Afrika-Büchern des Autors in Raabes Besitz siehe oben.

[35] Im Blick auf die von Eduard (dem späterem Afrika-Seereisenden) bewunderte mehr-
   fache Erdumrundung Störzers als Briefträger bemerkenswert z. B. auch folgende
   „Erdkugel"-Umrundungen (in: *Sämmtliche Kinder- und Jugendschriften* von Joachim
   Heinrich Campe. Neue Gesammtausgabe der letzten Hand. Neunzehntes. Bändchen:
   Erste Sammlung merkwürdiger Reisebeschreibungen. Dritter Theil. Braunschweig: in
   der Schulbuchhandlung, 1830): I. *Beschreibung einer Reise um die Erdkugel, angestellt
   von dem Englischen Kommodore Biron im Jahre 1764* […]; II. *Beschreibung einer
   Reise um die Erdkugel, angestellt von dem Brittischen Schiffsführer Samuel Wallis im
   Jahre 1788* […]; III. *Beschreibung einer Reise um die Erdkugel, angestellt von dem
   Brittischen Schiffshauptmann Philipp Carteret, im Jahre 1766* […]. Vgl. als frühes
   (karikaturistisches) Rezeptionsdokument bereits des Schülers Raabe eine Erdkugel-
   Zeichnung in seinem Exemplar des Ziegenbeinschen Schul-Katechismus (Abb. 5).

[36] Vgl. Imke Lang Groth: *„Väterlicher Rath" für Töchter des im späten 18. Jahrhundert.
   Sprachhistorische Untersuchungen*. Magisterarbeit (masch.). Braunschweig 1999.

[Mathilde Sonntag:] Mit Wilmsens „Kinderfreund" und Campes „Väterlichem Rat an meine Tochter" ließ sich aber in betreff Luisens nicht das geringste ausrichten, und es war auch ein Glück, daß ich zum Gouvernantentum nicht tauge, weder eine Brille, noch eine spitze Nase und ein dito Kinn trage [...]. Man richtet mit einem fröhlichen Herzen doch am meisten in dieser trübseligen Welt aus; wenn ich gleich hier wenig ausgerichtet habe. [...] Solch ein unerzogenes, selbsterzogenes, verzogenes Geschöpf wie diese sehende Schwester des blinden Friedrichs mochte noch in einem zweiten Exemplar von einem Gelehrten aufgefunden werden; *ich* hatte an diesem einen genug und übergenug. (BA IX.1, 337)

Nicht zuletzt, mit direktem *Robinson*-Bezug zudem, ist in den Romanen *Alte Nester. Zwei Bücher Lebensgeschichten* (1879) und *Prinzessin Fisch* (1883) jeweils zugleich die Rede von „Robinson und Campes Eroberung von Mexiko" (BA XIV, 28) und „Robinson-Crusoe-Geschichten, Eroberung von Mexiko-Geschichten" (BA XV, 209),[37] wobei hier, wie die Bezeichnung „Crusoe" (statt „Krusoe") zu erkennen gibt, neben Werktiteln Campes auch Daniel Defoes Roman *Robinson Crusoe* zitiert wird.[38] Entsprechend, epochentypisch adäquat inszeniert, findet sich in Raabes Geschichtsroman *Das Odfeld* (1888) aus der Zeit des Siebenjährigen Krieges, im „Büchervorrat" des im Kloster Amelungsborn verbliebenen Magisters Buchius, in deutscher Übersetzung auch Defoes „des Weltberühmten Engelländers Robinson Crusoe Leben und gantz ungemeinen Begebenheiten insonderheit da er 28 Jahre lang auf einer unbewohnten Insul auf der Amerikanischen Küste gelebet hat. 1728."[39] Von hier aus gesehen, gewinnt Raabes „Robinson-Campe"-Rezeption in autorspezifisch changierender *Crusoe/Krusoe*-Doppelqualität und -perspektivik, intertextuell grundierten Palimpsest-Charakter: Wurde zuvor, historisch-werkgenetisch, Defoes *Robinson* palimpsestartig mit Campes *Robinson*-Text überschrieben, so, in Raabes Campe-Rezeption, palimpsest-artig der *Robinson* Campes wiederum mit Defoes *Robinson* – ein deutlicher Gewinn, in der Tat,

---

[37] Vgl. *Die Entdeckung von Amerika. Ein angenehmes und nützliches Lesebuch für Kinder und junge Leute* von Joachim Heinrich Campe (2 Bde.). Braunschweig: Schulbuchhandlung, 1791 (als Teil II darin: *Cortez. Die Eroberung von Mexiko*).

[38] Vgl. aus Raabes Bibliothek: Daniel Defoe: *The life and surprising adventures of Robinson Crusoe...* Leipzig: Tauchnitz, 1845; Titel der Erstausgabe: *The Life and Strange Surprising Adventures of Robinson Crusoe of York, Mariner* (London 1719).

[39] BA XVII, 43; auch hier legt Raabe Wert auf literarisch signifikante *Robinson*-Kontextualisierung, wenn es über „den ‚Büchervorrat' unseres lieben alten Freundes" heißt: „Natürlich die Klassiker in abgegriffenen Schulausgaben, meistens aus den eigenen Schuljahren des Magisters. Weniger neuere und neueste Schriften [...] wie: Gundlings Otia neben Petitus de Amazonibus dissertatio, Jöchers [...] Gelehrtenlexikon neben *des Weltberühmten Engelländers Robinson Crusoe Leben und gantz ungemeinen Begebenheiten insonderheit da er 28 Jahre lang auf einer unbewohnten Insul auf der Amerikanischen Küste gelebet hat. 1728;* Professor Gottscheds Kritische Dichtkunst und Bearbeitung von Addisons Cato [...]." (Titel-Hervorhebung von mir, E.R.)

an intertextueller Tiefendimension der literarischen Campe-Rezeption Raabes zugleich als Defoe-Rezeption.

Als Gipfelpunkte narrativer *Robinson*-Rezeption Raabes finden sich hier Romanbeispiele, die ihrerseits die *Robinson*-Rezeption signifikanter Romanfiguren, meist jugendlich begeisterter *Robinson*-Leser, szenisch ebenso anschaulich wie autorreflexiv skeptisch und desillusionierend, thematisieren. Im Roman *Der Schüdderump* (1869) zum Beispiel ist es der „sittsame Knabe" Junker Hennig von Lauen, der, dem Privatunterricht seiner aristokratischen Erzieher auf dem Lauenhof durch plötzliche Flucht in den Wald entronnen, in „Furcht, Schauder und Wonne […] ob seiner Freimachung" in „tierischen Schrei" ausbricht und „ein anderer Geist" ihn aus bisheriger „Behaglichkeit des Lebens" reißt:

> Zum erstenmal packte den Knaben das Robinson-Krusoe-Gefühl, das Gefühl der Abenteurer, Entdecker und Eroberer. […] grinsend warf der Taugenichts seine Mütze in den nächsten Baum und lachte laut auf, erschrak jedoch trotz aller Tollmütigkeit nicht wenig, als dieses Lachen ein helles, fröhliches Echo fand […] in diesem […] Gezweig des […] Baumes saß das schöne Kind der schönen Marie […]. (BA VIII, 87f.)

Von größter Wichtigkeit in dieser beginnenden Kinder-Liebe ist „eine zu Fetzen zerflatternde Ausgabe des Robinson Crusoe mit schönen, bunten Bildern", die Junker Hennig (zusammen mit seinem Lieblingskaninchen, einer Arche Noah und einer „Schachtel mit königlich preußischer Infanterie") Antonie, dem im Siechenhaus des Dorfes aufwachsenden „schönen Kind", mitbringt: „Sie nahmen auch das Herz der jungen Dame im Sturm, und die Familie Noah, sowie der Robinson Crusoe vollendeten die Eroberung." *Robinson-Crusoe*-Rezeption in Bild und Text also im „Treiben der beiden Kinder" (eine „Alten am Spinnrad" mit dabei):

> Es war der nunmehr erst so mißratene und dann vom Schicksal so gut gezogene Meister Robinson an der Reihe, und der Junker fand die schönste Gelegenheit, durch ihn sich als einen welt- und bücherkundigen Mann zu erweisen. Mit den Augen und den Ohren folgte Tonie Häußler seinen deutenden Fingern und Erklärungen, und die Alte am Spinnrad […] fragte einmal über das andere: ob das wirklich in dem Buche stehe, Ob das nicht erstunken und erlogen sei.
> „Nein," sagte Antonie, „es ist wahr. In Hamburg hab ich einen schwarzen Menschen gesehen, der war ganz so schwarz als der liebe Freitag, und vielleicht war er auch aus dem seinem Dorfe. Seinen Vater Donnerstag hätt ich zu gern gesehen, aber der ist ja tot. Es steht ganz gewiß in dem Buche, und hier ist sein Bild, wie er gebunden im Kahn liegt und eben an den Bratspieß gesteckt werden soll."
> Sie legte das zerfetzte Buch der Alten auf die Kniee, und trotz ihrer blöden Augen mußte Hanne Allmann, von Blatt zu Blatt die herrliche Historia in den Bildern betrachten und erhub die Hände über Heiden und Türken und menschenfressende Mohren und fand ein großes Behagen und Wohlgefallen an den frommen Lamas

[…]. Stolz, mit den Händen in den Hosentaschen, stand der Sohn des reichen Hauses in der Stube der Bettelleute […]. (BA VIII, 115f.)

Mitten in dieser *Robinson*-Szenerie aber, konträr zum „heitern Glück" der – im gemeinsamen Thema noch selbstvergessen – vereinten Kinder, die nicht ahnen, wie sehr Tod, Bösartigkeit und Unheil ihr Leben zerstören werden, ist längst schon das titelgebende Todessymbol des Romans, der von „Fuhrmann" Tod gelenkte „schwarze Wagen" unterwegs: der *Schüdderump*:

> O wie schön, wie friedlich und freundlich könnte unser Weg sein ohne das dumpfe Poltern in der Ferne, ohne den schwarzen Wagen, der immerfort *seinen* Weg durch die Geschlechter alles Lebendigen fortsetzt, dessen Fuhrmann so schläfrig düster mit dem Kopfe nickt und dessen Begleiter, die Leidenschaften, mit Zähneknirschen und Hohnlachen die eisernen Stangen und Haken schwingen; denn ihrer ist ja das Reich und die Herrlichkeit der Welt, und wer kann sich rühmen, daß er im Kampfe wider sie wirklich den Sieg davongetragen habe? (BA VIII, 114f.)

Im Blick auf die bereits erwähnten „Robinson Crusoe-Geschichten, Eroberung von Mexiko-Historien" in *Prinzessin Fisch* (1883)[40] erzählkontextuell nicht minder desillusionierend sind Schlüsselszenen in der Entwicklung des anfangs noch kindlichen Romanhelden, des zu spät geborenen, nach dem Tod beider Eltern verwaist zurückgelassenen Theodor Rodburg, so z. B., abseits der Trauergesellschaft, am Beerdigungstag im verwilderten Garten des Elternhauses:

> Durch die Seele des übergegessenen Jungen ging an diesem schönen Nachmittag ein Grundgefühl von Zurücksetzung und von Überflüssigsein in der Welt und selbstverständlich dazu allerlei Geschichten […] Dazu alle die Abenteuer – Robinson Crusoe-Geschichten, Eroberung von Mexiko-Historien – welche die Natur eigens für den Zweck erfunden zu haben scheint, den Menschen so früh als möglich aus dem Neste ins Weite zu locken. (BA XV, 209)

Realistisch paradox wie existenziell bewegend die aus extremem Kindeselend tagtraumartig hier aufsteigende Rettungsfantasie (auch für die geliebten Kaninchen) als *Robinson*-Fantasie, imaginativ folgerecht vorauserlebt – mit eigener Insel, Höhle, Lamas und Papagei bis hin zu Schiffbruch und tödlichen Meeresfluten:

> Im Stall müssen sie [die Kaninchen] verhungern ohne mich, und zu Pferde kann ich sie nicht mitnehmen. Aufs Schiff könnte ich wohl den schwarzen Bock und die weiße Zippe mitbringen, und nachher auf meiner Insel wollte ich schon bald wieder ein paar Dutzend zusammen haben, wenn wir nicht verschlagen würden und zu große Hungersnot erlitten. Und dann hätte ich doch auch gleich wen zur

---

[40]   Zur Campe-Rezeption in *Prinzessin Fisch* vgl. Graf: *Campe in Raabes Werk* (Anm. 26), S. 104–110.

Gesellschaft auf meiner Insel und brauchte nicht ohne wen solange erst in meiner
Höhle auf meine Lamas und auf meinen Papagei zu warten!... Den anderen, die ich
nicht mit aufs Schiff nehme, brauche ich ja nur die Stalltür offen zu lassen. [...]
Und die Knallbüchse muß ich doch auch erst fest haben, ehe ich [...] – *zuerst* wohl
am besten nach Amerika gehe wie mein Bruder Alex, und dann erst unterwegs verschlagen werde und Schiffbruch erleide und ans Land geworfen werde. Den Bock
und die Zippe kann ich ja vorher [...] wie Robinson unter den Arm nehmen, ehe das
Schiff in Stücke geht, und alle übrigen im Meere ertrinken und nur wir drei dann
allein übrig bleiben auf der Insel, weil – hier zu Hause doch keiner was nach mir
fragt [...]. (BA XV, 210f.)

Jahre später noch, als sein einst ausgewanderter „Bruder Alex" als Mexiko-Heim-
kehrer, begleitet von exotisch anmutendem Ehepaar, überraschend den ehemals
elterlichen Hausgarten betritt, erlebt der inzwischen halbwüchsige, in benachbar-
ter Obhut und Pflege aufwachsende Theodor, vom Zimmerfenster aus, den „alten
Robinson-Crusoe-Garten" noch immer als sein verlorenes „Zauberreich":

Ein helles Frauenlachen [...] zog ihn an sein Fensterchen schnell zurück. Er sah
in scheuem Schrecken und Verlangen hinab in seinen Nachbar-Hausgarten, seinen
alten Robinson-Crusoe-Garten, sein verloren gegangenes Zauberreich und sah den
Bruder Alexander, die schöne Frau Romana und den Herrn Kriegszahlmeister des
Kaisers Max von Mexiko an der alten Scheidewand stehen, und sah den Herrn
Kriegszahlmeister nach seinem Fenster hinaufdeuten. (BA XV, 285)

Wobei sein Mexiko-Bruder und die „schöne" Romana für ihn „aus jenem Reich
der blauen Wunder und Abenteuer" kommen, „nach welchen sich der unmündige
Knabe, mit seinem Robinson Crusoe und Ferdinand Cortez im Sinne, so sehr ge-
sehnt hatte" (BA XV, 308). Um so schmerzlicher alsbald die Desillusionierung –
als bittere Erkenntnis von Lüge und Betrug (Ehebruch, betrügerische Bauprojekte
und Geldgeschäfte, überstürzte Flucht). Im Urteil seines Mentors Bruseberger:
„die Aussicht in den [...] Robinson-Crusoe-Garten [...] hatte [...] den Jungen [...]
zurechtgeschüttelt, und er war reif für eine höhere Schule des Daseins" (BA XV,
349) – ganz im Sinne der Erzählabsicht Raabes: nicht Verurteilung kindlicher und
jugendliche *Robinson-Crusoe-* und *Mexiko*-Fantasien, sondern „Erziehung des
Menschen durch die Phantasie" (BA XV, 348).
    Changierend zwischen Erzählerreflexion, Kannibalismus-Thematik und zeit-
genössisch-populärem Darwinismus-Diskurs hingegen zeigt sich ein ironischer
„Robinson Crusoe"-Vergleich (bezogen auf eine Erzählschauplatz-Wiederholung
im Zimmer des darwinistischen Tierarztes Schnarrwerk vor dessen ausgestopften
Affen) im Roman *Der Lar. Eine Oster-, Pfingst-, Weihnachts- und Neujahrsge-
schichte* (1889):

Damit sind wir wieder da, wo wir angefangen haben. Wie Robinson Crusoe sind
wir im Kreise herumgelaufen und richtig wieder an der Stelle angelangt, wo jener

zuerst merkte, daß auch auf dieser karaibischen Insel Kannibalen abkochten, und wo wir zu unserm Schrecken merkten, daß es auch diesmal auf unserer Insel Menschenfresser geben könnte.

„Sehen Sie sich diesen Affen nur mal ganz genau an, Fräulein Müller," sagte damals beim Ostereinzug vor fünf Jahren Studiosus Kohl zu der kleinen Freundin seiner verstorbenen Mutter. „So sollen Sie vor ein paar hunderttausend Jahren auch einmal ausgesehen haben, Fräulein. Ihr Jetziger Nachbar [...] behauptet es fest, und er muß es wissen; denn er hat darauf studiert. [...] (BA XVII, 303)[41]

Ähnlich auch in der „internationalen Liebesgeschichte" *Christoph Pechlin* (1873) über die Britin „Miß Christabel Eddish" – ihre „Mission": „das rohe Geschlecht der Männer seit seiner Entwickelung aus dem Gorilla" zu kultivieren und zu beherrschen[42] – nach strapaziöser Droschkenfahrt unterwegs zu einer Gesinnungsfreundin in Stuttgart:

> [...] und als bei anbrechender Nacht die britische Jungfrau wohlbehalten in Stuttgart anlangte, befand sie sich vollkommen in der weltbekannten Stimmung Robinson Crusoes, nachdem er die Spuren menschenfresserischer Karaiben im Sande am Meeresufer entdeckt hatte und, außer sich darüber, einen Tag lang auf seiner Insel im Kreise herumgelaufen war. Erschöpft, betäubt, regungslos lag er dann unter einem Busche, und erschöpft, betäubt und regungslos lag Miß Christabel Eddish in der Stuttgarter Droschke, durch welche sie samt Gepäck und Kammerjungfer der Wohnung der Freundin zugeführt wurde. (BA X, 306)[43]

Szenisch-literarische Campe-Rezeption ganz anderer Art schließlich verrät die Schilderung des „Katthagen oder Quadhagen" als ominös-unheilvollen Kriegsort in *Das Odfeld* – nicht narrativer, sondern kartographischer Quellenbasis folgend, der in Raabes Besitz befindlichen Campe'schen Weser/Solling-Landkarte (dort mit der Flurbezeichnung „Quad Hagen"):

> Eine Kontroverse darüber, ob man „Katthagen" oder „Quadhagen" zu sprechen und zu schreiben habe, würde jeder Gelehrte auf die nächste bessere Gelegenheit verschoben haben, wenn ihm die Frage unter obwaltenden Umständen vorgelegt

---

[41]   Zu Raabes Darwinismusrezeption Eberhard Rohse: *„Transzendentale Menschenkunde" im Zeichen des Affen. Raabes literarische Antworten auf die Darwinsmusdebatte des 19. Jahrhunderts.* In: JbRG 1988, S. 168–210, bes. S. 186–189.

[42]   Ebd., S. 186f.

[43]   Vgl. mit kannibalischem Robinson-Bezug hier auch: „Aber nicht nur wir und Miß Christabel kehrten auf dem Wege nach den Lorbeer- und Myrtenländern um, auch der Kapitän Sir Hugh kam nicht dahin. Am Fuße des Splügen wendete auch er sich und zwar wie weiland sein Landsmann Mr. Robinson Crusoe, als er auf der Wanderung durch seine Insel auf den Bratofen und den Tafelabhub seiner kannibalischen karaibischen Nachbarn im Stillen Ozean stieß." (BA X, 345f.)

sein würde. Im Katt- oder Quadhagen kurzweg suchten die Gejagten noch einmal notdürftiges Unterkommen vor Freund und Feind. (BA XVII, 194)

Wobei gerade dieser Ort „notdürftigen Unterkommens" für Buchius und ihn hier antreffende weitere Kloster-Flüchtlinge („Hier ist ja auch der Magister Buchius, im Katthagen vom liebsten Herrgott in der Höhe uns gesendet.")[44] angesichts tobenden Odfeld-Gemetzels sich als Schreckensort, als „böser Hagen" erweist, der die hierher Verjagten jäh mit dem Reitertod Thedels von Münchhausen, des „liebsten" Schülers des Magister Buchius konfrontiert.

> Da fing er an [d. h. Buchius im „Halbschlaf", in der „aufgereiheten Gesellschaft auf dem Eichenstamm im Katthagen], im Traum zu reden, und zwar von seinem Schlimmsten und Liebsten und Jüngsten im Drangsal dieses fünften Novembers Anno siebzehnhunderteinundsechzig, von dem Junker Thedel von Münchhausen. „[…] Münchhausen! Thedel, ist er denn ganz verrückt geworden?... Herr Gott, die Raben! Herr Gott, die Raben über dem Campus Odini! Herr Gott, Herr Gott, die Raben über dem Odfelde!" (BA XVII, 196f.)

Bemerkt sei am Rande, dass Raabe der Campeschen Weser-Karte historisch-topographisch zahlreiche weitere ältere Orts- und Flurnamen entnimmt, nicht nur im *Odfeld*, sondern auch für den Roman *Hastenbeck* (1899) wie bereits die Erzählung *Höxter und Corvey* (1875).[45] Bemerkenswert überdies, dass in Raabes Campe-Rezeption auch das *Wörterbuch*-Lexem „Lesepöbel" begegnet, wenn er notiert: „Den richtigen ,Lesepöbel' hat einzig und allein das ,Volk der Dichter und Denker' aufzuweisen." (BAE, 362).

---

[44]   BA XVII, 195: „Was den Herrgott anbetraf, so hatte der wirklich ein ,Einsehen'. Er hielt wenigstens an dieser Stelle zwischen der Weser und der Hube seine gütige Hand über die gejagte Kreatur. Der Katthagen oder der böse Hagen war besser als ein Ruf in der Gegend. Sein Gestrüpp wenigstens dicht genug und genugsam voll Dornen, um jetzo, wo die Bataille doch schon entschieden war, die eiligen ,Völker' vom zu scharfen Durchstöbern des Waldes abzuhalten."

[45]   Erstmals dazu (mit detaillierten Textbelegen) Hans-Jürgen Schrader: *Tragisches Erleben und humoristischer Freiblick in verworrenen Zeiten. Nachwort.* In: Wilhelm Raabe: *Höxter und Corvey. Eine Erzählung* (rub 7729). Nach der Handschrift hg. von Hans-Jürgen Schrader. Stuttgart 1981, S. 189–213 (passim) und Anmerkungsteil S. 114–188, mit Abb.: *Landkarte der mittelern Oberweser und des Sollings von Friedrich Campe* (S. 118f.).

IV. „dem Ertrinken nahe" – *Robinson*-Rezeption im Spiegel zeichnerischer Imagination

„Mit Feder, Dinte und Papier": Diese formelhaft-leitmotivische, oft variierte Schreib-Devise Raabe'schen Erzählens[46] charakterisiert prägnant nicht nur den schreibenden *Autor*, sondern, im Blick auf seine zahlreichen wie bildkünstlerisch eindrucksvollen Federzeichnungen, auch den *Zeichner* Raabe: seine Schreibfeder ist, mit gleicher „Dinte", stets auch Zeichenfeder – dies nicht nur auf ‚normal' griffbereitem „Papier", sondern gelegentlich auch, bei imaginativ plötzlicher Schreibunterbrechung, auf Manuskripträndern, Briefumschlag-Rückseiten oder Papierschnipseln. Dass dieser überaus produktive Autor (65 Romane und Erzählungen) ganz unspektakulär und fast nebenbei, von Schülerzeiten an bis noch auf dem Sterbebett, zugleich ein nicht minder umfängliches, thematisch wie gestalterisch bedeutsames bildkünstlerisches Oeuvre hinterlassen hat (mehr als 700 Feder- und Bleistiftzeichnungen, Aquarelle und Ölbilder), ist in neuerer Raabe-Forschung mit zunehmendem Interesse beobachtet und gewürdigt worden.[47] Für Raabes zeichnerische Campe-Rezeption gibt es hier einiges zu entdecken.

Die hier zu betrachtenden Raabe-Zeichnungen, meist assoziativ dahinskizzierte Bildeinfälle, Imaginationen, Augenblicksbilder sind, ungeachtet durchaus ‚realistischer' Referenzbezüge, nicht misszuverstehen als lediglich illustrative Bebilderung von Campe- bzw. *Robinson*-Texten. So etwa findet sich zeichnerisch assoziatives Erinnern bildhaft fortwirkender Lektüre-Eindrücke (z. B. aus Campe'schen

---

[46] Vgl. *Chronik der Sperlingsgasse*: „mit Dinte, Feder und Papier" animiert der Ich-Erzähler den Karikaturisten Strobel zu schriftstellerischer Mitarbeit (BA I, 141); oder gar: „[…] der Lar [Schnarrwergks ausgestopfter Menschenaffe] stand zu Häupten des Bettes und hätte so treu als wir ferner Bericht erstattet, wenn er imstande gewesen wäre, so sauber als wie wir mit Dinte, Feder und Papier umzugehen" (*Der Lar*, BA IX, 354); weiterhin z.B.: „mit Griffel, Dinte, Papier und Pergament" (*Des Reiches Krone*, BA IX.2, 323); „in Dinte, Feder und Papier" (*Deutscher Adel*, BA XIII, 264); „auf diesem Blatt Papier mit Feder und Dinte" (*Ein Besuch*, BA XIII, 381); „ohne Dinte, Feder und Papier" (*Stopfkuchen*, BA XVIII, 20).

[47] Zu Raabe als Zeichner vgl. Karl Hoppe: *Wilhelm Raabe als Zeichner*. Göttingen 1960; Karl Arndt: *Der zeichnende Wilhelm Raabe. Anmerkungen und Beobachtungen zu Stil und Herkunft seiner Kunst*. In: JbRG 1988, S. 110–144. Gabriele Henkel: *Raabe und Braunschweig 1870–1910. Lebenszeugnisse und Werke des Schriftstellers und Zeichners aus den Beständen der Stadtbibliothek Braunschweig*. Braunschweig 1998; Eberhard Rohse: *Wie Raabe den Tod gebildet. Zur Ikonographie von Zeitlichkeit und Tod in späten Texten und Zeichnungen Wilhelm Raabes*. In: Herbert Blume (Hg.): *Von Wilhelm Raabe und anderen. Vorträge aus dem Braunschweiger Raabe-Haus* (Braunschweiger Beiträge zur deutschen Sprache und Literatur 5). Bielefeld 2001, S. 191–239; Gabriele Henkel: *Augenblicksbilder des „großen Krieges aller gegen alle". Geschichtsdarstellung im Werk Wilhelm Raabes*. In: JbRG 2009, S. 126–149; *Wilhelm Raabe. Das zeichnerische Werk*. Hg. von Gabriele Henkel. Hildesheim/Zürich/New York 2010, bes. S. 155–413: *Werkverzeichnis* (nachfolgend: W + Bild-Nr.).

Reisebeschreibungen einiger *Reisen um die Erdkugel*)[48] in karikaturistischen Schüler-Kritzeleien schon des 13-Jährigen im Exemplar seines Ziegenbein-Katechismus *Die kleine Bibel* (Abb. 4):[49] sammelbildartige Skizzen der (siderisch umrundeten) „Erdkugel" im Kontext philiströs verfremdeter Löwen-Exotik (einer der animalischen Exoten mit Philisterpfeife). Hauptschwerpunkt zeichnerischer Campe-Rezeption Raabes aber, keineswegs mehr karikaturistisch, aus späterer Braunschweiger Zeit (sämtlich, sofern datiert, von 1876), sind überraschend zahlreiche Feder- und Bleistiftzeichnungen mit *Robinson*-Motiven, die, anders als Raabes literarische *Robinson*-Rezeption, nicht vorwiegend Abenteuerlich-Exotisches in zumeist jugendlich-utopischer Sehnsuchtsoptik thematisieren, sondern, vorwiegend dystopisch perspektiviert, Imaginationen exotisch-maritimer Katastrophenszenarien fast emblematisch skizzieren: Schiffbruch als Schiffsuntergang,[50] Vulkanausbruch[51] (Abb. 5, 6); Schiffbrüchige, Ertrinkende[52] (Abb. 6, 8, 10). Hierbei

---

48 Zur Titelformulierung von „Erdkugel"-Reiseberichten in Campes *Reisebeschreibungen* siehe oben Anm. 35.

49 Vgl. *Die kleine Bibel, oder: der Glaube und die Pflichten des Christen in Worten der heiligen Schrift mit steter Hinweisung auf die biblischen Beispiele und auf die Lieder des Braunschweigischen Gesangbuchs.* Für die Jugend in Schulen und Privat-Lehranstalten bei dem Religions-Unterrichte. [...] Von Dr. Joh. Wilh. Heinr. Ziegenbein. Achte Aufl. [...] von Dr. Theod. Wilh. Heinr. Blank. Braunschweig, 1840. Bei G.C.E. Meyer sen. – Zu Raabes Schülerkarikaturen in seinem Katechismus-Exemplar Eberhard Rohse: *Bild als Text – Text als Bild. Bildzitate in Erzähltexten Wilhelm Raabes.* In: Henkel: *Das zeichnerische Werk* (Anm. 48), S. 93–125, hier S. 102–104, mit Abb. S. 103 (W 4).

50 Zu Schiffbruch und -untergang vgl. Campe: *Robinson* (Anm. 27), I. Theil, S. 12: „Kaum waren sie [...] von dem Schiff weggerudert, so sahen sie es vor ihren Augen sinken. [...]"; S. 22f.: „Das Schiff war auf einen Felsen gerannt und saß auf demselben so fest, als wenn es aufgenagelt gewesen wäre. [...]"; II. Theil, S. 132–134: „[...] da erblickte er zu seinem Leidwesen, daß das Wrack gänzlich verschwunden war. Einzelne Bretter und Balken, die an den Strand getrieben waren, bewiesen, daß der Sturm es völlig zertrümmert hatte."; schließlich S. 199: „Ein gewaltiger Windstoß [...] riß das Schiff dahin und warf es so unsanft auf eine Sandbank, daß der Boden desselben zertrümmert wurde."

51 Vgl. Campe: *Robinson* (Anm. 27), I. Theil, S. 114–118: „[...] erfolgte ein schrecklicher Erdstoß nach dem andern; das fürchterliche unterirdische Getöse dauerte fort; es erhob sich zugleich ein heulender Sturmwind, der Bäume und Felsen niederriß [...] sah er mit Erstaunen und Schrecken, daß [...] sich ein weiter Schlund öffnete, aus welchem Rauch und Flammen, Asche und Steine, und eine glühende Masse, die man L a v a nennt, herausfuhren.[...] von nun an immer ein feuerspeinder Berg [...]".

52 Vgl. Campe: *Robinson* (Anm. 27), I. Theil, S. 22: „[...] das Boot schlug um und – Alle versanken im wüthenden Meer. Aber ebendieselbe gewaltige Welle, die ihn verschlungen hatte, riß ihn mit sich fort und schleuderte ihn gegen den Strand. [...]"; Th. I, S. 132 (bevor Freitag „dem Leichname seines lieben Herrn, am Strande" das Leben rettet): „Robinson [...] ergriff einen Balken, mit dem er bald in den Abgrund hinabgeworfen, bald wieder hoch emporgehoben wurde. Er war dabei öfter unter, als über dem Wasser [...]. Jetzt verließen ihn seine Kräfte [...] that noch einen lauten Schrei, und

Abb. 5: Schiffbruch, Federzeichnung, 10,8 x 19 cm, datiert: 12 Juni 1876
(W 166) – Abb. 6: Ertrinkender klammert sich an einen Holzbalken, Federzeichnung, 4,5 x 6,5 cm, undatiert (W 435) – Abb. 7: Vulkanausbruch, Federzeichnung, 6,1 x 4,5 cm, undatiert (W 280) – Abb. 8: Ertrinkender, datiert: 6. Juli
(Ausschnitt aus Abb. 9)

doppelt bemerkenswert: Zum einen ist die Meeresszenerie des schreiend Ertrinkenden (Abb. 8) in ein Sammelbild hinein skizziert (Abb. 9), das in vexierbildarti-
ge Gleichzeitigkeit alptraumartig- realistischen Alltagszenarien (Mensch und Tier,
Städtisch-Architektonisches, Reiterheer mit Flüchtenden) einen Jungen mit Schü-
lermütze (der einen Drachen steigen lässt) beigefügt, dem ein dunkelhäutig-exotischer Wilder, aus Hochgras-Hintergrund auftauchend, den Speer in den Rücken zu
stoßen sucht. Raabes nochmals andersartige Schiffbrüchigengestalt zum anderen,
mit erhobenen Armen hilflos in leerer Tonne auf dem Meer treibend (Abb. 10),
zeigt sich als ernüchternde Kontrafaktur zur Buchillustration einer Campe'schen
Robinson-Ausgabe von 1806 (Abb. 11), die den schiffbrüchigen Romanhelden als
Geretteten zeigt: kniend am Felsenufer im Gebet – mit gleichfalls erhobenen Armen – Gott für seine Rettung dankend.[53] Diesen *Robinson*-Reminiszenzen Raabes
als Zeichner zuzurechnen sind, außer weiteren See- und Schiffsmotiven, überdies
diverse Uferszenarien mit Dunkelhäutigen (Abb. 12–14) – sei es mit Einzelfigur
unter Palmen, als Konfiguration von Europäer und exotischem Speerträger auf
Uferfelsen (ähnlich Robinson/Freitag) oder auch kriegerische Konfrontation von
Segelschiff (mit Kanonenfeuer) und signifikant rauchender Brandstätte eines in-
sularen Kannibalenlagers (mit aufgeschreckt sogleich zu ihren Kähnen am Strand
flüchtenden Wilden).[54] Bezeichnend für Raabes Campe-Rezeption aber bleibt
seine spürbar kritische, insgesamt skeptische Distanz Campe'scher *Robinson*-Er-
zählrhetorik gegenüber, Bedrohlichkeitsszenarien (Schiffbruch, Ertrinken, Vulka-
nismus, Kannibalismus etc.) im Sinne aufklärerisch-optimistischen Vorsehungs-
glaubens als durchweg erbauliche Beispiele göttlicher Lenkung und moralischer
Bewährung (mit ‚Happy Ending'-Fazit zudem) pädagogisierend zu erläutern und
auszugestalten. Desillusionierend gegenbildlich hingegen skizziert Raabe, imagi-
nativer *Robinson*-Rezeption inspirativ folgend, zugleich realistisch prägnante wie
emblematisch refelexionsanregende Augenblicksbilder exotisch-maritimer Aben-
teuerwelten – dabei vornehmlich auch, dystopisch beklemmend wie existenziell
verstörend, seine Federzeichnungen von Seefahrt, Schiffbruch, Ertrinkenden.

---

verschwand in der ungeheuren Welle, die ihn von dem Balken hinweggespült hatte."
S. 199: „[...] kam Robinson mit seinen Gefährten, abermals als ein Schiffbrüchiger,
endlich in Kuxhafen an [...]".

[53]   Dazu Campe: *Robinson* (Anm. 27), Th. I, S. 24: „Nur er allein war dem Tode entgangen. Vor Freude und Schrecken zitternd warf er sich auf die Knie, hob seine Augen gen
Himmel und dankte mit lauter Stimme und unter einem Strome von Thränen dem Herrn
des Himmels und der Erde, der ihn so wunderbar gerettet hatte."

[54]   Zum Kannibalenthema vgl. die für Robinson initiale Konfrontationsszene (die letztlich
zur Errettung und Gewinnung Freitags als Inselpartner führt) bei Campe: *Robinson*
(Anm. 27), II. Th., S. 34f.: „Es war an einem schönen warmen Morgen, als Robinson [...] unvermuthet einen starken Rauch aufsteigen sah. Seine erste Empfindung bei
diesem Anblicke war Schrecken, die zweite Neugier [...]. Kaum hatte er den Berg erstiegen, als er [...] wenigstens fünf Nachen oder Kähne am Strande und bei einem
großen Feuer wenigstens dreißig Wilde, erblickte, die unter barbarischen Geberden und
Freudenbezeugungen einen Rundtanz hielten."

Abb. 9: Skizzenblatt mit szenisch diversen Federzeichnungen, 12 x 20,5 cm, datiert: 3 Juli 76, 30 Juni 1876, 6 Juli (W 170); unten links: im Meer Ertrinkender (s. o.); unten rechts: dunkelhäutig-exotischer Wilder verfolgt, in europäischer Landschaft, einen mit Drachenflug beschäftigten Knaben mit stoßbereitem Speer

Abb. 10: Schiffbrüchiger in leerer Tonne auf dem Meer, Federzeichnung, 5 x 4 cm, undatiert (W 289) – Abb. 11: Campes aus Seenot geretteter Romanheld kniend im Dankgebet. Illustration in: *Robinson der Jüngere [...]. Mit sieben Kupfern* (Braunschweig 12. Aufl. 1816)

Abb. 12: Zwei Männer, ersterer mit Speer, an offenem Felsenufer,
Federzeichnung, 6,5 x 4 cm, undatiert (W 271)

Abb. 13: Segelschiff auf Feuerstelle mit Booten angelandeter Wilder schießend,
Bleistiftzeichnung, 8,4 x 16,8 cm, datiert: 15 März 1876 (W 162)

Abb. 14: Dunkelhäutiger an Küste mit Palmen, Federzeichnung, 9 x 11 cm,
datiert: 7 Febr. 76 (W 149)

Abschließend zur Rezeptionsproblematik Raabe/Campe (statt Resümee und Auswertung der Ergebnisse) ausblickartig hier je ein Campe- und Raabezitat, das die Besonderheit beider Autoren – fokussiert auf das Schlüsselthema ‚Schiffbruch' als beiden gemeinsam zentrales *Robinson*-Motiv – perspektivisch-kontrastiv weiterführend dokumentiert und beleuchtet: So eröffnet Campe seinen jugendpädagogischen Traktat *Theophrons guter Rath für seinen Sohn, als dieser im Begriff war, ins geschäftige Leben zu treten* (1778), gleichsinnig und fast zeitgleich mit *Robinson* (1779), einleitend metaphorisch-adhortativ mit dem Topos ‚Leben als Seereise' (*navigatio vitae*) – Vermeidung von Schiffbruch selbstverständlich vorausgesetzt:

> Mein Sohn, du stehst im Begriff, ein *unsicheres Meer zu befahren*, wo es *der Klippen, der Sandbänke und der Stürme viele* gibt. *Ich habe diese Fahrt vor dir gethan*; lief oft Gefahr, bin aber endlich, Gott sey Dank, doch ziemlich unversehrt, mit mancherley Erfahrungen, *in diesem stillen kleinen Hafen glücklich vor Anker gekommen. Da ich ausfuhr,* hatte ich keinen, der mir *guten Rath* gewährte; ich muste alle meine Erfahrungen […] oft theuer genug einkaufen. Aber nun ich sie habe, sollen sie […] *mein Vermächtnis* seyn, welches ich dir, mein Einziger, hinterlassen will.[55]

Schiffbruch, anders als bei Campe, als literarische wie zeichnerische „Daseinsmetapher" bei Raabe entspricht eher einer Weltsicht, wie er sie auch bei Schopenhauer nachlesen kann: „Keiner ist glücklich, sondern strebt sein Leben lang nach einem vermeintlichen Glücke, welches er selten erreicht und auch dann nur, um enttäuscht zu werden: in der Regel aber läuft Jeder zuletzt schiffbrüchig und entmastet in den Hafen ein."[56] Wobei Raabe selber – sowohl schriftstellerisch, in weitgehendem Unbehagen an aktueller Epochenwirklichkeit als kritisch-realistischer Autor und „Humorist",[57] wie auch alltäglich- gesundheitlich, leidend an

---

[55]   J.H. Campe: *Theophrons guter Rath für seinen Sohn als dieser im Begriffe war ins geschäftige Leben zu treten*. Neu herausgegeben [nach der Erstauflage Hamburg 1778] Braunschweig 1967. Nachwort von Werner Mewes (Bibliophile Schriften der Literarischen Vereinigung Braunschweig e.V. 14), S. 10; Hervorhebungen von mir, E.R.

[56]   Arthur Schopenhauer: *Sämtliche Werke in 6 Bänden*. Hg. von Eduard Grisebach. Leipzig [1891/92]. Bd. VI (*Parerga und Paralipomena* II), S. 303; (in Raabes Bibliothek, Sign. I 16/545); dazu Fauth: *Der metaphysische Realist* (Anm. 33), S. 205; zu Schiffbruch als „Daseinsmetapher" vgl. Blumenberg: *Schiffbruch mit Zuschauer* (Anm. 31).

[57]   Vgl. Raabe zur poetologischen und zeitkritischen Dimension seiner Humor-Ästhetik: „Wer ist ein Humorist? Der den winzigsten aller Nägel in die Wand oder die Hirnschale des hochlöblichen Publikums schlägt, – und die ganze Garderobe der Zeit und aller vergangenen Zeit dran aufhängt" (BAE V, 389); dazu insbes. Wolfgang Preisendanz: *Humor als dichterische Einbildungskraft. Studien zur Erzählkunst des poetischen Realismus*. 2. Aufl. München 1976; Ders.: *Nachwort*. In: Wilhelm Raabe: *Horacker*. Stuttgart 1980, S. 193–212.

asthmatischen Anfällen immer wieder mit Atemnot[58] – in seinen Notizen 1878 (Sammelmappe), die Emblematik Schiffbruch zur Chiffrierung eines fast schon Ertrinkenden wandelnd, existenziell verstörend einmal mehr vermerkt: „– – und so ist das, was ihr meine sonnige Heiterkeit nennt, nichts als das Athemschöpfen eines dem Ertrinken Nahen. 12 Januar 1878" (BAE V, 400).

---

[58]   Zu Raabes (vermutlich) psychosomatischen Asthma-Anfällen (seit seinen Stuttgarter Jahren) vgl. Werner Fuld: *Wilhelm Raabe. Eine Biographie.* München Wien 1993, S. 232, 255f., 268f., 278.

GERD BIEGEL

„Ich schätze mich glücklich, ein Braunschweigischer Deutscher zu sein" Joachim Heinrich Campe und Braunschweig – eine regionalgeschichtliche Spurensuche

„Ich schätze mich nach allem, was ich im Auslande gesehen und bemerkt habe, recht sehr glücklich, ein Deutscher, und zwar ein Braunschweigischer Deutscher zu sein", denn „nur zu Braunschweig lebt man frei und glücklich".[1] Dieses fast pathetisch wirkende Bekenntnis von Joachim Heinrich Campe zu seiner Heimat Braunschweig drückt einen begeisterten Nationalstolz aus, der kaum erahnen lässt, wie ambivalent das Verhältnis des Philanthropen, Pädagogen, Schriftstellers, Verlegers und Unternehmers zu seinem Heimatland tatsächlich gewesen ist. Campe selbst setzte späteren biographischen Betrachtungen zu seiner Person eine hohe Hürde, wenn er in seinem bisher unveröffentlichten Tagebuch vermerkte: „Sollte irgend Jemand, nach meinem Tode, sich die undankbare Mühe geben, mein Leben zu beschreiben, so kann ich im Voraus versichern, dass er, einige landkundige Wahrheiten ausgenommen, z. B. dass ich geboren bin, dass ich hier und da so oder so lange mich aufgehalten habe usw., grösstentheils lauter Unwahrheiten schreiben werde, weil ich fest überzeugt bin, dass mich niemand gekannt hat."[2] Trotz dieser skeptischen Prognose des Betroffenen möchte ich in meinem Beitrag einige exemplarische Stationen in Campes bewegtem Leben vorstellen,[3] soweit sie mit Stadt und Land Braunschweig zu verorten sind.

---

[1]   Joachim Heinrich Campe: *Neue Sammlung merkwürdiger Reisebeschreibungen für die Jugend*. 6. Teil. 5. Aufl. Braunschweig 1832, S. 138 und S. 147.

[2]   [Joachim Heinrich Campe]: *Bruchstücke eines Tagebuchs, angefangen im Jänner des Jahres 1801*, S. 119; hier zitiert nach: Jacob Leyser: *Joachim Heinrich Campe. Ein Lebensbild aus dem Zeitalter der Aufklärung* (2 Bde.). Braunschweig ²1896, S. VIIf.

[3]   Leyser: *Campe* (Anm. 2); Ludwig Fertig: *Campes politische Erziehung. Eine Einführung in die Pädagogik der Aufklärung.* Darmstadt 1977; Hanno Schmitt (Hg.): *Visionäre Lebensklugheit. Joachim Heinrich Campe in seiner Zeit (1746–1818).* Wiesbaden 1997; Hanno Schmitt: *Vernunft und Menschlichkeit. Studien zur philanthropischen Erziehungsbewegung.* Bad Heilbrunn 2007; Hans-Jürgen Perrey: *Joachim Heinrich Campe (1746–1818). Menschenfreund, Aufklärer, Publizist.* Bremen 2010.

Ein biographischer Streifzug der frühen braunschweigischen Jahre

Joachim Heinrich Campe wurde am 29. Juni 1746 in Deensen im Solling geboren. Damit war er ein Kind des Fürstentums Braunschweig-Wolfenbüttel, und zwar aus dem äußersten westlichen Randgebiet des in mehrere Teile zerrissenen Landes. Sein Heimatdorf lag bei Holzminden/Weser. Campes Vater Burchard Hilmar Campe, der starb, als der Knabe erst 14 Jahre zählte, war ein außerehelicher Nachkomme eines ortsansässigen Adligen.[4] Der Vater bewirtschaftete einen kleinen Hof mit Gastwirtschaft und betrieb einen Handel mit Garn und Leinen, ohne zu erwähnenswertem Wohlstand zu gelangen. Doch nicht nur der frühe Tod des Vaters überschattete Campes Jugendzeit, die er in seinen Erinnerungen des Öfteren als unglücklich beschrieb, nicht zuletzt aufgrund eines beschwerlichen Augenleidens.[5] Diese Krankheitserscheinungen begleiteten Campe lebenslang und noch im hohen Alter vermerkte er im Tagebuch: „Ich litt seit meiner frühesten Kindheit unbeschreiblich viel an den Augen, die fast immer mehr oder weniger entzündet waren, und mir, besonders beim Lesen und Schreiben, unsägliche Schmerzen verursachten. Oft war es schon so weit mit mir gekommen, daß ich Monate lang das Tageslicht nicht mehr ertragen konnte, sondern wie ein Maulwurf im Dunkeln, aber minder glücklich als er, geschäftslos, leben mußte."[6] Zum anderen waren die Lebensumstände in der Jugendzeit Campes durch die allgemeinen politischen Verhältnisse der Zeit maßgeblich beeinträchtigt. Der Siebenjährige Krieg wütete auch im Weserbergland,[7] insbesondere im Umfeld der Schlacht bei Hastenbeck, und hinterließ seine Spuren bis ins Familiengeschäft der Campes. Die Kriegsjahre brachten jedoch nicht nur kriegerische Unruhen, Einquartierungen, französische Besetzung des Fürstentums. Campe erinnerte sich auch an die gesundheitlichen Gefahren, die damals die Familie heimsuchten und den Vierzehnjährigen über Gebühr forderten, „da ich bei einer, zur Zeit des Siebenjährigen Krieges entstehenden pestartigen Epidemie der einzige Gesunde in meinem mütterlichen Hause blieb,

---

[4]   Wilhelm Rauls: *Joachim Heinrich Campe. Ein Beitrag zu seiner Abstammung väterlicherseits.* In: *Braunschweigisches Jahrbuch* 55 (1974), S. 226–229.

[5]   Joachim Heinrich Campe: *Geschichte meiner Augenkrankheit.* In: *Deutsches Museum,* Juli 1778, S. 67–83.

[6]   Campe: *Tagebuch* (Anm. 2), S. 51.

[7]   Walter Medinger: *Herzog Ferdinand von Braunschweig-Lüneburg und die alliierte Armee im Siebenjährigen Krieg (1757–1762)* (Quellen und Forschungen zur Braunschweigischen Landesgeschichte 46). Hannover 2011; Moritz Oppermann: *Die Schlacht bei Hastenbeck: zum 250. Jahrestag am 26. Juli 2007.* Hameln ²2007; Franz Szabo: *The Seven Years War in Europe, 1756–1763.* London 2008; Sven Externbrink (Hg.): *Der Siebenjährige Krieg (1756–1763). Ein europäischer Weltkrieg im Zeitalter der Aufklärung.* Berlin 2010; Marian Füssel: *Der Siebenjährige Krieg. Ein Weltkrieg im 18. Jahrhundert.* München ²2012.

und Mutter, Bruder, Schwester und Magd, die alle auf den Tod lagen; warten, heben und pflegen mußte".[8]

Obwohl Joachim Heinrich Campe offenbar mit dem Gedanken spielte, wie zwei seiner älteren Brüder im elterlichen Geschäft eine kaufmännische Berufstätigkeit anzustreben, plädierte die Mutter zwingend für ein Studium. So nahm der vierzehnjährige Sohn den Weg über das angesehene Gymnasium in Holzminden bis zum Studium der Theologie an der welfischen Landesuniversität in Helmstedt,[9] wo er sich zu Ostern 1765 immatrikulierte. Campe hörte neben Johann Benedict Carpzov vor allen Dingen Wilhelm Abraham Teller, der als erklärter Gegner der alten theologischen Dogmatik erheblichen Anfeindungen ausgesetzt war. Wie groß die Ablehnung der Lehre Tellers im Fürstentum damals tatsächlich gewesen

---

[8]   *Briefe von und an Joachim Heinrich Campe*. Herausgegeben, eingeleitet und kommentiert von Hanno Schmitt. Band I: *Briefe von 1766–1788* (Wolfenbütteler Forschungen Band 71.1). Wiesbaden 1996 (= Campe: *Briefe* 1). *Briefe von und an Joachim Heinrich Campe*. Herausgegeben, eingeleitet und kommentiert von Hanno Schmitt, Anke Lindemann-Stark und Christophe Losfeld. Band II: *Briefe von 1789–1814* (Wolfenbütteler Forschungen Band 71.2). Wiesbaden 2007, S. 148 (= Campe: *Briefe* 2).

[9]   Hanno Schmitt: *Visionäre Lebensklugheit: Zur Biographie Joachim Heinrich Campes*. In: Ders.: *Visionäre Lebensklugheit* (Anm. 3), S. 13–15; zur Helmstedter Universität allgemein und informativ: *Das Athen der Welfen. Die Reformuniversität Helmstedt 1576–1810*. Hg. von Jens Bruning und Ulrike Gleixner. Wolfenbüttel 2010.

ist, musste Campe am eigenen Leib erfahren. Noch fast fünfzig Jahre später erinnerte er sich voll Bitterkeit: „Als ich vor fünfzig Jahren zu Helmstedt mich der Gottesgelehrtheit befleiß wurde ich mit dem würdigen Teller, meinem einzigen Führer, zugleich verketzert."[10] Tatsächlich waren die Folgen schwerwiegend, denn noch im Jahr 1765 erkrankte Campe aufgrund seiner Mittellosigkeit schwer, weil ihm ein von der Braunschweigischen Landschaft gewährtes Stipendium in Höhe von 100 Talern gestrichen wurde, da „man nicht geneigt wäre, die Wohltaten des Vaterlandes an einen leichtsinnigen Jüngling zu verschwenden, der von verrufenen Irrlehrern sich zum Irrglauben verführen ließe". Joachim Heinrich Campe stellte fest, „dieses Stipendium war damals mein Alles".[11]

Durch diese Erfahrungen geprägt, wurden schon damals die Grundlagen von Campes späterer Haltung und Entwicklung gelegt: die Trennung vom Kirchenamt, seine Erziehungstätigkeit sowie die Begeisterung für bürgerliche Freiheit und nationale Einheit. Dazu zählte auch Campes Interesse an der Sprachwissenschaft, denn Sprache war für ihn das Bindeglied einer sich konsolidierenden nationalen Einheit und ein Symbol des Fortschritts. So war es für ihn – nachdem das Zwischenspiel der Verketzerung beendet war – im Juli 1766 ein großes Ereignis, dass er als Mitglied in die Herzoglich-Deutsche Gesellschaft aufgenommen wurde, in der er erhebliche Impulse bezüglich der deutschen Sprache erfuhr und die ihm zum 1. August 1767 den ehrenvollen Auftrag erteilte, im Namen der Gesellschaft die Geburtstagsrede auf den regierenden braunschweigischen Herzog Carl I. zu halten. Nun war Campe mit seiner Umwelt wieder ausgesöhnt und notierte 1768: „Jetzt gefällt mir mein Helmstedt. Schien es mir zuerst ein wildes und wüstes Sibirien zu sein, so stehe ich jetzt keinen Augenblick an zu versichern, daß es einem irdischen Paradiese nicht ganz unähnlich ist."[12] Diese Äußerung lässt erkennen, wie schnell Campe aus tiefster Niedergeschlagenheit in jubelnde Begeisterung verfallen konnte, sobald er das Gefühl hatte, anerkannt und in seinen Leistungen gewürdigt zu werden. Trotz seiner im Grunde zähen und kämpferisch angelegten Natur traten überraschende Stimmungswechsel und daraus folgende Meinungsänderungen oder plötzliche und unerwartete Reaktionen in seinem späteren Berufsleben noch öfter mit nicht unerheblichen Auswirkungen auf.

Für seinen weiteren Lebens- und Berufsweg war allerdings Campes Begegnung mit Wilhelm Abraham Teller, einem prägenden Vertreter der theologischen Neologie von entscheidender Bedeutung. Für ihn galt, „daß er mit seltenem Muthe den freyen Untersuchungsgeist in der Theologie geweckt, und durch sein eigenes

---

[10] Campe: *Tagebuch* (Anm. 2), S. 153.

[11] Ebd.; am Tag vor diesem Eintrag in sein Tagebuch war Campe 1809 die Ehrendoktorwürde der Universität Helmstedt verliehen worden. Für diesen Hinweis und zahlreiche kritischen Ratschläge und wichtige Hinweise danke ich Frau Dr. Angela Klein. Ebenso danke ich dem Kollegen Dr. Hans-Jürgen Derda sowie den Mitarbeiterinnen und Mitarbeitern im Stadtarchiv Braunschweig sowie dem Niedersächsischen Landesarchiv, Standort Wolfenbüttel für vielfältige Unterstützungen und Hilfen.

[12] Zitiert nach Leyser: *Campe* 1 (Anm. 2), S. 13.

Beyspiel unter den Lehrern derselben die liberalere Denkungsart befördert hat, welche durch eigene Prüfung erzeugt, an die Stelle des leeren Nachbetens eines erlernten oder beschworenen Systems treten muß".[13] Entscheidend gültig für ihn war stets, „was wirklich aus der Bibel selbst könnte hergeleitet werden".[14] Der Aufklärungstheologe kann mit seinem Einfluss auf Campes weiteres Wirken und dessen wachsende distanzierende Einstellung zum Theologieberuf kaum überschätzt werden.

Letztlich verließ Campe 1768 fluchtartig Helmstedt in Richtung Halle, wo er bei Semler 1769 sein Studium abschloss und anschließend nach Berlin wechselte. Damit endete zugleich die frühe lokale Phase der Beziehungen Campe und Braunschweig. Weitere Stationen wurden bekanntlich Tegel, Potsdam, Dessau, Hamburg und Trittau,[15] ehe er 1786 als „Hochfürstlicher Schulrath" in den Dienst von Herzog Carl Wilhelm Ferdinand nach Braunschweig zurückkehrte, wo er bis zu seinem Tod am 22.10.1818 lebte.[16] In der Ferne war natürlich nicht jeder Kontakt mit Braunschweig abgebrochen, sondern sowohl zum Hof als auch zu Repräsentanten des Collegium Carolinum stand Campe in regelmäßigen Beziehungen, ebenso wie zu Gotthold Ephraim Lessing. Auch Herzog Ferdinand von Braunschweig und Lüneburg, Bruder des regierenden Herzogs Carl I., war für Campe vor allem in seiner Zeit am Dessauer Philanthropin[17] eine wichtige Bezugsperson, wie aus einem der frühen Briefe deutlich hervorgeht. Herzog Ferdinand bestätigt Campes Schreiben und Entwurf bezüglich eines Aufrufs an die Freimaurerlogen zur Förderung des Philanthropins. Der Herzog, Großmeister der Logen, sagte Unterstützung zu und war bereit, den Aufruf an alle Logen weiterzugeben:

> Da der Inhalt dieses Plans sich zu einem Vortrag an die gesamten vereinigten Logen qualificirt, und die Concurrenz aller oder wenigstens des größten Theils erfordert wird, wenn derselbe zu seiner Würklichkeit gelangen soll, so habe ich Vorläuffig die Veranstaltung dahin treffen laßen, daß solchen nächstens dem gantzen Corps mitgetheilt, und dieser Gegenstand von derjenigen Seite vorgestellt werde, wie es den Absichten und dem Endzwek des Ordens der Freymr. angemeßen ist, wobey ich dann ins besondere von meiner Seite gerne alles beytragen werde, was zur Erreichung ihrer Wünsche, und zur Erhaltung dieses der Menschheit so sehr zur Ehre gereichenden Instituts beförderlich seyn kann.[18]

---

[13] Friedrich Nicolai: *Gedächtnisschrift auf Dr. Wilhelm Abraham Teller.* Berlin und Stettin 1807, S. 12.

[14] Ebd., S. 13.

[15] Leyser: *Campe* (Anm. 2); Schmitt: *Lebensklugheit* (Anm. 3).

[16] Ebd.; Perrey: *Campe* (Anm. 3), passim.

[17] Leyser: *Campe* 1 (Anm. 2), S. 24; Schmitt: *Lebensklugheit* (Anm. 3), S. 19 ff; Ders.: *Vernunft und Menschlichkeit* (Anm. 3), passim, besonders S. 183ff; Michael Niedermeier: *Campe als Direktor des Dessauer Philanthropins.* In: *Visionäre Lebensklugheit* (Anm. 3), S. 45–65.

[18] Campe: *Briefe* 1 (Anm. 8), S. 162.

Joachim Heinrich Campe hatte schon zuvor bei verschiedenen Logen, wie etwa den Hamburger Freimaurerlogen, um Unterstützung für das Philanthropin geworben. Einen Werbebrief an seinen Landsmann Johann Joachim Christoph Bode[19] vom 29. April 1777 unterschrieb er mit „Campe Von der Loge Balduin".[20] Tatsächlich war er am 24. April 1777 in die Leipziger Loge Balduin eingetreten. Es war eine strategische Mitgliedschaft, um die Freimaurer für das Philanthropin zu gewinnen, und er erhoffte sogar noch mehr, wie er Bode mitteilte: „Wie? Wann der ehrwürdige Freymaurer-Orden unser Erziehungs-Institut zu dem Seinigen machte?"[21] Noch deutlicher wird die „strategische Freimaurerei" Campes aus dessen Eintrag in der Leipziger Matrikel: „Joachim Heinrich Campe geboren zu Holzminden [eigentlich Deensen] den 29. Juni 1746, hochfürstlich dessauischer Educationsrath in Dessau, aufgenommen den 24. April 1777, ging nach Hamburg und wurde, da er sich seit vielen Jahren nicht um unsere Loge kümmerte, 1787 von der Liste weggelassen."[22]

Ein weiterer enger Kontakt nach Braunschweig bestand zu Johann Arnold Ebert[23] und Gotthold Ephraim Lessing.[24] Mit der Verbindung zu Ebert war Campe zugleich in das kommunikative Netzwerk der Aufklärer am Collegium Carolinum eingebunden, auch wenn ihn zeitlebens ein ambivalentes Verhältnis von freundschaftlicher Nähe und distanzierter Fremdheit zu dem Gelehrtenkreis, aber auch innerhalb der Braunschweiger Honoratiorengesellschaft charakterisierte. Einer der Gründe dazu war seine unübersehbare Nähe zum Braunschweiger Hof, wobei er allerdings keineswegs als Höfling missverstanden werden darf, sondern sich auch hierbei Campe als Meister strategischer Freundschaft und Devotion erwies.[25]

---

[19] Johann Joachim Christoph Bode war am 12.1.1730 in Barum bei Braunschweig geboren worden, machte eine Musikerlehre in der Braunschweiger Stadtpfeiferei, war Oberst in den Braunschweiger Regimentskapellen, komponierte selbst und arbeitete seit 1757 in Hamburg als Musik- und Sprachenlehrer. Er wurde 1761 Freimaurer und dann in Freimaurerangelegenheiten höchst aktiv und hatte engsten Kontakt auch zu Lessing; vgl. Cord-Friedrich Berghahn, Gerd Biegel und Till Kinzel (Hg.): *Johann Joachim Christoph Bode. Studien zu Leben und Werk.* (GRM-Beiheft 83). Heidelberg 2017.

[20] Campe: *Briefe* 1 (Anm. 2), S. 157.

[21] Ebd., S. 156.

[22] Zitiert nach ebd., S. 163.

[23] Cord-Friedrich Berghahn, Gerd Biegel und Till Kinzel (Hg.): *Johann Arnold Ebert. Dichtung, Übersetzung und Kulturtransfer im Zeitalter der Aufklärung.* (GRM-Beiheft 72). Heidelberg 2016.

[24] Gerd Biegel, Heidi Beutin, Wolfgang Beutin und Angela Klein (Hg.): *„Liebhaber der Theologie". Gotthold Ephraim Lessing – Philosoph – Historiker der Religion.* Frankfurt/M. 2012; *Lessing und der Kreis seiner Freunde.* Hg. von Günter Schulz. Heidelberg 1985; Hugh Bar Nisbet: *Lessing. Eine Biographie.* München 2008.

[25] Selma Stern: *Karl Wilhelm Ferdinand. Herzog zu Braunschweig und Lüneburg.* Hildesheim/Leipzig 1921; Gerd Biegel: *Herzog Carl Wilhelm Ferdinand – ein Fürstenleben im Braunschweig der Aufklärung.* In: *Braunschweig-Bevern. Ein Fürstenhaus*

Seine überlegene Art als geschickter und visionärer Unternehmer verhinderte nicht, dass er empfänglich war für Anerkennungen und Ehrungen, die seiner persönlichen Eitelkeit schmeichelten. Dass ihm der Herzog ein Angebot machte, das Campe nicht ausschlagen konnte, liegt nahe; dazu berichtete er am 30. November 1785 an Johann Kaspar Lavater:

> Die Vorsehung will, daß ich mit meiner Familie noch einmal fortgewälzt werden soll. Der aufgeklärte und sehr edel denkende Herzog von Braunschweig ruft mich unter den großmüthigsten Bedingungen in sein Land, übergiebt mir, bis ich selbst einen anderen Aufenthalt für mich wählen werde, sein Schloss zu *Salzdalum*, schenkt mir ein Kanonicat und versichert mir ein ganz unabhängiges Leben bei selbstgewählten Geschäften. Für das alles will er nichts, als meinen Rath zur Verbesserung des Schulwesens.[26]

Auch Campes spätere „revolutionäre Berühmtheit" brachte ihm gesellschaftlichen Neid, politisches Misstrauen und zurückhaltende Freundschaften in Braunschweig ein. Es steht außer Frage, dass Herzog Carl Wilhelm Ferdinand sehr großes Interesse an der Person Campe hatte und von dessen pädagogischen, literarischen, aber auch kaufmännischen Fähigkeiten absolut überzeugt war. Zielbewusst und mit beachtenswerten ökonomischen Anreizen warb er um Campe, wobei ihm aufgrund von dessen bisheriger Lebens- und Arbeitsstationen offenbar klar war, dass eine dienstliche Bindung oder amtsmäßige Verpflichtung zum Hindernis für Campes Wechsel werden könnte. Dies wird aus einem Brief Campes an Karl Friedrich Bahrdt deutlich, den er noch während der Reise geschrieben hatte: „Sie werden nemlich nächstens erfahren, daß ein großer und guter Fürst mich mit einer ansehnlichen Pension und mit der Erlaubnis das allerunabhängigste Leben zu führen in sein Land gerufen hat, damit ich ihm dann und wann zu nützlichen Verbesserungen beystehen soll."[27] Für Joachim Heinrich Campe muss es vor allen Dingen reizvoll gewesen sein, seine schriftstellerisch-pädagogische Arbeit in wirtschaftlich gesicherter Position, aber ohne feste dienstliche Verpflichtung wahrnehmen zu können. Noch deutlicher wurde er in einem Brief an Johann Heinrich Hiller, dessen Schilderung schon ein ungewöhnliches Angebot des Herzogs umfasste und die Bedeutung bestätigt, die Carl Wilhelm Ferdinand dem Reformprogramm im Bildungswesen beimaß:

als europäische Dynastie 1667–1884. Braunschweig 1997, S. 423–448; Angela Klein: *Braunschweiger Herzöge als Freimaurer.* In: Ebd., S. 449–463; Gerd Biegel: *Herzog Carl Wilhelm Ferdinand und Joachim Heinrich Campe: Begegnung zwischen Fürst und Unternehmer im Braunschweig der Aufklärung.* In: Schmitt: *Lebensklugheit* (Anm. 3), S. 89–111.
26 Campe: *Briefe* 1 (Anm. 8), S. 418.
27 Ebd., S. 406.

Allein der großmüthige und gute Herzog hat also meine Entschuldigungen auf eine so kräftige und ungemein gütige Weise zu zernichten gewußt, daß ich ein Herz von Holz haben müßte, wenn ich mich länger sperren wollte, seinen für mich so schmeichelhaften Wunsch zu erfüllen. Er schenkt mir nemlich ein Canonicat, und ,bittet mich, bis zur nahen Eröfnung desselben, *ihm zu erlauben*, dasselbe sogleich durch eine Pension von 400 rth. zu realisiren, *ohne daß auch nur auf die entfernteste Weise ein Dienstverhältniß daraus entstehe*. Es soll, fügt er hinzu, nicht Besoldung, nicht Vergeltung seyn, sondern man wünscht nur, daß sie einen Beweis darin finden mögen, wie ungern wir sie lange genug entbehrt haben.' Ich soll einer *gänzlichen Unabhängigkeit* genießen, mich niederlassen in welchem Theile des Landes ich will und keine andern als selbstbeliebige und selbstgewählte Geschäfte treiben. Ich soll dabei die Freiheit behalten, für mich und meine Familie, wieder abzureisen, sobald es mir gefällt, ohne daß von einem Abzugspfennig die Rede seyn soll; und wenn noch sonst irgend etwas dazu erfordert würde, mir meinen dortigen Aufenthalt angenehm zu machen, so soll ich nur Vertrauungsvoll Anzeige davon thun. Gestehen Sie, lieber Bruder, daß dies alles zusammengenommen ein beispielloses Exempel von fürstl. Güte ist, und daß ich in hohem Grade Unrecht haben würde, wenn ich länger Bedenken tragen wollte, mich einem solchen Fürsten, unter solchen Bedingungen zu überlassen.[28]

Dass diese Entwicklungen durchaus gesellschaftlichen Neid hervorrufen würden, hatte auch Campe erkannt, wie aus einem späteren Tagebuch-Eintrag ersichtlich wird:

Als ich acht Jahre nachher von dem edlen Herzoge zu Braunschweig, Karl Wilhelm Ferdinand, mich besorgen ließ, wieder in mein Geburtsland zurückzukehren, um den Überrest meiner Tage dort zu verleben; ging das Verketzern von neuem an. Die großen Auszeichnungen, womit ich hier von dem guten Fürsten aufgenommen wurde (wozu unter anderem auch das gehörte, daß ich eins seiner Schlößer, Salzdahlen, nach eigener Wahl der Zimmer, bewohnen mußte) zogen viele neidische Blicke auf mich.[29]

Momentaufnahmen der Aufklärung im Fürstentum Braunschweig-Wolfenbüttel

Ein kurzer Überblick über die Aufklärung im Fürstentum Braunschweig-Wolfenbüttel scheint an dieser Stelle sinnvoll, um die politischen und gesellschaftlichen Verhältnisse in der zweiten Hälfte des 18. Jahrhunderts zu verdeutlichen, mit denen sich Campe nach seiner Rückkehr nach Braunschweig auseinandersetzen musste.

---

[28]   Ebd., S. 407.
[29]   Campe: *Tagebuch* (Anm. 2), S. 156.

Die entscheidende Veränderung der gesellschaftlichen Voraussetzungen seit der Mitte des 18. Jahrhunderts war das Aufbrechen der starren Normen und der Hierarchie des alten noch weitgehend ständisch strukturierten Gesellschaftssystems. Entscheidende Voraussetzungen waren der hohe Bedarf des Staates an qualifiziert ausgebildeten Verwaltungskräften zur Steigerung der wirtschaftlichen Effektivität sowie an neuen funktionsbedingten Führungsschichten in Handel, Militär und Wissenschaft mit hohem Bildungsanspruch. Allmählich entwickelte sich eine neue soziale Klasse, die Grundlage eines Bildungsbürgertums bzw. eines durch Bildung definierten Mittelstandes wurde. Getragen wurde dieser Aufklärungsprozess zunächst von einer eher unauffälligen Gelehrtenschicht im Kontext des Collegium Carolinum, allmählich dehnte sich deren Wirkung aber auf alle Gebildeten der Gesellschaft aus. So entstand eine durch Leistung, Beruf und Verdienst definierte Klassengesellschaft, deren ständeübergreifendes Bildungsstreben entscheidend die neue soziale Rolle bestimmte: „Der Gebildete repräsentiert einen neuen Status jenseits der tradierten ständischen Schranken, die in den wesentlichen sozialen Beziehungen gerade des politischen Lebens natürlich aufrechterhalten bleiben."[30] Dennoch fanden sich neue Orte sozialer Beziehungen, die diese traditionellen Schranken zu überwinden verstanden, und neue Formen der Kommunikation der Gebildeten schufen die Grundlagen einer schnellen Ausbreitung dieser Kultur der Aufgeklärten in Europa. Dazu gehörten die Patriotische Gesellschaft in Hamburg, der Große Club in Braunschweig, Freimaurerlogen und Geheimgesellschaften, Gesprächs-, Freundschafts- und private Lesezirkel und Lesegesellschaften, von denen am Ende des 18. Jahrhunderts in Deutschland etwa 430 Einrichtungen bestanden. Die Aufklärungsgesellschaft war bekanntlich wie keine andere Gesellschaft vorher und nachher eine Kommunikationsgesellschaft. Diese „Gesellschaft der öffentlich Schreibenden und Lesenden",[31]

---

[30] Gotthardt Frühsorge: *Braunschweiger Blütezeiten: Aufklärungskultur in Braunschweig-Wolfenbüttel zur Zeit Lessings*. In: *Eine Reise der Aufklärung. Lessing in Italien 1775*. Hg. von Lea Ritter Santini, Wolfenbüttel 1993. Ausstellungskataloge der Herzog August Bibliothek Nr. 70, S. 50; Peter Albrecht: *Förderung des Landesausbaues im Herzogtum Braunschweig-Wolfenbüttel im Spiegel der Verwaltungsakten des 18. Jahrhunderts (1671–1806)*. (Braunschweiger Werkstücke 58). Braunschweig 1980; Ders.: *Das Zeitalter des aufgeklärten Absolutismus (1735–1806)*. In: *Die Braunschweigische Landesgeschichte. Jahrtausendrückblick einer Region*. Hg. von Horst-Rüdiger Jarck und Gerhard Schildt. Braunschweig 2000, S. 575–610; Allgemein: Franklin Kopitzsch (Hg.): *Aufklärung, Absolutismus und Bürgertum in Deutschland*. München 1976; Wolfgang Ruppert: *Bürgerlicher Wandel. Die Geburt der modernen deutschen Gesellschaft im 18. Jahrhundert*. Frankfurt/M. 1984; Steffen Martus: *Aufklärung. Das deutsche 18. Jahrhundert – ein Epochenbild*. Berlin 2015; Heinz Thoma (Hg.): *Handbuch Europäische Aufklärung. Begriffe – Konzepte – Wirkung*. Stuttgart/Weimar 2015.

[31] Rudolf Vierhaus: *Zur historischen Deutung der Aufklärung. Probleme und Perspektiven 4*. Wolfenbüttel 1977, S. 39–54, S. 47; Martina Graf: *Buch- und Lesekultur in der Residenzstadt Braunschweig zur Zeit der Spätaufklärung unter Herzog Karl Wilhelm Ferdinand (1770–1806)*. Frankfurt/M. 1994; Zu kulturgeschichtlichen Aspekten in Braunschweig noch immer informativ und nutzbar. Karl Hoppe: *Das Geistesleben*

deren primäres Anliegen die Befriedigung eines ungeheuren Informationsbedürfnisses war, entwickelte sich allmählich zu einer „neuen Hofgesellschaft",[32] die zugleich Träger umfassender Reformbewegungen werden sollte.

Einen entscheidenden Anstoß erhielt die Aufklärung im Fürstentum Braunschweig-Wolfenbüttel im Zusammenhang mit dem Wechsel des Hofes von Wolfenbüttel nach Braunschweig, in dessen Folge die Entwicklung und der Ausbau Braunschweigs zur Residenzstadt einsetzte, geprägt von der Tradition einer einst mächtigen Händler- und Handwerkerschicht und deren Begegnung mit den Vertretern des Hofes sowie des Bürgertums und des Gelehrtenstandes. Der Hof spielte dabei eine bedeutende Rolle als regionale Vermittlungsinstanz der Aufklärungsidee, weshalb Ernst Hinrichs Braunschweig als „großstädtisch-höfisches Modell der Aufklärung" charakterisierte.[33] Die braunschweigischen Herzöge „fühlten sich stets mit den gelehrten Geistern ihrer Zeit verbunden und verstanden es, eine überraschend große Zahl von ihnen auf unterschiedliche Art an den Hof zu binden".[34] Entscheidend war als geistiger Mittelpunkt und als wissenschaftliche Institution das Collegium Carolinum.[35] An den Gedanken der Aufklärung orientiert, gewann das Collegium Carolinum rasch Interesse bei den Gelehrten. Es war die Verbindung zwischen Geisteswissenschaften (Humaniora) und Naturwissenschaften (Naturalia) sowie der Kunst, die dieser höheren Lehranstalt aufmerksame Popularität in Gelehrtenkreisen verschaffte. Die Ansätze eines außergewöhnlichen schöngeistig-technologischen Bildungskonzeptes und der namhafte Kreis aufgeklärter Professoren verschafften dem neuen Bildungsinstitut zudem eine entscheidende Mittelpunktfunktion für die Aufklärung in Braunschweig. Darüber hinaus war der wohl wichtigste Treffpunkt der Braunschweiger Aufklärungsgesellschaft das Hotel d'Angleterre mit seinem 1780 eröffneten Großen Club. Mitglieder aus Adel, Kaufmannschaft, Militär, hoher Beamtenschaft und besonders viele Professoren des Collegium Carolinum fanden sich hier „öffentlich" zusammen.[36] Mit dem Braunschweiger Großen Club haben wir zugleich ein Beispiel, wie im pri-

in Braunschweig zur Zeit Lessings. Braunschweig 1929; Karl Steinacker: *Abklang der Aufklärung und Widerhall der Romantik in Braunschweig.* Braunschweig 1939; Albrecht: *Förderung* (Anm. 30); Ders.: *Zeitalter* (Anm. 30), passim; Notker Hammerstein: *Die deutschen Universitäten im Zeitalter der Aufklärung.* In: *Zeitschrift für Historische Forschung* 10, (1983), S. 73–89; Schmitt: *Vernunft* (Anm. 3), S. 64; Heinrich Bosse: *Bildungsrevolution 1770–1830.* Heidelberg 2012, S. 305–350.

[32]   Albrecht: *Förderung* (Anm. 30), S. 26–34.

[33]   Ernst Hinrichs: *Aufklärung in Niedersachsen. Zentren; Institutionen, Ausprägungen.* Göttingen 1989, S. 22.

[34]   Albrecht: *Förderung* (Anm. 30), S. 26.

[35]   *Technische Universität Braunschweig. Vom Collegium Carolinum zur Technischen Universität 1745–1995.* Hg. im Auftrag des Präsidenten von Walter Kertz. Hildesheim/ Zürich/New York 1995; Gerd Biegel: *Collegium Carolinum und Technische Universität. 250 Jahre braunschweigische Universitätsgeschichte.* Braunschweig 1995.

[36]   Ludwig Hänselmann: *Das erste Jahrhundert des Großen Clubs in Braunschweig.* Braunschweig 1880.

vaten Umfeld durch Gespräch und Umgang geburtsständische Grenzen und Privilegien überwunden wurden und die Menschen einen neuen gesellschaftlichen Freiraum gewannen. Dieser „Bildungsadel" konnte soziale Anerkennung jedoch nur durch staatliche Unterstützung gewinnen, daher war eine enge Bindung zum Hof eine wichtige Voraussetzung für die Durchsetzung und Vermittlung aufklärerischer Ziele. In dieser Phase bestand ein zwangsläufiges Miteinander. Hier war zugleich der Hof gefordert. Tatsächlich leistete der Braunschweiger Hof einen entscheidenden Beitrag zu dieser Entwicklung. „Am Hofe des Herzogs Carl Wilhelm Ferdinand herrschte jene Urbanität, durch welche Geschmack und gründliche Bildung sich kennzeichnet" urteilte der Zeitgenosse Ernst Heusinger.[37]

Herzog Carl Wilhelm Ferdinand bemühte sich mit Erfolg, berühmte Dichter und Schriftsteller, herausragende Gelehrte, Künstler und Verleger für seine Dienste und im Interesse der Residenzstadt zu gewinnen. Kultur, Kunst und Wissenschaft im Geiste der Aufklärung galten zweifelsohne ein besonderes Interesse des Hofes. So sei nur an die Ernennung Gotthold Ephraim Lessings zum Bibliothekar der Herzoglichen Bibliothek in Wolfenbüttel erinnert.[38] Diese Berufung hatte Carl Wilhelm Ferdinand noch als Erbprinz ermöglicht, vermittelt durch den Professor für englische Literatur am Collegium Carolinum, Johann Arnold Ebert. Lessing und sein Braunschweiger Freundeskreis stellten einen Kristallisationspunkt der Aufklärung in Braunschweig dar. Wir erinnern uns: Ebert und Lessing in Braunschweig waren in Campes Hamburger Zeit wichtige Kontaktpersonen für ihn, entsprechend euphorisch hatte er Lessings Wechsel nach Braunschweig gefeiert, und zwar mit den *Empfindungen eines Braunschweigers, bei Gelegenheit, da Lessing als Bibliothekar nach Wolfenbüttel ging.* Drei ausgewählte Strophen mögen einen Eindruck von Campes lyrischem Erguss unkommentiert bieten:

> Du kleines Land, der grösseren Provinzen
> Germaniens Beschützerin,
> So vieler von Apoll gekrönter Prinzen;
> So vieler Weisen Pflegerin;
>
> Der Minna Schöpfer, den an ihrem Busen
> Die Grazien oft liegen sah'n,
> Und mit ihm spielten, eilt mit allen Musen,
> Karl`s Erstgebornem sich zu nah'n.
>
> O Vaterland! O Wollust dich zu nennen,
> Die selbst im Britten Neid gebiert!
> In Famens Tempel wird dein Name brennen.
> Seit Lessing deine Grenzen ziert![39]

---

[37] Zitiert nach Richard Moderhack: *Besucher im alten Braunschweig.* Braunschweig 1992, S. 135.
[38] Biegel: *Lessing* (Anm. 24), S. 11–36.
[39] Zitiert nach Leyser: *Campe* 2 (Anm. 8), S. 34f.

... und wieder in Braunschweig

Die entscheidende zweite Phase von Joachim Heinrich Campes Braunschweiger Zeit begann mit einer seiner legendären Reisen. Diesmal ging es im Jahr 1785 von Hamburg in die Schweiz, wobei er auch das Fürstentum Braunschweig-Wolfenbüttel aufsuchte, in dem seit 1780 in der Nachfolge seines verstorbenen Vaters Carl I. Herzog Carl Wilhelm Ferdinand regierte. Mit diesem aufgeklärten Regenten verband Campe, wie die übrige Bevölkerung, die Erwartung auf einen grundlegenden Wandel durch die Ideen der Aufklärung, Wirtschaftsreformen und gesellschaftliche Erneuerung, vor allem aber Reformen im Bildungswesen.[40]

In seinem Bericht *Reise des Herausgebers von Hamburg bis in die Schweiz* aus dem Jahr 1785 stellte Campe fest, „daß dieses Land, unter der weisen, thätigen und zugleich sanften Regierung seines jetzigen Beherrschers, nicht nur nach und nach ganz schuldenfrei, sondern dann auch zuverlässig eins der glücklichsten in Deutschland werden wird".[41] Auf dieser Reise kam es zu einem Treffen Campes mit dem Herzog und zu der bekannten Werbung Carl Wilhelm Ferdinands um den Pädagogen. Hinweise, sie hätten sich schon früher getroffen, sind Vermutungen und nicht weiter belegbar.[42] Ebert berichtet lediglich in einem Brief vom 16. Februar 1781, dass sich der Herzog in einem Gespräch erinnerte, „Sie in Potsdam noch als Feldprediger gesehen zu haben".[43] Ebert nutzte die Gelegenheit, dass er im Auftrag von Campe subskribierte Belege von dessen *Columbus* den Fürstenkindern überbringen sollte, um „Sie unserm Herzoge bekannt zu machen".[44]

Auch in seinem Tagebuch[45] vermerkt Campe nur die Unterredung von 1785. Als „führender Vertreter philanthropischer Erziehungstheorie und -praxis" war er zu dieser Zeit bereits weit über die Grenzen seiner norddeutschen Heimat hinaus bekannt.[46] Darauf hat er, nicht ohne deutliche Anklänge persönlicher Eitelkeit, in seinem Reisebericht, aber auch in zahlreichen Briefen hingewiesen. Campe war als Pädagoge dem Herzog aufgrund von dessen Belesenheit nicht fremd und schien ihm offensichtlich der geeignete Vertreter für die gemeinsam mit seinem wichtigsten Beamten, dem Geheimen Rat Karl August von Hardenberg, bereits angedachte grundlegende Schulreform. Auch für die Erziehung der Prinzen wollte

---

[40] Stern: *Karl Wilhelm Ferdinand* (Anm. 25). Biegel: *Fürstenleben* (Anm. 25).
[41] Campe: *Sammlung* (Anm. 1), S. 51.
[42] Leyser: *Campe* 1 (Anm. 2), S. 50.
[43] Campe: *Briefe* 1 (Anm. 8), S. 279.
[44] Ebd.
[45] Campe: *Tagebuch* (Anm. 2), S. 156.
[46] Hanno Schmitt: *Schulreform im aufgeklärten Absolutismus. Leistungen, Widersprüche und Grenzen philanthropischer Reformpraxis im Herzogtum Braunschweig-Wolfenbüttel.* Mit einem umfassenden Quellenanhang (Studien und Dokumentationen zur Deutschen Bildungsgeschichte 12). Frankfurt/M. 1979, S. 54.

er den Pädagogen gewinnen und erbat Vorschläge für deren Erziehung.[47] So war der Wunsch des Herzogs an Campe, „Sie in hiesigem Lande niedergelassen zu wissen, eine völlige Unabhängigkeit und Entfernung von allen bestimmten Geschäften, ist der Grund meiner Vorschläge, welche ich wünsche, dass Sie im Ganzen nicht mögen unannehmlich finden."[48] Besonders deutlich wird dabei das besondere Vertrauensverhältnis zwischen Carl Wilhelm Ferdinand und Campe. Hatte der Herzog im Zusammenhang mit dem Erziehungsplan Campes für die Prinzen „vollkommenste Freymüthigkeit" gefordert,[49] so versichert er, „dass alle Nachrichten, Bemerkungen und Vorschläge gegen *Jedermann* verschwiegen gehalten werden sollen, ich ersuche Dieselben also, mir offenherzig zu schreiben, und von meiner Erkenntlichkeit, für die mir bewiesene Freundschaft, völlig gewiss zu seyn".[50] Noch deutlicher wird diese vertrauliche Nähe in einem Brief vom 3. Dezember 1785, wenn der Herzog nicht nur Campes Brief und Ausführungen bestätigt, sondern zudem betont:

> In beikommendem P. M. mache ich Ihnen im engsten Vertrauen mein offenherziges Geständniss über die wichtigen Gegenstände, welche in Ihrem Schreiben an mich enthalten sind. Verschiedene Verhinderungen haben mich bis jetzo davon abgehalten, und da ich über verschiedene Personen mich gegen Sie äussere, so würde ich kaum meine vorsichtige Zurückhaltung haben überwinden können, wenn ich von Ihrer Verschwiegenheit mich nicht versichert hielte, und von der Freundschaft mich schmeichelte, dass Sie dereinst dieses P. M. mir wieder einhändigen werden, ohne davon Abschriften zu nehmen.[51]

Der Brief schließt mit der Versicherung, wie wichtig für den Herzog der Wechsel Campes nach Braunschweig sei: „mir bleibt nichts übrig, als Ihnen zu versichern, wie sehr ich Dero Gegenwart wünsche, und wie sehr ich mich bestreben werde, Ihnen den hiesigen Aufenthalt angenehm zu machen".[52] Das Ziel war klar, nämlich das „wichtige Werk der Schul- und Erziehungs-Verbesserung".[53]

Nach der raschen grundsätzlichen Einigung erfolgte Anfang Mai 1786 der Umzug nach Braunschweig. Campe entwickelte nun mit seinen beiden

---

[47]   Campe: *Briefe* 1 (Anm. 8), S. 403. Campe hatte bereits 1774 für den Sohn des Kronprinzen, den späteren König Friedrich Wilhelm II., einen Erziehungsplan ausgearbeitet. Abgedruckt bei Leyser: *Campe* 1 (Anm. 32), S. 196–203.

[48]   Campe: *Briefe* 1 (Anm. 8), S. 403.

[49]   Ebd.

[50]   Ebd.

[51]   Leyser: *Campe* 1 (Anm. 3), S. 62; Campe: *Briefe* 1 (Anm. 8), S. 420.

[52]   Campe: *Briefe* 1 (Anm. 8), S. 420. Zur Schulreform s. generell: Schmitt: *Schulreform* (Anm. 46).

[53]   Minister Karl August von Hardenberg an Campe am 25. Dezember 1785 (Campe: *Briefe* 1, S. 420).

Aufklärer-Kollegen Stuve und Trapp[54] die Grundzüge eines umfassenden Reform-
programmes. Kern der Reform war, das Schulwesen aus der Zuständigkeit des
Konsistoriums, also der Kirche, zu lösen und der Verwaltung eines staatlichen
Schuldirektoriums zu unterstellen. Dieses sollte überwiegend mit philanthropisch-
aufgeklärten Pädagogen und Beamten besetzt sein. Inhaltlich zeigte das Reformprogramm eine radikale Umwälzung der verkrusteten Strukturen und deutliche
Professionalisierung in allen Bereichen auf. Formuliert hatte dies Campe bereits
1785 in seinen *Vorschlägen zur Schulverbesserung*. So sollte durch bessere Ausbildung und verbesserte Arbeitsbedingungen eine spürbare Qualifizierung der
Lehrer erfolgen, vor allem die Lehrerausbildung vom einengenden Theologiestu-
dium gelöst werden. Neuordnung von Lehrplänen und Unterrichtsfächern sowie
deutlich verbesserte und an die Unterrichtsinhalte angepasste Schulbücher wurden gefordert. Es war ebenso dringend geboten, das gesellschaftliche Ansehen
der Lehrer, etwa durch bessere Bezahlung, zu erhöhen[55] und schließlich deutliche
Verbesserungen der schulischen Organisation und Infrastruktur zu realisieren.
Das bildungspolitische Credo der Zeit hatte der Herzog in einer Verordnung vom
12. Juni 1786 folgendermaßen zusammengefasst: „Der Einfluß welchen gut ein-
gerichtete Schul- und Erziehungs-Anstalten auf das Wohl und die Glückseligkeit
der Menschen haben, ist so groß und wichtig, daß für die gute Beschaffenheit
dieser Anstalten nicht eifrig und sorgfältig genug gesorget werden kann." Er stellte
fest, „daß eine bessere, und für die vielerley Stände Unserer Unterthanen zweck-
mäßigere Einrichtung der sämmtlichen Schulen in Unsern Landen, einer dazu
besonders anzuordnenden unmittelbaren Commission allein aufgetragen, und
solchergestalt alle Schulen, von der untersten an, in eine zur gemeinschaftlichen
Erhaltung und Aufnahme gereichende Verbindung gesetzt werden mögen."[56] Hanno Schmitt sieht in der Gesamtheit der geplanten Reformmaßnahmen zu Recht

---

[54]   Johann Heinrich Stuve (1752–1793), Philanthrop, Schulreformer und Mitglied im
       Schuldirektorium. Der Freund Campes erhielt am 30. Januar 1789 eine Professur am
       Collegium Carolinum. Carl Schiller: *Braunschweigs schöne Literatur in den Jahren
       1745–1800. Die Epoche des Morgenrothes der deutschen schönen Literatur: zum
       hundertjährigen Stiftungsfeste des Collegii Carolini*. Wolfenbüttel 1845, S. 152–160;
       Schmitt: *Visionäre Lebensklugheit* (Anm. 3), S. 184–187, 191–194. Ernst Christian
       Trapp (1745–1818), Philanthrop, Schulreformer, Pädagogik Professor Halle und Mit-
       glied im Schuldirektorium. Herausgeber des Braunschweigischen Journals. Theodor
       Fritzsch: *Ernst Christian Trapp. Sein Leben und seine Lehre*. Dresden 1900.

[55]   Das schlechte soziale Ansehen der Lehrer führte oft zu wirtschaftlicher Not, wie z. B. in
       den Schulakten des Katharineums belegt ist. 1740 starb der Lehrer der siebten Klasse,
       Septimus Hase an Hunger und derjenige der sechsten Klasse, Kölbel, konnte wegen
       Krankheit und körperlicher Schwäche infolge Hungers den Unterricht nicht mehr aus-
       üben. Ein Lehrer Blanke musste sogar 56 lang Jahre seinen Dienst versehen, da ihm die
       Pension verweigert wurde (Gerd Biegel: *575 Jahre Martino Katharineum 1415–1990*.
       Braunschweig 1990, S. 22f.).

[56]   Schmitt: *Schulreform* (Anm. 46), S. 9.

einen „Anfang moderner Bildungsreform",[57] die ohne Zweifel zukunftsorientiert angelegt war und alle Bereiche des damaligen staatlichen Schul-, Bildungs- und Wissenschaftssystems umfasst hätte.[58]

Die Schulreform und die Neuordnung der Universität scheiterten letztlich am heftigen Widerstand der kleinkarierten Kirchturmpolitik der Landstände sowie dem egozentrischen Widerstand der reaktionären Kirchenvertreter, die gar von einer „Schulrevolution" schwadronierten. Nicht unerwähnt darf bleiben, dass der Herzog schlichtweg nicht genügend Durchsetzungsvermögen aufbrachte und gegen den Rat von Minister von Hardenberg und Schulrat Campe auf die Reform verzichtete.[59] Die Auseinandersetzungen waren heftig und ein Lehrstück, wie durch politische Intrigen, Agitation und Denunziation zu Inhalten und Personen wichtige, allgemein als notwendig erkannte Reformen aus Standesinteresse und Machtgehabe verhindert werden können. Engstirnige Geistlichkeit und Standesdünkel selbsternannter Führungseliten der Landstände verhinderten den ersten deutschen Versuch, eine sachorientierte und kirchenunabhängige Schulverwaltung zu etablieren.

Das institutionelle Scheitern von Campes Braunschweiger Schulreform bedeutete jedoch keineswegs das Aus für alle Teile seiner Vorschläge zur Schulverbesserung. Campe und seine Weggefährten Trapp und Stuve verlegten zunehmend ihre Bemühungen zur Vermittlung von zentralen Anliegen ihrer schulreformerischen Ideen in die publizistischen Öffentlichkeit, und so wurde in der Folge „Braunschweig-Wolfenbüttel durch Campes verlegerische Aktivitäten zum *wichtigsten publizistischen Zentrum* der spätphilanthropischen Erziehungsbewegung".[60]

Ein wesentliches Anliegen des Reformprojektes war für Campe die feste Überzeugung, dass die Qualität des Unterrichts nur erhöht werden kann, wenn auch bessere Schulbücher zur Verfügung stehen. So hatte er dem Herzog von Beginn an mit seinem Reformprogramm einen „Dreifachen Plan zu einer zu errichtenden Schul Buchhandlung" vorgetragen.[61] Es war der Plan für einen Verlag, in dem Erziehungsschriften, Kinder- und Jugendbücher und moderne Schulbücher erscheinen sollten. Dabei spielten ebenfalls wirtschaftliche Fragen eine wichtige Rolle, womit Campe einen Kernpunkt der aktuellen Politik im Fürstentum Braunschweig-Wolfenbüttel traf: „1. Diese Schulbuchhandlung hat den doppelten

---

[57] Schmitt: *Campe* 2007 (Anm. 3), S. 64.

[58] So sei etwa an den visionären Plan einer Universitätsreform 1795/1796 erinnert, als der Herzog mit Blick auf die Konkurrenz von Göttingen und Halle für die schwächelnde Landesuniversität Helmstedt die Überlegung formulierte, „ob es rathsam sei, die Universität in Helmstedt ferner zu lassen und nach Möglichkeit zu verbessern, oder als Landesacademie gänzlich aufzuheben und mit der Academie in Göttingen zu verbinden" (Biegel: *Collegium Carolinum* (Anm. 35), S. 53f.).

[59] Im Detail zur gescheiterten Schulreform Schmitt: *Schulreform* (Anm. 46).

[60] Schmitt: *Campe* 2007 (Anm. 3), S. 65.

[61] NLA Standort Wolfenbüttel 2. Abt 15.883, Bl. 4–9; Schmitt: *Schulreform* (Anm. 46), A – 104

Zweck 1. Die Einführung besserer Schulbücher, ohne welche keine Schulverbesserung möglich ist, zu erleichtern 2. Einen sehr ansehnlichen Geld-Umlauf zu bewirken, und jährlich wenigstens 20 bis 30.000 Rthlr. fremdes Geld ins Land zu ziehen."[62] Eines der Ziele des aufgeklärten Fürsten war, Braunschweig zu einem wirkungskräftigen Zentrum der Buch- und Druckbranche zu machen. Entsprechend positiv war seine Reaktion auf Campes Pläne und auch die Unterstützung durch die Ministerialverwaltung. So wurden Campe Portofreiheit für seinen Verlag der Wolfenbütteler Schulbuchhandlung ebenso zugestanden, wie ihm Carl Wilhelm Ferdinand notwendige Räumlichkeiten im Schloss Wolfenbüttel kostenfrei zur Verfügung stellte, was Minister Karl August von Hardenberg im Auftrag des Herzogs bereits am 25. Dezember 1785 zusicherte. Campe führte dazu Näheres in einer Antwort am 19. Januar 1786 aus, vor allem, welche Räumlichkeiten er persönlich ausgewählt hatte, und bat um entsprechende Herrichtung, „weil ich die Buchhandlung, wo möglich schon zur Leipziger Ostermesse werde eröffnen lassen, zu welchem Behufe ich jetzt damit umgehe, den Verlag aller meiner bisherigen Erziehungsschriften, welche allein schon eine Handlung beschäftigen können, an mich zu kaufen".[63] Im Mai 1786 erschien bezüglich der Wolfenbütteler Schulbuchhandlung folgende Anzeige:

> Die in Wolfenbüttel eröffnete Schul/Buchhandlung, welche den doppelten Zweck hat, theils die bisherigen Campischen Erziehungsschriften und Kinderbücher, theils die unter hoher Protektion des regierenden Herzogs von Braunschweig Hochfürstl. Durchl. zu verfertigende vollständige und planmäßig geordnete Schulencyclopädie zu einem Preise zu verbreiten, welcher ohne ein besonderes buchhändlerisches Institut dieser Art nicht gehalten werden könnte, macht den Anfang ihrer Geschäfte mit dem Erbieten, folgende Campische Schriften bis Ostern 1787 zu den nebenstehenden herabgesetzten Preisen zu liefern.[64]

Campes Wolfenbütteler Schulbuchhandlung hatte ihr Programm sehr aktiv begonnen,[65] war jedoch nur relativ kurze Zeit existent, nämlich von Mai 1786 bis August 1787. Campes Pläne waren auf größere Wirkungsmacht ausgerichtet und dazu kam ihm die Diskussion im Lande über die Fürstliche Waisenhausbuchhandlung sehr gelegen. Aus einer Notiz vom Februar 1787 geht hervor, dass Campe sich bemühte, die Schulbuchhandlung von Wolfenbüttel nach Braunschweig zu verlegen. Mögen auch wirtschaftliche Aspekte wichtig für diese Überlegung gewesen sein, aus der Abgeschiedenheit der Alt-Residenz Wolfenbüttel in das politische, kulturelle und wirtschaftliche Zentrum Stadt Braunschweig zu wechseln, so

---

[62] NLA Standort Wolfenbüttel 2 Alt 15.883, Bl. 9; zu den Einzelheiten der Vorschläge siehe Graf: *Buch- und Lesekultur* (Anm. 31), S. 59ff.

[63] Campe: *Briefe* 1 (Anm. 8), S. 432f.

[64] *Ephemeriden der Menschheit*, 5. Stück, Mai 1786, hintere Umschlagseite; Campe: *Briefe* 1 (Anm. 8), S. 432.

[65] Graf: *Buch- und Lesekultur* (Anm. 31), S. 61.

spielte wie so oft das Verhältnis Campes zum Hof und zum zuständigen Minister eine zentrale Rolle. Karl August von Hardenberg bestätigte in einem Brief vom 14. Juni 1787, dass der Herzog den Ankauf der Waisenhausbuchhandlung durch Campe genehmigt hatte: „Ew Wohlgeb. kann ich vorläufig mit Vergnügen anzeigen daß Serenissimus Ihren Plan wegen Ankauf der Weysenhaus. Buchhandlung gnädigst genehmigen, Ihnen auch das bisherige Lotto Gebäude wollen einräumen lassen. Ein anderes ist nicht vorhanden."[66]

Erneut erfährt das gute Einvernehmen zwischen Campe und dem Herzog skeptische Aufmerksamkeit in der braunschweigischen Gesellschaft, wie etwa bei Johann Joachim Eschenburg: „Auf einmal läßt sich der Herr Rath Campe einfallen, die fürstl. Waisenh. Buchhandlung zu kaufen, deren Direktion ich seit Ostern übernommen habe; und er besteht darauf, alles in einigen Wochen beendigt zu sehen. Erst gestern ist mir die Sache kundgemacht, von der ich Ihnen mündl. mehr sagen werde",[67] schreibt er am 22. Juni 1787 giftig an den Berliner Verleger Nicolai.

Campe übernahm die Waisenhausbuchhandlung mit dem gesamten Sortiment, dem Verlag und der Leihbibliothek, jedoch nicht die zugehörige Druckerei. Stattdessen erhielt er eine Konzession für eine eigene Druckerei, die am 31. August 1787 im „Mosthaus" (Burg Dankwarderode) ihren Betrieb aufnahm.[68] Aus Hardenbergs Brief ging eine weitere großzügige Geste des Herzogs hervor, nämlich dass er Campe für seinen Verlag ein Haus am Aegidienmarkt als Geschenk zur Verfügung stellte. Sogar den notwendigen Umbau förderte er mit kostenfreiem Bauholz im Gesamtwert von 205 Talern und 15 Ggr.[69] Es handelte sich um das ehemalige Lotteriehaus am Aegidienmarkt 11, das Campe nach Plänen des Kammer- und Klosterrats Wilhelm von Gebhardi umbauen ließ und in dem er im April 1788 die Druckerei der Schulbuchhandlung eröffnete. Ribbentrop notierte in seiner Stadtbeschreibung zum Haus Aegidienmarkt 11:

> Linkerseits auf dem Egidienmarkte ist das Haus des Herrn Campe, der darin die mit der Waisenhausbuchhandlung verbundene Schulbuchhandlung, und eine Buchdruckerey angelegt hat. In den ältern Zeiten war hier ein Fleischscharrn, vom Baumeister Sturm gebauet. Er legte darüber einen großen Saal und einige Zimmer an, welche zu dem daneben befindlichen Egidienkeller gegeben wurden. Im Jahre 1771 brauchte man diesen Saal und das ganze Gebäude zur Lottoziehung, und wurde desfalls der Fleischscharrn auf dem Egidienkirchhof angelegt. Im Jahre 1787 erhielt es erst der Herr Schulrath Campe. Dieser hat wieder verschiedene Veränderungen

---

[66] Campe: *Briefe* 1 (Anm. 8), S. 490.
[67] Ebd., S. 490.
[68] StA Bs G IV 1: 383, Bl. 151.
[69] Claus Rauterberg: *Bauwesen und Bauten im Herzogtum Braunschweig zur Zeit Carl Wilhelm Ferdinands 1780–1806.* Braunschweig 1971, S. 191; ferner mit einer interessanten Entwurfszeichnung des Lotteriehauses von Georg Christoph Sturm siehe Rolf Hagen: *Gotthold Ephraim Lessing in Braunschweig.* In: *Brunswiek 1031 – Braunschweig 1981.* Hg. von Gerd Spies. Braunschweig 1981, S. 624 und Abb. 3.

nach dem Plane des Herrn Cammer= und Klosterraths von Gebhardi damit vorneh-
men lassen. Das Gebäude stehet frei, ist von Holz erbauet, hat zwei Geschosse mit
einem Mansardedache und ist inwendig gut und verhältnißmäßig eingerichtet. Vor
dem Eingange ist eine doppelte Freitreppe.[70]

Auch Eschenburg kritisiert unterschwellig diese Schenkung in einem Brief an den
Berliner Verleger Friedrich Nicolai:

> Herr C sitzt hier zu sanft, um nicht fester zu sitzen, als er bisher an andern Orten
> that; und seine ganze Einrichtung ist, und wird noch immer mehr so, daß er wohl
> nicht darauf denken wird, sie wieder aufzugeben. Sein ihm geschenktes Haus ist
> sehr gut ausgebaut worden; er bewohnt es schon seit Ostern, läßt zur Druckerei ein
> neues Nebengebäude ausführen, und verlegt auch nächstens den Buchladen in dies
> Haus.[71]

Der leicht ironische Ton lässt erneut erahnen, dass durch die wohlwollende Förderung des Herzogs und des Ministeriums die gesellschaftliche Situation Campes
in Braunschweig dauerhaft ambivalent und angespannt blieb. Die Anerkennung
des regierenden Herzogs bedeutete in Braunschweig allerdings keineswegs gesellschaftliche Akzeptanz in der Braunschweiger Honoratiorenschicht. Auch
Campes Vernetzung in der führenden Bildungsschicht war eher durch distanzierende Sachlichkeit und weniger freundschaftliche Nähe geprägt, wie aus den er-
haltenen lokalen Briefen ersichtlich ist. Viele gesellschaftliche Informationen aus
Braunschweigs Aufklärerkreisen finden sich bekanntlich in den Tagebüchern von
Johann Anton Leisewitz. Zu Campe allerdings gibt es nur einen relativ frühen
Eintrag, der dennoch das bisher Gesagte bestätigt:

> Noch eine Geschichte. Bey Tische konte Pastor Bartels nicht begreifen, daß Campe
> dem Philantropin in Deßau zu gefallen seine schöne Pfarre in Potsdamm aufge-
> geben hätte. Ich sagte Pastor Bartelssen, daß ich das sehr wohl begriffe, wenn ich
> mich in Campens Stelle setzte, wenn ich nun einmahl das Philantropin vor ein Mit-
> tel hielte, die ganze Menschheit zu veredeln, und glaubte, ich sey nun der Mann für
> das Philantropin; mir deuchte, es wäre unter diesen Umständen gemeine Ehrlichkeit

---

[70] Carl Philipp Ribbentrop: *Beschreibung der Straßen, einiger öffentlicher Gebäude und
der Kirchen der Stadt Braunschweig.* Braunschweig 1789, S. 20f. In den *Braunschweigischen Anzeigen* vom 8. März 1788 teilte Campe erstmals mit, dass er am 7. April
in „dem am Aegidien-Markte belegenen Campischen Hause" die Leihbibliothek der
Schulbuchhandlung versteigere und am 1. Oktober 1788 (77. Stück, Sp. 1283f.) gab er
den Umzug der Waisenhausbuchhandlung bekannt: „Einem geehrten Publikum wird
hiemit bekannt, daß die ehemalige Fürstl. Waisenhaus- jetzige Schulbuchhandlung, von
dem Bohlwege im Kavalierhause, nach dem Aegidienmarkte in das Campische Haus
verlegt worden ist." Zum ehem. Kavalierhaus vgl. Ribbentrop: *Beschreibung*, S. 41.

[71] Campe: *Briefe* 1 (Anm. 8), S. 546.

alles aufzuopfern. ‚Sollte aber nicht der Trieb berühmt zu werden, vielen Antheil an dem Entschluße haben?' ‚Davon bin ich überzeugt, aber was großes kan ohne Leidenschaft geschehen?' ‚Ich sollte doch denken, daß bey unsern Handlungen etwas Edlers zum Grunde liegen müße.' – So sind die Leute: der Spargel soll nicht auf den Miste, nein ohne des Teufels Dank in der Luft wachsen. Nachher erwähnte er Campens Wankelmüthigkeit, das war doch etwas, hing aber mit der ersten Sache nicht recht zusammen.[72]

Schon immer hatte sich die führende Braunschweiger Gesellschaftsschicht durch enges „Kastendenken" und strikte Abgrenzung ausgezeichnet, auch wenn im Umfeld von Lessings Freundeskreis oder dem Kreis der Professoren am Collegium Carolinum der gegenteilige Eindruck entstehen könnte.[73] Allerdings schien Campes Wahrnehmung wesentlich positiver und konfliktärmer gewesen zu sein. So betonte er in seiner Anfang 1787 erschienenen Schrift *An meine Freunde* seine guten Verbindungen zu den „Edelsten unter den Edlen"[74] und nennt besonders Persönlichkeiten wie Abt Jerusalem, die Professoren Ebert, Gärtner, Mauvillon oder Eschenburg. Hierbei mag ein gewisses Wunschdenken durchaus eine Rolle gespielt haben, wie das Beispiel Eschenburg schon erahnen ließ. Auffallend ist besonders, dass Campe ganz offenbar nicht Mitglied im Großen Club war, obwohl in dieser Vereinigung „stets die Spitzen der bürgerlichen Gesellschaft" versammelt waren.[75] Eine nähere Erklärung für diese Tatsache findet sich nicht, auch hätten die Statuten keinen Anlass geboten, Campe auszuschließen. Konkurrenzen mit wirtschaftlichen Unternehmungen hatten zwar bestanden, auch waren führende

[72] Johann Anton Leisewitz: *Tagebücher*. Nach den Handschriften herausgegeben von Heinrich Mack und Johannes Lochner. Erster Band. Nachdruck der Ausgabe Weimar 1916. Hildesheim 1976, S. 58f.

[73] Zu einigen zeittypischen Momentaufnahmen s. Gerd Biegel: *„Eigentlich ist es der Erbprinz, welcher mich hierher gebracht". Lessing in Braunschweig und Wolfenbüttel.* In: Biegel/Beutin/W.Beutin/Klein (Hg.): *„Liebhaber der Theologie"* (Anm. 24), S. 11–35; Anett Lütteken: *Johann Arnold Ebert: Repräsentant, Vermittler und Erneuerer der Wissens- und Bildungskultur des 18. Jahrhunderts.* In: Cord Friedrich Berghahn, Gerd Biegel und Till Kinzel (Hg.): *Johann Arnold Ebert. Dichtung, Übersetzung und Kulturtransfer im Zeitalter der Aufklärung* (GRM-Beiheft 72). Heidelberg 2016, S. 19–41; Gerd Biegel: *Eschenburgs prägendes Wirken am Collegium Carolinum und seine vergessenen Spuren in der Braunschweigischen Wissenslandschaft.* In: Cord-Friedrich Berghahn und Till Kinzel (Hg.): *Johann Joachim Eschenburg und die Künste und Wissenschaften zwischen Aufklärung und Romantik. Netzwerke und Kulturen des Wissens* (GRM-Beiheft 50). Heidelberg 2013, S. 379–400; Ders.: *Zachariäs vergessenes Wirken in der braunschweigischen Bildungs- und Wissenschaftslandschaft – eine regionalgeschichtliche Spurensuche.* In: Cord-Friedrich Berghahn, Gerd Biegel und Till Kinzel (Hg.): *Justus Friedrich Wilhelm Zachariä. Studien zu Leben und Werk* (GRM-Beiheft 92). Heidelberg 2018, S. 17–45.

[74] Joachim Heinrich Campe: *An meine Freunde.* Wolfenbüttel 1787, S. 15.

[75] Carl Schiller: *G.E.Lessing und der Große Club.* Hs. Manuskript StABs H III 3, Nr. 147.

Vertreter des Großen Clubs wie Eschenburg und Leisewitz ebenso deutlich in Distanz zu Campe gestanden ebenso wie eine Reihe der Gegner der Schulreform, die als Mitglieder im Großen Club nachgewiesen sind. Überzeugende Argumente gegen eine Mitgliedschaft Campes lassen sich dennoch kaum belegen. Allerdings grenzte sich eine Mehrheit im Großen Club entschieden gegen die von Campe und seinen Weggefährten vertretene radikale Aufklärungsströmung ab. Entsprechend war aus diesem Kreis der Aufklärer keine Unterstützung Campes gegen den kirchlichen und landständischen Widerstand im Fall der Schulreform erfolgt, was letztlich ja mit ein Grund für deren Scheitern war.[76] Umso verständlicher die enge Orientierung Campes zum Braunschweiger Hof und vor allem die gesuchte Nähe zum Herzog.

Eine weitere Folge dieser gesellschaftlichen Distanz war, dass sich die Vertreter der radikalen Spätaufklärung in Braunschweig ein eigenständiges Forum schufen, mit dem sie überraschend starke literarische Wirkungskraft erzielen sollten, nämlich das *Braunschweigische Journal philosophischen, philologischen und pädagogischen Inhalts*,[77] das von 1788 bis 1791 in der Braunschweiger Schulbuchhandlung erschien. Herausgeber waren Ernst Christian Trapp, Johann Stuve, Conrad Heusinger und Joachim Heinrich Campe.[78]

In einem Brief an Johann Kaspar Lavater, den er als Mitarbeiter für das neue Journal gewinnen wollte, skizzierte Campe das Anliegen und Konzept des *Braunschweigischen Journals*, wie es auch recht ausführlich in der Einführung des ersten Bandes dargestellt wird. Die Herausgeber verfolgten das Ziel,

> alle die großen und kleinen Streitpunkte, worüber die verschiedenen Partheien und Secten in unserer Gelehrten-Republik sich bisher so herzlich angefeindet und nicht selten gemishandelt haben, noch einmal zur Sprache zu bringen, und zwar so, daß von beiden Seiten ruhig und mit Beobachtung aller Regeln der Sittlichen Wohlanständigkeit darüber debattiert werde. Das Benehmen der Herausgeber soll durchaus unpartheisch seyn, und ihre eigenen Privatmeinungen sollen durchaus keinen Einfluß zu Gunsten oder zum Nachtheil der einen oder der andern von den streitenden Partheien haben. Alles, was sie sich vorbehalten, soll in der Verhütung bestehen, daß sich nichts Bitteres, nichts Anzügliches und nichts Hämisches einschleiche. Ein solcher Kampfplatz, worauf die strengsten Gesetze der Ehre, der Unpartheilikeit

---

[76]   Schmitt: *Schulreform* (Anm. 46), S. 252.

[77]   Ab 1790 war Trapp alleiniger Herausgeber. Von Februar 1792 bis November 1793 wurde das Journal ohne Erwähnung des Herausgebers August Hennings mit dem Titel *Schleswigsches* ehemals *Braunschweigisches Journal*, später *Schleswigsches Journal* fortgeführt.

[78]   Conrad Heusinger (1752–1820) war Klassischer Philologe und Pädagoge und der Schulpraktiker unter den Herausgebern. 1778 bis 1790 war er Konrektor an der Großen Schule in Wolfenbüttel, dann Leiter des Katharineums in Braunschweig, wo er hinsichtlich einer dringenden Reform und Neuausrichtung prägende Spuren hinterlassen hat. Er galt als einer der fähigsten Schulmänner im Fürstentum Braunschweig-Wolfenbüttel.

und der Gerechtigkeit geltend gemacht würden, scheint lange der Wunsch unbefangener Wahrheits- und Menschenfreunde, auch der Ihrige, gewesen zu seyn. Wir eilen daher, Sie von der bevorstehenden Eröffnung desselben zu benachrichtigen.[79]

Das *Braunschweigische Journal* wurde sehr bald die entscheidende Plattform für Campe und die Schulreformer, um nach dem Scheitern des Schuldirektoriums die Diskussionen über pädagogische Reformen und politische Neuorientierungen im öffentlichen und gesellschaftlichen Diskurs zu halten, nicht zuletzt im Umfeld der Ereignisse der Französischen Revolution. Campe war politisch sensibilisiert und nutzte das *Braunschweigische Journal* als scharfes Instrument gegen die in den europäischen Monarchien sich abzeichnenden reaktionären und antiaufklärerischen Tendenzen. Dabei wusste er sich wieder einmal an der Seite seines Landesherren, dem „allverehrten Fürsten", der als „weiser Vater" ein lehrreiches Beispiel für ein aufgeklärtes Staatswesen bot, denn „wo ist das Land oder das Ländchen in Europa, welches – in so fern dies von der Landesregierung abhängt – sich einer größern Denk=Glaubens= und Preßfreiheit rühmen dürfte, als diejenige ist, welche Gott durch unsern erleuchteten Fürsten dem unsrigen geschenkt hat?"[80] All dies beruht auf den Ideen und Errungenschaften der Aufklärung, für die man – so Campe – in Braunschweig eintritt, und es wäre daher „Lästerung der schönsten Gottesgabe, der Land und Volk beglückenden Aufklärung, wenn man ihr entgegengesetzte Wirkungen andichtet".[81] Angesichts der Entwicklung der allgemeinen Rechtsverhältnisse, wobei Campe den Blick auf die preußische Zensurpolitik und Unterdrückung der Pressefreiheit richtete, wurde er noch deutlicher:

> Es ist Unverstand oder arglistige Begierde im Trüben zu fischen, wenn man glaubt oder zu glauben vorgiebt, daß das Denkvermögen der Menschen und das natürliche Recht derselben ihre Gedanken auf eine Niemanden beleidigende Art an den Tag zu legen, um der öffentlichen Ruhe und des gemeinen Besten willen, durch andere Gesetze, als durch diejenigen, welche Jedem das Seinige sichern, beschränkt werden müssen; es ist endlich der Unklugheiten größte, zu besorgen, daß das wohlgegründete Ansehn guter und gerechter Fürsten dabei leiden könnte, wenn ihre Unterthanen Freiheit und Gelegenheit erhielten, jede ihrer menschlichen Anlagen auszubilden und klüger, verständiger und einsichtsvoller zu werden.[82]

Solche Aussagen erfolgten vor dem Erfahrungshorizont der Ereignisse am Beginn der Französischen Revolution, die Campe bekanntlich vor Ort erlebte und darüber im *Braunschweigischen Journal* berichtete. Die überstürzte Reise nach Paris entsprach ganz und gar Campes Art und Weise, auf Probleme und negative Erlebnisse

---

[79] Campe: *Briefe* 1 (Anm. 8), S. 499f.

[80] Joachim Heinrich Campe: *Denkmal der Liebe eines guten Volks zu seinen guten Fürsten*. Braunschweig 1790, S. III und VII.

[81] Ebd., S. VIII.

[82] Ebd., S. VIIIf.

zu reagieren, nämlich durch eine ‚Flucht'. Anstoß in diesem Fall war meines Erachtens das Scheitern der Schulreform in Verbindung mit den neidgeprägten Angriffen aus der braunschweigischen Gesellschaft, wie bereits die Schrift *An meine
Freunde* unmissverständlich belegte. Daher bietet sich an dieser Stelle ein kurzer
Exkurs an, der uns über Braunschweig hinaus nach Paris im Juli/August 1789
führt.[83]

Briefe aus Paris – ein Exkurs

Von Oktober 1789 bis Februar 1790 wurden im *Braunschweigischen Journal* jene
von Campe aus Paris an seine Tochter Lotte sowie die Freunde Trapp und Stuve
gerichteten *Briefe aus Paris zur Zeit der Revolution geschrieben* veröffentlicht,
mit denen Campe große öffentliche Aufmerksamkeit in ganz Europa gewann, vor
allem riefen sie einhellige Ablehnung und wütende Angriffe der Reaktion hervor.
Während Campe in der Phase des Scheiterns der Schulreform wieder einmal über
eine ‚Erholungsreise' nachdachte, trafen die Nachrichten von den Ereignissen in
Paris in Braunschweig ein: „Wie – schoß ihm da der Gedanke in die Seele, wenn
Du Dich aufmachtest, um ein Augenzeuge davon zu sein? Wenn Du das Glück
hättest, den rührenden Sieg der Menschheit über den Despotismus anzusehen und
ihn feiern zu helfen? Auf! – ‚'[84] So begann der für die Sache der Erziehungs- und
Gesellschaftsreform parteiische Aufklärer Campe am 17. Juli 1789 in Begleitung
seines Schülers Wilhelm von Humboldt und eines weiteren Reisegefährten die
Reise nach Paris, die er bereits am ersten Tag auf dem Weg nach Holzminden
als „Wallfahrt […] und zwar hoffentlich zum Grabe des französischen Despotismus" beschrieb (18. Juli). Von der ersten Zeile an wird spürbar, dass Campe
die Revolution begeistert begrüßte, jenes „Leichenbegängnis des französischen
Despotismus", von dem er sich eine Verfassung erhoffte „wie es bisher noch keine
war". Garanten dafür waren ihm ein aufgeklärtes Volk, ein edler König und eine
geistvolle Nationalversammlung. Seine Vorstellung von dieser Verfassung war geprägt vom Recht auf Eigentum, von der Unantastbarkeit der Person, Gedanken-,
Religions- und Pressefreiheit und der Gleichheit aller Bürger vor dem Gesetz.
Campes Briefe zählen zu den schwärmerischsten Zeugnissen des deutschen Re-

---

[83]   Jörn Garber: *Joachim Heinrich Campes Reisen in die „Hauptstadt der Menschheit"
       (1789/1802)*. In: *Visionäre Lebensklugheit* (Anm. 3), S. 225–246; Gerd Biegel: *Joa-
       chim Heinrich Campe, first reporter from the Revolution in France*. In: Rainer Rie-
       menschneider (Hg.): *Bilder einer Revolution – Images d'une Revolution – Images of a
       Revolution* (Studien zur Internationalen Schulbuchforschung 78). Frankfurt/Paris 1994,
       S. 641–652.
[84]   Joachim Heinrich Campe: *Briefe aus Paris während der französischen Revolution ge-
       schrieben*. Hg. von Helmut König. Berlin 1961, S. 63; Joachim Heinrich Campe: *Briefe
       aus Paris zur Zeit der Revolution geschrieben. Mit Erläuterungen, Dokumenten und
       einem Nachwort* von Hans-Wolf Jäger. Hildesheim 1977.

volutionsechos: „Das Jahr 1790 wird in der Geschichte der Menschheit eine neue Epoche machen. Was jetzt in Frankreich geschieht und was in den österreichischen Niederlanden nächstens geschehen wird, kann nicht ohne große segensreiche Folgen für die gesamte Menschheit in allen fünf Erdteilen bleiben" (29. Juli 1789). Campe erkannte damit als erster den welthistorischen Aspekt der Französischen Revolution. Am 18. Reisetag, dem 3. August 1789, trafen Campe und seine Begleiter in Paris ein: Es war für ihn „ein großer, rührender, Herz und Geist erhebender Anblick, ein seit Jahrhunderten unterdrücktes und despotisch beherrschtes Volk in den festlichen Momenten zu sehen, da es sein sicheres Sklavenjoch eben glücklich abgeschüttelt hat" (3. August 1789). In diesem Ereignis hat Campe die eigentliche Geburtsstunde der bürgerlichen Gesellschaft gesehen und deutete die revolutionären Ereignisse daher mehrfach als „Wiedergeburt".

Als Campe in Paris eintraf, waren die ersten Unruhen bereits geschehen, jedoch folgte unmittelbar darauf jene denkwürdige Nacht vom 4. zum 5. August in der Nationalversammlung in Versailles, die, „was auch immer für Folgen daraus entstehen mögen, für die französische Nation, und fast möchte man sagen, für die Menschheit eine der merkwürdigsten unter allen Nächten geworden, welche in der neuern Geschichte aufgezeichnet zu werden verdienen" (9. August 1789). In jener denkwürdigen Sitzung der Nationalversammlung erfolgte mit einem Schlag ein vollständiger Wechsel aller Rechte und Privilegien mit der Abschaffung sämtlicher Feudalrechte und mündete letzten Endes in den Beschluss der Nationalversammlung vom 11. August 1789, in der in Artikel 1 festgestellt wurde, „die Nationalversammlung vernichtet das Feudalwesen völlig". Campes Haltung zur Revolution blieb unmissverständlich:

Es war ein Wettstreit zwischen Großmuth und Großmuth, zwischen Patriotismus und Patriotismus, welche erhabene Tugenden die Gemühter der Stellvertreter des Volkes auf einmal, und ohne daß sie darauf vorbereitet waren, wie durch einen electrischen Funken zum höchsten Enthusiasmus entzündeten. [...] Das ganze alte Gebäude des Lehnsystems, mit allen seinen Vorrechten für die Herrschaften, mit allen seinen drückenden Lasten für die Unterthanen, ward in einigen Minuten von Grund aus umgestürzt und zernichtet; der Adel, die Geistlichkeit, ja, die ganzen Provinzen thaten Verzicht auf ihre angeerbten Rechte, Freiheiten und Privilegien; alle wollen künftig nur die allgemeinen Rechte eines Bürgers und Franzosen genießen, und wie jeder andere Bürger und Franzose die Staatslasten tragen helfen und zu den Bedürfnissen des Staates das Ihre, nach einer völlig gleichmäßigen Vertheilung willig beitragen; kein Amt und keine Ehrenstelle soll künftig mehr für Geld zu haben seyn; jeder Bürger, wes Standes er auch immer seyn mag, soll von nun an zu jeder Würde im Staat, sei sie bürgerlich oder militärisch, fähig seyn, sobald nur seine Verdienste ihn dazu fähig machen werden; dem König endlich, als dem bekanntesten Urheber von dem allen, soll der Ehrentitel eines Wiederherstellers der französischen Freiheit beigelegt werden. (9. August 1789, Nachschrift)

Ganz den Idealen seines Aufklärungsdenkens verhaftet blieb Campe, wenn er feststellt, dass diese Revolution zwangsläufig in Gang gekommen war, weil Frankreich für die Revolution im Gegensatz zu allen anderen Völkern reif gewesen ist:

> Hier ist ein Volk, so aufgeklärt, so edel und mild, als es je eins gegeben hat; ein Kö-
> nig, so sanft, so lenksam und ehrgeitzlos, als je einer gewesen ist; eine aus zwölf-
> hundert Köpfen bestehende Versammlung von Stellvertretern der Nation, deren
> größere Hälfte wenigstens aus sehr helldenkenden, geistvollen, kraftbegabten und
> muthigen Patrioten besteht; und, was das beste ist, diese drei Hauptfiguren in dem
> großen interessanten Gemählde – Volk, König, Nationalversammlung – umschlin-
> gen sich in schönster Harmonie und gehen Hand in Hand gelegt, dem erhabenen
> Ziel zu. (26. August 1789)

Wie in Frankreich selbst, so hatte auch Campe keinerlei Zweifel daran, dass die
Monarchie, wenngleich als konstitutionelle, ein selbstverständlicher Bestandteil
des Staates bleiben musste. Und dabei dachte Campe an sein Heimatland Braunschweig. Wie es die Massen durch die Straßen von Paris riss, alles niederwälzend,
Mauern niederreißend und nur dem Taumel der neuen Allgewalt in die Arme sin-
kend, so ließ sich Campe von der Idee gefangen nehmen, von dem edlen und guten
Menschen. Er wollte mit seiner Reise nach Paris Helden sehen, und so sah er sie
auch; und reiste am 27. August 1789 wieder ab.

Für die deutschen Fürsten und ihre Kleinstaaterei musste dieser Jubelschrei,
in den auch viele andere einstimmten, wie ein Signal gegen die überkommen
Traditionen und Werte wirken. Viele sahen bereits durch die Briefe von Campe, aber auch durch andere Zusammenhänge signalisiert,[85] in Braunschweig den
Mittelpunkt einer revolutionären Bewegung für ganz Deutschland[86] und erlebten
fassungslos, dass es Campe möglich war, die Briefe in seinem *Braunschweigischen Journal* zu veröffentlichen: „In ebendemselben Braunschweig ist bereits
seit längerer Zeit von einem bekannten Revolutionär (Mauvillon), ein systema-
tischer Plan zu einer Totalrevolution in Deutschland bearbeitet und an die Re-
volutionsbrüder deutscher Abkunft ganz still versendet worden."[87] Die Reaktion
setzte also ein gegen den „deutschen Jakobiner", den „Gassenbeller" und „Volks-
betrüger", dessen Briefe „samt und sonders in einem Irrenhaus geschrieben"
sind: so einer der schärfsten Kritiker, Leopold Alois Hoffmann, in der *Wiener*

---

[85] Henri Dumke: *Jacob Éléazar de Mauvillon am Collegium Carolinum und im
      Braunschweig der Aufklärung.* Masterarbeit Braunschweig 2018, S. 116ff.
[86] Selma Stern: *Ein Kampf um die Pressefreiheit in Braunschweig zur Zeit der Französi-
      schen Revolution.* In: *Jahrbuch des Geschichtsvereins für das Herzogtum Braunschweig*
      14 (1915/16), S. 18–76, hier S. 20: „Dennoch war gerade Braunschweig dazu geschaf-
      fen, der Mittelpunkt der revolutionären Bewegung in Deutschland zu werden. Hier hat-
      te man seit Lessings Zeit die scharfe Kritik an allem Bestehenden und allem Vergange-
      nen gelernt."
[87] Zitiert nach Stern: *Kampf* (Anm. 86), S. 25.

Zeitschrift.[88] Dass Hoffmanns Anwürfe nicht zutrafen, unterstrich Campe mit seiner 1793 verfassten Flugschrift *An meine Mitbürger* nachdrücklich.[89] Er ordnete den Revolutionsprozess von 1789 in den weitreichenden Zusammenhang der bürgerlich-aufklärerischen Erneuerungsbewegung der Neuzeit, die er in eine neue Menschheitsgeschichte aufgehen ließ. Campes emphatische Revolutionsschilderung in den Briefen war keine Streitschrift gegen die bestehenden Verhältnisse in den deutschen Staaten, sondern eine persönlich-private Darstellung in Form eines Zeitzeugenberichts von einem lokalen politischen Ereignis, dessen europäische sowie globale Wirkungsmächtigkeit erstmals Campe klar erkannte und öffentlich machte. Dennoch waren Campe, ebenso Mauvillon, Trapp und Stuve überzeugt von der Notwendigkeit einer grundlegenden aufklärerischen Reform der spätabsolutistischen Territorialstaaten, wofür aus ihrer Sicht der braunschweigische Herzog und dessen Regierungsweise als idealtypischer Vertreter eines aufgeklärten Monarchen gesehen wurde.

Mit den Briefen berichtete Campe nicht nur über die revolutionären Verhältnisse in Frankreich, sondern der Blick richtete sich bei den Braunschweiger Aufklärern und Philanthropen ganz offensichtlich zugleich auf die politisch-gesellschaftlichen Gegebenheiten im eigenen Land. Campe war fest davon überzeugt, „nur in einem Lande, wo man nichts von Despotismus weiß, ist es erlaubt, über Despotismus und Freiheit so zu schreiben, wie ich darüber geschrieben habe. Nur unter einem Trajan darf man wie Plinius, auf die Gräuel und Frevelthaten der Nerone und Domitiane schelten." Deutlich kam diese Einschätzung zum Ausdruck in der Vorrede zu den *Briefen aus Paris,* die Campe 1790 der Veröffentlichung beifügte und die Überzeugung äußerte, „daß man in einem wohleingerichteten monarchischen Staate, und unter einem gerechten und weisen Regenten, der nicht willkührlich, sondern gesetzmäßig herrscht, viel ruhiger und glücklicher, als in einem stürmischen Freistaate, leben könne".[90] Man muss sehen, dass der Aufklärer Campe nicht zuletzt vor dem Hintergrund seines jahrelangen Kampfes für die Freiheit des Wortes geschrieben und gehandelt hat und gerade dadurch ein typisches Echo seiner Gegner heraufbeschwor, denn die Reaktion ruhte nicht. Aus einer Gegnerschaft der Revolution wurde zunehmend eine Gegnerschaft gegen Aufklärung und Philanthropismus: Die Schriftsteller waren gegen Campe, weil sie ihm den Erfolg neideten; die Kirche war gegen Campe, weil er sich ihr und ihrem Einfluss entgegenstellte, und die Herrscher waren gegen Campe wegen seiner freimütigen Urteile. Die Auseinandersetzungen gipfelten schließlich in einem Flugblatt des Jahres 1792: „Ihr infamen Kerls, ich meyne die hiesigen Französisch-Gesinnten! Wo man Euch von Obrigkeitswegen Eure verdammte Zunge nicht bindet und euer Schreiben und Drucken nicht hindert, das Verkaufen derselben nicht abschaffen

---

[88] Ebd.
[89] Abgedruckt in: Louis Kientz: *J.H. Campe et la Révolution française avec des Lettres et Documents inédits.* Paris 1939, S. 115–122.
[90] Joachim Heinrich Campe: *Briefe aus Paris zur Zeit der Revolution.* Braunschweig 1790, S. IIIf. und S. XIf.

wird: so sollt Ihr Schurken bei Abendzeit keinen sichern Schritt mehr tun können. Ja, Ihr seid in Gefahr! C(ampe) M(auvillon) hüte Dich!"[91]

Im Zentrum des Kampfes der Braunschweiger Aufklärer und Philanthropen stand der Kampf um die Pressefreiheit und die von staatlichen Zensurmaßnahmen unabhängige Meinungsäußerung, wie dies die Herausgeber bereits beim Erscheinen des *Braunschweigischen Journals* als Erwartung an die politische Führung des Fürstentums zum Ausdruck gebracht hatten. Die Auseinandersetzungen mit Hoffmann in Wien aber führten zunehmend zu überstaatlichen Reaktionen und Interventionen beim braunschweigischen Hof, denn die öffentlichen Auseinandersetzungen rührten zwangsläufig an Grundsatzfragen der Staatsräson. Der Kaiser in Wien sowie der preußische König erhöhten den politischen Druck auf Herzog Carl Wilhelm Ferdinand[92] und zwangen diesen schließlich zu einer spürbaren Reaktion. Zwar war diese verhältnismäßig zurückhaltend ausgefallen, dennoch gab es deutliche Auswirkungen. Eine Folge war zunächst, dass das *Journal* von Braunschweig in das zensurfreie dänische Altona verlegt wurde und nun als *Schleswigsches ehemals Braunschweigisches Journal* erschien.[93] Und mehr noch: Campe bot in einem umfangreichen Schreiben vom 19. Januar 1794 der herzoglichen Regierung den Rückkauf der Schulbuchhandlung an und „dann ist er bereit, der Ruhe seines Fürsten das größte Opfer zu bringen, das er ihm bringen kann, […] und selber nach einem vom Preßzwange noch befreiten Lande zu ziehen, wo er der Gefahr, seinem Herzoge Sorge und Unruhe zu bereiten, überhoben wäre".[94] Schon in der Vergangenheit hatte sich Campe des Öfteren persönlichen Problemen durch einen fluchtartigen Ortswechsel entzogen, jedoch wäre es verfehlt, die Drohung, Braunschweig zu verlassen, überbewerten zu wollen. Der Herzog akzeptierte den Verlagswechsel des Journals in das Ausland, lehnte jedoch die „angebotenen" persönlichen Konsequenzen Campes strikt ab. Tatsächlich sah dieser damit die Angelegenheit vorerst als erledigt an.[95]

Diese Auseinandersetzungen dürfen auch für das persönliche Verhältnis zwischen Carl Wilhelm Ferdinand und Campe nicht überbewertet werden. Man kann die ‚Diskussion' eher im Sinne einer allgemein-politischen Standortbestimmung und gegenseitigen Klarstellung beider Persönlichkeiten sehen. Man befand sich in einer Epoche grundlegenden politischen und gesellschaftlichen Wandels, eine

---

[91]   Zitiert nach Leyser: *Campe* 1 (Anm. 8), S. 67.

[92]   Stern: *Kampf* (Anm. 86); Angela Klein: *Campe und die Zensur im Fürstentum Braunschweig-Wolfenbüttel*. In: *Visionäre Lebensklugheit* (Anm. 3), S. 113–126.

[93]   Stern: *Kampf* (Anm. 86), S. 56.

[94]   Selma Stern: *Karl Wilhelm Ferdinand. Herzog zu Braunschweig und Lüneburg* (Veröffentlichungen der Historischen Kommission für Hannover, Oldenburg, Braunschweig, Schaumburg-Lippe und Bremen). Hildesheim/Leipzig 1921, S. 238.

[95]   Ebd.; Hanno Schmitt: *Pressefreiheit, Zensur und Wohlverhalten. Die Braunschweigische Schulbuchhandlung zur Zeit der französischen Revolution*. In: *Französische Revolution und deutsche Öffentlichkeit*. Hg. von Holger Bönning. München/London/New York/Paris 1992, S. 351.

Klarstellung der Positionen war also durchaus notwendig.[96] Campe sah in der Französischen Revolution eine Art Erfüllung politischer Träume. Herzog Carl Wilhelm Ferdinand dagegen musste – durchaus entgegen seiner Grundüberzeugung – ab 1792 eine europäische Koalition gegen das französische Revolutionsheer führen.[97] Für beide folgten tiefgreifende Ernüchterungen in Anbetracht der politischen Realitäten. Schon in seiner Verteidigungsschrift *An meine Mitbürger* vom Dezember 1792 äußerte sich Campe wesentlich zurückhaltender zu den Ereignissen in Frankreich als in seinen *Briefen aus Paris*. Entgegen der Begeisterung des Jahres 1789 erschien ihm die spätere Entwicklung wie eine bittere Träne des Unmuts,

> daß eine Sache, die in ihrem Anfange so gerecht, in ihren Folgen so viel versprechend für die Erhebung des ganzen Menschengeschlechts auf eine höhere Stufe der Ausbildung, der Sittlichkeit und der Wohlfahrt zu seyn schien, vielleicht durch eine Handvoll herrschsüchtiger, blutgieriger, schändlicher Ränkemacher wieder rückgängig, wo nicht gar zu einem Fluche für die gesamte Menschheit gemacht werden sollte.[98]

Diese Darlegungen haben bisher wenig Beachtung in der Forschung gefunden. Bis heute wird die Französische Revolution mit einer glorifizierenden Überbewertung versehen, ohne Rücksicht darauf, dass sie letztlich ebenso Grundlagen für eine napoleonische Ära europäischer Kriege und diktatorischer Machtpolitik gelegt hatte, wie sie erst im 20. Jahrhundert in vergleichbarer Weise wieder in Erscheinung treten sollten. In diesem Sinne war Campe mit kritischer Sensibilität einer der ersten Kritiker des nachrevolutionären Frankreich, ganz besonders aber des napoleonischen Systems. Viele Aufklärer wechselten von ihrer Revolutionsbegeisterung nahtlos zur Napoleonverehrung, Campe dagegen nicht. Er kritisierte scharf die Auswüchse im weiteren Verlauf, lieferte dennoch 1802 „eine durchdringende Analyse der modernen Zivilisation nach deren revolutionärer Freisetzung in der Metropole der europäischen Aufklärung".[99] Die Revolution aber war Auslöser eines rasanten Beschleunigungsprozesses der Moderne in wissenschaftlicher und ökonomischer Produktivität, wie Campe scharfsichtig analysierte. Als Schlussfolgerung seiner Reise 1802 notierte daher Campe: „Sie ist diese: daß ich mich glücklich schätze, ein Deutscher, vornehmlich aber ein Braunschweiger zu sein."[100] Diese Äußerung dürfte weniger Ausdruck eines emphatischen National-

[96] Campe: *Briefe* 2 (Anm. 8), S. 189–192; Stern: *Karl Wilhelm Ferdinand* (Anm. 95), S. 239.
[97] Horst Möller: *Fürstenstaat oder Bürgernation 1763–1815*. Berlin 1989; Gerd Biegel: *6. Februar 1794. Rückkehr von Herzog Carl Wilhelm Ferdinand aus Frankreich*. Braunschweig 1994, S. 66ff.
[98] Campe: *Briefe aus Paris* (Anm. 86), 1977, S. 59.
[99] Garber: *Campes Reisen* (Anm. 83), S. 225.
[100] Campe: *Neue Sammlung* (Anm. 1), S. 137.

gefühls sein als vielmehr Hinweis auf die persönliche Einstellung zu Herzog Carl Wilhelm Ferdinand, der gerade in diesen Jahren erneut entscheidende Weichen für Campes Familienleben stellte, indem er die Übersiedlung des Verlages von Campes Schwiegersohn Friedrich Vieweg nach Braunschweig entschieden förderte.

In der Folge der Diskussionen um Pressefreiheit und Zensur war nicht nur die Herstellung des *Braunschweigischen Journals* in das dänische Altona verlegt worden, auch Spekulationen machten die Runde, dass Campe Braunschweig verlassen wolle. Eine Nebenbemerkung in einem Brief an seine Frau[101] schien die Ernsthaftigkeit dieser Überlegungen zu bestätigen. „Du siehst nun, Liebe, daß aus unserer Verpflanzung nach Altona Ernst werden kann." Noch einige Wochen zuvor hatte er gegenüber Sophie Reimarus über eine mögliche Auswanderung nach Frankreich spekuliert:

> Als ihr Paket ankam, war ich eben im hitzigsten Kampfe für Denk- und Preßfreiheit begriffen. Kaiser und Reich wollen, daß wir geknebelt werden sollen; ich aber wollte mich nicht knebeln lassen. Mein ganzer Wohlstand, vielleicht noch mehr, stand auf dem Spiel. Mein Entschluß war fest: entweder durchzudringen oder alles, was ich habe, dahinten zu lassen und nach Frankreich zu gehn.[102]

Sieht Hanno Schmitt in Campes damaligen Überlegungen zur Emigration „keine völlig unrealistischen Gedankenspiele",[103] so muss man Campes sprunghafte Handlungsweise berücksichtigen und nach weiteren Hinweisen zu seinen Überlegungen fragen. Tatsächlich lassen sich dazu keine weiteren Hinweise belegen. Gegen die Umsetzung solcher Pläne sprechen jedoch die gerade in diesen Jahren gestiegenen Geschäftsaktivitäten der Schulbuchhandlung sowie Campes intensivierte lexikalische und sprachkritische Forschungen und Publikationen. Aufschlussreicher scheint mir dagegen ein kurzer Briefwechsel mit Immanuel Kant in Königsberg zu sein, als der berühmte Philosoph mit der preußischen Zensur in Konflikt geriet. Diese hatte unter Friedrich Wilhelm II. deutlich zugenommen, dennoch veröffentlichte Kant weiter seine kritikträchtigen religiösen Schriften. Als 1794 seine *Religion innerhalb der Grenzen der bloßen Vernunft* erschien, wurde Kant in einer Kabinettordre von König Friedrich Wilhelm II. (entworfen von Wöllner) vorgehalten, er missbrauche seine Philosophie „zu Entstellungen, Herabwürdigung und Entehrung mancher Haupt- und Grundlehren der heil. Schrift und des Christenthums".[104] Kant beugte sich während der Regierungszeit von Friedrich Wilhelm II. dessen Verbot, jedoch ohne seine grundsätzliche Haltung aufzugeben. Als schließlich über Preußens Grenzen hinaus die Nachricht verbreitet wurde, Kant solle zur Aufgabe seines Lehrstuhles gezwungen werden, schrieb

---

101 Campe: *Briefe* 2 (Anm. 8), S. 234f.
102 Ebd., S. 219.
103 Ebd., S. 36.
104 Ebd., S. 358.

ihm Campe, der seit langem in Kontakt zu Kant stand, einen bemerkenswerten Brief mit einem wahrhaft philanthropisch geprägten Angebot:

> Zum Erstaunen aller denkenden und gutgesinnten Menschen verbreitet sich hier das Gerücht, daß es der blinden Glaubenswuth gelungen sey, Sie in den Fall zu setzen, entweder die Wahrheiten, die Sie ans Licht gezogen und verbreitet haben, für Unwahrheiten zu erklären, oder Ihr Amt, daß Sie so sehr verherrlichet haben, niederzulegen. Ich will zwar zur Ehre des ablaufenden Jahrhunderts noch hoffen und wünschen, daß dieses empörende Gerücht eine Erdichtung sey; sollte es sich aber dennoch wirklich so verhalten; sollte der Lehrer des Menschengeschlechts den Königsbergischen Lehrstuhl wirklich nicht mehr betreten dürfen; und sollte für Sie, edler Mann, auch nur die geringste Verlegenheit – sey's in Ansehung Ihrer körperlichen oder geistigen Bedürfnisse – daraus entstehen: so erlauben Sie mir eine Bitte, durch deren Erfüllung Sie mich sehr glücklich machen würden. Sehen Sie in diesem Falle sich als den Besitzer alles dessen an, was ich mein nennen darf; machen Sie mir und den Meinigen die Freude zu uns zu kommen, und in meinem, ziemlich geräumigen Hause, welches von dem Augenblicke an das Ihrige seyn wird, die Stelle eines Oberhaupts meiner kleinen Familie einzunehmen; genießen Sie hier aller der Ruhe, Bequemlichkeit und Unabhängigkeit, welche dem Abend Ihres so sehr verdienstlichen Lebens gebühren, und seyn Sie versichert, daß Sie den Meinigen und mir jeden Lebensgenuß dadurch ausnehmend erhöhen und versüßen werden. Ich bin zwar nicht reich; aber da ich weniger Bedürfnisse als Andere habe, deren Einkünfte und bürgerliche Verhältnisse den meinigen gleich sind: so bleibt mir, nach Abzug dessen, was ich zum Unterhalt meiner kleinen Familie bedarf; immer noch mehr übrig, als zur Verpflegung eines Weisen nöthig ist.[105]

Campe bot damit die Aufnahme Kants in seine Familie an und sein repräsentatives Haus am Aegidienmarkt zum dauerhaften Wohnsitz. Es war das Gebäude, das Campe einst als Geschenk von Herzog Carl Wilhelm Ferdinand erhalten hatte. Dieses großherzige Angebot wäre mit der Entscheidung, Braunschweig zu verlassen, kaum vereinbar gewesen, so dass der Zweifel an der Ernsthaftigkeit dieser Androhung durchaus berechtigt ist. Noch eine weitere Entwicklung spricht deutlich dagegen: 1797 erwarb Campe einen 48 braunschweigische Morgen großen Garten mit darauf befindlichen Wohn- und Haushaltungs-, Lust- und Wasserkunstgebäuden.[106] Damit schuf sich Campe ein bedeutendes Refugium vor den Toren der Stadt, das ihm ebenso zur Ruhe und Erholung dienen konnte als auch als Ort, seine Liebe zur Natur mit aktiver Beschäftigung als ‚Landwirt' zu verbinden. Hier

---

[105] Ebd.
[106] Rolf Hagen: *Die Gründung von Campes Schulbuchhandlung und die Übersiedlung des Vieweg-Verlages nach Braunschweig.* In: *Das Vieweg-Haus in Braunschweig* (Arbeitshefte zur Denkmalpflege in Niedersachsen 5). Hg. von Hans-Herbert Möller. Hannover 1985, S. 7–20; Peter Albrecht: *Campes Garten in Braunschweig.* In: *Visionäre Lebensklugheit* (Anm. 3), S. 127–147, S. 129.

will er nach eigener Aufzeichnung bis zu 33.000 Bäume eigenhändig gepflanzt haben,[107] und zugleich wurde im Garten seine und seiner Familie und Nachkommen Grabanlage geschaffen. Heute ist die beeindruckende Grabanlage ein Teil des benachbarten Magnifriedhofes und der ehemalige Garten Campes ist längst verschwunden, nur traurige Reste sind erhalten und tragen den Namen seines Schwiegersohnes Vieweg.

Zwischen Hoffnung und Resignation – Kassel und Braunschweig

Damit sind wir zugleich in der letzten Phase von Campes Leben und Wirken in Braunschweig angelangt, ohne dass wir aber die Geschichte des Vieweg-Verlages in Braunschweig vertieft betrachten können. Nur einige Wirkungsmomente Campes in der Frühphase der Verlagsgeschichte in Braunschweig sollen das Bild des Schriftstellers, Unternehmers, Aufklärers und Philanthropen Joachim Heinrich Campe abrunden. Gegen Ende des Jahrhunderts zeigte sich bei Campe erneut die erstaunliche Ambivalenz seiner Persönlichkeit. In seinen autobiographischen Aufzeichnungen und Briefen finden sich aktuell Hinweise auf gesundheitliche Probleme,[108] die in der Forschung auch zu Spekulationen über eine schwere Erkrankung führten, die auch sein verlegerisches Engagement einschränkte.[109] Bekannt war seine lebenslang in Perioden auftretende schmerzhafte Augenkrankheit, die ihn oft wochenlang zur Untätigkeit zwang. Zugleich zeigte seine Persönlichkeit Phasen depressiver Beeinträchtigungen, die ebenfalls seinen Arbeitswillen in nicht zu unterschätzendem Maße einschränkten. Gleichwohl zeigte Campes bis ins Alter Phasen exzessiver Schaffenskraft, wie auch das Großunternehmen ‚Landschaftsgarten' ab 1797 bestätigte. Es kann also keine Rede davon sein, dass der Wechsel seines Schwiegersohnes Friedrich Vieweg und dessen Berliner Verlag nach Braunschweig aus Gründen der Unterstützung notwendig geworden und erfolgt sei.[110] Allerdings dürften Campe die Pläne seines Schwiegersohns nicht ungelegen gekommen sein. Er plante, sich geschäftlich stärker zurückzuziehen, und hatte, wie er Karl August Böttiger schrieb, „um mich leichter zu machen und den Meinigen einen einfachern Zustand zu hinterlassen, in diesen Tagen meine Druckerei verkauft".[111] Auch aus der Schulbuchhandlung zog er sich weitgehend

---

[107] Campe: *Tagebuch* (Anm. 2), S. 37.

[108] Campe: *Briefe* 2 (Anm. 8), S. 507: „Ich selbst befinde mich in einem fast unaufhörlichen Zustand des Leidens, und zugleich so geschwächt, daß die allerleichteste Geistesarbeit mir zu schwer ist" (15.5.1798). „Ich beschloß das abgelaufene Jahrhundert mit einer schweren Krankheit, die mich fast an den Rand des Grabes führte." (Campe: *Tagebuch* (Anm. 2), S. 4); Leyser: *Campe* (Anm. 2), S. 83.

[109] Graf: *Buch- und Lesekultur* (Anm. 31), S. 64.

[110] Ebd.

[111] Campe: *Briefe* 2 (Anm. 8), S. 340.

zurück.[112] Allerdings bedeuteten diese Entlastungsbemühungen letztlich nur, dass sich Campe intensiver seiner Sprachleidenschaft widmen konnte. Dennoch mag er als Vermittler zwischen Herzog und Friedrich Vieweg aktiv gewesen sein, als sich beide 1798 trafen. Carl Wilhelm Ferdinand war sehr an einer Stärkung der einheimischen Wirtschaft interessiert, ganz besonders im Buch- und Verlagswesen.

Mit einem in der Zwischenzeit bereits anerkannten und noch jungen Verleger, der erfolgreich, aufgeschlossen und reformfreudig war, konnte der Herzog durchaus hoffen, Braunschweig zu einem Zentrum zumindest des norddeutschen Buchhandels und Verlagswesens zu machen.[113] Entsprechend großzügig war das vorläufige Entgegenkommen des Herzogs gegenüber den Vorstellungen und Wünschen Viewegs, die dieser in einem „Promemoria" vom 14. August 1798 dargelegt hatte.[114] Zur Förderung der Pläne überließ Carl Wilhelm Ferdinand dem Verleger das Grundstück am Burgplatz, auf dem ein großartiges Verlags- und Wohngebäude entstand,[115] unterstützte ihn mit zinsgünstigen bzw. zinslosen Baudarlehen und bewilligte einen Kredit. Vieweg beantragte zudem eine Konzession für die Errichtung einer Buch- und Kupferdruckerei sowie einer Buchbinderei.[116] Darüber hinaus gründete er eine Schriftgießerei und eine Ziegelei, um notwendige Baumaterialien kostengünstig und zeitsparend selbst herstellen zu können. Während der Bauzeit stellte Herzog Carl Wilhelm Ferdinand dem Verleger Räumlichkeiten für Verlag und Druckerei im sogenannten Mosthaus (Burg Dankwarderode) zur Verfügung. Mit seinem Hausprojekt hatte sich Friedrich Vieweg allerdings finanziell völlig übernommen. Für einen dringend notwendigen Kredit bei der Fürstlichen Leihhauscasse in Höhe von 70.000 Rthlr. übernahm schließlich Campe die Bürgschaft. 1804 war das Vieweghaus weitgehend fertiggestellt, so dass die ersten Wohnungen bezogen werden konnten und auch die Schulbuchhandlung ihren Verkauf im neuen Verlagsgebäude aufnahm, wie aus entsprechenden Anzeigen hervorging[117]. Er

---

[112] Ebd., S. 347.

[113] Zur Geschichte des Vieweg-Verlages vgl. Hagen: *Die Gründung von Campes Schulbuchhandlung* (Anm. 106); Graf: *Buch- und Lesekultur in der Residenzstadt Braunschweig* (Anm. 31), S. 24.

[114] Ausführlich dazu Horst Masuch: *Zur Geschichte des Vieweg-Hauses.* In: *Das Vieweg-Haus in Braunschweig* (Anm. 106), S. 21–33, hier S. 23.

[115] Ebd.; eine Belegstellen-Kartei zur Geschichte des Vieweghauses und des Verlages befindet sich im Braunschweigischen Landesmuseum.

[116] Graf: *Buch- und Lesekultur in der Residenzstadt Braunschweig* (Anm. 31), S. 64; Hagen: *Die Gründung von Campes Schulbuchhandlung* (Anm. 106), S. 14.

[117] Hofrat Wiedemann zeigte am 10. Oktober 1804 in den *Braunschweigischen Anzeigen* an, „daß er auf nächsten Donnerstag, als den 11. Oktober, seine bisherige Wohnung verläßt, um das Erdgeschoß des Viewegschen Hauses auf dem Burgplatz zu beziehen, wo neben dem von Säulen getragenen Balkon am ersten Fenster, rechts, ein Glockenzug befindlich ist, um nachts das Gesinde zu wecken" (75. Stück, 10. Oktober 1804, Sp. 2293); die Schulbuchhandlung meldete die Aufnahme des Verkaufs im Vieweghaus am 14. November 1804 (*Braunschweigische Anzeigen* 89. Stück, 14. November 1804); Masuch: *Zur Geschichte des Vieweg-Hauses* (Anm. 114), S. 30, weist auf die

selbst verfasste zur Eröffnung des Hauses ein Gedicht, das sich in seinem Tagebuch befindet:[118]

Ehret ihn, wie sichs gebührt!
Grosses hat er hier vollführt.

Doch auch Freunde, brav und gut,
Griffen ein mit treuen Händen,
Dass der Scheelsucht grimme Wuth
Möchte mit Verzückung enden.
Ha! sie zuckt, sie zappelt schon!
Heil Dir, Vieweg, Hermes Sohn![119]

Campes Lebensmittelpunkt im Alter lag auf Familie und Sprachforschung. Charakteristisch dafür der Hinweis von Leyser, dass Campe, als er im Mai 1813 die letzten Bogen seines Wörterbuches an Friedrich Vieweg abgeliefert hatte, dies mit den Worten getan haben soll: „Hier, lieber Sohn, haben Sie den letzten Bogen, aber damit auch meine letzte Kraft."[120] Campe hatte infolge der politischen Veränderungen nach der Schlacht bei Jena/Auerstedt und Hassenhausen am 14. Oktober 1806[121] und dem Frieden von Tilsit 1807 bitter geklagt, dass er angesichts der allgemeinen Wirtschaftslage besonders im Buchhandel, aber auch aufgrund seiner vielfältigen verlegerischen Projekte, Herausgeber- und Publikationstätigkeiten (vor allem der aufwendigen Wörterbucharbeit)[122] wieder stark beruflich gefordert war:

schleppende Vermietung hin, da sich der Innenausbau verzögerte. Noch 1807 wurden freie Wohnungen angeboten. Entsprechend kritisch war die wirtschaftliche Lage Viewegs.

[118] Campe: *Tagebuch* (Anm. 2), S. 143–146.

[119] Campe: *Tagebuch* (Anm. 2), S. 144f.; Möller: *Das Vieweg-Haus in Braunschweig* (Anm. 114), zur Verlagsgeschichte siehe Graf: *Buch- und Lesekultur* (Anm. 31), S. 64ff; Verlagskatalog von Friedr. Vieweg & Sohn in Braunschweig 1786–1911. Braunschweig 1911.

[120] Leyser: *Campe 1* (Anm. 2), S. 84.

[121] Biegel: *6. Februar* (Anm. 97); *Jena und Auerstedt. Ereignis und Erinnerung in europäischer, nationaler und regionaler Perspektive.* Hg. von Konrad Breitenborn und Justus H. Ulbricht. Dößel 2006; *Umbruch im Schatten Napoleons. Die Schlachten von Jena und Auerstedt und ihre Folgen.* Hg. von Gerd Fesser und Reinhard Jonscher. Jena 1998; umfassend zum Königreich Westphalen nach wie vor: Dorothea Puhle: *Das Herzogtum Braunschweig-Wolfenbüttel im Königreich Westphalen* (Beihefte zum Braunschweigischen Jahrbuch 5). Braunschweig 1989.

[122] Helmut Henne: *Braunschweigische Wörterbuchwerkstatt – Joachim Heinrich Campe und sein(e) Mitarbeiter.* In: *Visionäre Lebensklugheit* (Anm. 3), S. 215–224.

Das Verhängniß hat gewollt, daß ich am späten Abend meines Lebens, wo Andere der Ruhe pflegen dürfen, mich noch einmahl in ein Gewühl von Geschäften, und zwar von der Art, die seit 12 Jahren mir ganz fremd geworden war, von neuen und zwar tiefer als jemahls stürzen sollte. Der gänzliche Verfall des Buchhandels, [...] hat mich in die unumgängliche Nothwendigkeit versetzt, mich wieder persönlich, und zwar in einem vielbedeutendern Sinne als ehemahls, an die Spitze meiner Geschäfte zu stellen, und vom Morgen bis an den Abend mitzuarbeiten. Und das mit und neben meinen vielen und vielfachen andern Arbeiten.[123]

Nach dem Frieden von Tilsit 1807 wurde das Fürstentum Braunschweig-Wolfenbüttel Teil des Königreichs Westphalen und von Kassel aus durch Napoleons Bruder Jérôme Bonaparte regiert. Noch einmal nahm der 61-jährige Campe eine neue Aufgabe wahr, da ihn seine Braunschweiger Mitbürger als Deputierten nach Kassel schickten, wo er auch an der Huldigung des neuen Landesherrn teilnahm. Campe berichtete über seine Eindrücke in Briefen an seine Frau und Familie:

Ich schreibe euch noch einmal ein paar Worte von hier; dann hoffe ich mich selbst euch wiederzubringen. – Morgen ist der Tag der Huldigung und übermorgen, sagt man, wird der König uns ein allgemeines Abschiedsgehör geben.
Meine Anrede an die Königin, die ich mit 5 andern Deputierten empfangen soll, wird ungefähr folgende sein:
‚Geruhen Euere Majestät die Huldigung und die Segenswünsche Ihrer getreuen Untertanen anzunehmen. Beide sind um so viel reiner und herzlicher, da wir das Glück haben, in unserer neuen Landesmutter eine Fürstin zu verehren, in deren königlichen Adern das Blut eines uns so teuren, um die Menschheit und uns so hochverdienten Fürstenstammes fliesst, in dessen Schatten wir so glücklich lebten und dessen Andenken, bei der redlichsten und kindlichsten Treue, die wir heute unserm König schwören werden, uns immer heilig bleiben wird.‘
Beim Wegführen nach der Huldigung denke ich folgende paar Worte zu sagen:
‚Wir legen Euerer Majestät unsere ehrfurchtsvollsten Glückwünsche zu Füssen. Das heilige Band der Liebe und Treue zwischen unserm Monarchen und uns ist geschlungen. Forthin gehört dem Könige und Euerer Majestät unser letzter Blutstropfen; so wie von diesem Augenblicke an unsere Glückseligkeit die Euerer Majestäten sein wird.‘
Ich hatte etwas besseres für beide Gelegenheiten entworfen; aber es war zu lang, und ich musste mich entschliessen entweder gar nichts oder dieses Unbedeutende zu sagen. Indes wird es meinem Herzen wohlthun, auch bei dieser Gelegenheit unserm Unvergesslichen auch noch im Grabe zu huldigen.
Herzliche Grüße an die Familie Campe[124]

---

[123] Campe: *Briefe* 2 (Anm. 8), S. 632.
[124] Campe: *Briefe* 2 (Anm. 8), S. 617f.

Es ist herauszuhören, welche Bedeutung Campe auf die direkte Ansprache an die Königin legte. Katharina, Prinzessin von Württemberg, war seit 1807 mit Jérôme Bonaparte verheiratet und eine Nichte des braunschweigischen Herzogs Carl Wilhelm Ferdinand, der als kommandierender Generalfeldmarschall des preußischen Heeres am 14. Oktober 1806 bei Auerstedt so schwer verwundet wurde, dass er kurze Zeit später verstarb. Campe widmete mit seinen Worten also zugleich „unserm Unvergesslichen", seinem langjährigen Förderer, eine besondere Erinnerung.

Für das alltägliche Deputiertengeschäft hatte Campe dagegen wenig übrig. Die dilettantisch-egoistisch agierenden Gesandten mit ihren eigensinnigen Erwartungen ernteten seinen Spott, und er meinte, sich von deren Gebaren deutlich distanzieren zu müssen:

> Die Deputirten rennen hier überall mit den Köpfen gegen einander; man sieht es den allermeisten, selbst denen unter ihnen, die ganz unabhängig leben könnten, sehr deutlich an, dass sie irgend etwas für sich wollen. Sie scheinen auf glühenden Kohlen zu stehen und vor dem Augenblicke zu zittern, da über ihre Wünsche entschieden wird. Gottlob, ich gehöre nicht zu diesen, weil ich keine Wünsche habe.[125]

Hier allerdings ist Campe nicht ganz offen, denn man darf als sicher annehmen, dass er seine Deputiertenrolle überhaupt nur mit einem hoffnungsvollen Hintergedanken angenommen hatte. In Wahrheit witterte er unter den veränderten politischen Verhältnissen die Chance, die einst gescheiterten Schulreformpläne doch noch zu realisieren. Anlass für die Hoffnungen war die Tatsache, dass in der neuen Regierung ein alter Bekannter der Wissenschaft zum Staatsrat und Generaldirektor des öffentlichen Unterrichts im Königreich Westphalen ernannt worden war, nämlich der bekannte Schweizer Universalhistoriker, Publizist und Napoleonverehrer Johannes von Müller. Ihm legt Campe am 20. Januar 1808 einen „unmaßgeblichen Vorschlag" vor, der in groben Zügen seinem Plan zur Schulreform (1785/1786) für das Fürstentum Braunschweig-Wolfenbüttel entsprach.[126] Er forderte erneut, die Zuständigkeit der Kirche für das Schulwesen aufzuheben, erwartete Lehrer mit Offenheit für Neuerungen, worunter er die Ideen der Aufklärung und des Philanthropismus verstand, sowie die Einrichtung eines zentralen Oberschuldirektoriums, bestehend aus drei führenden Persönlichkeiten. Dazu schlug er u. a. seinen langjährigen Kollegen Professor Trapp sowie den Direktor des Waisenhauses in Braunschweig, Friedrich August Junker, vor. Er selbst war bereit, sich persönlich zu engagieren, auch wenn er nicht mehr in der Lage sei, „mich noch einmahl verpflanzen zu lassen; aber ich würde ohne Eigennutz und aus reinem Triebe, mit dem geringen Überreste meiner Kräfte das große und schöne Werk befördern zu helfen, mich zu folgender Mitwirkung bereitwillig erklären".[127] Damit

---

[125] Ebd., S. 617; Leyser: *Campe* 1 (Anm. 2), S. 74.
[126] Schmitt: *Schulreform* (Anm. 46), insbesondere Quellen S. A – 102ff; Campe: *Briefe* 2 (Anm. 2), S. 619–623.
[127] Campe: *Briefe* 2 (Anm. 8), S. 622.

schlug er vor, in alle Vorgänge und Beratungen zukünftig eingebunden zu bleiben und monatlich einige Arbeitstage in Kassel zu verbringen. Obwohl Johannes
von Müller wohlwollend auf den Vorschlag antwortete und glaubte, „daß er angenommen werden soll",[128] erlebte Campe wie bereits 1790 eine bittere Enttäu-
schung. Es erfolgte nichts weiter, denn der Plan wurde nicht verwirklicht. Damit
endete Joachim Heinrich Campes letztes bildungspolitisches Unternehmen und
regionalpolitisches Abenteuer. Der Rückzug nach Braunschweig zu seinen Wör-
terbucharbeiten, Sprachforschungen, erneuten Verlegertätigkeiten und zu seinem
großartigen Garten bestimmten seinen Alltag im Alter. Unterbrochen wurde der
Ablauf von periodischen Erkrankungen und Kuraufenthalten in Böhmen, so etwa
1810 in Karlsbad, „um zu versuchen, ob ich dort noch einmahl wieder ausgeflickt
werden kann".[129] Gesundheitlich hatte der Aufenthalt wenig erbracht, jedoch war
es in Karlsbad zur Begegnung mit Goethe gekommen, der zwanzig Jahre später
Eckermann von dieser Begegnung berichtete, ein Bericht, der am Ende der Betrachtungen stehen soll, denn Campe hatte sich in den Folgejahren gesundheitlich
nicht mehr maßgeblich bessern können:

> Ich fand ihn damals sehr alt, dürr, steif und abgemessen. Er hatte sein ganzes Leben
> lang nur für Kinder geschrieben; ich dagegen gar nichts für Kinder, ja nicht einmal
> für große Kinder von zwanzig Jahren. Auch konnte er mich nicht ausstehen. Ich war
> ihm ein Dorn im Auge, ein Stein des Anstoßes, und er tat Alles, um mich zu vermei-
> den. Doch führte das Geschick mich eines Tages ganz unerwartet an seine Seite, so
> daß er nicht umhin konnte, einige Worte an mich zu wenden. ‚Ich habe, sagte er, vor
> den Fähigkeiten Ihres Geistes allen Respekt! Sie haben in verschiedenen Fächern
> eine erstaunliche Höhe erreicht. Aber, sehen Sie! das sind Alles Dinge, die mich
> nichts angehen und auf die ich gar nicht den Wert legen kann, den andere Leute da-
> rauf legen.' – Diese etwas ungalante Freimütigkeit verdroß mich keineswegs, und
> ich sagte ihm dagegen allerlei Verbindliches. Auch halte ich in der Tat ein großes
> Stück auf Campe. Er hat den Kindern unglaubliche Dienste geleistet; er ist ihr Ent-
> zücken und sozusagen ihr Evangelium. Bloß wegen zwei oder drei ganz schreckli-
> cher Geschichten, die er nicht bloß die Ungeschicklichkeit gehabt hat zu schreiben,
> sondern auch in seiner Sammlung für Kinder mit aufzunehmen, möchte ich ihn ein
> wenig gezüchtigt sehen. Warum soll man die heitere, frische, unschuldige Phantasie
> der Kinder so ganz unnötigerweise mit den Eindrücken solcher Greuel belasten![130]

Die Kuren, die Campe im Alter unternahm, konnten nur noch punktuelle Linde-
rung verschaffen. Der stets so agile und geschäftige Unternehmer und schaffende
Geist dämmerte die letzten Jahre vor sich hin, wie eine erschütternde Nachricht
des Philanthropen Christian Hinrich Wolke vom 12. Oktober 1814 an einen Hamburger Logenbruder erkennen lässt:

---

[128] Ebd., S. 624.
[129] Ebd., S. 663.
[130] Johann Peter Eckermann: *Gespräche mit Goethe*. Frankfurt/M. 1999, S. 721.

Er kam mir wohl gekleidet, mit blühender Gesundheit spiegelndem Gesichte und mit ungewöhnlichem Lächeln und Gruße entgegen, [ich] hörte aber dan von seiner Gattin, das er das bewußtsein seines vorigen Lebens gantz verloren habe, sich nicht mehr heute erinnern kann, was gestern ihm begegnet und sich folglich keine Sorgen, keinen Kummer über die Gegenwart, keine Teilnahme an nahem oder entfernten Begebenheiten äußere, kein Erinnern- und Urteilsvermögen besizze, übrigens mit Lust esse, trinke und in seinem Garten allein oder in Gesellschaft umherwandle, wie ein im Elysium versetzter, der darauf durch den Lethetrank alles Irdische vergessen hat.[131]

Der Verstorbene sah bis zu seinem Lebensende Braunschweig als seine wahre Heimat an, denn „nur zu Braunschweig lebt man frei und glücklich; auch will ich Braunschweig nur gegen den Himmel vertauschen, und kein anderes Land, als dieses, soll meine Asche in seinem Schooße verwahren!"[132] Dies war ihm vergönnt als Joachim Heinrich Campe am 22. Oktober 1818 im Alter von 72 Jahren in Braunschweig starb. Leyser berichtet, dass Campe in seinem Testament vom 30. März 1808 als letzten Willen den Wunsch festgelegt habe, „in seinem Garten, unter dem von ihm selbst angelegten Hügel, zwischen den von ihm selbst gepflegten Bäumen" die letzte Ruhestätte zu finden. Entsprechend wurde er „in einen schlichten Sterbemantel gehüllt und in einen einfachen, offenen Sarg aus drei ungehobelten Brettern gelegt. Früh Morgens in aller Stille, ohne Glockengeläut, ohne Trauergefolge, ist er in sein Grab gesenkt worden. Sechs Träger, einfache Handwerker, trugen den Sarg. Kein Geistlicher hat ihn begleitet. Doch wurden der Kirche und ihren Dienern die doppelten Gebühren entrichtet."[133]

Der Philanthrop und Pädagoge Joachim Heinrich Campe blieb seiner Überzeugung bis zu seinem Tode treu, wie bereits Leysers Begräbnisbericht erkennen ließ. Dies bestätigte ein Nachruf auf Joachim Heinrich Campe vom 20. November 1818, der die Haltung bekräftigt und einen geeigneten Schluss des Beitrags zu Braunschweig und Campe bietet: „Die Summe des auf 200 Thlr. angeschlagenen Aufwandes einer Prunkleiche wurde unter Arme verteilt. Nach einer anderen Verordnung soll[te] sein Schwiegersohn Fr. Vieweg eine Auflage seines *Robinsons* und *Theophrons* von einigen Tausend Exemplaren veranstalten, und diese an unbemittelte Kinder und Jugendliche verteilen."[134]

[131] Campe: *Briefe* 2 (Anm. 8), S. 688.
[132] Campe: *Neue Sammlung* (Anm.1), S. 147.
[133] Leyser: *Campe* 1 (Anm. 2), S. 85.
[134] Nachruf vom 20. November 1818. In: *Beilage zur (Augsburger) Allgemeinen Zeitung*, Nr. 145 – 148. Hier Nr. 148. i.

Campes Grabstätte (2019)

Personenregister

Autorinnen und Autoren

Cord-Friedrich Berghahn (geb. 1969), Dr. phil. habil., ist apl. Professor für Neuere deutsche Literatur und Kulturwissenschaften an der TU Braunschweig und Präsident der Lessing-Akademie. Forschungsschwerpunkte: Deutsch-jüdische Literatur und Kultur, Ästhetik und Poetik der Goethezeit, Klassische Moderne, Kulturtransfer. Hauptherausgeber der *Germanisch-Romanischen Monatsschrift*. Dissertation: *Moses Mendelssohns „Jerusalem". Ein Beitrag zur Geschichte der Menschenrechte und der pluralistischen Gesellschaft* (2001, 2. Aufl. 2011); Habilitation: *Das Wagnis der Autonomie. Studien zu Karl Philipp Moritz, Wilhelm von Humboldt, Heinrich Gentz, Friedrich Gilly und Ludwig Tieck* (2012). Herausgeber zahlreicher Publikationen zur Geschichte des Collegium Carolinum. Aktuelle Bücher: *Wilhelm von Humboldt-Handbuch. Leben – Werk – Wirkung* (hg., 2021); *Lessing und das Judentum*. Bd. II (2021, hg. mit Dirk Niefanger und Gunnar Ochmann); *Jüdische und christliche Intellektuelle in Berlin um 1800* (2021, hg. mit Avi Lifschitz und Conrad Wiedemann); *Leopold Zunz und die Wissenschaft des Judentums: Religion, Philosophie und Politik im Spannungsfeld von Säkularisierung und religiöser Reform* (hg., 2021).

Helmut Berthold (geb. 1955), arbeitet als Wissenschaftlicher Geschäftsführer in der Lessing-Akademie Wolfenbüttel. Sein Interesse gilt neben Lessing und der Aufklärungsepoche vor allem dem 19. Jahrhundert in Frankreich sowie der modernen Lyrik. Dissertation zu Gottfried Benns Frankreichbild, verschiedene Buchpublikationen und Herausgeberschaften zu Lessing, Aufsätze über Benn, Elazar Benyoëtz, Celan, Hamsun und Rilke.

Gerd Biegel (geb. 1947), Dr. phil. h.c., Studium der Geschichte, Germanistik, Historische Hilfswissenschaften, Archäologie, der Ur- und Frühgeschichte sowie der Kunstgeschichte in Köln. 1986–2008 Direktor des Braunschweigischen Landesmuseums, seit 2009 Direktor des Instituts für Braunschweigische Landesgeschichte an der Technischen Universität Braunschweig; u. a. Präsident der internationalen Raabe-Gesellschaft und Vizepräsident der *ForschungsRegion Braunschweig*. Zahlreiche Publikationen.

Alexa Craïs (geb. 1973), Dr. phil., ist Dozentin an der Université Toulouse Jean-Jaurès (Frankreich), lehrt Germanistik und DaF-Pädagogik an der Pädagogischen Hochschule von Toulouse (INSPÉ). Dissertation: *Formes et pratiques de l'observation et du contrôle dans la pédagogie des philanthropistes de Dessau. 1774–1793* (2013). Forschungsschwerpunkte: Reiseliteratur, Jugendliteratur, Sport- und

Erziehungsgeschichte. Veröffentlichungen auf Deutsch und Französisch zur Ge-schichte des Dessauer Philanthropinismus: *L'éducation des jeunes filles au temps de l'Aufklärung, Le statut du corps dans la formation de la jeunesse. Fin XVIII-dé-but XIX, Le mouvement des philanthropistes et l'*éducation corporelle, *Elternbriefe an das Dessauer Philantropinum.*

Dieter Cherubim: Studium der Klass. Philologie und Germanistik in München und Marburg. Promotion am Deutschen Sprachatlas. Forschungsinstitut für deutsche Sprache in Marburg (1971). Wiss. Assistent im Fach Germanistische Linguistik an der TU Braunschweig. Habilitation (1980). Professuren für Germanistische Linguistik / Deutsche Philologie (Sprachwissenschaft) an der TU Braunschweig (1980–1983) und an der Univ. Göttingen (1983–2006). Forschungs- und Lehr-tätigkeiten an mehreren ausländischen Universitäten (u.a. Frankreich, China, Finnland, Norwegen, Estland, Ungarn, Ukraine). Forschungsschwerpunkte: Ge-schichte der klassischen Grammatik (Antike, Frühe Neuzeit, Moderne), Theorie des Sprachwandels und Kulturgeschichte der neueren deutschen Sprache (18.–20. Jh.), Gesprächsforschung, Fehlerlinguistik, Mehrsprachigkeit in Europa. Neu-ere Publikationen: (Mithg.): *Neue deutsche Sprachgeschichte. Mentalitäts-, kul-tur- und sozialgeschichtliche Zusammenhänge.* Berlin/New York 2002; (zus. mit A. Walsdorf): *Sprachkritik als Aufklärung. Die Göttinger Deutsche Gesellschaft im 18. Jahrhundert.* 2. Aufl. Göttingen 2005; (Mithg.): *Deutsch am Rande Euro-pas.* Tartu 2006; (Mithg.): *Lexicon Grammaticorum. A Bio-Bibliographical Com-panion to the History of Linguistics.* 2nd. ed. 2 vols. Tübingen 2009; *Sprachliche Aneignung der Wirklichkeit. Studien zur Sprachgeschichte des neueren Deutsch.* Berlin 2017.

Uwe Hentschel (geb. 1960), Dr. phil. habil., ist apl. Professor für Neuere deutsche Literatur an der TU Chemnitz. Forschungsschwerpunkte: Literatur und Kultur des 18. und 19. Jahrhunderts (insbesondere Reiseliteratur, Verlagsgeschichte, Brief-literatur, Kanonisierung und regionale Literaturgeschichte). Dissertation: *Studien zur Reiseliteratur am Ausgang des 18. Jahrhunderts* (1999); Habilitation: *Mythos Schweiz. Zum deutschen literarischen Philhelvetismus zwischen 1700 und 1850* (2002); weitere Buch-Publikationen: *Von Thomasius bis E.T.A. Hoffmann. Leipzi-ger Literaturgeschichte(n) des 18. Jahrhunderts* (2002); *Moderne Klassik – Klas-sik der Moderne?* (2006); *Garlieb Helwig Merkel: Skizzen aus meinem Leben. Darstellungen und Charakteristiken* (2010); *Wegmarken. Studien zur Reiselite-ratur des 18. und 19. Jahrhunderts* (2010); *Vom Lieblingsautor zum Außenseiter. Ein Beitrag zur Kanondebatte des 18. Jahrhunderts* (2015); *Johann Christoph Rost. Erotische Verserzählungen* (2018); *Weltbürger Goethe* (2019, Mithg.); *Carl Friedrich Zelter. Reisebriefe* (2021). – Mitarbeit an der 18-bändigen Ausgabe: *Entstehung von Goethes Werken in Dokumenten* (bislang erschienen Bde. 1–7).

Nikolas Immer (geb. 1978), Dr. phil. habil., ist Privatdozent für Neuere deutsche Literaturwissenschaft und Nachwuchsgruppenleiter im DFG-Kolleg „Lyrik in Transition" an der Universität Trier. Forschungsschwerpunkte: die deutschsprachige Literatur vom 18. bis zum 21. Jahrhundert, die Ästhetik und Theorie des Heroismus, die Erinnerungs- und Reiselyrik, Wechselwirkungen zwischen Literatur und Film sowie die Editionsphilologie. Dissertation: *Der inszenierte Held. Schillers dramenpoetische Anthropologie* (2008); Habilitation: *Mnemopoetik. Erinnerung und Gedächtnis in der deutschsprachigen Lyrik des 19. Jahrhunderts* (2017, Druck in Vb.). Neuere Bücher u. a.: Gotthold Ephraim Lessing: *Das Theater des Herrn Diderot. Zweisprachige, synoptische Edition der Diderot-Übersetzung von 1760* (2014, hg. mit Olaf Müller), *Texturen der Wunde. Konstellationen deutschsprachiger Nachkriegslyrik* (2016, hg. mit Thomas Boyken), *Medialisierungen der Macht. Filmische Inszenierungen politischer Praxis* (2018, hg. mit Irina Gradinari und Johannes Pause), *Sängerliebe – Sängerkrieg. Lyrische Narrative im ästhetischen Gedächtnis des Mittelalters und der Neuzeit* (2019, mit Cordula Kropik), *Ambulante Poesie. Explorationen deutschsprachiger Reiselyrik seit dem 18. Jahrhundert* (2020, hg. mit Johannes Görbert), *Nachkriegslyrik. Poesie und Poetik zwischen 1945 und 1965* (2020, mit Thomas Boyken).

Jörg Kilian (geb. 1965), Dr. phil., ist Professor für Deutsche Philologie/Didaktik der deutschen Sprache an der Christian-Albrechts-Universität zu Kiel. Zu seinen Arbeits- und Forschungsschwerpunkten gehören u. a. die Wortschatzdidaktik, die didaktische Sprachkritik, die Erforschung von Lehr-Lern-Gesprächen in Geschichte und Gegenwart, die Stereotypenforschung. Er ist u. a. Mitherausgeber der Zeitschrift *Der Deutschunterricht* sowie des internationalen Referatenorgans *Germanistik*. Dissertation: *Demokratische Sprache zwischen Tradition und Neuanfang. Am Beispiel des Grundrechte-Diskurses 1948/49* (1997), Habilitationsschrift: *Lehrgespräch und Sprachgeschichte. Untersuchungen zur historischen Dialogforschung* (2002); weitere Publikationen sind u. a.: *Historische Dialogforschung. Eine Einführung* (2005); *Sprachkritik. Ansätze und Methoden der kritischen Sprachbetrachtung* (2010, 2. Aufl. 2016, zus. mit Thomas Niehr und Jürgen Schiewe); *Typisch deutsch – typisch dänisch? SMiK-Unterrichtsmaterialien zur Bewusstmachung von nationalen Stereotypen* (zus. mit Erla Hallsteinsdóttir, Philipp Baunsgaard Koll und Katarina Le Müller; <https://www.stereotypenprojekt. eu/> (2015); *Handbuch Sprache in der Bildung* (2016, hg. zus. mit Birgit Brouër und Dina Lüttenberg); *Sprachdidaktik: Erstsprache, Zweitsprache, Fremdsprache* (hg. zus. mit Jutta Rymarczyk; bislang ca. 1.000 Lemmata, <https://www.degruyter.com/view/db/wsk>); *Handbuch Sprachkritik* (2020, hg. zus. mit Thomas Niehr und Jürgen Schiewe).

Till Kinzel (geb. 1968), Dr. phil. habil., ist Privatdozent für Neuere Englische und Amerikanische Literaturwissenschaft an der Technischen Universität Berlin. Forschungsgebiete sind u. a. die englischsprachigen Literaturen vom 16. bis zum 21. Jahrhundert, Wechselwirkungen von Literatur und Philosophie, transnationale

Aufklärungsforschung, Hörspiele und Dialoggedichte. Dissertation: *Platonische Kulturkritik in Amerika* (2002; über Allan Bloom und Leo Strauss); Habilitation: *Die Tragödie und Komödie des amerikanischen Lebens* (2006; über Philip Roth). Weitere Bücher u. a. über Nicolás Gómez Dávila (2003, 4. Auflage 2015), Johann Joachim Eschenburg (2013; hg. mit C.-F. Berghahn) sowie *Imaginary Dialogues in English* (2012); *Imaginary Dialogues in American Literature and Philosophy* (2014; beide hg. mit J. Mildorf). Jüngste Publikationen: *Edward Gibbon im deutschen Sprachraum* (2015, hg. mit C.-F. Berghahn); *Johann Arnold Ebert. Dichtung, Übersetzung und Kulturtransfer im Zeitalter der Aufklärung* (2016, hg. mit C.-F. Berghahn und G. Biegel) sowie *Audionarratology. Interfaces of Sound and Narrative* (2016, hg. mit J. Mildorf); *Johann Joachim Christoph Bode – Studien zu Leben und Werk* (2017; hg. mit C.-F. Berghahn und G. Biegel); *Das Dialoggedicht. Studien zur deutschen, englischen und romanischen Lyrik* (2017, hg. mit C. Bischoff und J. Mildorf); *Justus Friedrich Wilhelm Zachariä. Studien zu Leben und Werk* (2018, hg. Mit C.-F. Berghahn und G. Biegel); sowie zuletzt die Monographie *Johann Georg Hamann – zu Leben und Werk* (2019).

Roman Lach (geb. 1969), Dr. phil. habil., ist Professor für Deutsche Sprache und Literatur an der Keimyung University in Daegu, Südkorea. Zu seinen Forschungsgebieten gehören Komödie und Komödientheorien der Aufklärung, Theorie und Praxis des Romans im 19. und 20. Jahrhundert, Liebesbriefkulturen im 19. Jahrhundert sowie die Arbeit mit Literatur im Fremdsprachenunterricht. Dissertation: *Characters in Motion. Einbildungskraft und Identität in der Komödie der Spätaufklärung* (2001); Habilitation: *Der maskierte Eros. Liebesbriefwechsel im realistischen Zeitalter* (2012); als Hg.: *Lessings Skandale* (2005, zusammen mit Jürgen Stenzel), Friedrich Gerstäcker: *Wilde Welten* (hg. 2016). Aufsätze zu Jules Verne, Walter Scott, J.F. Cooper, Karl May, Adalbert Stifter, Wilhelm Raabe, Arno Schmidt und Georges Perec. Übersetzungen aus dem Französischen.

Imke Lang-Groth (geb. 1961), Studium der germanistischen Linguistik und Literaturwissenschaft an der Technischen Universität Braunschweig. Promotion bei Helmut Henne, Thema: *Auf dem Weg zu einem Belegwörterbuch. Der Beitrag von Joachim Heinrich Campe und Theodor Bernd* (Bielefeld 2012). Seit 2011 wissenschaftliche Mitarbeiterin am Institut für Germanistik an der TU-Braunschweig. Ihre Forschungsschwerpunkte liegen in den Bereichen historische Lexikographie, Soziolinguistik und Onomastik. Sie ist Mitherausgeberin der Sammelbände: *Skandal im Sprachbezirk* (2014) (gemeinsam mit Martin Neef, Susanne R. Borgwaldt und Iris Forster) und *Facetten der deutschen Sprache* (2018) (gemeinsam mit Martin Neef).

Oxane Leingang, Dr. phil, Akademische Rätin auf Zeit an der Kulturwissenschaftlichen Fakultät der Technischen Universität Dortmund. Studium der Germanistik, Slavistik (Ostslavische Philologie) und Psychologie an der Johann Wolfgang Goethe-Universität in Frankfurt am Main und an der University of Exeter.

Dissertation: *Sowjetische Kindheiten im Zweiten Weltkrieg. Generationsentwürfe im Kontext nationaler Erinnerungskultur* (2014). Forschungsschwerpunkte: Kulturtransfer in der Kinderliteratur des 18. und 19. Jahrhunderts, Märchen, Populärkultur, Holocaust, Lou Andreas-Salomé und Rilke.

Valérie Leyh (geb. 1987), Dr. phil., studierte Germanistik und Italianistik in Lüttich und Florenz. Promotion 2015 an der Université de Liège, zum Thema *Geräusch, Gerücht, Gerede. Formen und Funktionen der Fama in Erzähltexten Theodor Storms und Arthur Schnitzlers* (2016). Seit 2017 Professorin für Deutsche Literatur an der Université de Namur (B). Forschungen u. a. zur Literatur der Aufklärungsepoche, des Realismus und der Moderne sowie zur Poetik der Gerüchte. Weitere Bücher: *Elisa von der Recke. Aufklärerische Kontexte und lebensweltliche Perspektiven* (2018, hg. mit Adelheid Müller und Vera Viehöver); *Konventionen und Tabubrüche. Theodor Storm als widerspenstiger Erfolgsautor des deutschen Realismus* (2019, hg. mit Louis Gerrekens und Eckart Pastor).

Anett Lütteken (geb. 1966), Dr. phil. habil., ist Leiterin der Handschriftenabteilung der Zentralbibliothek Zürich und Privatdozentin für Neuere Deutsche Literaturwissenschaft an der Universität Bern. Forschungsgebiete: Sozial- und Kulturgeschichte der Literatur des 17. bis 20. Jahrhunderts, Kleist-Rezeption und Archivgeschichte. Dissertationsschrift: *Heinrich von Kleist. Eine Dichterrenaissance* (2004); Habilitationsschrift: *Lebenslange Neubegierde. Johann Jacob Bodmer und die Physiognomie der Zürcher Aufklärung* (2008). Weitere Bücher: *Johann Jacob Bodmer und Johann Jacob Breitinger im Netzwerk der europäischen Aufklärung* (2009, hg. mit Barbara Mahlmann-Bauer), *Europa in der Schweiz. Grenzüberschreitender Kulturaustausch im 18. Jahrhundert* (2013, hg. mit Heidi Eisenhut und Carsten Zelle), *Kleist in der Schweiz – Kleist und die Schweiz* (2015, hg. mit Carsten Zelle und Wolfgang de Bruyn).

Eberhard Rohse (geb. 1937), Dr. phil., Akad. Oberrat i.R.; Schulbesuch und Abitur in Hannover; Studium der Germanistik, Ev. Theologie und Philosophie in Göttingen und Heidelberg; 1965–70 Gymnasiallehrer am Felix-Klein-Gymnasium Göttingen (Dt., Rel.); 1970–2000 StR im Hochschuldienst, dann Akad. (Ober-) Rat für am Seminar für deutsche Sprache und Literatur der TU Braunschweig im Fach deutsche Literaturwissenschaft. Dissertation: *Der frühe Brecht und die Bibel. Studien zum Augsburger Religionsunterricht und zu den literarischen Versuchen des Gymnasiasten* (1983). Forschungsschwerpunkte: Literatur und Bibel, Literarische Darwinismusrezeption, Vormärzdichtung, Literatur und Region (bes. Braunschweig, Rügen, Harz), Brecht, Bote, Raabe, W. Busch, H. Klencke, M. Jahn, Hoffmann von Fallersleben, K.Ph. Moritz, Kosegarten. Sammel- und Tagungsbände: *Hermann Bote. Städtisch-hansischer Autor in Braunschweig* (1991, hg. mit Herbert Blume), *Umberto Eco. Zwischen Literatur und Semiotik* (1991, hg. mit Armin Burkhardt), *Literatur in Braunschweig zwischen Vormärz und Gründerzeit* (1993, hg. mit Herbert Blume), *August Heinrich von Fallersleben.*

1798–1998. Festschrift zum 200. Geburtstag (1999, hg. mit Hans-Joachim Behr und Herbert Blume), *Literarische Harzreisen. Bilder und Realität einer Region zwischen Romantik und Moderne* (2008, hg. mit Cord-Friedrich Berghahn, Herbert Blume und Gabriele Henkel), *„Die besten Bissen vom Kuchen". Wilhelm Raabes Erzählwerk. Kontexte, Subtexte, Anschlüsse* (2009, hg. mit Søren R. Fauth und Rolf Parr). *August Hinrichs und Moritz Jahn. Ein literaturwissenschaftlicher Vergleich. 1870–1970* (2011, hg. mit Dieter Stellmacher, Dirk Hinrichs, Karl Semmelroggen). Edition und Kommentierung ‚vergessener' Werke Braunschweiger Autoren: *Robert Wolfgang Griepenkerl: Maximilian Robespierre* (1989), *Adolf Glaser: Hennig Braband* (1994), *August Klingemann: Heinrich der Löwe* (1996), *Ernst Sander: Auswahl aus seinem Werk* (1997). Mitgründer und -herausgeber der *Braunschweiger Beiträge zur deutschen Sprache und Literatur* (seit 1999).

Dirk Sangmeister (geb. 1965) arbeitet als Germanist am Forschungszentrum Gotha der Universität Erfurt. Nach journalistischen Lehrjahren bei der *Braunschweiger Zeitung* Studium der Germanistik und Anglistik in Braunschweig, Hamburg und Honolulu. Promotion in Bielefeld über *August Lafontaine oder Die Vergänglichkeit des Erfolges* (1998). Lehrtätigkeit an der University of Hawai'i, der Universität Bielefeld und der University of Cyprus. Fellow der Universitätsbibliothek Chicago (2013) und des Max-Weber-Kollegs in Erfurt (2014). Mitherausgeber der *Briefe* (2002) von Johann Gottfried Seume wie auch Editor von dessen *Apokryphen* (2013) und *Mein Leben* (2018). Gab zuletzt Karl Morgensterns grundlegende Vorträge über den *Bildungsroman* (2020) heraus und ediert momentan Garlieb Merkels *Briefwechsel* (2019ff).

Franziska Katharina Schlieker (geb. 1986), M.A., M. Ed., Studium der Germanistik und ev. Theologie und Religionspädagogik in Braunschweig. Sie promoviert bei Professor Dr. Cord-Friedrich Berghahn an der Technischen Universität in Braunschweig zum Thema: *Spuren – Karl Philipp Moritz in der Literatur und Kultur um 1800.* Sie ist Stipendiatin der *Studienstiftung des Deutschen Volkes* und arbeitet am Institut für Germanistik in der Abteilung Neuere deutsche Literatur. Publikationen: *Von Herkules bis Hollywood. Beiträge zur jüngeren Lessingforschung* (2018, hg. mit Helmut Berthold), Aufsätze zu K. Ph. Moritz und zur Literatur um 1800.

Olga Katharina Schwarz (geb. 1983), M.A., ist wissenschaftliche Mitarbeiterin am Germanistischen Institut der Ruhr-Universität Bochum. Studium der Germanistik und der Französischen Philologie in Berlin, Paris, Hamburg und Montpellier; Dissertation: *Rationalistische Sinnlichkeit. Zur philosophischen Grundlegung der Kunsttheorie 1700 bis 1760* (2019; Druck in Vorbereitung); Forschungs- und Interessenschwerpunkte: Literatur des 18. Jahrhunderts und der Klassischen Moderne im europäischen Kontext, Anthropologie und Moralphilosophie im 18. Jahrhundert, Poetik und Ästhetik der Künste, Literatur- und Gattungstheorie.

Alexander Weinstock (geb. 1985), Dr. phil., ist wissenschaftlicher Mitarbeiter am Exzellenzcluster *Understanding Written Artefacts* an der Universität Hamburg. Forschungsschwerpunkte: Literatur und Kultur des 18. Jahrhunderts, Geschichte und Theorie des Theaters, Literatur und Wissen. Dissertationsschrift: *Das Maß und die Nützlichkeit. Zum Verhältnis von Theater und Erziehung im 18. Jahrhundert* (2019). Sammelbände: *Kunst und Arbeit. Zum Verhältnis von Ästhetik und Arbeitsanthropologie vom 18. Jahrhundert bis zur Gegenwart* (2014, hg. mit Anja Lemke), *Verkörperungen des Kollektiven. Wechselwirkungen von Literatur und Bildungsdiskursen seit dem 18. Jahrhundert* (2019, hg. mit Anna Dąbrowska, Daniela Doutch und Julia Martel).